古典アルメニア語文法

千種 眞一著

東京 **大学書林** 発行

まえがき

　本書は，古典期のアルメニア語，とくに聖書の翻訳に用いられているアルメニア語（5世紀はじめ）を対象とした文法書である．聖書の中でも福音書は翻訳者たちがもっとも力を注いで翻訳したといわれ，アルメニア語文語の中で最古の記録である．したがって，古典アルメニア語を学ぶうえでも，聖書翻訳にまさるテクストはないと考えられる．

　アルメニア語は印欧語族に属する言語であるが，印欧語研究においては長く圏外に置かれてきた．フランスの偉大な言語学者アントワヌ・メイエが『史的言語学における比較の方法』（1925）においてアルメニア語 erkow「2」を印欧語 *dwō に溯らせて，比較方法の精髄を見事に示したことですら，アルメニア語が印欧祖語から遠く離れた存在であることをあらためて印象づけることになった．比較言語学の伝統的な礎石であるインド・イラン語やギリシア語，時代的にもっとも古いアナトリア諸語，アクセント研究で貴重なバルト・スラヴ語，印欧語の周縁域にあって重要なゲルマン語派，イタリック語派，ケルト語派やトカラ語などと異なり，アルメニア語は印欧祖語からもっとも遠い存在であり，印欧語の前史に寄与することのもっとも少ない言語のひとつと見なされてきた．事実，ガムクレリゼとイワノフらによって提案されて印欧語学界に衝撃を与えた「声門化説」にしても，印欧比較言語学それ自体というよりもむしろ類型論的な視点が大きく作用している．

　しかし，まとまった形のものを挙げれば，クリンゲンシュミットのアルメニア語動詞に関する研究やオルセンの聖書アルメニア語における名詞の起源と語形成に関する研究などによって，アルメニア語音韻論・形態論が印欧祖語に直接的に関係していることが主張されてきている．アルメニア語が印欧語の前史にどれだけ深く踏み入ることができるかは将来の研究をまたなければわからないが，アルメニア語がこれまで以上に印欧語学者に注目されるであろうことは疑いない．また，アルメニア語は統辞法の領域でも他の印欧語とは性格の異なる現象をしばしば見せてくれる．本書の対象である福音書を中心とした聖書翻訳文献は，同じく聖書翻訳文献をもつゴート語や古代教会スラヴ語などとの比較統辞法的な分析にも大きく貢献することが期待される．さらに，アルメニア語は，北西中期イラン語やカフカスのグルジア語などとの接触を通じてさまざまな変容を被っていると考えられ，言語接触や言語類型論の見地からも非常に興味深い言語といえる．

　日本でもなじみのうすい古典アルメニア語を扱う本書が上梓されるについては，大学書林社長佐藤政人氏に大変お世話になった．著者の力量不足のために，いたずらにページ数を増やしてしまったことなど，多大なご迷惑もおかけした．心からお礼申し上げる．

　　2000年11月

　　　　　　　　　　　　　　　　　　　　　　　　　千　種　眞　一

目　次

まえがき …………………………………………………………………………… i
序論（§1—9）……………………………………………………………………… 1
第1章　文字，転写，発音（§10—16）……………………………………………10
　　　Ⅰ．文字 ……………………………………………………………………10
　　　Ⅱ．発音 ……………………………………………………………………14
　　　　　A．母音 ………………………………………………………………14
　　　　　B．子音 ………………………………………………………………15
　　　Ⅲ．アクセント ……………………………………………………………18
　　　Ⅳ．アルメニア語テクストサンプル，転字，伝統的発音による音写 …19
第2章　音韻体系（§17—24）……………………………………………………22
　　　Ⅰ．母音と子音 ……………………………………………………………22
　　　Ⅱ．交替 ……………………………………………………………………24
　　　　　A．母音交替 …………………………………………………………24
　　　　　B．子音交替 …………………………………………………………29
第3章　音韻変化—印欧語からアルメニア語へ—（§25—42）…………………33
　　　Ⅰ．母音 ……………………………………………………………………33
　　　Ⅱ．子音 ……………………………………………………………………43
　　　Ⅲ．結合的な音変化 ………………………………………………………70
第4章　語構成（§43—67）………………………………………………………76
　　　Ⅰ．複合 ……………………………………………………………………76
　　　　　1．名詞複合語 ………………………………………………………76
　　　　　2．動詞複合語 ………………………………………………………80
　　　Ⅱ．派生 ……………………………………………………………………80
　　　　　1．動詞の派生 ………………………………………………………81
　　　　　2．名詞の派生 ………………………………………………………88
　　　Ⅲ．重複 …………………………………………………………………102
第5章　形態論Ⅰ：名詞（§68—81）……………………………………………104
　　　第1部　曲用 ……………………………………………………………104
　　　　　1．総論 ……………………………………………………………104
　　　　　2．格形 ……………………………………………………………104
　　　　　3．不変語幹と可変語幹 …………………………………………105
　　　　　4．不変語幹 ………………………………………………………106
　　　　　5．可変語幹 ………………………………………………………112
　　　第2部　印欧語からアルメニア語へ …………………………………124
第6章　形態論Ⅱ：代名詞（§82—101）…………………………………………129

目　　次

　　　　1．人称代名詞 …………………………………………129
　　　　2．再帰代名詞 …………………………………………131
　　　　3．所有代名詞 …………………………………………133
　　　　4．指示代名詞 …………………………………………135
　　　　5．疑問代名詞と関係代名詞 …………………………145
　　　　6．不定代名詞 …………………………………………147
　　　　7．代名詞的形容詞 ……………………………………151
第 7 章　形態論III：数詞（§ 102—112）……………………152
　　　　1．基数詞 ………………………………………………152
　　　　2．序数詞 ………………………………………………160
　　　　3．集合数詞，倍数詞，度数詞，配分詞，分数詞 …161
第 8 章　形態論IV：動詞（§ 113—140）……………………164
　　第 1 部　活用 ……………………………………………164
　　　　1．総論 …………………………………………………164
　　　　2．現在語幹：活用 ……………………………………165
　　　　3．アオリスト語幹：活用 ……………………………173
　　第 2 部　動詞語幹 ………………………………………178
　　　　1．現在語幹 ……………………………………………178
　　　　2．アオリスト語幹 ……………………………………180
　　　　3．変則的な動詞 ………………………………………186
第 9 章　前置詞（§ 141—145）………………………………192
第 10 章　統語論（§ 146—227）……………………………205
　　第 1 部　文 ………………………………………………205
　　　　1．動詞文と名詞文 ……………………………………206
　　　　2．能動文と受動文 ……………………………………208
　　　　3．一致 …………………………………………………209
　　　　4．単文の種類 …………………………………………214
　　　　　A．疑問文 ……………………………………………214
　　　　　B．否定文 ……………………………………………217
　　　　　C．比較構文 …………………………………………220
　　　　　D．願望文 ……………………………………………225
　　　　　E．要求文 ……………………………………………226
　　　　5．等位的な文結合 ……………………………………227
　　　　6．従属節 ………………………………………………230
　　　　　A．目的節 ……………………………………………230
　　　　　B．結果節 ……………………………………………231
　　　　　C．原因節 ……………………………………………233
　　　　　D．内容節 ……………………………………………234

目　次

　　　　E. 場所節 ……………………………………237
　　　　F. 時間節 ……………………………………237
　　　　G. 比較節 ……………………………………239
　　　　H. 認容節 ……………………………………240
　　　　I. 条件節 ……………………………………241
　　　　J. 除外節 ……………………………………245
　　7. 関係節 ………………………………………246
　第2部　動詞形の用法 …………………………………252
　　I. 定形の用法 …………………………………252
　　　　A. 人称語尾 …………………………………252
　　　　B. 非人称構文 ………………………………252
　　　　C. 態 …………………………………………254
　　　　D. 相 …………………………………………256
　　　　E. 時制 ………………………………………259
　　　　F. 叙法 ………………………………………261
　　II. 不定形の用法 ………………………………265
　　　　A. 不定詞 ……………………………………265
　　　　B. 分詞 ………………………………………268
　第3部　動詞の結合 ……………………………………271
　　　　A. 動詞の並置 ………………………………271
　　　　B. 動詞接頭辞 ………………………………273
　　　　C. 名詞＋動詞による表現 …………………275
　第4部　名詞形の用法 …………………………………276
　　　　A. 数 …………………………………………276
　　　　B. 格 …………………………………………279
　　　　C. 名詞の結合 ………………………………290
テクスト ……………………………………………………295
　1. 創世記　第27章1-45節 ………………………295
　2. ダニエル書補遺　スザンナ …………………297
　3. マタイ福音書　第6章 …………………………299
　4. マタイ福音書　第28章 ………………………301
　5. マルコ福音書　第1-5章 ………………………302
　6. ルカ福音書　第2章 ……………………………309
　7. ルカ福音書　第15章 …………………………311
　8. ヨハネ福音書　第4章 …………………………312
　9. ヨハネ福音書　第18章 ………………………314
　10. コリウン『マシュトツ伝』抜粋 ……………316
語　彙 ………………………………………………………321

序　論

§ 1. 古典アルメニア語あるいは古期アルメニア語（Classical / Old Armenian；以後，必要のないかぎり，単にアルメニア語という）は紀元 5 世紀以降成立した文献を記録する文語であり，系統的には印欧語族に属する．アルメニア語はその構造，音韻，語彙が他の印欧諸語から大きくかけはなれており，特にその語彙にイラン語語彙が大量に見出されることから，印欧語研究の歴史において当初はアルメニア語はイラン語の方言であると見なされた．今日我々が知っているように，アルメニア語はひとつの言語で独立した一派をなす印欧語である，という確固とした結論を下したのはドイツの学者ハインリヒ・ヒュプシュマン（Heinrich Hübschmann, 1848-1908）であった．したがって，特に印欧語全体の中でアルメニア語が占める位置の問題に関して，アルメニア語研究の歴史はヒュプシュマンを中心に，それ以前と以後という三つの時期に大きく分けることができる．

　アルメニア語と他の印欧諸語との語彙の類似性を指摘し，イラン語からの借入語と祖語から受け継いだ本来語とを識別した最初の人物は，18 世紀初め，ドイツの東洋学者シュレーダー（J. Schröder）であったといわれている．しかし，当時はまだ音韻変化の規則性や印欧語族といった概念はなく，シュレーダーの直観の正しさを証明する手だては存在しなかった．活用組織の比較によって印欧語比較文法の基礎を築いたフランツ・ボップ（Franz Bopp, 1791-1867）は，アルメニア語を知らなかったために，1816 年の著作『活用組織について』（Über das Conjugationssystem der Sanskritsprache in Vergleichung mit jenem der griechischen, lateinischen, persischen und germanischen Sprache）にアルメニア語を引用していないし，1833 年に刊行された『比較文法』（Vergleichende Grammatik des Sanskrit, Zend, Griechischen, Lateinischen, Littauischen, Gothischen und Deutschen）の第 1 巻でもアルメニア語は考慮の対象とはされていない．しかし，この著作の刊行に刺激されてドイツ人学者ペテルマン（Julius Heinrich Petermann, 1801-1876）は 1837 年『アルメニア語文法』（Grammatica linguae armenicae）において，アルメニア語が印欧語族の一員であることを明らかにした．ボップは直ちにこの提案を受け入れ，『比較文法』の第 5 巻ではアルメニア語を考慮に入れている．ただ，ボップの方法は後に出現する青年文法学派によって実践されたような厳密な音韻法則を適用したものではなく，イラン語からの極めて多量の借入語をかかえているアルメニア語に対しては，印欧語から受け継いだ本来的な語と借入語とを識別することができなかったために，アルメニア語はイラン語に属するという見解がなお一般的であった．こうした考えは，青年文法学派が活躍する以前の二つの代表的な総論書，すなわちシュライヒャー（A. Schleicher）の『大要』（Compendium der vergleichenden Grammatik der indogermanischen Sprachen, 1861-62）とボップの『比較文法』の第 2 版でも

序論

踏襲されている．ボップはその序文で「アルメニア語はわれわれの語族のイラン語派に属している」と強調しながらも，いくつかの点でイラン語からはかけはなれているとして，その原因を，アルメニア語に見られるイラン語形が古代イラン語よりも古い言語状態にあったという事実に求めている．しかし，アルメニア語をイラン語と見なしながらも重要な点でイラン語から離れているという認識は，アルメニア語が「混合言語」であるという考えをしばしば導くことになる．デ・ラガルデ (Paul de Lagarde, 1827-1891) はアルメニア語に三つの層を区別した人として知られるが，それらはすべてイラン語であって，アルメニア語の語彙に相対年代を立てようという発想は斬新であったものの，出発点がイラン語であることにかわりはなかった．

19世紀末にドイツのライプツィヒを中心に展開された青年文法学派の運動は，アルメニア語学の発展にも重大な影響を及ぼした．音韻の歴史を解明するさいに，原則として類似よりも対応が優先されるという青年文法学派の考え方に基づき，1875年，アルメニア語研究の歴史に一大転換をもたらしたのがヒュプシュマンである[1]．彼はアルメニア語の語彙にイラン語から借用された語と印欧祖語から受け継いだ語を区別しなければならないことを，多くの実例によって証明した．例えば，印欧語 *g^wow「牛」に対するアルメニア語で kov（属 kovow）「雌牛」，語根 *ag-「連れて行く」に対する acem は音韻対応によって本来語であることが示され，他方，複合語 gawazan「羊飼いの杖」に見られる gaw- と -az- はイラン語からの借用語 (cf. Av. gavāza-, Pers. gavāz「突き棒」) であって，印欧語からアルメニア語が一定の音韻変化を被って成立した語ではないことを明らかにした．このようにして，借用された疑いのある語を排除して残った語彙が印欧祖語から受け継いだアルメニア語本来の語彙であり，アルメニア語はイラン語その他の印欧語から独立した一派をなす言語であると見なされなければならないことが確定した[2]．

ヒュプシュマンはアルメニア語比較文法の真の創始者であって，以後のアルメニア語研究の方向を決定づけた．その成果の重要な部分は『アルメニア語文法』の第1部 (Armenische Grammatik. Erster Teil: Armenische Etymologie, 1897；この書物は著者の死によって完結しなかった) に収められており，アルメニア語彙は大きく二つの部分，すなわち借用語（ペルシア語、シリア語、ギリシア語に区分）と相続語 ("echtarmenische Wörter") に分けられている．19世紀に知られていた古典アルメニア語とほぼ同時代の言語はササン朝下のパフレヴィ語あるいは中世ペルシア語であったから，ヒュプシュマンはアルメニア語に借入されたイラン語起源の語をペルシア語 ("persische Wörter") と呼んだが，その後の

---

[1] H. Hübschmann, "Ueber die stellung des armenischen im kreise der indogermanischen sprachen", KZ 23, 1875, 5-49 (H. Hübschmann, Kleine Schriften zum Armenischen, 1-45に再録).

[2] gawazan の最後の要素 -an はアルメニア語で道具を表わす名詞をつくる生産的な接尾辞．

序　論

　研究によって，古典アルメニア語がイラン語から借り入れた語の大半は北西イラン方言のパルティア語であって，しかもこの言語の古い状態に溯ることが明らかになった．実際，アルメニアがアルサケス朝貴族階級に支配されるようになった紀元1世紀以降，アルメニアの社会もパルティアをモデルとして再編成され，何よりもまず国家の構造・行政・法律に関連するパルティア語が大量にアルメニア語に流入したのであった．

　アルメニア語比較文法の創始者としてヒュプシュマンが残した業績は今なお貴重なものであるが，その死によって完成を見なかった比較文法は，フランスの偉大な印欧語学者でありアルメニア語研究で不動の地位にあるアントワヌ・メイエ (Antoine Meillet, 1866-1936) によって実現された．書物の形では『アルメニア語比較文法概要』(Esquisse d'une grammaire comparée de l'arménien classique, 1903, 2 éd, 1936) と共時的な記述文法である『古アルメニア語初等文法』(Altarmenisches Elementarbuch, 1913) があるが，数多くの論文はどれも今日なおアルメニア語研究に不可欠のものばかりである[3]．メイエの弟子でアルメニア人言語学者アジャリャン (H. Adjarian[Hračʻeay Ačarean], 1876-1953) は『アルメニア語語源辞典』(Hayerên armatakan baṙaran [Dictionnaire étymologique de l'arménien, 1926-1935]) を著して師の仕事を補完したが，これは記述の拠って立つ原理が同じであり，メイエの口頭による教示が随所に見られるという点からも，同じ時期の Ernout-Meillet の『ラテン語語源辞典』(第1版 1932年) に匹敵するものといわれる[4]．

§ 2.　アルメニア語の文字による伝承が始まったのは他の印欧諸語と比べても比較的遅く紀元後5世紀であり，アルメニア人聖職者メスロプ (Mesrop，およそ 362-440；マシュトツ Maštocʻ/ Maštʻocʻ ともいう) が，聖書をアルメニア語に翻訳・記録する目的をもって406年頃アルメニア文字を創出して以後のことである．それより以前にアルメニア語が独自の文字で書かれていたことを示す証拠はない．アルメニア語の最古の言語形態は5世紀前半 (460年頃まで) のいわゆる「黄金期」(oskedar) の文語であり，これが古典アルメニア語と称される．この言語形態 (「黄金期のアルメニア語」oskedarean Hayerên) は単に grabar「文語」とも言

---

[3] 『初等文法』は古典アルメニア語の単なる入門書ではなく，音韻・形態・統辞法・語彙にわたる文法的記述である．Meillet はその序論で "Die vorliegende Grammatik ist nur beschreibend. Der Abstand zwischen Indogermanisch und Armenisch ist viel zu gross, als dass kurze Angaben über die Herkunft der Formen nützlich sein könnten" と述べている．主要な論文は A. Meillet, Études de linguistique et de philologie arméniennes, I (1962) & II (1977) に収められている．

[4] Ch. de Lamberterie, "L'arménien", in: Langues indo-européennes, 1994, 137-163. なお，メイエが没した1936年から1972年にかけてのアルメニア語研究の発展については，R. Schmitt, "Die Erforschung des Klassisch-Armenischen seit Meillet (1936)", Kratylos, 17, 1972 [74], 1-68 に詳しい．

序　論

われるが，イラン語からの大量の借用語や翻訳文献における統辞法上の影響などが見られるにもかかわらず，ひとつの方言，おそらくヴァン湖沿岸地域の方言に基づいたコイネー的な統一言語であったと考えられる．この時期にアルメニア語が互いに著しく異なる方言に分化していたとする直接的な証拠はないが，さまざまな音韻変化，形態論的・統辞法的差異から判断して，さらには現代東アルメニア諸方言から逆推して，そうした方言が文語の固定化された古い時期にも存在していたのではないかとも推定されてきた．

§ 3. 古典アルメニア語 grabar の主要な資料は異言語テクストの翻訳（多くはギリシアから）とアルメニア語による原作品からなる．いずれも大半はキリスト教的な内容のものである．その最初の翻訳文献としては，聖メスロプとその弟子たちによって 410 年頃に完成された聖書の翻訳があり，その中でも最古のものは福音書翻訳である．ただし，少なくとも福音書と典礼上必要とされた部分については，中世期の諸写本に存在する容認本文以前に，シリア語訳に拠る最初のアルメニア語訳があったと考えられているが，聖書全体の最終的な翻訳にはギリシア語本文が底本として用いられた[5]．聖書以外では，教父の著作，聖書の注解書や釈義学的な著作，説教集などの翻訳があり，教会関係以外の翻訳もいくつか残されている．アルメニア語による最も重要な原作品として次のものが挙げられる：1) コルブのエズニク (Eznik Kołbacʻi) の護教論書『謬説駁論』(Ełc ałandocʻ)，聖書翻訳と並んで古典アルメニア語の最良の例；2) 弟子コリウン (Koriwn) によるマシュトツの生涯；3)『アルメニア人の歴史』(Patmowtʻiwn Hayocʻ)，正確には筆名アガタンゲロス (Agatʻangełos) の（啓蒙者グレゴリオス Grigor Lowsaworičʻ のもとでの）キリスト教への改宗；4) ホレンのモーセス (Movsês Xorenacʻi) の『アルメニア人の歴史』．これらを始めとする原作品は，自言語に共通の文語を形成し，当時政治的に東ローマ帝国とササン朝ペルシア帝国とに分断されていたアルメニア国民のために国民的文学を創造して，それらへの同化を拒否しようという欲求によるものであった．黄金期は 460 年頃に終わる．5 世紀後半の著作家は厳密に古典的とは見なされないが，その言語は，少なくとも文法に関しては黄金期とほとんど異ならない．しかし，作品それ自体は後代の写本の形でしか伝えられておらず，正書法がしばしば歪められ，改訂増補が加えられていることも多い．

§ 4. 古典アルメニア語は同時代の証拠によって知られているわけではない．5 世紀に書かれた文献はなく，「後期古アルメニア語」ないしは中期アルメニア語時代の写本から初めて知られているだけである．現存する最古の写本は 887 年に書写されたモスクワ福音書（M写本）であるが，信頼できるテクストとは見なされておらず，最良の聖書写本としては 989 年書写の E 写本（イェレヴァン西方のエジュミアツィン [Êjmiacin] 修道院）が利用できる．この二つの写本に関しては，ギリシア

---

[5] 聖書のアルメニア語訳の概観は，B. M. Metzger, The Early Versions of the New Testament: Their Origin, Transmission, and Limitations, 1977, 153-181 参照．

序　論

語D写本（Codex Bezae, [5/]6世紀）およびΘ写本（Codex Koridethi, 9世紀）が本文的にきわめて近いとされている．作成時期と古典アルメニア語による福音書の成立時期との間には4-5世紀の隔たりがあるが，これらの写本には作成時期の言語的特徴がわずかしか見られず，作成者の古典アルメニア語的な規範意識は比較的顕著であったと考えられている[6]．9-10世紀に属する古い写本群以外は，福音書の写本はすべて12世紀以後のものであり，その成立時期が比較的新しいために，テクストの形に当時のアルメニア語の，特に正書法上の影響の見られることが当然予想される．古典アルメニア語の諸相を考察するためにも，アルメニア語の発展を概略知っておくことが必要である．

　ここでは G. B. Jahowkyan『アルメニア語史の時代画定の原理』("Principy periodizacii istorii armjanskogo jazyka", Obščee i armjanskoe jazykoznanie, 1978, 224-229) によって設定されたアルメニア語の時代区分を紹介しておく：

I．古期アルメニア語時代（5-11世紀）．この時期にはある程度統一的な標準文語 grabar が存在する．そこに見られる相違はふつう機能的・文体的変種の域を出ない．この時期の文献の言語は単一のものと理解される．もっとも文献の中にはシリア語やギリシア語の強い影響の認められるものもあり，書き言葉と話し言葉の不一致は徐々に拡大し，方言形が入り込んではいる．方言間の差異は，中期アルメニア語や現代アルメニア語時代の方言間の差異に比べれば小さい．現代諸方言に見られる基本的な形態的特徴は存在しない．この時代にはさらに三つの時期が区別される：a）初期の古期アルメニア語あるいは「古典的な grabar」の時期（5世紀）．標準文語の書き言葉と話し言葉は基本的に一致している；b）後期の古期アルメニア語あるいは「古典時代以後の grabar」の時期（6-7世紀）．話し言葉は文章語と著しく異なるが，文献への侵入と文章語における規範からの逸脱は部分的でしかない．これは一方で，話し言葉が辿る自然な発達過程，文章語への弱い影響，アルメニアがササン朝ペルシアと東ローマ帝国の間で封建的な分断を被っていた状況での分化傾向の優勢によって，他方では，5世紀の著作家やギリシア語の手本がこの時代の文章語に及ぼした強い影響などによって説明される；c）中期アルメニア語以前の時期（8-11世紀）．書き言葉と話し言葉の不一致がさらに拡大し，方言的な差異が強まり，文献によっては中期アルメニア語の要素が多数現れているものもある．

II．中期アルメニア語時代（12-16世紀）．この時代には grabar と平行して，中期アルメニア語が文章語として行われた．ただし，それは画一的でもなければ，あまり規範的でもなく，文章語としての精緻化の過程はまだ弱い．現代諸方言の形態論的な差異はすでにはっきりと現れている．アルメニア人の大規模な移動のために，方言上の差異は増大している．この時代には二つの時期が区別される：a）初期の

---

[6] B. Künzle, Das altarmenische Evangelium, 1984. この校訂本はE写本を底本として採用し，M写本に見られる異読は各頁に脚注として掲げている．

序　論

中期アルメニア語あるいはキリキア的規範化の時期 (12-14 世紀). 中期アルメニア語文章語の行われた主要な地域はキリキア・アルメニア王国 (1080-1375) である；b) 後期の中期アルメニア語あるいは ašxarhabar (「地方語, 民衆語, 俗語」の意味だが, 実際には新アルメニア語を指す) 化の時期 (15-16 世紀). 国家体制の喪失に伴い, 中期アルメニア語文章語と grabar は規範性を奪われ, 方言的な差異がますます強まり, 新アルメニア語の多くの要素が姿を見せている.

III. 新アルメニア語時代 (17-20 世紀). この時代は統一化傾向の強化を特徴とし, 新アルメニア標準文章語が機能しはじめ, 現代のアルメニア諸方言群が形成される. 次の三つの時期が区別される：a) 初期新アルメニア語 ašxarhabar の時期 (17-19 世紀前半).「復興された」grabar と平行して, すでに新アルメニア標準語の初期の変種 (同時代の人は「市民語 lingua civilis」と呼んだ) が行われ, 東西の 2 変種の形で現れている. この時期の終わりに, 文章語から grabar を排除して, 新アルメニア語を統一的な標準文章語として確立しようとする運動が始まっている；b) 後期新アルメニア語あるいは「二分化した」ašxarhabar の時期 (19 世紀後半から 20 世紀最初の 20 年). 新アルメニア標準文章語は, 諸方言への影響はまだ弱いものの, 文章語の基本的な機能をすべて備えている. この前の時期の終わりに「話すように書け」というスローガンのもとで運動が進められたとすれば, この時期の特徴は「書くように話せ」という要求, すなわち標準文章語のためにしっかりした口語的基礎を確立するということにつきる. 同時に文章語の発達に際して現れたのは, トルコ語やペルシア語からの借用語を古アルメニア語の対応語や新形成語で置き換えるといった純化主義的な傾向である；c) 現代 (1920 年から今日まで). 1920 年 11 月にソヴィエト政権が樹立され, アルメニア・ソヴィエト社会主義共和国が成立し, 現代東アルメニア語が標準的な文章語としてその公用語となった. 現代西アルメニア語はトルコを始めとして世界各地のアルメニア人によって用いられている.

§ 5. 今日一般的に通用している「アルメニア」という名称はギリシア人を介してイラン語に由来している. 古代ペルシア語 Armina-「アルメニア」, Arminiya-「アルメニア人」はダレイオス 1 世 (紀元前 522-486) のベヒストゥーン碑文 (紀元前 520 年頃) に初めて現れる. アルメニア人の自称は今日まで Hay, 複数 Hayk‘, 国土名は Hayastan (イラン語から借用した接尾辞 -stan), 言語名は Hayerên である. この名称の起源と意味はいまなお明らかでなく, かつては印欧語*poti-「主人」(Ved. páti-, Gk. πόσις) に溯るとされたり Ved. pāyú-「守護者」と比較されたりしたが, 近年は*Hatyo-「ハッティの住民」(中央アナトリアで後のヒッタイト帝国に滅ぼされた) あるいは Hayaša「ハヤサ」(紀元前 14-13 世紀のヒッタイト語資料に見えるヒッタイト南東部境界付近の国？) に溯るのではないかとの提案もされている.

§ 6. アルメニア人が紀元前 6 世紀以来, トルコ東部山岳地帯のアララト山, ヴァン湖, ティグリス・ユーフラテス川源流域に定住していることは明らかである. こ

序　論

の地域はかつて非印欧語系のウラルトゥ人（そして以前にはウラルトゥ語と密接に関係するフルリ人）が住んでいたところと重なっている．ウラルトゥ王国はキンメリア人やスキタイ人などの印欧語系民族の襲来によって大きく揺らぎ，紀元前6世紀初頭（590年頃），イラン系メディア人との戦いで滅亡した．このようにアルメニアの大部分と古代国家ウラルトゥが地理的に重なり合っているという事実は，ベヒストゥーン碑文で古代ペルシア語 Armina-, Arminiya- がエラム語では Har-mi-nu-ya と音写されているところに，バビロニア語では U-ra-áš-ṭu「ウラルトゥ」が対応していることにも現れている．アルメニア人がいつ，どこからこの地に移住してきたかは明らかでないけれども，おそらくは紀元前13世紀末から12世紀初めに西方の小アジアから，そしてさらにバルカン半島北部から到来したと一般には考えられている．ロシアの歴史学者・言語学者 Igor Diakonoff はアルメニア人の起源を古代世界にムシュキ（Muški）として知られていた民族に求めようとして，ムシュキは12世紀頃バルカン半島からアナトリアに侵入し，ヒッタイト帝国の崩壊もたらした人々の一部であったと示唆している．この語は中央アナトリアに居住したプリュギア人にも使われており（西のムシュキ），Diakonoff はプリュギア語とアルメニア語との何らかの親縁関係を受け入れながら，東のムシュキを原アルメニア人と同定している．こうした推定は，ヘロドトスの『歴史』7,73 に記載されている「アルメニア人はプリュギア人の子孫であって」（Ἀρμένιοι, ... ἐόντες Φρυγῶν ἄποικοι）という伝承にも矛盾しないが，プリュギア語については知られていることがあまりに少ないので，言語学的にその伝承を証明することはできない．アルメニア人の起源は依然として謎につつまれている[7]．

§ 7. アルメニア語と近東の古代諸言語，特にフルリ語とウラルトゥ語との関係について確実なことはあまり分かっていないのに対して，借用関係についてははるかに確実な根拠に基づいて議論することができる．シリア語とギリシア語から宗教的・神学的および学術的な語彙を借用しているほかに，アルメニア語はイラン語から単語や言い回しだけでなく，固有名など数え切れないほどの借用語を取り入れた．こうした借用関係は，アルメニア人が紀元前6世紀にキアクサレスによってメディア王国の支配下に入って以来，アケメネス朝ペルシア，アルサケス朝パルティア，ササン朝ペルシアと千年以上にわたってイランの歴代王朝の支配権力に依存してきたことに大きな原因がある．アルメニアが紀元後3世紀末にキリスト教に改宗するまで，イランの文化と風習はアルメニアに強い影響を及ぼしたが，特にアルメニア語に入ったイラン語の多くは北西イラン方言に属するパルティア語であった．アルサケス朝パルティア（紀元前247年–紀元後224年）とアルメニアの関係は紀元前

---

[7] 例えば Jahowkyan は，ヘロドトスの記事などに基づいてアルメニア人とプリュギア人の間に想定される近親関係は言語学的に証明できない，などの理由から，言語的証拠を手掛かりに，ハヤサ人は一種のヒッタイト・ルウィ語を話し，これがアルメニア語の基層であったと考えている．しかし，ハヤサ語と称される言語データ自体が十分な検証を受けていないので，確固たる結論として認められるには至っていない．

序　論

2世紀以降に明白であり，紀元前1世紀中葉にパルティアがアルメニアに対する支配権を確立してから約4世紀の間に，ペルシアの覇権がゾロアスター教を信奉するササン家に移ってからも，ヘレニズム愛好主義のパルティアとの関係は良好であった．ニサの発掘などから知られるパルティア語の最初の記念碑は紀元前1世紀のものとされ，ササン朝下の碑文やトゥルファンのマニ教文書といった後代の記録とはいくつかの特徴によって区別される．

　イラン語のアルメニア語への影響は借用語にとどまらない．それは敷き写し (calque) という形での意味の借用にも及んでいる．このことを示す好例は「読む」を意味する動詞 ənt'ernum，アオリスト ənt'erc'ay であり，これは harc'-「問う」（現在 harc'anem，アオリスト harc'i）に *əndi- を添加した複合動詞 *əndi-harc'- に溯る．語根 harc'- (< PIE *pr̥sk̑-) も動詞前接辞 *əndi- (< PIE *anti) も印欧語から受け継いだ要素であるが，「問う」を意味する動詞に前接辞を添加して「読む」という意味の動詞を作る過程はイラン語に依存している．その証拠として，古代ペルシア語にはアルメニア語 harc'- に語源的に対応する pars-「吟味する」から作られた複合動詞 pati-pars-，パルティア語に pdfwrs-/padfurs-/「読む」があり，アルメニア語複合動詞は明らかにイラン語の敷き写しであると言われる[8]．

§ 8.　アルメニア語におけるきわめて大量の借用語の存在は，印欧語から受け継いだ祖語的要素のアルメニア語語彙全体に占める割合がかなり少ないということを意味している．加えて，この言語の証拠が紀元後5世紀という，他の主要な印欧語と比べて大分遅い時期に初めて現れており，先史時代に深刻な変化を被っているということをも考え合わせるならば，印欧語の中でアルメニア語が占める位置を正確に決定するという仕事はそれほど容易でないことが理解される．これまでにも，さまざまな言語と共有する音韻・形態・語彙的特徴を等語線として列挙して，アルメニア語の位置を決定しようという試みが行われてきた．例えば，Holger Pedersen は西はギリシア語，北はバルト語・スラヴ語，東はアーリア語（インド・イラン語）とアルメニア語との関係を確立し，Walter Porzig はアルメニア語を東部印欧語群（アーリア語，スラヴ語，バルト語，トラキア語，プリュギア語，ギリシア語）に帰属させ，黒海の北西地方にあたる，この語群内では南西部をその発祥の地とした．特にアルメニア語とアーリア語との関係について，Porzig は arew「太陽」と ji「馬」が古代インドの宗教的・詩的語彙に属する ravi- および háya- にしか対応を見出さないことに加えて，arcowi「鷲」とヴェーダ語「鷹」の修飾語r̥jipyá-，アヴェスタ ərəzifiia-「鷲」，そして erg「歌」とヴェーダ語 arká-「光，歌」との対応を挙げて，これらのアーリア・アルメニア語の共通性は，アルメニア人の祖先が黒海北部で，生成しつつあったヴェーダ文化の影響下に一時的に入った

---

[8] Ch. de Lamberterie, op. cit. 144 参照．この語源的説明は O. Szemerényi (Scripta Minora, IV, 1991, 1888-90=Sprache 12, 1967, 223-5) による．

序　論

時代の借用だと結論したが，これには異論もある．また，Georg Renatus Solta はアルメニア語とギリシア語の関係が非常に緊密であり，アルメニア語とゲルマン語の関係も従来主張されてきた以上に緊密であると論じた．アルメニア語と共有する等語線の顕著さと数において重要な言語はギリシア語とインド・イラン語である．これらにプリュギア語を加えた一群は過去形に加音（augment）と称される要素を添加する：Skt. ádhāt＝Gk. dial. (ἀν)έθη＝Arm. ed ＜*é-dʰeh₁-t, これは語根アオリストであるが，接尾辞を伴った Phryg. edaes 'fecit', Gk. ἔθηκε と関連している．また Skt. ábharat＝Gk. ἔφερε＝Arm. eber ＜*é-bʰer-et は幹母音型アオリスト Skt. ávidat＝Gk. ἐϝιδε＝Arm. egit ＜*é-wid-et と一致する．加音は本来，文小辞（cf. ルウィ語 a「それから，その時」）であったと見られ，したがって，この要素が印欧語域の一部でもっている特殊な意味はこれらの方言に共通の改新である．アルメニア語がギリシア語と特に親密な関係にあることは大方に認められている．伝統的な印欧語の方言区分によれば，アルメニア語はインド・イラン語とともにサテム語群に属しており，ケントゥム語群のギリシア語とは一線を画しているということを考慮すれば，その文献の現れる時期が遅いにもかかわらず，アルメニア語はギリシア語とインド・イラン語をつなぐ懸け橋のような存在であるとは確かに言えるであろう．

§ 9. 印欧諸語の枠組みの中でのアルメニア語の一般的な特徴として，何よりもまず，その語彙はイラン語を始めとするさまざまな言語からの膨大な量の借用語によって席捲されているが，その反面，形態論（語幹および語形成）と統辞法の領域では祖語から継承された要素は優勢であり，明確に把握することができる．印欧祖語からアルメニア語へ至る著しい音韻変化は，この言語に他の印欧語とはかなり異なった外観を与えた．特に歴史以前の時代に，アクセントが終わりから2番目の音節に固定したために，母音の弱化と最終音節の消失が起こり，音韻・語構造が根本的な影響を被った．例えば berém, ebér は最終音節にアクセントが置かれているが，*bʰerémi, *ebʰéret を経て印欧祖語 *bʰéremi, *ébʰeret (cf. Skt. bhárāmi, ábharat) に溯る．他の印欧諸語を比較して伝統的に再建されている印欧祖語体系から見れば，アルメニア語は概して多様な単純化を被っている．例えば，母音には長短の量の対立がない．名詞には文法的な性の区別がなく，両数も失われている．屈折の型は一定化に進んでいる．格の数はよく保存されているものの，格の融合現象がはっきりと現れている．動詞の叙法・時制組織は大幅に単純化されている．

第 1 章　文字，転写，発音

I．文字

§ 10. 古典アルメニア語の文字は，聖メスロプ（あるいはマシュトツ）によって406年頃（404-412年とも）に創られたアルメニア語独自の文字である．その目的はまず，キリスト教伝導のために聖書をアルメニア語に翻訳・記録して信徒の要求に応じること，そしてこれによってアルメニア人の民族文化を促進し，ギリシアやシリアの政治的・文化的影響から自らを解放することにあった．文字創製以前，書物や文書はギリシア語とシリア語でしか存在していなかった．387年国土は東ローマ帝国とササン朝ペルシアに分断され，イラン側の地域はシリアのネストリウス派教会の監督下に置かれ，そのためシリア語が擁護されてギリシア語は排斥された．この地域のアルメニア教会はビザンチウムの本教会から遮断される恐れが出てきた．アルメニア文字はこうした宗教的・政治的情勢のもとで成立したのであり，これは具体的に文字の形や名称にも反映されているように見える．

　アルメニア文字はこの言語の音声的特徴に完全に適応した音素文字であり，原則として，1文字が1音素に対応し，それぞれの音素はつねに同一の文字で表わされる．文字数は36である．コプト文字やゴート文字が対応するギリシア語アンシャル字体をほとんど変更せずに再現しているのとは対照的に，アルメニア文字はギリシア文字と字形的な関係を絶っており，全く別の字形的基礎によって特徴づけられている（例外はΦ [pʻ] と Ք [kʻ]，そしておそらく ե [e]；下表ギリシア文字を参照）．その多くは字形的に起源が不明であり，そうした字形上の特性が古アルメニア語文字の起源について，中世ペルシア文字からあるいは直接に北メソポタミア型のアラム文字からなど種々の推測を生むきっかけを与えたが，部分的にはギリシア語アルファベットをモデルにしていると考えられている．本来は大文字（erkatʻagir「鉄文字」と呼ばれる）しかなかったが，小文字（boloragir「丸文字」と呼ばれる）が12世紀以後に初めて使用されるようになった．注意すべきことは，アルメニア文字は意図的な発明であって，何らかの既存の文字体系が長い期間を経て発展した結果ではないということである．

§ 11. アルメニア・アルファベットはローマ字に転写して表記するのが習慣となっている．その転写にはメイエの採用した方法が広く定着している．それはヒュプシュマンの用いた音声的な転写方法に比べて，一義的でアルメニア文字とローマ字が1対1で相互転換できる翻字組織の必要条件を満たすからである．メイエの転写法に若干の修正を加えられたものを示せば次の通りである（比較のために大文字の右にギリシア語大文字を併記する）．

第1章 文字，転写，発音

大文字		小文字	名称	転字	数価
Ա	A	ա	ayb	a	1
Բ	B	բ	ben	b	2
Գ	Γ	գ	gim	g	3
Դ	Δ	դ	da	d	4
Ե	E	ե	eč'	e	5
Զ	Z	զ	za	z	6
Է	H	է	ê	ê	7
Ը		ը	ət', et'	ə	8
Թ	Θ	թ	t'o	t'	9
Ժ		ժ	žê	ž	10
Ի	I	ի	ini	i	20
Լ		լ	liwn	l	30
Խ		խ	xê	x	40
Ծ		ծ	ca	c	50
Կ	K	կ	ken	k	60
Հ		հ	ho	h	70
Ձ		ձ	ja	j	80
Ղ	Λ	ղ	łat	ł	90
Ճ		ճ	čê	č	100
Մ	M	մ	men	m	200
Յ		յ	yi	y	300
Ն	N	ն	now	n	400
Շ		շ	ša	š	500
Ո	O	ո	o	o	600
Չ		չ	č'a	č'	700
Պ	Π	պ	pě	p	800
Ջ		ջ	ǰê	ǰ	900
Ռ	P	ռ	r̄a	r̄	1000
Ս	Σ	ս	sê	s	2000
Վ		վ	vew	v	3000
Տ	T	տ	tiwn	t	4000
Ր		ր	rê	r	5000
Ց		ց	c'o	c'	6000
Ւ	Υ	ւ	hiwn	w	7000
Փ	Φ	փ	p'iwr	p'	8000
Ք	X	ք	k'ê	k'	9000
O		o	ô	ô	10000
Ֆ		ֆ	fê	f	20000

第 1 章　文字，転写，発音

§ 12. 上で触れたように，アルメニア文字の起源はその字形上の特性ゆえに種々の推測を生んだが，個々の文字の形の類似や相違の字形分析に基づいた結論は方法論的に正当とは言えない．ある文字組織が何らかの他の文字組織に由来していることを確立するためには，内的な体系的特徴づけが必要である．アルメニア文字が明らかにギリシア文字をひとつのモデルとしていることは次のような事実から理解される．

1) 文字は左から右に向かって書かれる．
2) 文字の順序がギリシア文字の順序と一致しており、アルメニア語に必要な文字はその間に補って挿入されている．

a b g d e z e ə t' ž i l x c k h j ł č m y n š o
α β γ δ ε ζ η　θ ι　　κ　λ　μ ν ξ o

č' p j r̄ s v t r c' w p' k'
　π ρ σ τ　υ φ χ

3) 特別な母音記号の創造．
4) 母音 [u] はギリシア語の ou にならって重字 ⟨ow⟩ により表わされる．
5) 数値記号としての文字の使用は，個別的には異なることもあるが，文字の順序に従っている（例えば 10＝ Gk. ι ＝ Arm. ž）．しかし，アルメニア語に特有の音声に対応する文字が随所に配置されて合計 $9 \times 4 = 36$ の文字数を得たために，4桁の数を示すことができるようになった．

したがって，ギリシア文字をモデルとして，対応するアルメニア語音声（またアルメニア語に特有の音声単位）は区別され，元来はギリシア語アルファベットを反映していた一定の順序で配置された．しかし同時に，アルメニア文字の創製者はギリシア語文字組織の字形的な面との関係を意図的に絶って，一定の原則に従って各文字の字形を自由に考案している．こうした字形創作の過程で，メスロプは当然，手にし得るありとあらゆる文字，例えばアラム・パフレヴィ文字，シリア文字，エチオピア文字，ギリシア文字などから手にし得る字形モデルを利用することができた．

こうして，古アルメニア語の文字はその作成者の創作活動の産物であって，ある一つの文字組織の歴史的な改変あるいは字形的な模倣の結果ではない．アルメニア文字組織がさまざまな組織との字形上の関係を示しており，それが全面的にある一つの文字組織にのみ帰せられないことは，これによって説明される．作成者の文字創作の動機は，そのモデルとして用いられた文字，この場合はギリシア文字への依存性を隠そうとする努力であったに違いない．そのようにして，たとえあったにし

第1章 文字，転写，発音

ても，いかなる外的な影響とも外形上は無縁に見えるオリジナルな民族の文字が作られたのである．ギリシア文字のパラダイムに対応する基本部の文字の間にアルメニア・アルファベットの付加的な文字を散らして配置したのも，明らかにこうした事情による．ギリシア語文字組織から受け継がれた文字の順序も乱され，ギリシア語とは異なる新しい数値組織が生じた．おそらくこれと同じ理由で，ギリシア語原型に特徴的な文字名称も変えられたのであろう．名称の大半はアルメニア語音声を基盤にして作られた語である．いくつかはおそらく他言語を手本にしている．例えば，pê はセム（シリア・ヘブライ）文字の名称の影響を受けている（同様に žê, xê, čê, ĵê, sê, rê, kʻê）．おそらく同じくセム文字の名称を手本にしているのは vew（セム wāw），gim（セム gimel），da（セム dāleth，シリア dālath）である（同様に za, ca, ja, ša, čʻa, r̄a）．tʻo, ho, cʻo はギリシア語 ῥῶ などを示唆している．

§ 13. 最後の二つの文字 ô と f は 12 世紀に初めて導入されたものである．ô（おそらく＝[o]）は古い二重母音と重字〈aw〉に代わるもので，例えば，古典アルメニア語 kʻałakʻ「町」の複数具格 kʻałakʻawkʻ は kʻałakʻôkʻ, xawsim「私は話す」は xôsim と書かれる．f＝[f] は外来語にしか用いられない．これらの文字は古アルメニア語の比較的新しい写本や版本にしばしば見られるが，アルメニア語本来の音を表わしていない[1]．

写本や版本では時に合字が見られる．特に重要なのは ew と mn に対する合字である．

句読点と補助符号のうち重要なものは次のものである：

：＝ピリオド，文末に置かれる．

．＝セミコロンまたはコロン

，＝コンマ

ˋ＝グラヴィス（アルメニア語で bowt と呼ばれる），語の右上に置かれ軽い休止を表わす．同格語を持つ名詞・代名詞あるいは言外の動詞が自明である主語の上に置かれる：Esˋ Astowac kʻo, yawitean em「汝の神たる私は永遠である」; hownjkʻ bazowm en, ew mšakkʻ˵ sakaw (en)「収穫は多いが，働き人が少ない」．

⌣＝分離符号（行末で語が中途で切れる時）

---

[1] イラン語 fr- は規則的にアルメニア語 hr- で写される．例えば hraman「命令」は Parth. frmʼn ＝/framān/(cf. MP framān＜OP framānā-), hreštak「使者，天使」は Parth. fryštg ＝/frēštag/＜ OP *fraišta- (cf. Avest. fraēšta-), hrovartak「書簡，布告」は Parth. frwdg ＝/fravardag/からの借用．hr- がアルメニア語の音代用と捉えられるべきでなく，西中期イラン語方言の音韻状況を反映していることは明らかにされている (cf. R. Schmitt, Grammatik des Klassisch-Armenischen mit sprachvergleichenden Erläuterungen, 1981, 166).

第 1 章　文字，転写，発音

՞ ＝疑問符（疑問語の強勢のある音節の上に置かれる）：զինչ「何？」．
´ ＝鋭アクセント，命令形や呼格の語の最後の音節上に置かれ，軽く声が高められる：սիրեա՛「愛せよ」，վարդապե՛տ「先生！」．

写本や古い版本では特に尊敬すべき名称に対して略記形（patiw「尊称」と呼ばれる）が用いられる．例えば，

Ա․ծ「神」＝Աստուած，Ա․յ（属/与/奪格）＝Աստու(ա)ծոյ，Ա․վ（具格）＝Աստու(ա)ծով
Տ․ր「主」＝Տէր
Յ․ս「イエス」＝Յիսուս
պ․գ「（書物の）章」＝պրակք (e.g. պ․գ․ժբ「第12章」)

II. 発音

§ 14. 現存する資料は文字文献しかないので，古典期のアルメニア語の発音を正確に知ることはできないが，少なくとも次のような資料が古典アルメニア語の発音を知る上で有益な手掛かりとなる．まず，現代東アルメニア語の発音およびこれに基づいた古典文語に対するアルメニア人自身の発音伝統[2]．さらにアルメニア語とその音韻状況がよく知られている他言語との借用関係を示す資料，例えばイラン語，シリア語，ギリシア語などからアルメニア語に借用された語，これとは逆にアルメニア語からギリシア語などに借用された語．しかし，これらはいずれも直接的な証拠ではなく，古典アルメニア語の発音を音声学的な確実性をもって決定することはできない．ここでは音素の区別に必要な程度に個々の音価を概観するにとどめる．

A. 母音（Vowels）

1. 単母音

単母音には長短の別はない：a＝[a, ɑ]．— e は半広の [ɛ] で，語頭では伝統的な発音で音で [yɛ-]（cf. 備考1）．— ê は半狭の [e] で強勢音節にしか起こらない．一般に用いられてきた ē という転写は長母音のように見えるという欠点がある．e と量的に対立しているわけではなく，実際には二重母音として機能している（ay, oy に対する *ey としての ⟨ê⟩）．— ə＝[ə]，いわゆる schwa．強勢を持たない音節にしか起こらないが，伝統的な発音では文字として書かれていなくても，実際には頻繁に発音される．したがって，異字はゼロである（cf. 備考2）．— i＝[i]．— o＝[ɔ, o] である．語頭 o- の伝統的な発音 [vo-]（cf. e-＝[yɛ-]）は古典期には行われていない（cf. 備考1）．— ow＝[u]．

2. 二重母音

二重母音には次のものがある：ay＝[ai̯]（e.g. ays「これ」，orovayn「母

---

[2] 例えば բ, պ, փ に対してそれぞれ現代東アルメニア語では [b], [p], [pʰ]，現代西アルメニア語では [p], [b], [p] と発音される．前者の発音がおそらく古典アルメニア語に推定される発音を忠実に伝えていると考えられる．

第1章　文字，転写，発音

胎」); oy＝[o̯i] (e.g. goyn「色」, kʻoyr「姉妹」), これには伝統的ではあるが古くない発音 [u̯i] がある (goyn＝[gu̯in], ecʻoycʻ＝[yɛtsʰu̯itsʰ]「彼は示した」). — aw＝[au̯] (e.g. awr「日」), 後に＝ô; ew＝[eu̯] (e.g. tʻewr「斜めの」); iw＝[iu̯] (e.g. hariwr「100」), ギリシア語 υ にも対応する (e.g. Tiwros＝Τύρος, hiwł＝ὕλη). ew と iw は早くから混同されており，中世期の写本では綴りに揺れが見られる (e.g. ałbewr／ałbiwr「源，泉」, gewł／giwł「村」). また ew はしばしば eaw と書かれることがある (e.g. gewł／geawł「村」, ewtʻn／eawtʻn「7」, ardewkʻ／ardeawkʻ「一体」). — ea は伝統的な発音では [i̯a] である (e.g. eawtʻn＝[i̯ávtʰn]「7」, arean＝[ari̯án]「血 (ariwn) の」). ea が二重母音であったことは，一音節性を避けるためにオーグメントを添加されたアオリスト形に示される (e.g. ekeacʻ＝[ɛki̯átsʰ]「私は生きた」).

ew, iw, aw は伝統的に語末でそれぞれ [-ɛv, -iv, -av] と発音されるが，古い発音ではない．例えば iw は語中に現れて i が脱落する時 ow と書かれる: tʻiw「数」, 単・属 tʻowoy[tʰəu̯ó]. 一音節語名詞や間投詞を除き，伝統的な発音では二重母音 ay, oy は語末で [-a, -o] である: 例えば arkʻay＝[arkʰá]「王」, mardoy＝[mardó]「人 (mard) の」, しかし Hay＝[ha̯i]「アルメニア人」, nay＝[na̯i]「湿っぽい」, čay[tʃa̯i]「カモメ」, vay＝[va̯i]「ああ」, xoy＝[xo̯i]「牡羊」. ê は本来 *ey であって歴史的に見れば二重母音である．⟨ow⟩ は二重母音ではなく [u]，ないしは母音の前で [v] と発音される単音である (e.g. zinowor＝[zinvór]「兵士」, Astowac＝[ast(ə)vatsʰ]「神」, hovowi＝[hovvi], hoviw「羊飼い」の属／与／位, toweal＝[təvyal]「与えられて」).

二重母音の中で oy, ea, ê は強勢音節にしか現れないという点で，特異な位置を占めている．

ギリシア文字 ω はしばしば ⟨ov⟩ によって写される (Arm. ⟨o⟩＝Gk. o と区別するため): Ἰωάννης＝Yovhannês「ヨハネ」, Ἰωσήφ＝Yovsêpʻ「ヨセフ」, Μωσῆς＝Movsês「モーセ」, Σαλώμη＝Sałovmê「サロメ」.

B. 子音 (Consonants)
1. 阻害音 (Obstruents)
a) 破裂音 (Plosives) と破擦音 (Affricates)

発音器官および閉鎖部位に従って破裂音を両唇・歯・軟口蓋の3類，破擦音を歯・硬口蓋の2類，さらに発音の様式に関してそれぞれ有声無気・無声無気・無声有気の3種に分かち，計15音素からなる．

　　　　両唇音 (Bilabials): b＝[b], p＝[p], pʻ＝[pʰ]　(摩擦音 [f] ではない)
　　　　歯音 (Dentals): d＝[d], t＝[t], tʻ＝[tʰ]　(摩擦音 [θ] ではない)
　　　　軟口蓋音 (Velars): g＝[g], k＝[k], kʻ＝[kʰ]　(摩擦音 [x] ではない)
　　　　歯音 (Dentals): j＝[dz], c＝[ts], cʻ＝[tsʰ]
　　　　硬口蓋音 (Palatals): ǰ＝[dʒ], č＝[tʃ], čʻ＝[tʃʰ]

— 15 —

第 1 章　文字，転写，発音

　b）摩擦音（Fricatives）
　　　唇歯音（Labiodental）：v＝[v]，両唇音[β]の可能性もある．w の異音
　　　　（cf. 備考 3）
　　　軟口蓋音（Velar）：x＝[x]
　　　声門音（Glottal）：h＝[h]
　c）歯擦音（Sibilants）
　　　歯音（Postdentals）：s＝[s], z＝[z]
　　　硬口蓋音（Palatals）：š＝[ʃ], ž＝[ʒ]
2. 共鳴音（Sonorants）
　　共鳴音には通常鼻音・流音・半母音と呼ばれるものが含まれる．
　a）鼻音（Nasals）：m＝[m], n＝[n]
　b）流音（Liquids）：l＝[l]．— ł＝[ɫ, l]．この文字に対して現代語で発音される有声軟口蓋摩擦音 [ɣ]（cf. ałiws＝[aɣius]「煉瓦」，kʻałcʻeaw＝[kʰaɣtsʰ-iav]「彼は飢えた」，ełicʻi [yɛɣitsʰi]「それは…になるだろう」）は古典期にはまだ行われていなかった．ł は類似した音をもつ借用語に見られるほかに（e.g. titł os＜τίτλος「碑文，碑銘」，Pawłos＜Παῦλος など），アルファベット内の順序もギリシア文字 λ に対応している；そり舌側面音 [ɭ] と考えられる（cf. 備考 4）．
— r＝[r]．— r̄ [rr]．歯茎ふるえ音，実際には二重の [r]（cf. スペイン語 perro）．r̄ は現代語で r よりも舌先を強くふるわせて発音される（cf. 備考 5）．
　c）半母音（Semivowels）：y＝[i̯, y]．正確な発音は不明である．現代語に見られるような語頭の y-＝[h-]（Yisows＝[hisus]「イエス」，yoys＝[hui̯s]「希望」，anyoys＝[anhui̯s]「希望のない」（an- は欠如を表わす接頭辞；cf. 綴りの変異 hownvar/yownvar＝[hunvar]「1 月」，Hownastan/Yownastan「ギリシア」など）は古典期にまだ行われていない；語末で -ay, -oy＝[-a, -o]；y- は前置詞 i の子音的な変異である：i kʻałakʻê「町から」，y-awan「村へ」．—w＝[u̯, v]．二重母音の第二成分として [u̯]，それ以外ではおそらく [v]（cf. 備考 3）．

　備考 1．現代語の発音 [yɛ-], [vo-]（e.g. eresown＝[yɛrɛsún]「30」，em＝[yɛm]「私は…ある」，oč＝[votʃʰ]「…ない」or＝[vor]「…ところの（人）」）は古典期にはない．わたり音 [y-] を語頭に添加しない [ɛ] が古い発音であったことを示す証拠としては，アルファベット内の位置（Gk. ϵ に対応），外来の単語や名称を語頭で e-（Gk. ἐ-, αἰ-）で写していること，語頭〈ye-〉＝[yɛ-] で書かれた語形が存在することなどが挙げられる．
　備考 2．ə は文字として語頭に限って書かれるが（cf. 前置詞 əst「…に従って」，ənd「…と共に」，また ən-ker＜PA *ənd-ker「仲間，同僚」＜「共に（ənd）食べる」[現在 owtem, アオリスト keray]），この母音で始まる後分を持つ複合語でも（e.g. astowa-cəntir「神によって選ばれた」），行末で語が次の行にまたがって分かれる場合にも現れる：mnam＝[mənám]「私はとどまる」に対して mə_nam; srboy＝[sərbó]（sowrb「聖なる」の単・属）に対して sər_boy．しかし語頭に子音群 CC を持つ語では，ə がそ

第1章　文字，転写，発音

の間に挿入されて [CəC] のように発音された：例えば bžišk [bəʒíʃk]「医者」, glowx [gəlúx]「頭」, grem [gərɛ́m]「書く」. 語頭に ə を持つ語が前置詞 y-/z- を伴う時 ə は綴りとしては消えるが，発音が残る場合がある：例えば y-nt'ris「食事で」(< y- + ənt'ris), z-ntreals「選ばれた者たちを」(< z-əntreals). また語頭 s/z/š/ž＋C の前ではə が添加されて [əCC] のように発音された：例えば zbałim = [əzbałím]「従事する，忙殺される」, zgenowm = [əzgɛnúm]「服を着る」, stanam = [əstanám]「手に入れる」, spitak = [əspiták]「白い」, štemarank' = [əʃtɛmaránkʰ]「穀物倉」. このような子音群挿入規則 [CəC] は語中や語末の音節でもはたらく：例えば bžškem = [bəʒə́ʃkɛm]「癒す」, martnč'im = [martəntʃím]「戦う」, mowkn = [múkən]「ネズミ」, kaysr = [káisər]「皇帝」, astł = [ástəl]「星」, owsowmn = [usúmən]「教え」. 母音に先行して [v] と発音される重字 〈-ow-〉 の前でも母音 [ə] が見られる：例えば nowêr = [nəvér]「贈り物」, nowačem = [nəvatʃɛ́m]「征服する」.

子音で始まるすべての語の前で前置詞 z- は [əz-] と発音される：zna [əz-ná]「彼を」, zhac' mer [əz-hatsʰ mɛr]「私たちのパンを」.

また，名詞複数主格の語末子音が -gk', -kk', -k'k' となる時，これらの子音群は書かれることのない母音 [ə] を持つ音節を形成する：mog − mogk'[mo-gəkʰ]「占星学者」, hreštak-hreštakk' [hrɛʃtá-kəkʰ]「使者，天使」, k'ałak' − k'ałak'k'[kʰalá-kʰəkʰ]「町」. 子音に複数対格語尾 -s が付く場合にはつねに [ə] を挿入して発音する：ban − bans [ba-nəs]「言葉」, ganj − ganjs [gan-dzəs]「宝」, get − gets [gɛ-təs]「川」(複・主 bank', ganjk', getk' は1音節). しかし，いずれの場合にもアクセントは [ə] に落ちない.

子音群における [ə] の挿入が古典アルメニア語ですでに一般的に行われていたことは，次のような事例からも明らかである：オーグメントを伴わないアオリスト，例えば gnac'「彼は行った」は2音節形であって [gənátsʰ] と発音されていたに違いない (cf. 1. sg. ber-i : 3.sg. e-ber). あるいは語末に -r を持つ語で後置冠詞 -n を伴う形，例えば hayrn = [háirən] では n の前でも r̄ ではなく r が保たれている (cf. §24 Aa).

備考3．v と w は異なる音素ではなく，相補分布的な異字 (allograph) である. すなわち，v は語頭 (また複合語の後分の語頭) および o の後ろに現れ，それ以外の位置では w が現れる. 重字 〈ow〉 は [u] を表わすので，[ov] は 〈ov〉 によって表記された.

備考4．l と ł は異なる写本の間で，あるいは同一の写本の中で綴りの変異が観察されるので，音素変異のように見えることがあり (e.g. gayl/gaył「オオカミ」, ayl/ayłを「他の」, aył/ayl「しかし」, lapter/łapter「ともし火」), しかも部分的に相補分布をなしている (固有語で l- は語頭，母音の前の語中，語末に現れるが，ł は語中でつねに子音の前で，時に母音の前でも，あるいは語末に現れることはあっても，語頭には外来語にしか現れない). しかし最小対は確実に存在しており，異なる音素である (e.g. gol「存在する」: goł「泥棒」). 現代語では l は歯茎側面音 [l], ł は有声軟口蓋摩擦音 [ɣ] で無声の [x] に対立する. 中世の諸写本で t'owłt'「書状」に対して t'owxt' が見られるのは，摩擦音として発音された ł が t' の前で無声化したからであろう.

第1章 文字，転写，発音

備考5．⟨r̄⟩は時に⟨rr⟩に対して書かれ，パルティア語，中期ペルシア語/ rr /に対応する（e.g. pʻar̄-kʻ「栄光」←prh, frh＝/farrah/「名声，輝き」＜OPers. farnah-（cf. Av. xᵛarənah-「輝き，栄光」）．

III．アクセント

§ 15. 強勢アクセントはつねに語の最終音節の完全母音の上に置かれる．この音節が語根，派生・屈折形成辞に属するか否かは問わない：arcatʻ＝[artsátʰ]「銀」，属 arcatʻoy＝[artsatʰó]；tʻagawor＝[tʰagavór]「王」，属 tʻagawori＝[tʰagavorí]，名詞派生動詞 tʻagaworem＝[tʰagavorɛ́m]「王である」，作為動詞 tʻagaworecʻowcʻanem＝[tʰagavorɛtsʰutsʰanɛ́m]「王にする」．ただし，発音はされるが書かれることのない，つねに非強勢の「隠れた」母音[ə]はこの規則に関与するような音節には数えない：astł＝[ástəl]「星」，akn＝[ákən]「眼」，owsowmn＝[usúmən]「教え」，manowk＝[manúk]「子供」，manowkn [manúkən]「その子供」，hreštak＝[hrɛšták]「天使」，hreštakkʻ[hrɛštákəkʰ]「天使たち」．

繋辞，不定代名詞（e.g. inčʻ「何か」），əで始まる前置詞 əst「～に従って」，ənd「～と共に」などは前倚辞（enclitic）または後倚辞（proclitic）として用いられて，それ自体アクセントを持たない．

最終音節強勢規則に対する見かけ上の例外は，2番目の成分にこのような非強勢語を伴うためにアクセント的には一つの単位をなしている語群である．例えば oč inčʻ＝[ótʃʰ intʃʰ]「何も…ない」＜ oč「…ない」（強勢）＋ inčʻ「何か」（非強勢）；ayspês＝[áispes]「このように」（＜ays「この」＋-pês「仕方」）；あるいは強意の指示代名詞形（e.g. aysorik＝[áisorik]＜ ay-＋ so-r-＋-ik）；間投詞 ahawasik＝[ahávasik]「見よ」＜aha＋awasik）．

§ 16. 最終音節にアクセントが落ちるという規則は，歴史以前の時期にアクセントが終わりから2番目の音節に固定された結果，その強勢音節に後続する最終音節が弱化消失したことにより確立された．この最終音節の消失はイラン（パルティア）語から借用語を多数取り入れた後に初めて起こったと一般に考えられてきた．例えば，イラン語とアルメニア語借用語の間に見られる語幹類の一致はこの説を支持しているように見える：dew「悪魔」（-a-語幹：複・属 diwacʻ）＜イラン *daiwa-（OP daiva-, Avest. daēuua-），karas「瓶，壺」（-a-語幹；Skt. kalaśa-「甕，壺」），axt「病気」（-i-語幹：複・属 axticʻ）＜イラン *axti-（Avest. axti-），baxt「運命，幸運」（-i-語幹；Skt. bhaktí-），owxt「誓い」（-i-語幹；Av. uxti-「語，言葉」），xrat「助言」（-u-語幹：複・属 xratowcʻ）＜イラン *xratu-（OP, Avest. xratu-），mah「死」（-u-語幹）＜*mr̥θyu-（Av. mərəθiiu-, Skt. mr̥tyu-），mog「ゾロアスター教の司祭」（-u-語幹；MP mgw, OP magu-, Av. moγu-）．しかしこのような関係を持たない古い借用語も存在する：zên「武器」（-u-語幹：複・属 zinowcʻ）＜イラン *zaina-（Avest. zaēna-），

第1章 文字，転写，発音

xoyr「頭飾り」(-i-語幹：複・属 xowric‘) ＜イラン *xauda- (OP xauda-, Avest. xaoδa-), dat「判決，裁判」(-i-語幹：複・属 datic‘) ＜イラン *dāta- (OP dāta-), spah / spay「軍隊」(-i-語幹：複・属 spahic‘) ＜イラン *spāda- (MP sp'h, Avest. spāδa-). これらは，アルメニア語における最終音節の弱化とほぼ時期を同じくするがアルメニア語とは完全に独立して行われたイラン語における規則的な音韻変化の結果を反映している．時に確認される語幹類の一致は，古い語幹母音を保存し得た派生語や複合語から語幹母音が回復されたことによるものであると説明されている[3].

IV．アルメニア語テクストサンプル，転字，伝統的発音による音写

ルカ福音書 4, 1-13

1. Եւ ՅՍ լի հոգւով սրբով դարձաւ ի Յորդանանէ եւ վարէր հոգւովն յանապատ.
2. աւուրս քառասուն փորձեալ ի սատանայէ ։. Եւ ոչ եկեր եւ ոչ արբ յաւուրս յայնոսիկ ։. Եւ ի կատարելն նոցա քաղցեաւ ։.
3. Եւ ասէ ցնա սատանայ· եթէ որդի ես Ա.Յ. ասա քարիդ այդմիկ գի հաց լիցի ։.
4. Պատասխանի ետ նմա ՅՍ եւ ասէ· գրեալ է. եթէ ոչ հացիւ միայն կեցցէ մարդ· այլ ամենայն բանիւ Ա.Յ ։.
5. Եւ հանեալ զնա ի լեառն մի բարձր. եցոյց նմա զամենայն թագաւորութիւնս աշխարհի ի վայրկեան ժամանակի·
6. եւ ասէ ցնա սատանայ· քեզ տաց զայս ամենայն իշխանութիւն եւ զփառս սոցա· զի ինձ տուեալ է. եւ ում կամիմ տամ զաա·
7. արդ դու եթէ անկեալ երկիր պագանիցես առաջի իմ. քեզ եղիցի ամենայն ։.
8. Պատասխանի ետ նմա ՅՍ եւ ասէ· գրեալ է· երկիր պագցես ՏՆ Ա.Յ քում. եւ զնա միայն պաշտեսցես ։.
9. Եւ ած զնա յԷՄ. եւ կացոյց ի վերայ աշտարակի տաճարիմ. եւ ասէ ցնա· եթէ որդի ես Ա.Յ. արկ զքեզ աստի ի վայր·
10. գի գրեալ է· եթէ հրեշտակաց խրոց պատուիրեալ է վասն քո. պահել զքեզ·
11. մի երբէք հարցես զքարի զոտն քո ։.
12. Պատասխանի ետ նմա ՅՍ եւ ասէ· ասացեալ է· թէ ոչ փորձեսցես զՏՐ Ա.Ծ քո ։.
13. Եւ կատարեալ զամենայն փորձութիւնն սատանայէ· ի բաց եկաց ի նմանէ առ ժամանակ մի ։.

---

[3] cf. R. Schmitt, Grammatik des Klassisch-Armenischen mit sprachvergleichenden Erläuterungen, 1981, 32-33. しかし，zēn については Av. zaēnu-f.「剣帯」との関係が指摘されており，イラン語 u-語幹はさらにトカラ語 B で対応する借用語 tsain「ある武器の名称」(複 tsainwa) によって確証されているともいう．

第 1 章 文字, 転写, 発音

転字
1. Ew $\overline{\text{YS}}$ li hogwov srbov darjaw i Yordananê. ew varêr hogwovn yanapat.
2. awowrs kʻaṝasown pʻorjeal i satanayê :. Ew očʻ eker ew očʻ arb yawowrsn yaynosik :. Ew i katareln nocʻa kʻałcʻeaw :.
3. Ew asê cʻna satanay· etʻe ordi es $\overline{\text{AY}}$. asa kʻarid aydmik zi hacʻ licʻi :.
4. Patasxani et nma $\overline{\text{YS}}$ ew asê· greal ê. etʻe očʻ hacʻiw miayn kecʻcʻê mard· ayɫ amenayn baniw $\overline{\text{AY}}$:.
5. Ew haneal zna i leaṝn mi barjr. ecʻoycʻ nma zamenayn tʻagaworowtʻiwns ašxarhi i vayrkean žamanaki·
6. ew asê cʻna satanay· kʻez tacʻ zays amenayn išxanowtʻiwn ew zpʻaṝs socʻa· zi inj toweal ê. ew owm kamim tam zsa·
7. ard dow etʻe ankeal erkir paganicʻes aṝaǰi im. kʻez ełicʻi amenayn :.
8. Patasxani et nma $\overline{\text{YS}}$ ew asê· greal ê· erkir pagcʻes $\overline{\text{TN}}$ $\overline{\text{AY}}$ kʻowm. ew zna miayn paštescʻes :.
9. Ew ac zna y$\widehat{\text{EM}}$. ew kacʻoycʻ i veray aštaraki tačarin. ew asê cʻna· etʻe ordi es $\overline{\text{AY}}$. ark zkʻez asti i vayr·
10. zi greal ê· etʻe hreštekacʻ iwrocʻ patowireal ê vasn kʻo. pahel zkʻez·
11. mi erbekʻ harcʻes zkʻari zotn kʻo :.
12. Patasxani et nma $\overline{\text{YS}}$ ew asê· asacʻeal ê· tʻe očʻ pʻorjescʻes z$\overline{\text{TR}}$ $\overline{\text{AC}}$ kʻo :.
13. Ew katareal zamenayn pʻorjowtʻiwnn satanayi· i bacʻ ekacʻ i nmanê aṝ žamanak mi :.

音写
1. yɛv hisus li hogvov sərvov dardzav i hordanane. yɛv varer hogvov-ən h-anapat.
2. avurəs kʰarrasun pʰordzyal i satanaye :. yɛv votʃʰ yɛkɛr yɛv votʃʰ arb h-avurs-ən h-aɟinosik :. yɛv i katarɛl-ən notsʰa kʰaɣtsʰyav :.
3. yɛv ase tsʰə-na satana· yɛtʰɛ vordi yɛs astutso. asa kʰari-d aɟdmik zi hatsʰ litsʰi :.
4. patasxani yɛt nəma hisus yɛv ase· gəryal e. yɛthɛ votʃʰ hatsʰiv miaɟn ketsʰ(ə)tsʰe mard· aɟɣ amɛnaɟn baniv astutso :.
5. yɛv hanyal əz-na i lyarr(ə)n mi bardzər. yɛtsʰuitsʰ nəma z-amɛnaɟn tʰagavorutʰyunəs aʃxarhi i vaɟrkyan ʒamanaki:
6. yɛv ase tsʰə-na satana· kʰɛz tatsʰ z-aɟs amɛnaɟn iʃxanutʰyun yɛv əz-pʰarrəs sotsʰa· zi indz təvyal e. yɛv um kamim tam əz-sa·
7. ard du yɛtʰɛ ankyal yɛrkir paganitsʰɛs arradʒi im. kʰɛz yɛɣitsʰi

— 20 —

第1章 文字，転写，発音

amɛnain :.
8. patasxani yɛt nəma hisus yɛv ase· gəryal e· yɛrkir pagətsʰɛs tyarrən astutso kʰum. yɛv əz-na miain paʃtɛstsʰɛs :.
9. yɛv ats əz-na h-erusayɛm yɛv katsʰuitsʰ i vɛra aʃtaraki tatʃari-n. yɛv ase tsʰə-na· yɛtʰɛ vordi yɛs astutso. ark əz-kʰɛz asti i vair·
10. zi gəryal e· yɛtʰɛ hərɛʃtɛkatsʰ yurotsʰ patəviryal e vasn kʰo. pahɛl əz-kʰɛz
11. mi yɛrbɛkʰ hartsʰɛs əz-kʰari z-otən kʰo :.
12. patasxani yɛt nəma hisus yɛv ase· asatsʰyal e· tʰɛ votʃʰ pʰordzɛstsʰɛs əz-ter ast(ə)vats kʰo :.
13. yɛv kataryal z-amɛnain pʰordzutʰyun-ən satanayi· i batsʰ yɛkatsʰ i nəmane arr ʒamanak mi :.

第2章 音韻体系

Ⅰ. 母音と子音

§ 17. アルメニア語の音韻体系は，他の多くの印欧語の音韻体系とかなり違った様相を呈している．とりわけ子音組織は豊富であって，南コーカサス諸語，特にグルジア語との顕著な類似性が指摘されている．有気破擦音は他の印欧諸語には見られない．アルメニア・アルファベットは音素文字であるから，その共時的な音韻体系は比較的容易に記述できる．音素の数は37個であり，このうち子音は30個，母音は7個である．

§ 18. 母音音素は以下の通りである（対応する文字は 〈 〉 で併記してある）[1]．

	前舌	中舌	後舌
狭	/i/〈i〉		/u/〈u〉
		/ə/〈ə, ゼロ〉	
半狭	/e/〈ê〉		/o/〈o〉
半広	/ɛ/〈e〉		
広		/a/〈a〉	

アルメニア語の母音に長短の別はない．〈e〉 と 〈ê〉（〈ē〉 とも転写される）の対立は長さではなくて，開口度の違いによる．ê は本来二重母音 *ey であった．これは動詞の3人称単数現在形の平行性に明らかに反映されている．例えば 複・3 kan「立っている」, gon「存在する」：単・3 kay, goy と同様に，beren「運ぶ」：*berey＞berê．

§ 19. 子音音素は次の通りである（対応する文字は 〈 〉 で併記してある）．子音は大きく5つの下位組織に分類される：1）阻害音，さらに a) 閉鎖音（破裂音と破擦音），b) 摩擦音，および c) 歯擦音に分かれる；2）共鳴音．破裂音と破擦音に有声・無声・無声有気の3種が区別される．

1) 阻害音
a) 閉鎖音

破裂音	有声	無声	無声有気
両唇音	b 〈b〉	p 〈p〉	pʰ 〈p'〉
歯音	d 〈d〉	t 〈t〉	tʰ 〈t'〉
軟口蓋音	g 〈g〉	k 〈k〉	kʰ 〈k'〉

---

[1] 標準現代東アルメニア語は6母音を持っている：/i/ 前舌高母音，/e/ 前舌中母音，/ə/ 中舌中母音，/a/ 後舌低母音，/o/ 後舌中母音，/u/ 後舌高母音．

第 2 章　音韻体系

破擦音				
歯音	dz ⟨j⟩		ts ⟨c⟩	tsʰ ⟨c'⟩
硬口蓋音	dʒ ⟨ǰ⟩		tʃ ⟨č⟩	tʃʰ ⟨č'⟩
b)　摩擦音				
唇歯音	v ⟨v⟩			
軟口蓋音			x ⟨x⟩	
声門音	h ⟨h⟩			
c)　歯擦音				
歯音	z ⟨z⟩		s ⟨s⟩	
硬口蓋音	ʒ ⟨ž⟩		ʃ ⟨š⟩	
2) 共鳴音				
鼻音				
両唇音	m ⟨m⟩			
歯音	n ⟨n⟩			
側面音				
歯音	l ⟨l⟩			
そり舌音	ɭ ⟨ł⟩			
ふるえ音	r ⟨r⟩		rr ⟨r̄⟩	
半母音	i̯ ⟨y⟩		u̯ ⟨w⟩	

§ 20. 古典アルメニア語においてアクセントが最終音節 (Ultima) に置かれるという通則は、歴史以前に働いていたアクセント法の産物である. すなわち、アルメニア祖語の段階で強勢アクセントが終わりから 2 番目の音節 (Paenultima) に固定され、そのためにアクセントの置かれた音節に続く本来の最終音節の母音が弱化し、音節自体が消失した. この通則は、ヴェーダ語、ギリシア語、リトアニア語などのアクセント法の比較によって再建される印欧祖語の自由アクセント (間接的にはゲルマン語の子音推移に対する例外に関してデンマーク人フェルナー (Karl Verner) によって証明されたゲルマン語における痕跡も含めて) に対立するものである. このようなアクセントの作用 (いわゆる「語末音規則 Auslautgesetz」) は、歴史以前のアルメニア語に最も深刻な変化の 1 つをもたらした原因として言語史的に極めて重要である. 語の最終音節の母音の弱化・消失に伴い、それに後続する子音 (n, r, l を除く) も消えて、アルメニア語のほとんどすべての語 (1 音節語を除く) は子音で終わることになった. 例えば eber「彼は運んだ」< Pre-Arm. *ebhéret < PIE *ébheret (Ved. ábharat, Gk. ἔφερε); hing「5」< PIE *pénkʷe (Ved. páñca, Gk. πέντε), 語中で -e- は複合語 hnge-tasn「15」に保存されている; ows「肩」< PIE *ómsos (Ved. áṃsaḥ, Gk. ὦμος); mis「肉」< Pre-Arm. *mémsom < PIE *memsóm (Goth. mimz, OCS mę̨so).

第 2 章　音韻体系

　これに対して，最終音節の母音が *n, *r, *l によって覆われている（つまり鼻音・流音との「二重母音」VR が存在する）ならば，R は保たれて残る．例えば hayr「父」< Pre-Arm. *pátēr < PIE *pətér (Ved. pitā́, Gk. πατήρ)；ewt'n「7」< PA *ewt'an（複合語 ewt'an-a-sown「70」に保存されている）< PIE *septḿ̥ (Ved. saptá, Gk. ἑπτά, Lat. septem)；otn「足」< PA *otan < PIE 対格 *pódm̥ (Gk. πόδα)．

　1 音節語は当然，語末音ないし最終音節の消失にはかからない．例えば mi「…するな」（禁止の小辞）< PIE *mḗ (Ved. mā́, Gk. μή)；eris「3」対格（本来は 1 音節語，前置母音 e- は二次的に付加されたもの）< PIE *tri-ns (Goth. þrins, Gk. *τρινς, cf. Cret. τριινς, OL trīs < *trins)，一方，多音節 i- 語幹では複・対は -s < PIE *-ins を示す (ban「語」: ban-s)．

II．交替

A．母音交替

§ 21.　アルメニア語には「母音交替」(vowel alternation) と呼ばれる極めて重要な音韻論的現象をもたらした，もう 1 つの共時的なアクセント規則が存在する．このいわゆる「母音規則 Vokalgesetz」は，歴史以前の古い「語末音規則」とは逆に，アクセントが落ちる最終音節の前の音節に働く．この規則に従えば，本来アクセントを持っていた（語末の）音節の特定の単母音や二重母音は，派生，複合語形成，あるいは名詞曲用や動詞活用による語の拡張のために，アクセントを持たない位置つまり語末以外の音節に立つようになると，脱落または他の母音と交替する．母音 a, e, o および二重母音 ay, aw, ew, iw は変化しないが，それぞれアクセントのある i はゼロと，u ⟨ow⟩ はゼロと，ê は i と，oy は u ⟨ow⟩ と，ea は e と交替するという規則が，アルメニア語の音韻論，名詞・動詞形態論全体を通じて強力に適用される．この母音交替は印欧語比較文法にいう母音交替 (Ablaut) とは関係ないが，形式上は最終強勢音節における盈度階梯 ((Vollstufe) と非最終非強勢音節における低減階梯 (Reduktionsstufe) の対立として次のようにまとめることができる．

```
強勢音節－盈度階梯      i      u      ê      oy      ea
非強勢音節－低減階梯   ゼロ   ゼロ    i    u ⟨ow⟩    e
```

「ゼロ」は音素 /ə/，ゼロ/ないし文字 ⟨ə, ゼロ⟩ として実現される (ê：i と oy：u については，備考 1 参照)．

a) i：ゼロ
　sirt「心」：属 srt-i [sərtí]
　amis「(暦の)月」：属 ams-oy [amsóy]

第 2 章　音韻体系

　　　　　　　派生形 ams-akan「月毎の」
t'iw「数」：属 t'ow-oy [tʰəu̯ó] (cf. 備考 2)
egit「彼は見つけた」：1 人称 gt-i [gətí]
　　　　　　　　　　現在 gt-anem [gətanɛ́m]
elik'「彼は置き去りにした」：1 人称 lk'-i [ləkʰí]
　　　　　　　　　　　　現在 lk'-anem [ləkʰanɛ́m]
elic'「彼は満たした」：1 人称 lc'-i [lətsí]
gir「手紙」：属 gr-oy [gəró]
　　　　　　動詞 gr-em [gərɛ́m]
piłc「穢れた」：派生名詞 płc-owt'iwn [pəltsutʰi̯ún]「穢れ，不浄」
　　　　　　　動詞 płc-em [pəltsɛ́m]「汚す」
vałiw「明日」：派生形容詞 vałowean [valu̯i̯án]「翌日」
inc「豹」：属 ənc-ow [əntsú]
ił j「要求」：動詞 əł j-am [əldzám]

b)　u : ゼロ
k'own「眠り」：属 k'n-oy [kʰənó]
lowc「くびき」：属 lc-oy [lətsó]
howr「火」：属 hr-oy [həró]
ptowł「果実」：属 ptł-oy [pətəłó]
šowrt'n「唇」：属 šrt'an [ʃərtʰán]
dowstr「娘」：属 dst-er [dəstɛ́r]
bazowm「多くの」：属 bazm-i [bazmí]
　　　　　　　　派生動詞 bazm-anam [bazmanám]
owsowmn「教え」：属 owsman [usmán]
orowm 関係代名詞与格：奪 ormê [ormɛ́]
emowt「彼は入った」：1 人称 mt-i [mətí]
　　　　　　　　　　現在 mt-anem [mətanɛ́m]
owmp [ump]「一飲み」：動詞 əmp-em [əmpɛ́m]

c)　ê : i
mêg「霧」：属 mig-i [migí]
vêm「石」：属 vim-i [vimí]
êš「ロバ」：属 iš-oy [iʃó]
sêr「愛」：属 sir-oy [siró]
　　　　　動詞 sir-em [sirɛ́m]
têr「主」：名詞派生動詞 tir-em [tirɛ́m]
zên「武器」：属 zin-ow [zinú]

第 2 章　音韻体系

　　　　　　複合語 zin-owor [zinvór]「兵士」
anšêǰ「消えない」：派生動詞 šiǰ-anim [ʃidʒaním]
êǰ「彼は降った」：1 人称 iǰ-i [idʒí]
　　　　　　　　現在 iǰ-anem [idʒanɛ́m]

d)　oy：ow
　p'oyt'「熱心」：属 p'owt'-oy [pʰutʰó]
　loys「光」：属 lows-oy [lusó]
　　　　　　複合語 lows-a-wor [lusau̯ór]
　koys「乙女」：属 kows-i [kusí]
　yoys「希望」：属 yows-oy [i̯usó]
　　　　　　動詞 yows-am [i̯usám]
　hamboyr「接吻」：属 hambowr-i [hamburí]
　　　　　　　　動詞 hambowr-em [hamburɛ́m]
　eboyc「彼は食物を与えた」：1 人称 bowc-i [butsí]
　　　　　　　　　　　現在 bowc-anem [butsanɛ́m]
　iǰoyc'「彼は降ろした」：1 人称 iǰowc'-i [idʒutsʰí]
　　　　　　　　　現在 iǰowc'-anem [idʒutsʰanɛ́m]
　yoyn「ギリシア人」：派生形 yown-arên [i̯unarén]「ギリシア語で」

e)　ea：e
　leard「肝臓」：属 lerd-i [lɛrdí]
　matean「本」：属 maten-i [matɛní]
　seneak「部屋」：属 senek-i [sɛnɛkí]
　dłeak「要塞」：属 dłek-i [dəl̪ɛkí]
　seaw「黒い」：属 sew-oy [sɛu̯ó]
　sireal 分詞「愛された」：属 sirel-oy [sirɛló]
　leařn「山」：属 lerin [lɛrín]
　　　　　派生形 leřn-akan [lɛrrnakán]
　sireac'「彼は愛した」：1 人称 sirec'-i [sirɛtsʰí]

f)　いわゆる「三重母音」(triphthong) にも交替が見られる．
　eay：e
　Hreay「ユダヤ人」：属 Hre-i [hərɛí]
　　　　　　　　派生形 Hre-astan [hərɛastán]「ユダヤ」
　k'ristoneay「キリスト教徒」：属 k'ristone-i [kʰəristonɛí]（cf. 備考 3）
　iay：e
　miayn「独りの」（副詞としても）：派生形 men-astan [mɛnastán]「修道院」

— 26 —

第 2 章　音韻体系

(cf. 備考 4)

　備考 1. ê：i の交替は，ê が歴史的には本来 *ey つまり二重母音であったことから説明される．oy：u も，oy が古い二重母音 *eu̯, *ou̯ に由来していることから説明される．
　備考 2. iw は二重母音 [i̯u] ではなく，[iu̯]（のちに [iv]）であるから，i：ゼロの交替を示している．半母音 [u̯] は文字 ⟨ow⟩ で表記されている．
　備考 3. 古い写本にはすでに，母音で始まる語尾の前で ê が見られる：k'ristonêi, Hrêastan. ea：e の交替から類推すると，eay：*ey＞ê が期待される．アルメニア語で *eyV は規則的に eV によって表わされるので（ka-yi「立っていた」：ka-m と平行して berei「運んだ」：ber-em），eay：eV の交替も規則に合っている．未完了過去 3.sg. berei に対する berêi のように，後代の写本に一般的な ê は最古の写本にはまだ知られていない表記であった．
　備考 4. iay の唯一知られている例としての miayn に i が保たれているのは，発音が 2 音節的な [mi̯ái̯n] であったことを示す証拠とされているが，men- を伴う交替形は 1 音節的な *mean- [mi̯an-]＜*mi-ayn を示している．

§ 22. 上記の「母音規則」には次のような例外がある．

イ) i, u ⟨ow⟩ に関して：
1) 単一の子音の前にある語頭の i, u は非強勢音節で保たれる：iž「蛇」，属 iž-i [iʒí]；ows「肩」，属 ows-oy [usó]．
2) i, u は n/ł＋子音の前で保たれる：ink'n [ínkʰən]「自身」，属 ink'ean [inkʰi̯án]；hing [hing]「5」，hingerord [hingɛrórd]「第 5 の」；ownkn [únkən]「耳」，属 ownkan [unkán]；owłt [ułt]「ラクダ」，属 owłt-ow [ułtú]；owłxk' [úłxəkʰ]「渓流」，属 owłxic' [ułxítsʰ]．
3) 単音節語における i, u は母音接続 (hiatus) の位置で保たれる：ji「馬」，属 ji-oy [dzió]，複合語 ji-a-wor [dzi̯au̯ór]「騎手」；di [di]「死体，なきがら」，属 di-oy [dió]，複合語 di-a-goł [di̯agół]「死体泥棒」；mi「1」，属 mi-oy [mió]，複合語 mi-a-ban [mi̯abán]「一致して，一斉に」（これに対して多音節語における i＋o はおそらく異化形 [i̯o] を経て [wo] になる：gini「ワイン」，属 ginwoy [ginu̯ó]）；（これに対して多音節語における i＋a は [i̯a] となって，文字では ⟨ea⟩ と表記される：gini「ワイン」，具 gineaw [gini̯áv]；patani「青年」，具 pataneaw，派生語 pataneak「若者，少年」(-i＋-ak → [i̯ak])．強勢のある音節の前の音節で ea は「母音規則」によって e になる：*gini-a-town「酒場」→ *gineatown → ginetown；*bari-a-kam「好意ある」→ *bareakam → barekam「友人」；*erki-am ＞ erkeam「2 年」，形容詞 erkemean「2 歳の」；pataneak → patanekik「子供」)．— jow「卵」，属 jow-oy [dzuó]．語末の ow は母音が後続すると保たれる：lezow「舌，言語」，属 lezow-i [lɛzuí]；mełow「ミツバチ」，mełow-i

第2章　音韻体系

[mɛlụí].
4) 非強勢の i, u が若干の語に見られる：himn「土台」, 属 himan, 動詞 himnem（しかし skizbn「始まり」, 属 skzban）; nirh「居眠り」, nirhem「居眠りする」; hiwsis「北」, 属 hiwsis-oy. —— kʻown「眠り」, kʻownem「眠る」（しかし属 kʻnoy）; šowrǰ「周りに」, šowrǰanaki「…の周辺に」（しかし šrǰim「歩き回る」）.

ロ) ê に関して：
母音接続の位置において, ê は非強勢音節で保たれる：margarê「預言者」, 属 margarê-i; bazê「鷹」, 属 bazê-i; erê「獲物」, 属 erê-oy. —— 若干の語で ê は e と交替する：ałowêṣ「キツネ」, 属 ałowes-ow; ałêtkʻ「不幸」, 属 ałetic'; ełêgn「葦」, 属 ełegan. また外来の固有名詞で：Movsês「モーセ」(cf. Μωϋσῆς), 属 Movsesi（パラダイムを通して ê を保持する Movsêsi, Movsêsiw や規則的な Movsisi もある）.

ハ) ew : iw の交替が次のような例に見られる：ewł「油」, 属 iwł-oy [iụłó]; tʻewr「曲がった」, 派生動詞 tʻiwr-em [tʰiụrɛm]「曲げる, そらせる」(cf. tʻekʻem「回転させる, 編む, ねじる」). これらはすでに古い写本で稀な例であり, 諸版本では iw によって統一されている.

§ 23. 母音 a, e, o および二重母音 ay, aw, ew, iw は上記と同じ条件においても交替を示さない：

a azg「民族」：属 azg-i [azgí] (cf. 備考1)
  mard「人」：属 mard-oy [mardó]
  xrat「助言」：属 xrat-ow [xratú]
  barjr「高い」：属 barj-ow [bardzú]
     動詞 barjr-anam [bardzəranám]
e cer「老人, 長老」：属 cer-oy [tsɛró] (cf. 備考2)
  mec「大きい」：属 mec-i [mɛtsí]
    複合語 mec-a-town [mɛtsatún]「金持ち」
  el「彼は上った」：1人称 el-i [ɛlí]
     現在 el-anem [ɛlanɛ́m]
  sirel 不定詞「愛すること」：属 sirel-oy [sirɛló]
o xot「草, 茎」：属 xot-oy [xotó] (cf. 備考3)
  hołm「風」：属 hołm-oy [holmó]
  tʻagawor「王」：属 tʻagawor-i [tʰagauorí]
    名詞派生動詞 tʻagawor-em [tʰagauorɛ́m]
ay mayr「シーダー」：属 mayr-i [maịrí]
  erkayn「長い」：名詞派生動詞 erkayn-em [ɛrkaịnɛ́m]

第 2 章　音韻体系

aw　yawd「関節」：属 yawd-i [i̯audí]
　　zawr「力」：複合語 zawr-a-wor [zau̯rau̯ór]
ew　ewt'n「7」：複合語 ewt'an-a-sown [ɛu̯tʰanasún]「70」
iw　erkiwł「恐怖」：属 erkiwł-i [ɛrki̯ulí]
　　ař iwc「ライオン」：属 ař iwc-ow [arri̯utsú]

備考 1. 諸版本に提供される Astowac「神」の変化形で a の脱落している形（属／与／奪 Astowcoy, 具 Astowcov, しかし複数では普通名詞あるいは異教の神の意味で 属／与／奪 astowacoc')は中期アルメニア語以降に属するものである．古い写本ではつねに尊称略記形（patiw）AC=Astowac, AY=Astow(a)coy, AV=Astow(a)cov しか見られず，a の脱落した形は，中期アルメニア語の発音に従い誤って復元されたことによる．Astowac の正しい変化形は a の脱落しないものであろう．

備考 2. e が i と交替する例がある：dew「悪魔」，属 diwi, 複合語 diwahar「悪魔にとりつかれた人」，派生語 diwakan「悪魔のような」．──規則的ではないが e は若干の名詞の斜格で -ł-, -ř- の前で落ちることがある：mžełn「蚊」，属 mžłan / mžełan；t'it'eřn「蝶」，属 t'it'řan；siseřn「エジプト豆」，属 sisřan / siseřan；ciceřn「燕」，属 cicřan．

備考 3. 否定辞 oč'「…ない」は例外である．この小辞は後続語と密接に結合して自身のアクセントを失うことがある．例えば č'ê「何もない（こと）」<*oč'+ê；č'goy [tʃəgóɪ]「無」<*oč'+goy；č'sires「あなたは愛さない」<*oč'+sires．

B. 子音交替

§ 24. 子音組織においても音韻交替が見られる．しかし，母音交替がアルメニア語の音韻・形態論に対して持つ一般的で重要な意味に比べれば，子音交替の重要性ははるかに小さく，大概は散発的な事例に限られる．

A. r/ř
a)　n の直前の位置では ř しか許されない（e.g. pořnik「売春婦」←Gk. πόρνη），パラダイムの中で r と ř は音韻環境に従って，特に母音交替と連動して交替する（cf. 備考 1）：
leařn「山」：属 lerin, しかし奪 leřnê（<*lerin-nê）
dowřn [durrn]「戸」：属 dran [dərán], 複・主 drownk' [dərúnəkʰ]，しかし
　　　　　　　　複合語 dřn-a-pan [dərrnapán]「門番」
ayr「男」，複・主 ark'：属 ař n
ař nem「する」：アオ（重複）arari
yař nem「立ち上がる」：アオ yareay
ənt'eř nowm「読む」：アオ ənt'erc'ay
bař nam「持ち上げる」：アオ barji（cf. 備考 2）
dař nam「帰って来る」：アオ darjay（cf. 備考 2）

— 29 —

第 2 章　音韻体系

パラダイムの中で一方の形（特に名詞では単・主/対，動詞では現在形）が一般化されることによって，r：r̄ の交替は放棄されることがある．例えば ber̄n「荷」，属 ber̄in；gar̄n「子羊」，属 gar̄in；jer̄n「手」，属 jer̄in（ただし古い具格 jerb を伴う複合語 jerb-a-kal「捕虜」）；nowr̄n「ザクロ」，属 nr̄an；ar̄nowm「受け取る」，アオ ar̄i；jer̄nowm「暖をとる」，アオ jer̄ay．逆に r が一般化されて，例えば verin「上の」，属 vernoy；garown「春」，属 garnan，派生形 garnayin「春の」．

b)　重複形：barbar̄「言語」；sarsowr̄「身震い」；grgir̄「反抗，挑発」．しかし mrmr̄em「ぶつぶつ言う」と並んで mr̄mr̄am，mr̄mr̄em もある．

備考 1．後置冠詞 n は先行する r に影響しない．後置冠詞は語末子音に直接続いているのではなく，その間に見えない母音 [ə] が挿入されている．例えば hayrn [háirən]．
備考 2．bar̄nam「持ち上げる」，dar̄nam「帰って来る」はそれぞれアオ barji, darjay を証拠として語根 barj-, darj- が想定されるので，現在形 *barjnam, *darjnam から 3 子音の連続 *-rjn- が *-rn-，さらに -r̄n- に単純化されたと考えられる．ただし，これには一見すると矛盾する例がある：-nu- 現在動詞には類似の子音群が保たれている．例えば erdnowm「誓う」 <Pre-Arm. *erdu-num（アオ erdow-ay）．しかし，この語では強勢のない母音 u が脱落して子音群が保たれているのに対して，*barjnam > bar̄nam の変化はいわゆる「母音規則」が働く以前の段階で起こったものと考えられる．
備考 3．k'oyr「姉妹」と属格 k'er̄（この形に基づいて奪格 k'er̄ê）は印欧語の母音交替を示す古い語形であり，r：r̄ の交替とは関係がない：k'oyr < *swésōr, k'er̄ < *swesr-ós（r̄ は子音群 PIE *sr を継承している）．また具格 k'erb < *swésr̥-bhi（PIE *-esr̥- > *-e(h)ar- > Arm. *-er-），複数主格 k'ork'< *swésor-es（PIE *-eso- > *-e(h)o- > Arm.-o-）．Cf. §78 b．

B.　b/w/v
子音に後続する唇音 b と母音に後続する摩擦音 /v/（文字表記は ⟨v, w⟩）との交替は名詞・代名詞の単/複・具格に見られる．つまりこの語尾は -Cb (C = m [<n- 語幹の *n]，ł，r のみ), -aw, -iw, -ov として現れる：
anowam-b：anown「名前」（n- 語幹）
matam-b：matn「指」（n- 語幹）
asteł-b：astł「星」（ł- 語幹）
kayser-b：kaysr「皇帝」（r- 語幹）
osker-b：oskr「骨」（r- 語幹）
azaga-w：azg「民族」（a- 語幹）
bayi-w：bay「言葉」（i- 語幹）
amenayni-w：amenayn「すべての」（i- 語幹）

第2章 音韻体系

geto-v：get「川」（o-語幹）
aylo-v：ayl「他の」（o-語幹）

　備考．u-語幹では /u/（文字表記は〈ow〉）の後で〈w〉は規則的に脱落する．例えば žamow (*žamu-w ではない)：žam「時」, covow：cov「海」, eric'ow：erêc'「長老」．

　語中の p' は重複形で子音の前で w と交替する：t'aw-t'ap'el「払い（振るい）落とす」, šaw-šap'el「触れる」, šaw-šap'iwn「騒音，喧騒」．

C. c'/s

　c' は c', ǰ の前で s に異化する．この交替現象は多音節語幹の接続法アオリスト（「未来」）のパラダイムにしか起こらない．sirem「私は愛する」を例にとる：
1人称単数 sirec'ic'「私は愛するだろう」, しかし
2人称単数 siresc'es （<*sirec'c'es<*sirec'ic'es）
2人称複数 siresǰik' （<*sirec'ǰik'<*sirec'iǰik'）
受動態でも同じように1人称単数 sirec'ayc'「私は愛されるだろう」に対して2人称単数 siresc'is など．また mnac'ic'「私はとどまるだろう」に対して2人称単数 mnasc'es など（アオリスト語幹 mnac'- [mənátsʰ-]）．
　しかし単音節語幹では：
1人称単数 lac'ic'「私は泣くだろう」：2人称単数 lac'c'es（語幹 lac'-）
1人称単数 kac'ic'「私は立つだろう」：2人称単数 kac'c'es（語幹 kac'-）
1人称単数 c'owc'ic'「私は見せるだろう」：2人称単数 c'owc'c'es（語幹 [e-]c'oyc'-/c'owc-）．
　ただし，araric'「私はするだろう」に対する arasc'es や ekic'「私は来るだろう」に対する ekesc'es の -sc'- は類推による（ekec'es もある）．

D. h/ゼロ

　語頭に h- を持つ語は複合語の後分に用いられると h を失う．例えば，動詞接頭辞+動詞の結合で hełowm「注ぐ」：z-ełowm; hatanem「切る」：z-atanem「切り離す」．名詞複合語で hat-anem「切る」：lezow-at「舌を切り落とされた」; p'ayt-at（<*p'ayta-at）「斧」（<「木を切るところの」）; p'ołar（<*p'oła-ar）「笛吹き」（cf. p'oł harkanem（アオ hari）「笛を吹く」, しかし二次的な p'ołahar, p'aytahar「木を切り倒す人」もある）．副詞で het「足跡」：y-et（<*i+het）「～の後から」．
　同じ語で語頭に h- を持つ形と持たない形が併存することがある．例えば hogi/ogi「息，霊」, hskay/skay「巨人」, hskem/skem「目を覚ましている」, 同系語でも het「足跡」と otn「足」．また歴史的に根拠のない h- を語頭に持つ語も存

第 2 章　音韻体系

在するように見えるが，その多くは喉音の痕跡を認めることができる．例えば howm「なまの」< PIE *h₂omós ~ *h₂ōmós (OIr. om, Ved. āmáḥ, Gk. ὠμός,), hot「におい」< PIE *h₃od- (cf. Gk. εὐώδης, ὀδμή, Lat. odor), haw「祖父」< PIE *h₂awh₂os (Lat. avus, Hitt. huhhaš, Goth. awō), hoviw「牧者, 羊飼い」< PIE *h₂owi-pah₂- (母音の後で PIE *p > Arm. w; cf. Ved. avi-pā-lá-「羊飼い」). han「祖母」< PIE *h₂en- (Hitt. hannaš, 与・位格 hanni, Gk. ἀννίς, OHG ana, Goth. anō「祖母」, OPruss. ane「女性の先祖」, Lith. anýta「夫の母」). haw「鳥」< PIE *h₃awi- (Hitt. šuwaiš, Lat. avis「鳥」, Wels. hwyad「カモ」, Gk. αἰετός「ワシ」, AV. vīš「鳥」, Ved. ví-「鳥」) など．また h- は借用語 hoktember < Lat. Octōber（-em- は september などによる類推）にも見られる．

E. y/ゼロ

　語末の y は先行する母音の種類によって異なった現れかたをする：-ay, -oy はそのまま保たれる．ただし伝統的には 1 音節以外の語で [-a, -o] と発音される．*-ey は ê として現れる．i, u の後で -y は失われる．こうした分布は 5 つの動詞現在語幹類の形に反映している（以下に挙げた形はそれぞれ直説法現在，未完了過去，接続法現在 3 人称）：
kam「立っている」: kay, kayr, kaycʻê (<*kaycʻey)
berem「運ぶ」: berê (<*berey), berêr (<*bereyr), bericʻê (<*berêcʻey)
kamim「欲する」: kami (<*kamiy), kamêr, kamicʻi <*kamicʻiy)
gom「存在する」: goy, goyr, gowcʻê (<*goycʻey)
aṙnowm「受け取る」: aṙnow (<*aṙnuy), aṙnoyr, aṙnowcʻow (<*aṙnucʻuy)

F. その他

　綴り nk, nt, mp はそれぞれ ng, nd, mb と交替することがある．例えば cownr の複数 cownkkʻ/cowngkʻ.
　語末の -rh は -h と交替する．例えば parh/pah「見張り」, parhoł/pahoł「断食して」．
　-rš- は -š- と交替する．例えば paršarem/pašarem「包囲する」．
　-ršt は -št- と交替する．例えば kṙa-parišt「偶像崇拝者」, paštem「崇拝する」．

第3章 音韻変化―印欧語からアルメニア語へ―

§ 25. アルメニア語は他の印欧諸語と比べて極めて大きな音韻変化を経験した．例えば，次のような語例を一瞥しただけでも，アルメニア語と他の印欧語との差異が際立っていることがわかる．

印欧祖語	ギリシア語	ラテン語	サンスクリット	アルメニア語
*pətḗr	πατήρ	pater	pitár-	hayr
*bʰrā́tēr	φράτηρ	frāter	bhrā́tar-	ełbayr
*dwō	δύω	duo	dvā́	erkow
*tréyes	τρεῖς	trēs	tráyas	erekʻ

このような状況が印欧祖語からアルメニア語に至る音韻史の解明を困難にしてきたのは事実であるが，その一方で，印欧語比較文法において，言語間の親縁関係を確立するためには単なる音の類似でなく音韻対応こそが優先されるべきであることを深く認識させたという点で，アルメニア語が果たした役割ははかりしれない．

I. 母音

§ 26. アルメニア語の母音組織で最大の特徴とされるのは，長短の対立を持たないということである．印欧語の単母音と長母音の発展がアルメニア語で必ずしも平行的に経過したのでないことは注目に値する．これは特に *e, ē および *o, ō の発展に見られる：*e＞Arm. e, *ē＞Arm. i ; *o＞Arm. o, *ō＞Arm. u. cf. *i, ī＞Arm. i ; *u, ū＞u. 量的な対立が消失した後に，アルメニア語の母音はさらに，鼻音の前で e が i に，o が u に上昇するという変化を被った．

PIE   ū u ō   o   ā a   e   ē i ī

Arm.   u   o(u,a) a   e(i,a)   i

§ 27. 短母音
a) PIE *a＞Arm. a
acem「導く」 ＜ PIE *aǵ- (=*h₂eǵ-, Gk. ἄγω, Lat. agō, Ved. ájati, Avest. azaiti, Toch.A.B āk-)
art「畑」＜*arc-＜*acr-＜PIE *aǵros「牧草地」(Gk. ἀγρός, Lat. ager, Ved. ájras「平地」, Goth. akrs, cf. Hitt. arziya-)
ałam「(穀物などを)碾く」 ＜ PIE *al- (cf. Gk. ἀλέω, Hom. καταλέω, Avest.

第3章 音韻変化―印欧語からアルメニア語へ―

aša-(＜*arta-)「碾いた」(分詞), Pers. (ārd-「小麦粉」)
asełn「針」＜PIE *ak̑-el- (cf. Gk. ἄκρος「尖った」, ἀκίς「とげ」, Lat. acus「針」)
ał「塩」＜PIE *sal- (Gk. ἅλς, Lat. sāl, sal-is, OCS solь, NHG Salz)
anjowk「狭い」＜PIE *anȇhú- (Ved. aṃhúḥ, Goth. aggwus, OCS ǫzъ-kъ, Oss. ungäg, Lat. angi-portus「路地, 横町」)
dalar「緑[色]の」＜PIE *dʰal-「芽吹く」(Gk. θάλλω「花咲く」, θαλερός「生き生きした」, MIr. duille「葉」, Welsh dail「葉」)

b) (1) PIE *e＞Arm. e
erg「歌」＜PIE *erkʷós (=*h₁erkʷ-, Ved.arkáḥ「光線, 歌」, Oss. aryaw「物語」, Toch.A yärk, B yarke「名誉」, cf. Hitt. arkuwai-「祈る」)
es「私」＜PIE *eǵō (Gk. ἐγώ, Lat. egō)
ewt'n「7」＜PA *ewt'an(ewt'an-a-sown「70」に保存されている)＜PIE *septm̥ (Gk. ἑπτά, Lat. septem, Ved. saptá, Hitt. šipta-, Goth. sibun)
berem「運ぶ」＜PIE *bʰer- (Gk. φέρω, Lat. ferō, Ved. bhárāmi, Goth. baíran)
cer「年老いた, 老人」＜PIE *ǵerh-os (NPers. zar, cf. *ǵerh-ont-＞Gk. γέρων, γέροντος, Ved. járant-, Avest. zarəta-, Oss. zärond)
z-genowm「服を着る」＜PIE *wés-nu-mi (Gk. Ϝέννυμι, cf. Ved. váste, Hitt. wešš(iya)-, wašš(iya)-, Toch.A.B wäs-),
z-gest「衣類」＜PIE *westu-, westi- (Lat. vestis, Goth. wasti, Gk. ἐσθής,)
het「足跡」＜PIE *pedom (Ved. padám「歩み」, Gk. πέδον)
mełr「蜂蜜」＜PIE *méli- (Gk. μέλι, μέλιτος, Lat. mel, mellis, OIr. mil, Goth. miliþ, Hitt. melit (シュメール語表記 LÀL-it), Luw. mallit-)
vec'「6」＜PIE *swek̑s (Gk. ἕξ, Ϝέξ, Avest. xšvaš, Gaul. suexos; cf. PIE *sek̑s＞Ved. ṣaṣ-, Lat. sex, Goth. saíhs, OCS šestь, Lith. šešì)
e-：オーグメント, e.g. アオリスト eber「彼は運んだ」＜PIE 未完了過去 *é-bheret (Gk. ἔφερε, Ved. ábharat)

(2) PIE *e＞Arm. i (鼻音の前で)/ゼロ
im「私の」＜PIE *eme-, emo- (Gk. acc. ἐμέ, gen. ἐμοῦ, ἐμός)
hin「古い」＜PIE *sénos (Ved. sánaḥ, Avest. hana-, Gk. ἕνος, Lat. senex, Lith. sẽnas)
hing「5」(cf. ゼロ形 hnge-tasan「15」は語末音規則を被らない古形)＜PIE *pénkʷe (Gk. πέντε, Ved. páñca, Lith. penkì)
cin「出生」(cf. cn-anim「生まれる」)＜PIE *ǵénos (Gk. γένος, Lat. genus, Ved. jánaḥ)

(3) PIE *e＞Arm. a (cf. 備考)

― 34 ―

第3章 音韻変化―印欧語からアルメニア語へ―

tasn「10」< PIE *dék̂m̥ (Gk. δέκα, Lat. decem, Ved. dáśa, Goth. taíhun)
vat'sown「60」< PIE *swek̂s-k̂omt- (cf. Gk. ἑξήκοντα, Lat. sexāgintā; cf. 上記 vec'「6」)

備考．この特殊な発展には後続音節への母音の同化（tasn <*tasan <*tesan）あるいは *u の前での低舌化（vat'sown <*vec'sown）が仮定されている．

c) PIE *i > Arm. i
elik'「彼は去った，置き去りにした」（ゼロ形 1.sg. lk'i, 現在 lk'anem）< PIE アオリスト *élikʷet (Gk. ἔλιπε, Ved. áricat)
egit「彼は見つけた」（ゼロ形 1.sg.gti, 現在 gtanem）< PIE アオリスト *éwidet (Gk. εἶδε > ἔϝιδε, Ved. ávidat)
eris 対格「3」< PIE *trins (Goth. þrins, Gk. *τρινς > *trīs > τρεῖς)
tiw「日」< PIE *diw- (cf. Ved. dívā「昼間に」, Gk. ἔνδιος「真昼間に」, Lat. dius)
jiwn「雪」< PIE *ĝʰiyōm (Gk. χιών「雪」, Avest. ziiam-, Lat. hiems「冬」; cf. Hitt. gimmant-, Gk. χεῖμα～χειμών, OCS zima, Lith. žiemà)
arcowi「鷲」< PA *arciwi < PIE *r̥ĝipyós (Ved. r̥jipyáḥ「迅速に飛ぶ」[śyená-「鷹」の形容辞], Avest. ərəzifiia-「鷲」)

d) (1) PIE *o > Arm. o
orb「孤児」< PIE *orbʰos (Lat. orbus「（家族に）死なれた，奪われた」, cf. Gk. ὀρφανός)
ost「枝」< PIE *ósdos (Gk. ὄζος, Goth. asts, NHG Ast; cf. Hitt. hašduir「枯れ枝，しば」)
otn「足」< PA *otan < PIE 対格 *pódm̥ (Gk. πόδα, cf. Lat. pedem)
orji-k'「睾丸」< PIE *orĝʰi- (Hitt. arki-, Avest. ərəzī [両数], Gk. ὄρχις)
kogi「バター」< PIE *gʷowiyo-「牝牛から生じた」(Ved. gávya-, Av. gaoiia-「牛の」, Toch.B kewiye「バター」)
hot「におい」< PIE *od- (cf. Gk. ὀδμή, Lat. odor; h- は非語源的な付加かあるいは *h₃od- を仮定すれば喉音の保持)
goy「存在する」< PIE 完了 *wose, *wes- の o-階梯形 (cf. Hitt. hwiš-「住む」, Ved. vásati「留まる，暮らす」, Goth. was)
gorc「仕事」< PIE *worĝom, werĝom の o-階梯形 (Gk. ϝέργον, NHG Werk)
hoviw「羊飼い」< PIE *owi-pā-「羊を守る」(Ved. avi-pā-lá-; cf. PIE *owi-/h₂owi-「羊」> Ved. ávi-, Lat. ovis, Gk. ὄϝις, Lith. avìs, Luv. xāwa/i-, Lyc. xawa-; Arm. h- は二次的な付加とも)

― 35 ―

第3章 音韻変化―印欧語からアルメニア語へ―

-wor「…を戴いている」(複合語で, e.g. tʻag「冠」→ tʻag-a-wor「王」) < PIE *-bʰoros, bʰer- の o-階梯 (Gk. -φορος, Ved. -bharáḥ)

(2) PIE *o>Arm. ow (鼻音の前で)/ゼロ

ows「肩」< PIE *ómsos (Ved. áṃsaḥ, Goth. ams, cf. Lat. umerus, Gk. ὦμος, Toch.A es, B āntse)

hown「浅瀬, 道」< PIE *pont- (cf. Lat. pōns, pont-is, Gk. πόντος, OCS pǫtь, Ved. pánthās)

cownr「膝」< PIE *ǵónu (Gk. γόνυ, Ved. jā́nu, Avest. zānu ; e-階梯, Hitt. gi-e-nu, Lat. genū)

-sown (30-90の数詞をつくる, e.g. eresown「30」) < PIE *-ḱomt- (Gk. -κοντα, Lat. -gintā, cf. Ved. -śát-, Avest. -sat-)

(3) PIE *o>Arm. a

ačʻkʻ「眼」(aknの複数) < PIE 両数 *okʷyə (Gk. ὄσσε)/*okʷī (OCS oči, Lith. akì)

ateam「憎む」< PIE *od- (=*h₃ed-, cf. Lat. odium「憎悪」, ON atall「獰猛な, 恐ろしい」, Gk. ὀδύσ(σ)ασθαι「怒っている」, Hitt. hatukzi「恐れている」, hatugnu-「恐れさせる」)

alikʻ「波, 白髪」(pl.tant.) < PIE *polyo- (Gk. πολιός「灰色の」, cf. Av. pouruša-, Ved. palitá-)

e) PIE *u>Arm. ow/ゼロ

z-genowm「服を着る」< PIE *wes-nu-mi (Gk. ϝέννυμι, cf. Ved. váste, Hitt. wešš(iya)-, wašš(iya)-, Toch.A.B wäs-)

arnowm「受け取る」< PIE *r̥numi (cf. Gk. ἄρνυμαι「獲得する」, Avest. ərənu-「認める」)

now「息子の妻」< PIE *snusós (Gk. νυός, Lat. nurus ; Ved. snuṣā́, OCS snъxa, OE snoru, OHG snur, NHG Schnur)

dowstr「娘」(属格 dster) < PIE *dʰuktḗr (Lith. duktė̃, Goth. daúhtar ; cf. Ved. duhitár-, Gk. θυγάτηρ)

anjowk「狭い」< PIE *anǵʰú- (Ved. aṃhúḥ, Goth. aggwus, OCS ǫzъ-kъ, Oss. ungäg)

čʻow「出発」<PA *čʻuy<PIE *kyutís (Skt. cyutiḥ, Avest. fra-šūitiš)

aṙow「水路」<PA *aṙuy<PIE *srutís (Gk. ῥύσις, Ved. srutíḥ)

bowc「子羊」< PIE *bʰugo- (Avest. būza「牡山羊」, Pers. buz「山羊」, OHG boc)

mown「蚊」(属格 mnoy) < PIE *mus-no- (cf. Gk. μυῖα <*mus-ya, Lat. musca, OIcel. mý, OCS muxa「ハエ」)

第3章 音韻変化―印欧語からアルメニア語へ―

f) PIE *ə > Arm. a (cf. 備考)
hayr「父」< PIE *pətḗr (=*ph̥tḗr; Gk. πατήρ, Lat. pater, Ved. pitár-, OIr. athir, Goth. fadar)
bay「語」< PIE *bʰətís (=*bʰh̥tís; Gk. φάτις, φάσις, cf. *bʰéhmi > Arm. bam「私は話す」, 印欧語根 *bʰeh-「話す」から)
arawr「鋤」< PIE *arətrom (=*h₂erh₃trom; Gk. ἄροτρον, Cret. ἄρατρον, Lat. arātrum, OIr. arathar, ON arðr; 語根 *arə-=*h₂erh₃-: Gk. ἀρόω, Lat. arō, MIr. airim, Lith. ariù, Goth. arjan, Toch. A.B āre「耕す」)
tam「私は与える」< PIE *də- (あるいは *de-dh₃-) か現在語幹 *dh₃-ye-? (語根 *dō-=*deh₃-の弱階梯, アオ etow < PIE *edōsom; cf. Ved. dádāmi, アオ ádām, Gk. δίδωμι, ἔδωκα, Lat. dō, dare)

備考. 伝統的に再建されている ə (schwa) は現在一般に行われている表記では成節的な機能を帯びた喉音 h (ḥ) に相当する.

§ 28. 長母音
a) PIE *ā > Arm. a
mayr「母」< PIE *mā́tēr (Gk. μᾱ́τηρ, μήτηρ, Lat. māter, Ved. mātár-, OIr. máthir)
ełbayr「兄弟」< PIE *bʰrā́tēr (Gk. φρᾱ́τηρ, Lat. frāter, Ved. bhrā́tar-, OIr. bráth(a)ir, Goth. broþar)
bam「私は話す」(2, 3人称 bas, bay) < PIE *bʰéhmi (-si, -ti) (Gk. φᾱμί, φημί, φής, φησί)
amaw (am「年」の具格) < PIE *sm̥-ā-bʰi (cf. Ved. sámā)

b) PIE *ē > Arm. i/ゼロ
mi「…するな」< PIE *mē (Gk. μή, Ved. mā́, Phryg. me)
li「いっぱいの」< PIE *plētos /*plēyos (Ved. prātáḥ, Lat. (com) plētus, Gk. πλέος)
lnowm「いっぱいにする」< PA *linum (アオリスト elicʻ) < PIE *plēnumi (cf. Lat. pleō, Gk. πληρόω)
mis「肉」(属格 msoy) < PIE *mēmsom (Goth. mimz, OPruss. mensā, Latv. mìesa, OCS męso, Ved. māṃsám)
mit「想念」< PIE *mēdos (Gk. μῆδος, 複数 μήδεα「助言, 計画」)
gin「値段」< PIE *wēs-no-, *wes-no- の延長階梯形 (Ved. vasnám, Lat. vēnum; cf. Hitt. waš-「買う」, uš(a)niya-「売る」)
edi (dnem「置く」の1人称単数アオリスト) < PIE *edʰēsom (OCS děchъ; 3人称は語根アオリストから ed < PIE *edʰēt, OCS dě)

― 37 ―

第3章 音韻変化—印欧語からアルメニア語へ—

sirt「心臓」< PIE *ḱérdi- (cf. Gk. κῆρ <*ḱérd, καρδία, Lat. cōr, cord-is, Goth. haírtō, OPruss. seyr)
ayr「男」< PIE ənér (=*h₂nér [属 *h₂n̥rós]; Gk. ἀνήρ；中間段階に PA *ánir>*áynir（y- 挿入）のプロセスを仮定して）

c) PIE *ī>Arm. i/ゼロ
siwn「柱」<PIE *ḱīwon- (Gk. κίων, Myc. ki-wo/kīwōn/)
cʻin「猛禽, トビ」（属格 cʻnoy）~ Gk. ἰκτῖνος（前置母音を伴って；cf. 備考）
jil, jił（「腱, 弓弦」< PIE *gʷʰīslom (Lat. fīlum「糸」, Lith. gýsla, Latv. dzîsla, OCS žila「血管」)

備考. Arm. cʻ- ~ Gk. ἰκτ- は有声有気音系列の Arm. jow-kn「魚」~Gk. ἰχθῡ́-ς と同じ音声的対応を示している。Av. saēna-「ワシ」, Ved. śyenā-「ワシ, タカ」がこれに加えられることがある。語頭の子音群には *ḱy- が一般に仮定されてきたが, 印欧語根 *teḱ-「捕える」から派生した名詞の語頭に *tḱy- を再建することによって, サンスクリット（最初の *t- を排除）, ギリシア語（*-y- を排除後, *tḱ- が音位転換）, アヴェスター（*-y- を排除後, *tḱ- を *ḱ- に簡略化, これが規則的に s- に発展）, アルメニア語（*tḱ->*tʻs->cʻ-）の違いが統一的に説明されるかもしれない。

d) PIE *ō>Arm. ow/ゼロ
owl「子山羊」< PIE *pōlos (Gk. πῶλος「子馬」, Alb. pelë「牝馬」; cf. Goth. fula, OHG folo, NHG Fohlen, Füllen; cf. amowl「石女」<*n̥-pōlo-, しかし Skt. a-putra, Av. a-puθra「子のない」<*n̥-putlo- との同定も示唆されている）
towr「贈り物」（複数属格 trocʻ）<PIE *dōrom (Gk. δῶρον, OCS darъ)
etow（tam「与える」の1人称単数アオリスト）< PIE *edōsom (OCS dachъ; 3人称は語根アオリストから et<PIE *edōt, OCS da)
town「家」<PIE *dōm (cf. Gk. δῶ, δῶμα, Ved. dám-)
šown「犬」< PIE *ḱwṓn (Ved. śvā́, Avest. spā, Gk. κύων, OIr. cú, Lith. šuõ, OE hund)

e) PIE *ū>Arm. ow/ゼロ
srownkʻ「向うずね」(pl.tant.) <PIE *ḱrūs-ni- (cf. Lat. crūs「下腿」)
mowkn「ネズミ」（属格 mkan）< PIE *mū́s (Ved. mū́ṣ-, Pers. mūš, Gk. μῦς, Lat. mūs, OHG mūs, NHG Maus)
jowkn「魚」（複・属 jkancʻ）~ Gk. ἰχθῡ́ς（前置母音を伴って；cf. Lith. žuvìs, Latv. zuvs, OPruss. suckis）(cf. 備考)

第3章　音韻変化―印欧語からアルメニア語へ―

備考．祖形の再建は放棄されているが、これらの語は「地」を意味する印欧語 (Gk. χθών, Hitt. tekan, Toch.A tkaṃ, Ved. kṣam-<*dʰegʰ-) と一致しているとする見解もある。「魚」を意味する語は *dʰegʰ- の派生形 *dʰgʰū- に遡り、文字どおりには「地下界（の生き物）」を意味していたという。

§ 29. 二重母音

a) PIE *ay > Arm. ay

ayc「山羊」< PIE *ayǵ- (Gk. αἴξ, cf. Avest. izaēna-「皮製の」)

ayc'「調査，訪問」< PIE *aysskā- (cf. Ved. eṣáḥ「願望」, OHG eisca「要求」)

taygr「夫の兄弟」< PIE *daywḗr (Ved. devár-, Gk. δᾱήρ, Lith. dieverìs, OCS deverь, Lat. lēvir, OHG zeihhur)

b) PIE *ey > Arm. ê/i

edêz (dizanem「積み上げる」の3人称単数アオリスト) < PIE *é-dʰeyǵʰ-et (cf. Ved. deh-「塗る，漆喰で固定する」, déhmi, Lat. fingō, Gk. θιγγάνω, Goth. digan < *dʰiǵʰ-)

lizem「なめる」(lizanem, lizowm も併存) < PIE *léyǵʰō (Gk. λείχω, λιχνεύω, cf. Ved. lih-, léhmi, Lat. lingō, Goth. bi-laigōn, OHG lecchōn, OIr. ligim, Lith. liežiù, OCS ližǫ)

stipem「圧する，強いる」(さらに stêp「頻繁に」) < PIE *stéybō (Gk. στείβω,「踏む，踏みつぶす」)

mizem「小便をする」(さらに mêz「尿」) < PIE *méyǵʰō (Ved. méhati, Avest. (fra-)maēzaiti, Gk. ὀμείχω, Lat. meiō ~ mingō, Lith. mýžti, 現在 minžu；名詞：Gk. ὄμειχμα, Av. maēza, Skt. meha-, Toch.B miśo；cf. 備考)

備考．ギリシア語形は語頭に *h₃- を仮定させるが、アルメニア語には語頭に喉音の反映が欠けているために、イラン語からの借用語とも考えられている．ただし、名詞 *h₃móyǵʰo- > mêz の o- 階梯での喉音の消失と語頭音の動詞への転移も仮定され得る．

c) PIE *oy > Arm. ê/i (cf. 備考)

dêz「山積み」< PIE *dʰoyǵʰós (Gk. τοῖχος, Goth. daigs, OHG teig, Russ. dežá「こね鉢」)

mêg「霧」< PIE *moyǵʰós (Ved. meghá-「雲」, Avest. maēγa-, cf. Gk. ὀμίχλη, Lith. miglà, OCS mьgla；ギリシア語形が語頭に *h₃- を仮定させるとすれば、アルメニア語では m の前で語頭の喉音が消滅したと考えられる)

gini「葡萄酒」< Pre-Arm. *woyniyo- (cf. Gk. Ϝοῖνος, Lat. vīnum)

第3章 音韻変化―印欧語からアルメニア語へ―

gitem「知っている」(さらに gêt「物知りの」) < PIE 完了 *woyda (Gk. Ϝοῖδα, Ved. vêda, Goth. wait ; *woyda > Arm. *gêt となるべきであるが，強勢のある音節の前で現在 git-em が成立した．ゼロ階梯 *wid- は gt-anem「見出す」に現れている)

　備考．PIE *oy > Arm. ay が語頭で見られる：ayt「頬」，aytnowm「膨れる，腫れる」(アオリスト aite-ay), aytowmn「腫れ，むくみ」< PIE *oyd- (Gk. οἶδος「腫れ物」, οἰδάω「膨れる，腫れる」, OHG eitar, NHG Eiter「膿」< PGmc. *aitra-)
── aygi「葡萄(園)」< PIE *oywiyā (cf. Gk. οἴη「ナナカマド」, Lat. ūua「葡萄(の房)」<*oiwā.

d) PIE *aw>Arm. aw
awt'「ねぐら，野営地」< PIE *awtʰis (cf. Gk. αὖλις「野営地」; ag-anim「夜を過ごす」の -g- は母音間の -w- (*aw-ane-) を規則的に継承している；印欧語根 *wes-=*h₂ues-「居住する，夜を過ごす，滞在する」, cf. goy「ある」<*h₂wos)

e) PIE *ew >Arm. oy/ow
loys「光」(属格 lowsoy) < PIE *lewkos (Ved. rokáḥ, rócaḥ, OPers. rau-čah-, cf. Gk. λευκός「白い」, Lat. lūx「光」)
lowsin「月」<PIE *lewkenos (Ved. rocanáḥ, Avest. raočana-)
boys「植物」<PIE *bʰewkos (cf. 同語根 *bʰewh₂-/bʰuh₂-「生長する」: Ved. bhávati, Gk. φύω, ἔφυ, Lat. fūī)
ownayn「空の」< PIE *ewn- (Gk. εὖνις「奪われた」; PIE *ū->Arm. ow- も可能，cf. *ūno- : Ved. ūná-, Avest. ūna-「欠けている」)

f) PIE *ow>Arm. oy/ow
p'oyt'「熱心」(属格 p'owt'oy) ～ Gk. σπουδή「急ぎ」 (cf. NPers. poy「急ぎ」, Parth. pwd「走路」, PIE *(s)peud-「急ぐ」の派生形)
boyc「食物」(さらに bowcanem「食物を与える」) < PIE *bʰowgos (Ved. bhógaḥ「食すること」, cf. bhuj-「食べる」, bhunákti, Lat. fungor)

§ 30. 成節的ソナント
a) PIE *m̥>Arm. am (cf. 備考)
am「年」, amaṙn「夏」< PIE *sm̥ā, sm̥r- (cf. Ved. sámā, OHG sumar「夏」)
k'san「20」<PIE *wīkm̥ti (Avest. vīsaiti, Gk. Dor. Ϝίκατι, Lat. vīgintī)
ewt'n「7」< PA *ewt'an (ewt'an-a-sown「70」に保存されている) < PIE

第3章 音韻変化—印欧語からアルメニア語へ—

*septm̥ (Gk. ἑπτά, Lat. septem, Ved. saptá, Hitt. šipta-, Goth. sibun)
tasn「10」< PA *tasan < PIE *déḱm̥ (Gk. δέκα, Lat. decem, Ved. dáśa, Goth. taíhun)
otn「足」< PA *otan < PIE 対格 *pódm̥ (Gk. πόδα, cf. Lat. pedem)
t'amb「腿肉, 鞍」< PIE *tm̥páh₂ (Lith. tìmpa「腱」, ON þomb「太鼓腹, 弓の弦」; 語根 *temp-「伸ばす, 引く, 張る」)

備考. 歴史以前の時期に, 語末音として -m と -n の対立は破棄された. それゆえに印欧語 *-m に対しては例外なく -n が, 印欧語 -m̥ に対してはすべて -an ないし [-ən] が現れる.

b) PIE *n̥ > Arm. an
an「…ない, 不…」< PIE *n̥ (Gk. ἀ(ν)-, Lat. in-, Ved. a(n)-, Goth. un-：例えば Arm. an-canawt'「知られていない」, Ved. á-jñāta-, Gk. ἄγνωστος, Lat. ignōtus (<*en-gnō-), OIr. ingnad, Goth. unkunþs)
ankanim「落ちる」< PIE *sn̥gʷ- (cf. Goth. sigqan, NHG sinken)

c) PIE *r̥ > Arm. ar (cf. 備考 1)
arcowi「鷲」< PA *arciwi < PIE *r̥ǵipyós (Ved. r̥jipyáḥ「迅速に飛ぶ」[śyená-「鷹」の形容辞], Avest. ərəzifiia-「鷲」)
aṙnowm「受け取る」< PIE *r̥numi (cf. Gk. ἄρνυμαι「獲得する」, Avest. ərənu-「認める」)
arǰ「熊」~ Ved. r̥kṣaḥ, Avest. arəša-, Gk. ἄρκτος, Lat. ursus, OIr. art, Hitt. hartagga (<PIE *h₂r̥tḱos)
arbi (əmpem「飲む」の1人称単数アオリスト) < PIE *sr̥bʰ- (cf. Gk. ῥοφέω, Lat. sorbeō「すする」<*srobʰ-éye-)
bard「積み重ねた山」< PIE *bʰr̥tís (← *bʰer-+-ti : Ved. *bʰr̥tíḥ, Lat. fors, OIr. bre/ith, Goth. ga-baúrþs NHG Ge-burt)
barjr「高い」< PIE *bʰr̥ǵʰús (cf. Hitt. parku -; Avest. bərəzant -, Ved. br̥hánt-<*bʰr̥ǵʰént-; 複合語 erkna-berj「天の高さを持つ」, barjra-berj「非常に高い」の後分 -berj「高さ」は e- 階梯であり, Ved. br̥hán- : dvi-bárhāḥ「二重の強大さを持つ」に対応する)
harc'「質問」< PIE *pr̥ḱskā (Skt. pr̥cchā, OHG forsca, OIr. arc)
eharc'「彼は質問した」(現在 harc'anem) < PIE *é-pr̥ḱsḱ-et (Ved. ápr̥cchat, cf. Lat. poscō, OHG forscōn, NHG forschen)
gaṙn「子羊」< PIE *wr̥n- (cf. Gk. Ϝαρήν, 属格 Ϝαρν-ός, Myc. we-re-ne-ja「子羊に関する」, Ved. úraṇ-)
mard「人間」< PIE *mr̥tós「死ぬべき定めの」(Ved. mr̥táḥ, Avest. marəta-,

— 41 —

第3章 音韻変化―印欧語からアルメニア語へ―

Gk. βροτός；cf. *mer-：Arm. meṙanim, Ved. mriyáte, Lat. morior；cf. 備考2）

備考1．鼻音 n の直前では r/r̄ の規則的な交替により ar̄ が見られる．
備考2．mard（属 mardoy）は厳密に Gk.βροτός に対応している．「死ぬべき」という意味は「不死の」という意味との対立においてのみ発展し得たのであり（cf. Hom. ἄμβροτος/βροτός），dik'「神」（cf. Gk. θεός）と mard「人間」の対立を示すアルメニア語の状況はギリシア語を介してはじめて説明され得る．ヴェーダにおける amŕ̥ta-/mr̥tá- の対は形態上はギリシア語の対に重なるが，「不死の／死んでいる」を意味する．「死ぬべき運命の」という意味は，語根の盈度階梯形に表わされるので（Ved. márta-= Avest. marəta-, mártya-= Avest. mašiia-, OPers. martiya-），厳密には mard = βροτός と異なっている．

d) PIE *ḷ > Arm. ał
ałač'em「祈る」 < PIE *sḷh₂-sḱe/o- (Gk. ἱλάσκεσθαι「(神を)宥める，和らげる」；aławt'k'「祈り」 < *sḷh₂-ti-)
kałin「どんぐり」(さらに kałni「オーク」) < PIE *gʷḷ-eno- (cf. Gk. βάλανος, Lat. glāns)
tal「夫の姉妹」(*cal が taygr「夫の兄弟」との混交した形) < PIE *ǵḷh₃wos-「夫の姉妹」(Lat. glōs「夫の姉妹，兄弟の妻」，OCS zъlъva, Rus. zolóvka, Gk. γάλως)

§ 31. 前置母音

アルメニア語をギリシア語と結ぶ等語線の一つに母音前置の現象がある．例えば，「人」を意味する名詞にこれが見られる：ayr <*anēr = Gk. ἀνήρ（属格 aṙn <*anros= ἀνδρός), cf. Skt. nar-/nr̥-．この語は *h₂ner- に溯り，前置母音は語頭の喉音が消失した結果生じた母音である，と説明されてきた．その間接的な証拠として，Skt. sū-nára-<*h₁su-h₂nór%- におけるような複合語前分の長音化が挙げられる．また，PIE *dn̥t-/*dont-「歯」から Ved. dánt-, Lat. dēns, dent-, PGmc. *tanþ (>OE tōþ) などが派生しているのに対して，Gk. ὀδών, ὀδοντ- (Aeol. ἔδοντ-ες), Arm. atamn である．この場合は，「歯」を意味する語は *ed-「食べる」のゼロ階梯からつくられた分詞形に由来し，しかもその語根がさらに *h₁ed- として再建し直されるならば，喉音的な説明が可能となる（PIE *h₁dónt-「噛むところの」）．しかし，このように前置母音がすべて喉音に溯ると考えることはできない．よく知られているように，アルメニア語は，語頭で特に *r- が立つことを許さないという特徴をギリシア語と共有している．ギリシア語は通常 e-（時には a-, o-)，アルメニア語は大抵 e-（a-，まれに o- も）を前置させるが，その母音に喉音が仮定されることはない．例えば erek「夕方」 < PIE *regʷ-

第 3 章　音韻変化―印欧語からアルメニア語へ―

os「暗さ」(Gk. ἔρεβος, cf. Ved. rájaḥ,, Goth. riqis) ; arew「太陽」< PIE *rewis (Skt. raviḥ) ; orcam「吐く」< PA *orucam < PIE *rug- (Gk. ἐρεύ-γομαι, アオリスト ἤρυγον, cf. Lat. ērūgō「げっぷをする」(ē-< ex-), Lith. rúgiu). さらに母音の前置は起源が比較的新しい, つまりアルメニア語内部の音韻的プロセスに関わる r, r̄ の前でも見られる. 例えば erek'「3」< PIE *treyes (Ved. tráyaḥ, Gk. τρεῖς, Lat. trēs) では, *-eye- は母音間で -y- が消えたのちに e に縮約されて, r の前で語頭の t がゼロになったが, *rek' は許されないので前置母音 e- が生じている; aṙow「運河」< PA *aruyi < PIE *srutís (Gk. ῥύσις, Ved. srutíḥ), これと同じ語根に由来する oṙoganem「濡らす, 灌漑する」< PIE *srow-, *srew- の o- 階梯形 (Ved. srávāmi, Gk. ῥέϝω); ełbayr「兄弟」< PA *erbayr < PIE *bʰrā́tēr (Ved. bhrā́tar-, Gk. φρᾱ́τηρ, Lat. frāter) では, 音移転換後の語形 *rbayr に生じた語頭音 r- を避けるために, 母音 e- が前置された (*erbayr). 実際の形 ełbayr は r-r に異化作用がかかったことによる. あるいは語頭の子音群 *CrV に母音挿入された CerV が erCV へ音位転換されたとも仮定されている.

II．子音

§ 32. アルメニア語の音韻史における最も重要な特徴のひとつは, 印欧語閉鎖音の「音推移 Lautverschiebung」と伝統的に称される現象である. それは「グリムの法則」の名で知られるゲルマン語の子音推移に極めて類似しているが, これらは互いに独立した改新であり, アルメニア語とゲルマン語の間に特定の親縁関係があったことが原因で起こったとは考えられない. ともかくこの子音推移ゆえに, アルメニア語とゲルマン語は印欧語的な状態からはるかに遠く隔たった言語と見なされてきた. アルメニア語の閉鎖音組織の発展を考察しようとするとき, 印欧語の閉鎖音組織はどのように再建されてきたかという問題が深く関わってくるので, ここではごく簡単にその再建の歴史をふりかえってみよう.

まず 19 世紀には, 特にサンスクリットの組織を基礎にして, 発音器官および閉鎖部位に従って閉鎖音（正確には破裂音）を唇音, 歯音, 硬口蓋音, 軟口蓋音, 唇軟口蓋音の 5 類, さらに発音の様式に関してそれぞれ無声, 無声有気, 有声, 有声有気の 4 種に分かたれた組織が印欧祖語に再建された：

	唇音	歯音	硬口蓋音	軟口蓋音	唇軟口蓋音
無声	p	t	$\acute{k}$	k	k^w
無声有気	p^h	t^h	$\acute{k}^h$	k^h	k^{wh}
有声	b	d	$\acute{g}$	g	g^w
有声有気	b^h	d^h	$\acute{g}^h$	g^h	g^{wh}

これらのうち無声有気音（いわゆる Tenues aspiratae）の系列は少数の限られ

第3章 音韻変化—印欧語からアルメニア語へ—

た印欧語方言，すなわちインド・イラン語，ギリシア語，アルメニア語において特定の条件（大抵 s- の後で）のもとでしか現れないために，これを印欧祖語に再建することには否定的な見方が優勢であった．無声有気音を再建するための基礎となるのは，Gk. χ＝Arm. x＝Skt. kh, Gk. ϕ＝Arm. p'＝Skt. ph, Gk. θ＝Arm. t'＝Skt. th の対応しかない．独立の音素として再建するにはこれらの音が見られる語の数も極めて少なく，*$\bar{k}/k^h$(＞Arm. s/x), *k/k^h(＞Arm. k'/x), *t/t^h, *p/p^h(＞Arm. h/p') の交替が示すように，音素というよりは単純無声音の有気異音と考えるほうが無理がない．このような状況を受けて，20世紀の標準的な再建は無声有気音の系列を排除して，次のような組織を提案している（系列Ⅲに対しては bh, dh などとも表記される）：

Ⅰ 無声	p	t	$\bar{k}$	k	k^w
Ⅱ 有声	b	d	$\hat{g}$	g	g^w
Ⅲ 有声有気	b^h	d^h	$\hat{g}^h$	g^h	g^{wh}

しかし，70年代初頭以降，このような組織は類型論的な見地から見て不自然であるという主張が展開されてきた．この主張の最も重要な論拠は，無声有気音を伴わずに有声有気音を持つ言語は知られていない（あるいは存在しても極めて稀である），つまり有声有気音は無声有気音の存在を前提とするというものである．この見解を支持する学者は，こうした類型論的な不自然さを解消するために，それぞれ無声・有声・有声有気閉鎖音に対応して，無声閉鎖音（無気／有気），声門化閉鎖音，有声閉鎖音（無気／有気）からなる組織を再建している：

無声(有気)	$p^{(h)}$	$t^{(h)}$	$\bar{k}^{(h)}$	$k^{(h)}$	$k^{w(h)}$
声門化	p'	t'	$\bar{k}$'	k'	k^{w}'
有声(有気)	$b^{(h)}$	$d^{(h)}$	$\hat{g}^{(h)}$	$g^{(h)}$	$g^{(h)}$

この新しく再建された組織は，現代東アルメニア語方言の一部に見られ，古アルメニア語に仮定されているような組織と非常によく似ており，このいわゆる声門化説（glottalic theory）の出現によって，アルメニア語は従来の扱われかたとはまったく逆に，印欧語史的音韻論において一躍脚光を浴びることになったのである．この説に従うならば，アルメニア語は伝統的に仮定されてきた子音推移を被ったのではなく，印欧語閉鎖音組織を直接継承する極めて保守的な言語であるということになる．これに呼応して，アルメニア語に仮定されてきた子音推移とよく似たゲルマン語のグリムの法則も同様に拒否され，この両言語以外の多数の印欧諸語のほうが逆に子音推移を経験したと想定しなければならなくなる．すなわち，アルメニア語とゲルマン語は声門化音の無声性を固守し，その結果，無声音系列では有気異音の実現が惹起され，さらに有声音系列では無気異音が実現された（*t'→t, *t/t^h

第3章 音韻変化―印欧語からアルメニア語へ―

→ tʰ, *d/dʰ → d)[1]. 一方, 他の印欧語では無声の声門化音が有声音に変化し, その結果として, 有声音系列では有気異音が実現した (*t' → d, *d/dʰ → dʰ). しかし, このように考えると, 逆に, アルメニア語とゲルマン語以外の他の印欧諸語のそれぞれに多くの複雑な音変化を仮定しなければならないといった好ましくない事態が生じてくる可能性がある.

声門化説が19世紀および20世紀の標準的な再建と決定的に異なる点は, 印欧語の有声音を古い声門化音と解釈し直したことにあり, 再建それ自体は3系列閉鎖音からなる20世紀の再建を実質的に踏襲している. 20世紀の再建が19世紀の再建組織から無声有気音系列を排除して, まったく性格の異なる組織を提案したのとは事情が違う. 従って, 現代東アルメニア語方言の一部に見られる放出音 (ejectives) が印欧語声門化音系列を直接継承しているということにはならないし, それらの放出音の存在は隣接するコーカサス諸語との収斂に帰せられるのではないか, という以前からたびたび指摘されてきた可能性ももちろん否定できない. また, 実際に, 無声有気音を伴わずに有声有気音もつ, という印欧祖語に提案されてきた

---

[1] 声門化音が無声性を保持して, 無声音系列の有気異音と音韻論的に対立した時, 声門化自体は余剰的な素性となって失われた: PIE *t': Arm. town「家」, 具格 tamb, 属/与格 tan < PIE *t'om- (=**dom), cf. Skt. dam- (dám-patiḥ「家の主人」), dámaḥ, Gk. δόμος, Lat. domus; Arm. tam「与える」, 1人称複数 tamkʻ, アオリスト etu < PIE *t'ō- (=**dō-), cf. Skt. アオリスト ádām (現在 dádāmi), Gk. δίδωμι, アオリスト ἔδωκα, Lat. dō, dare, OCS damь. PIE *K': Arm. kin「女, 妻」< PIE *K'en-ā (=**gʷen-ā). 現代アルメニア語方言で有声有気音と単純有声音は単一音素の位置的異音であるという分布から判断して, 古典アルメニア語でもそれに近いパターンが確立され得るという. すなわち有声音素は語頭で有気異音を, その他の位置で無気異音を持っていたとされる. 従って, 古典アルメニア語および現代諸方言は印欧祖語有声音系列の異音変異と分布的パターンをほとんど変更せずに保存したと結論できる: PIE *bʰ: Arm. berem [bʰerem]「運ぶ」< PIE *bʰer-, cf. Goth. baíran, Skt. bhárāmi, Lat. ferō, Gk. φέρω; PIE *dʰ: Arm. duṙn, 複数 dur-kʻ「戸」< PIE *dʰur-, cf. Goth. daúr, Gk. θύρα, Lat. forēs; Arm. dizanem [dʰizanem]「積み上げる」< PIE *dʰeiG-/deiGʰ, cf. Lat. fingō「形作る, かたどる」, Skt. dehī「壁」, Gk. τεῖχος「壁」. PIE *Gʰ: Arm. gom [gʰom]「家畜小屋, 豚舎」< PIE *Gʰom-, cf. OIcel. gammi「塹壕, 泥小屋」, Dan. gamme「豚小屋」. 印欧祖語無声 (有気) 音系列はアルメニア語で忠実に無声有気音 [pʰ], [tʰ], [kʰ] の形で反映されている. [pʰ] は語頭でさらに f > h > ø の変化を被った. [pʰ] は語頭で s- の後で, また恐らく -s- の前でも保たれた. 母音間で -pʰ- は (*-pʰ- から *-f- の有声化によって) -w- となり, *-tʰ- は *-θ- から *-h-, 最終的に ø になった: PIE *pʰ: Arm. otn「足」, het「足跡」< PIE *pʰet-, *pʰot-, cf. Lat. pēs, pedis, Gk. πούς, ποδός, Skt. pad-; Arm. hayr「父」< PIE *pʰətʰēr, cf. OIr. athir, Goth. fadar, Lat. pater, Gk. πατήρ, Skt. pitár-; PIE *tʰ: Arm. tʻaṙamim, tʻaršamim「枯れる」< PIE *tʰer-s-, cf. Gk. τέρσομαι「乾く」, Skt. tr̥ṣyati「のどが渇く」, Lat. torreō「乾かす」, Goth. þaúrsjan「のどが渇く」. cf. Th. V. Gamkrelidze/V.V.Ivanov, Indo-European and the Indo-Europeans, I, 1995, 36-40.

第3章　音韻変化—印欧語からアルメニア語へ—

3系列の対立を示す言語が稀有ながら存在することも知られるようになって（例えばインドネシアのMadurese, Kelabit, Lun Daye, 西アフリカのKwa諸語が言及されている），声門化説の最も重要な根拠の一つが維持されなくなっている．

声門化説が音韻論を始めとして印欧語比較文法の諸領域に極めて大きな衝撃を与えたことは間違いのない事実であるが，標準的な再建と声門化説による再建のいずれをとるかという問題が決着を見るにはこれからもなお幾多の紆余曲折が予想される．標準的な再建も単に「標準的」というだけのことで，喉音（laryngeals），口蓋音（gutturals），ケントゥム・サテム（centum/satem）語群の問題などに関してさまざまな見解が絡み合っているのだが，ここでは標準的な再建を出発点としてアルメニア語の音韻変化を概観していく．まず印欧祖語とアルメニア語の子音対応の主要なもののみを一覧表に掲げ，以下にその具体例を列挙する．前述のように，数が僅少とはいえ，無声有気音はアルメニア語とギリシア語およびインド・イラン語を結ぶ重要な特徴であると考えられるので，その例も挙げることにする．

閉鎖音　（cf. 備考）

	無声音	有声音	有声有気音
唇音	*p>h-, ゼロ, w	*b>p	*b^h>b-, w
歯音	*t>t'	*d>t	*d^h>d
硬口蓋音	*ḱ>s	*ǵ>c	*ǵ^h>j, z
軟口蓋音	*k>k'	*g>k	*g^h>g
唇軟口蓋音	*k^w>k', č'	*g^w>k	*g^{wh}>g, ǰ

摩擦音　　　　　*s>s, h, ゼロ

ソナント
鼻音　　　　　　*m>m, ゼロ, n　　*n>n, ゼロ
流音　　　　　　*r>r,　　　　　　*l>l, ł
半母音　　　　　*w>g, w, v, ゼロ　*y>ǰ, ゼロ

備考．この変化は伝統的な理論でいう「音推移」である．すなわちアルメニア語では印欧祖語の有声有気音（Mediae aspiratae）が単純有声音（Mediae）に，単純有声音が単純無声音（Tenues）に，単純無声音が無声有気音（Tenues aspiratae）に推移した．しかし，印欧語有声有気音に関しては，現代東アルメニア語方言のデータに基づいて，古典アルメニア語の文字〈b, d, g, j, ǰ〉で表わされる音が印欧語有声有気音から生じた単純有声音ではなく，印欧語有声有気音をそのまま保った音［b^h, d^h, g^h, dz^h, dʒ^h］であったという見解が提出されている．この分析が正しいとするならば，アルメニア語の子音推移は印欧語閉鎖音組織を部分的にしか変化させなかったことになり，伝統的な見方を修正しなければならない．

第3章　音韻変化―印欧語からアルメニア語へ―

§33. 印欧語唇閉鎖音

a) (1) PIE *p > Arm. h, ゼロ（語頭で）

hayr「父」< PIE *pətḗr (= *ph̥tḗr ; Gk. πατήρ, Lat. pater, Ved. pitár-, OIr. athir, Goth. fadar)

hing「5」(cf. ゼロ形 hnge-tasan「15」は語末音規則を被らない古形) < PIE *pénkʷe (Gk. πέντε, Ved. pánca, Lith. penkì)

het「足跡」< PIE pédom (Ved. padám, Gk. πέδον「土」, Umbr. peřum)

howr「火」(さらに hnoc'< PA *hunoc'「炉」) ~ Gk. πῦρ, Toch.A por, B puwar, Umbr. pir, OIcel. fýrr, OHG fuir, NHG Feuer, Hitt. pahhur ; cf. Goth. fōn, NHG Funke)

hown「浅瀬, 道」< PIE *pont- (cf. Lat. pōns, pont-is, Gk. πόντος, OCS pǫtь, Ved. pánthās)

hor「穴, くぼみ」< PIE *póros (cf. Gk. πόρος「浅瀬, 渡し場, 通路」, πείρω「穴を開ける, 突き刺す」)

harc'「質問」< PIE *pr̥k̑skā (Skt. pr̥cchā, OHG forsca, OIr. arc)

eharc'「彼は質問した」（現在 harc'anem) < PIE *éprk̑sk̑et (Ved. ápr̥cchat, cf. Lat. poscō, OHG forscōn, NHG forschen)

herow「昨年」< PA *heruy < PIE *peruti (Ved. parút, Gk. πέρυσι, Dor. πέρυτι ← *per-+*wetos「年」のゼロ階梯) [-u- の後で -y が落ちるのは規則的であり, heɫowm タイプの現在3人称単数形 heɫow <*heɫu-y に見られる]

otn「足」< PA *otan < PIE 対格 *pódm̥ (Gk. πόδα, cf. Lat. pēs, pedem, Hitt. pata-, OHG fuoȝ, NHG Fuß)

ors「狩猟, 漁」< PIE *pórk̑- (Gk. πόρκος「魚網」)

alik'「波, 白髪」(pl.tant.) < PIE *polyo- (Gk. πολιός「灰色の」; cf. Ved. palitá-「灰色の」, Av. pouruša-, OHG falo「(色彩が)淡い, 薄い」, NHG fahl, NE fallow)

owl「子山羊」< PIE *pōlos (Gk. πῶλος「子馬」, Alb. pelë「牝馬」; cf. Goth. fula, OHG folo, NHG Fohlen, Füllen ; cf. amowl「石女」<*n̥-pōlo-)

erastank'「尻」(pl.tant.) < PIE *prək̑to-, *prōk̑tós (Gk. πρωκτός) の母音変異形 (cf. Ved. plāśí<*prōk̑í-「内臓の一部」)

li「いっぱいの」< PIE *plētos /*pléyos (Ved. prātás, Lat. (com) plētus, Gk. πλέος)

lnowm「いっぱいにする」< PA *linum (アオリスト elic') < PIE *plēnumi (cf. Lat. pleō, Gk. πληρόω)

(2) PIE *p > Arm. w（母音の後で）

ewt'n「7」< PA *ewt'an (ewt'an-a-sown「70」に保存されている) < PIE

第3章 音韻変化—印欧語からアルメニア語へ—

*septm̥ (Gk. ἑπτά, Lat. septem, Ved. saptá, Hitt. šipta-, Goth. sibun)
ew「そして、…も」< PIE *epi (Gk. ἐπί, ἔπι, Ved. ápi, Avest. aipi, OPers. apiy「近くに」; cf. Myc. opi, Lat. ob)
arcowi「鷲」< PA *arciwi < PIE *r̥ǵipyós (Ved. r̥jipyáḥ「迅速に飛ぶ」, śyená-「鷲、鷹」の形容辞, Avest. ərəzifiia-)
kʻown「眠り」< PIE *swópnos (Ved. svápnaḥ, Avest. xᵛafna-, Lat. somnus, Lith. sāpnas「夢」, Gk. ὕπνος<*supno-, OCS sъnъ)

(3) PIE *p>Arm. y (語頭で; cf. 備考)

yisown「50」< PA hingisun (cf. hing「5」) < PIE *penkʷēḱomt- (Gk. πεντήκοντα. Lat. quīnquāgintā, cf. Ved. pañcāśát, Avest. pančāsat-)
yawray「継父」<PIE *ph₂truwio- (cf. Gk. πατρυιός「継父」, πάτρως, Lat. patruus, Ved. pitr̥vyáḥ「父の兄弟」) [同じ意味のhawrow は mayr-mawrow「継母、義理の母」(<*meh₂truwiā, cf. Gk. μητρυιά) をモデルとして hayr からつくられた新形]

備考. 中期アルメニア語以来、y は語頭で [h-] と発音されているので(例えば Yisows=[hisus])、引用例では[h-]に対する逆綴りが伝承の過程で生じたと見られる。

b) PIE *pʰ>Arm. pʻ

pʻayl「輝き」~Ved. phalgúḥ「赤味を帯びた」、Skt. sphulingaḥ「火花」
pʻowkʻ「息」、pʻčʻem「息を吐く」~ Skt. phūt-kr̥-「息をぷっと吹きかける」、Gk. φῦσα「息を吹きつけること」(擬音語)
lapʻem「なめる」~ Gk. λαφύσσω「音をたてて飲む[食べる]」(cf. λάπτω)、OHG laffan, Lat. lambō (「なめる」(擬音語; 同じような意味で lakem も存在する、cf. Lith. lakù「舌でなめるように飲む[食べる]」、OCS loču「なめる」)
epʻem「煮る、料理する」~Gk. ἕψω「煮る」

c) PIE *b>Arm. p

stipem「圧する、強いる」(さらに stêp「頻繁な[に]」) < PIE *stéybō (Gk. στείβω「踏む、踏みつぶす」)
əmpem「飲む」< PA *umpem (cf. owmp「一飲み」) < Pre-Arm. *pōmbō [*pibō (Ved. píbati, Lat. bibō, OIr. ibid) と *pōno- (Ved. pā́nam, cf. Gk. εὔπωνος) の交差形; əmpem <*(h)impe-<*pimbe-(重複現在 *pibe- が n- 接中辞現在に従って変えられた形) とも説明される]

d) (1) PIE *bʰ>Arm. b
berem「運ぶ」< PIE *bʰerō (Gk. φέρω, Lat. ferō, Ved. bhárāmi, Goth.

第3章 音韻変化—印欧語からアルメニア語へ—

baíran)
bard「積み重ねた山」< PIE *bʰr̥tís「持ち来ること」(← *bʰer-+-ti-：Ved. bhr̥tí-, Av. bərəti-, Lat. fors, OIr. bre/ith, Goth. ga-baúrþs, NHG Geburt)
bay「語」< PIE *bʰətís (=*bʰh̥tís；Gk. φάτις, φάσις, cf. *bʰéh₂mi > Arm. bam「私は話す」, 印欧語根 *bʰeh₂-「話す」から)
ban「語, 言葉」< PIE *bʰānis (OIcel. bōn, OE bēn「請願」, cf. Gk. φωνή「声」)
bam「私は話す」(2，3人称 bas, bay) < PIE *bʰāmi (-si, -ti) (Gk. φᾱμί, φημί, φής, φησί)
ebarj「高く上げた，持ち上げた」(アオ・単・3)，中動 barjaw < PIE *bʰérǵʰ-/*bʰr̥ǵʰ-「高くなる，上がる」(Hitt. parktaru「立ち上がれ」, Toch.B parka, A pärk「立ち上がった」；鼻音現在 baṙnam は新形成)
boyc「食物」(さらに bowcanem「食物を与える」) < PIE *bʰowgos (Ved. bhógas「食すること」, cf. bhuj-「食べる」, bhunákti. Lat. fungor)
boys「植物」< PIE *bʰewkos (cf. 同語根 *bʰewh₂-/ bʰuh₂-]「生長する」：Ved. bhávati, Gk. φύω, ἔφυ, Lat. fūī)
bok「裸足で」< PIE *bʰosogos, *bʰosos の拡張形 (Lith. bãsas, OCS bosъ「裸足で」, OHG bar, NHG bar「裸の」)
brem「掘る」< PIE *bʰer- (cf. Gk. φαρόω「耕す」, Lat. forō (「穴をあける」, OHG borōn, NHG bohren)
beran「口」< PIE *bʰer- (Lith. burnà「口」, OCS bъrna「唇」, MIr. bern「隙間, 裂け目」)
orb「孤児」< PIE *orbʰos (Lat. orbus「(家族に)死なれた，奪われた」, cf. Gk. ὀρφανός)
arbi (əmpem「飲む」の1人称単数アオリスト) < PIE *sr̥bʰ- (cf. Lat. sorbeō (「すする」, Lith. surbiù)
ełbayr「兄弟」< PIE *bʰrātēr (Gk. φρᾱ́τηρ, Lat. frāter, Ved. bhrātar-, OIr. bráth(a)ir, Goth. broþar)
erbowc「(動物の)胸」(<*bruc) < PIE *bʰrug-/*bʰr̥ug- (Gk. φάρυ(γ)ξ, Lat. frūmen「食道, 喉」)
具格語尾 -b (子音の後で) < PIE *-bʰi (e.g. gaṙn「子羊」, gaṙam-b < PIE *wr̥m-bʰi, hayr「父」, har-b < PA *hayar-b < PIE *pətr̥-bʰi；cf. Gk. -φι, Ved. 複数 -bhiḥ)
　(2) PIE *bʰ > Arm. w (母音間で)
-wor「…を担う」(複合語の後分で，e.g. tʻag-a-wor) < PIE *-bʰoros (Gk. -φορος, Ved. -bharáḥ)
具格語尾 -w (母音の後で) < PIE *-ā-/-i-/-o-bʰi (e.g. azg「民」, azga-w,

ban「語」, bani-w, get「川」, geto-v [⟨ow⟩ = [u] との重なりを避けるために, o の後ではつねに w ではなく v と書かれる]
aniw (anowoy)「車輪」< PIE *h₃nēbʰo-「こしきに属する」(cf. Ved. nā́bhi-「こしき；へそ」, nā́bhya-「こしき」, OPruss. nabis「へそ, こしき」, Lat. naba「へそ」, Gk. ὀμφαλός「へそ」)
awel「箒」< PIE *h₃bʰel- (Gk. ὀφέλλω「掃く」, ὄφελμα, ὄφελτρον「箒」)

§34. 印欧語歯閉鎖音

a) (1) PIE *t > Arm. tʻ

tʻaṙamim (tʻaršamim もあり)「枯れる, しおれる」< PIE *ters- (cf. Gk. τέρσομαι「乾く」, Lat. torreō「乾かす」, OHG dorrēn「枯れる」, derren「乾かす」, Skt. tr̥ṣyati「のどが渇く」, Goth. þaúrsjan)

ewtʻn「7」< PA *ewtʻan (ewtʻan-a-sown「70」に保存されている) < PIE *septm̥ (Gk. ἑπτά, Lat. septem, Ved. saptá, Hitt. šipta-, Goth. sibun)

owtʻ「8」< Pre-Arm. *optō < PIE *oḱtō (Gk. ὀκτώ, Lat. octō, Ved. aṣṭā́, Toch.A okät, B okt, Goth. ahtau) [仮定される中間段階 *optō は先行する *septm̥ の影響によるものと考えられる, cf. Gk. dial. ὀπτώ]

(2) PIE t > Arm. d (r, n の後で)

ard「秩序」(属格 ardow) < PIE *r̥tús (Ved. r̥túḥ「一定の時」, Gk. ἀρτύς 'σύνταξις', Lat. artus「関節, 四肢」

ard「今」< PIE *r̥ti (Gk. ἄρτι「ちょうど今」, Lith. artì「近くに」)

bard「積み重ねた山」< PIE *bʰr̥tís (← *bʰer-+-ti : Ved. *bhr̥tíḥ, Lat. fors, OIr. bre/ith, Goth. ga-baúrþs, NHG Ge-burt)

mard-「人間」< PIE *mr̥tós「死ぬべき定めの」(Ved. mr̥táḥ, Avest. mərəta-, Gk. βροτός; cf. *mer- : Arm. meṙanim, Ved. mriyáte, Lat. morior)

and「門柱, 敷居」(dr-and < PA *dur-and の形で) ~ Lat. antae「門柱」, OIcel. ond「玄関の間」

ənderkʻ「内臓, 腸」(pl.tant.) < PA *inderkʻ < PIE *entero- (Gk. ἔντερα, OIcel. iðrar, OCS jętro「肝臓」, cf. Ved. ántaraḥ, Lat. inter-ior)

ənd「…と共に, に沿って, に対して」(proclitic), *and < PIE *anti (Gk. ἀντί, Lat. ante, Ved. ánti, Goth. and)

(3) PIE *t > Arm. y (母音間で)

hayr「父」< PIE *pətēr (= *pḥtḗr; Gk. πατήρ, Lat. pater, Ved. pitár-, OIr. athir, Goth. fadar)

mayr「母」< PIE *mā́tēr (Gk. μά̄τηρ, μήτηρ, Lat. māter, Ved. mātár-, OIr. máthir)

ełbayr「兄弟」< PIE *bʰrā́tēr (Gk. φρά̄τηρ, Lat. frāter, Ved. bhrā́tar-, OIr. bráth(a)ir, Goth. broþar; cf. 備考)

第3章　音韻変化―印欧語からアルメニア語へ―

bay「語」< PIE *bʰətís (=*bʰh̥tis; Gk. φάτις, φάσις, cf. *bʰéhmi > Arm. bam「私は話す」, 印欧語根 *bʰeh-「話す」から)
herow「昨年」< PA *heruy < PIE *peruti (Ved. parút, Gk. πέρυσι, Dor. πέρυτι ← *per-+*wetos「年」のゼロ階梯)
low「有名な」< PA *luy < PIE *ḱlutós (Gk. κλυτός, Ved. śrutáḥ, Lat. inclutus; 語根は *ḱlew-/ḱlu-: Arm. lsem < PA *lusem, アオリスト loway「聞く」)
現在3人称単数語尾 -y, e.g. berê「彼は運ぶ」< PA *berey < PIE *bʰéreti (Ved. bhárati, OIr. berid, Goth. baíriþ)

備考. dowstr「娘」< PIE *dʰuktḗr は hayr, mayr, ełbayr とは明らかに音声環境が異なっている.

(4)　PIE *t > Arm. w（語中 r の前で）
hawr (hayr「父」の属格) < PIE *pətrós (Gk. πατρός, Lat. patris)
arawr「鋤」< PIE *arətrom (=*h₂erh₃trom; Gk. ἄροτρον, Cret. ἄρατρον, Lat. arātrum, OIr. arathar, OIcel. arðr; 語根 *ar-=*h₂erh₃-: Gk. ἀρόω, Lat. arō, MIr. airim, Lith. ariù, Goth. arjan, Toch. A.B āre「耕す」)

(5)　PIE *t > Arm. ゼロ（語頭 r の前で）
erekʻ「3」< PIE *tréyes (Ved. tráyaḥ, Gk. τρεῖς, Lat. trēs; cf. 備考)
eris 対格「3」< PIE *trins (Goth. þrins, Gk. *τρινς, OLat. trīs)
eri-「3」(複合形で, e.g. eream < PA *eri-am「3年の」) < PIE *tri- (Gk. τρι-, Lat. tri-, Ved. tri-, Avest. θri-, Lith. tri-)

備考. PIE *-eye- は母音間で y が消えて Arm. e に縮約した. 語頭 r- を避けるために *rekʻ の前に前置母音 e- が現れている.

(6)　PIE *t > ゼロ (*-nti で; cf. 備考)
現在3人称複数語尾 -n, e.g. beren「彼らは運ぶ」< PIE *-nti (cf. Ved. bháranti, Gk. Dor. φέροντι, Lat. ferunt, Goth. baírand [PIE *bher-onti がアルメニア語で語幹母音がパラダイム全体で統一され, -e- 動詞では -en < *-enti である])
kʻsan「20」< Pre-Arm. *gisanti < PIE *wīḱm̥ti (Avest. vīsaiti, Gk.Dor. ϝίκατι, Lat. vīgintī)

備考. これと異なる前置詞 ənd < PIE *anti の変化は確実にそれが proclitic であるという事実に起因している.

第3章 音韻変化―印欧語からアルメニア語へ―

b) PIE *t^h > Arm. t'

awt'「ねぐら，野営地」< PIE *awt^his (cf. Gk. αὖλις「野営地」; ag-anim「夜を過ごす」の -g- は母音間の -w- (*aw-ane-) を規則的に継承している； 印欧語根 *wes- = *h₂ues-「居住する，夜を過ごす，滞在する」, cf. goy「ある」<*h₂wos)

ort'「子牛」(属格 ort'ow) ~ Skt. pr̥thukaḥ「動物の子」, Gk. πόρτις「子牛」

c) PIE *d > Arm. t

tasn「10」< PIE *dék̑m̥ (Gk. δέκα, Lat. decem, Ved. dáśa)

towr「贈り物」< PIE *dōrom (Gk. δῶρον, OCS darъ)

tam「与える」，アオ etow < PIE 現在 *de-dh₃- または *dh₃-ye-，アオ *edōsom (cf. Gk. δίδωμι, Ved. dádāmi, Lat. dare; cf. 備考1)

taygr「夫の兄弟」< PIE *daywḗr (Gk. δᾱήρ, Ved. devár-, Lat. lēvir, OHG zeihhur, Lith. dieverìs, OCS děverь)

town「家」< PIE *dṓm (Ved. dám-, cf. Gk. δόμος, Lat. domus)

tawn「祭り」< PIE *dap-「神に捧げられた供物を食べる」(Lat. daps「犠牲の食物」, damnum「損害」, Gk. δαπάνη「支出」, OIcel. tafn「犠牲の動物・食物」)

otn「足」< PA *otan < PIE 対格 *pódm̥ (Gk. πόδα, cf. Lat. pedem)

het「足跡」< PIE *pédom (Ved. padám「歩み」, Gk. πέδον)

get「川」< PIE *wedos「水」(Goth. watō, OCS voda, Gk. ὕδωρ, Phryg. βεδυ, Hitt. wadar; cf. 備考2)

hot「におい」< PIE *od- (cf. Gk. ὀδμή, Lat. odor; h- は非語源的な付加とされるが，PIE *h₃ed- もあり得る)

mit「想念」< PIE *mēdos (Gk. μῆδος, 複数 μήδεα「助言，計画」)

sirt「心臓」< PIE *k̑ḗrdi- (cf. Gk. κῆρ<*k̑ḗrd, καρδία, Lat. cōr, cord-is, Goth. haírtō, OPruss. seyr)

gitem「知っている」< PIE 完了 *woyda (Gk. Ϝοῖδα, Ved. véda, Goth. wait; *woyda > Arm. *gêt となるべきであるが，強勢のある音節の前で現在 git-em が成立した．ゼロ階梯 *wid- は gt-anem「見出す」に現れている)

nist「座る場所，居住地」< PIE *nisdós「巣」(← *ni-「下に」+ *sed-「座る」; cf. Ved. nīḍaḥ, Lat. nīdus, OHG nest)

ost「枝」< PIE *ósdos (Gk. ὄζος, Goth. asts, NHG Ast; cf. Hitt. hašduir「枯れ枝，しば」)

t- = 複合語に用いる否定接頭辞, e.g. t-kar「弱い」(文字どおりには「力のない」) < PIE *dus-「悪い」(cf. Skt. duṣ-, Avest. duš-, Gk. δυσ-, Lat. *dis-(difficilis), Goth. tuz-, OHG zur-)

第3章 音韻変化―印欧語からアルメニア語へ―

備考1. アルメニア語の ta- は PIE *dh₃- にも *dh₃-ye- にも遡り得る．Klingenschmitt (1982：85-6) はギリシア語とインド・イラン語に基づいて，印欧語に設定し得る語根 *dō-<*deh₃- の現在は重複形しかなく，アルメニア語の形は説明できないとしているが，ヒッタイト語語根 dā-< PIE *dō- の現在は重複のない形を持っている．アルメニア語動詞の屈折についてはすべてが明らかになっているわけではないが，接続法アオリスト語幹 tac‘- は PIE *dh₃-sk̂e/o- に溯るのであり，これはヒッタイト語でも dā- の反復形 daskizzi に見られる（cf. 二次語尾を伴うイオニア方言反復形 δόσκον）．共時的にアオリスト語幹に関連づけられるこの接続法が通時的にはアオリスト語幹の派生形なのか，あるいは現在語幹の派生形なのかという問題は依然として残されている．

備考2. アルメニア語 get は (1) 他の印欧諸語がすべて PIE *wédōr「水」を意味するのに対して「川」を意味している，(2) get から推定される祖形 *wédō は印欧語 *-r/n-語幹の sandhi variant としては疑わしく，語幹はおそらく *-es/os- であったろう，という点で孤立している．

d) PIE *dʰ > Arm. d

dnem「置く」(<*dinem)，アオ edi < PIE *dʰē-no，アオ *édʰēsom (cf. Ved. dádhāmi, ádhām, Gk. τίθημι, ἔθη-κα)

darjaw「振り返った，戻った」(中・アオ・単・3) < PIE *dʰérĝʰ-/*dʰr̥ĝʰ- (cf. Alb. derdh-「注ぐ，(涙を) 流す」; 鼻音現在 darnam は新形成)

dowstr「娘」< PIE *dʰuktḗr (Lith. duktė̃, Goth. daúhtar; cf. Ved. duhitár-, Gk. θυγάτηρ < PIE *dʰug⁽ʰ⁾ətér-；PIE *t が母音間で -y- となった hayr, mayr, ełbayr と dowstr とでは環境が異なっていることに注意)

dalar「緑[色]の」< PIE *dʰal-「芽吹く」(Gk. θάλλω「花咲く」，θαλερός「生き生きした」，MIr. duille「葉」，Welsh dail「葉」)

dêz「山積み」< PIE *dʰoyĝʰós (Gk. τοῖχος, Goth. daigs, OHG teig, Russ. dežá「こね鉢」)

edêz (dizanem「積み上げる」のアオ・単・3) < PIE *é-dʰeyĝʰ-et (cf. Ved. deh-「塗る，漆喰で固定する」, déhmi, Lat. fingō, Gk. θιγγάνω, Goth. digan<*dʰiĝʰ-)

dowṙn「戸」<PIE 対格 *dʰúrm̥ (cf. Gk. θύρα, Lat. forēs, Goth. daúr)

gind「(耳) 輪」< PIE *wendʰā (cf. Goth. windan, OHG wintan, NHG winden)

darbin「鍛冶屋」< PIE *dʰabro- (cf. Lat. faber「職人」，fabrē「巧みに」，Goth. ga-daban「適している」，Lith. dabinti「飾る」)

§ 35. 印欧語硬口蓋閉鎖音

印欧語硬口蓋閉鎖音はアルメニア語において歯擦音と破擦音に変化しているので，伝統的にアルメニア語はサテム語群に属するとされる．ケントゥム　(Lat.

第3章 音韻変化―印欧語からアルメニア語へ―

centum) 語群は *kʷ/k の対立, サテム (Avest. satəm＜PIE *k̂m̥tom「100」) 語群は舌背音の口蓋化つまり *k/k̂ の対立によって特徴づけられる. 19世紀に行われたこの分類は印欧祖語に東部方言（インド・イラン，バルト，スラヴ）と西部方言（ギリシア，イタリック，ケルト，ゲルマン）の分化を認めるものであるが，トカラ語の発見とヒッタイト語の解読によって，この方言区画は大きく揺らいだ. すなわち，これらの言語は地理的には印欧語域の東側に位置しているにもかかわらず *kʷ/k の対立を保存しており，ケントゥム語群として地理的にひとまとめにする名称は適切でなくなった. 一方，サテム的な歯擦音化は非常に早い時期に属する変化であり，おそらくインド・イラン語派を中心とする印欧祖語方言連続体の内部で起こった改新であろうと推定される. 周縁地域に位置する「ケントゥム」諸語はこの変化を被らなかった残存域である[2].

a) (1) PIE *k̂ ＞ Arm. s

sirt「心臓」 ＜ PIE *k̂ĕrdi- (cf. Gk. κῆρ ＜ *k̂ĕrd, καρδία, Lat. cōr, cord-is, Goth. haírtō, Lith. širdìs, OCS srъdьce, OPruss. seyr)

siwn「柱」 ＜ PIE *k̂īwon- (Gk. κίων, Myc. ki-wo/kīwōn/)

sor「ほら穴, 空洞」 ＜ PIE *k̂ów-oro- (cf. Gk. κόοι「くぼみ」, Lat. cauus「穴」[VL covus])

srownkʻ「向うずね」(pl.tant.) ＜ PIE *k̂rūs-ni- (cf. Lat. crūs「下腿」)

aseɫn「針」 ＜ PIE *ak̂-el- (cf. Gk. ἄκρος「尖った」, ἀκίς「とげ」, Lat. acus「針」, Ved. aśániḥ「矢の先」, Lith. ašnìs「刃」)

asr「羊毛, 羊の毛皮」(属格 asow) ＜ PIE *pok̂u- (cf. Gk. πέκω「羊毛を刈り込む」, πόκος「羊毛」, Lith. pešù「羽根をむしり取る」)

mawrowkʻ「ひげ」(pl.tant.; 古典期以後の綴りに môrowkʻ あり, また morowkʻ も) ＜ PIE *smók̂wr̥ (Ved. śmáśru-, Lith. smãkras, Hitt. z(a)-mankur; *smek̂-「あご」から)

tasn「10」 ＜ PIE *dék̂m̥ (Gk. δέκα, Lat. decem, Ved. dáśa, Avest. dasa, Goth. taíhun; cf. Lith. dẽšimt, OCS desętь)

-sown (30-90 の数詞をつくる, e.g. eresown「30」) ＜ PIE *-k̂omt- (Gk. -κοντα, Lat. -gintā, cf. Ved. -śát-, Avest. -sat-)

kʻsan「20」 ＜ PIE *wīk̂m̥ti (Avest. vīsaiti, Gk. Dor. Ϝίκατι, Lat. vīgintī)

---

[2] アルメニア語は他のサテム諸語と同様に *k/k̂, *g/ĝ, *gʰ/ĝʰ の対立を示しており, 一般に *kʷ/k, *gʷ/g, *gʷʰ/gʰ の対立はないとされる. しかし一方で, 唇軟口蓋音の痕跡が w- ウムラウトの形で間接的に見られる語もいくつか存在していると言われる. 例えば印欧祖語語根 *h₃engʷ-「油を塗る」(Lat. ungu-, Skt. añj-) は awc- に対応するが, これはゼロ階梯形 *h₃ngʷ- に基づいて *angʷ-＞*awng- (ウムラウト)＞*awĝ- (n が押しつぶされ, *g が -w- と接触して口蓋化)＞awc- (子音推移) の変化を被ったと考えられる. cf. Ch. de Lamberterie, op. cit. 150.

第3章 音韻変化―印欧語からアルメニア語へ―

   (2) PIE *k̑ > Arm. ゼロ（語頭 l の前で；cf. 備考）
low「有名な」< PA *luy < PIE *k̑lutós (Gk. κλυτός, Ved. śrutáḥ, Lat. inclutus；語根は *k̑lew-/k̑lu-：Arm. lsem < PA *lusem, アオリスト loway「聞く」)
   (3) PIE *k̑ > Arm. c'
c'ax「枝」< PIE *k̑āk̑hā (Ved. śā́khā, Lith. šakà「枝」, Goth. hōha「鋤」)

備考．流音の前で語頭の閉鎖音が消える現象は, *pl- > l-（e.g. li「満ちた」< *plēto-, Lat. im-plētus）, *pr- > (e)r-（e.g. erēc'「長老」< *preisku-, cf. Lat. prīscus）に平行的に見られるが, *k̑l- > l- は *k̑r- における *k̑ > s（e.g. srownk'）の規則的な変化に平行していない．

b) PIE *k̑ʰ > Arm. c'
c'tem「引っかく」< PA *c'item < PIE *sk̑ʰid- (cf. Gk. σχίζω「割る」, Lat. scindō, Ved. chid-, chinátti)

c) PIE *ǵ > Arm. c (cf. 備考)
cin「出生」(cf. cn-anim「生まれる」) < PIE *ǵénos (Gk. γένος, Lat. genus, Ved. jánaḥ)
cownr「膝」< PIE *ǵónu (Gk. γόνυ, Ved. jā́nu, Avest. zānu；e-階梯, Hitt. gi-e-nu, Lat. genū)
cer「年老いた, 老人」< PIE *ǵero- (cf. *ǵeront- > Gk. γέρων, γέροντος, Ved. járant-, Avest. zarəta-, Oss. zärond)
acem「導く」< PIE *aǵ- (Gk. ἄγω, Lat. agō, Ved. ájāmi, Avest. azaiti, Toch.A.B āk-)
kcanem「刺す」（3 人称単数アオリスト ekic；さらに kcow「(味などが) きつい」) < PIE *geiǵ- (cf. Lith. gižti「酸っぱくなる」, gaižùs「苦い」, gaižti「苦くなる」, Alb. gjizë「チーズ」)
mec「大きい」< PIE *méǵh- (Gk. μέγας, cf. Ved. máhi-, Avest. maz-, Hitt. mēkkis, Goth. mikils)
ayc「山羊」< PIE *ayǵ- (Gk. αἴξ, cf. Avest. izaēna-「皮製の」)
gorc「仕事」< PIE *worǵom, werǵom の o-階梯形 (Gk. Ϝέργον, Av. varəzəm, NHG Werk)
arcowi「鷲」< PA *arciwi < PIE *r̥ǵipyós (Ved. r̥jipyáḥ「迅速に飛ぶ」[śyenā-「鷹」の形容辞], Avest. ərəzifiia-「鷲」)
arcat'「銀」< PIE *arǵ-/r̥ǵ- (Avest. ərəzata-, OPers. ardata-, Lat. argentum, OIr. argat, Gall. arganto-, cf. Ved. rajatám, Gk. ἄργυρος, Hitt. harki-)

caṙ「大笑い」(属 całow ~ Gk. γέλως < PIE *ǵelh₂- (強意形 cicaḷim は *ǵel-ǵolh₂/ǵl̥h₂- が異化された *ǵey-ǵl̥h₂- に由来するか)

備考．PIE *eǵō (Gk. ἐγώ, Lat. egō) を継承する 1 人称代名詞としては本来規則的には *ec が期待されるが，語末の c は子音の前で連声変異を被って es「私」になったと考えられている．

d) (1) PIE *ǵʰ > Arm. j
jiwn「雪」< PIE *ǵʰiyōm (Gk. χιών「雪」, Avest. ziiam-, Lat. hiems「冬」; cf. Hitt. gimmant-, Gk. χεῖμα, OCS zima, Lith. žiemà)
jmeṙn「冬」< PA *jimeṙn < PIE *ǵʰimer- (cf. Gk. χειμών, χειμερινός, Lat. hībernus, Ved. 位格 héman「冬に」, Lith. žiemà, OCS zima, Alb. dímër)
jeṙn「手」< PIE 対格 *ǵʰesr̥m (Gk. χεῖρα, Aeol. χέρρα, cf. Hitt. keššar)
jałk「棒，さお」< PIE *ǵʰalg⁽ʰ⁾- (-k- は *gʰ からでなく *g から期待される；Lith. žalgà「細長い棒，さお」, Goth. galga「棒，十字架」)
barjr「高い」< PIE *bʰr̥ǵʰús (cf. Hitt. parku-; Avest. bərəzant-, Ved. br̥hánt- < *bʰr̥ǵʰént-)
ebarj「高く上げた，持ち上げた」(アオ・単・3)，中動 barjaw < PIE *bʰérǵʰ-/*bʰr̥ǵʰ-「高くなる，上がる」(Hitt. parktaru「立ち上がれ」, Toch.B parka, A pärk「立ち上がった」；鼻音現在 baṙnam は新形成)
darjaw「振り返った，戻った」(中・アオ・単・3) < PIE *dʰérǵʰ-/*dʰr̥ǵʰ- (cf. Alb. derdh-「注ぐ，(涙を) 流す」；鼻音現在 daṙnam は新形成)
anjowk「狭い」< PIE *anǵʰú- (Ved. am̐húḥ, Goth. aggwus, OCS ǫzъ-kъ, Oss. ungäg)
orji-kʻ「睾丸」< PIE *orǵʰi- (Hitt. arki-, Avest. ərəzi 両数, Gk. ὄρχις)
merj「近くに」< PA *merji (動詞 *merji-anam > merjenam「近づく」に保存されている) < PIE *méǵʰri (Gk. μέχρι「～まで」; 音位転換については下記§42 b 5 参照; cf. 備考 1)
jet「尾」< PIE *ǵʰed-「排便する」(cf. Avest. zadah-「肛門」, Skt. hádati「排便する」, Gk. χέζω, Alb. dhjet)
ji「馬」< PIE *ǵʰéyos (Ved. háya-, *ǵʰei-「駆り立てる」の派生形, cf. Ved. hinóti「駆り立てる」；あるいは同語根の *-to- 分詞形 *ǵʰi-to- が名詞化された形)

(2) PIE *ǵʰ > Arm. z (母音間で)
dêz「山積み」< PIE *dʰoyǵʰós (Skt. deha-, Gk. τοῖχος, Goth. daigs, OHG teig, Russ. dežá「こね鉢」, cf. Avest. daēzayeiti「囲いをめぐらす」, pairi-daēza-「囲い」)
edêz (dizanem「積み上げる」の 3 人称単数アオリスト) < PIE *é-dʰeyǵʰ-et

第3章　音韻変化―印欧語からアルメニア語へ―

(cf. Ved. deh-「塗る，漆喰で固定する」, déhmi, Avest. pairi-daēzaiia-, Lat. fingō, Gk. θιγγάνω, Goth. digan)
lizem「なめる」(lizanem, lizowm も併存) < PIE *léyĝʰō (Gk. λείχω, λιχνεύω, cf. Ved. lih-, léhmi, Avest. raēz-, Lat. lingō, Goth. bi-laigōn, OHG lecchōn, OIr. ligim, Lith. liežiù, OCS ližǫ ; cf. 備考2)
mizem「小便をする」(さらに mêz「尿」) < PIE *méyĝʰō (Ved. méhāmi, Avest. (fra-) maēzaiti-, Gk. ὀμείχω, Lat. meiō, cf. mingō, Lith. mýžti, 現在 minžu)

備考1. *méĝʰri は *ĝʰesr-「手」の単数所格と前置詞 *me「～と共に」の結合 *me-ĝʰsri に由来するとも示唆されてきた。
備考2. アルメニア語で「舌」を意味する語 lezow は意味的に関連する動詞 *leyĝʰ-「なめる」の影響を受けていると考えられる。OLat. dingua, Lat. lingua (d が lingō「なめる」から l に変更), Lith. liežùvis (liežiù「なめる」にならった変形) 参照。「舌」を表わす祖形としては一部の方言間の対応に基づいて PIE *dnĝʰwā, dnĝʰū が再建されるが，タブーによってさまざまな形が見られる (cf. Oscan fangvā, Toch.A käntu, B kantwo, Skt. jihvā, Avest. hizvā-, hizū-, OIr. tengae, Goth. tuggō, OE tunge)

§36. 印欧語軟口蓋閉鎖音

a) (1) PIE *k > Arm. kʻ
kʻerem「引っかく」< PIE *(s)kérō (cf. Gk. κείρω「(毛髪を) 切る」, Skt. kr̥-「傷つける」, kr̥ṇāti, OHG sceran, NHG scheren, Lith. skiriù「切り離す」; kʻorem「かきむしる」<母音変異反復形 *kor-éye-)
(2) PIE *k > Arm. g (r の後で)
argel「障害」< PIE *arkelo- (cf. Gk. ἀρκέω「撃退する」, Lat. arceō「閉ざす」)
(3) PIE *k > Arm. s (u の後で)
dowstr「娘」< PIE *dʰuktḗr (Lith. duktě, Goth. daúhtar ; cf. Ved. duhitár-, Gk. θυγάτηρ < PIE *dʰug(h₂)tḗr)
loys「光」< PIE *lewkos (Ved. rokáḥ, rōcaḥ, OPers. raučah-, Lith. laũkas, cf. Gk. λευκός「白い」, Lat. lūx「光」)
lowsin「月」< PIE *lewkenos (Ved. rocanáḥ, Avest. raočana-)
boys「植物」< PIE *bʰewkos (cf. 同語根 *bʰewh₂-/bʰuh₂-「生長する」: Ved. bhávati, Gk. φύω, ἔφυ, Lat. fuī)
(4) PIE *k > č̣ʻ (y の前で)
č̣ʻow「出発」< PA *č̣ʻuy < PIE *kyutís (Skt. cyutiḥ, Avest. fra-šūitiš)
č̣ʻogay「私は行った」< PIE *kyow-, kyew- の母音変異形 (Ved. cyávate「動く」, Avest. š(ii)auuaite「動かす」, Gk. σεύω)

第3章　音韻変化―印欧語からアルメニア語へ―

b)　PIE *kʰ＞Arm. x

xaxank'「高笑い」～ Skt. kakhati「笑う」, Gk. καχάζω「声高に笑う」（ともに *kh-kh の異化）, Lat. cachinnō, OCS xoxotati（擬音語）

xacanem「噛む」～Ved. khād-「噛む」, khádati

c'ax「枝」＜ PIE *ḱākʰā (Ved. śā́khā, NP šāx, Lith. šakà「枝」, Goth. hōha「鋤」)

c)　(1)　PIE *g＞Arm. k

kṙownk「ツル」～Gk. γέρανος, Gall. garanos, Oss. zyrnæg, OHG kranuch, OE cranoc, Lat. grūs（印欧祖語の「ツル」を表わす語はおそらく擬音語起源の *ger- からきている, cf. Ved. járate「ざわざわ音をたてる, 歌う」；アルメニア語 kṙ- は PA *kiṙ- または *kuṙ-に溯る）

bok「裸足で」＜ PIE *bʰosogos, *bʰosos の拡張形 (Lith. bãsas, OCS bosъ「裸足で」, OHG bar, NHG bar「裸の」)

ekowl「彼は呑み込んだ」＜ PIE *gwel-/ gul- (cf. Lat. gula「喉」, OCS glъtъ（「一口（の量）」, Russ. glotatь（「呑み込む」, Gk. δέλεαρ「餌」；現在 klanem は新形成）

(2)　PIE *g＞Arm. c (u の後で)

bowci「食物を与えた」(bowcanem のアオ・単・3) ＜ PIE *bʰewg-/ bʰug- (cf. Ved. inj. mā́ bjojam「我をして償わせることなかれ」, 中・接 bhójate「享受する」)

boyc「食物」＜ PIE *bʰowgos (Ved. bhógaḥ「食すること」, cf. bhuj-「食べる」, bhunákti, Lat. fungor)

lowc「くびき」＜PIE *yugóm (Ved. yugám, Gk. ζυγόν, Lat. iugum, Goth. juk；語頭の l- は動詞 lowcanem「解き放つ」の語頭音による影響が考えられる)

erbowc「(動物の) 胸」(＜*bruc) ＜ PIE *bʰrug-/*bʰr̥ug- (Gk. φάρυξ, Lat. frūmen「喉」)

orcam「吐く」＜ PA *orucam ＜ PIE *rug- (Gk. ἐρεύγομαι, アオ ἤρυγον, Lat. ērūgō「げっぷをする」, Lith. rúgiu)

d)　PIE *gʰ＞Arm. g

geṙjk'「腺」(pl.tant.) ＜ PIE *gʰelǵʰ- (cf. Lith. gẽležuones, OCS žlěza, Russ. železa)

mêg「霧」＜ PIE *moygʰós (Ved. meghā́ḥ「雲」, Avest. maēγa-, cf. Gk. ὀμίχλη, Lith. miglà, OCS mьgla, Russ. mgla)

― 58 ―

第3章 音韻変化—印欧語からアルメニア語へ—

§37. 印欧語唇軟口蓋閉鎖音
a) (1) PIE *k^w > Arm. k'

k'an「…よりも」< PIE *k^wām (Lat. quam)

-k' 不定小辞, ok'「誰か」(o-「誰？」), ik'「何か」(z-i「何？」) < PIE *-k^we
(Ved. -ca [kaśca], Avest. -ča, Gk. -τε, Lat. -que [quisque], Goth. -h)

elik'「彼は去った，置き去りにした」(現在 lk'anem) < PIE *élik^{w}et (Gk. ἔλι-πε, Ved. áricat, cf. Lat. linquō, Goth. leih^{w}an, OHG līhan, NHG leihen, Lith. lìkti「残る」)

(2) PIE *k^w > Arm. g (r, n の後で)

erg「歌」< PIE *erk^{w}ós (=*h₁erk^w-, Ved.arkáḥ「光線，歌」, Oss. aryaw「物語」, Toch.A yärk, B yarke「名誉」, cf. Hitt. arkuwai-「祈る」)

hing「5」(cf. ゼロ形 hnge-tasan「15」は語末音規則を被らない古形) < PIE *pénk^{w}e (Gk. πέντε, Ved. páñca, Lith. penkì)

(3) PIE *k^w > Arm. č (e, i, ī, y の前で)

č'ork'「4」< PA *č'eyork' < PIE *k^wetores (Gk. Dor. τέτορες) [*k^wetwóres (Ved. catvā́raḥ, cf. Gk. τέσσαρες, Lat. quattuor) の異化形] が縮約された形と言われる；cf. 備考).

ač'k'「眼」(akn の複数) < PIE 両数 *ok^{w}yə (Gk. ὄσσε)/*ok^{w}ī (OCS oči, Lith. akì)

goč'em「呼ぶ，叫ぶ」< PIE *wok^{w}yō (cf. Ved. vácas-, vāk, Avest. vačah-, vāxš, Lat. vōx, vōc-is, Gk. Ϝόσσα, Ϝέπος, OE wóma「叫び声，騒音」)

備考．この例によって示され規則の定式化「PIE *k^w > Arm. č (e の前で)」は，上記の hing「15」(および e を保存した hnge-tasan「15」) < PIE *pénk^{w}e および不定小辞 -k' < PIE *-k^we と矛盾している．

b) PIE *k^{wh} > Arm. x

sxalem「つまずく，間違える」~ Ved. skhal-「つまずく」, skhálate, Gk. σφάλλω, -ομαι「つまずく，転倒する」

c) PIE *g^w > Arm. k

kin「女性」(複・主 kanayk') < PIE *g^wenā (OIr. ben, OCS žena, OPruss. genna, Ved. gnā, Avest. gənā-, cf. Gk. γυνή, 複・主 γυναῖκες, Goth. qinō)

kov「牛」< PIE *g^wṓws (Ved. gáuḥ, Avest. gāuš, Gk. βοῦς, OIr. bó, OHG kuo, OE cū, OIcel. kýr, Latv. gùovs; cf. kogi, §27 d 1)

ker「食料」(さらにアオリスト keray, eker「私は，彼は食べた」, cf. kokord「喉」) < PIE *g^werh₃- (Ved. gr̄̍-「むさぼり食う」, giráti, gr̥ṇāti, Avest.

第3章　音韻変化―印欧語からアルメニア語へ―

ǰaraiti「呑み込む」, Gk. βιβρώσκω, βορά「食べ物」, βορός「貪欲な」, Lat. vorō, carni-vorus「肉食の」, Lith. geriù「飲む」)
keam「生きる」< PIE *g^{w}iyh$_3$- (cf. Avest. ǰiiātu-「生命」, Gk. ζῆν, ζώω, ἐβίων, Hom.fut. βέομαι, Ved. jīváḥ, Lat. vīvus, OCS živъ, Lith. gývas「生きている」)
kałin「どんぐり」(さらに kałni「オーク」) < PIE *g^{w}l̥-eno- (cf. Gk. βάλανος, Lat. glāns, glandis, Latv. zīle, OPruss. gile, OCS želodь)
erek「夕方」< PIE *rég^{w}os (Ved. rájaḥ「暗闇」, , Gk. ἔρεβος「冥界の闇」, Goth. riqis「暗黒」; cf. Toch.A orkäm, Gk. ὄρφνη)
ankanim「落ちる」< PIE *sn̥g^w- (cf. Goth. sigqan, NHG sinken)
ekn「彼は来た」< PIE *é-g^{w}em-t (cf. Ved. ágan「彼は来た」, Lith. góti「行く」, Gk. βαίνω, Osc. (kúm-) bened 'con-venit', Lat. veniō, Goth. qiman)

d)　(1)　PIE *g^{wh} > Arm. g (後舌母音の前で)

gan「一打, こん棒」(属 gani) < PIE *g^{wh}ni- (cf. Ved. han-「打つ」, hánti, 複 ghnánti, ghanáḥ「こん棒」, Avest. ǰan-, ǰainti, Gk. φόνος「殺人」, θείνω, Hitt. kuenzi, kunanzi「殺す」, OIr. gonim「私は殺す」, guin「傷」)
goneay「少なくとも, 何ものにもまして」< PIE *g^{wh}on- (cf. Gk. εὐθενής「豊富に」, Lith. ganà「十分な」, Skt. ghaná-「堅い, 密な, 厚い」)

(2)　PIE *g^{wh} > Arm. ǰ (前舌母音の前で)

ǰerm「暖かい」< PIE *g^{wh}ermós (Gk. θερμός, cf. Ved. gharmáḥ, Avest. garəma-, Alb. gacë「いぶすための炭」, Lat. formus, NHG warm)
ǰer「暖かさ」< PIE *g^{wh}eros (Ved. háraḥ「灼熱」, Gk. θέρος「夏の暑さ」, Alb. Tosk zjarr「火」)
ǰil, ǰił「腱, ひも」< PIE *g^{wh}īslom (Lat. fīlum「糸」, Lith. gýsla, OCS žila「血管」)
ǰin「棒」< PIE *g^{wh}énos (cf. Avest. ǰana-「打つところの」)
ǰnem「打つ」< PA *ǰinem < PIE *g^{wh}énō (Skt. hanati, Lith. genù「私は（家畜を）追い立てる」, OCS ženǫ)
ǰnǰem「壊滅させる, 拭う」< PA *ǰinǰem < PIE *g^{wh}ényō (Gk. θείνω「打つ」, Lith. geniù「打ち落とす, 枝を払う」)

(3)　PIE *g^{wh} > Arm. ž (母音間で)

iž「ヘビ」< PIE *ēg^{wh}is, *ég^{wh}is / óg^{wh}is の変異形 (cf. Gk. ἔχις, ὄφις, Ved. áhiḥ, Avest. aži-; cf. 備考)

備考.　Gamkrelidze-Ivanov (1995: 444 f.) は冥界の神話的存在としての「ヘビ」を

― 60 ―

第3章 音韻変化―印欧語からアルメニア語へ―

表わす語根に次のような3種の音声変異を認めている。彼らの表記をそのまま採用すれば PIE *ogʰoi- (Ved. áhi-, Avest. aži-, Gk. ὄφις, Arm. iž), *angʰoi- (Lat. anguis, MIr. esc-ung「ウナギ」(文字通りには「水ヘビ」), Lith. angìs, OPruss. angis, ORuss. už'), *eǵʰi- (Gk. ἔχις, ἔχιδνα). 最後の形が本来の語根で, 前の2つはタブーによる変形を被ったものである。

§38. 印欧語摩擦音 *s

(1) PIE *s>Arm. h, ゼロ (語頭で; cf. 備考1)

hin「古い」<PIE *sénos (Ved. sánaḥ, Avest. hana-, Gk. ἔνος, Lat. senex, Lith. sẽnas)

ewt'n「7」< PA *ewt'an (ewt'an-a-sown「70」に保存されている) < PIE *septm̥ (Gk. ἑπτά, Lat. septem, Ved. saptá, Hitt. šipta-, Goth. sibun)

ał「塩」<PIE *sal- (Gk. ἅλς, Lat. sāl, sal-is, OCS solь, NHG Salz)

etł「場所」< PIE sedlom (Goth. sitls「座席, 腰掛」, OHG sezzal「安楽椅子」, Lat. sella「座席, 腰掛」, OCS sědalo「座席」. *sed-「座る」から)

arbi (əmpem「飲む」の1人称単数アオリスト) < PIE *srbh- (cf. Lat. sorbeō「すする」, Lith. surbiù)

aṙow「運河」<PA *aruyi<PIE *srutís (Gk. ῥύσις, Ved. srutíḥ)

am「年」, amaṙn「夏」< PIE *smā, smr̥- (cf. Ved. sámā, OHG sumar「夏」)

ankanim「落ちる」<PIE *sn̥gʷ- (cf. Goth. sigqan, NHG sinken)

vec'「6」< PIE *sweḱs (Gk. ἕξ, Ϝέξ, Avest. xšvaš, Gaul. suexos; cf. PIE *seḱs>Ved. ṣaṣ-, Lat. sex, Goth. saíhs, OCS šestь, Lith. šešì)

ołǰ「健康な, 無事な」< PIE *sol- (cf. Toch.A salu, B solme, Ved. sárva-, Gk. ὅλος, Lat. saluus)

(2) PIE *s>Arm. ゼロ (母音間で)

now「息子の妻」< PIE *snusós (Gk. νυός, Lat. nurus; Ved. snuṣā́, OCS snъxa, OE snoru, OHG snur, NHG Schnur)

bok「裸足で」< PIE *bʰosogos, *bʰosos の拡張形 (Lith. bãsas, OCS bosъ「裸足で」, OHG bar, NHG bar「裸の」; *bʰosogos>*bo(h)ok>bok)

gar-own「春」< PIE *wésr̥- (Gk. Ϝέαρ, Avest. 位格vaŋr-i「春に」, cf. Lat. vēr, OIr. errach「春」, Lith. vãsara「夏」, OCS vesna「春」, Skt. vasantá-「春」; gar- は *wésr̥->*wesar>*ge(h)ar>gar-; cf. 備考2)

ar-iwn「血」< PIE *ésr̥- (Gk. ἔαρ, εἶαρ, cf. Ved. ásr̥k, 属 asnáḥ, Hitt. ešhar, 属 ešhanaš, Toch.A ysār, B yasar, OLat. aser, assyr, Latv. asins; ar- は *ésr̥->*esar->*e(h)ar>ar-; cf. 備考3)

k'oyr「姉妹」< PIE *swésōr (Ved. svásar-, Avest. xᵛaŋhar-, Lat. soror, OIr. siur, Goth. swistar, OHG swester, OCS sestra; cf. 備考4)

— 61 —

第3章 音韻変化―印欧語からアルメニア語へ―

(3) PIE *s＞Arm. ゼロ（m, n の前で）

mi「1」＜PIE *smiyos（cf. Gk. εἷς＜*sem-s と並んで女性形 μία＜*smiya）

em「私は〜である」＜PIE *ésmi（Ved. ásmi, Avest. ahmi, Gk. εἰμί, Aeol. ἔμμι, OLith. esmì, OCS jesmь）

与／位格単数語尾 -owm（代名詞・代名詞的形容詞で，例えば im「私の」に対して与／位格 im-owm，奪格 im-mê）＜PIE *-sm-（cf. 与格 Ved. -smai [tá-smai], Goth. -mma [þamma], OPruss. -smu [stesmu]）

now「息子の妻」＜PIE *snusôs（Gk. νυός, Lat. nurus ; Ved. snuṣā́, OCS snъxa, OE snoru, OHG snur, NHG Schnur）

neard「腱」＜PIE *snḗwr̥-ti（cf. Ved. snā́van-, Avest. snāuuarə-, Gk. νεῦρον, Toch.B ṣñor, 複数 sñaura）

z-genowm「服を着る」＜PIE *wés-nu-mi（Gk. Ϝέννυμι, Ion. εἵνυμι, cf. Ved. vas-, váste, Toch.A.B wäs-, Gk. 完了 εἷμαι＜*Ϝεσμαι）

mown「蚊」（属格 mnoy）＜PIE *mus-no-（cf. Gk. μυῖα＜*mus-ya, Lat. musca, OIcel. mý, OCS muxa「ハエ」）

gin「値段」＜PIE *wēsnom, *wesnom の延長階梯形（Ved. vasnám, Lat. vēnum ; cf. Hitt. waš-「買う」, uš(a)niya-「売る」）

srownk'「向うずね」（pl.tant.）＜PIE *k̑rūs-ni-（cf. Lat. crūs「下腿」）

mawrowk'「ひげ」（pl.tant.）〜 PIE *smekr-/*smek̑r-（cf. Lith. smãkras, Ved. śmáśru-「ひげ」, Alb. mjékër ; cf. 備考 5）

(4) PIE *s＞Arm. s（m, n の後で）

ows「肩」＜PIE *ómsos（Ved. áṃsaḥ, Gk. ὦμος, Goth. ams ; cf. 備考 6）

mis「肉」（属格 msoy）＜PIE *mēmsom（Goth. mimz, OPruss. mensā, Latv. mìesa, OCS męso, Ved. māṃsám）

amis「（暦の）月」＜PIE *mēnsos（cf. Ved. māḥ, māsaḥ, Gk. μήν, Ion. μείς＜*μενς＜*μηνς ［Osthoff の法則「長母音は共鳴音が後続すると短くなる」］, Lat. mēnsis ; a- は孤立した前置母音）

eris 対格「3」＜PIE *trins（Goth. þrins, Gk. *τριυς, OLat. trīs）

複数対格語尾 -s, 例えば gets「川」(o - 語幹), sirts「心」(i - 語幹) ＜PIE *-ns, *-o-ns, *-i-ns（cf. Cret. πολ-ιυς, Goth. gast-ins）

(5) PIE *s＞Arm. s（t, p, x の前で）

sterǰ「不妊の」＜PIE *steryo-（Gk. στεῖρα, cf. Ved. starī́ḥ「子を生まない牛」, Alb. shtjerrë, Goth. staírō, Lat. sterilis）

astł「星」＜PIE *h₂stḗr-（Hitt. hašter-, Gk. ἀστήρ, Ved. stár-, Avest. star-, cf. Lat. stēlla＜*stēl-na, Goth. staírnō, OHG sterno）

z-gest「衣類」＜PIE *westu-, westi-（Lat. vestis, Goth. wasti, Gk. ἐσθής,）

nist「座る場所，居住地」＜PIE *nisdós「巣」（← *ni-「下に」+*sed-「座る」; cf. Ved. nīḍáḥ, Lat. nīdus, OHG nest）

第3章 音韻変化—印欧語からアルメニア語へ—

ost「枝」< PIE *ósdos (Gk. ὄζος, Goth. asts, NHG Ast; cf. Hitt. hašduir「枯れ枝，しば」)
nstim「座る」< PIE *nisisdō (cf. Gk. ἕζομαι, Lat. sedeō, Goth. satjan, Skt. sādayati)
sparnam「威嚇する」< PIE *sprn̥āmi (cf. Lat. spernō「突き飛ばす」, OIcel. sperna)
sxalem「つまずく，間違える」~ Ved. skhal-「つまずく」, skhálati, cf. Gk. σφάλλω「転倒させる」

備考1. akn「眼」にいわゆる密音の (compact) 摩擦音 *s を認める考えもある。PIE *se/okʷ-: Skt. ákṣi, Avest. aši, Gk. ὄσσε, Lat. oculus, Lith. akìs, OCS oko, Toch.A ak, B ek; cf. Hitt. šakuwa「眼」, šakuwai-「見る」, Goth. saíhʷan「見る」, OIr. rosc「眼」。

備考2. PIE *wes-r̥- はサンスクリットやスラヴ語のように交替形 *wes-n̥- を持っている。gar-own の要素 -own は ašown (属格 ašnan) にも現れているが，起源は不明である。ašown「秋」はおそらく PIE *(e)s-en-「収穫期；夏」にさかのぼる：Hitt. zena-「秋」(cf. 与／位格 zeni「秋に」), Goth. asans「収穫，夏」, OHG aran「収穫」, ORuss. osenь「秋」, OPruss. assanis「秋」, Hom. ὀπ-ώρη「夏の終わり，秋，収穫期」。ギリシア語形は他言語の *-n- に対して *-r- を示している。

備考3. ar-iwn の要素 -iwn は ank-iwn「隅，角」, ard-iwn-k'「結果，生産物」にも現れている。

備考4. k'-< PIE *sw-. oy は二重母音 PIE *ew が規則的に変化したもの (cf. 上記 § 29 e)。*-esō- は母音間で *-e(h)u- (*ō>u, cf. 上記 § 28 d) から二重母音 *-ew- になった。従って母音間の s はアルメニア祖語で「語末音規則」が作用する以前の非常に早い段階に失われたと考えられる。k'oyr は一連の格形で古い印欧語パラダイムの語幹変異を忠実に反映している (cf. 下記 § 78 b)。

備考5. 語中で PIE *-tr->-wr- (cf. hawr「父」(属) < PIE *pətros, arawr「鋤」< PIE *arətrom; cf. 上記 § 34 a 4) に類似した発展が *-kr- にも想定されている。-u- 語幹はインド語と共通している (cf. Godel 1975: 79)。

備考6. ows < PIE *ómsos の例は，鼻音の前で PIE *o>u の特別な変化が起こった時にはまだ -m- が保たれていたことを示している。

§ 39. 印欧語鼻音
a) (1) PIE *m>Arm. m
mi「…するな」(禁止の小辞) < PIE *mē (Gk. μή, Ved. mā)
mis「肉」< PIE *mēmsom (Goth. mimz, OPruss. mensā, Latv. mìesa, OCS mę̨so, Ved. māṃsám)
mayr「母」< PIE *mā́tēr (Gk. μᾱ́τηρ, μήτηρ, Lat. māter, Ved. mātár-, OIr.

第3章 音韻変化―印欧語からアルメニア語へ―

máthir)

mêg「霧」< PIE *moygʰós (Ved. megháḥ「雲」, Avest. maéγa-, cf. Gk. ὀμίχλη, Lith. miglà, OSl. mьgla, Russ. mgla)

mêǰ「中央」< PIE *medʰyo- (cf. Ved. mádhya-, Gk. μέσσος, Lat. medius)

mec「大きい」< PIE *méǵh- (Gk. μέγας, cf. Ved. máh-, Avest. maz-, Goth. mikils)

mard「人間」< PIE *mr̥tós「死ぬべき定めの」(Ved. mr̥táḥ, Avest. mərəta-, Gk. βροτός ; cf. *mer-「死ぬ」: Arm. meṙanim, Ved. mriyáte, Lat. morior)

mizem「小便をする」(さらに mêz「尿」) < PIE *méygʰō (Ved. méhāmi Avest. (fra-)maēzaiti-, Gk. ὀμείχω, Lat. meiō, cf. mingō, Lith. mỹžti, 現在 minžu)

mit「想念」< PIE *médos (Gk. μῆδος, 複数 μήδεα「助言, 計画」)

mowkn「ネズミ」(属格 mkan) < PIE *mūs (Ved. mūṣ-, Pers. mūš, Gk. μῦς, Lat. mūs, OHG mūs, NHG Maus)

mown「蚊」(属格 mnoy) < PIE *mus-no- (cf. Gk. μυῖα <*mus-ya, Lat. musca, OIcel. mý, OCS muxa「ハエ」)

mnam「留まる」<PA *minam<PIE *menā-/*mēnā- (cf. Gk. μένω, μίμνω, Lat. manēre)

amis「(暦の) 月」< PIE *mēnsos (cf. Ved. māḥ, māsaḥ, Gk. μήν, Ion. μείς <*μενς<*μηνς [Osthoff の法則「長母音は共鳴音が後続すると短くなる」], Lat. mēnsis ; a- は孤立した前置母音)

im「私の」< PIE *eme (cf. Gk. ἐμέ「私を」, ἐμοῦ, ἐμός「私の」)

jmeṙn「冬」<PA *jimeṙn<PIE *ǵʰimer- (cf. Gk. χειμών, χειμερινός, Lat. hībernus, Ved. 位格 héman「冬に」, Lith. žiemà, OCS zima, Alb. dímër)

1人称直説法現在語尾 -m, e.g. berem「私は運ぶ」< PIE *-mi (bhárāmi)

(2) PIE *m>Arm. ゼロ (s の前で)

ows「肩」<PIE *ómsos (Ved. áṃsaḥ, Gk. ὦμος, Goth. ams)

mis「肉」<PIE *mēmsom (Goth. mimz, OPruss. mensā, Latv. mìesa, OCS męso, Ved. māṃsám)

(3) PIE *m>Arm. n (語末で)

k'an「…よりも」<PIE *kʷām (Lat. quam)

town「家」<PIE *dōm (Ved. dám-, cf. Gk. δόμος, Lat. domus)

jiwn「雪」< PIE *ǵʰiyōm (Gk. χιών「雪」, Avest. ziiam-, Lat. hiems「冬」; cf. Hitt. gimmant-, Gk. χεῖμα, OCS zima, Lith. žiemà)

b) (1) PIE *n>Arm. n

nist「座る場所, 居住地」< PIE *nisdós「巣」(← *ni-「下に」+*sed-「座

第3章 音韻変化―印欧語からアルメニア語へ―

る」; cf. Ved. nīḍaḥ, Lat. nīdus, OHG nest)
now「息子の妻」< PIE *snusós (Gk. νυός, Lat. nurus; Ved. snuṣā́, OCS snъxa, OE snoru, OHG snur, NHG Schnur)
hin「古い」< PIE *sénos (Ved. sánaḥ, Avest. hana-, Gk. ἔνος, Lat. senex, Lith. sẽnas)
cin「出生」(cf. cn-anim「生まれる」) < PIE *ǵénos (Gk. γένος, Lat. genus, Ved. jánaḥ)
kin「女性」(複・主 kanaykʻ) < PIE *gʷenā (OIr. ben, OCS žena, OPruss. genna, Ved. gnā́, Avest. gənā-, cf. Gk. γυνή, 複・主 γυναῖκες, Goth. qinō)
hing「5」< PIE *pénkʷe (Gk. πέντε, Ved. páñca, Lith. penkì)
cownr「膝」< PIE *ǵonu (Gk. γόνυ, Ved. jā́nu, Avest. zānu; e-階梯, Hitt. gi-e-nu, Lat. genū)
anowrǰ「夢」< PIE *onōryom, *oneryom (Gk. ὄνειρον) の母音変異形
gaṙn「子羊」< PIE *wr̥n- (cf. Gk. Ϝαρήν, 属格 Ϝαρν-ός, Myc. we-re-ne-ja「子羊に関する」, Ved. úraṇ-)
kʻown「眠り」< PIE *swópnos (Ved. svápnaḥ, Avest. xvafna-, Lat. somnus, Lith. sãpnas「夢」, Gk. ὕπνος)
ownim「持っている」< PIE *ōp-ne-, *ep- (cf. Hitt. ep-zi「彼はつかむ」) の母音変異形 (cf. 備考)
gini「ワイン」< Pre-Arm. *woyniyo- (cf. Gk. Ϝοῖνος, Lat. vīnum)
siwn「柱」< PIE *k̑īwon- (Gk. κίων, Myc. ki-wo/kīwōn/)
anjowk「狭い」< PIE *anǵʰú- (Ved. aṃhúḥ, Goth. aggwus, OCS ǫzъ-kъ, Oss. ungäg)
aṙnowm「受け取る」< PIE *r̥numi (cf. Gk. ἄρνυμαι「獲得する」, Avest. ərənu-「認める」)
z-genowm「服を着る」< PIE *wés-nu-mi (Gk. Ϝέννυμι, Ion. εἵνυμι, cf. Ved. vas-, váste, Toch.A.B wäs-, Gk. 完了 εἷμαι<*Ϝέσμαι)
gin「値段」< PIE *wēsnom, *wesnom の延長階梯形 (Ved. vasnám, Lat. vēnum)

(2) PIE *n > Arm. ゼロ (s の前で)

amis「(暦の)月」< PIE *mēnsos (cf. Ved. māḥ, māsaḥ, Gk. μήν, Ion. μείς <*μενς<*μηνς, Lat. mēnsis)
eris 対格「3」< PIE *trins (Goth. þrins, Gk. *τρινς, Cret. τριινς, OLat. trīs)

備考. Ch. de Lamberterie (BSL 73.1 [1978] 279 f.) は ownim が伝統的に仮定されてきた動詞語根 *h₁ep-「つかむ」ではなく、アルメニア語語根 *oynim「(ある状態に

いる」(cf. o行 oyn「健やかであれ」に見られる oyn は古い命令形) に溯ると提案した。F. O. Lindeman (BSL 74.1 [1979] 335 ff.) は ownim が印欧語完了 *ōp- (Ved. āp-a, āpnóti の完了) を継承してその古い現在の意味を保存しているとして，歴史以前の段階に *ōp-+-ne- (現在の接尾辞) >*uwne->*une- の過程を想定し，Ch. de Lamberterie の仮説は ownim を印欧語動詞語根 *h₁ep- に関連づける伝統的な語源説に反しないと論じている．しかし，ownim は一般的には PIE senh₂-「獲得する，捕まえる」(Hitt. sanahzi「探し求める」) の完了 se-sónh₂- に溯ると考えられている．

§ 40. 印欧語流音
a) PIE *r > Arm. r

arawr「鋤」< PIE *arətrom (=*h₂érh₃trom ; Gk. ἄροτρον, Cret. ἄρατρον, Lat. arātrum, OIr. arathar, ON arðr ; 語根 *arə-=*h₂erh₃- : Gk. ἀρόω, Lat. arō, MIr. airim, Lith. ariù, Goth. arjan, Toch. A.B āre「耕す」)

berem「運ぶ」< PIE *bʰer- (Gk. φέρω, Lat. ferō, Ved. bhárāmi, Goth. baíran)

anowrǰ「夢」<PIE *onōryom, *oneryom (Gk. ὄνειρον) の母音変異形

sterǰ「不妊の」< PIE *steryo- (Gk. στεῖρα, cf. Ved. starī́ḥ「子を生まない牛」, Alb. shtjerrë, Goth. staírō, Lat. sterilis)

gorc「仕事」< PIE *worǵom, werǵom の o - 階梯形 (Gk. Ϝέργον, Av. varəzəm, NHG Werk)

cer「年老いた，老人」< PIE *ǵero- (cf. *ǵeront-> Gk. γέρων, γέροντος, Ved. járant-, Avest. zarəta-, Oss. zärond)

towr「贈り物」<PIE *dōrom (Gk. δῶρον, OCS darъ)

srownk'「向うずね」(pl.tant.) < PIE *k̑rūs-ni- (cf. Lat. crūs「下腿」)

ənderk'「内臓, 腸」(pl.tant.) < PA *inderk'< PIE *entero- (Gk. ἔντερα, OIcel. iðrar, OCS jętro「肝臓」, cf. Ved. ántaraḥ, Lat. inter-ior)

hayr「父」< PIE *pʰtḗr (Gk. πατήρ, Lat. pater, Ved. pitár-, OIr. athir, Goth. fadar)

mayr「母」<PIE *mā́tēr (Gk. μᾱ́τηρ, μήτηρ, Lat. māter, Ved. mātár-, OIr. máthir)

taygr「夫の兄弟」<PIE *daywḗr (Gk. δᾱήρ, Ved. devár-, Lat. lēvir, OHG zeihhur, Lith. dieverìs, OCS děverъ)

herow「昨年」< PA *heruy < PIE *peruti (Ved. parút, Gk. πέρυσι, Dor. πέρυτι ← *per-+*wetos「年」のゼロ階梯)

erek「夕方」< PIE *rḗgʷos (Ved. rájaḥ「暗闇」, Gk. ἔρεβος「冥界の闇」, Goth. riqis「暗黒」; cf. Toch.A orkäm, Gk. ὄρφνη)

arew「太陽」< PIE *revis (Skt. raviḥ「太陽」, cf. Hitt. har(u)wanai-「夜明け」)

第3章 音韻変化—印欧語からアルメニア語へ—

erek' 「3」 < PIE *tréyes (Ved. tráyaḥ, Gk. τρεῖς, Lat. trēs)
erastank' 「尻」(pl.tant.) < PIE *prək̑to-, *prōk̑tós (Gk. πρωκτός) の母音変異形
orcam 「吐く」 < PA *orucam < PIE *rug-(Gk. ἐρεύγομαι, アオリスト ἤρυγον, Lat. ērūgō 「げっぷをする」, Lith. rúgiu)

b) PIE *l > Arm. l, ł
lizem 「なめる」(lizanem, lizowm も併存) < PIE *léyĝʰō (Gk. λείχω, λιχνεύω, cf. Ved. lih-, léhmi, Avest. raēz-, Lat. lingō, Goth. bi-laigōn, OHG lecchōn, OIr. ligim, Lith. liežiù, OCS ližǫ)
lap'em 「なめる」 ~ Gk. λαφύσσω 「がつがつと飲み込む」, OHG laffan 「なめる」(擬音語)
loys 「光」 < PIE *lewkos (Ved. rokáḥ, rócaḥ, OPers. raučah-, Lith. laũkas, cf.Gk. λευκός 「白い」, Lat. lūx 「光」)
lowsin 「月」 < PIE *lewkenos (Ved. rocanáḥ, Avest. raočana-)
elik' 「彼は去った, 置き去りにした」(現在 lk'anem) < PIE *élikʷet (Gk. ἔλιπε, Ved. áricat, cf. Lat. linquō, Goth. leihʷan, OHG līhan, Lith. lìkti 「残る」
ał 「塩」 < PIE *sal- (Gk. ἅλς, Lat. sāl, sal-is, OCS solь, NHG Salz)
ałam 「(穀物などを) 碾く」 < PIE *al- (cf. Gk. ἀλέω, Hom. καταλέω, Avest. aša- (<*arta-)「碾いた」(分詞), Pers. ārd-「小麦粉」)
mełr「蜂蜜」 < PIE *méli- (Gk. μέλι, μέλιτος, Lat. mel, mellis, OIr. mil, Goth. miliþ, Hitt. melit (シュメール表記 LÀL-it), Luw. mallit-)
ełn 「(雌) 鹿」 < PIE *elen- (OCS jelenь, Cymr. elain, cf. Gk. ἐλλός 「小鹿」 [<*el-n-os], ἔλαφος [<*el-n̥-bho-s], Myc. e-ra-pi-ja 「鹿に関する」(女性), OIr. elit「雌鹿」, Lith. élnis, OPruss. alne「牡鹿」)
owł「子山羊」 < PIE *pōlos (Gk. πῶλος 「子馬」, Alb. pelë 「牝馬」; cf. Goth. fula, OHG folo, NHG Fohlen, Füllen)
ǰil, ǰił 「腱, ひも」 < PIE *gʷʰīslom (Lat. fīlum 「糸」, Lith. gýsla, OCS žila 「血管」)
li 「いっぱいの」 < PIE *plētos / *pléyos (Ved. prātás, Lat. (com) plētus, Gk. πλέος)
lnowm 「いっぱいにする」 < PA *linum (アオ elic') < PIE *plēnumi (cf. Lat. pleō, Gk. πληρόω)
low 「有名な」 < PA *luy < PIE *k̑lutós (Gk. κλυτός, Ved. śrutáḥ, Lat. inclutus)

— 67 —

第3章 音韻変化―印欧語からアルメニア語へ―

§41. 印欧語半母音

a) (1) PIE *w > Arm. g

gin「値段」< PIE *wēs-no-, *wes-no- の延長階梯形（Ved. vasnám, Lat. vēnum; cf. Hitt. waš-「買う」, uš(a)niya-「売る」）

gini「ワイン」< Pre-Arm. *woyniyo- (cf. Gk. Ϝοῖνος, Lat. vīnum)

get「川」< PIE *wedos「水」(Goth. watō, OCS voda, Gk. ὕδωρ, Phryg. βεδυ, Hitt. wadar)

gaṙn「子羊」< PIE *wr̥n- (cf. Gk. Ϝαρήν, 属格 Ϝαρν-ός, Myc. we-re-ne-ja「子羊に関する」, Ved. úraṇ-)

gar-own「春」< PIE *wésr̥- (Gk. Ϝέαρ, Avest. 位格 vaŋr-i「春に」. cf. Lat. vēr, OIr. errach「春」, Lith. vãsara「夏」, OCS vesna「春」, Skt. vasantá-「春」; gar- は *wésr̥- > *wesar > *ge(h)ar > gar-)

gitem「知っている」< PIE 完了 *woyda (Gk. Ϝοῖδα, Ved. véda, Goth. wait; *woyda > Arm. *gêt となるべきであるが, 強勢のある音節の前で現在 git-em が成立した)

goy「存在する」< PIE 完了 *wose, *wes- の o-階梯形 (Goth. was)

gorc「仕事」< PIE *worǵom, werǵom の o-階梯形 (Gk. Ϝέργον, Av. varəzəm, NHG Werk)

goč'em「呼ぶ, 叫ぶ」< PIE *wokʷyō (cf. Ved. vácas-, vāk, Avest. vačah-, vāxš, Lat. vōx, vōc-is, Gk. Ϝόσσα, Ϝέπος, OE wôma「叫び声, 騒音」)

z-genowm「服を着る」< PIE *wes-nu-mi (Gk. Ϝέννυμι, cf. Ved. váste, Hitt. wešš(iya)-, wašš(iya)-, Toch.A.B wäs-)

taygr「夫の兄弟」< PIE *daywḗr (Gk. δᾱήρ, Ved. devár-, Lat. lēvir, OHG zeihhur, Lith. dieverìs, OCS děverь)

č'ogay「私は行った」< PIE *kyow-, *kyew- の母音変異形 (Ved. cyávate「動く」, Avest. š(ii)auuaite「動かす」, Gk. σεύω)

oṙoganem「濡らす, 灌漑する」< PIE *srow-, *srew- の o-階梯形 (Ved. srávāmi, Gk. ῥέϜω)

kogi「バター」< PIE *gʷowiyo-「牝牛から生じた」(Ved. gávya-; cf. kov, §37 c)

cowngk'「膝」(cownr の複数) < PIE 両数 *ǵónwī (cf. ač'k'「眼」(akn の複数) < PIE 両数 *okʷyə/*okʷī と同様に, 古い両数形に複数標識 -k' が添加された)

(2) PIE *w > Arm. v, w

vaṙem「点火する」, varim「燃える」< PIE *war- (cf. Lith. vìrti「煮える」, OCS vrěti「沸騰する」, variti「料理する」, Hitt. war-「燃える」, warnu-「燃やす」)

vec'「6」< PIE *sweḱs (Gk. ἕξ, Ϝέξ, Avest. xšvaš, Gaul. suexos; cf. PIE

第3章 音韻変化—印欧語からアルメニア語へ—

*seḱs>Ved. ṣaṣ-, Lat. sex, Goth. saíhs, OCS šestъ, Lith. šešì)
haw「鳥」< PIE *awis (= h₂ewis; Wels. hwyad「カモ」, Lat. avis「鳥」, Umb. (acc.) avif, Gk. αἰετός「鷲」, Av. vīš「鳥」, Ved. ví-)
haw「祖父」< PIE *awos (= h₂ewh₂os; Lat. avus, cf. OIcel. afi, Hitt. hūhhaš; h₂en-「祖母」, Arm. han, Hitt. hannas, Gk. ἀννίς, Goth. anō, OHG ana)
tiw「日」<PIE *diw- (cf. Ved. dívā「昼間に」, Lat. dius「日中に」, Hitt. šīwatt-「日」, Gk. ἔνδιος「まっ昼間に」,)
siwn「柱」<PIE *ḱīwon- (Gk. κίων, Myc. ki-wo/kīwōn/)
ałbewr「泉」<PIE *bʰrēwr̥ (Gk. φρέαρ<*φρήϝαρ, cf. Goth. brunna, NHG Brunnen)
arew「太陽」< PIE *revis (Skt. raviḥ「太陽」, cf. Hitt. har(u)wanai-「夜明け」; 単属 areg は複合語 areg-akn「太陽」, 文字どおりには「太陽の源」に見られる)

(3) PIE *w>Arm. ゼロ（母音間で）

nor「新しい」<PIE *néworos, *newos の拡張形（Ved. návaḥ, Avest. nauua-, Gk. νέϝος, Lat. novus, OLith. navas, OCS novъ, Hitt. newa-; -o- は *-ewo- が縮約されたものと考えられる）

b) (1) PIE *y>Arm. ǰ（語頭で; cf. 備考 1）
ǰowr「水」~ Lith. jū́ra, 複 jū́rės「海」, OPruss. iūrin「海」
ǰanam「努力する」~ Gk. ζῆλος「熱心さ」

(2) PIE *y>Arm. ǰ (r, n の後で; cf. 備考 2)
sterǰ「不妊の」< PIE *steryo- (Gk. στεῖρα, cf. Ved. starī́ḥ「子を生まない牛」, Alb. shtjerrë, Goth. staírō, Lat. sterilis)
anowrǰ「夢」<PIE *onōryom (cf. Gk. ὄνειρον<*oneryom)
mownǰ「口のきけない，無言の」< PIE *munyos, *muni- の拡張形（Ved. múniḥ「賢人，予言者」; 備考 3）
ǰnǰem「打ちのめす」< PA *ǰinǰem < PIE *gʷʰényō (Gk. θείνω「打つ，殺す」, Lith. geniù「打ち落とす」)

(3) PIE *y>Arm. ゼロ（母音間で）
erek'「3」<PIE *tréyes (Ved. tráyaḥ, Gk. τρεῖς, Lat. trēs)
名詞派生動詞 -em, -am（例えば sēr「愛」, sirem「愛する」; yoys「希望」, yowsam「望む」）< PIE *-eye- (Ved. -aya-, Gk. -έω), *-āye- (Ved. -āya-, Gk. -άω)
gini「ワイン」<Pre-Arm. *woyniyo- (cf. Gk. ϝοῖνος, Lat. vīnum)

備考 1. PIE *y > Arm. l の規則が lowc「くびき」（属 lcoy)< PIE *yugóm, leard

— 69 —

第3章　音韻変化―印欧語からアルメニア語へ―

「肝臓」(属 lerdi) < PIE *yék^{w}rt (cf. Ved. yákr̥t, 属格 yaknáḥ, Lat. iecur, 属格 iecinoris <*iecinis など) に基づいて仮定されてきた。しかし lowc の語頭 l- は意味的に関連する動詞 lowcanem「解く，はずす」の影響を受けている。後者については，アルメニア語と同様に語頭に l- を示す方言群がある：Hitt. liššā-, OIcel. lifr, OE lifer (Engl. lever), OHG libera, lebara (NHG Leber), OPruss. lagno. これらはタブーによる歪曲の可能性が否定できない。

　備考2．この規則 (Meillet 1936 : 52) に対する唯一の反証は ayl「他の」< PIE *alyos (Gk. ἄλλος, Lat. alius, OIr. aile, Goth. aljis) であるが，Godel (1975 : 81) は，共鳴音＋y の音位転換は a の後で規則的な発展だったと指摘している。

　備考3．mownǰ <*mundyo- (Hübschmann 1897 : 476) あるいは *mūndyo- (cf. Pokorny *IEW* 751) も仮定されており，Lat. mūtus, Gk. (Hesych.) μυκός, Ved. mūka- などが比較される。基底にある *mū- は恐らく音象徴的で口を固く結んだ動作に由来している。

III．結合的な音変化

§ 42. 主たる結合的な音変化としては，子音群に関わるもの，音位転換，音挿入，母音縮約が挙げられる．

a)　子音群 (Consonant Clusters)
1. PIE *k̑s, *k̑sk̑ > Arm. c‘ (cf. 備考1)
vec‘「6」< PIE *swek̑s (Gk. ἕξ, Ϝέξ, Lat. sex, Goth. saíhs, Welsh chwech)
harc‘「質問」< PIE *pr̥k̑skā (Skt. pr̥cchā, OHG forsca, OIr. arc)
eharc‘「彼は質問した」(現在 harc‘anem) < PIE *épr̥k̑sk̑et (Ved. ápr̥cchat, cf. Lat. poscō, OHG forscōn, NHG forschen)
2. PIE *sw- > Arm. k‘-
k‘own「眠り」< PIE *swópnos (Ved. svápnaḥ, Avest. x^{v}afna-, OE swefn, Gk. ὕπνος, Lat. somnus)
k‘oyr「姉妹」< PIE *swésōr (Ved. svásar-, Avest. x^{v}aŋhar-, Goth. swistar, Lat. soror)
k‘irtn「汗」< PIE *swidro- (Lith. sviêdri, cf. Gk. ἱδρώς, Ved. svid-「汗をかく」, svédate, svédaḥ, Avest. x^{v}ēδa, OHG sweiz)
3. PIE *tw- > Arm. k‘-
k‘ez 2人称代名詞与・対格，属格 k‘o < PIE *twe-/two- (Ved. tva-, 対 tvā́m, Avest. θwa-, 対 θwąm, Gk. σε- <*τϜε, 対 σε, 与 σοι <*twoy, 属 σευ <*tweso), 具 k‘ew <*twe-bhi
k‘aṙ- (k‘aṙ-a-sown「40」) < PIE *twr̥-, (cf. Ved. turīyaḥ, Avest. tūiriia-「4番目の」, ā-xtūirīm「4度」), *k^{w}etwor- のゼロ階梯 *k^{w}twr̥- が単純化したもの

第3章 音韻変化—印欧語からアルメニア語へ—

4. PIE *dw-, *-dw->Arm. erk-, -rk- (cf. 備考2)
erkow「2」< PIE *dwō (Ved. dvā, Avest. duua, Gk. δύω, δύο, *δϝω [δώ-δεκα「12」に見られる], Goth. twai, OCS dъva)
erki-「2」(複合語形, 例えば erkeam < PA *erki-am「2歳の」) < PIE *dwi- (Ved. dvi- [dvi-pád「2本足の」], Avest. bi- [bi-māhya-「2ヶ月」], Gk. δι- [δί-πους], Lat. dui-, bi- [dui-dēns, bidēns], OHG zwi- [zwihoubit「2つ頭の」], Lith. dvi- [dvìgubas「2重の」])
erkar「長い」< PIE *dwārós (Gk. δηρός, Dor. δᾱρός, cf. Ved. dūráḥ)
erki-, erknč'im「私は恐れる」, アオリスト erkeay (<PA *erki-ay), erkiwł「恐怖」< PIE *dwi-, *dwey- の変異形 (Avest. duuaēθā「脅迫」, Gk. δείδω<*δέ-δϝοι-α, δέος<*δϝεγος「恐怖」)
erkn「陣痛」(属格 erkan, 複数 erkownk') < PIE *edwōn, *edun- の変異形 (Gk. ὀδύνη, Aeol. ἐδύνα「苦痛」, OIr. idu)

5. PIE *sr>Arm. r̄
k'er̄ (k'oyr「姉妹」の属格) <PIE *swesrós (Goth. swistrs)
jer̄n「手」<PIE 対格 *gʰésrm̥ (Gk. χεῖρα, Aeol. χέρρα, cf. Hitt. keššar ; cf. 備考3)
ar̄ow「水路」< PA *ar̄uy < PIE *srutís (Gk. ῥύσις, Ved. srutíḥ ; 下記の語根 *srew- のゼロ階梯形)
or̄oganem「濡らす, 灌漑する」< PIE *srow-, *srew- の母音変異形 (Ved. srávāmi, Gk. ῥέϝω)

6. PIE *rs>Arm. r̄
or (大抵は複数 or̄k'で)「尻」< PIE *orsos (Hitt. a-ar-ra-aš, Gk. ὄρρος, [παλίν]-ορσος「後ずさりして」, OHG ars, OE ears, OIcel. ars)
t'ar̄amim (t'aršamim もあり)「枯れる, しおれる」<PIE *ters- (cf. Gk. τέρσομαι「乾く」, Lat. torreō「乾かす」, OHG dorrēn「枯れる」, derren「乾かす」, Skt. tr̥ṣyati「のどが渇く」, Goth. þaúrsjan)

7. PIE *dʰy>Arm. ǰ (母音間で)
mêǰ「中央」< PA *meyǰo < PIE *medʰyo- (Ved. mádhyaḥ, Gk. μέσσος, Lat. medius, Goth. midjis) [口蓋音ǰの前で *e>*ey>ê]

8. PIE *k̑w>Arm. š
šown「犬」< PIE *k̑wōn, 属 *k̑unós (Gk. κύων, κυνός, OIr. cú, con, Skt. śvā́, śunáḥ)
êš「ろば」< PIE *(h₁)ék̑wos「馬」(Ved. áśva-, Av. aspa-, OP asa-, Lat. equus, OIr.ech) [口蓋音šの前で *e>*ey>ê]

備考1. 印欧語子音群 *k̑sk̑ は極めて早い時期に *k̑s に単純化された。Meillet (1936 : 40) は, vec'「6」の複合語 veštasan「16」から, 印欧語 *k̑s と *k̑s (<*k̑sk̑) は当初

第3章　音韻変化—印欧語からアルメニア語へ—

それぞれ c' と *ǰ に変化していたと推論している。つまり、この複合語は本来 *vec'tasan ではなく *več'tasan であり、š は子音の前で *ǰ がその破擦音の性格を失った結果である。

備考 2. *dw-> erk- は「メイエの法則」(Meillet 1936：51) として知られている発展であり、しばしば大いに疑問とされてもきたが、いずれにせよアルメニア語の前史に起きた変動の激しさを物語るものである。近年、次のような段階が復元されている：*dw-> *dgʷ- (*-w- の強化) >*ðgʷ- (内破の位置にある初頭音の摩擦音化) >*rgʷ- (音声的に普通の事実) >*ergʷ- (母音の前置) > erk- (子音推移 gʷ-> k-, §37 c 参照)。この過程は *tw-> Arm. k' (*tw->*tkʷ->*þkʷ->*kʷ->*k'-) と部分的に平行している。さらに形容詞 merk「裸の」は、PIE *megʷ-do によるものと認めるならば、最初の段階に音位転換を被った *medgʷo 以降は数詞「2」と同じ過程を辿ったものと考えることができる (cf. Ch. de Lamberterie 1994：148-9)。この法則に異論を唱える人たちは、PIE *dw-> Arm. k- (*tw-> k' に平行して) を仮定するが、説得力ある証拠によってこの対応の正当化に苦慮している (例えば、その証拠として kowł「折りたたみ」< PIE *dwo- polo, 語中で mełk「柔らかい」<*meldwi-, cf. Skt. mṛduḥ, 女性 mṛdvī, Lat. mollis [<*moldwi-]; cf. Godel 1975：84)。

また、音節構造の理論に基づいたアルメニア語に特有の音節化規則をたてて、次のようにも考えられた：PIE *dw->*tw->*tg- (半母音の強化) >*tk- (同化)。この時点で初頭子音群を回避するために、前置母音が発展して *Vtk が生じ、これが *Vt#kV のような 2 音節に分割され、好まれない音節接触を避けるために第 1 音節のコーダが変化を受ける。この場合、歯音閉鎖音をその系列の最も弱い成員、すなわち r によって置き換える処置が講じられ、その結果、実際に見られる連続 Vr#kV が得られる。

備考 3. jeṙn の ṙ は -n- の前の位置に限らず、パラダイム全体を通して見られ (例えば複・主 jeṙk'<*ǵʰēsres)、単数は n- 語幹 (属・与・位格 jeṙ-in, 奪格 jeṙ-an-ē であって *jeṙnē <*jerin-ē ではない)、複数は a- 語幹 (属／与／奪格 jeṙac') として変化する。唯一の例外は単・具 jerb (古い複合語 jerb-a-kal「囚人」、本来は「手で捕えられた」に見られる) であり、*ǵʰesṛ-bʰi にさかのぼる。この形から *je(h)ar-b > (縮約によって) *jarb となったが、パラダイム平準化により母音は e に統一化された。

b) 音位転換 (Metathesis)

閉鎖音＋r からなる子音群は、音位転換を被る。この変化は他の印欧諸語とアルメニア語とを著しく隔てる大きな変動であった。

1. PIE *bhr > Arm. rb

sowrb「聖なる」< PIE *k̂ubʰrós (Ved. śubhráḥ「輝きのある、綺麗な」)
ełbayr「兄弟」< PA *erbayr < PIE *bʰrā́tēr (Gk. φράτηρ, Lat. frāter, Ved.
　　bhrā́tar-, OIr. bráth(a)ir, Goth. broþar; cf. 備考 1)
ałbewr「泉」< PA *arbewr < PIE *bʰrēwṛ (Gk. φρέαρ <*φρήϝαρ; cf. 備考

第3章 音韻変化―印欧語からアルメニア語へ―

1)
2. PIE *dr＞Arm. rt

k'irtn「汗」＜PIE *swidro-（cf. Lith. sviêdri, Gk. ἱδρώς, Ved. svid-「汗をかく」, svédate, svédaḥ, Avest. xᵛēδa, Lat. sūdor＜*swoidōs）

artawsr「涙」（強勢音節の a- 母音の後で規則的に u- 挿入, しかし複 arta-sowk‘）＜PA *artasu-（音位転換によって生じた r- 語頭音を避けるために前置された母音 a- を伴う）＜PIE *drak̑u-（cf. OHG trahan, NHG Träne; cf. 備考2）

3. PIE *dʰr＞Arm. rd

erdnowm「誓う」（アオ erdoway）＜PIE *dʰrew-/*dʰru-（Gk. θρέομαι「叫ぶ」, cf. MPers. dr'y-「叫ぶ」；意味的推移は不可能ではないが, Ved. dhruvá-「固定した」に残った別の語根 *dʰrew- も仮定され得る）

4. PIE *gʷr＞Arm. rk

erkan「挽臼」＜*erkawan＜PIE *gʷrah₂wn̥, *gʷráh₂won の接尾辞ゼロ階梯形（Ved. grāvan-「（ソーマ）圧搾用の石」, OIr. bráu, OCS žrъnovъ「挽臼」, Goth.(asilu-)qaírnus, OIcel. kvern, Lith. gìrna）

5. PIE *ĝʰr＞Arm. rj

merj「近くに」＜PIE *méĝʰri（Gk. μέχρι「～まで」）

備考1. 音位転換後の語形 *rbayr, *rbewr に生じた語頭音の r- はアルメニア語で許されないので, これを避けるために母音が前置された *erbayr, *arbewr に後に r―r への異化が働いて, 実際の語形は ełbayr, ałbewr となった.

備考2. 多くの印欧語で通常見られる語根は *dak̑ru- である（Gk. δάκρυ, Goth. tagr, OE tæhher, tēar, OHG zahar, NHG Zähre, cf. Lat. lacrima）.

c) 音挿入 (Epenthesis)

アルメニア祖語の時期において -y- と -w- が関係するこの過程はある程度確立されており, その誘因としてアクセントを含めさまざまな音韻的環境が示唆されているが, 明瞭な痕跡は稀薄な場合が多く, 音挿入に対して論争の余地を許さない証拠は, ごく少数の語に限られている.

1. y- 挿入

特に次のような語ではソナントの後続する母音 -a の後で i-/y- 挿入が考えられる：

ayl「他の, 異なる」＜PIE *alyo-

ayr「男」＜PIE *h₂nēr（Gk. ἀνήρ）

ayr「ほら穴」＜PIE *h₂eryos（Hitt. hariya-「谷, 谷間」, cf. Lith. armuð「深淵, 底」）

第3章 音韻変化―印欧語からアルメニア語へ―

p'ayl (i-語幹)「輝き」<*(s)pʰḷ(h)i-(?), p'aylem「輝く，きらめく」<*(s)pʰḷ(h)-ye/o- (Skt. sphulinga-「火花」)

しかし，aniw「車輪」<*h₃nēbʰo-, ban (i-語幹) <*bʰah₂ni-, bard「荷」(i-語幹) <*bʰr̥ti-, tawn「祭り」(i-語幹) <*dapni- などには挿入が見られない。

2. w-挿入

artawsr (単数斜格，複数 artasowk' には起こらない)「涙」< PIE *drak̑u- (cf. Gk. δάκρυ)

awcanem「油を塗る」<PIE *h₃ng̑ʷ- (Lat. ung(u)ō「油を塗る」)

awj「蛇」(i-語幹) <PIE *(h)angʷʰis (Lat. anguis, Lith. angìs)

awjik'「襟」<*(h)angʷʰih₂-/(h)ng̑ʷʰih₂- (cf. Gk. αὐχήν, Aeol. ἄμφην「首」)

awr「日」<*awmr<*áwmur<*áᵘmur<PIE *āmōr (cf. Gk. ἦμαρ)

gewł (属 gełǰ)「村」<PIE *welō(y)

しかし，挿入の見られない場合もある：artasowk'「涙」<*drak̑u-, barjr, -ow「高い」<*bʰr̥g̑ʷu- (Hitt. parkuš), z-ard, -ow「飾り」<*h₂r̥tu- (cf. Skt. r̥tú-「正刻，規則，秩序」)。

d) 母音縮約 (Vowel Contraction)

母音間で子音 (PIE *y, *w, *s ; PA *y>PIE *t) が脱落した結果，接触あるいは接続するようになった母音連続は，アルメニア祖語の段階で縮約により排除された。

1. 同じ音色の母音
    e―e→e : PIE *tréyes>*re(y)ek'>erek'「3」
              名詞派生動詞 PIE *-eye->-em
    o―o→o : PIE *bʰosogos>*bo(h)ok>bok「裸足の」
    a―a→a : PIE *pətr̥bʰi>*ha(y)arb>harb (hayr「父」の具格)
              PIE *mātr̥bʰi>*ma(y)arb>marb (mayr「母」の具格)
    i―i→i : PIE *nisisdō>*ni(h)istim>PA *nistim>nstim「私は座る」

2. 異なる音色の母音
    e―o→o : PIE *kʷétores>*č'e(y)ork'>č'ork'「4」
              PIE *swésores>*k'e(h)ork'>k'ork' (k'oyr「姉妹」の複数)
              PIE *néworos>*ne(w)or>nor「新しい」
    e―a→e : PIE *swésr̥bʰi>*k'e(h)arb>*k'erb (k'oyr「姉妹」の具格)
              PIE *g̑ʰésr̥bʰi>*je(h)arb>jerb (jeṙn「手」の具格)
    e―a→a : PIE *wésr̥>*ge(h)ar>gar-own「春」
              PIE *ésr̥>*e(h)ar>ar-iwn「血」

第3章　音韻変化—印欧語からアルメニア語へ—

a—e→a： PIE *pətéres＞*ha(y)erkʻ＞harkʻ（hayr「父」の複数）
　　　　 PIE *mātéres＞*ma(y)erkʻ＞markʻ（mayr「母」の複数）
　　　　 名詞派生動詞 *-āye-＞-am
o—e→o： PIE *kʷoteros＞*kʻo(y)er＞*o(y)er＞or「どちらの」(cf. Ved. kataráḥ, Gk. πότερος, Goth. hʷaþar ; Meillet [1936：89-90] は *kʷo-ro- を仮定している)

第4章 語 形 成

　語形成に関与する過程として，まず複合（Composition）と派生（Derivation）が挙げられる．この二つの過程は，名詞の形成において等しく重要な役割を演じるが，動詞の形成では複合語の果たす役割はむしろ二次的である．

I．複合

1．名詞複合語（Nominal compounds）

　複合語は通常，独立して存在する二つの語（あるいは語幹）の結合によってつくられ，全体として新しい意味を表わす．複合はインド・イラン語，ギリシア語，ラテン語，ゲルマン語などの印欧諸語におけるように，アルメニア語においても語彙の中で大きな位置を占めている．

A）複合語の形
§ 43. 複合語の後分が子音で始まるとき，前分と後分との間にいわゆる「結合母音」-a- が挿入される．ただし前分が -i で終わる場合は融合して -e- となる．例えば baregorc「善行をなす者」<*bari-a-gorc. これには次のような例外がある：
a）前分が an-, t(i)- などの否定辞，または小辞 h-「良い」，または前置詞や数詞である場合．例えば an-mit「愚かな」，t-kar「弱い」，t-geł（「醜い」，t-has「熟していない」，ti-ezerkʻ「世界，宇宙」（cf. ezr「縁，終わり」，ti-ezerkʻ「果てしのない」），erk-sayr「両刃の」，čʻorekʻ-kowsi「四角の」など．
b）前分が -i-, -ow- タイプに属する名詞である若干の古い複合語の場合（語幹母音が母音交替の規則に従って弱化する），例えば ban-ber「使者」（PA *bani-ber「言葉を伝える」），xrat-tow「助言者」（PA *xratu-tu）；-r-, -n- に終わる語幹，例えば jeṙn-bek「手の折れた者」，ǰr-hor「井戸」（<*ǰowr「水」＋hor「井戸」），hr-jig「放火犯」（<*howr「火」＋-jig, cf. jgel「放つ」）．
c）特に長い複合語，例えば erkayn-a-mit「忍耐強い，寛容な」に対して erkayn-mtowtʻiwn「忍耐，寛容」，ełbayr-a-sêr「兄弟を愛する」に対して ełbayr-sirowtʻiwn「兄弟愛」．

§ 44. 複合語の前分は通常，単数主・対格であるが，これ以外の格形でも現れることがある．例えば，単・属 hawr-ełbayr「父の兄弟」，kʻeṙ-ordi「姉妹の息子」；単・具 jerb-a-kal「捕虜」（jerb は古い具格, cf. jeṙamb）；複・属 kananc̣ʻ-a-cin「女たちから生まれた」；複・対 awrêns-dir「立法者」<「法を

第4章 語 形 成

据える」(良く知られた awrin-a-dir との母音の違いに注意), bans-ark-ow「告発者, 密告者」<「言葉を投げる」(cf. arkanem, アオ arki), č'ors-otani「四足を有する」; 複・位 meɫs-a-cin「罪に生まれた」.

複合語の後分は, 基底にある単純語に本来期待されるのとは違う屈折に属することがある. 例えば mah「死」u-語幹に対して an-mah「不死の」i-語幹; hawat「信仰」o-語幹に対して t'er-a-hawat「信仰の薄い者」i-語幹 (cf. Lat. barba : im-berb-is, bell-um : im-bell-is). あるいは anjn「人」, 複 anjnk' に対して古い印欧語母音交替を保つ mi-anjn「修道士」, 複 mi-anjownk'; 複 azink'「種族, 民」に対して t'agawor-azownk'「王族の民」(cf. PIE *-en-es : *-on-es, Gk. φρενές : ἄ-φρονες).

ギリシア語 Μεσοποταμία をモデルとした miǰ-a-getk'「メソポタミア」のような翻訳借用語にはアルメニア語なりの語の創造が行われているのに対し, そっくりイラン語から借用した語 (vnas-a-kar「害をもたらす」<中期ペルシア vināskār「罪人」) やギリシア語からの借用語 (kat'oɫikos「カトリコス (アルメニア教会の総主教)」<καθολικός) にこうした創意は見られない.

B) 複合語の分類

§ 45. 複合語の分類には, 複合語を構成する支分の語類 (品詞) や前分の形式によるものなどさまざまな可能性があるが, ここでは支分すなわち前分と後分との間の統辞的関係に基づく分類に従う.

a) 所有複合語 (古代インド語 bahu-vrīhi-「多くの米を有する」タイプ).

全体として所有・所属を表わす形容詞となって, 複合語の支分以外の事物を修飾するもの: mec-a-town「裕福な」<「大きな (mec) 家 (town) を有する」, ayl-a-kerp「違った」<「別の (ayl) 形 (kerp) を有する」(Lk 9, 29 eɫew tesil eresac' nora aylakerp「彼の顔の様が変じた」), sov-a-mah「飢饉で死にかけている」<「飢饉 (sov) による死 (mah) を有する」; さらに h-「良い」(<イラン語*hu-) または an-, t- などの否定接頭辞を伴う複合語: h-zawr「強力な」<「良い (h-) 力 (zawr) を持てる」, an-mah「不死の」<「死 (mah) を持たぬ (an-)」, an-anown「名のない」<「名 (anown) を持たぬ (an-)」, t-kar「弱い」<「力 (kar) を持たぬ (t-)」; 支分の順序が逆になった所有複合語も重要な位置を占める: andam-a-loyc「中風を患った παραλυτικός」<「解きほどかれた (loyc, cf. lowcanem「解く」, アオ lowci, 3.sg. eloyc) 手足 (andam) を持つ」(cf. oɫǰ-andam「無傷の (oɫǰ) 手足を持つ」>「無事の」), lezow-at「切り落とされた (*hat) 舌 (lezow) を持つ」.

b) 動詞的支配複合語.

通常は後分に立つ動詞的名詞 (普通アオリスト語幹からつくられる) と前分との間に支配関係が成立するもの. 例えば, 動詞が能動的に用いられれば対格, 受動的

— 77 —

第4章 語 形 成

に用いられれば具格といった支配関係である．ただし複合語は形容詞的あるいはそのような性質の人物を表わし，抽象詞になることはない．このタイプの複合語はアルメニア語でもっとも生産的であり，これから動詞が派生されることもある（前分に副詞を持つ複合語も含む）：ban-ber「使者」＜「言葉（ban）をもたらす（ber）」，ptł-a-ber「実（ptowł）を結ぶ（ber）」，t'ag-a-wor「王」＜「王冠（t'ag）を戴いている（-wor）」，baregorc ＜ PA *bari-a-gorc「善をなす者」＜「善（bari）をなす（gorc）」，barekam ＜ PA *bari-a-kam「好意的な」(kamim「欲する」)，ptłalic'「よく実を結ぶ κατάκαρπος」＜「実（ptowł）を満たす（現在 lnowm，アオ lc'i, 3.sg. elic')」，barerar ＜ PA *bari-arar「善をなす者」＜「善（bari）をなす（現在 aṙnem，アオ arari)」，bažan-arar「分配者 μεριστής」(cf. bažanem「分配する」)，xoz-arac「豚飼い βόσκων」＜「豚（xoz）を番する (cf. aracim「放牧する，番をする」)，mard-a-sêr「人(mard)を愛する（sêr）」，mard-a-span「人（mard）を殺す（span）」，jknors「漁師」＜「魚（jowkn）を捕える（orsam）」，ən-ker ＜ PA *ənd-ker「仲間」＜「一緒に（ənd）食べる（現在 owtem，アオ keray）」，xot-a-ker「草（xot）を食べる」，miayn-a-keac'「隠者」＜「独りで（miayn）生きる（現在 keam，アオ ekeac')」，amenakec'oyc'「すべて（amen-）に命を与える(kec'owc'anem「生かす」，アオ kec'owc'i, 3.sg. kec'oyc')」，gałt-a-gnac'「こっそり（gałt）去る（現在 gnam，アオ gnac'i)」，hlow「従順な ὑπήκοος」＜「よく（h-）聞く（現在 lsem，アオ loway)」，hmowt「通暁した，熟練した」(現在 mtanem「入る」，アオ mti, 3.sg. emowt)，bac'awt'eag ＜ PA *bac'-awt'i-ag「野宿している ἀγραυλῶν」＜「（屋根に）覆われずに（bac'）＋野営地，宿泊（awt'[i-語幹]）＋夜を過ごす（現在 aganim，アオ agay)」，tn-tes「管理人 οἰκονόμος」＜「家（town）を監督する（現在 tesanem，アオ etes)」；後分に接尾辞を添加して ah-ark-ow「恐ろしい」＜「恐怖（ah）を投げる・もたらす（現在 arkanem，アオ arki)」(lows-a-tow「光を与える」のような例の ow は tam「与える」，アオ etow なので，語根に属していると考えられる）；以下の複合語は受動的に解釈される：ays-a-har, diw-a-har「悪霊（ays, dew）に憑かれた（現在 harkanem「打つ」，アオ hari）δαιμονιζόμενος」（これから aysaharim δαιμονίζομαι)，jeṙ-a-gorc「手（jeṙn）で造られた（gorc）χειροποίητος」，jerb-a-kal「捕虜」＜「手（jeṙn, 古い具格 jerb）で捕えられた（現在 ownim，アオ kalay)」，artasow-a-lic'「涙（語幹 artasow-）で満たされた（現在 lnowm，アオ elic')」；まれに動詞的前分を有する：yeł-a-mit「移り気の」＜「気持ち（mit）を変える（yełowm)」，yeł-a-karc「思いがけない」＜「予想（karc）を変える（yełowm)」．── 複合語の後分は大抵自立して存在しない．例えば baregorc「善を行う」（単・具 baregorcaw）の -gorc は gorcem「行う」の動詞的名詞であって，独立した名詞 gorc「仕事」（単・具 gorcov）ではない．č'araxaws「悪く言う，告発者」（複・属 č'araxawsac'）の -

第4章 語 形 成

xaws は xawsim「語る」の動詞的名詞であって，xawsk'（pl.tant.；属 xaw-sic'）「会話，談話」ではない．—— 複合語の後分として用いられるものに -dir (dnem「置く」，アオ edi) がある，例えば t'aga-dir「王冠を据える者」；同様に -lowr (lsem「聞く」，アオ loway)：akanǰ-a-lowr「自分の耳で聴いた（者）」．

c) 前置詞的支配複合語．
前置詞が支分を支配するもの：c'-ayg「夜」<「朝 (ayg) まで (c'-)」，c'-erek「昼 (夕方 erek) まで」，aṙ-ač'awk'「幻影，化け物」<「目 (akn，複・具 ač'awk') の前に (aṙ)」，aṙ-jeṙn「扱いやすい」<「手 (jeṙn) もとに (aṙ) ある」．

d) 限定複合語．
後分が前分によって限定されるもの．さまざまな種類の関係が区別される：1．格限定複合語．例えば get-ezr「川 (get) 岸 (ezr)」，cov-ezr「海辺」，hawr-ełbayr「父 (hayr，属 hawr) の兄弟 (ełbayr)」，hawrak'oyr「父の姉妹 (k'oyr)」，aṙn-a-kin「結婚している女性，ὕπανδρος」<「夫 (ayr，属 aṙn) のある女 (kin)」，arew-mowtk'（複のみ）「日没，西」<「太陽 (arew，属 arewow) が入ること (mowt, cf. 現在 mtanem, アオ mti, emowt)」，arew-elk'（複のみ）「日の出，東」<「太陽が出る・昇ること (elk', cf. 現在 elanem, アオ eli, el)」；zawraglowx「司令官，将軍」の後分 glowx「頭，長」は本来 o-語幹名詞であるが，この複合語は人物を表わすので a-語幹型に変化する（具 zawraglxaw）．—— 2．形容詞を前分に持つ複合語．例えば nor-a-ji「新しい (nor)＝飼いならされていない馬 (ji)」．—— 3．同格複合語．例えば mayr-a-k'ałak'「母 (mayr) なる都 (k'ałak')＝首都」，šik-a-karmir「赤茶けた」<「黄色っぽい (šêk) 赤色の (karmir)」．—— 4．その他：nax「第一番目に」と at'oṙ「座席」から naxat'oṙ「最上席，πρωτοκαθεδρία」．

e) 並列複合語．
前分と後分が同等の地位にあるもの：erek'-tasan「13」<「3 (erek')＋10 (tasn)」，ayr-ew-ji「騎兵」<「男 (ayr) と (ew) 馬 (ji)」(ew の弱化した ow で連結された変異形 ayr-ow-ji もある)，ert'-ew-ek「行ったり来たりの」(現在 ert'am「行く」＋ew＋アオ eki「来た」，現在 gam)．2つの命令形が並列するもの：el-ew-el (elanem, eli「上る」，命・アオ el)：創 25, 23　žołov-owrd zžołovrdeamb elewel aṙnic'i＝λαὸς λαοῦ ὑπερέξει「一つの民が他の民より強くなるであろう」，lr-tes「密偵，斥候」(lsem, loway「聞く」，命・アオ lowr と tesanem, tesi「見る」，命・アオ tes)，ek-a-mowt「改宗者」(gam, eki「来る」と mtanem, mti「入る」)．

第 4 章 語 形 成

2. 動詞複合語 (Verbal compounds)

§ 46. 動詞接頭辞 (Preverbs)

前置詞 aṙ, z, ənd, əst, i (母音の前にしか起こらないので y- のみ) は動詞接頭辞として働いて動詞複合語をつくる．しかしこの用法はあまり多くない．例えば aṙ-lnowm「満たす」(lnowm「一杯にする」)，z-gnam「あちこち歩き回る」(gnam「歩く」)，ənd-ownim「受け取る」(ownim「持つ」)，əst-gtanem「非難する，告発する」(gtanem「見出す」)，z-atanem「分ける」，y-atanem「切りそろえる」(ともに hatanem「切る」から語頭の h- を落として). 単純動詞はもはや使われず複合動詞としてしか存在しないもの，例えば z-genowm「(服を)着る」，ənt'eṙnowm (ənd-t'eṙnowm)「読む」，z-ayranam「(感情が) 燃えあがる，憤る」(cf. ayrem「燃やす，焼く」)，z-armanam, ənd-armanam「驚く」など．—— y-aṙnem「立ち上がる」(アオ yareay, cf. *aṙnem「立ち上がる」): 命・アオ ari, 複 ari-k' は y- を伴わない．

　副詞的小辞 ham- (am-) および n- (<*ni-) は独立して存在しない．ham-baṙnam (am-baṙnam)「持ち上げる」: baṙnam「持ち上げる」; ham-arjakim「勇を振るう」(これから hamarjak「大胆な，あからさまな」): arjakem「ゆるめる」; ham-berem「耐える」(アオ hamberi, 類推的に弱アオ hamberec'i): berem「運ぶ，担う」(アオ beri); n-ayim「見おろす」: hayim「見つめる」

§ 47.
名詞複合語からの派生語と解される動詞がある．例えば canr-a-naw-em「遅い船脚で進む βραδυπλοέω」(使 27, 7) は *canr-a-naw「重い (=遅い) 船を持つ」から．

II. 派生

§ 48. 生産的な派生法には次のような原則がある:

　動詞から派生される語の語基はアオリスト語幹および分詞語幹である．例えば keam「生きる」，アオ kec'i (3.sg. ekeac', 分詞 kec'eal) から使役動詞 kec'-owc'anem「生かす」; bare-keac'「良く生きるところの」．—— -em, -im に終わる動詞のアオリストの -c'- は，それが -eal に終わる分詞にも現れなければ，動詞的名詞に現れることはない．例えば bnakem「住む」，アオ bnakec'i, 分詞 bna-keal に対して bnak-ič'「住民」，しかし hayim「見る」，アオ hayec'ay, 分詞 hayec'eal に対して hayec'-owac「見ること」．例外的に 1 音節の不定詞あるいは現在語幹から派生される名詞がいくつかある．例えば lal-iwn, lal-owmn (lal「泣く (こと)」，アオ lac'i から)，an-kay「不安定な」(kam「立っている」，アオ kac'i から). しかし -em, -im 動詞のアオリスト -c'- はその使役派生形ではつねに保たれる．-am に終わる動詞も (-anam に終わる動詞ではない) アオリスト

— 80 —

第4章 語形成

の -c‘- がしばしば見られないことがある．例えば xndam「喜ぶ」，アオ xndac‘i から xnd-owt‘iwn「喜び」；orsam「狩猟する」，アオ orsac‘ay から ors-ord「猟師」；dołam「震える」，アオ dołac‘i, 分詞 dołac‘eal から doł-owmn「震動」．

名詞から派生される語の語基は主格・対格形である．例えば k‘ałc‘r「甘い，柔和な」，属 k‘ałc‘ow から k‘ałc‘r-anam「甘くなる」，k‘ałc‘r-owt‘iwn「柔和，優しさ」．

1．動詞の派生

A) 名詞派生形 (Denominatives)

名詞・形容詞から派生される動詞は -em（自動詞 -im），-anam, enam, -am に終わるものである（以下では名詞・形容詞の後の括弧に語幹を示す）．

§ 49. ―a) -em（アオ -ec‘i, 3.sg. -eac‘），-im（アオ -ec‘ay）に終わる動詞．
arajnordem (e.g. arajnordeac‘ Mt 2, 9)「導く」: arajnord(a)「指導者，統率者」
bžškem (e.g. bžškeac‘ Mt 4, 24)「癒す」: bžišk(a)「医者」
t‘agaworem (e.g. t‘agaworel Lk 19, 27)「王として支配する」: t‘agawor(a)「王」
carayem (e.g. carayel Mt 6, 24)「仕える」: caray(i)「召使い」
č‘araxawsem (e.g. č‘araxawsesc‘en Mt 12, 10)「訴える」: č‘araxaws(a)「告発者」
č‘ap‘em (e.g. č‘ap‘esc‘i Mk 4, 24)「量る」: č‘ap‘(o)「秤」
k‘arozem (e.g. k‘arozec‘ic‘ Mk 1, 38)「宣教する」: k‘aroz(a)「布告官，説教者」
lowasaworem (e.g. lowasaworesc‘ê Mt 5, 16)「輝く」: lowsawor(a)「光るところの」
lrem (e.g. lrec‘in Mk 3, 4)「黙っている」: lowr(a)「無言の」
anowanem (e.g. anowaneac‘ Lk 6, 13)「名づける」: anown, 属 anowan「名前」
gnem (e.g. gnesc‘en Jh 4, 8)「買う」: gin(o)「代価」
dimem (e.g. dimec‘in 使 7, 56)「～に向きを変える」: dêmk‘ (pl.tant.) (a)「顔」
nšanakem (e.g. nšanakic‘êk‘ Iコリ 14, 9)「明示する」: nšanak(a)「しるし」
patowem (e.g. patowic‘ê Mt 15, 6)「敬う」: patiw(o)「敬意」
sirem (e.g. siric‘ek‘ Mt 5, 46)「愛する」: sêr(o)「愛」
azatem (e.g. azatesc‘ê Jh 8, 32)「自由にする」: azat(a)「自由な」
anargem (e.g. anargêk‘ Mk 7, 13)「台無しにする」: anarg(a)「価値のない」

— 81 —

第4章 語形成

manrem (e.g. manreac' Mk 6, 41)「小さくする,細かく裂く」: manr「小さい」
norogem (norogesc'ê フィリ 3, 21)「新しくする」: norog「新しい」
owłłem (e.g. owłłel Lk 1, 79)「まっすぐにする,直に導く」: owłił(o)「まっすぐな」
srbem (e.g. srbê Mt 23, 17)「聖化する」: sowrb(o)「純粋な,聖なる」
p'ar̄aworem (e.g. p'ar̄aworesc'en Mt 5, 16)「賛美する,褒め称える」: p'ar̄awor(a)「誉れ高い,栄光ある」
meknem 能動 (e.g. meknea Mt 13, 36)「離す,解き明かす」, meknim 中動 (e.g. meknec'aw Mt 12, 15)「離れる,遠ざかる」: mekin「独りの,単純な,明快な」
hnazandim (e.g. hnazandin Mt 8, 27)「従う」: hnazand「従順な」
trtmim (e.g. trtmec'aw Mt 14, 9)「悲しむ」: trtowm「悲しんだ」
tk'nim (e.g. tk'nic'i 箴 8, 34)「見張る」: tk'own「寝ずの」

　前置詞＋名詞から,例えば z-getnem「地に投げ倒す」: getin「地面」; y-ałem「塩味をつける」: ał「塩」. ―― 複合語からの派生動詞, 例えば diwaharim「悪霊に憑かれている」: diw-a-har「悪霊に憑かれた」. 基底にある複合名詞の存在が仮に想定されるにすぎない場合もある, 例えば glxatem「首を斬り落とす」: *glx-at「首を斬り落とされた」(glowx「頭,首」と hatanem「切る」, アオ hati の h- が脱落して); k'aǰalerem「勇気づける」(k'aǰ ler [linim のアオ・命・単・2]「勇気あれ」から).

§ 50. ―― b) 　-anam (アオ -ac'ay) に終わる動詞で,「…になる」あるいは「…の状態にある」の意味を表わす. 例えば hiwandanam「病気である, 病気にかかる」, Mt 17, 15 Têr, ołormeac' ordwoy imowm, zi lowsnoti ew č'arač'ar hiwandanay = κύριε, ἐλέησόν μου τὸν υἱόν, ὅτι σεληνιάζεται καὶ κακῶς πάσχει「主よ, 私の息子に憐れみを. てんかんを煩い, ひどく苦しんでいるからです」: 使 9, 37 ew ełew yawowrsn yaynosik hiwandanal nma ew mer̄anel = ἐγένετο δὲ ἐν ταῖς ἡμέραις ἐκείναις ἀσθενήσασαν αὐτὴν ἀποθανεῖν「そしてその頃, 彼女は病気にかかって死んだ」.

　-anam に終わる名詞派生動詞はほとんどすべての語幹類の名詞から作ることができる.

1) o- 語幹
gołanam「盗む」: goł(「泥棒」(本来は「泥棒になる, 泥棒である」)
lowsanam「明るくなる, 夜が明ける」: loys「光」
ceranam「老いる」: cer「老いた, 老人」
kakłanam「柔らかくなる」: kakowł「柔らかい」
karmranam「赤くなる」: karmir「赤い」

第 4 章　語　形　成

hnanam「古くなる」: hin「古い」
oɫǰanam「健康になる，癒される」: oɫǰ「健康な」
č'oranam「干からびる，枯れる」: č'or「干からびた」
tłayanam「嬰児になる」: tłay「嬰児」
2)　a-語幹
azatanam「自由になる」: azat「自由な」
bazmanam「増える」: bazowm「多くの」
kowranam「盲目になる」: koyr「盲目の」
hzawranam「強くなる」: hzawr「強い」
hiwandanam「病気である，病気になる」: hiwand「病気の」
mecanam「大きくなる」: mec「大きい」
č'aranam「悪くなる」: č'ar「悪い，邪悪な」
tgitanam「無知である」: tgêt「無知の，愚かな」
tkaranam「弱い，弱くなる」: tkar「弱い」
k'aǰanam「勇気を振るう」: k'aǰ「勇気ある」
əntanenam「熟知する」＜*əntani-anam：əntani「熟知した」(a-語幹，副次型 B)
yłenam「妊娠する」: yłi「妊娠している」(a-語幹，副次型 B)
3)　i-語幹
gawsanam「干からびる，萎える」: gaws「乾いた」
zgastanam「理性的になる，思慮深くなる」: zgast「思慮深い」
hpartanam「思い上がる」: hpart「高慢な」
margarêanam「預言する」: margarê「預言者」
k'ahanayanam「祭司である，祭司になる」: k'ahanay「祭司」
k'aranam「石になる」: k'ar「石」（単数は i-語幹；複数 k'arink', k'aranc'）
4)　u-語幹
barjranam「高くなる，高められる」: barjr「高い」
t'anjranam「鈍感になる」: t'anjr「厚い，鈍い」
canranam「重くなる」: canr「重い」
k'ałc'ranam「甘くなる，柔和になる」: k'ałc'r「甘い」
5)　r-語幹
hamranam「口が利けなくなる」: hamr, 属 hamer「口が利けない」
6)　2つ以上の語幹類に属するか，または屈折型が確定できない名詞語幹から派生した動詞：
amowsnanam「結婚する」: amowsin (o, a)「夫；妻」
aṙołǰanam「健全になる」: aṙołǰ (a, i, o)「健全な」
barkanam「怒る，腹を立てる」: bark「激しい，厳しい」
bokanam「（履物を）脱ぐ」: bok「裸足の」

第4章 語形成

gohanam「感謝する」：goh「感謝している，満ち足りた」
zgowšanam「用心する，警備する」：zgoyš「用心した」
zovanam「冷たくなる」：zov「冷たい」
zowartʻanam「心地よくなる」：zowartʻ「心地よい」
tʻowlanam「ゆるむ，弱まる」：tʻoyl(o, i)「ゆるんだ，柔らかい」
žantanam「悪くなる，辛辣になる」：žant(i, a)「悪い」
cowlanam「怠惰になる」：coyl(a, i)「怠惰な」
tełekanam「精通する」：tełeak「精通した」

7) 副詞から派生した動詞
merjenam「近づく，触れる」＜*merji-anam：merj「近く」
yaṙaǰanam「…より先に行く」：yaṙaǰ kʻan z-「…よりも前に」
veranam「上がる，上に消え失せる」：ver「上に」
y-erkowanam「疑う διστάζειν」（前置詞を伴って）：erkow「2」

§ 51. —c) -enam に終わる動詞
yagenam「満腹する」：yag「腹一杯の」

§ 52. — d) -am（アオ -acʻi または -acʻay）に終わる動詞は多くが o- 語幹名詞から派生される.
gtʻam「憐れむ，同情する」：gowtʻ「同情，憐れみ」
dołam「震える，揺れる」：doł (i- 語幹)「震動」
xndam「喜ぶ」：xind (i-, a- 語幹)「喜び」
hogam「思い煩う」：hog「心配」
yowsam「望む」：yoys「希望」
šołam「光り輝く，きらめく」：šoł「光，光線」
škʻam「誇る」：šowkʻ「華麗さ，華美」
ołbam「嘆息する，嘆き悲しむ」：ołb「嘆息，悲嘆」
orsam「捕える，捕獲する，追い立てる」：ors「狩り，獲物」
ǰanam「苦心する，努力する」：ǰan (i- 語幹)「苦労，努力」
sgam「苦悩している」：sowg「心痛，悲しみ」
pʻowtʻam「急ぐ」：pʻoytʻ「急いでいること，熱心さ」
kʻinam「敵意を抱いている」：kʻên (u- 語幹)「敵意，恨み，憎悪」

B) 動詞派生形（Deverbatives）

§ 53. 使役・作為動詞は原則として，アオリスト語幹の最後の子音に接尾辞現在 -owcʻane-, アオ -owcʻ(i)- を添加して作られる．そのさい，アオリスト語幹末子音に後続してアオリスト語幹に属する母音（ber[e]- タイプの -e-, hec[a]- タイプの -a-, matea-/mati- タイプの -ea-/-i-）は，使役派生接尾辞

第4章　語　形　成

-owcʻane-, -owcʻ(i)- の前で現れない．この語形成は極めて生産的である．

1)　能動 -i, 中動 -ay に終わるアオリスト
agowcʻanem (e.g. agowcʻin Mt 27, 31)「(着物を) 着せる」: aganim, アオ・中動 agay「(着物を) 着る」
bowsowcʻanem (e.g. bowscʻanê イザ 61, 11 ; bowsoycʻ ヤコ 5, 18)「芽生えさせる, 生長させる」: bowsanim, アオ・中動 bowsay「芽生える, 生長する」
darǰowcʻanem (e.g. darǰowcʻanêr Mt 5, 42 ; darǰoycʻ Mt 27, 3)「背を向ける, 返す」: darnam, アオ・中動 darǰay「向きを変える, 振り返る, 戻る」
iǰowcʻanem (e.g. iǰowcʻanel Mk 15, 36 ; iǰowcʻin Mk 2, 4)「降ろす」: iǰanem, アオ iǰi「降る, 降りる」
hasowcʻanem (e.g. hasowcʻanicʻê Mt 26, 53 ; hasoycʻ Lk 5, 13)「到達させる, 準備する, 触れる」: hasanem, アオ hasi「達する, 届く」
hatowcʻanem (e.g. hatowcʻanel Iペト 3, 9 ; hatowscʻê Mt 16, 27)「返す, 報いる」: hatanem, アオ hati「切る, 切り離す」
hecowcʻanem (e.g. hecowcʻin Lk 19, 35)「乗せる」: hecanim, アオ・中動 hecay「(ロバなどに) 乗る」
owsowcʻanem (e.g. owsowcʻanen Mt 15, 9 ; owsowscʻê Mt 5, 19)「教える」: owsanim, アオ・中動 owsay「学ぶ」

＜補充法＞
arbowcʻanem (e.g. arbowcʻanein 創 29, 2 ; arbowcʻakʻ Mt 25, 37)「飲ませる」: əmpem, アオ arbi「飲む」

2)　中動 -eay に終わるアオリスト
z-artʻowcʻanem (e.g. zartʻowcʻanein Mk 4, 38 ; zartʻowcʻin Lk 8, 24)「目を覚まさせる, 呼び覚ます」: z-artʻnowm, アオ z-artʻeay「目を覚ます」(cf. artʻown「目を覚まして」)
tʻakʻowcʻanem (e.g. tʻakʻowcʻanê Lk 8, 16 ; tʻakʻoycʻ Mt 13, 33)「隠す」: tʻakʻčʻim, アオ tʻakʻeay「隠れる」
matowcʻanem (e.g. matowcʻanein Mk 10, 13 ; matoycʻ 使 8, 18)「連れて来る」: matčʻim, アオ mateay「近づく」
owṙowcʻanem (e.g. owṙowscʻê 民 5, 22)「膨れさせる」: owṙnowm, アオ owṙeay「膨らむ, 水浸しになる」
canowcʻanem (e.g. canowcʻi Jh 15, 15)「知らせる」: čanačʻem, アオ caneay「気づく」
hangowcʻanem (e.g. hangowcʻicʻ Mt 11, 28)「休息させる」: hangčʻim, アオ

第4章 語形成

hangeay「休息する，安らぐ」

3) 能動 -c'i, 中動 -c'ay に終わるアオリスト

azatec'owc'anem (e.g. azatec'owsc'ê Jh 8, 36)「自由にする」: azatem, アオ azatec'i「自由にする」(両者は意味がほぼ同じであるが，後者は人物でない主語と，前者は人物の主語と用いられる：ロマ 8, 2 awrênk' hogwoyn kenac' ... azatec'in zis yawrinac' mełac'n ew mahow = ὁ νόμος τοῦ πνεύματος τῆς ζωῆς ...ἠλευθέρωσέν με ἀπὸ τοῦ νόμου τῆς ἁμρτίας καὶ τοῦ θανάτου「いのちの霊の法則が，罪と死との法則から私を解放した」; ガラ 4, 31 K'ristos zmez azate'coyc' = τῇ ἐλευθερίᾳ ἡμᾶς Χριστὸς ἠλευθέρωσεν「キリストは私たちを自由にした」)

ačec'owc'anem (e.g. ačec'oyc' Iコリ 3, 6)「成長させる」: ačem, アオ ačec'i「成長する」

bazmec'owc'anem (e.g. bazmec'owc'in Lk 9, 15)「(食事のために)横たわらせる」: bazmim, アオ・中動 bazmec'ay「(食事のために)横たわる」

diec'owc'anem (e.g. diec'owc'in Lk 11, 27)「乳を飲ませる」: diem, ア diec'i「乳を飲む，吸う」

erewec'owc'anem (e.g. erewec'owc'anem ガラ 2, 18；erewec'oyc' Lk 10, 1)「見えるようにする，公式に任命する」: erewim, アオ・中動 erewec'ay「見えるようになる，現れる」

molorec'owc'anem (e.g. molorec'owc'anic'en Mt 24, 5；molorec'owsc'en Mt 24, 11)「惑わす，誤らせる」: molorim, アオ・中動 molorec'ay「惑う，思い違いをする，さ迷う」

kac'owc'anem (e.g. kac'owc'anê Mt 4, 5；kac'oyc' Mt 18, 2)「立たせる，据える」: kam, アオ kac'i「立っている，立つ」

kec'owc'anem (e.g. kec'owc'anel Mt 16, 25；kec'owc'in Lk 18, 42)「生かす，救う」: keam, アオ kec'i「生きる」

kowrac'owc'anem (e.g. kowrac'owc'anê 申 16, 19；kowrac'oyc' Jh 12, 40)「盲目にする」: kowranam, アオ・中動 kowrac'ay「盲目になる」

hnac'owc'anem (e.g. hnac'oyc' ヘブ 8, 13)「古くする」: hnanam, アオ・中動 hnac'ay「古くなる」

mecac'owc'anem (e.g. mecac'owc'anel 使 10, 46；mecac'owsc'ê Lk 1, 46)「大きくする，崇める」: mecanam, アオ・中動 mecac'ay「大きくなる」

zgec'owc'anem (e.g. zgec'owc'anê Mt 6, 30；zgec'owc'in Jh 19, 2)「衣を着せる」: zgenowm, アオ・中動 zgec'ay「衣を着る，装う」

lc'owc'anem (e.g. lc'oyc' Lk 1, 53)「満たす」: lnowm, アオ lc'i「満ちる」

4) アオリスト eki-/ek-/eka-，単数 ekn (補充法):

第4章 語形成

z-ekowc'anem (e.g. zekoyc' 使 25, 14)「知らせる」：z-gam，アオ z-gac'i，本来は*z-eki (cf. gam, アオ eki, 3.sg. ekn「来る」)「気づく，感知する」

§ 54. 次に掲げる動詞は，アオリスト接尾辞能動 -i，中動 -ay の前に語根末音 l が現れており，使役動詞は接尾辞 -owzane- を付加して作られる：
elowzanem「出て行かせる」，ənd-elowzanem (e.g. əndelowzc'es 出 28, 17；分詞 əndelowzeal I テモ 2, 9)「はめ込む，織り込む，編み込む，つける」：elanem, アオ eli「外に出る」
ənklowzanem (e.g. ənklowzanein 詩 123, 3；ənklowzak' 詩 34, 25)「呑み込む，沈める」：ənklnowm，アオ・中動 ənklay「呑み込まれる，沈む」(アオ・能動 ənkli「呑み込む」, e.g. ənklc'en 詩 68, 16；cf. klanem, アオ kli, 3.sg. ekowl, e.g. klanêk' Mt 23, 24)

§ 55. アオリスト接尾辞能動 -i，中動 -ay の前で語根末音が l に終わるその他の動詞に使役形は見られない：klanem, アオ 3.sg. ekowl「呑み込む」；argelowm, アオ argeli「妨げる，思いとどまらせる，引き止める」；aȓ-awelowm, 能動・アオ aȓ-aweli「増やす」，中動・アオ aȓ-awelay「増える」；y-awelowm, アオ y-aweli「加える」；gelowm, 能動・アオ geli「回転させる」，中動・アオ gelay「回転する」；c'elowm, c'eli「割る，引き裂く」；ownim「持っている，つかむ」(補充法)，中動 kalay「つかむ」，ənkalay「受け取る」<*ənd-kalay (現在 ənd-ownim)．

§ 56. 次の動詞は接尾辞 -owsane- を添加して使役形を作る：
korowsanem, アオ korowsi, 3.sg. koroys (e.g. korowsanel Mt 10, 28；korowsc'ê Mt 10, 39)「滅ぼす」：korn č'im, アオ koreay, 接・アオ 3.sg. koric'ê「滅ぶ」．

§ 57. 使役派生接尾辞の前に r が現れる動詞は使役形をもたない：harkanem, アオ hari「打つ」；owtem (補充法)，アオ keray「食べる」；ǰeranim (本来はおそらく ǰeȓnowm)，アオ ǰeray「熱がある，病気である」．

§ 58. mtanem「入る」，アオ mti, 3.sg. emowt の使役形には，mowcanem「導く」，アオ mowci, 3.sg. emoyc が用いられる．erdnowm「誓う」，アオ erdoway の使役形として用いられるのは，erdmnec'owc'anem「誓わせる，懇願する」，アオ erdmnec'owc'i であり，これ自体は名詞 erdowmn「誓い」から派生した動詞 erdmnem「誓う」の使役形である．
　使役形の -eal に終わる分詞が，アオ -eay に終わる元の動詞に欠けている分詞を補うことがある．例えば čanač'em「知っている」，アオ caneay (分詞を欠

— 87 —

第4章 語 形 成

〈 〉：can-owc'anem「知らしめる」，分詞 canowc'eal は同時に čanač'em, caneay に対しても canowc'anem に対しても用いられる．

§ 59. すべての動詞が接尾辞 -owc'ane- などを添加して使役形を作るわけではない．使役形をもたない動詞の使役的な意味は，分析的に tam「与える」，aṙnem「する，作る」＋不定詞によって表現されることがある．例えば Mk 7, 37 xlic' lsel tay ew hamerc'［M：hamric'］xawsel ＝ τοὺς κωφοὺς ποιεῖ ἀκούειν καὶ ἀλάλους λαλεῖν「彼は耳の聞こえない者たちを聞こえるようにし，口のきけない者たちを話せるようにする」；Lk 14, 23 el i čanaparhs ew i c'anks ew ara aysr mtanel zi lc'c'i towns im ＝ ἔξελθε εἰς τὰς ὁδοὺς καὶ φραγμοὺς καὶ ἀνάγκασον ποιῆσον εἰσελθεῖν, ἵνα γεμισθῇ μου ὁ οἶκος「街路や垣根のところに出て行って，〔人を〕ここに入らせよ，私のこの家が一杯になるように」．——tam は否定辞と共に用いられて，むしろ「…するのを許さない」を意味する：Mk 1, 34 očʻ tayr（M：＋t'oył）xawsel diwac'n ＝ ἤφιεν λαλεῖν τὰ δαιμόνια「彼は，悪霊どもには語ることを許さなかった」（M写本はこの意味を明瞭にしている）．

2．名詞の派生

不変の動詞語幹，いわゆる語根からの派生は一次的派生，既成の語（接尾辞派生，複合語）からの派生は二次的派生というが，それらの過程によって新しい語を形成するには，独立して存在せず独自の語彙的意味も持たない特別の形態要素が派生接尾辞として添加される．これらの接尾辞はほとんどすべてが母音で始まる．

A）行為者名詞（Nomina agentis）
§ 60. 行為者名詞を作る接尾辞として次のものが挙げられる：
a） -ič'（具 -č'aw）＜ PIE *-ikyo-/-ikyā．原則として動詞語幹（アオ）から派生し，意味的にギリシア語分詞とほぼ等価の用法をもつ．例えば anic-ič'「呪う者」（ὁ καταρώμενος Mt 5, 44．Lk 6, 28）：anicanem「呪う」，アオ anici；aṙak'-ič'「派遣する者」（ὁ ἀποστείλας Mt 10, 40；ὁ πέμψας Jh 5, 23）：aṙak'em「派遣する」，アオ aṙak'ec'i；arar-ič'「創造者」（ὁ κτίσας ロマ 1, 25）：aṙnem「造る」，アオ arari；molorec'owc'-ič'「惑わす者」（ὁ πλάνος Mt 27, 63）：molorec'owc'anem「惑わす」，アオ molorec'owc'i；owsowc'-ič'「教師」：owsowc'anem「教える」，アオ owsowc'i（owsanim「学ぶ」の使役形）；tow-ič'「与える者」：tam「与える」，アオ etow；stac'-ič'「所有者」（ὁ κτησάμενος イザ 1, 3）：stanam「手に入れる」，アオ stac'ay；p'rk-ič'「救い主」：p'rkem「救う」，アオ p'rkec'i；cnowc'-ič'「助産婦」（μαῖα 出 1, 15）：cnowc'anem「出産させる」，アオ cnowc'i（cnanim「生まれる」の使役形）．

備考．Mt 9, 8 Ibrew tesin žołovowrdk'n zarmac'an ew p'aṙawor aṙnein zAC

第4章　語　形　成

ztowič' aynpisi išxanowt'ean mardkan=ἰδόντες δὲ οἱ ὄχλοι ἐφοβήθησαν καὶ ἐδόξασαν τὸν θεὸν τὸν δόντα ἐξουσίαν τοιαύτην τοῖς ἀνθρώποις「群集はこれを見て驚き[Gk：恐れ]，そのような権能を人間たちに与えた神を賛美した」．towič' はギリシア語の現在能動分詞を訳すが，名詞であるから属格補語をとり，分詞の対格支配を受け継いでいない．アルメニア語は「人間たちへのそのような権能の与え手である神」と直訳される．

b)　-oł /-awł（具 -oław /-awław）．通常は動詞語幹（アオ）から派生し，-ič' に終わる名詞と意味的にほぼ等価である．例えば owtem「食べる」，アオ keray：ker-oł「食べる人，大飯食い」; arbenam「酔う」，アオ arbec'ay：arbec'-oł「のんべい，大酒呑み」(Mt 11, 19 ayr keroł ew arbec'oł=ἄνθρωπος φάγος καὶ οἰνοπότης)；tam「与える」，アオ etow：tow-oł「与える人」; cnanim「生む」，アオ cnay：cn-awł-k'「両親」; spananem「殺す」，アオ spani：span-oł「人殺し」．この行為者名詞は現在語幹からも派生して，一種の分詞と見なされることがある．例えば tesanem「見る」，アオ tesi：tesan-oł「見る人」(ὁ βλέπων, ὁ ὁρῶν)；lsem「聞く」，アオ loway：ls-oł「聞く人」; orsam「捕まえる」，アオ orsac'i：ors-oł「猟師」; anicanem「呪う」，アオ anici：anican-oł「呪う人」(ὁ καταρώμενος 箴 27, 14)；gnem「買う」，アオ gnec'i：gn-awł「買う人」; karem「できる」，アオ karac'i：kar-awł「できる」(karawł em=karem「私はできる」)；šinem「建てる」，アオ šinec'i：šin-awł「建てる人」．—— 動詞的支配，つまり対格目的語をとる例も見られる，例えば I テモ 1, 9 zhayr ew zmayr anargołac'（anargem「侮辱する，軽蔑する」，アオ anargec'i) =τοῖς πατρολῴαις καὶ μητρολῴαις「父や母を侮辱する者たち[Gk：父や母を殺す者たち]のために」．—— 写本は -awł と -oł で綴りが揺れている．例えばより一般的な cnawłk'「両親」のほかに cnołk'，nmanoł「類似した」に nmanawł（nmanem「似ている」から）とも書かれる．-awł と -oł の機能上の違いは，一般的に，前者が行為者名詞であるのに対して，後者は分詞／形容詞であるということにあるが，こうした分布が必ずしも一貫して観察されるわけではない．例えば M 写本で Mt 7, 15 i nerk'oy en gaylk' yap'štakołk'「彼らは内側は強奪する狼である」(分詞) に対して Lk 18, 11 oč' em ibrew zayls i mardkanê, zyap'štakawłs (E：-ołs) ew zaniraws「私は他の者たちのようでない，強奪する者ども，不義なる者どものようでない」(行為者名詞か)．

c)　-ow（具 -owaw）．特に動詞的支配複合語の後分に現れる．例えば bans「言葉」(複・対) と arkanem「投げる」(アオ arki)：bans-ark-ow「密告者」; jayn「声」と arkanem：jayn-ark-ow「叫び声を上げる者」; awar「戦利品」と aṙnem「取る」(アオ aṙi)：awar-aṙ-ow「略奪者」; jeṙn「手」と ownim「持つ」(アオ kalay)：jeṙn-kal-ow「手をかす者，援助者」; nowag「歌」と

第 4 章 語 形 成

acem「導く」(アオ aci)：nowag-ac-ow「音楽家」；sałmos「(単) 賛美歌，(複) 詩篇」と ergem「歌う」(アオ ergec'i)：sałmos-erg-ow「讃美歌を歌う者」；erkir paganem (アオ pagi)「伏し拝む」：erkr-pag-ow「礼拝者」；veray「上に」と kam「立っている」(アオ kac'i)：vera-kac'-ow「監視人」．さらに複合語以外から ełjewr「角」(属 ełjer)：ełjer-ow「(角が生えているから) 牡鹿」；mełr「蜂蜜」(属 mełow)：meł-ow「蜜蜂」(例外的に主・対格から派生していない)．

d) 主・対格が動詞語幹と一致する語幹が行為者名詞として稀に用いられることがある．例えば gam「来る」，アオ eki：ek (具 ekaw)「新参者」；gitem「知っている」，アオ gitac'i：gêt (具 gitaw)「専門家，物知り」．

B) 名詞から派生した抽象名詞 (Abstrakta)
§ 61. -owt'iwn (属 -owt'ean)．名詞・形容詞から派生抽象名詞を作る最も生産的な接尾辞の一つ．例えば bazowm「多くの」：bazm-owt'iwn「多数，群集」；azat「自由」：azat-owt'iwn「自由」；k'ałc'r「甘い」：k'ałc'rowt'iwn「甘さ」；geri「捕虜」：ger-owt'iwn「囚われの状態」；išxan「支配者」：išxan-owt'iwn「支配，権力」；k'ahanay「祭司」：k'ahanay-owt'iwn「祭司職」；k'ristoneay「キリスト教徒」：k'ristonê-owt'iwn「キリスト教徒であること，キリスト教」；vkay「証人」：vkay-owt'iwn「証言」；aniraw「不義の」：aniraw-owt'iwn「不義」；t'agawor「王」：t'agawor-owt'iwn「王権，支配」(名詞派生動詞 t'agaworem「王として統治する」からの派生とも考えられる)．動詞からも派生する．例えば gitem「知っている」，アオ gitac'i：git-owt'iwn「知っていること，悟り」；patmem「物語る」，アオ patmec'i：patm-owt'iwn「物語，歴史」；hamberem「耐える」，アオ hamberec'i：hamber-owt'iwn「不屈」；yar̄nem「立ち上がる」，アオ yareay：yar-owt'iwn「復活」；meknem「離す，分ける，解明する」：mekn-owt'iwn「説明」．

C) 動詞から派生した行為名詞 (Nomina actionis)・抽象名詞
§ 62. 以下のようなさまざまな接尾辞が用いられる：
a) -owmn (属 -man)．owsanim「学ぶ」，アオ owsay：ows-owmn「教え」；ənt'er̄nowm「読む」，アオ ənt'erc'ay：ənt'erc'-owmn「読むこと」；erdnowm「誓う」，アオ erdoway：erd-owmn「誓い」；hatowc'anem「返す，報いる」，アオ hatowc'i：hatowc'-owmn「返礼，報いること」；katarem「完成する」：katar-owmn「完成，成就」；šaržem「動かす」：šarž-owmn「地震」；mor̄anam「忘れる」，アオ mor̄ac'ay：mor̄ac'-owmn「忘却」；ołbam「嘆く」，アオ ołbac'ay：ołb-owmn「嘆き」(-am に終わる動詞のアオリスト形成素 -c'- を例外的に欠く，cf. ołb「嘆息」)．

— 90 —

第4章 語形成

b) -owac（属-owacoy）. šinem「建てる」: šin-owac-kʻ（複）「建物」; yawelowm「加える」, アオ yaweli : yawel-owac「（心が）あふれること」; harkanem「打つ」, アオ hari : har-owac「一撃」; xndrem「祈る」: xndr-owac-kʻ（複）「祈願」; daṙnam「帰って来る」, アオ darjay : darj-owac「帰還」; ownim「持っている」, アオ kalay : kal-owac-kʻ「所有物」; ənteṙnowm「読む」, アオ əntʻercʻay : əntʻerc-owac「朗読」; mnam「留まる, 残る」, アオ mnacʻi : mnacʻ-owac-kʻ（複）「残存物, 遺物」.

-ac（属-acoy/-aci）. 生産的でない. 多くは具体的な意味をもつことがある. 例えば awerem「荒廃させる」, アオ -ecʻi : awer-ac「荒らすこと」; gorcem「作る」, アオ -ecʻi : gorc-ac「製品」; katarem「完成する, 終える」, アオ -ecʻi : katar-ac「終わり, 果て」; kotorem「虐殺する」, アオ -ecʻi : kotor-ac「大虐殺」; šinem「建てる」, アオ -ecʻi : šin-ac「造り上げること, 建物」; aṙnowm「受け取る」, アオ aṙi : aṙ-ac「託宣（λῆμμα の訳）」; aṙnem「造る」, アオ arari : arar-ac「創造, 被造物」.

c) -ankʻ（属-anacʻ, 複のみ）. halac-ankʻ「迫害」: halacem「迫害する」; yancʻ-ankʻ「過ち, 違反」: yancʻanem「犯す, 違反する」; xtrankʻ「区別, 観察」: xtrem「区別する」; anargankʻ「恥」: anargem「名誉を傷つける」; patrankʻ「欺瞞, 誘惑」: patrem「だます」; patčaṙankʻ「口実, 見せかけ」: patčaṙem「口実にする」; tanǰankʻ「苦痛, βάσανος」: tanǰem「苦しめる」. -am に終わる動詞のアオリストの -cʻ- を伴わずに keam「生きる」, アオ kecʻi : ke-ankʻ「命」（属 kenacʻ）. より具体的なものを示す語がある, 例えば pʻšrankʻ「パンくず」（pʻšrem「細かく砕く」）; keḷewankʻ「鱗, 殻」（keḷewem「（皮などを）むく, はぐ」）; zardarankʻ「飾り物」（zardarem「飾る」）; patankʻ「包むこと」（patem「包む」）から「死体を包む布」さらに「埋葬, 葬式」; pʻrkankʻ（pʻrkem「救う」）は「救い」であるが, 本来は「代価, ἀντάλλαγμα」(Mt 16, 26); pʻakankʻ（pʻakem「閉じる」）は「閉鎖」と「鍵, κλεῖς」(Lk 11, 52) を意味する; kapankʻ（kapem「縛る」）は「縄目, もつれ, δεσμός」(Mk 7, 35) を意味するが, 中性（古い集合形）τὰ δεσμά (Lk 8, 29) に対応している; kʻerankʻ「一種の脱穀機」（kʻerem「引っかく」）; kalankʻ「監獄」（ownim のアオ kalay「捕虜にする」から）. —— 特異な複数語形 Maremankʻ が見られる: Jh 11, 45 bazowmkʻ i hreicʻn or ekeal ein aṙ Maremans (M: mariamans)「マリヤとその仲間たちのところに来たユダヤ人たちの多く」（ギリシア語は単数 πρὸς τὴν Μαριάμ）.

d) -oytʻ（属-owtʻi, 具-owtʻiw）. erewim「現れる」, アオ erewecʻay : erew-oytʻ「出現, 外観」(cf. an-erewoytʻ「見えない」); cackem「覆う, 隠す」, アオ cackecʻi : cackoytʻ「覆い」; janǰranam「退屈する」, アオ

第 4 章　語　形　成

janjrac'ay：janjr-oyt'「退屈, 飽き飽きすること」, 副詞 anjanjroyt'「倦まず」.
基底動詞が見られない語：awagoyt'「老齢」(形 awag).

e)　-st. 先行する語幹母音に応じてさまざまな形で現れ, 屈折は 2 通り見られる.
imanam「理解する」, アオ imac'ay：imast, 属 imasti「賢さ」; govem「ほめ
称える」, アオ govec'i：govest, 属 govesti「称賛」; hangč'im「休む」, アオ
hangeay：hangist, 属 hangsti / hangstean「安らぎ」; korowsanem「滅ぼす」
(kornč'im「滅ぶ」, アオ koreay の使役形)：korowst, 属 korstean「滅び」;
galowst, 属 galstean「来臨」(gam「来る」の不定詞 gal に -owst が付加され
たもの).

f)　多くの行為名詞は単純に動詞語幹から作られ, その多くがしばしば具体的な意
味をもちながら複数でしか用いられない語 (pluralia tantum) で, 属する曲用の
型もさまざまである.
　 i- 語幹 ── anicanem「呪う」, アオ anici (3.sg. anêc)：anêck'(属 anicic',
複のみ)「呪い」; elanem「外に出る」, アオ eli：elk'「出ること, 出口 ἔξοδος」
(属 elic'); gnam「歩く, 行く」, アオ gnac'i：gnac'k'「歩み, 運行」(属
gnac'ic'); ənt'anam「走る」, アオ ənt'ac'ay：ənt'ac'k'「走ること」(属
ənt'ac'ic'); xawsim「語る」：xawsk'「語ること, 言葉, 話し方, 訛り」; gom
「存在する」(アオリストなし)：goy「存在」(具 goyiw, Mk 12,44).
　 o- 語幹 ── 多くは -em, -im に終わる動詞から派生する. grem「書く」: gir(k')
「文字, (複) 書物, 聖書」(属 groy); hotim「臭う」: hot「臭い, 香り」(属
hotoy); sirem「愛する」: sêr「愛」(属 siroy); xndrem「質問する」: xndir
「質問」(属 xndroy); patowem「尊敬する」: patiw「栄誉」(属 patowoy):
ktrem「毛を刈る」: ktowrk'(複のみ)「毛を刈ること」(属 ktroc'); t'k'anem
「唾を吐く」, アオ t'k'i : t'owk'「唾」(属 t'k'oy).
　 a- 語幹 ── kamim「欲する」: kamk'(複のみ)「意志」(属 kamac'); kar-
gem「順序立てる」: karg「順序, 順番」(具 kargaw).
　 u- 語幹 ── vnasem「害する」: vnas「損害, 罪状」(属 vnasow).

D) 具体名詞
§ 63.　次のような接尾辞が用いられる：
a)　-anoc'(具 -anoc'aw) および -oc'(具 -oc'aw). 行為が行われる場所を表
わす名詞を作る. 例えば spand - anoc'「屠殺場」(spand「虐殺」); amar-
anoc'「夏用の住居」(amaṙn「夏」); zoh-anoc'「祭壇」(zoh「いけにえ」);
mełow-anoc'「蜜蜂の巣箱」(mełow「蜜蜂」); orb-anoc'「孤児院」(orb「孤
児」); hiwand - anoc'「病院」(hiwand「病人」); žołovrd-anoc'「集会所, 会
堂」(žołovowrd「群集」). ── dpr-oc'「学校」(dpir「教師」); darbn-oc'「鍛

第 4 章 語 形 成

冶屋の仕事場」(darbin「鍛冶屋」).

b) -aran (具 -aranaw). ものが収納されたり置かれている場所を表わす名詞を作る．例えば ganj-aran「宝物庫」(ganj「財宝」)；awet-aran「福音書」(awet-k'[複]「福音」)；ktak-aran「契約，聖約書」(通常は複数 ktakarank', 属 ktakaranac' で διαθήκη の訳語)，nor ktakaran「新約聖書」，hin ktakaran「旧約聖書」(ktak「遺言, 遺書, 契約」)；zoh-aran「祭壇」(zoh「いけにえ」)；nowag-aran「楽器」(nowag「歌, 音楽」)；複数のみ kerp-arank'「姿」(kerp「形」).

c) -astan (具 -astanaw). 場所，特に地名を表わす名詞を作る．例えば Hayastan「アルメニア」(Hay「アルメニア人」)；Parsk-astan「ペルシア」(Parsik「ペルシア人」)；Hre-astan「ユダヤ」(Hreay「ユダヤ人」)；vard-astan「バラ園」(vard「バラ」)；heṟastan「遠い所」，特に奪格で i heṟastanê「遠くから」(heṟi「遠い」).

d) -akic' (具 -akc'aw).「…仲間，一緒に…する者」を意味する名詞を作る．例えば azg-akic'「同族の（者），親戚」(azg「一族」)；caṟay-akic'「下僕仲間」(caṟay「下僕, 召し使い」)；kam-akic'「意志を同じくする者」(kam-k'「意志」)；ašakert-akic'「仲間の弟子」(ašakert「弟子」)；ors-akic'「猟師・漁師仲間」(ors「狩り, 漁」；owłekic'<*owłi-akic'「旅の道連れ」(owłi「道」)；ənker-akic'「仲間」(ənker「仲間」をさらに補強した形, cf. § 45 b).

e) -owhi. 女性を示すが，古典期にはほとんど存在しない．例えば t'agowhi「女王」(t'ag「王冠」, t'agawor「王」)；k'rmowhi「女の聖職者」(k'owrm「聖職者」)；abbasowhi「尼僧院長」(abba(s)「僧院長」)；ašakertowhi「女弟子」(ašakert「弟子」)；vkayowhi「女殉教者」(vkay「殉教者」) など.

E) 指小語
§ 64. 指小語は特徴的な要素 k に母音 i-, a- を先行させたものを添加して作られる：
　-ik, 例えば hayr「父」：hayr-ik；manowk「子ども」：mank-ik；gaṟn「子羊」：gaṟn-ik；p'ok'r「小さい」：p'ok'r-ik. ── -ak (具 -akaw), 例えば naw「舟」：naw-ak「小舟」；cov「海」：cov-ak「湖」；ordi「息子」：ordeak < *ordi-ak；aławni「鳩」：aławneak「子鳩」；kapoyt「青い」：kapowt-ak「青みがかった」.

　また -ik は行為者名詞を派生させる接尾辞としても用いる．例えば mart-ik「戦士」(martnč'im「戦う」, アオ marteay)；ergec'-ik「歌手」(ergem「歌

第 4 章 語 形 成

う」，アオ ergec'i)；mowrac'-ik「乞食」(mowranam「物乞いする」，アオ mowrac'ay). ──-ak による派生語の意味は多岐にわたっている．例えば xaṙn「混じった」：xaṙn-ak「混じった，不浄な」；maški「革（製）の」(mašk「皮，皮革」)：maškeak「毛皮製の衣服」；awer「破壊（された）」：awer-ak「破壊された，荒廃した」；gêt「知っている，熟練した」：git-ak「知っている，経験ある」；bolor「丸い」：bolor-ak「円のように丸い」；erkoworik'「(複)」「双子」：erkoworeak（単数形を作る；Jh 11, 16 Δίδυμος の訳）；patowêr「命令」：patowir-ak「使節」；parar「肥料」：parar-ak「肥えた」(cf. parart「肥えた，肥沃な」)；awrên「法」：awrin-ak「模範」；parhem / pahem「番をする」：parh-ak/pah-ak「番人」．

F) 形容詞

§ 65. アルメニア語において形容詞は独自の屈折を持たず，形態的には名詞と異ならない．従って，以下に掲げる接尾辞を添加して作られた形容詞は名詞としても機能することが多い．

a) -akan (具 -akanaw)．所属・関連を表わす名詞・形容詞を作る．人物を表わして vačaṙ-akan「商人」(vačaṙ「商売」)；zawr-akan「兵士」(zawr「軍隊」)；azg-akan「親戚，親族」(azg「一族」)；gawaṙ-akan「土着の，現地の」(gawaṙ「地方」)；part-akan「有罪の，債務者」(part「借金」)；patow-akan「尊い，高貴；（複）貴族」(patiw「尊敬」)；xorhrd-akan「賢明な，賢人，神秘家」(xorhowrd「思考」)；koč'n-akan「客」(koč'ownk'[複のみ]「宴会」，属 koč'noc')；argel-akan「監禁された，捕虜」(argel「逮捕，監獄」)；cnnd-akan「出産する（女）」(cnownd「出生，誕生」)；ôrhas-akan「死にかかっている」(ôrhas「（その日に到達している＝）死」)．──名詞から派生した形容詞，例えば mayr-akan「母親の」(mayr「母親」)；margarê-akan「預言者の」(margarê「預言者」)；eritasard-akan「若い」(eritasard「若さ」)；hovow-akan「羊飼いの」(hoviw「羊飼い」)；ams-akan「月ごとの」(amis「月」)；ašxarh-akan「この世の，現世の」(ašxarh「この世，世界」)；astowac-akan「神的な」(astowac「神」)；ekełec'-akan「教会の，聖職者」(ekełec'i「教会」)；yawiten-akan「永遠の」(yawitean「永遠」)．民族名を表わして hrê-akan「ユダヤ人の」(hrêay「ユダヤ人」)；yown-akan「ギリシア人の」(yoyn「ギリシア人」)；het'anos-akan「異邦人の」(het'anos「異教徒，異邦人」)；さらに paterazm-akan「軍事の」(paterazm「戦争」；bn-akan「自然の」(bown「自然」)．──形容詞に基づく派生形：aznow-akan「高貴な生まれの，貴族」(azniw「高貴な」，属 aznowi)；džox-akan「地獄の，悪魔」(džoxk'[複のみ]「地獄」)．── -akan が i-語幹に付加されると変異形 -ekan が生じる：tarekan < *tari-akan「例年の」(tari「年」)；molekan < *moli-akan「怒り狂った」（同義の形容詞 moli)；šahekan < *šahi-akan「有利な」(šah, 具 šahiw

第4章 語形成

「利益」).

b) -ayin (属 -aynoy). 場所・方角に関する形容詞を作る. 例えば dašt-ayin「平地の, 平らな」(dašt「平地」); leṟn-ayin「山地の」(leaṟn「山」); erkn-ayin「天の」(erkinkʻ「天」); erkr-ayin「地の」(erkir「地」); xawar-ayin「暗い」(xawar「暗黒」); hiwsis-ayin「北の」(hiwsis「北」); haraw-ayin「南の」(haraw「南」); kʻaɫakʻ-ayin「市民」(kʻaɫakʻ「都市」). ── 季節名から派生した形容詞については§77 c i) を参照せよ.

c) -ayn (属 -aynoy). 主に時を表わす語を作り, 多くは副詞的に用いられる. 例えば aṟžam-ayn「たちどころに」(aṟ žam「ちょっとの間」); noynžam-ayn「すぐに」(noyn žam「同時」); gišer-ayn「夜に」(gišer「夜」); lṟeleayn「黙って, 暗黙のうちに, ひそかに」(lṟeli「沈黙すべき」, これは lṟel「黙っている」から派生した動詞的形容詞). ── amenayn「すべての」は i-語幹型として変化する (具 amenayniw).

d) -acʻi (複・属 -acʻwocʻ/-acʻeacʻ). 出自あるいは所属を表わす形容詞・名詞を作る. 例えば Koɫb-acʻi「コルブの出身である」(Koɫb); israyêɫ-acʻi「イスラエル人」(Israyêɫ); atʻen-acʻi (Atʻen-kʻ[複]); kret-acʻi「クレタ島人」(Kretê); markion-acʻi「マルキオン主義者」(Markion). 普通名詞からも作られる. 例えば kʻaɫakʻ-acʻi「市民」(kʻaɫakʻ「都市」); dr-acʻi「隣人」(dowṟn または複 dowr-kʻ「戸, 門」). ── 変異形 -ecʻi (-ecʻwocʻ/-ecʻeacʻ) は -ê, -i, -ia, -a(y) に終わる語幹に後続する: Tʻesaɫonike → tʻesaɫonikecʻi; Akʻayia → akʻayecʻi; Kilikia → kilikecʻi; Saba → sabayecʻi.

e) -awor (具 -aworaw). 所有または性質を表わす形容詞・名詞を作る. 例えば tʻag-awor「王」<「王冠を戴いている」(tʻag「王冠」); zawr-awor「強い」(zawr「力」); meɫ-awor「罪人」(meɫ「罪」); dat-awor「裁判官」(dat「判決」); aɫeɫn-awor「射手」(aɫeɫn「弓」); erkr-awor「この世の」(erkir「この世, 世界」); lows-awor「光に満ちた」(loys「光」); marmn-awor「肉体の」(marmin「肉体」); pʻaṟ-awor「栄光ある」(pʻaṟ-kʻ[複]「栄光, 名誉」). 語末音 -i の後では規則的に *-i-awor > -ewor: hogewor <*hogi-awor「霊的な, 聖職の, 教会の」(hogi「霊, 魂」); owɫewor「旅人, 旅行 (中) の」(owɫi「道」); karewor「必要な」(karikʻ「必要」); tarewor「一年の, 年一回の」(tari「年」).

f) -agin (具 -agniw). 抽象名詞または形容詞から精神的・肉体的な状態を表わす形容詞を作る. 例えば ah-agin「恐ろしい, ものすごい」(ah「恐怖」);

第4章 語 形 成

zowart'-agin「快活な」(zowart'「快活な，明朗な」); c'aw-agin「痛い，苦しい」(c'aw「痛み，苦痛」); ołb-agin「哀れな，惨めな」(ołb「嘆声」); molegin <*moli-agin「怒り狂った」(moli「怒り狂った」); owž-gin「強い」(oyž「力」は通常 o- 語幹であるが，結合母音 -a- の欠如は恐らく非強勢音節で消えた母音 -i に終わる語幹を示唆している); trtmagin「悲しい」(trtowm「悲しい」); hiwandagin「病気の」(hiwand「病気の」). 明瞭な名詞的基底を欠くもの: zayr-agin「怒った」(*ayr?, cf. z-ayranam「憤慨する，(病状が) 悪化する」); kołkoł-agin「悲嘆に満ちた」(kołkołem「うめく，嘆き悲しむ」).

g) -agoyn (具 -agowniw). 中期イラン語 gōn (<古期イラン gaona-)「色，種類，様式」がアルメニア語 goyn「色」(o- 語幹) に借用されて，最初は所有複合語の後分としてのみ用いられていたのが (例えば erkink' から erknagoyn「空の色をもつ」, covagoyn「海の色をもつ」, vardagoyn「バラ色の」, płnjagoyn「(銅色の→) 玉髄」), 後に派生接尾辞として広範に利用されるに至った．── 強調・比較級を表わす．形容詞・副詞から派生される: eric'agoyn「年上の」(erêc'), krtseragoyn「年下の」(krtser 自体が比較級的なものと考えられる), ceragoyn「年長の」, noragoyn「新しい」, č'aragoyn「より悪い」, mecagoyn「より大きい」, p'ok'ragoyn「より小さい」, stowaragoyn「より太い」, dař-nagoyn「より苦い」; heřagoyn (heři), bac'agoyn「遠くに，遠くから」, môtagoyn「近くに」, (i)nerk'sagoyn「内部に」, veragoyn「上に」, ziǰagoyn「深く」, vałagoyn「すみやかに」. zawrawor「強い」(zawr「力」から) の強調形は zawr-agoyn である．── -agoyn が添加されることによって原級形容詞との間に母音交替が生じることがある: azniw「高貴な」: aznow-agoyn; imastown「賢い」: imastn-agoyn; mowt'「暗い」: mt'-agoyn; gełec'ik「美しい」: gełec'k-agoyn; zazir「見るも恐ろしい，ひどい」: zazragoyn; bowřn「強い」: břn-agoyn; xždowž <*xowž-dowž「野蛮な」: xždž-agoyn. ── 副詞的な接尾辞 -s を添加した -agoyns: bac'agoyns「さらに遠く」; hamarjakagoyns「より大胆に」; stowgagoyns「より精密に」(stoyg); pndagoyns「非常に熱心に」; čšmartagoyns「より正確に・詳細に」.

h) -ac (具 -acaw). 名詞から心理・感情を表わす形容詞を作る．例えば erkiwł-ac「畏れる，敬虔な，臆病な」(erkiwł「恐怖，畏怖」); ołorm-ac「慈悲深い」(ołorm「慈悲」); gt'-ac「思いやりのある」(gowt'「同情」); c'aw-ac「苦しんでいる」(c'aw「苦痛」); k'nêac「惰眠をむさぼる」(期待される k'nac と形容詞 k'neay [k'own から] との混交か). ── 動詞語幹から行為名詞を派生させる -ac については §62 b を参照．

i) -eay (複・属 -êic'/-eic'/-eayc'/-eoc'). 主に材質・所属を表わす形容詞を

— 96 —

第4章 語 形 成

作り，所有複合語にも付加されることがある．例えば osk-eay「金（製）の」(oski「金」); arcatʻ-eay「銀（製）の」(arcatʻ「銀」); erkatʻ-eay「鉄（製）の」(erkatʻ「鉄」); całk-eay「花咲いた，花でおおわれた，花飾りをつけた」(całik「花」); erekʻ-awr-eay「3日間の」; tasn-am-eay「10年間の」; kʻarāsn-am-eay「40年間の，40歳の」; bazm-am-eay「多年の」; bazma-žamanak-eay「多くの時を経た，古い」; sew-ačʻ-eay「黒い目を持つ」(seaw「黒い」+akn, 複 ačʻ-kʻ「目」); anjn-eay「容姿のよい」(anjn「人」); pʻaxst-eay「逃亡者，難民」(pʻaxowst「逃亡」); paštawn-eay「奉仕者」(paštawn「奉仕」; cov-apʻn-eay「海岸の」(cov「海」+apʻn「岸」); cov-ezr-eay-kʻ「海岸に住む人々」(cov「海」+ezr「縁，岸」); stor-erkr-eay「地下の」(stor「下の」+erkir「地（面）」.

j) -ean（複・属 -eancʻ/-enicʻ）. 所属・関連を表わす形容詞を作り，特に父称に用いる．例えば arewel-ean「東の」(arew-el-kʻ「東」, 本来は「日の出」); arewmt-ean「西の」(arew-mowt-kʻ「西」, 本来は「日の入り」); płaton-ean「プラトン学派の」(Płaton); Aram-ean「アラム家の（子・子孫）」; Mamikon-ean「マミコン家の（子・子孫）」; Simovn-ean Yowda「シモンの子ユダ Ἰούδα Σίμωνος」Jh 6, 72. 前分に数詞，後分に -am-「年」を持つ複合形容詞: erkemean「2歳の」; eremean <*eri-am-ean「3歳の」; eresnamean「30歳の」; 副詞的にも機能して 使9, 33 owtʻemean dnêr i mahičs「彼は8年間床に伏していた」. -beran-「口」と共に erkberanean（黙1, 16 sowr erkberanean [= δίστομος]「両刃の剣」), -karg-「列」と共に čʻorekʻ-karg-ean「4列に」. さらに vałow-ean「次の日の」(vałiw「明日」). —— 聖書では接尾辞 -ean が集合的に機能する語 xozean「豚の群」が1度だけ見られる (cf. §213).

k) -eł（具 -eław）．名詞から「〜に富む」を意味する形容詞を作る．例えば hančar-eł「理解力ある」(hančar「理解力」); ah-eł「恐ろしい」(ah「恐れ」); zawr-eł「強い」(zawr「力」); škʻ-eł「壮大な，華麗な」(šowkʻ「華麗」); asow-eł「羊毛でおおわれた」(asr, asow「羊毛」); owž-eł「力強い」(oyž「力」); ənčʻ-eł「金持ちの」(inčʻkʻ「財産」); ham-eł「風味のある」(ham「風味」).

l) -ełên（具 -ełinaw）．材質を表わす形容詞を作る．例えば mašk-ełên「革（製）の」(mašk「皮革」); hr-ełên「火の」(howr「火」); bocʻ-ełên「炎の」(bocʻ「炎」); osk-ełên「金（製）の」(oski「金」); arcatʻ-ełên「銀（製）の」(arcatʻ「銀」); erkatʻ-ełên「鉄（製）の」(erkatʻ「鉄」); niwtʻ-ełên「物質的」(niwtʻ「物質，材料」); marmn-ełên「肉の」(marmin「肉」). 抽象的な意味は

第4章 語 形 成

mardk-ełên「人間的な」(mardik「人間」)と astowac-ełên「神の」(Astowac「神」)の反意関係に見られる．

m) -eni (具 -eneaw)．関連を示す形容詞を作る．例えば mayr-eni「母親の」(mayr「母親」); vayr-eni「野生の」(vayr「場所，野原」)． ── 樹木名を表わす名詞を作る．例えば jitʻ-eni「オリーブの木」(jêtʻ「オリーブ」); tʻz-eni「イチジクの木」(tʻowz「イチジク」); xnjor-eni「リンゴの木」(xnjor「リンゴ」); vard-eni「バラの木」(vard「バラ」)．さらに動物の肉や毛皮を表わす名詞も作る．例えば xoz-eni「豚肉」(xoz「豚」); owl-eni「子山羊の毛皮」(owl「子山羊」)．

n) -i (具 -eaw) < PIE *-iyo-/-iyā-．所属を表わす形容詞を作って，所有形容詞に付加されることもあるが，散発的に種々の名詞も作る．例えば arcatʻ-i「銀(製)の，銀貨」(arcatʻ「銀」); erkatʻ-i「鉄(製)の」(erkatʻ「鉄」); płnj-i「銅(製)の」(płinj「銅」); akan-i「目を持つ，見える」(akn「目」，属 akan); ał-i「塩味の」(ał「塩」); aramb-i「夫と共に暮らす，既婚の」(ayr「男，夫」，具 aramb); kanamb-i「妻と共に暮らす，既婚の」(kin「女，妻」，具 kanamb); asow-i「ウールの，毛織りの」(asr「羊毛」，属 asow); bazm-ačʻ-i「多くの目を持つ」(bazowm「多くの」+ akn, 複 ačʻ-kʻ「目」); ayl-azg-i「外国の」(ayl「他の」+ azg「民，種族」); mec-azg-i「貴族の生まれの」(mec「大きい」+ azg); mia-kołman-i「片面だけの，片側の」(mi「一つの」+ kołmn「側面」); kałn-i「オーク」(kałin「どんぐり」); gorc-i「道具」(gorc「仕事」)． ── この接尾辞は不定詞から「…に値する，…され得る，…されるべき」を意味する動詞的形容詞（いわゆる第一分詞）を作る．例えば sirel「愛する」: sireli「愛すべき，愛らしい」; lsel「聞く」: lseli「聞き取れる」(lselikʻ「聴覚，耳」); zarmanal「驚く」: zarmanali「驚くべき」; əntʻeṙnowl「読む」: əntʻeṙnli「読みやすい，読むに値する」(-ow- 動詞の語幹母音 -ow- は脱落する)． ── 不定詞形に直接対応しない形容詞もある．例えば janjrali「退屈な」(janjranal「退屈する」); skʻančʻeli「驚くべき」，skʻančʻeli-kʻ (複)「驚くべき事柄，奇蹟」(skʻančʻanal「驚く」)，接尾辞 -i- は派生形で欠くことがある．例えば skʻančʻel-apês「奇妙に」，skʻančʻel-arar「奇跡を行う，奇術師 θαυματοποιός」．

o) -in (属 -noy)．副詞から形容詞を作る．例えば aṙaǰ-in「最初の，先頭の」(aṙaǰ「前に」); verǰ-in「最後の」; yet-in「最後の」(yet「後から」); nerkʻ-in「内部の」(i nerkʻs「中に」); artakʻ-in「外の」(artakʻs「外で」); aǰ-in「右の」(aǰ「右に」); ahek-in「左の」(aheak「左に」)． ── 稀に名詞・形容詞からも作られる．例えば xawar-in「暗い」(xawar「闇」); diwr-in「容易な」(diwr

第 4 章 語 形 成

「容易な」); džowar-in「難しい」(džowar「難しい」); xor-in「深い」(xor「深い」).

p) -oy (具 -oyiw). pit-oy「必要だ」(pêtk'[複]「必要」); hač-oy「気に入られた」(hačim「私は満足している」). —— -bar を後分とする所有複合語から barebaroy「正義の」, č'arabaroy「邪悪な」, šnabaroy「犬のような」(šown「犬」), cf. §66 C c, -abar に終わる副詞的複合語.

q) -ot (属 -oti, 複・属 -otic'/-otac'). 名詞から派生して大抵は病的な状態を表わす. 例えば bor-ot「らい病を患っている」(bor「らい病」); lowsn-ot「てんかんを患っている」(lowsin「月」); marmar̄-ot「こぶのある」(marmar̄「こぶ」); ork'in-ot「できもののある」(ork'in「できもの」); k'os-ot「疥癬にかかっている」(k'os「疥癬」). —— 感情や精神状態を表わす形容詞が動詞の語根(つまり語根名詞)から派生される. 例えば arhamarh-ot「軽蔑的な」(arhamarhem「軽蔑する」); kaskac-ot「疑い深い」(kaskacem「疑いをかける」); naxanj-ot「嫉妬深い, 妬む」(naxanjim「妬む」); しかし否定的な価値を伴わずに xnam-ot「入念な, 情け深い」(xnamem「世話をする, 気づかう」).

r) -ord (具 -ordaw). この接尾辞は序数詞 (cf. §107) のほかに, 形容詞を作る. 例えば hanapaz「いつも」: hanapaz-ord「日々の」; aweli「より多くの」: awel-ord「有り余った」(i を欠く); owłił「まっすぐな, 正しい」(副詞としても): owłł-ord「まっすぐな, 正しい」(副詞としても); 個別化して, 例えば ar̄aǰin「最初の, 先頭の」: ar̄aǰn-ord「先頭に立っている者, 先導者」; hakar̄ak「…に敵対して」: hakar̄ak-ord「敵対者」; p'oxan「…の代りに」: p'oxan-ord「代理人」; 他にさまざまな名詞も作る. 例えば mnam「残っている, 留まる」, アオ mnac'i: mnac'-ord「残り物」; yaǰ-ord「後継者」, žar̄ang-ord「遺産相続人」, miǰn-ord「仲裁者」, ors-ord「猟師, 漁師」, naw-ord「船頭」, čanaparh-ord「旅行者」.

s) -own (属 -noy). 動詞の分詞的な意味を持つ形容詞あるいは時に名詞を作る. 例えば xaws-own「話す能力に恵まれた, 理性的な」(xasim「話す」); šarž-own「揺らぐ」(šaržem「動かす」); git-own「知っている, 賢者」(gitem「知っている」); 二次的に imastown「賢い, 知者」(imanam「理解する」, アオ imac'ay, imast「聡明」), gnayown「歩行の, 通行可能な, 可動の」(gnam「歩く」, アオ gnac'); 動物名も作る. 例えば an-as-own「動物, 獣」(本来は「もの言わぬ」, cf. asem「言う」); soł-own「地を這う動物」(sołim「這う」); zer̄-own「地を這う動物」(zer̄am「這う」); t'r̄č'own「鳥」(t'r̄č'im「飛ぶ」, アオ t'r̄eay, t'r̄ič'k' [複のみ]「飛ぶこと」); xmorown「酵母の入った(パン)」

— 99 —

(自動詞 xmorim, -recʻay; 生産的な分詞 xmoreal と機能的には同じ, cf. 出 13, 3 očʻ owticʻêkʻ xmorown と出 12,20 xmoreal mi owticʻen「酵母入りのパンを食べてはならない」).

t) -owt (属 -ti). あるものに富んでいる状態や場所を表わす形容詞を作る. 例えば awaz-owt「砂地(の)」(awaz「砂」); caraw-owt「乾燥した」(caraw「渇き」); gazan-owt「野獣に満ちた」(gazan「野獣」); ełegn-owt「葦の生い茂った(ところ)」(ełegn「葦」); xawar-owt「暗い」(xawar「暗黒」), 二次的に xawarčʻowt「暗い」; yorjan-owt「(速く流れる→) 渦」(cf. yorjankʻ「流れ」).

G) 副詞
§ 66. 意味に従って, 以下の 3 つに大別される.
A) 場所を表わす副詞
指示詞・関係詞から派生した副詞は当該の節で扱う. これ以外の副詞にはそれぞれ -s, -oy, -owst に終わるものがある:

「…へ・に」	「…に」	「…から」
artakʻs「外へ」	artakʻoy「外に」	artakʻowst「外から」
i nerkʻs「中へ」	i nerkʻoy「中に」	i nerkʻowst「中から」
i ver「上へ」	i veroy/veray「上に」	i verowst「上から」

i ver「上に」の反意語として名詞が用いられることがある: i vayr「下に」(vayr「場所, 野」). 時間的な意味では y-ankarcowst「突然」(cf. ankarc「思いがけない」) が見られる.

B) 時を表わす副詞
特別の形はない. 例えば ard「今」; aysawr「今日」(文字通りには「この日」); ayžm「今」(<*áys-žam「この時に」), ayžm-ik「今」(強意); vałiw「明日」(vał「間もなく, じきに」, cf. vał-vał-aki「すぐに」), i vałiw-n, i vałiw andr「その翌日」(-n, andr は定冠詞として働く); erek「昨日」(erek「夕方」の単・位).

C) 様態を表わす副詞
格形や接尾辞によるものなどいくつかのタイプがある:
a) 具格形によるもの: 例えば bnaw「全く, 絶対に」(bown「茎, (木の)幹」; džowaraw「難しく」(džowar「難しい」); diwraw「容易に」(diwr「容易な」). -in を付加して: bnawin (bnaw から); glxov-in「個人的に, 自分で」

— 100 —

第4章 語形成

(glowx「頭」); bolorov-in「完全に，全く」(bolor「全体の」).── 一種の具格・副詞的接尾辞 -ew が見られる：ardarew「本当に」; aysowhetew「今から」(文字通りには「この足跡とともに」), orovhetew「…だから」(orov は関係代名詞 or の単・具); amenew-in「全く」(cf. amenayn, amenek'ean「すべての」). 他の格形も用いられることがある．例えば i＋複・奪で yanpatrastic'「思いがけず」(anpatrast「準備のできていない」).

b) -a-pês. 例えば p'owt'-a-pês「急いで」(p'oyt'「急いでいること」); daṝn-a-pês「激しく（泣く）」(daṝn「苦い」); yaytn-a-pês「公然と」(yaytni「あらわな」). -pês は結合母音 -a- を伴わずに指示詞や疑問詞からも副詞を作る：ays-pês「このように」, noyn-pês「同じように」, or-pês「どのように,（関係副詞として）…のように」など.

-pês は本来「やり方，方法」を意味する名詞であり（イラン語からの借用語, cf. Avest. paēsa(h)-「形, 装飾」), 複合語 pês-pês「さまざまな」に見られる.

c) -a-bar. 派生語基は名詞または形容詞である．例えば aṝiwc-a-bar「獅子のように」(aṝiwc「獅子」); gazan-a-bar「野獣のように」(gazan「野獣」); dayek-a-bar「乳母のように」(dayeak「乳母」); bṝn-a-bar「暴力的に」(bowṝn「暴力」); het'anos-a-bar「異邦人のように」(het'anos「異邦人」); hrê-a-bar「ユダヤ人のように」; imastn-a-bar「賢明に」(imastown「賢い」); xẑ-a-bar「野蛮に」(xowž「野蛮な」); 形容詞語基は様態の表わす形容詞ともなる：č'arabar「素行の悪い」. これは, 複数のみで用いる名詞（pl. tant.）bark'（属／与／奪 barowc'）「振る舞い, 作法, 生き方」の bar を後分に持つ所有複合語が副詞に転用されたものである.

d) -arên/-erên. 様態・言語を示す．例えば yoyn「ギリシア[人・語]の」: yownarên「ギリシア語で」; hrêarên/hrêerên「ユダヤ人式に, ユダヤ語で」; likayonarên「リュカオニア語で」. -i, -ia, -ay に終わる語幹では変異形 -erên が見られる．例えば asorerên < Asori-arên「シリア語で」(Asori「シリア人」); dałmaterên (Dalmatia)「ラテン語で」; hayerên「アルメニア語で」(Hay「アルメニア人」); ebrayec'i「ヘブライ人」から二次的に ebrayec'erên「ヘブライ語で」(<*ebrayec'i-arên);

e) 形容詞の主・対格形が副詞として用いられることがある．例えば Mk 7,9 bar-wok' xotêk' zpatowirann Astowcoy=καλῶς ἀθετεῖτε τὴν ἐντολὴν τοῦ θεοῦ「お前たちは神の掟をみごとに反古にする」; Lk 7,2 caṝay č'arač'ar hiwandac'eal merj êr vaxčanel=δοῦλος κακῶς ἔχων ἤμελλεν τελευτᾶν「下僕がひどく患って絶え入ろうとしていた」; Lk 7,43 owtił datec'ar = ὀρθῶς ἔκρινας「あなたは正しく判断した」; Jh 8,36 čšmarit azatk' linijik'= ὄντως ἐλεύθεροι ἔσεσθε「あなたたちは現実に自由になるだろう」.

第4章 語 形 成

III. 重複

§ 67. アルメニア語では語形成のタイプとして重複，より正確には語あるいは語根全体の反復という過程が，動詞・名詞の領域で重要な役割を果たしている．これは他の印欧諸語にはあまり際立って見られない特異な現象であり，隣接するカルトヴェリ諸語からの影響ではないかとも考えられている．複合・派生とは対照的に，母音交替が行われないことが多い．重複形式には主に2つの意味，すなわち強意的意味と配分的意味があるが，必ずしも明確に区別されない場合が多い：
a) 配分的意味：gownd-a-gownd（または gownd gownd）「群れごとに，群れをなして」，goyn-a-goyn「色とりどりの」．斜格形を並列させて配分的な意味を表わすこともできる：ami ami = κατ' ἔτος「毎年」（am「年」の属/与/位），awowr awowr（または awr awowr）「毎日」（awr「日」の属/与/位），i kołmanc' kołmanc'「あらゆる方面から」（kołmn「側面」の複・奪），i tełis tełis = κατὰ τόπους「そこかしこに」（tełi「場所」の複・対/位）．前置詞が間に置かれることがある：low i low「聞いて，衆人環視のもとで」，awr əst awrê「毎日」．── [a/e~u] の母音交替を示す重複がわずかに存在する：ker-a-kowr「食物」（ker「食料」，kowr「餌」），sar-sowr̄「震動」（sarsim「揺れる，震える」），spaṙ spowṙ「完全に」（spaṙ「全く」），xaṙn i xowṙn「ごちゃごちゃに」．また，2番目の語の前に -m- を挿入する（あるいは最初の子音を -m- に代える）ことがある：ałx-a-m-ałx「品物，商品」（ałx「器具」），arh-a-m-arh「卑しむべき」，xaṙn-a-maṙn「混乱した」（xaṙn「混ざった」），sowt mowt「嘘偽りの」（<*sowt sowt），šogmog「二枚舌の，中傷ばかりする，密告者」．ałj-a-m-owłjk'「暗闇」（ałj-ałj も同じ意味で用いられた）はこの2つの方法によって形成された重複形である．
b) 強意：動詞 hot-ot-im「においがする」（hotim もある；hot「におい」），hec-ec-em「うめく」（<*hec-hec-），t'aw-t'ap'-em「払い落とす」（<*t'ap'-t'ap'-），šaw-šap'-em「手でさわる」（<*šap'-šap'-）．── 名詞 xor-xor-at「溝」（xor「深い」），leṙn-leṙn-ayn「山また山に富んだ土地」（leaṙn「山」），bar-baṙ「声，言葉，叫び声」（および bar-baṙ-im「叫ぶ」），hełeł「大水，氾濫」（heł-anim「流れる」）；形容詞 mec-a-mec「非常に大きい」，č'ar-a-č'ar「非常に悪い」，ǰerm-a-ǰerm「非常に暖かい」，arag-arag「非常に速い」．2つの語が分かち書きされることもある：lowṙ lowṙ「全く静かな」，canr canr「非常に重い」．── 次のような表現も見られる：Agath. §113 zarmac'eal zarmac'eal em, ew kari k'aǰ「私は驚きに驚いた，しかもきわめて強烈にだ」．
c) 他の印欧諸語に広く見られる部分重複は，アルメニア語でも遺物的な形に確認されるが，歴史時代にはすでに生産的な語形成法ではなくなっている．例えば ci-cał-im「笑う」（całr「笑い」），da-dar-em「やめる」，ba-bax-em「打つ，た

第4章 語 形 成

たく」(bax-em もある), pʻo-pʻox-em「代える」(pʻox-em もある), tʻitʻe̅n「蝶」および tʻrtʻr̅em「震える，揺れる」, dedewim「あちこち動く」, kokord「喉」(orkor もあり)．また，第1音節末に n / m / r が現れて子音交替を示しているように見えるものがある：dan-daɫ-im「ぐずぐずする，ためらう」, bam-bas-em「そしる」, mar-maǰ-em「うずうずする」, par-pat-im「裂ける」など．

第5章　形態論Ｉ：名詞

第1部　曲　　用

1．総論

§ 68. a) 文法性の区別はない．— b) 数には単数と複数がある．両数はない．— c) 格は7つある：主格，対格，属格，与格，位格，奪格，具格．特別の呼格形はなく，普通は主格で代用する．Petre / Petrê や Lazare / Lazarê など，時折見られる呼びかけの形は -ϵ に終わるギリシア語呼格形 (Πέτρε, Λάζαρε) を写したものである．— d) 形態論のレヴェルでは形容詞は名詞と異ならない．

2．格形

§ 69. アルメニア語の名詞曲用は四つの母音語幹，すなわち -o-, -a-, i-, -u- 語幹（これらはそれぞれ印欧語の -o-, -ā-, -i-/-ī-, -u-/-ū- 語幹に溯る）によるものと3つの子音語幹 -n-, -r-, -l- によるものがある．格形に関しては一般的に次のことが観察される：

a) 主格と対格は単数ではつねに同形であり，語尾を持たない．従って，主・対格からは名詞がどの曲用タイプに属するかを知ることができない．この形は語自体の「基本形」として辞書の見出しに用いられる．母音タイプでは，複数主格は単数主／対格形に語尾 -kʻ，複数対格は語尾 -s を付加することによって得られる．例えば，単・主／対 get「川」，複・主 get-kʻ，複・対 get-s. 流音・鼻音タイプでは，主格と対格はそれぞれ語尾 -kʻ, -s が，単数主格／対格とは異なる形に付加される．例えば，harsn「花嫁，いいなずけ」，複・主 harsown-kʻ，複・対 harsown-s.

b) 属格と与格はつねに同形である．単・属／与格の語尾は曲用タイプに応じて異なる．母音タイプでは，母音か二重母音が単・主／対格の形に付加される：o- 語幹では -oy：get-oy；i- 語幹および a- 語幹では -i：ban-i「言葉」，am-i「年」；u- 語幹では -u：zgestow「衣服」．流音・鼻音語幹では，語尾はゼロであるが，それに先行する要素の母音は主格の母音と異なる：harsn, 属／与 harsin, oskr, 属／与 osker「骨」, astł「星」, 属／与 asteł など（下記 § 70 参照）．

c) 複数属格，与格，奪格は -cʻ によって標示される．母音タイプではそれぞれに固有の語幹母音がこれに先行する：geto-cʻ, ama-cʻ, bani-cʻ, zgestow-cʻ. 子音タイプでも語尾は同じく -cʻ である：harsan-cʻ.

第5章　形態論Ⅰ：名詞

d) 単数奪格は o- 語幹では属／与格と同形である：get-oy；それ以外では -ê によって標示される：am-ê, ban-ê, harsn-ê.
e) 位格が特別の形を持つことは稀である．複数ではつねに対格と同形である：(i)get-s. 単数では -o- 語幹で主／対格と同形である以外は，属／与格に等しい．例えば (i)get に対して y-am-i. 特別の位格語尾 -oǰ は主／対格が -i に終わる多音節語に見られる．例えば tari「年」，単・位 (i)tarw-oǰ. これから単・奪 tarw-oǰê も派生する．いくつかの形容詞における位格形 -owm とこれから派生した奪格形 -mê については§101 を参照されたい．
f) 単数具格はそれぞれ母音 -o- の後で -v，母音 -a- と -i- の後で -w，母音 -ow の後でゼロ，(n- 語幹の) -m-，-ł-，-r- の後で -b によって標示される：get-ov, am-aw, ban-iw, zgest-ow, osk-er-b, anj-am-b (anjn「人」) など．複数形はこれらの単数形に -k' を添加する：get-ovk', am-awk', ban-iwk', zgest-owk', osk-er-bk' (osk-er-awk'), anj-am-bk' など．
g) 複数の標識はあらゆる曲用類で基本的には同一である：主 -k'，対／位 -s，属／与／奪 -c'，具 -vk'，-wk'，-k'，-bk'.
h) アルメニア語では多くの曲用類が区別されるが，単数主格／対格の「基本形」はいわゆる「語末音規則」の作用によって格語尾を示さないので，これらの形から名詞の曲用類を決定することはできない．ある名詞の曲用類は大抵，単数具格形（およびそれをもとに作られた複数具格形）あるいは複数属／与／奪格形によって知られる．

3．不変語幹と可変語幹

§70. 曲用類は二つの語幹群により大別される．すなわち格語尾を添加して格形を作るさいに，
a. 単数主格／対格の形を変えずにそのまま用いる名詞─不変語幹（例：get「川」）．格語尾が添加されてアクセントが移動した結果語幹母音の交替が起こっても，曲用類には関係せず，不変語幹として扱われる（例：k'own「眠り」，属 k'n-oy）
b. 単数主格／対格の形に変更を加える名詞─可変語幹（例：astł「星」，harsn「花嫁」）．

単・主／対	get	astł	harsn
属／与	get-oy	ast-eł	hars-in
具	get-ov	ast-eł-b	hars-am-b
複・対／位	get-s	ast-eł-s	hars-own-s
属／与／奪	get-oc'	ast-eł-ac'	hars-an-c'

第5章　形態論Ⅰ：名詞

　不変語幹には四つの母音語幹が区別され，可変語幹は三つの子音語幹を含む．これら七つの主要な曲用類の多くはさらにいくつかのタイプに分けられるが，これらに正確に一致しない変則名詞も見られる．

4．不変語幹

§ 71.　a-語幹
a)　主要型（範例：am「年」）

	単数	複数
主	am	am-kʻ
対	am	am-s
属	am-i	am-acʻ
与	am-i	am-acʻ
位	am-i	am-s
奪	am-ê	am-acʻ
具	am-aw	am-awkʻ

　この型に属する語：azg「民」，ałkʻat「貧しい」，erkir「地」，lezow「舌，言語」，karg「順序」，koys「側（面）」（単・具 kowsaw, 複・属 kowsacʻ），hark「税」，mec「大きい」，partêz (partizi)「庭」，skesowr「夫の母」，sowser「剣」，varaz「雄豚」，vêm (vimi)「岩，石」；Movsês「モーセ」，Yisows「イエス」，Noy「ノア」；さらに -ak, -an, -ên, -ik, -ičʻ, -oł/-awł, -ord, -ocʻ, -owk, -wor などに終わる名詞（例えば bažak「杯」；daran「待ち伏せ」；kapênkʻ「結婚持参金」，属 kapinacʻ；Parsik「ペルシア人」，属 Parski；gričʻ「書記」，具 grčʻaw；ktroł「毛を刈る者」；naxatord「侮辱する者」；xaytʻocʻ「とげ」；ktrocʻ「ナイフ」；harcʻowk「占者」；brnawor「支配者，迫害者」）．

b)　副次型A：固有名（範例：Titan）

	単数	複数
主	Titan	Titan-kʻ
対	Titan	Titan-s
属	Titan-ay	Titan-acʻ
与	Titan-ay	Titan-acʻ
位	Titan-ay	Titan-s
奪	Titan-ay	Titan-acʻ
具	Titan-aw	Titan-awkʻ

第5章　形態論Ⅰ：名詞

　おもに固有名（大半はイラン，ギリシア，シリア起源の外来語）がこの型に属する：Adam, Anahit, Antoni, Esayi「イザヤ」, Lewi, Hayk, Mesrop, Yesow「イエス」, Sahak「イサク」, Varaz, Tigran；-owhi に終わる女性名詞：t'agowhi「女王」(t'agawor「王」), k'rmowhi (k'owrm「聖職者」), abbasowhi (abba[s]「修道院長」), aškertowhi (aškert「弟子」), vkayowhi (vkay「殉教者」) など。また，ギリシア語の転写形 hiwł = ὕλη には属／奪 hiwłeay が見られる。

　主格が -ês (-akês, -anês) あるいは -os に終わる固有名は普通斜格でこの語尾を失う：例えば Vrt'an-ês, 属 Vrt'an-ay；Hiwpołit-ês, 属 Hiwpołt-ay；Homer-os, 属 Homer-ay；Timot'e-os, 属 Timot'e-ay；しかし Kadm-os, 属 Kadm-eay；

c)　副次型 B：-i に終わる多音節語（範例：tari「年」[1]）

	単数	複数
主	tari	tari-k'
対	tari	tari-s
属	tarw-oy	tare-ac'
与	tarw-oy	tare-ac'
位	tarw-oǰ[2]	tari-s
奪	tarw-oy/-oǰê	tare-ac'
具	tare-aw	tare-awk'

　備考1．語末の -i は i+o>wo, i+a>ea のように変化する．
　備考2．位格語尾 -oǰ とそれから作られた奪格語尾 -oǰê (<*-oǰ + ê) は位格専用の特別の語尾である．普通位格形は単数で属格／与格と同形だから，これらと明瞭に区別するために，他の曲用類に属する名詞にも時折用いられた．特に o-語幹名詞 ǰi「馬」, mard「人」, ǰerm「暖かい」, さらに kin「女」(位 knoǰ), gewł「村」(位 gełǰ) などの変則名詞．

　この型に属する語は Jensen (1959：52 f.) では ea-曲用として独立して扱われている：aygi「葡萄（畑）」, gini「葡萄酒」, gorci「道具」, drac'i「隣人」, ekełec'i「教会」, herji「乳香樹」, słoc'i「トキワガシ，柏」, tełi「場所」, さらに -i に終わるすべての形容詞，例えば bari「良い」, erekoyi「夕方の」(erekoy「夕方」), sireli「愛すべき」(sirel「愛する」), bazmaglxi「多くの頭をもつ」(glowx「頭」), -eni に終わる樹木名その他の名詞 (cf. §65 m), 例えば t'zeni「イチジクの木」(t'owz「イチジク」), t't'eni「クワの木」(t'owt'「クワの実」), nṙneni「ザクロの木」(nowṙn「ザクロ」), ayceni「ヤギ皮」(ayc「ヤギ」),

— 107 —

第5章 形態論Ⅰ：名詞

eremeni「3歳の」（同じ意味でeremeanもある）．

§ 72. o-語幹
a) 主要型（範例：get「川」）

	単数	複数
主	get	get-k'
対	get	get-s
属	get-oy	get-oc'
与	get-oy	get-oc'
位	get[1,2]	get-s
奪	get-oy	get-oc'
具	get-ov	get-ovk'

備考1．この型に属する若干の名詞は（原則として前置詞iと共に）単数位格で語尾 -i をとる：例えば getin（属 getnoy）「地」, (i)getni「地面に」; gišer（属 gišeroy）「夕方」, (i)gišeri「夕方に」; gowb（属 gboy）「穴」, (i)gbi「穴に」; mêj（属 miJoy）「中央」, (i)mêj/(i)miji「中央に」; jrhor（属 jrhoroy）「井戸」, (ar̄)jrhori「井戸のそばで」; p'or（属 p'oroy）「腹」, (i)p'or/(i)p'ori「腹に」; marmin（属 marmnoy）「肉体」, (i)marmni「肉体に」．

備考2．いくつかの名詞で単数位格に -oj（そして時折単数奪格で -ojê）が見られる：ji「馬」, mard「人」, Jerm「暖かい」．

備考3．amis「（暦の）月」（属／与 amsoy）の通常の位格は（y-)amsean．

備考4．Jowr「水」（属 Jroy）と howr「火」（属 hroy）はいくつかの格で別形を持っている：単・具 Jrov, hrov のほかに Jowrb, howrb；複・属／与／奪 Jroc', hroc' のほかに Jowrc', howrc'；具 Jrovk', hrovk' のほかに Jowrbk', howrbk'．

この型に属する語（単数位格に -i を示す語は (-i) と記す）：arcat'「銀」, beran「口」, bow「フクロウ」, getin「地」(-i), gišer「夕方」(-i), gir「文字」(-i), gort「カエル」（単・属 gortoy, 複・属 gortoc', しかし単・具 gortiw), gowb「穴」(-i), di「遺骸」, eraz「夢」(-i), erg「歌」, ewł「油」, t'ew「羽」(-i), t'iw「数, (本の) 章」(-i), t'owɫt'「紙」(-i), li「いっぱいの, 満ちた」, xoy「雄羊」, xot「草」, car̄「木」, cer「老人, 長老」, hin「古い」, howm「生の, 調理されていない」, howr「火」, ji「馬」, jow「卵」, mard「人」, marmin「肉体, 身体」(-i), mêj「中央」(-i), yoys「希望」, nor「新しい」, ort'「葡萄（の木）」, jerm「暖かい」, Jowr「水」, jrhor「井戸」(-i), sowt「偽り(の)」, sowr「剣」, p'oł「ラッパ」, p'or「腹」(-i)；さらに -ac, -in, -own に終わる名詞：例えば awerac「荒廃」(-oy/-i の揺れが見られる),

— 108 —

第5章　形態論Ⅰ：名詞

amowsin「配偶者，夫または妻」，xmorown「酵母の入った（パン）」．

b) 副次型：-i に終わる多音節語（範例：hogi「霊，魂，精神」）

	単数	複数
主	hogi	hogi-k'
対	hogi	hogi-s
属	hogw-oy	hogw-oc'
与	hogw-oy	hogw-oc'
位	hogi	hogi-s
奪	hogw-oy	hogw-oc'
具	hogw-ov	hogw-ovk'

備考．語末の -i は後続する o の前で規則的に異化する：i+o>wo．

　この型（Jensen [1959：53f.] では wo- 曲用として扱われている）に属する語：ordi「息子」（単数位格は規則的な ordi のほかに ordw-oյ も見られる），oski「金」，յori「ラバ」，Asori「シリア人」；地名から派生した -ac'i に終わる名詞，例えば At'enac'i「アテネ人」，単・具 At'enac'wov，複・属 At'enac'woc'；Egiptac'i「エジプト人」，複・属 Egiptac'woc'；Erowsałêmac'i「エルサレムの住民」．――形式的に複数の dik'「神，偶像」は属／与／奪 dic'，具 diwk' を持っている．複合語では属 dic'（例えば dic'apašt「偶像崇拝者」，dic'abanowt'iwn「神話」）のほかに，dêw, dew「悪魔」の複・属 diwac' との混交によって生じた形 diwc' も見られる，例えば diwc'azn「神族から出た，英雄」（azn「種族」），diwc'akrawn「偶像崇拝的な」（krawnk'「宗教的習慣，礼拝」）．――集合名詞 mankti「子供」は一般に単・属／与 manktwoy を持っているが，古典期以後の形 manktoy，そして具格で manktov も見られる．聖書翻訳ではエレ 43,6 に複・対／位 manktis が見える．

§ 73. i- 語幹
（範例：ban「語」）

	単数	複数
主	ban	ban-k'
対	ban	ban-s
属	ban-i	ban-ic'
与	ban-i	ban-ic'
位	ban-i	ban-s

第5章 形態論Ⅰ：名詞

奪	ban-ê	ban-ic'
具	ban-iw	ban-iwk'

　この曲用類に属する語（Jensen [1959:54] では二重母音曲用として独立して扱われている -ay, -eay に終わる語もこれに属する）：axt「悪魔，病気」, atean「最高法院」, bay「言葉」, erkiwł「恐れ」, zok'anč'「姑」, caīay「召し使い」, koys「乙女」（単・具 kowsiw, 複・主 koysk', 属 kowsic' または主 kowsank', 属 kowsanac'）, handerj「衣服」（具 handerjiw, しかし handerjov もある）, Hreay「ユダヤ人」, čay「カケス」, mayr「シーダー」, matean「本」, mehean「寺院」, mêg「霧」（単・属 migi, しかし単・具 migov）, šên「村」, paštawneay「奉仕者」, sirt「心臓，心」, skay「巨人」, vkay「証人」, p'esay「花婿」, p'oł「喉」；さらに -awn (krawnk'「風俗，（宗教的）習慣，礼拝」), -ê (margarê「預言者」, pentakostê「聖霊降臨祭」), -oy, -owt (cf. §65 p.t) に終わる名詞．

　備考1．-ay に終わる固有名詞は属／与／位／奪で変化しない，例えば Yowday「ユダ」，属／与／位／奪 Yowday（しかし Jh 18,3 Yowdayi）.
　-ayk' に終わる pluralia tantum には，属／与／奪で -ayc' を示すものがある，例えば apagayk'「未来」，属／与／奪 apagayc'.
　備考2．-eay に終わる名詞の例：paštawneay「奉仕者」，属／与／位 paštawnei, 奪 paštawneê, 複・主 paštawneayk', 対／位 paštawneays, 属／与／奪 paštawneic', 具 paštawneiwk'（あるいは paštawneawk'）．固有名でも，例えば Hreay「ユダヤ人」，属／与／位 Hrei, 複・主 Hreayk', 属／与／奪 Hreic'.
　備考3．-oy に終わる名詞は通常 o- 語幹主要型（§72 a）に従う，例えば xoy「雄羊」，複・属 xoyoc'. 若干の pluralia tantum は属／与／奪 -oyc' を持つことがある：baroyk'「慣習」, gahoyk'「王座」. しかし gahoyic' のような形も見られる. baroyk' の複・具は barowk' である（cf. §74 a）．

§74. u- 語幹
a) 主要型（範例：cov「海」）

	単数	複数
主	cov	cov-k'
対	cov	cov-s
属	cov-ow	cov-owc'
与	cov-ow	cov-owc'
位	cov-ow	cov-s
奪	cov-ê[1]	cov-owc'

— 110 —

第5章　形態論Ⅰ：名詞

具　　　cov-ow²　　　cov-owkʻ

備考1．単数奪格語尾 -ê の代わりに -ow あるいはより頻繁に -owê をもつ語がある。これらの語は以下で (-owê) と記す。
備考2．単数具格形 covow は *covu-w の 〈w〉 が /u/〈ow〉 の後で規則的に脱落したものである。複数でも同様に *-uw-kʻ に対して -owkʻ．

　この型に属する語：ałowês「キツネ」(属 ałowesow)，ayg「朝」(-owê)，aṙawawt「朝」，aṙiwc「ライオン」，gah「王座」，ganj「宝」，das「組」(-owê)，zard「装飾」(-owê)，zawr「軍隊」(-owê；一部に a-語幹形がある：複・属／与／奪 zawracʻ，複・具 zawrawkʻ)，zgest「衣服」，zên「武器」，žam「時」，inc (inj)「豹」，xrat「助言」(-owê)，kov「雌牛」，haw「鳥」，haw「祖父」，jag「雛，雀」，čakat「額」，mah「死」(n-語幹［主要型B］としても変化する：単・属／与／位 mahowan，奪 mahowanê [mahê よりも頻繁]，具 mahowamb，複・主 mahownkʻ，属／与／奪 mahowancʻ)，naxanj「ねたみ」(-owê)，šabatʻ「安息日」，ortʻ「子牛」，owłt「ラクダ」(属 owłtow)，owrbatʻ「準備日 (šabatʻ の前日)」，partkʻ「借金」(pl.tant.)，parkʻ「踊り」(pl.tant.)，spas「給仕」(-owê)，varkʻ「風習，しきたり」(pl.tant.)，varj「報い」，cʻowl「牡牛」(属 cʻlow)；さらに Abraham, Yovnan「ヨナ」，Yordanan「ヨルダン」などの固有名；Sovkrat-ês，Yovhann-ês のような固有名は斜格で主格語尾 -ês を失う，例えば 属・具 Yovhann-ow．

b)　副次型：-r に終わる名詞（範例：asr「羊の毛皮」）

	単数	複数
主	as-r	as-kʻ
対	as-r	as-s
属	as-ow	as-owcʻ
与	as-ow	as-owcʻ
位	as-ow	as-s
奪	as-owê	as-owcʻ
具	as-ow	as-owkʻ

　この型に属する語は主／対格でしか -r を示さない（この -r は，主／対格で同じような形をもっているが，パラダイム全体を通して -r- を示す本来の r-語幹とは何の関係もない）。この -r は古い *-u-語幹の（印欧語的接尾辞 -ro- または異語幹屈折 *-r-/-n- による）拡張であると考えられている。
　この型に属する語：mełr「蜂蜜」，całr「笑い」(oskr，osker に従って属／与

— 111 —

第5章　形態論Ⅰ：名詞

całer，また całrow も見られる）；cownr「膝」，artawsr「涙」（これらの形以外は単数ではあまり用いられず，複数では a-語幹のように変化してそれぞれ cowngkʻ，属／与／奪 cngacʻ，artasowkʻ，属／与／奪 artasowacʻ，具 artasowawkʻ [M：-sowovkʻ]）。

c)　-ow タイプの形容詞は単・主／対に -r をもつが，複数では n-語幹に従って変化する．例えば pʻokʻr「小さい」：

	単数	複数
主	pʻokʻ-r	pʻokʻ-own-kʻ
対	pʻokʻ-r	pʻokʻ-own-s
属	pʻokʻ-ow	pʻokʻ-own-cʻ
与	pʻokʻ-ow	pʻokʻ-own-cʻ
位	pʻokʻ-ow	pʻokʻ-own-s
奪	pʻokʻ-owê	pʻokʻ-own-cʻ
具	pʻokʻ-ow	pʻokʻ-owm-bkʻ

同じように変化する形容詞：tʻanjr「厚い，濃い，鈍感な」，canr「重い」，karcr「硬い」，manr「小さい」，kʻałcʻr「甘い」．— barjr「高い」，属／与／位／具 barjow，奪 barjowê / barjow，複数は atamn 型（n-語幹主要型 B, cf. §77 c）に従って主 barjownkʻ，属／与／barjancʻ，具 barjambkʻ．

5．可変語幹

§75．r-語幹

r-語幹に属するのは，単・主／対が子音＋-r に終わるすべての名詞である（主／対が -r に終わる asr のような u-語幹副次型の名詞を除く，cf. §74 b）．-wr と -yr に終わる名詞は副次型に属する．

a)　主要型（範例：oskr「骨」）

	単数	複数
主	osk-r	osk-er-kʻ
対	osk-r	osk-er-s
属	osk-er	osk-er-acʻ
与	osk-er	osk-er-acʻ
位	osk-er	osk-er-s
奪	osk-er-ê	osk-er-acʻ
具	osk-er-b	osk-er-awkʻ

第5章　形態論Ⅰ：名詞

　備考1．若干の名詞は複数で属／与／奪 -er-c‘, 具 -er-bk‘ をもつ：hamr「無言の、口のきけない」, ham-er-c‘, ham-er-bk‘. ほかに litr, kołr, tarr.

　備考2．ǰowr「水」, howr「火」は単・属ǰroy, hroy のように通常 o- 語幹として変化するが、いくつかの格で別形をもつ：単・具ǰrov/ǰowrb, hrov/howrb, 複・属／与／奪 ǰroc‘/ǰowrc‘.

　この型に属する語：azdr「太腿」, dowstr「娘」（属／与 dster）, ezr「縁、果て」（複合語 cov-ezr「海辺」, ti-ezer-k‘ (pl.tant.)「世界」[文字通りには「果てしない」]）, litr「リトラ」（属／与 lter）, kaysr「皇帝」, kołr「枝」, hamr「口のきけない」, owstr「息子」（属／与 owster）, taygr「夫の兄弟」, tarr「要素」（属／与 tarer）.

b)　副次型 A：-ewr に終わる名詞（範例：ałbewr「泉」）

	単数	複数
主	ałb-ewr	ałb-ewr-k‘
対	ałb-ewr	ałb-ewr-s
属	ałb-er	ałb-er-ac‘
与	ałb-er	ałb-er-ac‘
位	ałb-er	ałb-ewr-s
奪	ałb-er-ê	ałb-er-ac‘
具	ałb-er-b	ałb-er-awk‘

　備考．単・具 -er-aw, 複・属／与／奪 -er-c‘, 具 -er-bk‘ が見られることがある．

　この型に属する語：alewr「穀粉」（属 aler）, ełtewr「沼、池、湿地」（属 ełter；変異形 ałtiwr は ałt「塩気」との二次的な関連によると言われる）, ełǰewr「角」（属 ełǰer；Lk 15, 16 奪 -ǰiwrê/M：-ǰerê が見られる）. —— awr「日」は変則名詞として扱われる（下記 §78 a 参照）.

c)　副次型 B：親族名詞（範例：hayr「父」）

	単数	複数
主	hayr	hark‘
対	hayr	hars
属	hawr	harc‘
与	hawr	harc‘
位	hawr	hars

第5章　形態論Ⅰ：名詞

奪	hawrê	harcʻ
具	harb	harbkʻ

備考．時に n- 語幹の類推的拡張による別形が見られることがある： 単／複・具 har-amb/harambkʻ，複・属／与／奪 harancʻ．

この型に属する語：mayr「母」，ełbayr「兄弟」，複合語 nax-a-hayr「父祖，先祖」，hawr-ełbayr「父の兄弟」．
この屈折は古く印欧祖語における語幹の階梯を忠実に反映している：hayr < PIE *pə-tér，属／与／位 hawr < PIE *pə-tr-ós/-éi/-í，具 harb < PA *ha(y)-arb < PIE *pə-tr̥-bhi；複・主 harkʻ < PA *ha(y)erkʻ < PIE *pə-tér-es．
kʻoyr「姉妹」は PIE *swésōr に溯ってこのタイプとは音韻構造が異なるために，変則名詞として別に扱われる（下記§78 b 参照）．

§ 76. ł- 語幹
（範例：astł「星」）

	単数	複数
主	ast-ł	ast-eł-kʻ
対	ast-ł	ast-eł-s
属	ast-eł	ast-eł-acʻ
与	ast-eł	ast-eł-acʻ
位	ast-eł	ast-eł-s
奪	ast-eł-ê	ast-eł-acʻ
具	ast-eł-b	ast-eł-awkʻ

備考．複数で属／与／奪 -eł-cʻ，具 -eł-bkʻ をもつ語がある：例えば andł「ハゲタカ」，複・属 angełcʻ．

この型に属する語は少ない：andł「ハゲタカ」，arkł「箱」，etł「場所」，kočł「丸太」，sikł「シェケル (σίκλος)」（属 skeł），skowtł「皿」（属 skteł）．

§ 77. n- 語幹
この曲用類は例外なく子音+n に終わる語幹を含み，基本形である単・主／対以外の格形では，語幹子音 -n- に先行する母音の違いによって2つの主要型 A および B が区別される．語幹変異 -in-, -own- [-un-], -an- はそれぞれ印欧語の交替 *-en-, *-on-, *-n̥- を反映している．2つの主要型はこれら3つの異なる語幹からなるパラダイムを示す：

— 114 —

第5章　形態論Ⅰ：名詞

主要型A：-n（単・主／対）
　　　　-in-（単・属／与／位／奪，複・主／対／位）
　　　　-an-（単・具，複・属／与／奪／具）
主要型B：-n（単・主／対）
　　　　-own-（複・主／対／位）
　　　　-an-（他のすべての格形）

a)　主要型A：単・属 -in, 複・主 -ink'（範例：azn「種族，民」）

	単数	複数
主	az-n	az-in-k'
対	az-n	az-in-s
属	az-in	az-an-c'
与	az-in	az-an-c'
位	az-in	az-in-s
奪	az-n-ê[1]	az-an-c'
具	az-am-b[2]	az-am-bk'

備考1．-nê（< PA *-in-ê）の代りに，主要型Bの語尾 -an-ê が交替的に（例えば gar̄n「小羊」, gar̄nê/gar̄anê）あるいは圧倒的に（例えば xašn「群れ」, xašanê）用いられることがある．
備考2．語幹末音 n は具格語尾の唇音 b と接触して -m- に同化している．

この型に属する語：anjn「人物，自分」，ber̄n「荷」（属 ber̄in），gar̄n「小羊」（属 gar̄in），dašn「契約」，dar̄n「苦い」（属 dar̄in），ezn「雄牛」，lear̄n「山」（属 lerin），xašn「群れ」，kaṟap'n「頭蓋骨，頭」，ner̄n「反キリスト」．
　この型による変化が複数に限られる語：例えば k'ar「石，岩」は単数で i- 語幹型で属／与／位 k'ari, 具 k'ariw であるが，複・主 k'arink', 属 k'aranc', 具 k'arambk'．
　この型の変化が単数に限られる語：例えば otn「足」，単・奪 otanê, 複数 i- 語幹型 otk', otic', otiwk'；jer̄n「手」，単・属 jer̄in, 奪 jer̄anê, 複数 a- 語幹型 jer̄k', jer̄ac', jer̄awk'．

b)　副次型A：単・属 -in, 複・主 -ownk'（範例：masn「部分」）

	単数	複数
主	mas-n	mas-own-k'
対	mas-n	mas-own-s

第5章　形態論 I：名詞

属	mas-in	mas-an-cʻ
与	mas-in	mas-an-cʻ
位	mas-in	mas-own-s
奪	mas-n-ê[1]	mas-an-cʻ
具	mas-am-b	mas-am-bkʻ

備考1．-nê（< PA *-in-ê）の代りに，主要型 B の語尾 -an-ê が交替的に（例えば harsn「花嫁」，harsnê/harsanê）あるいは圧倒的に（例えば matn「指」，matanê）用いられることがある．

主要型 A の名詞は複合語の後分として用いられた場合，時折この副次型 A に移行することがある（複・主 -inkʻ に対して複・主 -ownkʻ）：例えば anjn (anjinkʻ) に対して mi-anjn「修道士（＝孤独な人）」，mi-anjownkʻ，datark-anjn「怠惰な（＝何もしない人）」，datark-anjownkʻ；azn (azinkʻ) に対して skay-azn「巨人族から出た」，skay-azownkʻ，diwcʻ-azn「神族から出た，神人」，diwcʻ-azownkʻ；beṟn (beṟinkʻ) に対して mec-a-beṟn「大きな荷をもつ」，mec-a-beṟownkʻ，しかし canr-a-beṟn「重い荷をもつ」，canr-a-beṟinkʻ．

この型に属する語：apʻn「岸，縁」，tʻoṟn「孫（娘）」，harsn「花嫁」，matn「指」．

c)　主要型 B：単・属 -an, 複・主 -ownkʻ（範例：atamn「歯」）

	単数	複数
主	atam-n	atam-own-kʻ[1]
対	atam-n	atam-own-s[1]
属	atam-an	atam-an-cʻ[2]
与	atam-an	atam-an-cʻ
位	atam-an	atam-own-s
奪	atam-an-ê	atam-an-cʻ
具	atam-am-b	atam-am-bkʻ

備考1．いくつかの語は複・主 -an-kʻ，複・対／位 -an-s を示す：kołmn「側，わき，地方」，kołmankʻ，kołmans；sermn「種子」，sermankʻ/ sermownkʻ；anown「名前」，単・属／与／位 anowan, 奪 anowanê, 複・主 anowankʻ，対 anowans；jełown「部屋の天井」，属／与／位 jełowan, しかし複・主 jełownkʻ, 属 jełowancʻ.

備考2．u-語幹形容詞は複数で n-語幹として変化するが，複数パラダイム全体を通して -own-，すなわち属／与／奪 -own-cʻ，具 -owm-bkʻ を一貫して示す：canr「重

— 116 —

第 5 章　形態論 I：名詞

い」, karcr「硬い」, manr「小さい」, pʻokʻr「小さい」, kʻałcʻr「甘い」など（上記 §74 c 参照）．ただし barjr「高い」は例外で，複数は atamn のように変化する．

　この型に属する語（カッコ内は属格形）：ałeln (ałełan)「弓，アーチ」, ayceamn (ayceman)「ノロジカ（の雄）」, anown「名前」（備考 1 参照）, aseln (asłan)「針」, armowkn (armkan)「肘」, gagatʻn (gagatʻan)「頭頂，髑髏」, dowr̄n (dran, 複・主 drownkʻ)「戸，門」(dowrkʻ [pl.tant; a-語幹]「玄関のドア」, 対／位 dowrs, 属／与／奪 dracʻ, 具 drawkʻ は別のパラダイムを成している), ełeamn (ełeman)「寒さ，霜」, xowr̄n (xr̄an)「雑踏」, xowrjn (xrjan)「束」, kołmn「側，地方」（備考 1 参照）, himn (himan)「土台」, hiwsn (hiwsan)「大工」, jełown「（部屋の）天井」（備考 1 参照）, jowkn (jkan)「魚」, matowr̄n (matran)「殉教者の墓所，礼拝堂」, mowkn (mkan)「ネズミ」, nowr̄n (nr̄an)「ザクロ」, šowrtʻn (šrtʻan)「唇」, ordn (ordan)「虫」, ǰermn (ǰerman)「暖かさ」, sermn「種子」（備考 1 参照）, skizbn (skzban)「始め」, kʻirtn (kʻrtan)「汗」; さらに -owmn に終わる抽象名詞（例えば erdowmn「誓い」, šaržowmn「動き」, owsowmn「教え」). —— paštawn「奉仕，務め」, 単・属 paštaman, 複・主 paštamownkʻ. ——同様に，音声を表す -iwn に終わる名詞：gočʻiwn「叫び声」, 属 gočʻman (*gočʻ-iman), これから後に主／対 gočʻowmn; trtnǰiwn (trtnǰman)「嘆き」, hnčʻiwn (hnčʻman)「物音」, ščʻiwn (ščʻman)「口笛」, sawsapʻiwn (sawsapʻman)「震え声」; mrǰiwn「アリ」, 属 mrǰman（しかし主／対にならって mrǰean もある）．

　-ik または -owk に終わる語は単・主／対で n を示さないが，それ以外では atamn のように変化することがある：例えば ałǰik「少女，侍女」, 単・属／与／位 ałǰkan, 複・主 ałǰkownkʻ; andranik「初めての子」, 単・属／与／位 andrankan（しかし単・具 andrankaw, 複・主 andranikkʻ); całik「花」, 単・属／与／位 całkan, 複・属／与／奪 całkancʻ（しかしそれぞれ całki, całkacʻ もある）, manowk「子供」, 単・属／与／位 mankan, 複・主 mankownkʻ; mardik「人間」(mard, -oy の集合詞), 単・属／与／位 mardkan（しかし単・具 mardkaw); pʻokʻrik「小さい」, 単・属／与／位 pʻokʻrkan.

　この主要型 B に部分的に属する語として，以下のものが挙げられる：
i)　季節を表わす語 amar̄n (amaran)「夏」, ašown (ašnan)「秋」, garown (garnan)「春」, jmer̄n (jmeran, jmerownkʻ)「冬」, しかし主／対格以外では大抵 -ayin (-aynoy) に終わる派生形容詞が用いられる：単・属 amaraynoy, jmeraynoy, garnaynoy, ašnaynoy; 位 amarayni, jmerayni. 例えば，ダニ kaloy amaraynoy「夏の打穀場の」(ἀπὸ ἅλωνος θερινῆς), 箴 27, 15 yawowr jmeraynoy (ἐν ἡμέρᾳ χειμερινῇ), 出 23, 16 ztôn

第5章 形態論Ⅰ：名詞

amaraynoy「刈入れの祭を」(ἑορτὴν θερισμοῦ), 知恵 2, 7 całik garnaynoy「春の花」(ἄνθος ἔαρος); 箴 25, 13. 26, 1 amerayni＝ἐν ἀμήτῳ. amaraynoy は副詞としても用いられる：箴 30, 25 ew patrastê amaraynoy zkerakowr iwr ＝ καὶ ἑτοιμάζονται θέρους τὴν τροφήν「それは夏の間に食物を備える」(位 amarayni でないのは副詞的属格 θέρους の影響か).

ii) 複数にのみ n- 語幹を示す語：barjr「高い」(単数 u- 語幹, 属／与／位／具 barjow, 奪 barjowê/barjow), 複・主 barjownkʻ, 属／与／奪 barjancʻ; erêcʻ「長老, 司祭」(単数 u - 語幹, 属／与／位 ericʻow), 複・主 ericʻownkʻ, 属／与／奪 ericʻancʻ; paṙaw「老女」(単数 u- 語幹, 属／与／位 paṙawow), 複・主 paṙawownkʻ, 属／与／奪 paṙawancʻ.

iii) 単数 a- 語幹で, 複・主／対／位にのみ n を示す語：sarkawag「助祭」, 単・属／与 sarkawagi, 複・主 sarkawagkʻ/ sarkawagownkʻ; episkopos「司教」, 単・属／与 episkoposi, 複・主 episkoposownkʻ (しかし属／与／奪 episkoposacʻ); črag「ランプ」, 単・具 čragaw, 複・主 čragownkʻ (しかし属／与／奪 čragacʻ); paterazm「戦争」, 単・具 paterazmaw, 複・主 paterazmownkʻ (しかし属／与／奪 paterazmacʻ).

akn「目；泉；宝石」および ownkn「耳；（容器などの）柄, 取っ手」はそれぞれ変則名詞として扱われる（下記 §78 c. d 参照）.

d) 副次型 B 1：単・属 -ean, 複・主 -iwnkʻ（範例：ankiwn「隅, 角」）

	単数	複数
主	ank-iwn	ank-iwn-kʻ
対	ank-iwn	ank-iwn-s
属	ank-ean	ank-ean-cʻ
与	ank-ean	ank-ean-cʻ
位	ank-ean	ank-iwn-s
奪	ank-en-ê	ank-ean-cʻ
具	ank-eam-b	ank-eam-bkʻ

この型に属する語：ardiwnkʻ「結果, 産物」(pl.tant.), ariwn「血」, koriwn「小犬」, jiwn「雪」(奪 jeanê), siwn「柱」(奪 seanê), stin「女性の胸, 乳房」(単・属／与／位 stean, 奪 stenê, 具 steamb, 複・主 stinkʻ, 属 steancʻ, 具 steambkʻ); さらに -owtʻiwn に終わる抽象名詞, 例えば anawrênowtʻiwn「不法」, gerowtʻiwn「捕われの身, 捕囚」, gitowtʻiwn「知っていること, 学問」, liowtʻiwn「満ちていること, 多量」.
　-il, -ist, -ownd, -owst, -owrd に終わる抽象名詞は部分的にこの型の変化

第5章　形態論Ｉ：名詞

形を示す：
i)　範例：tesil「外観，姿，幻，夢」

	単数	複数
主	tesil	tesilk'
対	tesil	tesils
属	teslean	tesleanc'
与	teslean	tesleanc'
位	teslean	tesils
奪	teslenê	tesleanc'
具	tesleamb	tesleambk'

　同様に hangst「休息，静穏」(単・属 hangstean)，korowst「滅び，無駄遣い」(korstean)，galowst「到着」(galstean)，p'axowst「逃亡」(p'axstean)，t'ak'owst「秘密」(t'ak'stean). これらは動詞から派生した抽象名詞である：tesanem「見る」(アオ tesi)，hangč'im「休息する」(アオ hangeay)，kornč'im「滅ぶ」(アオ koreay)，gam「来る」(不 gal；アオ eki)，p'axč'im「逃げる」(アオ p'axeay)，t'ak'č'im「隠れる」(アオ t'ak'eay).

ii)　範例：żołovowrd「群集，民衆」，cnownd「誕生」；複数は o- 語幹型に属する．

	単数	複数	単数	複数
主	żołovowrd	żołovowrdk'	cnownd	cnowndk'
対	żołovowrd	żołovowrds	cnownd	cnownds
属	żołovrdean	żołovrdoc'	cnndean	cnndoc'
与	żołovrdean	żołovrdoc'	cnndean	cnndoc'
位	żołovrdean	żołovowrds	cnndean	cnownds
奪	żołovrdenê	żołovrdoc'	cnndenê	cnndoc'
具	żołovrdeamb	żołovrdovk'	cnndeamb	cnndovk'

e)　副次型Ｂ２：-own に終わる単音節語（範例：town「家」）

	単数	複数
主	town	townk'
対	town	towns
属	tan	tanc'
与	tan	tanc'
位	tan	towns

第5章 形態論Ⅰ：名詞

奪	tanê	tancʽ
具	tamb	tambkʽ

šown「犬」も同じように変化する．なお Jensen (1959:56)，Künzle (662) によって具格の交替形として掲げられている tanamb, tanambkʽ は標準的な辞書には登載されていない．

§78. 変則名詞
a) awr「日」

	単数	複数
主	awr	awowrkʽ
対	awr	awowrs
属	awowr	awowrcʽ
与	awowr	awowrcʽ
位	awowr	awowrs
奪	awrê (<*awowrê)	awowrcʽ
具	awowrb	awowrbkʽ

b) kʽoyr「姉妹」

	単数	複数
主	kʽoyr	kʽorkʽ
対	kʽoyr	kʽors
属	kʽeī	kʽercʽ
与	kʽeī	kʽercʽ
位	kʽeī	kʽors
奪	kʽeīê	kʽercʽ
具	kʽerb	kʽerbkʽ

　複合語 hawrakʽoyr「父の姉妹＝伯（叔）母」，mawrakʽoyr「母の姉妹＝伯（叔）母」も同様に変化する．
　この語の屈折は PIE *swésōr のパラダイムにおける語幹階梯を忠実に反映している：kʽoyr < PIE *swésōr (*esō > *ehu > *eu > oy)，属／与／位 kʽeī < PIE *swe-sr-ós /-éi /-í，具 kʽerb < PA *kʽe(h)arb < PIE *swé-sr̥-bhi；複・主 kʽorkʽ < PA *kʽe(h)orkʽ < PIE *swé-sor-es．

c)　akn「(1)目；(2)泉，源；(3)宝石」

第5章　形態論Ｉ：名詞

単数のパラダイムは共通であるが，複数では意味に応じて3つのパラダイムが区別される．(1) ač'k' は印欧語の両数形 *okʷyə (Gk. ὄσσε) ないし *okʷī (OCS oči, Lith. akì) を継承する古形 ač'- に複数標識 -k' を付加した形とされる．(2)は n- 語幹の主要型Bに従って変化し，(3)は o- 語幹主要型に従って変化する．

	単数	複数		
主	akn	(1)ač'k'	(2)akownk'	(3)akank'
対	akn	ač's	akowns	akans
属	akan	ač'ac'	akanc'	akanoc'
与	akan	ač'ac'	akanc'	akanoc'
位	akan	ač's	akowns	akans
奪	akanê/aknê	ač'ac'	akanc'	akanoc'
具	akamb	ač'awk'	akambk'	akanovk'

d) ownkn「(1)耳；(2)(容器などの) 柄，取っ手」

　単数は共通のパラダイムを示すが，複数では意味に応じて2つのパラダイムが区別される．(1)は印欧語の両数形を継承する古形．(2)は n- 語幹の主要型Bに従って変化する．

	単数	複数	
主	ownkn	(1)akanǰk'	(2)ownkownk'
対	ownkn	akanǰs	ownkowns
属	ownkan	akanǰac'	ownkanc'
与	ownkan	akanǰac'	ownkanc'
位	ownkan	akanǰs	ownkowns
奪	ownkanê/ownknê	akanǰac'	ownkanc'
具	ownkamb	akanǰawk'	ownkambk'

e) kin「女，妻」

	単数	複数
主	kin	kanayk'
対	kin	kanays
属	knoǰ	kananc'
与	knoǰ	kananc'
位	knoǰ	kanays
奪	knoǰê	kananc'
具	kanamb/knaw	kanambk'

第5章 形態論Ⅰ：名詞

　kin を後分とする複合語も同様に変化する．例えば išxan-a-kin「支配者の妻」，ti-kin「女主人」(cf. têr <*ti-ayr，下記 f)．ただし複数は主 ti-knayk‘，対／位 ti-knays，属／与／奪 ti-knanc‘，具 ti-knambk‘．——ałaxin「下女」，単・属／与／奪 ałaxnoy，複・主 ałaxnayk‘，対／位 ałaxnays，属／与／奪 ałax-nanc‘（ただし主 ałaxneayk‘，属 ałaxneayc‘ などもある）．

　この語の屈折は印欧語における盈度階梯 $g^w\bar{e}n\bar{a}$ と弱階梯 g^wn-（属 $g^wn\acute{a}s$）の母音交替（OIr. 主 ben，属 mná に保存されている）および単純語幹と接尾辞 *-k- による拡張語幹の対立（kin／kanayk‘，cf. Gk. γυνή／γυναῖκες）を反映している．具格 kanamb と複・属／与／奪 kananc‘ は ayr の対応形からの類推による．

f)　ayr「男，夫」

	単数	複数
主	ayr	ark‘
対	ayr	ars
属	arn	aranc‘
与	arn	aranc‘
位	arn	ars
奪	arnê	aranc‘
具	aramb	arambk‘

　この語（cf. Gk. ἀνήρ）は斜格に音位転換が生じて，部分的に n- 語幹のような変化を示す（属／与／位 arn< Pre-Arm. *arnós/-éi/-í < PIE *n̥rós/-éi/-í =Gk. ἀνδρός, ἀνδρί；具 aramb< Pre-Arm. *arn̥bhi< PIE *n̥rbhi）．

　ayr を後分とする複合語も同様に変化する：例えば k‘er-ayr「姉妹の夫」，(s-)kesr-ayr「舅」（本来は「姑の夫」；skesowr「夫の母，姑，cf. Skt. śvaśrū-, Gk. ἑκυρά, Lat. socrus, Goth. swaíhrō など），têr「主，主人」<*ti-ayr (cf. ti-kin，上記 e)；têr の変化は tearn, tearnê, teramb，複 teark‘, tears, teranc‘／tearc‘, terambk‘；tanowtêr「家の主人」(town「家」＋ têr)，属／与 tanowtearn，奪 tanowternê．

g)　gewł「村」

	単数	複数
主	gewł	gewłk‘
対	gewł	gewłs
属	gełǰ	giwłic‘

第 5 章　形態論 I：名詞

与	gełǰ	giwłic'
位	gełǰ/gewł	gewłs
奪	gełǰê	giwłic'
具	giwłiw	giwłiwk'

この語は geawł とも綴る，複・対 geawłs；giwł- という綴りは複合語にしか見られない，例えば giwł-a-k'ałak' = κωμόπολις．

h)　now「息子の妻」

	単数	複数
主	now	now(an)k'
対	now	now(an)s
属	nowoy	nowa(n)c'
与	nowoy	nowa(n)c'
位	now	now(an)s
奪	nowoy	nowa(n)c'
具	nowov/nowaw	nowawk'

i)　tiw「昼」

	単数	複数
主	tiw	tiwk'
対	tiw	tiws
属	towənǰean	—
与	towənǰean	—
位	towənǰean	—
奪	towənǰenê	—
具	towənǰeamb	—

拡張されないパラダイムの痕跡形に奪格 towê（特に副詞として「昼の間，日中」）がある。これは同じ意味で i towê (<*tiw-ê；文字通りには「夜明けから」) という句に保存されている。Meillet (Altarm. Eb., §60) は "Der Lokativ ist meistens (i) towê, einigemal (i) towənǰean" と言う；cf. ELPA II, 84：le locatif *i towê* est une forme pétrifiée, adverbiale, et signifie "de jour"；Jensen (AG, §156)：Ein Abl. sg. auf -*ê*：(*i*) *towê* ist in der Bedeutung "tags (über)" bewahrt (seltener：(*i*) *towənǰean*), vor allem in der Wendung *i towê ew i gišeri* "tags und nachts"．

第 2 部　印欧語からアルメニア語へ

§ 79. a-, o-, i-, u-語幹という 4 種類の母音不変語幹類はそれぞれ印欧語の *-ā-, *-o-, *-i- (/-ī-), u- (/-ū-) 語幹を継承している。例えば am「年」(具 amaw) は Ved. sámā に、k'own「眠り」(具 k'nov) は Ved. svápnaḥ, Lat. somnus (cf. Gk. ὕπνος) に、arowest「技能、芸術」(具 arowestiw) は OCS junostĭ「青年期」の *-ti- タイプに、zard「飾り」(具 zardow) は Gk. ἀρτύς にそれぞれ対応している。しかし、アルメニア語では文法性の喪失に伴い名詞と形容詞の形態的区別も失われたことによって、名詞と形容詞の分布再編が行われた。印欧語では多くの形容詞において男性と中性に対する *-o-語幹と女性に対する *-a-語幹との対立で標示されていた性の対立が消失したことによって融合が生じ、その結果、*-o-/-ā- に終わる古い形容詞 (*néwos/*néwā/*néwom タイプ) は o-語幹曲用に吸収された (mec「大きい」は例外で a-語幹に属し、PIE *mégə [= Gk. μέγας] に由来するとされる)。また、a-語幹と o-語幹では、印欧語の *-iyā- ないし *-iyo- による形成がいわゆる副次型 (-i に終わる多音節語) として加わっている。これらのうち a-語幹副次型 B (いわゆる ea-曲用) は o-語幹形と a-語幹形を同じパラダイムの中に結合させている (tari「年」、属 tarw-oy、具 tare-aw; mec-azgi「貴族の出の < mec「大きい」+ azg「氏族」」、属 -azgwoy、具 -azgeaw 参照)。これは、アルメニア語が古い形容詞から同時に *-iyo- に終わる男性形と *-iyā- に終わる女性形を引き継いでいることを示している。a-語幹と同様に i-語幹も拡張したのに対し、u-語幹は著しく衰退した。子音語幹曲用類のうち、閉鎖音語幹および古拙的な中性 *-r-/-n- 異語幹屈折 (Heteroklita) は独立した屈折タイプとしてアルメニア語に継承されることはなく、遺物形あるいは個々のパラダイムにしか保存されなかった[1]。*-s-語幹 (大部分は中性) も失われて他の語幹類に移行した (例えば PIE *gʷʰeros > Arm. ǰer「暖かさ、熱」[o-語幹])。r-語幹と n-語幹のみが保たれたが、一連の借用語や本来幹母音型の形もそれらの中に組み入れられている。

このように、アルメニア語は一方で印欧語の極めて古い特徴を忠実に保存しながら、他方ではかなりの改新も加えて、特定の語形を一般化している。特に母音曲用

---

[1] アルメニア語とギリシア語を結ぶ明瞭な等語線の一つとして、「長い」を意味する二つの形容詞が挙げられる：一つは erkar=Gk. δϝηρός<*dwā-rō-、これは同じ接尾辞をもつが語基が異なる周縁言語の派生語 *dū-rō- (Skt. dūrá-, Lat. dūrāre) 参照；もう一つは erkayn<*dwā-n-yo-、これはギリシア語副詞 δϝήν「長い間」に反映される語幹 *dwā-n- に (アルメニア語の段階で) -yo- を添加した派生形。これは両言語における *-r-/-n- 異語幹の分裂によるものと考えられる；cf. Ch. de Lamberterie, "L'arménien", in: Langues indo-européennes, 1994, 156.

第5章　形態論Ⅰ：名詞

類においては，特定の語形が一般化された背景として，印欧語の語幹母音が語末音節で規則的に消失したが，語末音節以外では保たれることもあり得たという事情がある．例えば kʻown は主格と同様に対格でも本来の語幹母音を失って「無語尾」の形 kʻown になるが（Ved. svápnam, Lat. somnum, cf. Gk. ὕπνον），アルメニア語の共時的な観点から見れば，単数主格と対格が「基本形」として無語尾であることによって，その属格 kʻn-oy, 具格 kʻn-ov のように -oy, -ov は o-語幹母音というよりもむしろ語尾として把握された（これに対して Ved. 主 svápna-s — 属 svápna-sya では語幹母音と語尾が区別される）．また，jeṙn「手」（< PIE *ǵʰésr̥m）や otn「足」（< PIE *pódm̥）のような子音語幹の末音 -n は PIE *-m̥ に遡ると解釈することによって，これらの語幹では単数対格の形が主格として一般化されたと仮定することができる．

§ 80. アルメニア語に保存された古拙的特徴の例として，母音交替という形態論的過程が挙げられる．これは特に r-語幹の副次型 B（親族名詞）と n-語幹に見られる語幹母音の交替に明瞭に保持された．例えば hayr「父」の屈折は古く印欧祖語における語幹の階梯を忠実に反映している（cf. §75）．このようないくつかの r-語幹親族名詞の保守性は，盈度階梯 -er-/-eł- をパラダイム全体に一般化させた r-語幹の主要型および ł-語幹とは明らかに対立している．特に次のような r-語幹主要型に属する親族名詞とは対照的である：dowstr「姉妹」，属 dster < PA *duster < PIE *dʰuk-tér-os (cf. OLith. dukterès)，複・主 dsterkʻ < PA *dusterkʻ < PIE *dʰuk-tér-es (cf. OLith. dùkteres) あるいは taygr「夫の兄弟」，属 tayger < PIE *day-wér-os (= Gk. δᾱέρος)，複・主 taygerkʻ < PIE *day-wér-es (= Gk. δᾱέρες)．また ł-語幹も規則的な r-語幹名詞と平行した変化を示す：astł「星」，asteł, astełkʻ (cf. Gk. ἀστήρ, ἀστέρ-ος, ἀστέρ-ες)．

§77 で述べたように，n-語幹は印欧語の語幹交替を忠実に反映している．主要型 A の -in- < PIE *-en-, -an- < PIE *-n̥-, 主要型 B の -own- < PIE *-on-, -an- < PIE *-n̥- という交替は，ギリシア語 -ην, 属 -εν-ος (ποιμήν, ποιμένος) ないし -ων, 属 -ον-ος (τέκτων, τέκτονος) に見られる語幹形成接尾辞の交替 *-en-/*-on- と一致する．主要型 A の斜格形，例えば単・属 -in < PIE *-en-os と主要型 B の斜格形，例えば単・属 -an < PIE *-n̥- + *-os の対立は，サンスクリットに見られる屈折タイプの違いと対比される：ātmán-「自我」，属 ātmán-aḥ に対して rā́jan-「王」（男），属 rā́j-ñ-aḥ あるいは nā́man-「名前」（中），属 nā́-mn-aḥ．母音交替は，単純語 anjn「人」の複・主 anjinkʻ (< PIE *-en -es) と複合語 mi-anjn「修道士」の複・主 mi-anjownkʻ (< PIE *-on-es) の間にも見られ，ギリシア語 φρένες : ἄ-φρονες の違いを反映している．しかし，ギリシア語では ἄφρων のパラダイム全体を通して o-階梯を一般化したのに対して（属 ἄφρονος, 与 ἄφρονι），アルメニア語は同じパラダイムの内部に e-

第5章　形態論Ⅰ：名詞

階梯（属 mi-anjin < PIE *-en-os）を保ち *-en-/-on-/*-n̥- (>-in-/-own-/-an-) の交替を並存させている点で，ギリシア語よりも忠実に印欧語的状態を反映していることは間違いない．このように同一パラダイムの中に *-en-/-on- の交替を含むという古い特徴はゲルマン語やバルト語にも見られる：Goth. guma「人」，属 gumins (<*-en-os)，対 guman (<*-on-m̥)，複・主 gumans (<*-on-es)；Lith. 単・主 akmuõ「石」(<*-ōn)，単・属 akmeñs (<*-en-os)．

アルメニア語で -mn に終わる語幹には（-owmn に終わる形以外ではもはや生産的でない，cf.§77 c），印欧語で男性 *-mon- (cf. Gk. τέρμων「境界」, Lat. sermō「話」) および中性 *-mn̥- (cf. Ved. nā́man-, Lat. nōmen, Gk. ὄνομα) に終わる行為名詞が保存されている．-mn-語幹の主要型 B による変化の仕方（複・主 -ownk‘< PIE *-on-es）とそれに対して sermn「種子」, kołmn「側面」, anown「名前」などに見られる「例外」（複・主 -ank‘ < PIE *-n̥-＋複数標識 k‘, cf.§77 c 備考1）は印欧語の *-mon-/*-mn̥- の交替を受け継いでいると考えられる．

§ 81. 印欧祖語に伝統的に再建される8つの格は，単数と複数でそれぞれ異なる融合 (syncretism) の過程によって実際には4つにまで減少している．これらを標示する格語尾は親縁諸語の格語尾および印欧祖語に再建される格語尾とは部分的にしか一致しない．まず注意しておきたいことは，母音曲用において，いわゆる語末音規則の作用によって，単数の主格と対格が合流して無語尾になったという事実である．すなわち k‘own「眠り」は印欧語単・主 swópnos にも単・対 swópnom にも遡る．主格形と対格形の同一性は印欧語では中性名詞にしか見られなかったが，アルメニア語ではすべての語幹の単数に対して義務的となった．語末の -s が脱落するということであれば，*-o- および *-ā- 語幹の複数主格（それぞれ PIE *-ōs, -ās）も単数主格と同形になる．しかし，実際には複数主格は -k‘ の付加によって単数主格とだけでなく，複数対格 -s とも明瞭に区別されている．

複数標識 -k‘ は全名詞類で複数主格，複数具格（「複・具＝単・具＋-k‘」からアルメニア語の膠着語的な特徴が見てとれる）に現れるほかに，いくつかの代名詞 (me-k‘「私たち」, 具 mew-k‘, dow-k‘「あなたたち」, 具 jew-k‘), 数詞 erek‘「3」と č‘ork‘「4」, 動詞では1人称複数（＝1人称単数＋-k‘）と2人称複数に見られる．この -k‘ を「おそらく語末の *-s である」と考えた Meillet (1936：6 f.) 以来，その起源の問題はもっとも好んで議論されて来たテーマの1つであり，さまざまな説明が試みられてきたが，一般的に受け入れられるような解決にはまだ達していない．-k‘ を印欧語 -*s に溯らせる Meillet の考えは，形を変えながら繰り返し表明されているが[2]，印欧語単数主格は *-os, *-is などがアルメニア語ではゼロになるのに対して，複数主格で *-ōs [*o-語幹], *-ās [*ā-語幹], *-es [他の語幹] では *-s が脱落せずに -k‘ になるという発展は説明が困難である．それよりもむしろ，複数主格でも単数主格と同様にゼロになったからこそ，

第5章　形態論Ⅰ：名詞

基本形である単数主格との同形性を避けるために複数標識 -k' が添加された，と考えられる．Schmitt によれば，前述のように名詞・代名詞・数詞・動詞を問わずすべて同じ -k' であると仮定して，本来は独立していた -k' の添加を示唆する事実として，Meillet（1936:70）の観察は重要である．-owm に終わる動詞において，他の子音と異なり -k' の前で *-u-y- は典型的な語末音の発展（*-uy ＞ [u]）を見せる．例えば hełowm「注ぐ」の場合，3.sg. hełow＜PA *hełuy と同じように y を落として，2.pl. hełow-k'＜PA *hełuy-k' となったが，-r の前では 3.sg. impf. hełoyr＜PA *hełuyr のように y は脱落しない．さらに，まったく同一の標識が名詞と動詞の領域に用いられているという事実も，それが本来は独立していた「小辞」から起こったことを示唆しているように思われる．

複数対格語尾 -s は規則的な音韻変化によって明らかに説明できる：-s ＜ PIE *-ns (*-ons, *-āns, *-ins, *-uns, cf. Goth. dagans「日」, gastins「客」, sununs「息子」)/*-n̥s（例えば *pə-tér-n̥s ＞ PA *ha(y)era(n)s ＞ hars；PIE *swé-sor-n̥s＞PA *k'e(h)ora(n)s＞k'ors）．

以下では，格語尾の中でも比較的容易に印欧祖語に溯れるもののみを掲げる：

a) 単・具 -w/-v/-b ＜ PIE *-bhi (Gk. -φι, Myc. -pi; cf. Skt. 複・具 -bhiḥ, Gaul. -bi, OIr. -b)．最後の母音 i は前倚的不定小辞 -k' の前の位置で不定代名詞 *i-k'「何か」の遺存形具格 iwi-k' に保たれており，疑問詞 *i「何？」（主格でも対格標識を伴う z-i という形のみ）と具格 iw「何と共に？」に平行している．印欧語 *-bhi はおそらく単数にも複数にも用いられていたが，アルメニア語で単数に -k' が付加された複数具格形は，複数主格をモデルに作られた改新形であろう．

b) 単・属 (o-語幹) -oy ＜ PIE *osyo (Gk. -οιο, -οο, -ου, Ved. -asya, Iran. *-ahya)．o-語幹では単・与 *-ōi (Gk. -ωι, Lith. -ui), 単・奪 *-ōd (Ved. -ād, Lat. -ōd, Gk. -ω [副詞で])はアルメニア語で消えたはずであるから，属格語尾がこれらの格にも転移している．位格 *oi は消失して主・対格と合流した．a-語幹で i- に終わる多音節語（副次型 B, tari- タイプ）の属／与／奪 -woy (＜ i + oy)にも同様に -oy が転移している．a-語幹副次型Aの語尾 -ay は -oy からの類推による模倣である．

しかし，他の語幹類では属／与格の語尾と奪格の語尾が異なっていることから，o-語幹の属／与／奪格語尾の同一性は本来の印欧語語尾を受け継いだものか，あるいはアルメニア語で二次的に実現されたのか，という問題が生じる．上記のように属格 -oy ＜ PIE *-osyo であるが，奪格 -oy ＜副詞的な語形

---

[2] R. Godel, An Introduction to the Study of Classical Armenian, 1975, 102；Ch. de Lamberterie, "Le signe du pluriel en arménien classique", BSL 73, 1978, 243-285. この問題に関する最新の論考として，A. Manaster Ramer, "Armenian -k'＜PIE *-(e)s", JIES 24, 1996, 361-398.

第5章　形態論Ⅰ：名詞

PIE *-o-tos (Ved. -taḥ, Gk. -τός, Lat. -tus : Ved. anyátaḥ「他所へ」, Gk. ἐκτός「外に」, Lat. funditus「根本から」) であり, 他の語幹の奪格語尾 -ê < *ey は PIE *e-tos に溯ると言われる. ただし, -ê は形態論的には格語尾でなく, 本来独立した小辞 (*eti, cf. Skt. ati, Gk. ἔτι) が二次的に位格に後置されたものであると仮定されている.

c) 単・属／与／位 (i-, a-語幹) -i < PIE 属 *-iyós, 与 *-iyéi (*i-語幹). この語尾はすべての i-語幹に一般化され, a-語幹にも転用された. u-語幹では -ow < PIE 属 *-uwós, 与 *-u-wéi (*ū-語幹).

d) 単・位 -oJ̌ (a-語幹副次型 B および kin「女」, knoJ̌ や mi「1」, mioJ̌ のような語で) の起源は印欧語格語尾でなく副詞 (PIE *-o-dhy-V) とされ, ギリシア語で -oθι に終わる場所副詞 (例えば πόθι「どこに」, οὐρανόθι「天に」, οἴκοθι「家に」) と関連づけられている.

e) 複・位 -s (すべての曲用類で) < PIE *-su (Skt. -su, OCS -хъ, Lith. -su ; cf. Gk. -σι). 母音語幹では *-V-su は母音間で脱落して語尾の前の要素は残るから (cf. Skt svápneṣu > PA *k'(u)nê であって, 実際の形 k'owns にならない), 子音語幹で規則的に s が保たれ, それが母音語幹にも類推的に拡張されたと考えられている.

f) 複・属／与／奪 -c' (すべての曲用類で) は本来は形容詞派生接尾辞である *-sk̂o (cf. Goth. -isks, OCS -ьskъ) に溯り, 例えば mardoc' の原型 *mr̥to-sk̂o- が形容詞として現れ, それがまず属格の代りに用いられたが, 後に与格と奪格に機能拡張したと一般に受け入れられている. 単なる格標識として認められると, -c' は形容詞・代名詞を含む名詞曲用全体に広がった.

第6章　形態論 II：代名詞

1．人称代名詞

§ 82. 純粋な人称代名詞は1人称と2人称（単数・複数）のみである．人称代名詞の屈折は原則として名詞・形容詞の屈折と異ならないが，代名詞を名詞・形容詞から分け隔てる特徴がいくつか見られる：

a) 主格とその他の格に対して異なった語幹が使われる．例えば，印欧語で1人称代名詞の主格は *egō であるが，対格は *me である（cf. Gk. ἐγώ : ἐμέ, Goth. ik : mik, Ved. ahám : mā́m）．アルメニア語でもこの特徴はよく保存されている：1人称単数主格 es：その他には語幹 im-（二次的に in-，これは規則的な対・位 is < PA*ins < *ims，与 inj < *imj にならったもの）；2人称単数主格 dow：その他で語幹 kʻe-；1人称複数 mekʻ：その他で語幹 me-；2人称複数 dowkʻ：その他で語幹 je-．

b) 格形の分布が名詞・形容詞とは異なる．人称代名詞では属格と与格は区別される．複数においては，名詞では常に同形である属格／与格／奪格がそれぞれ異なる形で区別される．

c) 印欧諸語における人称代名詞の形態上の広範で錯綜した状況がその再建を困難なものにしている．アルメニア語の人称代名詞のパラダイムは平準化（レヴェリング）を少なからず被っているだけに，印欧祖語からアルメニア語への規則的な音韻変化を仮定するだけでは解決のできない問題が多い．

§ 83. 1・2人称代名詞

		1人称	2人称
単数	主格	es[1]	dow[6]
	対格	is[2]	kʻez[7]
	属格	im[3]	kʻo[7]
	与格	inj[4]	kʻez[4]
	位格	is	kʻez
	奪格	inên[12]	kʻên[12]
	具格	inew[5]	kʻew[5]
複数	主格	mekʻ[8]	dowkʻ[10]
	対格	mez	jez[11]
	属格	mer[9]	jer[9]
	与格	mez[4]	jez[4]

第6章　形態論 II：代名詞

位格　　mez　　　　　　　jez
奪格　　mênǰ[12]　　　　　jênǰ[12]
具格　　mewk‛[5]　　　　　jewk‛[5]

備考1．1人称単数で主格 es が PIE *eǵō (Gk. ἐγώ, Lat. egō, Goth. ik) あるいは *eǵhóm (Ved. ahám, OP adam) を反映しているとすれば，規則的な変化から予想される *ec あるいは *ez の c / z に代る s は，アルメニア語内部で後続する語頭子音の前での連声 (sandhi) 変異によるものと説明されてきた：例えば *ec kamim *[ets-kamim]＞[eskamim]．PA で PIE *eǵ°＞*ec が es になったと仮定すれば，連声は必要ない．

備考2．対格 is ＜*ins ＜*inc ＜*em-ǵ° ＜ Pre-PA *me-ǵ° は属格 im に見られる語幹からの類推に基づいていると考えられる．語尾は主格 es に従って変更されたかも知れない．これと類似した現象は Hitt. ug : amug, Goth. ik : mik, Venet. ego : mego に確認されるが，アルメニア語と直接に関係しているわけではない．

備考3．属格 im ＜ PIE *eme-/*emo はギリシア語の語幹 ἐμε- (対 ἐμέ, 属 ἐμεῖο, 与 ἐμοί, ἐμός「私の」) に対応しており，他の斜格はこの語幹 im- を基礎に作られている．

備考4．与格 inj ＜*imj は属格に見られる語幹 im- に基づく．与格においてこの -j は *ǵh を反映している．少なくとも一人称単数では与格標識 *-ǵhi を示す証拠がある：Ved. máhy-a(m), Lat. mihī, Umbr. mehe ＜ PIE *me-+*-ǵhi[1]．同じように inj は規則的に Pre-Arm. *em-ǵhi に遡ると考えられる．これは母音間における k‛ez ＜ PIE *twe-ǵhi, mez, jez と対照的である．後者はすべて，本来は1人称単数代名詞に制限されていた語尾 *-ǵhi が類推的に拡張された結果であり，この与格と対格／位格の合流も1人称には見られない．

備考5．具格 inew, k‛ew, mew-k‛, jew-k‛ はそれぞれ e- 語幹に由来する．単数形はそれぞれ PIE *eme-, *twe-, 複数形はアルメニア語語幹 me-, je- である．

備考6．du ＜ PIE *tū /*tu (Lat. tū, Gk. σύ, Dor. τύ, Goth. þu, OCS ty, Ved. tvám＜tu-am) は明らかである．ただし，規則的には *t＞t‛ なので，不規則な音変化を前提としなければならない．同じような変化は2人称指示詞 da, d- ＜ PIE *to- にも見られる．

備考7．斜格語幹 k‛e-/k‛o- は PIE *twe-/*two- に遡る (Gk. σέ＜*τϜέ, 属 σεῖο, σευ, σοῦ, 与 σοί, σος「あなたの」, Ved. tvám＜tva-am)．

備考8．語幹 me- はすべての格に現れ，主格は Lith. mẽs, OCS my に近い．印欧語に通常再建されているのは *wei (cf. Ved. vay-ám, Goth. weis, Hitt. wēs) で

---

[1] これらの形は OCS tebē (sebē), Lat. tibī (sibī) と同一であり，従って PIE *mebhi, *tebhi であって，のちに m-bh- から異化したとも考えられている，cf. Szemerényi, Einführung, 227.

第6章 形態論Ⅱ：代名詞

ある．-k' は複数性を明示するために付加された．

備考9．r- を含む mer, jer は他の言語に見られる *-ro- 形成（OLat. nostrī, nostrum「私たちの」, uostrī, uostrum「あなたたちの」, Goth. unsara, izwara）と関連づけられる．これらの言語にも見られるように，人称代名詞の属格と所有代名詞は緊密な関係にあった．-r- は再帰代名詞 iwr＜PIE*sewe-ro- にも見られる．

備考10．dowk' は単数 du を単純に複数化した形のように見えるが，PIE*yūs（Avest. yūš, Lith. jũs, Goth. jũs)＞PA ju が仮定されるならば，これは単数の dow にならって dow-k' になったのかも知れない．

備考11．語幹 je- の起源は不明である．

備考12．奪格形 inên, k'ên, mênǰ, jênǰ の語尾に対して通時的な説明は困難である．

与格から派生した「自身」を意味する形 injên「私自身」, k'ezên「あなた自身」, mezên「私たち自身」, jezên「あなたたち自身」は前置詞を伴わない特別な奪格形である．

人称代名詞はしばしば前倚辞的に，適度の強調を示すために動詞に後置されたり，あるいは呼格として用いられた主格名詞に後置されることがある：例えば beres dow「あなたはもって来る」; Lk 5, 20 ayr dow＝ἄνθρωπε「人よ」, Jh 4, 21 kin dow＝γύναι「女よ」．

2．再帰代名詞

§ 84. 3人称代名詞単数・複数の代名詞としては指示代名詞 na が用いられるほかに，再帰代名詞も用いられる：

	単数	複数
主格	—	iwreank'
対格	—	iwreans
属格	iwr	iwreanc'
与格	iwr	iwreanc'
位格	iwr	iwreans
奪格	iwrmê	iwreanc'
具格	iwrew/-eaw/-eamb	iwreambk'

備考．再帰代名詞の語幹 iwr は PIE *sewe-/*sewo-「自分の」(cf. Gk. ἑ(ϝ)έ＜*σεϝέ, ἑ(ϝ)ός＜*σεϝός, Lith. savè) に溯る．-r＜PIE *-ro- による拡張は二次的である．

— 131 —

第6章　形態論 II：代名詞

用例：
Mt 12, 45 yaynžam ert'ay ew aṝnow ənd iwr ewt'n ayɫ ayss č'aragóyns k'an z-ink'n＝τότε πορεύεται καὶ παραλαμβάνει μεθ' ἑαυτοῦ ἑπτὰ πνεύματα πονηρότερα ἑαυτοῦ「それから彼は行って，自分自身よりも悪い七つの霊を自分と一緒に連れて来る」

Mt 14, 15 zi ert'ic'en šowrǰ i šēns-n gnesc'en iwreanc' kerakowrs ＝ ἵνα ἀπελθόντες εἰς τὰς κώμας ἀγοράσωσιν ἑαυτοῖς βρώματα「そうすれば彼らは村々に出かけていって，自分たちの食物を買って来るだろう」．

iwr は従属節において，主節に現れた語を前方照応的に指示することがある：
F. B. IV, 3 sksaw xawsel z-anjnê iwrmê z-anawrenowt'iwns z-or iwr č'êr gorceal「彼は自分の（iwr 属格）犯したことのない罪状を自ら語り始めた」．

再帰代名詞（特に iwr のパラダイムに欠如している格形および 1・2人称に対する）は，anjn「人，自身」（n- 語幹主要型 A）と所有代名詞の結合，あるいは ink'n「自身」で代用される．ink'n は次のように変化する：

	単数	複数
主格	ink'n	ink'eank'
対格	ink'n	ink'eans
属格	ink'ean	ink'eanc'
与格	ink'ean	ink'eanc'
位格	ink'ean	ink'eans
奪格	ink'enê	ink'eanc'
具格	ink'eamb	ink'eambk'

備考．福音書には単・位 ənk'ean (Mt 13, 21 E)，複・主 ənk'eank' (Mk 15, 6) が見られる．

用例：
Jh 7, 4 yaytneá z-anjn k'o ašxarhi＝φανέρωσιν σεαυτὸν τῷ κόσμῳ「お前自身を世に顕わせ」

Jh 6, 53 óč' ownik' keans-n y-anjins ＝ οὐκ ἔχετε ζωὴν ἐν ἑαυτοῖς「あなたたちは自分のうちに命を持っていない」

Jh 16, 27 zi ink'n isk hayr sirê z-jez＝αὐτὸς γὰρ ὁ πατὴρ φιλεῖ ὑμᾶς「父自らがあなたたちを愛しているからだ」

Mk 3, 13 koč'ê aṝ ink'n z-ors ink'n kamec'aw＝προσκαλεῖται οὓς ἤθελεν αὐτός「彼は自分でこれぞと思う者たちを自分のもとに呼び寄せる」

第6章　形態論Ⅱ：代名詞

ays inkʻn/aysinkʻn ê「すなわち，つまり」：
Mk 7, 2 ew teseal z-omans y-ašakertacʻ anti zi xaṝnak jeṝawkʻ· <u>aysinkʻn ê</u> anlowa owtein hacʻ=καὶ ἰδόντες τινὰς τῶν μαθητῶν αὐτοῦ ὅτι κοιναῖς χερσίν, <u>τοῦτ' ἔστιν ἀνίπτοις</u>, ἐσθίουσιν τοὺς ἄρτους「そして彼らは，彼の弟子のある者たちが不浄な手で——<u>ということは</u>，手を洗わないで——パンを食べているのを見て」

§ 85. 相互代名詞（「互いに」）としては次の語が同義で用いられる．主格形はない：

対／位格	mimeans	irears
属／与／奪格	mimeancʻ	ireracʻ
具格	mimeambkʻ	irerawkʻ

用例：
Jh 13, 14 dówkʻ partikʻ <u>z-mimeancʻ</u> z-ots lowanal=ὑμεῖς ὀφείλετε <u>ἀλλήλων</u> νίπτειν <u>τοὺς πόδας</u>「あなたたちは<u>互いの足を</u>洗い合わなければならない」
Mk 14, 56 nman <u>mimeancʻ</u> óčʻ ein vkayowtʻiwnkʻ-n=ἴσαι αἱ μαρτυρίαι οὐκ ἦσαν「その証言は<u>互いに</u>一致しなかった」

3．所有代名詞

§ 86. 所有代名詞 im「私の」，kʻo(y)「あなたの」，mer「私たちの」，jer「あなたたちの」，iwr「彼の（suus）」（再帰的；複数は「彼らの（suorum）」の意味で複・属 iwreancʻ が用いられる）は人称代名詞の属格形から派生しており，それぞれ次のように変化する：

単数主格	im	kʻo(y)	mer	jer	iwr
対格	im	kʻo(y)	mer	jer	iwr
属格	im-oy	kʻoy(oy)	meroy	jeroy	iwroy
与格	im-owm	kʻowm	merowm	jerowm	iwrowm
位格	im-owm	kʻowm	merowm	jerowm	iwrowm
奪格	im-mê	kʻowm(m)ê	mermê	jermê	iwrmê
具格	im-ov	kʻo(yo)v	merov	jerov	iwrov
複数主格	im(-kʻ)	kʻoykʻ	merkʻ	jerkʻ	iwrkʻ
対格	im-s	kʻoys	mers	jers	iwrs
属格	im-ocʻ	kʻo(yo)cʻ	merocʻ	jerocʻ	iwrocʻ
与格	im-ocʻ	kʻo(yo)cʻ	merocʻ	jerocʻ	iwrocʻ

第6章　形態論II：代名詞

位格	im-s	kʻoys	mers	jers	iwrs
奪格	im-ocʻ	kʻo(yo)cʻ	merocʻ	jerocʻ	iwrocʻ
具格	im-ovkʻ	kʻo(yo)vkʻ	merovkʻ	jerovkʻ	iwrovkʻ

備考．2人称の所有代名詞には一部，語幹 kʻo-（単・属 kʻoy, 具 kʻov など）と語幹 kʻoyo-（単・属 kʻoyoy, 具 kʻoyov など）が並存する．

1・2人称所有代名詞は名詞として単独でも用いられる：
Lk 22, 42 očʻ im kamkʻ. ayl kʻoy-d licʻin = μὴ τὸ θέλημά μου ἀλλὰ τὸ σὸν γινέσθω 「私の意志でなく，あなたの〔意志〕がなるように」
Lk 5, 33 əndêr? ašakertkʻ-n Yovhannow pahen stêp ... ew kʻoykʻ-d owten ew əmpen = οἱ μαθηταὶ Ἰωάννου νηστεύουσιν πυκνά ... οἱ δὲ σοὶ ἐσθίουσιν καὶ πίνουσιν 「ヨハネの弟子たちはしばしば断食している…そしてお前の〔弟子たち〕は飲み食いしているではないか」
Jh 10, 14 čanačʻem z-ims-n. ew čanačʻim y-imocʻ-n = γινώσκω τὰ ἐμὰ καὶ γινώσκουσί με τὰ ἐμά（γινώσκομαι ὑπὸ τῶν ἐμῶν : Θ）「私は私の〔羊たち〕を知っており，私は私の〔羊たち〕から知られている」

§ 87. 3人称の所有代名詞としては，非再帰的な機能において指示代名詞の単・属 nora と複・属 nocʻa が基本形として用いられる：

	「彼(女)の（eius）」	「彼らの（eiorum）」
単数主格	nora	nocʻa
対格	nora	nocʻa
属格	noray-oy	nocʻay-oy
与格	noray-owm	nocʻay-owm
位格	noray-owm	nocʻay-owm
奪格	noray-oy	nocʻay-oy
具格	noray-ov	nocʻay-ov
複数主格	noray-kʻ	nocʻay-kʻ
対格	noray-s	nocʻay-s
属格	noray-ocʻ/-icʻ	nocʻay-ocʻ/-icʻ
与格	noray-ocʻ/-icʻ	nocʻay-ocʻ/-icʻ
位格	noray-s	nocʻay-s
奪格	noray-ocʻ/-icʻ	nocʻay-ocʻ/-icʻ
具格	noray-ovkʻ/-iwkʻ	nocʻay-ovkʻ/-iwkʻ

第6章 形態論Ⅱ：代名詞

4．指示代名詞

§ 88. アルメニア語の指示代名詞には，発話状況に依存して厳密に区別される3つの人称的直示性（personal deixis）を表わす語幹が存在し，それぞれ子音 s, d, n によって特徴づけられる要素が形容詞，代名詞，副詞の系列を平行的に形成して，他の印欧語には類例を見ない厳格な指示詞の体系を構築している[2]：

　語幹 so-「これ，この（Lat. hic）」，話し手に近い，あるいは話し手に関するものを指示する（1人称直示 I-deixis）．
　語幹 do-「それ，その（Lat. iste）」，聞き手に関わるものを指示する（2人称直示 thou-deixis）．
　語幹 no-「あれ，あの（Lat. ille）」，発話行為に直接関与しない第3者に関わるもの，遠くにあるもの，あるいは人によく知られているものを指示する（3人称直示 that/yonder-deixis）．

　語源的にこれら3つの語幹はそれぞれ異なる印欧語指示詞語幹に溯る：

so-< PIE *k̑o-, *k̑i- の並存形（Gk. σήμερον「今日」< PGk. *ky-āmeron, Hitt. kī, Lith. šìs, šĩ, OCS sь「これ」, Goth. hi-mma daga「今日」, Lat. cis, citrā「こちら側に」）
do-< PIE *to- (Ved. ta-, Avest. ta-, Gk. το-, Goth. þa-, OCS to-；ただし dow<PIE *tu/tū と同様に不規則な変化を仮定しなければならない）
no-< PIE *no- (OCS onъ「彼」, Lith. anàs「あれ」, cf. Gk. κεῖνος<*k̑e-eno-s

　アルメニア語の直示詞の体系は次のようである：

	1人称	2人称	3人称
後置冠詞	-s	-d	-n
指示詞	ays	ayd	ayn
前方照応詞	sa	da	na
同一性	soyn	doyn	noyn
ubi	ast	aydr	and
副詞 quo	aysr	aydr	andr

---

[2] 古アルメニア語における指示詞の最新の統語論的・意味論的研究は次を参照：Jared S. Klein, On Personal Deixis in Classical Armenian, 1996 (Münchener Studien zur Sprachwissenschaft, Beiheft 17).

第 6 章　形態論 II：代名詞

	unde	asti/astowst	ayti	anti/andowst
間投詞		a(ha)wasik	a(ha)wadik	a(ha)wanik

§ 89. 不変語幹形 -s, -d, -n は他の語（名詞，代名詞だけでなく動詞も）に前倚辞的に付加されて，後置定冠詞として機能する（北ゲルマン諸語やバルカン諸語にも対応する現象が見られる）：例えば town「家」に対して town-s, town-s ays「この家」；-s, -d, -n は語末子音の後では常に [-əs, -əd, -ən] と発音される，例えば town-s [túnəs]。アルメニア語には定冠詞しかなく，不定冠詞は存在しない（必要に応じて数詞 mi「1」が不定冠詞としてはたらく）。

用例：

-s： Jh 5, 47 Zi etʻe nora grocʻ-n očʻ hawataykʻ. ziard? imocʻ banicʻ-s hawataycʻêkʻ = εἰ δὲ τοῖς ἐκείνου γράμμασιν οὐ πιστεύετε, πῶς τοῖς ἐμοῖς ῥήμασιν πιστεύσετε；「あなたたちが彼の文字を信じなかったら，どうして私のこの言葉を信じることになるだろうか」

Lk 16, 2 zinč?ê ays z-or lsem-s z-kʻên = τί τοῦτο ἀκούω περὶ σοῦ；「お前のことで私が耳にするこの件は何事か」（関係節の中で 1 人称動詞に冠詞 -s が付接されている）

-d： Mt 8, 13 orpês hawatacʻer-d ełicʻí kʻez = ὡς ἐπίστευσας γενηθήτω σοι「あなたが信じたようにあなたに成るように」

Mk 1, 44 mató vasn srbowtʻean-d kʻo patarag = προσένεγκε περὶ τοῦ καθαρισμοῦ σου「あなたの清めのことで，供え物を捧げよ」

Lk 23, 14 vnas inčʻ očʻ gti y-aṙn-s y-aysmik z-orocʻ dowkʻ čʻaraxawsêkʻ-d [M：-kʻ] z-dmanê = οὐθὲν εὗρον ἐν τῷ ἀνθρώπῳ τούτῳ αἴτιον ὧν κατηγορεῖτε κατ' αὐτοῦ「この人物には，お前たちが（彼に対して）訴えている事柄について私は何ら罪を見出せなかった」（この箇所は yaṙns yaysmik と後続する前方照応的な zdmanê との間に直示的な一貫性が欠けているが，これは，前者がピラトゥスのそばにいるイエスに言及して直示的であり，後者はイエスをその告発者つまり聞き手との関連で言及していることによるものと考えられる）

-n： Mk 5, 1 Ew ekn yaynkoys covown-n y-ašxarh-n Gergesacʻwoc = Καὶ ἦλθεν εἰς τὸ πέραν τῆς θαλάσσης εἰς τὴν χώραν τῶν Γερασηνῶν (Γεργεσηνῶν：Θ)「そして彼らは海の向こう岸に，ゲラサ人たちの地方にやって来た」

§ 90. so-, do-, no- は前置された ay- (cf. Ved. e-ṣá, e-ṣā́, e-tát, Avest. aēša-, aēta-, OP aita-) と結合して，本来の指示詞として代名詞的にも形容詞的にも機能する：ay-s, ay-d, ay-n；範例：ays「これ，この」（いわゆる短形）

第6章　形態論II：代名詞

	単数	複数
主格	ay-s	ay-s-k'
対格	ay-s	ay-s-s
属格	ay-s-r	ay-s-c'
与格	ay-s-m	ay-s-c'
位格	ay-s-m	ay-s-s
奪格	ay-s-m (anê)	ay-s-c' (anê)
具格	ay-s-ow	ay-s-owk'

備考．ayd, ayn も同様に変化する．ay- に強勢があることから，不規則な母音の弱化 aysr<*áysor, aysm<*áysum, aysk'<*áysok' などが説明される．

用例（形容詞として機能する場合，ays, ayd, ayn は被修飾名詞に先行または後続する）：

ays：Mt 26, 31 amenek'in dowk' gayt'agłetoc' êk' y-inên y-aysm gišeri = πάντες ὑμεῖς σκανδαλισθήσεσθε ἐν ἐμοὶ ἐν τῇ νυκτὶ ταύτῃ「あなたたち全員がこの夜に私によって躓くことになるだろう」

ayd：Mt 21, 23 o? et k'ez z-išxanowt'iwn-d z-ayd = τίς σοι ἔδωκεν τὴν ἐξουσίαν ταύτην；「（お前がもっている）このような権威を誰がお前に与えたのか」（修飾される名詞は冠詞 -d によっても限定されている）

ayn：Mt 8, 28 ibrew anc' yaynkoys y-erkir-n Gergesac'woc', patahec'in nma diwahark' erkow... orpês zi č'êr hnar anc'anel owmek' ənd ayn čanaparh = ἐλθόντος αὐτοῦ εἰς τὸ πέραν εἰς τὴν χώραν τῶν Γαδαρηνῶν ὑπήντησαν αὐτῷ δύο δαιμονιζόμενοι... ὥστε μὴ ἰσχύειν τινὰ παρελθεῖν διὰ τῆς ὁδοῦ ἐκείνης「彼が向こう岸に着き，ゲラサ人たちの方にやって来た時，悪霊に憑かれた者が二人，彼に出会った．それで誰にもその道を通り過ぎることができなかった」

s-形とn-形が直接対立する事例として，「後者」対「前者」の意味で，テクストの位置で近いものを指すs-形と遠い位置にあるものを指すn-形が用いられる（フランス語 celui-ci と celui-là の用法に正確に対応する）．この用法には ays/ayn および sa/na が関わっている：

Mt 23, 23 Váy jez dprac' ew P'arisec'woc' kełcaworac' zi tasanordêk' zananowx ew zsamit' ew zč'aman ew t'ołêk' zcanr canr awrinac'n zdatastan ew zołormowt'iwn. ew zhawats :. Zays (= ταῦτα) aržan êr aṙnel ew zayn (= κἀκεῖνα) č't'ołowl「禍いだ，お前たち律法学者とファリサイ人よ，偽善者どもよ．お前たちは薄荷といのんどと茴香との十分の一税を払っていながら，律法の最も重要なものをなおざりにしてきた．裁きと憐れみと信仰

第6章　形態論 II：代名詞

である．後者は行わねばならなかったし，前者もなおざりにすべきでなかった」；

Lk 18, 10-14 Ark' erkow elin i tačarn kal yaławt's· min p'arisac'i. ew miwsn mak'sawór· (11) p'arisac'in ... zays ... aławt's matowc'anêr + QUOTE :. (13) Ew mak'saworn ... asêr + QUOTE :. (14) Asém jez· êǰ sa (= οὗτος) ardarac'eal i town iwr k'an zna (= ἐκεῖνος)「二人の人が祈るために神殿にのぼって行った．一人はファリサイ人で，他の一人は徴税人だった．(11) ファリサイ人は祈り始めてこう言った，『…』．(13) そして徴税人は言った，『…』．(14) 私はあなたたちに言う，後者の方が前者よりも義とされて自分の家へとくだって行ったのだ」

Jh 7, 45 Ew ekin andrên spasawork'n aṝ k'ahanayapetsn ew p'arisec'is· ew asen sok'a c'nosa (εἶπον αὐτοῖς ἐκεῖνοι)· əndêr oč' acêk' zna aysr「そして，下役たちは祭司長たちとファリサイ派の人々のところに来た．そしてこの人々が前者に言った，『どうして彼をここに引いて来なかったのだ』」

§ 91. so-, do-, no- は単数主格／対格以外で，前置された ay- と接尾辞として付加された -ik を伴って，指示性の強い長形をつくる；範例：ays「この」

	単数	複数
主格	ay-s	ay-so-k'-ik
対格	ay-s	ay-so-s-ik
属格	ay-so-r-ik	ay-so-c'-ik
与格	ay-s-m-ik²	ay-so-c'-ik
位格	ay-s-m-ik	ay-so-s-ik
奪格	ay-s-m-ik	ay-so-c'-ik
具格	ay-s-ow-ik	ay-so-k'-iwk'

備考 1．ayd, ayn も同様に変化する．これらの強意形はすべて第1音節 ay- に強勢が置かれる．

備考 2．この形は *aysumik を経て PA *ay-so-m-ik に溯り（鼻音の前で PIE *o > Arm. ow），ay-so-r-ik に完全に対応している．

用例：

ays: Mt 7, 24 Amenayn or lsê bans im z-aysosik ew aṝnê z-sosa [M: znosa]· nmanesc'ê aṝn imastnoy ... = Πᾶς οὖν ὅστις ἀκούει μου τοὺς λόγους τούτους καὶ ποιεῖ αὐτούς, ὁμοιωθήσεται ἀνδρὶ φρονίμῳ「これらの私の言葉を聞いてそれらを行う者はすべて，賢い人と同じだと言える」

ayd: Mt 6, 24-25 oč' karêk' AY cařayel ew mamonai :. (25) Vasn aydorik

第6章 形態論 II：代名詞

asém jezˈ mí hogaykʻ = οὐ δύνασθε θεῷ δουλεύειν καὶ μαμωνᾷ．(25) Διὰ τοῦτο λέγω ὑμῖνˈ μὴ μεριμνᾶτε「あなたたちは神とマモンに兼ね仕えることはできない．このゆえに，私はあなたたちに言う，…などと思い煩うな」
ayn：Lk 2, 8 Ew hovíwkʻ ein i tełwoĵ-n y-aynmik … = Καὶ ποιμένες ἦσαν ἐν τῇ χώρᾳ τῇ αὐτῇ「そして，その土地には，羊飼いがいた」

§ 92. so-，do-，no- は接尾辞的に付加された不変の -a と結合して，前方照応代名詞（anaphorics）として機能する：s-a, d-a, n-a；範例：sa「これ，彼 (Lat. is)」

	単数	複数
主格	s-a	so-kʻ-a
対格	s-a	so-s-a
属格	so-r-a	so-cʻ-a
与格	s-m-a^2	so-cʻ-a
位格	s-m-a	so-s-a
奪格	s-m-a-nê	so-cʻ-a(-nê)
具格	so-v-a-w	so-kʻ-a-wkʻ

備考1．da，na も同様に変化する．
備考2．与格形 sma は *suma を経て PA *so-m-a に溯り（鼻音の前で PIE *o ＞ Arm. ow），so-r-a に完全に対応している．
備考3．na 系列の代名詞は冠詞が付加されると，語末の -a が -ay に変わる：例えば nma に対して Lk 9, 32 Petros ew or ənd nəmay-n ein「ペトロと彼と一緒にいた者たち」，nosa に対して Lk 24, 33 z-metasans-n ew z-ors ənd nosay-n ein「11 人および彼らと一緒にいた者たち」．このような -a の -ay への変化は，接尾辞的に付加された小辞 -a が本来は -ay に溯るとする見方を支持している（cf. 主格 sa＜*so-ay）．

用例：
sa：Mk 4, 41 oʔ okʻ ardewkʻ icʻê sa = τίς ἄρα οὗτός ἐστιν「この人は一体誰だろう」
da：Mt 17, 5 dá ê ordi im sireli … dmá lowarowkʻ = οὗτός ἐστιν ὁ υἱός μου ὁ ἀγαπητός … ἀκούετε αὐτοῦ「その者は私の愛する子…お前たちは彼に聞け」
na：Mk 2, 13 el darjeal i covezr-nˈ ew amenayn žołovowrd-n gáyr ar̄ na. ew owsowcʻanêr z-nosa = ἐξῆλθεν πάλιν παρὰ τὴν θάλασσαν· καὶ πᾶς ὁ ὄχλος ἤρχετο πρὸς αὐτόν, καὶ ἐδίδασκεν αὐτούς「彼は再び海辺に出かけて行った．するとすべての群衆が，彼のもとに来始めた．そこで彼は，彼らを

第 6 章　形態論 II：代名詞

教え続けた」
Jh 1, 12 Isk ork‘ ənkalan-n z-na. et noc‘a išxanowt‘iwn ordís AY linel
= ὅσοι δὲ ἔλαβον αὐτόν, ἔδωκεν αὐτοῖς ἐξουσίαν τέκνα θεοῦ γενέσθαι
「しかし，彼を受け入れた人々，彼はその人々には神の子供たちとなる権能を
与えた」（いわゆる 'diptych corrélatif normal' 構文）

§ 93. so-, do-, no- は接尾辞的に付加された不変の -in と結合して，原則的には同一性 (identity) を表わす強めの指示代名詞として機能し，形容詞的にも用いられる：so-yn, do-yn, no-yn；範例 so-yn「同一の，まさにこの（人，もの）(Lat. idem)」

	単数	複数
主格	so-yn	so-k‘-in[3]
対格	so-yn	so-s-in
属格	so-r-in	so-c‘-in
与格	s-m-in[2]	so-c‘-in
位格	s-m-in	so-s-in
奪格	s-m-in	so-c‘-in
具格	so-v-in/so-v-imb	so-k‘-im-bk‘

備考 1．doyn, noyn も同様に変化する；soyn は単数奪格を除いて sa（上記 § 92 参照）と同じ変化を示す．

備考 2．与格形 smin は *sumin を経て PA *so-m-in に遡り（鼻音の前で PIE *o > Arm. ow），so-r-in に完全に対応している．

備考 3．複数では次のような別形も見られる：主 soynk‘, 対／位 soyns, 属／与／奪 soc‘ownc‘, 具 sok‘owmbk‘：nok‘in, nosin は「彼ら自身 (Lat. ei ipsi, eos ipsos)」を意味するのに対して，noynk‘, noyns は「同一の (eidem, eosdem)」を意味する：Lk 11, 19 Et‘e es Beełzebowław hanem z-dews. ordik‘-n jer iw? hanic‘en :. Vasn aydorik [M : aynorik] nok‘ín [M : nok‘a] ełic‘in jer datawork‘ = εἰ δὲ ἐγὼ ἐν Βεελζεβοὺλ ἐκβάλλω τὰ δαιμόνια. οἱ υἱοὶ ὑμῶν ἐν τίνι ἐκβάλλουσιν διὰ τοῦτο αὐτοὶ ὑμῶν κριταὶ ἔσονται「もし私がベエルゼブルによって悪霊どもを追い出しているなら，お前たちの息子たちは何によって〔悪霊どもを〕追い出すのだろうか．それゆえに，彼ら自身がお前たちの裁き手になるだろう」；Jh 14, 12 or hawatayn y-is. z-gorcs z-or es gorcem ew ná gorcesc‘ê ew mecamécs ews k‘an z-noyns gorcesc‘ê = ὁ πιστεύων εἰς ἐμὲ τὰ ἔργα ἃ ἐγὼ ποιῶ κἀκεῖνος ποιήσει καὶ μείζονα τούτων ποιήσει「私を信じる人は，私の行っている業をその人も行うようになり，それらより大いなることも行うようになる」．

備考 4．同一性代名詞をつくる接尾辞 -in は，他の代名詞でも強意の派生形をつくるの

第 6 章　形態論 II：代名詞

に用いられる．例えば imoyin「私の」，norayin「彼の」，iwrovin「自分で」(具)，ink'nin「彼自身」など：Jh 8, 22 mi t'e z-iwrovin? ert'ayc'e＝μήτι ἀποκτενεῖ ἑαυτόν；「まさか彼は自害するつもりではあるまい」；Jh 4, 2 k'anzi ōč' et'e YS ink'nin mkrtêr· ayl ašakértk' nora＝καίτοιγε Ἰησοῦς αὐτὸς οὐκ ἐβάπτιζεν ἀλλ' οἱ μαθηταὶ αὐτοῦ「もっとも，イエス自身が洗礼を授けていたのではなく，彼の弟子たちが授けていたのだったが」．

用例：
soyn：Mk 12, 30-31 áys（前方照応的）ê aṝaǰin patowiran :. (31) Ew erkrord nman smin＝αὕτη πρώτη ἐντολή. (31) καὶ δευτέρα ὁμοία αὐτῇ (ταύτῃ : D)「(私がいま言った) これが第一の掟である．(31) 第二の〔掟〕もまさにこれと同じである」

doyn：Lk 6, 23 dmín awrinaki aṝnein margarêic'-n hark' iwreanc'＝κατὰ τὰ αὐτά ... ἐποίουν τοῖς προφήταις οἱ πατέρες αὐτῶν「彼らの先祖はあなたたちにしたのと同じように預言者たちにした」(cf. Lk 6, 26 aydpês aṝnein＝κατὰ τὰ αὐτά ... ἐποίουν)

noyn：Lk 10, 30-31 ayr mi iǰanêr y-EÊMê y-Erik'ov ... (31) Dêp ełew k'ahanayi mioǰ iǰanel ənd noyn čanaparh＝ἄνθρωπός τις κατέβαινεν ἀπὸ Ἰερουσαλὴμ εἰς Ἰεριχώ ... (31) κατὰ συγκυρίαν δὲ ἱερεύς τις κατέβαινεν ἐν τῇ ὁδῷ ἐκείνῃ「ある人がエルサレムからエリコに下っていた．すると偶然にも，その同じ道をある祭司が下って来るということがあった」

同一性代名詞は時としてほとんど前方照応的な機能しかもたず，na で置き換えられるような場合がある：
Mt 21, 2 ert'áyk' i geawł-d ... ew andên gtanêk' êš kapeal. ew yawanak ənd nmin＝πορεύεσθε εἰς τὴν κώμην ... καὶ εὐθέως εὑρήσετε ὄνον δεδεμένην καὶ πῶλον μετ' αὐτῆς「(あなたたちの前にある，あの) 村に行け．すると，あなたたちはすぐに，つながれている雌ろばと，それと共にいる子ろばを見つけるだろう」

Mk 12, 20-21 ełbark' ewt'n ein ... aṝaǰin-n aṝ kin· ew meṝáw· ew oč' t'oł [M : et'oł] zawak· (21) ew erkrord-n aṝ z-noyn [M : zna]＝ἑπτὰ ἀδελφοὶ ἦσαν· καὶ πρῶτος ἔλαβεν γυναῖκα καὶ ἀποθνῄσκων οὐκ ἀφῆκεν σπέρμα· (21) καὶ ὁ δεύτερος ἔλαβεν αὐτήν「七人の兄弟がいた．長男が妻を娶り，死んで子孫を残さなかった．そして次男が彼女を娶った」．

§ 94. so-, do-, no- は場所を表わす指示副詞をつくる：

第6章　形態論 II：代名詞

	1人称	2人称	3人称
owr?「どこに」	ast	aydr	and
yo?「どこへ」	aysr	aydr	andr
owsti?「どこから」	asti/astowst	ayti	anti/andowst

　これらの副詞に -in/-ên を添加すると，同一性が示される：astên「この同じ場所に」，aysrên「この同じ場所へ」，aststin「この同じ場所から」，同様に aydrên, andên, andrên, andstin[3]．

用例：
(1) a. ast : 　Mt 28, 5-6 gitem zi z-$\overline{YS}$ z-xač'eal-n [M : z-xač'eleal-n] xndrêk'· (6) č'ê ast =οἶδα γὰρ ὅτι 'Ιησοῦν τὸν ἐσταυρωμένον ζητεῖτε· (6) οὐκ ἔστιν ὧδε「なぜなら私は，あなたたちが十字架につけられた者，イエスを探しているのを知っている．(6) 彼はここにはいない」
　　b. aysr : Lk 9, 41 matô aysr z-ordi-n k'o=προσάγαγε ὧδε τὸν υἱόν σου「あなたの息子をここに引いて来い」
　　c. asti : Lk 4, 9 et'e ordi es $\overline{AY}$. árk z-k'ez asti i vayr=εἰ υἱὸς εἶ τοῦ θεοῦ, βάλε σεαυτὸν ἐντεῦθεν κάτω「もしお前が神の子なら，ここから下へ身を投げよ」

(2) a. aydr : Lk 16, 25 ard sá ast mxit'ari· ew dow aydr papakís = νῦν δὲ ὧδε παρακαλεῖται, σὺ δὲ ὀδυνᾶσαι「今ここでこの者は慰められ，お前は（お前のいる）そこで悶えるのだ」
　　c. ayti : Lk 19, 5 Zakk'ê p'owt'á êĵ ayti=Ζακχαῖε, σπεύσας κατάβηθι「ザカイオスよ，急いで（あなたのいる）そこから降りて来い」

(3) a. and : Mt 6, 21 zi owr ganjk' jer en ánd ew sirtk' jer lic'in=ὅπου γάρ ἐστιν ὁ θησαυρός σου, ἐκεῖ ἔσται καὶ ἡ καρδία σου「なぜなら，あなたの宝があるところ，そこにあなたの心もあるだろう」（前方照応的・相関的：owr ...and）
　　b. andr : Mt 2, 22 ibrew lowaw et'e Ark'ełaos t'agaworeac' Hrêastani ... erkeáw ert'al andr=᾿Ακούσας δὲ ὅτι ᾿Αρχέλαος βασιλε-

---

[3] andstin は「～から」(i+奪と共に) の意味で福音書で一度だけ現れる：Lk 1, 15 ew hogwov srbov lc'c'í andstin y-orovaynê mawr iwroy = καὶ πνεύματος ἁγίου πλησθήσεται ἔτι ἐκ κοιλίας μητρὸς αὐτοῦ「また彼は，その母の胎内にいる時より［Gk：すでに］，聖霊に満たされているであろう」．

— 142 —

第6章　形態論II：代名詞

υει τῆς 'Ιουδαίας ... ἐφοβήθη ἐκεῖ ἀπελθεῖν「アルケラオスがユダヤを支配していると聞いた時，彼はそこへ行くことを恐れた」（前方照応的）

c. anti: Jh 8, 23 dowk' i nerk'owst asti êk'· ew es i verôwst anti=ὑμεῖς ἐκ τῶν κάτω ἐστέ, ἐγὼ ἐκ τῶν ἄνω εἰμί「あなたたちはこの下からのものであり，私はあの上からの者である」

　上記の指示副詞は，場所を表わす位格，（方向の）対格，奪格に後置されて，冠詞として機能する。以下は anti を伴う奪格の例である：

a. Mt 3, 16 Ew ibrew mkrtec'aw YS él vałvałaki i jroy anti=βαπτισθεὶς δὲ ὁ 'Ιησοῦς εὐθὺς ἀνέβη ἀπὸ τοῦ ὕδατος「そしてイエスは洗礼を受けると，すぐに水から上がった」（方向的な奪格）

b. Mk 2, 6 Ew ein omank' i dprac' anti [M: i dprac'-n] or and nstein = ἦσαν δέ τινες τῶν γραμματέων ἐκεῖ καθήμενοι「そして律法学者たちのうち，そこに座っている者が幾人かいた」（部分格）

c. Mt 2, 16 ibrew etes Hêrovdês t'e xabec'aw i mogowc' anti [M: i mogowc'-n] barkac'áw yoyž='Ηρῴδης ἰδὼν ὅτι ἐνεπαίχθη ὑπὸ τῶν μάγων ἐθυμώθη λίαν「ヘロデは占星学者たちにだまされたと知って，激しく憤った」（動作主的）

d. Mk 2, 4 ew ibrew oč' karein merjanal ař na y-amboxê anti = καὶ μὴ δυνάμενοι προσενέγκαι αὐτῷ διὰ τὸν ὄχλον「そして群衆のために，彼らは彼のそばに近づくことができなかった時」（原因）

§ 95. さらに so-, do-, no- はいくつかの副詞類を形成する：ays/d/npês「この/その/あのように」，ays/d/npisi「この/その/あのような」，s/d/noynpês「これ/それ/あれと同様に」，ays/d/nč'ap'「これ/それ/あれほどに」，awas/d/nik「見よ，ほら，ここに/そこに/あそこに～がある」（これらに擬音的な間投詞 aha「ほら」を結合した ahawas/d/nik があり，第2音節に強勢が置かれる）。

用例：
(1) ayspês: Mt 6, 9 ard ayspês kayc'êk' dowk' y-aławt's· hayr mer or y-erkins ...=οὕτως οὖν προσεύχεσθε ὑμεῖς· Πάτερ ἡμῶν ὁ ἐν τοῖς οὐρανοῖς ...「だからあなたたちはこのように祈れ。天におられる私たちの父よ ...」（後方照応的：主の祈りを始めるイエスの言葉）

ayspisi: Mt 8, 10 oč' y-IŁI ayspisi hawats gti erbek'=παρ' οὐδενὶ τοσαύτην πίστιν ἐν τῷ 'Ισραὴλ εὗρον「私はイスラエルの中で[Gk:

— 143 —

第6章　形態論II：代名詞

誰一人においても]このような信仰を見出したことは決してない」

aysč'ap': Lk 7, 9 óč' y-IĹI aysč'ap' hawats gti＝οὐδὲ ἐν τῷ Ἰσραὴλ τοσαύτην πίστιν εὗρον「私はイスラエルの中でこれほどの信仰を見出したことはない」

soynpês: Jh 3, 8 zi hołm owr kami šnč'ê ew z-jayn nora lses. ayl óč' gites owsti gay kam yo ert'ay soynpês ew amenáyn cneal-n i hogwoy-n＝τὸ πνεῦμα ὅπου θέλει πνεῖ καὶ τὴν φωνὴν αὐτοῦ ἀκούεις, ἀλλ' οὐκ οἶδας πόθεν ἔρχεται καὶ ποῦ ὑπάγει· οὕτως ἐστὶν πᾶς ὁ γεγεννημένος ἐκ τοῦ πνεύματος「なぜなら、風は吹きたいところに吹き、あなたはその音を聞く．しかし、それがどこから来てどこへ往くのかはわからない．そして霊から生まれている人は皆このようである」

a(ha)wasik: Lk 17, 20-21 óč' gay ark'ayowt'iwn AY xtranawk'· (21) ew č'asic'en t'e ahawasik ast ê. kam and＝οὐκ ἔρχεται ἡ βασιλεία τοῦ θεοῦ μετὰ παρατηρήσεως, οὐδὲ ἐροῦσιν· ἰδοὺ ὧδε ἤ ἐκεῖ「神の王国は観察できるようなさまで到来することはない．(21) 人々が『見よ，ここだ』とか『あそこだ』などと言うこともない」

(2) aydpês: Mk 4, 40 əndêr? aydpês vatasirtk' êk'＝τί οὕτως (f$^{1.13}$) δειλοί ἐστε「なぜあなたたちはそのように臆病なのだ」

aydpisi: Mt 19, 14 t'óył towk' manktwoy-d· ew mi argelowk' z-dosa gal aṙ is. zi aydpiseac'-d ê ark'ayowt'iwn erknic'＝ἄφετε τὰ παιδία καὶ μὴ κωλύετε αὐτὰ ἐλθεῖν πρός με, τῶν γὰρ τοιούτων ἐστὶν ἡ βασιλεία τῶν οὐρανῶν「(あなたたちが叱りつけた) 子供たちをそのままにさせておけ．そして彼らが私のところに来るのを邪魔してはならない．なぜならば、天の王国とはそのような者たちのものだからだ」

aydč'ap': Jh 6, 9 Ê ast pataneak mi or owni hing nkanak garełên ew erkows jkowns· ayl ayn zinč'? ê aṙ aydč'ap' [M : aysč'ap'] mardik＝ἔστιν παιδάριον ὧδε ὃς ἔχει πέντε ἄρτους κριθίνους καὶ δύο ὀψάρια· ἀλλὰ ταῦτα τί ἐστιν εἰς τοσούτους;「ここに若者が一人いて、大麦のパン五つと魚二匹を持っている．しかし、これほど多くの人のためには；何の役に立つだろうか」

a(ha)wadik: Mt 7, 4 ahawadik i k'owm akan [M : -d] geran kay＝ἰδοὺ ἡ δοκὸς ἐν τῷ ὀφθαλμῷ σοῦ「見よ、あなたの目には梁がある」

(3) aynpês: Lk 6, 31 Ew orpês kamik' t'e arasc'en jez mardik· áynpês

— 144 —

第6章　形態論II：代名詞

　　　　　arasǰikʻ ew dowkʻ nocʻa＝Καὶ καθὼς θέλετε ἵνα ποιῶσιν ὑμῖν
　　　　　οἱ ἄνθρωποι καὶ ὑμεῖς ποιεῖτε αὐτοῖς ὁμοίως「そして，あなた
　　　　　たちが人々からして欲しいと思うように，あなたたちも彼らにその
　　　　　ようにせよ」（前方照応的・相関的 orpês ... áynpês）
aynpisi： Mk 13, 19 Ełicʻin awowrkʻ-n aynokʻik nełowtʻeancʻ. orpisi óčʻ
　　　　　ełen erbekʻ aynpisikʻ i skzbanê araracocʻ minčʻew cʻ-ayžm＝
　　　　　ἔσονται γὰρ αἱ ἡμέραι ἐκεῖναι θλῖψις οἷα οὐ γέγονεν τοιαύτη
　　　　　ἀπʼ ἀρχῆς κτίσεως ἕως τοῦ νῦν「それらの日々は，創造の始めよ
　　　　　り今に至るまで絶えてなかったような艱難の日々となろう」（前方照
　　　　　応的・相関的 orpisi ... aynpisikʻ）
aynčʻapʻ： Mk 15, 44 Ew Piłatos zarmacʻáw. tʻe aynčʻapʻ vał meṙaw＝ὁ
　　　　　δὲ Πιλᾶτος ἐθαύμασεν εἰ ἤδη τέθνηκεν「ピラトゥスは，彼（イ
　　　　　エス）がそんなに早く死んでしまったのかと驚いた」；cf. Mk 7,
　　　　　36 Ew orčʻapʻ na patowirêr nocʻa, nokʻa ews aṙawel kʻarozein
　　　　　＝ὅσον δὲ αὐτοῖς διεστέλλετο, αὐτοὶ μᾶλλον περισσότερον
　　　　　ἐκήρυσσον「彼が彼らに命令しようとすればするほど，彼らの方は
　　　　　なおいっそう宣べ伝えだした」（前方照応的・相関的 orčʻapʻ ...
　　　　　ews）；出 1, 12 orčʻapʻ čnšein znosa, aynčʻapʻ aṙawel baz-
　　　　　manayin「彼らを虐待すればするほど，彼らは増大していった」
　　　　　（前方照応的・相関的 orčʻapʻ ... aynčʻapʻ）
noynpês： Jh 5, 26 Zi orpês hayr owni keans y-anjin iwrowm noynpês et
　　　　　ew ordwóy ownel keans y-anjin iwrowm＝ὥσπερ γὰρ ὁ πατὴρ
　　　　　ἔχει ζωὴν ἐν ἑαυτῷ, οὕτως καὶ τῷ υἱῷ ἔδωκεν ζωὴν ἔχειν ἐν
　　　　　ἑαυτῷ「父が自身のうちに命を有するように，それと同じように子
　　　　　にも自身のうちに命を持つようにさせたからだ」（前方照応的・相関
　　　　　的 orpês ... noynpês）
a(ha)wanik： Jh 3, 26 or êr-n ənd kʻez yaynkoys Yordananow ... aha-
　　　　　wanik na mkrtê＝ὃς ἦν μετὰ σοῦ πέραν τοῦ Ἰορδάνου, ... ἴδε
　　　　　οὗτος βαπτίζει「ヨルダン〔河〕の向こうであなたと一緒にいた人，
　　　　　見よ，あの人が洗礼を授けている」（前方照応的・相関的 or ... aha-
　　　　　wanik na）

5．疑問代名詞と関係代名詞

§96．疑問代名詞は，形容詞的に用いられるものと，名詞的に用いられるものが区別される：or?「どんな」，o?/ov?「誰」，zi?/zinčʻ?「何」．
　固有の関係代名詞はアルメニア語に存在しないので，疑問代名詞が関係代名詞としてもはたらく．一般に，限定的な関係節には or が用いられるが，名詞的な関係

— 145 —

第6章　形態論 II：代名詞

節では or の他に人物に ov, o, 事物に zinčʻ, or (z)inčʻ も用いられる.

§ 97. 形容詞的な疑問代名詞 or（大抵は人物に対して用いる）は，代名詞的な o- 語幹として次のように変化する：

	単数	複数
主格	or	orkʻ
対格	or	ors
属格	oroy, oro	orocʻ
与格	orowm	orocʻ
位格	orowm	ors
奪格	ormê	rocʻ
具格	orov	orovkʻ

備考．複・主 orkʻ，複・対 ors には単・主／対 or で代用することが多い．同様に複・位 ors に対しても単・位 orowm で代用することがある：Mk 2, 4 ijowcʻin zmahičsn yorowm kayr andamaloycn「彼らは中風患者の横たわる担架を降ろした」(mahičs との数の一致の欠如は pl. tant. の意味に従った構文と解釈されるのではなく，疑問・関係代名詞における一般的な複数代用と関連づけて見られる). しかし Lk 13, 14 vecʻ awr ê yors aržan ê gorcel「働くべき日は6日ある」．

語幹 or- ないし oro- の起源は名詞的な疑問代名詞 o-「誰」，i-「何」と関連づけて考察される．o- は PIE *kʷo- (cf. Ved. káḥ, Goth. hwas, Lith. kàs, OCS kъ-to「誰」), i- は PIE *kʷi- (cf. Avest. čiš「誰」, Gk. τί, Lat. quis, quid, Hitt. kwis, kwid, OCS čь-to「何」) に溯る．or- は PIE *kʷo-ro- (cf. Goth. hwarjis) あるいはおそらく PIE *kʷo-tero- (cf. Ved. kataráḥ,「二人／二つのうちどちら」, Gk. πότερος, Goth. hwaþar, Lith. katràs) から縮約によって生じた形と考えられる (§ 42 d 2 参照). ただし，通常 PIE *kʷ- > Arm. kʻ- であるから，さらに kʻ- > h- > ゼロのような音韻規則を特別に仮定しなければならないという難点がある．

§ 98. 名詞的な疑問代名詞においては2種類の語幹，すなわち人物に関しては o-，事物に関しては i- が区別される．

a)　o-「誰」

	単数	複数
主格	ov, o	oykʻ[3]
対格	ov, o	oys

— 146 —

第 6 章　形態論 II：代名詞

属格	oyr	oyc'
与格	owm	oyc'
位格	owm	oys
奪格	owmê[1]	oyc'
具格	—[2]	—[2]

備考1．単独の子音に先行する語頭位置で ow は非強勢音節にあっても保たれる．
備考2．代用形として，形容詞的な疑問詞 orov, orovk' が見られる．
備考3．複数形は関係的にしか用いられない：詩 134, 18　nman noc'a ełic'in oyk' ararin z-nosa, ew amenek'ean oyk' yowsac'eal en i nosa = ὅμοιοι αὐτοῖς γένοιντο οἱ ποιοῦντες αὐτὰ καὶ πάντες οἱ πεποιθότες ἐν αὐτοῖς「それらを作った者たち，そしてそれらに依り頼む者たちはすべて，それらと等しくなるだろう」；Mt 13, 41 žołovesc'ēn ... zaynosik oyk' [M : or] gorcen zanawrênowt'iwn = συλλέξουσιν ... τοὺς ποιοῦντας τὴν ἀνομίαν「彼らは不法を行う者どもを集めるだろう」．

b)　i-「何」，単数のみ．

主格	z-i, z-inč'[1,3]
対格	z-i, z-inč'
属格	êr
与格	im, him
位格	im, him
奪格	imê[2]
具格	iw

備考1．主格／対格に現れる z- はいわゆる nota accusativi であるが，主格でも z- を伴った形しかない．
備考2．単独の子音に先行する語頭位置で i は非強勢音節にあっても保たれている．前置詞 z- と結合して，奪格形 imê は z-mê「なぜ」となる．
備考3．zinč' は形容詞的な疑問詞としても事物に対して用いられる：例えば Jh 18, 35 zinč'? gorc gorceal ê k'o = τί ἐποίησας；「お前はどんなことをしたのか」；Mk 14, 40 oč' gitein t'e zinč' patasxani tayc'en nma = οὐκ ᾔδεισαν τί ἀποκριθῶσιν αὐτῷ「彼らは，彼に何と答えたらよいか，わからなかった」．

6．不定代名詞

§ 99．不定代名詞には，人物に関わる omn および ok'「誰か，ある人」と事物に関わる imn および inč'/*ik'「何か，あるもの」がある．いずれも形容詞的・名詞的に用いられる．

第6章　形態論II：代名詞

a)　omn「誰か，ある人」

	単数	複数
主格	o-mn	o-man-kʻ
対格	o-mn	o-man-s
属格	owrow-mn	o-man-cʻ
与格	owme-mn	o-man-cʻ
位格	owme-mn	o-man-s
奪格	owme-mn-ê	o-man-cʻ
具格	o-mam-b	o-mam-bkʻ

　omn の起源については，下に掲げる okʻ との平行性から -mn が不定の意味をもつ後置された前倚辞であることが証明される．この形態的な透明性は，単数の変化形の大半に明らかに見られるが，複数では koɫmn タイプの n- 語幹屈折（§77 c備考1）を示している．

b)　okʻ「誰か，ある人」

	単数	複数
主格	o-kʻ [1]	—[3]
対格	o-kʻ	
属格	owrow-kʻ	
与格	owme-kʻ	
位格	owme-kʻ	
奪格	owme-kʻ-ê	
具格	—[2]	

　備考1．okʻ の変化は単数で omn の変化と完全に平行しており，その o- 語幹変化形に，不定の意味をもつ小辞 -kʻ/-mn が後接されていると考えられる．-mn の起源は不明であるが，o-kʻ と後述の *i-kʻ はそれぞれ疑問代名詞の語幹 o-「誰」，i-「何」に PIE *-k^we を付加した形である．同様のことは Lat. quis-que, Goth. hwaz-uh, Ved. káśca に見られる．
　備考2．欠けている単数具格は omn の対応形 omamb で代用される．
　備考3．okʻ に複数形はない．複数名詞を修飾する場合も単数形を用いる．例えば Eznik IV, 1 z-okʻ ayl astowacs「ある他の神々」（複・対）．

　okʻ は以下のような場合に用いられる：
(1) 否定文で：

第 6 章　形態論 II：代名詞

Mt 6, 24 Oč‘ ok‘ karê erkowc‘ teranc‘ caṙayel = Οὐδεὶς δύναται δυσὶ κυρίοις δουλεύειν「誰も 2 人の主人に兼ね仕えることはできない」; Mt 9, 30 mi ok‘ gitasc‘ê = μηδεὶς γινωσκέτω「誰にも知らせるな」
(2)　疑問文で：
Lk 9, 18 z-o? ok‘ asen z-inên žołovowrdk‘-n t‘e ic‘em = τίνα με λέγουσιν οἱ ὄχλοι εἶναι;「群衆は私のことを誰だと言っているか」
(3)　条件文で：
Lk 7, 39 sa t‘e margarê ok‘ êr apa gitêr t‘e óv ew orpisí ok‘ kin merjanay i sa = οὗτος εἰ ἦν προφήτης, ἐγίνωσκεν ἂν τίς καὶ ποταπὴ ἡ γυνὴ ἥτις ἅπτεται αὐτοῦ「もしこの人が誰か預言者であったならば，この人に触っている女が誰でどんな女かを知り得たろうに」
(4)　関係節で：
Lk 6, 30 amenayni or xndrê ok‘ i k‘ên. tówr· ew z-or inč‘ hanê ok‘ i k‘ên. mí pahanJer = παντὶ αἰτοῦντί σε δίδου, καὶ ἀπὸ τοῦ αἴροντος τὰ σὰ μὴ ἀπαίτει「すべて誰でもあなたに求める者には与えよ，そして誰でもあなたから奪おうとするものは何でも取り返そうとするな」
(5)　iwrak‘anč‘iwr「おのおの」, amenayn (mi)「各人」の後で：
Lk 4, 40 Ew na iwrak‘anč‘iwr owmek‘ i noc‘anê dnêr jeṙs. ew bžškêr z-nosa = ὁ δὲ ἑνὶ ἑκάστῳ αὐτῶν τὰς χεῖρας ἐπιτιθεὶς ἐθεράπευεν αὐτούς「すると彼は，彼らの 1 人 1 人に両手を置いて，彼らを癒し続けた」
Mk 15, 6 Bayc‘ əst tawni arjakêr noc‘a z-mi ok‘ z-kapeal z-or ənk‘eank‘ xndrein = κατὰ δὲ ἑορτὴν ἀπέλυεν αὐτοῖς ἕνα δέσμιον ὃν παρῃτοῦντο「彼は祭りのつどに，彼ら自身の願い出る囚人を誰か 1 人，彼らに釈放していた」
(6)　haziw「ほとんど～ない」, t‘erews「ひょっとしたら」と共に：
Rom 5, 7 vasn ardaroy haziw ok‘ meṙanic‘i ayl vasn barwoy t‘erews hamarjakic‘i ok‘ meṙanel = μόλις ὑπὲρ δικαίου τις ἀποθανεῖται· ὑπὲρ γὰρ τοῦ ἀγαθοῦ τάχα τις καὶ τολμᾷ ἀποθανεῖν「正しい人のために死ぬ者はほとんどいない．善い人のために勇を振るって死ぬ者ならひょっとして誰かいるかも知れない」

c)　imn, inč‘, *ik‘「何か，ある（もの）」，次のような単数形しか用いられない．

主格	i-mn	*i-k‘[1]	inč‘[2]
対格	i-mn	—	inč‘
属格		iri-k‘	
与格		imi-k‘	
位格		imi-k‘	
奪格	ime-mn-ê	ime-k‘(-ê)	

第6章　形態論Ⅱ：代名詞

具格　　　　　　　　　　iwi-k‘³

　備考 1. 主／対格形 ik‘ はその起源と形成法から見て ok‘ と平行しているが、否定辞 č‘- と共に主に存在の否定の意味で č‘-ik‘ という形でしか用いられない。例えば Lk 8,17 č‘ík‘ inč‘ cacowk. or oč‘ yayt lic‘i = οὐ γάρ ἐστιν κρυπτὸν ὃ οὐ φανερὸν γενήσεται「隠れているもので，顕わにならないものはない」; Mk 10,18 č‘ik‘ ok‘ bari bayc‘ mi $\overline{AC}$ = οὐδεὶς ἀγαθὸς εἰ μὴ εἷς ὁ θεός「神 1 人の他に善い者は誰もいない」; Jh 4,17 č‘ík‘ im ayr = οὐκ ἔχω ἄνδρα「私には夫がない」; Jh 7,15 ziard? zgirs gitê sa zi owseal bnaw č‘ik‘ = πῶς οὗτος γράμματα οἶδεν μὴ μεμαθηκώς;「この男は（誰にも）師事したことがないのに，どうして文字を知っているのか」; 出 4,1 č‘ik‘ ereweal k‘ez $\overline{AY}$ = οὐκ ὤπταί σοι ὁ θεός「神がお前に現れることはない」。

　備考 2. inč‘ に複数形はなく，複数名詞を修飾するにもこの形が用いられる。例えば awowrs inč‘「何日か，数日」（複・対）。── i- 語幹名詞として inč‘ は「もの，財産」を意味し，単・属 ənč‘i, 複・主 inč‘k‘, 属 ənč‘ic‘ のように変化する。例えば Lk 19,8 zkês ənč‘ic‘ imoc‘ tac‘ ałk‘atac‘ = τὰ ἡμίσιά μου τῶν ὑπαρχόντων τοῖς πτωχοῖς δίδωμι「私の財産の半分は乞食たちに与える」。── inč‘ は疑問文や否定文において特定の意味を持たずに強調のためにのみ付加されることがある：Jh 4,12 mi t‘e dow mec? inč‘ ok‘ ic‘es k‘an zhayrn mer Yakovb = μὴ σὺ μείζων εἶ τοῦ πατρὸς ἡμῶν Ἰακώβ「あなたは私たちの父ヤコブよりも偉いのか」; Lk 5,31 oč‘ inč‘ en pitoy bžiškk‘ ołǰoc‘ = οὐ χρείαν ἔχουσιν οἱ ὑγιαίνοντες ἰατροῦ「健康な者に医者は必要ない」。

　備考 3. iwik‘ は否定辞と共に次のように用いられる：Mk 9,29 ayd azg oč‘ iwik‘ elanê. et‘e oč‘ pahovk‘ ew aławt‘iwk‘ = τοῦτο τὸ γένος ἐν οὐδενὶ δύναται ἐξελθεῖν εἰ μὴ ἐν προσευχῇ καὶ νηστείᾳ「この種のものは，断食と祈り以外のどんな手段でも出て行くことがない」。

§ 100. 場所を表わす疑問副詞 owr?「どこに・へ」，yo?「どこへ」，owsti?「どこから」に対応して -k‘ に終わる不定の副詞は owrek‘「どこかに・へ」，owstek‘「どこかから」であり，しばしば場所を表わす格形と共に用いて不定冠詞のようにはたらくことがある。例えば i tełwoǰ owrek‘「あるところで」，i tełwoǰê owstek‘「あるところから」。omn に平行する owremn「どこかで」もある。例えば i geawł owremn「ある村に」（単・位）。── ayl「ほかの」から aylowr「どこかほかの場所で」，aylowst「どこかほかの場所から」，aylowstemn「どこからか」がつくられた。

　時を表わす疑問副詞は erb?「いつ」である。これから不定の副詞 erbemn と erbek‘「いつか」が派生するが，その用法は omn と ok‘ に同じである。また erbemn... erbemn...「ある時は（あるいは）…またある時は（あるいは）…」。

　場所・時を表わす副詞は関係副詞としても機能する：Agath. § 61 vałvałaki yłem zk‘ez owr kamisn ert‘al「あなたの行きたいところに，できるだけ早くあ

— 150 —

第6章　形態論Ⅱ：代名詞

なたを行かせる」；Mt 18, 20 Zi owr ic'en erkow kam erek' žołoveal en y-anown im. ánd em es i mêǰ noc'a=οὗ γάρ εἰσιν δύο ἢ τρεῖς συνηγμένοι εἰς τὸ ἐμὸν ὄνομα, ἐκεῖ εἰμι ἐν μέσῳ αὐτῶν「なぜなら，私の名のもとに2人か3人が集まっているところでは，私は彼らのただ中にいる」；Mt 24, 28 Zi owr gêš-n ic'e. ándr žołovesc'in arcowik'=ὅπου ἐὰν ᾖ τὸ πτῶμα, ἐκεῖ συναχθήσονται οἱ ἀετοί「死体のあるところ，そこに禿げ鷹たちが集まるだろう」；Mt 12, 44 darjáyc' i town im owsti eli-n=εἰς τὸν οἶκόν μου ἐπιστρέψω ὅθεν ἐξῆλθον「出て来た私の家に戻るとするか」.

7．代名詞的形容詞

§ 101. 概念的には代名詞に近い名詞・形容詞で，代名詞のように変化する語があり，代名詞的 o- 語幹として，次の2種類に分けられる： (a) 単・与／位 -owm，単・奪 -mê に終わるもの； (b) 単・位のみ -owm，単・奪 -mê に終わるもの．特に次のような形容詞がこの変化に属しており「代名詞的形容詞」と呼ばれる．

(a) 群：mi「1つ・1人の」(単・属 mioy，与／位 miowm，具 miov；属／与／位 mioǰ，奪 mioǰê もある)，ayl「他の」(単・属 ayloy，与／位 aylowm，奪 aylmê，具 aylov)，miws「もう1つ・1人の」(単・属 miwsoy，与／位 miwsowm，奪 miwsmê，具 miwsov)

(b) 群：aṙaǰin「第1の，最初の」(単・位 aṙaǰnowm，奪 aṙaǰnmê)，yetin「最後の」(yetnowm)，verǰin「最後の」(verǰnowm)，verin「上の」(vernowm)，krkin「2重の」(krknowm)，aǰ「右の」(aǰmê)，jax「左の」(jaxmê)，hin「古い」，nor「新しい」(i hnowm-n ew i norowm-s「旧約と新約（聖書）において」) など．さらに，aṙaǰin にならって，-(e)rord に終わる序数詞（通常は a- 語幹型）が単・位 -owm になることがある．例えば (y)erkrordi と並んで (y)erkrordowm「第2に」(下記§ 107 参照)．前者は名詞に後続する場合，後者は名詞に先行する場合に現れる：例えば Lk 1, 59 yawowrn owt'erordi「8日目に」に対して Mt 14, 25 i č'orrordowm pahow「第4刻に」(しかし Lk 3, 1 i hingetasanerordi (M：hngetasanerordi) ami「第15年に」).

— 151 —

第7章　形態論III：数詞

1．基数詞

§ 102.「1」から「4」までの数詞は，数えられる名詞に前置されても後置されても屈折し，これと数・格が一致する．「5」から「10」までの数詞は主／対／位格で常に不変であり，その他の格では一部変化するが，数えられる名詞がその数詞に先行する場合にほとんど限られる．「11」以上の数詞は概ね不変であるが，数えられる名詞が数詞に先行する場合に屈折を示すことがある．変化する数詞と共に現れる名詞は常に複数形である：例えば Mt 10,29 erkow čnčłowkkʻ「二羽の雀」（複・主），Mt 12,40 z-eris tiws ew z-eris gišers「三日三晩」（複・対），Mt 24,31 i čʻoricʻ hołmocʻ「四方から」．

変化しない数詞が前置されると，名詞は単数に置かれる：例えば Mt 14,17 očʻ inčʻ ownimkʻ astˑ baycʻ híng nkanak ew erkows jkowns=οὐκ ἔχομεν ὧδε εἰ μὴ πέντε ἄρτους καὶ δύο ἰχθύας「私たちは五個のパンと二匹の魚のほかにここには何も持っていない」；Mt 14,20 erkotasan sakaṙi「十二個の枝編み籠」；Lk 12,6 Očʻ apakʻên hing jag erkowcʻ dangacʻ？ vačaṙi=οὐχὶ πέντε στρουθία πωλοῦνται ἀσσαρίων δύο;「五羽の雀は二アサリオンで売られているではないか」；Lk 13,14 vecʻ awr ê yors aržan ê gorcel=ἐξ ἡμέραι εἰσὶν ἐν αἷς δεῖ ἐργάζεσθαι「働くべき日は六日ある」；Jh 11,9 očʻ erkotasan žam？ ê yawowr「十二時間が昼に属しているではないか」（繋辞が単数であることに注意）．しかし，名詞が限定要素を伴う時は，複数形をとり得る：Mt 12,45 aṙnow ənd iwr ewtʻn ayɫ ayss čʻaragóyns kʻan zinkʻn＝παραλαμβάνει μεθʼ ἑαυτοῦ ἑπτὰ ἕτερα πνεύματα πονηρότερα ἑαυτοῦ「彼は，自分自身より悪い他の七つの霊を共に連れて来る」（cf. 対応箇所 Lk 11,26 aṙnow ewtʻn ayɫ ays čʻar kʻan zinkʻn）；Mt 26,20 káyr bazmeal ənd erkotasan ašakertsn＝ἀνέκειτο μετὰ τῶν δώδεκα (v.l. μαθητῶν)「彼はその十二人と一緒に食事の席についた」；Mt 26,53 aweli kʻan zerkotasan gownds hreštekacʻ「十二軍団以上の使いたちを」．

変化しない数詞が後置されると，名詞は複数に置かれる：Lk 1,54 amiss hing「五ヶ月の間」；Lk 4,2 awowrs kʻaṙasown「四十日間」；Lk 14,19 lowcs hing ezancʻ gnecʻi＝ζεύγη βοῶν ἠγόρασα πέντε「私は牛を五くびき分買った」（複・対）；Jh 11,18 asparisawkʻ hingetasan (M：hngetasaniwkʻ)「十五スタディオン」（複・具）．

数詞に後続する名詞の複数形と単数形との並置については次の例を参照：Jh 2,20 zkʻaṙasown ew zvecʻ am šinecʻaw tačars aysˑ ew dow zeris awowrs kangnes？ zsa＝τεσσεράκοντα καὶ ἓξ ἔτεσιν οἰκοδομήθη ὁ ναὸς οὗτος, καὶ σὺ ἐν τρισὶν ἡμέραις ἐγερεῖς αὐτόν;「この神殿は四十六年かかって建てられた．

第 7 章　形態論Ⅲ：数詞

これをお前は三日で起こすのか」．
　変化しない数詞は主格と対格以外の格で時には変化することがある．それらが名詞的に用いられた場合に規則的である：Mt 18,13 i veray innsown ew yinowc'n (M：innowc'n)「九十九匹（の羊）のために」(最後の数詞のみ変化する；cf. Mt 18,12 zinnsown ew zinn oč'xarn [M：oč'xarsn])；Mt 20,17 aṙ zerkotasansn aṙanjinn「彼は十二人（の弟子たち）を彼らだけわきへ連れて行った」．
　数詞が形容詞的に用いられた場合，その語が重要な要素ならば変化することがある．数詞が名詞に先行する例：Mt 11,1　erkotasanic'（M：erkotasan) ašakertac'n iwroc'「自分の十二弟子たちに」；数詞が名詞に後続する例：Mt 10, 2 aṙak'eloc'n erkotasanic'「十二人の使徒たちの」；Lk 3,23 êr amac' ibrew eresnic'「彼はおよそ三十歳であった」；使 7,30 i katarel amac' k'aṙasnic' = πληρωθέντων ἐτῶν τεσσεράκοντα「四十年たった時」．
　「100」「1000」「10000」を表わす数詞はそれ自体が名詞として，数えられる名詞の属格形を従属させることができる．
　アルメニア語における数詞は，アルメニア語語彙のあらゆる語源研究と同様に，音韻変化の設定の仕方，方言的差異の問題などを始めとする諸問題のために，研究者の間で全面的に意見の一致を見ている例は比較的少数の項目に限られる[1]．

§ 103.

1 = mi，単数のみ．
代名詞的な o- 語幹として変化するが，別形 -oǰ, -oǰe もある：

主格	mi
対格	mi
属格	mi-oy, mi-oǰ
与格	mi-owm, mi-oǰ
位格	mi-owm, mi-oǰ
奪格	mi-oy, mi-oǰ-ê
具格	mi-ov

備考1．mi < PIE *smiyos (cf. Gk. μία < *smiya, εἷς < *sem-s)．mi は印欧祖語女性形 *smiya から派生している可能性は，metasan「11」と mekin「単一の」が mi + 結合母音 a + -tasan/-kin でないとすれば，me- は *smiya-> *miya-> *mea- の非強勢変異形である点に見られる．

---

[1] 印欧語的な見地からアルメニア語数詞を包括的に扱った最新の研究は，W. Winter, "Armenian", in: Indo-European Numerals, J. Gvozdanović (Ed.), 1992, 347-359.

第7章 形態論Ⅲ：数詞

備考2．1．mi はそれが一致する名詞に先行する時「1」を意味し，ギリシア語 εἷς, μόνος を訳す．ギリシア語は名詞に先行・後続いずれもある：Lk 15,7 vasn mioy meławorі = ἐπὶ ἑνὶ ἁμαρτωλῷ「一人の罪人のゆえに」；Lk 17,34 etic'in erkow i mi mahičs = ἔσονται δύο ἐπὶ κλίνης μιᾶς「二人が一つの床にいるだろう」．—— 2. mi は名詞に後置されて「ある」を意味する一種の不定冠詞として機能する．ギリシア語に対応形のないことが多い：例えば Mt 9,9 etes ayr mi zi nstêr i᷄ mak'saworowt'ean = εἶδεν ἄνθρωπον καθήμενον ἐπὶ τὸ τελώνιον「彼はある人物が収税所に座っているのを見た」；Lk 4,13 i bac' ekac' i nmanê aṙ žamanak mi = ἀπέστη ἀπ' αὐτοῦ ἄχρι καιροῦ「ある期間彼から離れていた」；Lk 18,1 asac' ew aṙak mi noc'a = ἔλεγεν δὲ καὶ παραβολὴν αὐτοῖς「彼は彼らにある譬えをも語った」；Jh 4,46 and êr t'agaworazn mi = ἦν τις βασιλικός「そこに王の家臣がいた」．さらに Mt 13,46 gteal mi patowakan margarit = εὑρὼν δὲ ἕνα πολύτιμον μαργαρίτην「一個の大変高価な真珠を見つけて」に対して M 写本で margarit mi patowakan とあり，εἷς を不定冠詞と解している．—— 3．以下の場合，mi は名詞に後続して「1」と訳される：(a)語順が直接ギリシア語に従っている場合：Mt 19,5 ew etic'in erkok'ean i marmin mi = καὶ ἔσονται οἱ δύο εἰς σάρκα μίαν「そして二人は一つの身になるであろう」（創 2,24 からの引用）．(b)ギリシア語原文における εἷς の有無を問わず，金額や量が言及されている場合：Lk 15,8 et'e korowsanic'ê dram mi = ἐὰν ἀπολέσῃ δραχμὴν μίαν「彼女が一ドラクマを失ったら」；Mk 12,15 berêk' inj dahekan mi = φέρετέ μοι δηνάριον「一枚のデナリオン貨幣を私に持って来い」．(c) mi が期待される語順に従わない例がある：Mk 14,37 oč'? karac'er žam mi art'own kal = οὐκ ἴσχυσας μίαν ὥραν γρηγορῆσαι；「あなたはひと時も目を覚ましてはいられなかったのか」（同じ語句に対して Mt 26,40 mi žam）．

備考3．稀に min を miwsn と対立させて用いることがある．min は本来後置冠詞を伴った mi-n であるが，それが一語と感じられて min となり，さらに同じ冠詞 -n が付加されて minn という語形も生じている：min(-n)…miws-n/min…「一方は…他方は…」．例えば Lk 7,41 min (M：-n) partêr híng hariwr darhekan ew miwsn yisown = ὁ εἷς ὤφειλεν δηνάρια πεντακόσια, ὁ δὲ ἕτερος πεντήκοντα「一人は五百デナリオン，もう一人は五十デナリオン借りていた」；Mt 6,24 kam zmin (M：-n) atic'ê ew zmiwsn siric'ê· kam zmin mecaric'ê ew zmiwsn arhamarhic'ê = ἢ γὰρ τὸν ἕνα μισήσει καὶ τὸν ἕτερον ἀγαπήσει, ἢ ἑνὸς ἀνθέξεται καὶ τοῦ ἑτέρου καταφρονήσει「あるいは一方を憎んで他方を愛するか，あるいは一方の世話をして他方は軽蔑するかだ」；Eznik II,3 oč' erbêk' i mioĵê ałberê erkow błxmownk' elanen, minn k'ałc'r ew miwsn daṙn. ew oč' i mioĵê caṙoy erkow ptowłk', min anoyš ew min dažan「一つの泉から，一方は甘くて他方は苦いといった二つの流れがほとばしり出ることは決してないし，一本の木から，一方が美味で他方が味気ないといった二つの実が出ることもない」．—— mên（属 meni, 具 meniw）は mi と一緒に用いて配分的な意味を表わす，例えば Mt 20,10 aṙin mên mi darhekan = ἔλαβον ἀνὰ δηνάριον「彼らは

— 154 —

第7章 形態論III：数詞

一デナリオンずつもらった」．

2 ＝erkow，複数のみ．

主格	erkow²
対格	erkow-s
属格	erkow-cʻ
与格	erkow-cʻ
位格	erkow-s
奪格	erkow-cʻ
具格	erkow-kʻ

備考1．erkow < PIE*dwō (Ved. dvā́, Avest. duua, Gk. δύω, *δϝω [δω̄́-δεκα「12」], Lat. duo, Goth. twai, OCS dьva)．いわゆる「メイエの法則」(*dw->erk-；上記§42a備考2参照) とは別に，*dwōを継承しているのはkuだけであり，語頭のer-は数詞「3」から転移したとする見方もある．予想される語頭k-は特にkrkin「2重の」に見られ，非強勢の-u-の規則的な消失はerkbay「疑わしい」，erkban「詐欺的な」のような複合語に起こっている．erkotasan「12」，erkokʻean「両方」のerko-はGk. dúoと一致している．

備考2．主格には複数性を明示するerkow-kʻも見られる．

3 ＝erekʻ，複数のみ，i-語幹として変化する．

主格	er-e-kʻ
対格	er-i-s
属格	er-i-cʻ
与格	er-i-cʻ
位格	er-i-s
奪格	er-i-cʻ
具格	er-i-wkʻ

備考．erekʻ <PIE*treyes (Ved. tráyaḥ, Gk. τρεῖς, Lat. trēs, Goth. þreis)．ここでは*tr->*þr->*r-> er- のような発展が予想される．対格erisおよび具格eriwkʻはPIE *tri-nsおよび*tri-bhisを反映している．

4 ＝čʻorkʻ，複数のみ，i-語幹として変化する．

主格	čʻor-kʻ

第7章 形態論III：数詞

対格	čʻor-s
属格	čʻor-icʻ
与格	čʻor-icʻ
位格	čʻor-s
奪格	čʻor-icʻ
具格	čʻor-iwkʻ

備考1．čʻorkʻ は PIE*kʷetwores (Ved. catvā́raḥ, cf. Gk. τέσσαρες, Lat. quattuor)の異化形*kʷetores (Dor. τέτορες)に溯ると考えられている。語頭のčʻ- は*kʷe- をそのまま反映しているか，あるいは*e＞i が非強勢位置で消失した後，*kʷ- と*-y-（母音間の*-t- または*-tw- から）の結合による変化と見られる。

備考2．複合語には語末音規則の作用を受けなかった古い形čʻorekʻ- が保存されている：čʻorekʻ-tasan「14」，čʻorekʻ-hariwr「400」，čʻorekʻ-kʻin「4重の」，čʻorekʻ-kerp「4つの姿をした」。-ekʻ は erekʻ「3」の影響によるとも考えられる。

5 ＝hing，i-語幹または a-語幹として変化する．

主／対／位格	hing
属／与／奪格	hng-icʻ, hng-acʻ
具格	hng-iwkʻ, hng-awkʻ

備考．hing＜PIE*penkʷe (Gk. πέντε, Ved. páñca)．語末音規則の作用を受けない古い形 hnge-＜PA*hinge- は hnge-tasan「15」，hinge-rord「第5の」に保存されている．

6 ＝vecʻ，i-語幹として変化する．

主／対／位格	vecʻ
属／与／奪格	vecʻ-icʻ
具格	vecʻ-iwkʻ

備考．vecʻ＜PIE *suwek̑s．通常「6」は PIE *s(w)eks と再建されている．Skt ṣaṣ-, Lat. sex, Goth. saihs は*seks を示し，Gk. ἕξ, Delph. Ϝέξ, Avest. xšvaš, Gaul. suexos, Welsh. chwech は*sweks を反映している．アルメニア語で*s- は語頭でゼロ（あるいは h-）になり，*sw- は kʻ- に変化するはずなので，*s- を伴わない関連形，特に OPruss. uschts「第6の」，Lith. ušēs「産床にある女性の6週間」が比較されることがある．その場合*s- は*septm̥「7」の影響によるものとも考えられる．

7 ＝ewtʻn，n-語幹として変化する．

— 156 —

第7章　形態論Ⅲ：数詞

　　　　主／対／位格　　ewt'n
　　　　属／与／奪格　　ewt'-anc', iwt'-anc'
　　　　具格　　　　　　ewt'-ambk'

備考．ewt'n＜PIE*septm̥ (Gk. ἑπτά, Lat. septem, Ved. saptá)．語末音規則の作用を受けない古い形 ewt'an- は複合語 ewt'an-a-sown「70」に保たれている．

8＝owt', i-語幹として変化する．

　　　　主／対／位格　　owt'
　　　　属／与／奪格　　owt'-ic'
　　　　具格　　　　　　owt'-iwk'

備考．owt' は Pre-Arm. *optō を経て PIE *ok̑tō (Gk. ὀκτώ, Lat. oktō, Ved. aṣṭā́) に溯る．*-pt- は *septm̥ の影響による．

9＝inn, i- または n-語幹として変化する．

　　　　主／対／位格　　inn,　in-ownk', -s
　　　　属／与／奪格　　ənn-ic', in-ownc'
　　　　具　　　　　　　ənn-iwk', in-ambk', innambk'

備考1．n-語幹形（および複数化された別形 in-ownk'）は inn が n-語幹の単数主格と誤って解釈されたために生じた有標の形である．
備考2．inn < PIE *enewn̥ (Gk. ἐννέα, cf. Ved. náva, Lat. novem, Goth. niun)．*enewn̥ はアルメニア語内部で規則的には *enewan＞*inowan＞*inown となったはずである．*inown は有標の in-ownk' に残存している可能性もある．これに関して，属／与／奪格形の -u- は，n-語幹にしては極めて異例であり，有標の複数主格形（および対格形）の他にも inun- が存在していたことを示す証拠と見られる．最後の音節の母音が消失した後，有標の tasúnk'「10」と無標の tásn の対が，inúnk'「9」: *inún → inúnk': ínn を導く基礎になったと考えられなくもない．

10＝tasn, n-語幹として変化する．

　　　　主／対／位格　　tasn, tas-ownk', -s
　　　　属／与／奪格　　tas-anc', tas-in
　　　　具　　　　　　　tas-ambk', tas-amb

第7章　形態論III：数詞

備考 1．n- 語幹形（および複数化された別形 tas-ownk')も inn「9」と同様に説明され得る．この数詞にしか見られない単数的変異形 tasin, tasamb は注目に値する．

備考 2．tasn＜*tasan＜*tesan＜PIE*deḱm̥ (Gk. δέκα, Lat. decem, Ved. dáśa, Goth. taihun)．

§ 104.「11」から「16」までの数詞は「1～6」プラス -tasn の並列複合語であり，部分的に古形が保存されている．「17」から「19」までは数詞「7～9」プラス ew tasn で表わされる (tasn のみが変化する)．

11= metasan ＜ PA*mi-a-tasan (-a- は結合母音)．しかし，me- は*mea- (＜*miya-＜*smiya-) の非強勢変異形と考えることもできる；変化は主／対／位 metasan(k', -s)，属／与／奪 metasani(c')，具 metasaniw(k')（括弧内の複数形はこの数詞が名詞化された時のみ用いられる），「12～16」も metasan のように変化する．

12＝erko-tasan
13＝erek'-tasan
14＝č'orek'-tasan
15＝hnge-tasan
16＝veš-tasan（-š- の古拙的な特徴については§42 a 備考1参照）
17＝ewt'n ew tasn
18＝owt' ew tasn（別形に owt'owtasn がある）
19＝inn ew tasn

§ 105. 十の位の数詞は次のように複合語である．「30」以降は後分に -sown ＜ PIE*-ḱomt- (cf. Gk. -κοντα, Lat. -gintā；複合語前分に単純に基数詞を仮定して -sown の前に結合母音を認めるか，あるいは結合母音を認めずにアルメニア語内部の音韻発展を重視するかによって，説明がかなり違ってくる)：

20= k'san ＜ PIE*wīḱm̥tī　(Gk. Dor. ϝίκατι, Lat. vīgintī ＜*uīcintī ＜ *uīcentī, Avest. vīsaiti, Toch.B ikäṃ)．頭音 k' は普通*gisan から s の前で同化によって生じたと説明されている．

30= eresówn ＜PA *eri-a-sun (eri- ＜ PIE*ti-= Gk. τρι-, Ved. tri-, Lat. tri-)．metasan の場合と同様に，*-a- は複合語の2つの成分を結合する母音でなく，むしろ前分の一部として，ere-＜*erea-＜*eriya- のように解釈すべきであるとも言われる．この場合 ere- は「3」の中性複数形*triə- から派生している．

40=k'aṝ-a-sown．k'aṝ-＜PIE*twr̥- (*kʷetwor- のゼロ階梯*kʷtwr̥- が単純化したもの)．k'aṝa-sown と分節することも可能である．k'＜ PIE*kʷ の変化に基づいて，ゼロ階梯の単純化でなく，*kʷet(w)rA- のような形も設定されている．

— 158 —

第7章　形態論Ⅲ：数詞

ただし，(č'ork'のč'- と対照的に) 口蓋化されなかった頭音 k' の保存について，母音間の*-t- が*-y- に変化する以前の段階で，*e-ar->*-a-ar の同化があったと仮定しなければならない．

50=yi-sown＜PA*hingisun＜PIE*penkʷē-ḱomt- (Gk. πεντήκοντα)[2].
60=vat'-sown．vec'「6」と並んで，この vat'- は veš-tasan「16」の veš- とも子音が著しく異なっており，vat'sown と veštasan は異なる方言形に由来するとも示唆されている．
70=ewt'an-a-sown. PIE *septm̥->ewt'an- が複合語に古形として保存されている．この場合 -a- は結合母音．しかし，音韻規則的には PIE *septm̥-ḱomt->*ewt'an-sun＞*ewt'asun (s の前で鼻音は消失) であるとして，この最後の形に ewt'n「7」の -n を -t'- の後で取り入れ，子音群 -*wt'n- の複雑さを軽減するために -n- の前に -a- が挿入されたとも考えられている．
80=owt'-sown．「8」の最後の*-ō＞*-u は非強勢音節で失われる．
90=inn-sown. PIE*enewn̥-ḱomt-> Arm. inun-sun＞*inusun (s の前で鼻音消失)＞*insun (非強勢の*-u- 消失). 最後の形が inn「9」に合わせて innsun に改められたとも考えられている．

§ 106. 百の位を表わす数詞および 1000, 10000 を表わす数詞は以下の通りである：
100= hariwr (o-語幹，主／対／位 hariwr [k', -s], 属／与／奪 hariwroy/-oc', 具 hariwrov [k']). 起源は不明である．PIE*ḱm̥tôm はアルメニア語で*sat',*sand,*san になる．ha- は「1000」を表わす語の影響か；百の位を表わす数詞は hariwr を後分として作られる．
200=erkeriwr＜PA*erki-ariwr＜*erki-hariwr (複合語形 erki-＜PIE*dwi- = Gk. δι-, Ved. dvi-, Lat. dui, bi-). -e- が*-ea- (＜*-iya-) の非強勢変異形であるとするならば，erkeriwr には古い女性／中性形が保存されているかも知れない．
　　300=erek'-hariwr
　　400=č'orek'-hariwr
　　500=hing-hariwr
　　600=vec'-hariwr
　　700=ewt'n-hariwr
　　800=owt'-hariwr
　　900=inn-hariwr
　1000= hazar (a-語幹，属 hazari, 具 hazaraw, 複・属 hazarac', 具 hazarawk'), パルティア・中期ペルシア語 hazār からの借用語[3].

---

[2] Winter (op. cit. 352) は penkʷēḱomtA＞*finxisun＞*fixisun＞*fiyisun＞*yiyisun＞*yəyəsun＞yisun を仮定している．

第7章　形態論Ⅲ：数詞

　10000＝bewr / biwr（u‐語幹，属 biwrow，複・属 biwrowcʻ，具 biwrowkʻ），パルティア・中期ペルシア語 bēvar（cf. Avest. baēuuar-）からの借用語．

　複合数では大きな方の数が最初に置かれ，ew が最後の数の前に置かれる：例えば，
　　 99＝innsown ew inn
　1260＝hazar erkeriwr ew vatʻsown
　1335＝hazar erekʻ hariwr eresown ew hing
　1997＝hazar inn hariwr innsown ew ewtʻn
　41500＝kʻaṙasown ew mi hazar ew hing hariwr

2．序数詞

§ 107. mi の序数詞は aṙaǰin（代名詞的 o‐語幹，cf. § 101）である．これ以外の序数詞は，対応する基数詞に接尾辞 -rord（「2」～「4」）ないし -erord（「5」以降）を付加してつくられ，a‐語幹として変化し，副詞的にも用いられることがある．
　　 2.＝erk-rord＜PA*erki-rord
　　 3.＝er-rord＜PA*eri-rord
　　 4.＝čʻor-rord＜PA*čʻori-rord
　　 5.＝hing-erord（本来の hinge-rord が誤って分節されたもの）
　　 6.＝vecʻ-erord
　　 7.＝ewtʻn-erord
　　 8.＝owtʻ-erord
　　 9.＝inn-erord
　　10.＝tasn-erord（cf. § 112 分数表現 tasanord「10 分の 1」）
　　11.＝metasan-erord
　　12.＝erkotasan-erord
　　13.＝erekʻtasan-erord
　　14.＝čʻorekʻtasan-erord
　　15.＝hngetasan-erord
　　16.＝veštasan-erord
　　19.＝innowtasn-erord

---

[3] 印欧語に「1000」を表わす一般的な表現はない．しかし，イラン語形は古インド語と共にギリシア語と共通の祖形 *ǵʰeslo- を想定させる：Skt. sa-hasra-m（sa- は*sm̥-「1」から），OIran. hazahra-, NPers. hazār, Avest. hazaŋra-, Gk. χέλλιοι, χίλιοι, cf. Szemerényi, Introduction, p. 227.

第 7 章　形態論Ⅲ：数詞

```
 20.＝kʻsan-erord
 50.＝yisn-erod
 70.＝ewtʻanasn-erord
100.＝hariwr-erord, hariw-rord
```
十の位の -sown は -sn に弱化する．例えば，
```
 66.＝vatʻsn-erord vecʻ-erord
```

「2」～「4」には短い -ir- 形 erkir, erir, čʻorir が見られるが，前の2つはそれぞれ数副詞 PIE *dwis (Skt. dvíḥ, Gk. δίς, Lat. bis), *tris (Skt. tríḥ, Gk. τρίς, Lat. ter) に溯り，čʻorir は類推形と見られる．これらの形に基づけば，例えば erk-rord は erkr-ord ＜ PA*erkir-ord と分節され，-ord はこの短形の拡張と解釈される (aṙaǰnord は「指導者，首領」を意味する，cf. § 65 r)．またčʻorir, čʻorrord と並んで kʻaṙord も見られ，*kʻaṙ-「第4の」が仮定される．

3．集合数詞，倍数詞，度数詞，配分詞，分数詞

§ 108．集合数詞は特に接尾辞 -kʻean, -kʻin を付加してつくられる：例えば erkokʻean, erkokʻin「両方(の)，2つ(2人)とも,」, erekʻean, erekʻin「3つとも」(奪 erecʻownc̣ʻ), čʻorekʻean「4つとも」, tasnekʻean「10個全部」, erkotasanekʻin「12全部」．これらは次のように変化する：

主格	erkokʻean, erkokʻin
対／位格	erkosean, erkosin
属／与／奪格	erkocʻowncʻ (備考)
具格	erkokʻowmbkʻ

備考．異化的な変音を示さない変異形 erkowcʻowncʻ もある．

amenekʻean, amenekʻin「すべて」も同様に変化する：対／位 amenesean/amenesin, 属／与／奪 amenecʻown(cʻ), 具 amenekʻowmbkʻ．これらは形容詞 amenayn「すべての，あらゆる，おのおのの」(i-語幹，具 amenayniw) の複数としてはたらく．amenayn は普通限定的に用いられ，後続する名詞の前では変化しない：Mt 4,9 z-ays amenayn kʻez tacʻ＝ταῦτά σοι πάντα δώσω「これらすべてをお前にやろう」; Mt 12,15 bžškeácʻ z-ameneseán＝ἐθεράπευσεν αὐτοὺς πάντας「彼は [Gk：彼ら] すべてを癒した」; Lk 18,12 tam tasanórds y-amenayn stacʻowacocʻ imocʻ＝ἀποδεκατῶ πάντα ὅσα κτῶμαι「私は自分の全財産 (収入) のうちから十分の一を払っている」．amen- は複合語の前分として用いられ，例えば amen-a-gêt「すべてを知っている，全知の」, 副詞 amenewin「完全に，全く，絶対に」．

第7章 形態論Ⅲ：数詞

　-eak は集合的抽象詞をつくる：erreak「3つ組」, tasneak「10個1組」, hariwreak「100個1組」など。a-語幹主要型にしたがって変化する（属／与／位 tasneki など）。

§ 109. 倍数詞「～倍の，～重の」は特に接尾辞 -(e)kin, -krkin, -patik を付加してつくられる形容詞であり，副詞としても用いる：mekin「単一の」, krkin「2倍の，2重の」, erekʻkin「3倍の」, čʻorekʻkin「4倍の」, hngekin「5倍の」, tasnekin「10倍の」, ewtʻnekin「7倍の」（レビ 25, 8 Ew tʻowescʻes dow kʻez ewtʻn hangist amacʻ, ew ewtʻn am ewtʻnekin, ew ełicʻin ewtʻn ewtʻnerordkʻn amacʻ kʻaīsown ew inn am「あなたは安息の年を七回，すなわち七年を七回数えよ。七を七倍した年は四十九年である」）, ewtʻanasnekin「70倍の」（創 4,24；Mt 18,22 ewtʻanasnekin ewtʻn「7の70倍」）；čʻorekʻkrkin, hingkrkin；erkpatik「2倍に」（黙 18, 6），ewtʻnapatik, tasnapatik, hariwrapatik, hazarapatik, biwrapatikkʻ「幾千万」（詩 67 [68], 18）など。

§ 110. 度数詞「～度，～回」をつくる生産的な接尾辞は -icʻs である：erkicʻs「2度」, ericʻs「3度」, kʻanicʻs?「何度」（cf. Mt 18, 21 kʻanicʻs? angam tʻe [M：etʻe] mełicʻê inj ełbayr im. ew tʻołicʻ nma· minčʻew y-ewtʻn? angam =ποσάκις ἁμαρτήσει εἰς ἐμὲ ὁ ἀδελφός μου καὶ ἀφήσω αὐτῷ; ἕως ἑπτάκις;「私の兄弟が私に対して罪を犯した場合，私は何度まで彼を赦すべきなのか．七度までか」．――「～度目に」は次のように表わされる：序数詞を用いて errord angam「3度目に」；度数詞単独でまたは angam と共に erkicʻs (angam)「2度目に」；倍数詞単独でまたは angam と共に krkin (angam)「2度目に」．

　備考．疑問詞 kʻani?「どれほど多くの」：Mt 15,34 kʻani? nkanak ownikʻ =πόσους ἄρτους ἔχετε;「あなたたちはパンをどれほど持っているか」；kʻani は感嘆文にも用いられる：Lk 15,17 kʻaní varjakankʻ icʻen i tan hawr imoy hacʻalicʻkʻ =πόσοι μίσθιοι τοῦ πατρός μου περισσεύονται ἄρτων「私の父の家にはパンが有り余るほどある雇い人たちがどんなに大勢いることか」．

§ 111. 配分数は2通りの表わし方がある：(a)基数詞を2度繰り返す．例えば Lk 10,1 aīakʻeacʻ z-nosa erkows erkows=ἀπέστειλεν αὐτοὺς ἀνὰ δύο「彼は彼らを2人ずつ遣わした」．――(b)集合数詞をつくる接尾辞 -kʻean, -kʻin を用いる．例えば erkokʻean / erkokʻin「2つずつ」．――注目すべき表現：Mk 6,40 bazmecʻán daskʻ daskʻ owr hariwr. ew owr yisown [M：… or hariwr ew or yisown]=ἀνέπεσαν πρασιαὶ πρασιαὶ κατὰ ἑκατὸν καὶ κατὰ πεντήκοντα「彼らは百人ずつ，あるいは五十人ずつ組になって横たわった」（現代アルメニア語訳 hariwr hariwr ew yisown yisown）．

第7章　形態論III：数詞

§ 112. 分数は大抵序数詞によって表わされる：errord「3分の1」，č'orrord「4分の1」，tasanord「10分の1」（序数詞は tasnerord）．
「半分，2分の1」は kês（属 kisoy）；民 34,14 kisoy c'ełin「半部族」，黙 11,9 zeris awowrs ew kês「3日半の間」，黙 12,14 kês žamanaki「半時」，Ezn. 187 i tarwoǰ ew i kisowm「1年半に」．

第8章　形態論Ⅳ：動詞

第1部　活　用

1．総論

§113. アルメニア語の動詞組織は著しい改新を被ったことにより，他の印欧語，特に古インド語やギリシア語といった古典的印欧祖語の再建に大きな役割を果たしてきた言語の動詞組織に比べて極めて単純化されている．一般的な特徴としては次の事項が挙げられる：
a) 数は単数と複数の2つ．両数はない．── b) 人称は1・2・3人称の3つ（主語は代名詞によって明示される必要はない）．── c) 叙法は直説法 (indicative，叙実法ともいう)，接続法 (subjunctive，叙想法・仮定法などともいう)，命令法 (imperative) の3つ．直説法は現実の（あるいは現実と見なされている）事態を表わす．接続法は想定・想起され得る事態，もしくは──印欧祖語の希求法 (optative) の機能も継承しているために──願望を表わす．命令法は命令ないし禁止を表わす．接続法は未来の予想され得る事態に頻繁に関連しているので，アルメニア語に固有の時制として存在しない未来は通常，接続法（大概は接続法アオリスト）によって表現される．アルメニア語文法学者の中には接続法現在を未来Ⅰ，接続法アオリストを未来Ⅱと呼んで，未来時制を認める人もいる．

§114. 動詞組織全体は2つの相語幹，すなわち現在語幹 (present stem) とアオリスト語幹 (aorist stem) に分かれている．概ね現在語幹は未完了相 (imperfective aspect)，アオリスト語幹は完了相 (perfective aspect) を示す．前者では，その終結点または限界を顧慮せずに事態が進行しつつあるものと見られており，後者では，事態がその進展において顧慮されず，終結した全体において見られている．こうした違いは，アスペクトの異なる形が並存する次のような例に観察することができる：Jh 9,7 čʻogaw (アオ) lowacʻáw (アオ), ekn (アオ) ew tesaner (未完) ＝ ἀπῆλθεν καὶ ἐνίψατο καὶ ἦλθεν βλέπων「彼は立ち去り，洗い，帰って来た，すると見えるようになっていた」．

§115. 不定形には，現在語幹からしかつくられない不定詞 (infinitive) と通常アオリスト語幹からつくられる分詞 (participle) がある．能動態 (active voice) と中／受動態 (middle-passive voice) は現在語幹では不完全にしか区別されず（厳密には -em [能] ─ im [中／受] の対立を示す動詞のみ），アオリスト語幹ではより厳密に区別される．したがって，同じ動詞形が能動態または中／受

第8章　形態論Ⅳ：動詞

動態の意味に理解される場合がしばしば起こるのであり，不定形も態に関しては形態上の区別を示さず，中立的である．印欧語完了は独立した範疇としては失われた．それは現在の意味を持つ少数の化石化した形に痕跡を留めているだけである：例えば git-em「私は知っている」< PIE *woida (Ved. véda, Gk. Fοῖδα, Goth. wait)：goy「彼はある」< PIE *wose- (cf. Goth. was). 印欧語完了形成の典型的な特徴の1つは部分重複であったから，この部分重複がアルメニア語では生産的でなくなっていることと完了の消失とは関連している．アルメニア語で重要な役割を果たす典型的な重複は全体重複，すなわち反復である．これに対して，ギリシア語やインド・イラン語と重要な等語線をなすオーグメント（augment）は保存されている．ただし，これはすべての動詞形における過去時の一般的な標識としてではなく，特にアオリストの3人称単数で単音節形を避けるために付加されているという分布上の制約がある．

§ 116. 現在語幹からは以下の形がつくられる：
 a）直説法現在
 b）未完了過去
 c）接続法現在
 d）命令法現在
 e）不定詞（およびこれから派生した形容詞）

§ 117. アオリスト語幹からは以下の形がつくられる：
 a）直説法アオリスト
 b）接続法アオリスト
 c）命令法アオリスト
 d）分詞―2つの語幹形成法が区別される

2．現在語幹：活用

　語幹末音 -e-, -i-, -a-, -u-（<ow），-o- にしたがって，5つの現在類が区別される．音韻変化が原因で一部異なる場合もあるが，原則としてそれらの活用は均一である．-o- 類は欠如的でほとんど3人称にしか用いられない goy「彼はある」に限られている．

a）直説法現在
§ 118. 以下の語尾が語幹末母音に付加されるが，*-ey > ê, *-iy > i, *-owy > ow に注意．

人称	単数	複数
1	-m	-mk'

第8章　形態論Ⅳ：動詞

```
2    -s     -yk'
3    -y     -n
```

1. -e- 類
   （範例：sirem「私は愛する」）

人称	単数	複数
1	sire-m	sire-mk'
2	sire-s	sirêk'＜*sire-yk'
3	sirê＜*sire-y	sire-n

2. -i- 類
   （範例：sirim「私は愛される」）

人称	単数	複数
1	siri-m	siri-mk'
2	siri-s	sirik'＜*siri-yk'
3	siri＜*siri-y	siri-n

3. -a- 類
   （範例：lam「私は泣く」）

人称	単数	複数
1	la-m	la-mk'
2	la-s	la-yk'
3	la-y	la-n

4. -u- 類
   （範例：hełowm「私は注ぐ」）

人称	単数	複数
1	hełow-m	hełow-mk'
2	hełow-s	hełowk'＜*hełu-yk'
3	hełow＜*hełu-y	hełow-n

5. -o- 類
   （範例：gom「私はある」）

第8章 形態論IV：動詞

人称	単数	複数
1	(go-m)	(go-mk')
2	(go-s)	(go-yk')
3	go-y	go-n

6．印欧語のいわゆる一次語尾が現在活用に広範に保存されている．ただし，-e-類では幹母音型動詞類に見られる *bʰer-e-ti 対 *bʰer-o-nti タイプの古い交替は保たれていない．-e- 語幹動詞 berem のパラダイムをモデルとして挙げてみる：

人称	単数	複数
1	bere-m < *bher-e-mi	beremk' < *berem+k'
2	bere-s < *bher-e-si	berêk' < *bher-e-te+k'
3	berê < *bher-e-ti	beren < *bher-e-nti

1人称単数 -m は非幹母音型動詞語尾 PIE *-mi が -e-, -i- 語幹類に移行したものである．これにはいくつかの原因が考えられている：まず，繋辞 em < *es-mi の影響が挙げられる．-em は規則的に期待される *-im（鼻音の前で PIE *e > Arm. i）の代りに現れている；次に，幹母音型語尾 PIE *-ō はいわゆる「語末音規則」によって消え去らねばならず，その結果 ber < *bʰerō と命令法 ber < *bʰere との同音衝突を避ける必要があった；そして，非幹母音型現在類，とりわけ -na-, -nu- 語幹類が見本となった（barnam「私は持ち上げる，運ぶ」< *bʰr̥ǵ-nā-mi, z-genowm「私は服を着る」< *-wes-nu-mi）．── 2人称単数 -s < PIE *-si は，幹母音型動詞では母音間の *-s- は規則的に消えるのに対して，繋辞 es < *es-si の影響によって残った．── 3人称単数 -y < PIE *-ti．幹母音型動詞で母音で終わる動詞（例えば -na-y < PIE *-nā-ti）では母音間の *-t- の規則的な発展である．これが一般化されて，ber-ê に従って繋辞でも ê「彼は…だ」となった．── 1人称複数 -mk' は1人称単数語尾 -m の複数化されたもの（cf. 2人称代名詞 du：du-k'）．*-mes/-mos の音法則的な発展の可能性はないようである．── 2人称複数 -yk' は幹母音型動詞における母音間の規則的な発展 -y < PIE *te に1人称複数から類推的に移された -k' が添加されたものである．この類推過程は，PIE *bʰerete だけでは *bere-y > berê となり，3人称単数形と同音になってしまうことによって促進されたであろう．── 3人称複数 -n < PIE *-nti．-e- 語幹類では -e/o- 交替の均一化とあいまって，鼻音の前で規則的に期待される *-in の代りに -en が現れている．これと同じ過程は gon にも見られる（鼻音の前で *o > *u で *gun が期待される形）．

b）未完了過去

§ 119．直説法しかない．以下の語尾が語幹末母音に付加される．-a- 類では語幹

第8章　形態論IV：動詞

末音と語尾の間に，母音接続 (hiatus) -a-i-, -a-a- を解消するためにわたり音 -y- が挿入される．

人称	単数	複数
1	-i	-ak'
2	-ir	-ik'
3	-yr	-in

1．-e-/-i- 類（これらは融合によって能動態と中／受動態の対立を形態上示さない）．
　（範例：sirem/sirim）

人称	単数	複数
1	sire-i	sire-ak'
2	sire-ir	sire-ik'
3	sirêr＜*sire-yr[1]	sire-in

備考1．古典期以後には，特に態を明瞭に区別するという理由から，3人称単数の中／受動態語尾 -iwr（例えば siriwr「彼は愛されていた」）が現れ，これが時に古典アルメニア語テクストの諸写本にも入り込んでいることがある．

2．-a- 類
　（範例：lam）

人称	単数	複数
1	layi	layak'
2	layir	layik'
3	layr	layin

備考．keam「私は生きる」と ateam「私は憎む」にはいわゆる「母音交替」によって *kem, *atem のように -e- 類的な変化形がある：単・1 ke-i ＜ PA *kea-i, ate-i ＜ PA *atea-i, 単・2 keir, 単・3 kêr/keayr, atêr/ateayr など．

3．-u- 類
　（範例：heɫowm）

人称	単数	複数
1	heɫow-i	heɫow-ak'

— 168 —

第8章　形態論IV：動詞

| 2 | hełow-ir | hełow-ikʻ |
| 3 | hełoyr[1] | hełow-in |

備考 1．*-owyr が期待されるが，-oy は伝統的な発音では子音の前で [ui] なので，そのように綴られている．

4．-o- 類
（範例：gom）

人称	単数	複数
3	go-yr	goyin

備考．-a- 類と同様に，語幹末音と母音で始まる語尾との間に母音接続を回避する -y- が挿入されている．

5．未完了過去とその語尾の組織は印欧語未完了過去を直接継承しているのではなく，アルメニア語内部に行われた新しい形成であると考えられるが，その成立の最終的な解明にはまだ至っていない．Meillet (1936: 127) は，3人称単数語尾 -yr は印欧語の中動態語尾 *-tor に由来すると考えた（例えば berêr < PA *bere-yr < PIE *bʰer-e-tor）．2人称単数語尾に見られる要素 r は Meillet (1936: 125) によって r+母音からなる小辞 (cf. Gk. ῥα, Lith. iř) であると説明された（これはアオリスト能動態および中／受動態二人称単数語尾 berer, berar にも同じく適用された）．また語尾の多くに共通する母音 -i- (1・2 人称単数, 2・3 人称複数) はその解釈にさまざまな仮説が提案されてきたが，語根 *es-「…である」(PIE *ēs-m̥ > Gk. ἦα, Ved. ā́sa) の完了を継承したアルメニア語形 *i「私は…であった」が動詞に複合ないし合接されているとする Meillet (1936: 126) の合接仮説は，最近，未完了過去の起源を印欧語希求法 (Arm. -i- < PIE *-yē/ī) に求めようとする仮説によって排除されている．こうした未完了過去に提案された希求法仮説は機能の変化を前提としている．これと関連して，未完了過去の非現実的な用法も存在することは注目される (cf. §178 b)：Lk 7,39 sa tʻe margarê okʻêr apa gitêr tʻe óv ew orpisí okʻ kin merjanay i sa = οὗτος εἰ ἦν προφήτης, ἐγίνωσκεν ἂν τίς καὶ ποταπὴ ἡ γυνὴ ἥτις ἅπτεται αὐτοῦ「この人が預言者だったなら，彼に触っている女が誰でどんな女か知っただろうに」．

c）接続法現在
§120． 接続法に特有の形成素 -icʻ- の後で，-e- 動詞と -a- 動詞は -em 語尾をとる．

第 8 章　形態論Ⅳ：動詞

1．-e- 類
　　（範例：sirem）

人称	単数	複数
1	sir-ic'-em	sir-ic'-emk'
2	sir-ic'-es	sir-ic'-êk' ＜ *-eyk'
3	sir-ic'-ê ＜ *-ey	sir-ic'-en

2．-i- 類
　　（範例：sirim）

人称	単数	複数
1	sir-ic'-im	sir-ic'-imk'
2	sir-ic'-is	sir-ic'-ik' ＜ *-iyk'
3	sir-ic'-i ＜ *-iy	sir-ic'-in

3．-a- 類
　　（範例：lam）

人称	単数	複数
1	la-yc'-em	la-yc'-emk'
2	la-yc'-es	la-yc'-êk' ＜ *-eyk'
3	la-yc'-ê ＜ *-ey	la-yc'-en

4．-u- 類
　　（範例：hełowm）

人称	単数	複数
1	hełow-c'-owm	hełow-c'-owmk'
2	hełow-c'-ows	hełow-c'-owk' ＜ *-uyk'
3	hełow-c'-ow ＜ *-uy	hełow-c'-own

5．-o- 類
　　（範例：gom）

人称	単数	複数
3	gow-c'-ê ＜ PA*goy-c'-ey	gow-c'-en ＜ PA*goy-c'-en

第 8 章　形態論Ⅳ：動詞

6．接続法を特徴づける形成素は -ic‘- であり，直説法に現れる語幹末母音に付加される．実際に生ずる語形は音韻変化による「母音交替」を被っている：sir-ic‘-em < PA *sirêc‘em <*sire-ic‘-em, layc‘em < la-ic‘-em, hełowc‘owm（母音の平準化による）< PA *hełuyc‘em <*hełu-ic‘-em, gowc‘ê < PA *goyc‘ey < *go-ic‘-ey. -i- 類の語形は，直説法の形からの類推によって -e- 類の語形に対してつくられた二次的な形であると見られる．すなわち sir-em : sir-im = 能動 siric‘-em : 中／受動 siric‘-im．形態素 -ic‘- < PIE *-isḱe- は希求法標識 *-ī- +*-sḱe- に溯ると見るよりも，意味論的な根拠は欠けているが，現在語幹拡張素 *-isḱe- に溯らせ，ギリシア語 εὑρ-ίσκω「見つける」，ἀλ-ίσκομαι「捕われる」のような形成と比較する見解の方が受け入れられている．

　2 人称には接続法アオリストに由来する -iǰir（単数），-iǰik‘（複数）に終わる形が勧告（exhortative）に用いられる：Lk 10,7 i nmín tan aganiǰik‘ owtiǰik‘ ew əmpiǰik‘ i noc‘anê =ἐν αὐτῇ τῇ οἰκίᾳ μένετε ἐσθίοντες καὶ πίνοντες τὰ παρ' αὐτῶν「その家に留まり，彼らのものを食べて飲め」．

d）命令法現在

§ 121. 命令法現在は禁止の意味でしか用いられない．否定を表わす小辞は常に強勢の置かれた mi「…するな」< PIE *mē（Ved. mā́, Gk. μή）である．これ以外に使われる通常の否定辞は oč‘「…ない」である．肯定的な命令法はアオリスト語幹からつくられる．命令法現在が肯定形で用いられるのは，a）繋辞 em の命令法，すなわち単数 er，複数 êk‘：例えば Mt 26,49 ołǰ er=χαῖρε, Mt 28,9 ołǰ êk‘=χαίρετε「ごきげんよろしゅう」．否定（禁止）の意味では linim「なる」の命令法が用いられる：例えば Jh 20,27 mi linir anhawat· ayɫ hawatac‘eál=μὴ γίνου ἄπιστος ἀλλὰ πιστός「信じないままでいるのではなく，信じるものになれ」；b）t‘oł z-「…を除いて，…は別として」：Mt 14,21 Ew ork‘ kerann ein [ark‘] ibrew híng hazar. t‘oł zkanays ew zmankti = οἱ δὲ ἐσθίοντες ἦσαν ἄνδρες ὡσεὶ πεντακισχίλιοι χωρὶς γυναικῶν καὶ παιδίων「また，食べた者は，女と子供を除いて，［男］五千人ほどであった」．Jensen (1959 : 94) は t‘oł を t‘ołowm「放置する」の命令法現在 t‘ołowr から派生させているが，t‘oł は命令法アオリスト形がそのまま副詞に硬化したものと見るのが自然であろう．――変化形は 2 人称のみであり，2 人称複数形は直説法現在の 2 人称複数形と同じである．Meillet (1936 : 119) は単数形の -r がギリシア語 ῥα のような小辞であったと考えている（同じ要素はアオリスト能動態及び中／受動態 2 人称単数語尾 bere-r, bera-r にも認められている）．

	単数	複数
-e- 類	sire-r	sirêk‘ < *sire-yk‘
-i- 類	siri-r	sirik‘ < *siri-yk‘

第8章　形態論Ⅳ：動詞

```
-a- 類      la-r         la-yk'
-u- 類      hełow-r      hełowk' < *hełu-yk'
```

e）不定詞

§ 122. アルメニア語は -l < PIE *-lo- に終わる1つの不定詞しか持たず，態も区別しない（-e- 類と -i- 類は合一して同じ不定詞形を持っている：sirel「愛する／愛されること」）。形態上は現在語幹に属するが，現在時制に限って用いられるということにはならない．ギリシア語のようにアオリスト不定詞があるわけではないので，不定詞はその動詞全体の不定詞ということができる．不定詞は本来動詞的抽象名詞であり，o- 語幹型として変化し，動詞的支配を示す．

```
-e-/-i- 類     sire-l¹,  属 sire-l-oy
-a- 類         la-l,     属 la-l-oy
-u- 類         hełow-l,  属 heł-l-oy < PA *hełu-l-oy
-o- 類         (go-l)²
```

備考1．中／受動態不定詞形 -i-l は古典期以後に現れるが，古典期のテクストの写本にも時折入り込んでいる．
備考2．古典アルメニア語には現れない．

不定詞から直接に2種類の動詞的形容詞が派生される：a）-oc' に終わる，通常は述語としてしか用いられない——したがって斜格形はない——「必然性を表わす分詞」（participium necessitatis）あるいは間近に迫っている未来の事態を表わす分詞．能動と受動の意味を持ち得る．例えば sirel-oc'「愛すべき，愛されるべき」，gal-oc'「来るであろう，来るべき」：Jh 6,14 sa ê čšmarit margarên or galóc'n êr yašxarh = οὗτός ἐστιν ἀληθῶς ὁ προφήτης ὁ ἐρχόμενος εἰς τὸν κόσμον「この人は本当に，世に来るはずであったあの預言者だ」，しかし Jh 16,13 zgalóc'n patmesc'ê jez = τὰ ἐρχόμενα ἀναγγελεῖ ὑμῖν「彼は来るはずのことをあなたたちに告げるだろう」．—— b）-i に終わる，可能性を表わす分詞．-a- 語幹の副次型Bとして変化し（具 -eaw），意味的にはドイツ語の -bar または -lich に対応する．例えば sirem「私は愛する」から sirel-i「愛らしい」，arkanem「私は投げる」から arkanel-i「投げられる」，zarmanam「私は驚く」から zarmanal-i「驚嘆すべき」，erewim「私は現れる」から erewel-i「目に見える」，ənt'eṙnowm「私は読む」から ənt'eṙnl-i「読む価値のある」< *-nu-l-i．純粋な形容詞のほかに，受動分詞（ラテン語・ギリシア語の gerundivum に対応する）として述語に用いられる：Lk 5,38 gini nor i tiks nors arkaneli ê = οἶνον νέον εἰς ἀσκοὺς καινοὺς βλητέον「新しい葡萄酒は新しい革袋に入れられるべきである」．

— 172 —

第 8 章　形態論 IV：動詞

3．アオリスト語幹：活用

§ 123. アオリストには語根アオリスト（または強アオリストとも称される）と弱アオリストの 2 種類がある．語根アオリストでは語尾がアオリスト語幹としての動詞語根に直接付けられるが，弱アオリストは動詞語根とアオリスト標識 -c‘- からなるアオリスト語幹に語尾が付けられる．アオリスト語幹の屈折は能動態（直・単・1 -i，例えば ber-i「私は運んだ」）と中／受動態（直・単・1 -ay，例えば ber-ay「私は運ばれた」）で行われ，人称語尾は強・弱アオリストで同じである．

　語根アオリストは印欧祖語の過去形，すなわち動詞的意味および現在語幹の一次的ないし二次的性格に従って，未完了過去あるいはアオリストを継承している：一次的現在語幹 ber-em に対しては直・単・3 eber「彼は運んだ」< PIE *ebʰeret, これは形態上は幹母音型未完了過去である (cf. Ved. ábharat, Gk. ἔφερε)，しかし二次的現在語幹 lk‘-anem に対しては直・単・3 elik‘「彼は去った，見捨てた」< PIE *elikʷet (cf. Ved. áricat, Gk. ἔλιπε)．これらは印欧祖語に溯る古い状態を保存しているが，非生産的なタイプである．

　弱アオリストは大量の派生動詞からつくられる生産的なタイプである．弱アオリスト語幹を特徴づける要素 -c‘- は，ギリシア語 φά-σκον (φάσκω「言う」), φεύγ-ε-σκον (φεύγω「逃げる」), φιλέ-ε-σκον (φιλέω「愛する」) のような反復相的な過去形と関連づけられ，印欧祖語 -sk̑- に溯ると考えられている．この接尾辞は本来アオリストとは関係がなかった．上述のように，アルメニア語におけるアオリストの起源は印欧語のアオリストのみならず，未完了過去にも認められる．例えば la-c‘-i「私は泣いた」のような形は現在語幹が -c‘- によって拡張されたものであり，印欧語の名詞派生動詞はアオリスト形を持たなかったゆえに，名詞から派生した -em- 動詞の -c‘- アオリストとの関係も，これらのアオリストが未完了過去に起源を有していることを示している．それにもかかわらず，-c‘- の起源の詳細はまだ問題なしとしない．これは -ec‘- と二重母音的 -eac‘（能・直・単・3，能および中／受・命・単・2 という無語尾の 3 つの形に限られる）の交替をどのように解釈すべきかという問題に関わっている．古くは -eac‘ を出発点として，これを接尾辞複合的な基底形 *-is-ā-sk̑e- あるいは *-ey-ā-sk̑e- に溯らせようとする考え方があったが，Godel は二重母音的な単・3 -eac‘ からでなく，逆に他の形に見られる -ec‘- から出発して，-eac‘ を改新形と見なした．つまり，-eac‘ は母音交替 ea : e の類推的拡張によって -ec‘- から二次的に成立したのであり，強勢のない -ec‘- は単純に印欧祖語 *-e-sk̑-e- あるいは *eye-sk̑-e- に溯り，ギリシア語 ἐθέλ-ε-σκ-ε「彼は欲した」や φιλέ-εσκ-ε「彼は愛した」のような形に比定され得るとした．

— 173 —

第8章　形態論IV：動詞

a) 直説法アオリスト
§ 124.
1. 能動態
   （範例：berem「私は運ぶ」, 語根アオリスト ber-i「私は運んだ」; sirem「私は愛する」, 弱アオリスト sire-c'-i「私は愛した」）.

		能動態	弱アオリスト
単	1	ber-i	sire-c'-i
	2	ber-er	sire-c'-er
	3	e-ber[1]	sirea-c'[2]
複	1	ber-ak'	sire-c'-ak'
	2	ber-êk', -ik'	sire-c'-êk', -ik'
	3	ber-in	sire-c'-in

備考1．単数3人称は無語尾であって，他の語形よりも1音節分少なくなる．その結果，この形が単音節でしかも当該の動詞が単子音で始まる場合は，オーグメント e- が前接される：la-c'-i「私は泣いた」，単・3 e-la-c'; しかし ac-i「私は導いた」，単・3 ac (êac は古典期以後)．単数3人称以外では，オーグメントは少数の不規則な動詞にしか現れない：例えば tam「私は与える」に対する直・アオ・単・1 e-tow; dnem「私は置く」に対する接・アオ・単・1 e-di-c'「私は置くだろう」．

備考2．弱アオリストでは -c'- に先行する -e は強勢のある -ea- になる．唯一の例外は ənkenowm「私は投げる」に対して期待される *ənkeac' でなく ənkêc'「彼は投げた」で，体系に逆らった形でおそらく古拙形．

2. 中／受動態
   （範例：berem, 語根アオリスト ber-ay「私は運ばれた」; sirem, 弱アオリスト sire-c'-ay「私は愛した」）.

単	1	ber-ay[1]	sire-c'-ay
	2	ber-ar	sire-c'-ar
	3	ber-aw	sirea-c'-aw
複	1	ber-ak'	sire-c'-ak'
	2	ber-ayk'	sire-c'-ayk'[2]
	3	ber-an	sire-c'-an

備考1．時として「語尾」-eay が現れることがある．-eay < *-i-ay であり，本来は -i- 語幹がその根底にある．その -i- 語末音が現在語幹ではいわゆる「語末音規則」に従って非強勢音節では ə =〈綴りゼロ〉になった．例えば ayt-nowm「私は膨らむ」< PA *ayti-num, アオ ayteay < PA *ayti-ay.

— 174 —

第8章　形態論Ⅳ：動詞

備考2．-arowk' に終わる別形が時として見られる．例えば kamec'arowk'「あなたたちは望んだ」．-eay に終わるアオリストでは -erowk'< PA *-i-arowk' となる．例えば čanač'em「私は知っている」に対するアオ・単・1 caneay, 複・2 canerowk'.

　直説法アオリストの語尾組織（能動態）-i, -er, -Ø, -ak', -êk'/-ik', -in については確実に説明され得るものはきわめて少ない．その中でも単数3人称 -Ø は PIE *-e-t（幹母音プラス二次語尾）が「語末音規則」によって失われた形であることが確実に知られる．また，複数2人称 berêk' は *bʰerete-k' に遡ると見られる．しかし，「語末音規則」は単数1・2人称形と単数3人称形の合一をもたらしたはずであるから，これを避けるために，1人称に -i, 2人称に -r (Meillet [1936：125] によれば，命令法現在における -r と同じ小辞）が付加されて，二次的に区別された．形成素 -a-（これ自体は起源不明）によって標示された中／受動態形は単数（1・2人称）と複数（2・3人称）で能動態をモデルにして形成されている．複数1人称 ber-ak' では態の対立が中和されている．いずれにせよ，複数2，3人称語尾 -ik', -in は未完了過去の語尾と対応していることは注目される．中／受動態3人称単数語尾の -w は Meillet (1936：124) によって印欧語 *-w- 完了（cf. Ved. jajñáu, Lat. nō-u-ī）と比定されたが，最近では後続母音の音色に依存した *t の y あるいは u への変化と関連づけられている：*bʰəti-> bay「語」，*bʰereti >*berey > berê に対して *bʰerato > beraw. つまり印欧祖語中動態二次語尾 *to に遡る可能性が指摘されている．

b)　接続法アオリスト

§ 125．接続法アオリストは，接続法現在と同じく，形成素 -ic'- によって特徴づけられる．期待を表わす前望的な（prospective）接続法としてしばしば未来の意味で用いられることがあり，接続法現在を第1未来，接続法アオリストを第2未来と呼ぶこともあるが（cf. § 113），これが唯一の用法ではないので，接続法の範疇全体を単純に「未来」としてくくることはできない．語根（または強）アオリストの他に，弱アオリストでは多音節語幹と単音節語幹が区別される．多音節語幹では *-c'c'-（< PA *-c'-ic'-，すなわちアオリスト標識プラス接続法標識）が異化によって -sc'- または -sǰ-（複・2）として現れるのに対して，単音節語幹では異化を被らない．

1．能動態
　（範例：berem, 語根アオリスト ber-i「私は運んだ」；多音節語幹 sirem, 弱アオリスト sire-c'-i「私は愛した」；単音節語幹 lam, 弱アオリスト la-c'-i「私は泣いた」）．

　　　　単・1　　ber-ic'　　　　　sire-c'-ic'　　　　la-c'-ic'

第8章　形態論Ⅳ：動詞

	2	ber-cʻ-es¹	sire-s-cʻ-es	la-cʻ-cʻ-es
	3	ber-cʻ-ê<*-ey	sire-s-cʻ-ê<*-ey	la-cʻ-cʻ-ê<*-ey
複・1	ber-cʻ-owkʻ	sire-s-cʻ-owkʻ	la-cʻ-cʻ-owkʻ
	2	ber-ǰ-ikʻ	sire-s-ǰ-ikʻ	la-cʻ-ǰ-ikʻ
	3	ber-cʻ-en	sire-s-cʻ-en	la-cʻ-cʻ-en

備考1．接続法2人称形は命令的な機能で勧告（exhortative）にしばしば用いられる．複数2人称語尾 -ǰikʻ からの類推による単数2人称語尾 -ǰir もよく見られる．

2．中／受動態

複数1・2人称形は能動態と中／受動態で同じである．異化の規則は能動態の場合と同じである．

　（範例：berem，語根アオリスト ber-ay「私は運ばれた」；sirem，弱アオリスト sire-cʻ-ay「私は愛された」）．

単・1	ber-ay-cʻ	sire-cʻ-aycʻ
	2	ber-cʻ-is	sire-s-cʻ-is
	3	ber-cʻ-i<*-iy	sire-s-cʻ-i<*-iy
複・1	ber-cʻ-owkʻ	sire-s-cʻ-owkʻ
	2	ber-ǰ-ikʻ	sire-s-ǰ-ikʻ
	3	ber-cʻ-in	sire-s-cʻ-in

-eay（§ 124.2 備考1参照）に終わるアオリストは次のように能動態の変化にしたがう（単・2/3 および複・3）：

（範例：paknowm「私は驚く」，語根アオリスト pak-eay）．

単・1	pak-eay-cʻ
	2	pak-i-cʻ-es
	3	pak-i-cʻ-ê
複・1	pak-i-owkʻ
	2	pak-i-ǰikʻ
	3	pak-i-cʻ-en

能動の意味を持ちながら中／受動形を持ついくつかの動詞の接続法アオリストは部分的に能動態の変化を行う：例えば kalay「私はつかんだ」（現 ownim），接・アオ・単・1 kalaycʻ，単・2 kalcʻes /-is；cnay「私は産んだ」（現 cnanim），接 cnaycʻ，　cncʻes /- is；əntʻercʻay「私 は 読 ん だ」（現 əntʻeṙnowm），接 əntʻercʻaycʻ，　əntʻercʻcʻes /- is；taray「私は導いた」（現 tanim），接 taraycʻ，

第8章　形態論IV：動詞

tarc'es など.

c）命令法アオリスト

§ 126. 命令法アオリストはもっぱら肯定的な命令にのみ用いられ，禁止文には決して使用されない．この用法の違いは次の例に明らかに見られる：Lk 23,28 mí layk' i veray im· ayɫ lac'êk' i veray anjanc' ew i veray ordwóc' jeroc'＝μὴ κλαίετε ἐπ' ἐμέ, πλὴν ἐφ' ἑαυτὰς κλαίετε καὶ ἐπὶ τὰ τέκνα ὑμῶν「私のために泣くな．むしろ自分と自分の子供たちのために泣け」．

　能動態においては，単音節語幹の場合，単数はアオリスト語幹と同形であり，多音節語幹の場合，単数はアオリスト語幹の短縮形である．複数は直説法アオリスト複数2人称と同形である．中／受動態においては，多くの動詞で単数は語尾 -ir がアオリスト語幹に付加され，いくつかの弱動詞ではアオリスト語幹と同形である．複数は語尾 -arowk' がアオリスト語幹に付加される．変化形は2人称にしかない．

	単数	複数
能動態	ber	ber-êk', -ik'
	sirea	sire-c'-êk', -ik'
中／受動態	ber, ber-ir	ber-arowk'
	sirea-c'	sire-c'-arowk'

　-ac'ay に終わるアオリストの命令法は単・2 -a に終わる．例えば p'owt'ac'ay「私は急いだ」（現 p'owt'am）：p'owt'a「急げ」；lowac'ay「私は入浴した」（現 lowanam）：lowa「入浴せよ」など．また，-eay に終わるアオリストの命令法単・2 は -ir に終わる．例えば p'axeay「私は逃げた」（現 p'axč'im）：p'axir「逃げよ」（複・2 p'axerowk'）．

d）分詞

§ 127. アルメニア語における唯一の分詞はほとんど例外なくアオリスト語幹に -eal を付加してつくられる．不定詞の場合と同様に，分詞もその動詞全体の分詞ということができる．態に関しては中立的であり（ただし大概は自動詞的ないし受動的に用いられる），o- 語幹として変化する（属 -el-oy＜PA *-eal-oy）．

語例：

	アオリスト	分詞
berem「運ぶ」	ber-i	ber-eal「運ばれた」
kam「立っている」	ka-c'-i	ka-c'-eal「立っていた」
hatanem「切る」	hat-i	hat-eal「切られた」
sirem「愛する」	sire-c'-i	sire-c'-eal「愛された」

第8章 形態論Ⅳ：動詞

yowsam「期待する」　yows-ac'ay　yows-ac'-eal「期待された」
asem「言う」　　　　as-ac'-i　　as-ac'-eal「言われた」

例外的に現在語幹から分詞がつくられることがあるが，これは弱アオリストを持つ -em, -im 動詞に対して行われる．ただし，アオリスト語幹からつくられた別形が並存することもある：

sirem「愛する」（アオ sirec'i），分詞 sir-eal, sirec'eal
grem「書く」（アオ grec'i），分詞 greal, grec'eal
erewim「現れる」（アオ erewec'ay），分詞 erew-eal, erewec'eal
kamim「欲する」（アオ kamec'ay），分詞 kam-eal, kamec'eal
xawsim「話す」（アオ xawsec'ay），分詞 xaws-eal「話された」, xawsec'eal
　「婚約した」
ayrem「焼く」（アオ ayrec'i），分詞 ayr-eal, ayrec'eal
karcem「思う」（アオ karcec'i），分詞 kareal, karcec'eal

しかし，特に -em, -im の前に口蓋子音（y, ǰ, č, ǰ）がある場合は，分詞はアオリスト語幹からつくられる傾向がある．例えば koč'em「私は呼ぶ」，アオ koč'ec'i : koč'ec'eal「呼ばれた」; ałač'em「私は請う」，アオ ałač'ec'i : ałač'ec'eal「請われた」; ačem「私は成長する」，アオ ačec'i : ačec'eal「成長した」; nnǰem「私は眠っている」，アオ nnǰec'i : nnǰec'eal「眠っていた」; hayim「私は見つめる」，アオ hayec'ay : hayec'eal「見つめられた」など．

アオリストが -eay に終わる動詞は固有の分詞を持たず，それぞれ対応する -owc'anem に終わる使役・作為動詞（アオ -owc'i）の分詞で代用する．例えば t'ak'č'im「私は隠れる」，アオ t'ak'eay, 分詞 t'ak'owc'eal「隠れた，隠された」; čanač'em「私は知っている」，アオ caneay, 分詞 canowc'eal; p'axč'im「私は逃げる」，アオ p'axeay, 分詞 p'axowc'eal; matč'im「私は近寄る」，アオ mateay, 分詞 matowc'eal; c'asnowm「私は腹を立てる」，アオ c'aseay, 分詞 c'asowc'eal など．

第2部　動詞語幹

1．現在語幹

§ 128.　現在語幹には -e-, -i-, -a-, -u- (⟨ow⟩) に終わる非拡張語幹と鼻音 -ne-, -ni-, -na-, -nu- (⟨now⟩) または -č'i-, -nč'i- による拡張語幹とがあ

— 178 —

第8章　形態論IV：動詞

る（以下は単数1人称形）：

(a) -em　　～　　-anem（稀に -nem）
(b) -im　　～　　-anim　～　-č'im, -nč'im
(c) -am　　～　　-anam（稀に -nam）
(d) -owm　 ～　　-nowm

(a) -em に終わる動詞はまず印欧語から受け継いだ単純な幹母音型現在形成である。例えば ber-em「運ぶ」< PIE *bʰer-ō (Gk. φέρω, Lat. ferō, Goth. baira, Ved. bhár-āmi), acem「導く」< PIE *aǵ-ō (Gk. ἄγω, Lat. agō, Ved. áj-āmi)。これらは印欧語未完了に由来する語根アオリストを形成する (cf. eber=Ved. ábharat, Gk. ἔφερε)。さらに PIE *-eye- (Gk. -έω, Ved. -aya-) に終わる名詞派生動詞、使役動詞、反復動詞が加わる。例えば gorc-em「つくる」< PIE *worǵ-eye-。鼻音を持つ動詞には Ved. riṇákti, Lat. linquō タイプの印欧語鼻音接中辞型動詞が見られるが、アルメニア語では lk'anem「見捨てる」(アオ lk'i) タイプの鼻音接尾辞型動詞に変形されている。さらに一部は盈度階梯、一部は弱階梯を伴う例が見られる：bekanem「壊す」< PIE *bʰeg- (cf. Ved. bhanákti); bowcanem「食物を与える」< PIE *bʰeug- (cf. Skt. bhuṅkte); gtanem「見つける」< PIE *wid- (cf. Skt. vindati, アオ ávidat)。しかし、語根アオリストの証拠から本来は単に -em 動詞であったにもかかわらず、-an- によって新たに拡張された動詞も存在する (liz-em「舐める」/ liz-anem, nerk-em「浸す、染める」/ nerk-anem 参照)：例えば、現在語幹 PIE *pr̥ḱ-sḱ-ō「問う」(Ved. pr̥cchámi, Lat. poskō) にアルメニア語で対応すべき現在は *harc'-em であるが、実際には harc'-anem が現れており、アオ・単・3 eharc' は eber と同様に未完了過去 Ved. ápr̥cchat に対応している。したがって -an- の付加はアルメニア語における改新である。こうした改新の中でも際立って生産的な形成タイプが、動詞のアオリスト語幹から派生される使役・作為動詞 -owc'anem であり、その語幹交替 -oyc'-/-owc'- から見ておそらく PA *-eu/ou-sḱ- と鼻音接中辞 *-n- (-an-) が一体化したものと考えられている。

(b) -im に終わる動詞には2つの機能が認められる。第1は、-em 動詞に対して受動形をつくる機能 (ber-em「運ぶ」に対して ber-im「運ばれる」)。第2は、-em 動詞に形態上は対応するが、インド・イラン語やギリシア語の中動態あるいはラテン語の形式所相動詞 (deponent verb) のような機能を持つ自動詞を形成する機能 (例えば nst-im「座る」, cf. Gk. ἕζομαι; meṙanim「死ぬ」, cf. Ved. mriyáte, Lat. morior)。-i- 現在語幹はスラヴ・バルト語の現在の接尾辞 -ī- ないし -i-、あるいはいわゆる -ē- 動詞と関連づけられてきたが、明確な結論には至っていない。

第 8 章　形態論Ⅳ：動詞

(c) -am に終わる動詞に属するのは，ラテン語（capere に対して occupāre）やスラヴ語（PIE *men- に対して mnam「留まっている」）と関係が最も深い印欧語から受け継いだ -ā- 動詞派生動詞あるいは PIE *-ā-ye- = ah₂-ye- (Ved. -āya-, Gk. -άω) に終わる名詞派生動詞である：例えば gt'-am「憐れむ」：gowt'「憐れみ」，Ved. yajñayá-「神への崇拝に従事する」：yajñá-「神への崇拝，犠牲」，ṛtāyá-「リタに従う」：ṛtá-. keam「生きる」は *gʷih₃-ah₂-ye- に溯るとされたが（cf. orcam「げっぷをする，吐く」< *rug-ah₂-ye-），*gʷieə₃- に溯る可能性も指摘されている．mnam は *men- (cf. Lat. manēre) ではなく，*mēnah₂ye- に由来する．-anam（稀に -nam）に終わる動詞は一方で baṛ-nam「持ち上げる」や ba-nam「開く」のように，Ved. pṛṇā́ti「彼は満たす」，Gk. Aeol. δάμναμι「私は飼いならす」のような PIE *-nā-/nə- 現在を継承するが，他方で azat-anam「自由になる」(azat「自由な」と azat-em「自由にする」に対して）のように，受動的または再帰的意味を持つ名詞派生動詞でもある．-enam < PA *-i-anam は特殊な例であって，その -i- は一部語源的に辿ることができる（例えば merjenam「近づく」< PA *merji-anam は副詞 merj「近くに」< PA *merji < *megʰri [形態的には Gk. μέχρι「…まで」に対応] から派生している）．

(d) -um に終わる動詞は，印欧語で末音 -u- によって拡張された語根を基礎とする動詞語幹に由来する（例えば gel-owm「回す」< PIE *welu-mi, Lat. volvō < PIE *welu-ō)．この他に，-owm に終わる名詞派生動詞も存在する（例えば argelowm「妨げる」は argel「妨げ」）．-num ⟨-nowm⟩ に終わる動詞は一部印欧語 *-nu- 現在を継承している：例えば z-genowm「服を着る」(< PIE *wes-nu-mi, Gk. Ϝέννυμι, Ion. εἵνυμι)，アオ z-ge-c'ay；aṛn-owm「受け取る」(< PIE *ṛ-nu-mi, cf. Gk. ἄρνυμαι「獲得する」，アオ aṛi-i．また親縁諸語に正確な対応を持たない，アルメニア（祖）語における新形成も見られる（lnowm「満たす」< PA *plē-nu-mi, これに対して Ved. pṛṇā́ti は *pḷnah₁- を示している）．

2．アオリスト語幹

§ 129.　アオリスト語幹には次の 2 つのタイプしか存在しない：能動 -i, 中／受動 -ay（時には -eay）に終わる語根アオリストおよび能動 -c'i, 中／受動 -c'ay に終わる弱アオリスト．アオリストが語根アオリストになるか，それとも弱アオリストになるかは，現在語幹の形に大きく依存している．以下において，個々の現在語幹形成とアオリスト語幹形成の間のパラディグマティックな関係およびそれらの対応可能性を概観する．現在語幹とアオリスト語幹は，特に記さないかぎり，それぞれ直説法現在単数 1 人称と直説法アオリスト単数 1 人称（または 3 人称）で代表させる．

第 8 章　形態論Ⅳ：動詞

2．1．現在 –em, –im に終わる語幹

§ 130. 現在 -em に対応するのはアオリスト -ec'i（単・3 -eac'）であり，現在 -im に対応するのはアオリスト -ec'ay である：例えば gorc-em「つくる」，アオ gorc-ec'i；p'orj-em「試みる」，アオ p'orj-ec'i；gorc-im「つくられる」，アオ gorc-ec'ay；nman-im「似ている」，アオ nman-ec'ay など．これらは総じて名詞から派生した動詞である．

　語根アオリストは次のような一次的な動詞に見られる：ber-em「運ぶ」，アオ ber-i（単・3 e-ber），受 berim, beray；ac-em「導く」，アオ ac-i，受 acim, acay；han-em「引く」，アオ han-i，受 hanim, hanay；nst-im「座る」，アオ nst-ay．

　アオリスト -ac'i は次のような一次的な動詞に見られる：as-em「言う」，アオ as-ac'i（命 asa）；git-em「知っている」，アオ git-ac'i（命 gitea）；kar-em「できる」，アオ kar-ac'i；mart'-em「知っている」，アオ mart'-ac'i.

　次の動詞は補充法的なアオリストを持っている：lsem「聞く」，アオ loway；owtem「食べる」，アオ keray；əmpem「飲む」，アオ arbi.

2．2．現在 –anem, –anim に終わる語幹

§ 131. これらの現在に対応するのは -i, -ay に終わる語根アオリストである．-anim, アオ -ay に終わるタイプは，-anem, アオ -i に終わるタイプに対する受動態としてはたらく．-owc'anem（アオ・単・1 -owc'i, 単・3 -oyc'）に終わる一連の使役・作為動詞は重要である．これらは，対応する単純動詞のアオリスト語幹からつくられており，ほとんどの動詞がこのようにして使役・作為動詞を派生させることができたので，古典期には極めて生産的であった：例えば owsanim「学ぶ」，アオ owsay から owsowc'anem「教える」，アオ owsowc'i（単・3 owsoyc'，命 owso）；受 owsowc'anim「教えられる」，アオ owsowc'ay．語根アオリストを伴う -anem, -anim 動詞は多数あるが，このタイプは歴史時代にはすでに生産的でなくなっている．

　主要な語例は次の通りである（アオリストは直・単・3 を挙げる）：aganim「着る，泊まる」，アオ agaw；anicanem「呪う」，アオ anêc（単・1 anic'i）；ankanim「落ちる」，アオ ankaw；anc'anem「通過する」，アオ anc'（接 anc'ic', anc'c'es など）［ただし動詞接頭辞 y-anc'anem「違反する」，アオ y-anc'eay］；arkanem「投げる，注ぐ，入れる」，アオ ark；awcanem「油を塗る」，アオ awc；bekanem「裂く」，アオ ebek（単・1 beki）；bowcanem「食物を与える」，アオ eboyc（命 boyc）；bowsanim「（植物が）成長する」，アオ bowsaw（cf. boys「植物」）；gtanem「見つける」，アオ egit（単・1 gti）；dizanem「積み重ねる」，アオ edêz；elanem「出る」，アオ el；ełcanem「破壊する」，アオ ełc；paganem「接吻する」（主に erkir paganem「（地に接吻

— 181 —

第8章　形態論Ⅳ：動詞

する＝）伏し拝む」という言い回しで），アオ epag；zaṟacanim「迷う」，アオ zaṟacaw；zercanem「救済する」，アオ zerc（z- は動詞接頭辞なのでオーグメントを持たない）；t'k'anem「唾を吐く」，アオ et'owk'（単・1 t'k'i）；iǰanem「下る，降りる」，アオ êǰ（単・1 iǰi）；lizanem「舐める」，アオ・単・1 lizi；lowcanem「ほどく」，アオ eloyc；lowc'anem「火をつける」，アオ eloyc'；lk'anem「見捨てる」，アオ elik'；xacanem「噛む」，アオ exac；xp'anem「閉じる，蓋をする」，アオ exowp'；cnanim「生む」，アオ cnaw（cf. cin「誕生」）；klanem「のみこむ」，アオ ekowl（cf. §138 a ənklnowm）；hasanem「到達する」，アオ ehas；hatanem「切る」，アオ ehat；harc'anem「問う」，アオ eharc'（接 harc'ic'，harc'c'es）；hecanim「騎乗する」，アオ hecaw；mecanim「くっつく」，アオ mecaw；meṟanim「死ぬ」，アオ meṟaw；mowcanem「中に引き入れる」，アオ emoyc；mtanem「中に入る」，アオ emowt；šiǰanim「（火，光が）消える」，アオ šiǰaw（cf. ansêǰ「消えない」）；oṟoganem／aṟoganem「濡らす，うるおす」，アオ oṟogaw／aṟogaw；owsanim「学ぶ」，アオ owsaw；prcanim／p'rcanim「助かる，逃げ込む」，アオ prcaw／p'rcaw；sksanim「始める」，アオ sksaw（cf. skizbn「源，始まり」）；snanim「養育される」，アオ snaw；sowzanem「隠す」，アオ esoyz；spananem「殺す」，アオ span（子音群で始まっているのでオーグメントを持たない）；stełcanem「造る」，アオ stełc；sp'acanim「身につける，腰にまく」，アオ sp'acaw；tesanem「見る」，アオ etes；c'owc'anem「示す」，アオ ec'oyc'（接 c'owc'ic'，c'owc'c'es，命 c'oyc'）；p'lanim「崩れ落ちる」，アオ p'law（cf. p'owl「崩壊」）．

harkanem「打つ」のアオリストは hari（単・3 ehar）である．
-anem に終わる動詞は -em に終わる別形を持つものがある：nerk-anem「沈める，染める」（アオ・単・3 enerk）／nerk-em（nerkeac'）：liz-anem「舐める」／liz-em．

2．3．現在 -nem, -nim に終わる語幹

§ 132. このグループに属する動詞は僅少で，すべて変則的なアオリストを持っている：

aṟnem「行う」，アオ arari（単・3 arar），命 ara, ararêk'，接 araric', arasc'es など，分詞 arareal．

yaṟnem「立ち上がる」，アオ yareay（分詞は作為動詞 yarowc'anem「持ち上げる」の yarowc'eal で代用させる），命 ari, arik'（動詞接頭辞 y- を伴わない）．

dnem「置く」，アオ edi．

次の動詞は補充法的アオリストを持っている：

tanim「導く」，アオ taray，接 tarayc', tarc'es など；ownim「持っている」，アオ kalay．

第 8 章　形態論Ⅳ：動詞

２．４．現在 -(n)č'im, -č'em に終わる語幹

§ 133. -č'im に終わる動詞のアオリストは -eay に終わる：
t'akč'im「身を隠す」，アオ t'ak'eay；t'řč'im「飛ぶ」，アオ t'řeay；hangč'im「休む」，アオ hangeay（命 hangir）；matč'im「近づく」，アオ mateay；p'axč'im「逃げる」，アオ paxeay；zatč'im「別れる，離れる」，アオ zateay；kařč'im「引っ掛かる」，アオ kařeay（聖書では使役・命・アオ・単 kařo のみ）．

-nč'im に終わる少数の動詞は -eay に終わるアオリストを持っている：erknč'im「恐れる」，アオ erkeay；kornč'im「滅ぶ，駄目になる」，koreay；martnč'im「戦う」，アオ marteay．

-č'em に終わる二つの動詞は変則的なアオリストを持っている：čanač'em「知っている」，アオ caneay；mełanč'em「罪を犯す，害を加える」，アオ mełay，命 mełir，接 mełayc', mełic'es, mełic'ê など．

-č'im に終わる動詞の少なくとも一部は -i- 語幹に属すると考えられる．例えば hang-č'im が PA *hangi-č'im に溯ることは，アオリスト hangeay < PA *hangi-ay および名詞 hangi-st「休息」から確認される．同様に，erk-nč'im < PA *erki-nč'im はアオリスト erkeay < PA *erki-ay および名詞 erki-wł「恐怖」から明らかである．

２．５．-am に終わる語幹

§ 134. -am に終わる動詞に対応する接続法現在は能動 -ayc'em, 中／受動 -ayc'im, アオリストは能動 -ac'i, 中／受動 -ac'ay に終わる．

能動態の語例：ałam「（穀物などを）挽く」（接・現・複・3 ałayc'en），アオ ałac'i（接・アオ・単・2 ałasc'es）；gnam「行く」，アオ gnac'i（接・アオ・単・1 gnac'ic', 単・2 gnasc'es), cf. z-gnam「歩き回る」（未完・単・3 zgnayr），アオ zgnac'ay；dołam「揺らぐ」，アオ dołac'i（cf. doł「震動」）；lam「泣く」，アオ lac'i（単・3 elac'）；kam「立っている」，アオ kac'i「立つ，立ち止まる，止まる」（単・3 ekac', 接・アオ・単・1 kac'ic', 単・2 kac'c'es）；xałam「動き出す」，アオ xałac'i；xndam「喜ぶ」，アオ xndac'i (cf. xind「喜び」)；kardam「呼ぶ，叫ぶ」，アオ kardac'i；keam「生きる」（接・現 kec'em），アオ kec'i < PA *ke-ac'i（単・3 ekeac', 接・アオ・単 kec'ic', kec'c'es, 命 keac'）；hawatam「信じる」，アオ hawatac'i；mnam「留まる」，アオ mnac'i（接 mnac'ic', mnasc'es）；orotam「雷が鳴る」，アオ orotac'i；tełay「雨が降る」，アオ tełac'．中／受動形は対応する動詞の受動の意味である：ałam「挽かれる」，接・現 ałayc'im，アオ ałac'ay など．

感情を表わす動詞は中／受動形しか持たない：gt'am「憐れむ」，接・現 gt'ayc'im，アオ gt'ac'ay (cf. gowt'「同情，憐憫」)；yowsam「希望する」，ア

— 183 —

第8章　形態論Ⅳ：動詞

オ yowsac'ay（cf. yoys「希望」, yowsahat「絶望的な」< yoys +- hat, cf. hatanem）; p'owt'am「せく, 急ぐ」, アオ p'owt'ac'ay（cf. p'oyt'「熱心, 急いでいること」）.

次のような動詞では, 能動形と中／受動形が意味の区別なく現れる（ただし接続法現在は能動形をとる）: hogam「思い煩う」, アオ hogac'i, hogac'ay（cf. hog「心配」）; ołbam「嘆き悲しむ」, アオ ołbac'i, ołbac'ay（cf. ołb「悲嘆の叫び」）; orsam「狩猟する, 漁をする」, アオ orsac'i「狩る, 駆り立てる」, orsac'ay「捕える」（cf. ors「狩り, 猟の獲物, 捕獲」）; ǰanam「努力する, 苦労する」, ǰanac'i, ǰanac'ay（cf. ǰan「努力, 苦労」）; sgam「悩み事を抱えている」, アオ sgac'i, sgac'ay（cf. sowg「心痛, 悩み」）; c'ncam「喜ぶ, 楽しむ」, アオ c'ncac'i, c'ncac'ay.

変則がアオリストでなく, 現在語幹にかかわる動詞がある: ateam「憎む」, 未完・単・1 atei, 単・3 ateayr, 不 ateal/atel, 接・現 atic'em, アオ atec'i < PA *ateac'i, 分 atec'eal; p'rp'rem「泡立つ」, 未完・単・3 p'rp'reayr.

2. 6. -anam に終わる語幹

§ 135. この生産的な語幹タイプに対応するアオリストは -ac'ay（中／受動形）に終わるが, 接続法現在は能動形である. 例えば, imanam「理解する」（接・現・imanayc'em）, アオ imac'ay; zarmanam「驚く」（接・現 zarmayc'em）, zarmac'ay; stanam「取得する」（接・現 stanayc'em）, アオ stac'ay; owranam「否定する」（接・現 owranayc'em）, アオ owrac'ay.

しかし, 接続法現在に -ayc'em, -ayc'im, アオリストに -ac'i, -ac'ay に終わる動詞があり, この場合はそれぞれ能動の意味と中／受動あるいは再帰の意味が区別される. 例えば,

	banam「開く」	banam「開かれる」
接・現	banayc'em	banayc'im
直・アオ	bac'i, ebac'	bac'ay
接・アオ	bac'ic', bac'c'es	bac'ayc', bac'c'is
命	bac', bac'êk'	bac'ir, bac'arowk'

同様に, t'anam「濡らす」（接・現 t'anayc'em）, アオ t'ac'i; t'anam「濡らされる, 濡れる」（接・現 t'anayc'im）, アオ t'ac'ay; lowanam「洗う」（接・現 lowanayc'em）, アオ lowac'i; lowanam「自分の体を洗う, 沐浴する」（接・現 lowanayc'im）, アオ lowac'ay.

-enam, -ec'ay に終わる動詞がいくつかある: arbenam「酒に酔う」（< PA *arbi-anam）, アオ arbec'ay < PA *arbi-ac'ay; merjenam「近づく」（< PA *merji- anam）, アオ merjec'ay < PA *merji - ac'ay; yagenam（別形

— 184 —

yagim)「満腹する」, アオ yagec'ay；yamenam「躊躇する」, アオ yamec'ay.
　k'ałc'enam（別形 k'ałc'nowm)「空腹である」はアオリスト -eay を持っている：k'ałc'eay（接 k'ałc'eayc', k'ałc'ic'es；しかし分詞は k'ałc'eal).

2．7．-nam に終わる語幹

§ 136. これに属する動詞は2つしかなく, 語根アオリストは変則的である：
　barnam「持ち上げる, 運ぶ」(< PA *barj-nam), 接 barnayc'em, アオ barji（単・3 ebarj, 接 barjic', barjc'es), 受動 barnam「持ち上げられる, 運ばれる」, 接 barnayc'im, アオ barjay（接 barjayc', barjc'is). 複合語 am-barnam, ham-barnam も同様である.
　darnam「引き返す, 帰る」(< PA *darj-nam), 接 darnayc'em, アオ darjay（命 darj, darjir, 接 darjayc', darjc'is).
　例外：sparnam「脅す」, アオ sparnac'ay.

2．8．-owm に終わる語幹

§ 137. -owm に終わる現在に対応するのは語根アオリスト -i, ay である：ar-awelowm, y-awelowm「増やす, 加える」, アオ araweli, yaweli（受 ar-awelay, yawelay); argelowm「妨げる, 思いとどまらせる」, アオ argeli；gelowm「回転させる」, アオ geli（単・3 egel); gercowm「剃る」, アオ gerci（単・3 egerc); zenowm「屠る, いけにえに供する」, アオ zeni（単・3 ezen); t'ołowm「…させる, 許す, 去る, 見捨てる,（債務を）免除する,（過ちを）赦す」, アオ t'oli（単・3 et'oł); lesowm「すりつぶす, 砕く」, アオ lesi（単・3 eles); lizowm/lezowm「舐める」（別形 lizanem, lizem), アオ lizi；kasowm「脱穀する」, アオ kasi（単・3 ekas); kizowm「焼く」, アオ kizi（単・3 ekêz); hełowm「注ぐ,（血を）流す」, アオ heti（単・3 eheł)［動詞前接辞を伴い zełowm, zeli］; henowm/hanowm「織る, 編み合わせる」, アオ heni / hani; herjowm「分ける, 引き裂く」, アオ herji（単・3 eherj); yer-owm「はめ込む」, アオ yeri（命 yer); c'elowm「割る, 引き裂く」, アオ c'eli（単・3 ec'el, 受 c'elaw); k'ercowm「皮をはぐ」, アオ k'erci（単・3 ek'erc).

2．9．-nowm に終わる語幹

§ 138. -nowm に終わる現在には次の3種類のアオリストが対応する：
a) 語根が子音に終わる場合, アオリストは -i または -ay に終わる（語根アオリスト）：arnowm「受け入れる」, アオ ari（単・3 ar); ənklnowm「浸す, 沈める, 呑み込む」, アオ ənklay（単・3 ənklaw = κατεπόθη 1 Cor 15, 54; cf. § 131 klanem); hełjnowm「窒息する, 溺れ死ぬ」, アオ hełjay；ǰeṙnowm「暖をとる, 暖まる」, アオ ǰeṙay.

第 8 章　形態論IV：動詞

b） 語根が母音に終わる場合，アオリストは -c'i または -c'ay に終わる：z-genowm「服を着る」，アオ zgec'ay（接 zgec'ayc', zgec'c'is）；ənt'eṝnowm「読む」，アオ ənt'eṝc'ay（接 ənt'eṝc'ayc', ənt'eṝc'c'is）；ənkenowm「投げる」，アオ ənkec'i（単・3 ənkêc', 接 ənkec'ic', ənkecs'es）；lnowm「満たす」（< PA *li-num），アオ lc'i（< PA *li-c'i；単・3 elic', 接 lc'ic', lc'c'es）；xnowm「埋める，ふさぐ」（< PA *xi-num），アオ xc'i（単・3 exic', 接 xc'ic', xc'c'es）；yenowm「もたせかける」，アオ yec'ay「もたれかかる」（接 yec'ayc', yec'c'is）．—— -c'- を伴わない変則的な動詞：erdnowm「誓う」（< PA *erdu-num），アオ erdoway, 分 erdoweal．—— zbałec'ay は zbałnowm でなく zbałim「没頭する」のアオリスト．分詞 zbałeal は zbałnowm と zbałim のどちらに属するかは不明．

c） アオリストが -eay に終わる動詞（その分詞 -eal はなく，作為動詞の分詞が代用される）：aytnowm「膨れる，腫れる」（< PA *ayti-num），アオ ayteay（< PA *ayti-ay）；z-art'nowm「目を覚ます」，アオ zart'eay；owr̄nowm「膨らむ」，アオ owr̄eay（分 owr̄owc'eal）；paknowm「驚く」，アオ pakeay；hart'nowm「後ろに跳びのく」，アオ hart'eay；pšnowm「見つめる」，アオ pšeay（分 pšowc'eal）；sartnowm「うんざりする」，アオ sarteay；c'acnowm「（水が）ひく，やめる，赦す」，アオ c'aceay；c'asnowm「腹を立てる」，アオ c'aseay；k'ałc'nowm「空腹である」（別形 k'ałc'enam），アオ k'ałc'eay．

3．変則的な動詞

以下に掲げる動詞の現在語幹は規則的であるが，アオリスト語幹自体にあるいは現在語幹とアオリスト語幹との関係に変則的な現象が見られる．

a） 不規則なアオリストまたは欠如的なアオリスト
§ 139.
1. goy「ある」（直・現・単・3）はほとんど3人称にしか現れない：複・3 gon；接・単・3 gowc'ê，複・3 gowc'en；未完・単・3 goyr, 複・3 goyin；不定 gol．アオリストはない．これは印欧語完了に起源を有することから了解される（goy < PIE *wose, cf. Goth. was「私は…だった」）．
2. em「…である」（< PIE *h₁es-；現在は規則的で sirem のように変化する）．アオリスト形はない．接続法アオリストおよび命令法アオリストに対しては linim「なる」に属する形が用いられる．

	直・現	接・現	未完	命令
単・1	em	ic'em	ei	
2	es	ic'es	eir	er
3	ê	ic'ê	êr	

第 8 章　形態論Ⅳ：動詞

```
複・1  emk'      ic'emk'    eak'
   2  êk'       ic'êk'     eik'      êk'
   3  en        ic'en      ein
```

3．linim「（…に）なる，起こる，ある」はアオリストに次のような形を持っている：

```
              直・アオ               接・アオ
単・1  ełê < *ełe-y            ełêc' < *ełe-yc'
   2  eler                    lic'is, ełic'is < *ełe-yc'-is
   3  ełew                    lic'i, ełic'i
複・1  ełêak'                  lic'owk', ełic'owk'
   2  ełêk' < *ełe-yk'        liǰik', ełiǰik'
   3  ełen                    lic'in, ełic'in
命・単  ler, ełiǰir < *ełe-yǰ-ir
   複  lerowk' < *li-arowk', ełerowk' < *ełe-arowk'
分      l-eal, eł-eal
```

ełew < Pre-Arm. *ê-kʷl-e-to (PIE *kʷelh₁-「回転する，向きを変える」のアオリスト語幹 *kʷêlh₁-/*kʷḷh₁- から；幹母音型に変更された形, cf. Gk. ἔπλετο「なった，起こった，あった」)．接続法，命令法アオリストおよび分詞では，直説法アオリスト（語尾組織では ber-ay などに対応するが，-e- 語幹として存在する）からの類推的な拡張によって上掲の二次的な形態が成立し，これらが「単一のアオリスト語幹」のパラダイムを完全なものにした．鼻音現在 linim < łey-ne- は，中動・アオ・単・1 ełê < *e-łéy < *e-łe-í に似た新形成であり，これにより新しい類推形である現在 ełnim が作られた．印欧祖語鼻音現在のアルメニア語形としては č'elanim (< *kʷel-n̥-h₁- ← < *kʷḷ-n-h₁-) が規則的には期待されるところ．

4．lsem「聞く」< PA *lu-s-em (PIE *ḱlew-/*ḱlu-「聞く」の -k- 拡張）はアオリストに次のような形を持っている：

```
              直・アオ          接・アオ
単・1  low-ay           low-ayc'
   2  low-ar           low-ic'-es
   3  low-aw           lȯw-ic'-ê
複・1  low-ak'          low-ic'-owk'
   2  low-ayk'         low-iǰ-ik'
```

第8章 形態論IV：動詞

```
        3   low-an              low-ic'-en
命・単   low-r
    複   low-arowk'
分       low-eal
```

アオリストのパラダイムは語根 *kĺu- を直接受け継いでいる（cf. Ved. アオ áśrot, 命 śrudhí, Gk. ἔκλυον, 命 κλῦθι, κλῦτε).

5．dnem「置く」はアオリストに次のような形を持っている：

```
            直・アオ           接・アオ
単・1        edi                edic'
    2       edir, eder         dic'es
    3       ed                 dic'ê
複・1        edak'              dic'owk'
    2       edik'              diǰik'
    3       edin               dic'en
命・単       dir
    複      dik'
分           ed-eal
中／受 単・3 ed-aw
```

このパラダイムの特徴は，単音節形を回避するために，オーグメントを付加した形が一貫して用いられていることである。アオリスト語幹の最も古拙的な形は直説法3人称単数 ed=Ved. ádhāt<PIE *é-dʰē-t (*dʰē-=*dʰeh₁- の語根アオリスト, cf. OCS dě < PIE *dʰēt) である。これに対して1人称単数 edi は Ved. ádhām < PIE *é-dʰē-m ではなく，幹母音型 s- アオリスト形 OCS děchъ < PIE *(e-)dhē-s-om に溯る。複数3人称 edin <*é-dʰē-s-n̥t かも知れない。直説法単数2人称 edir では小辞 -r の前で語幹母音 -i-<PIE *-ē- (cf. *é-dʰē-s > Ved. ádhāḥ) が保たれている。接続法における非強勢の -i- は類推によるものと説明されている。edaw<*é-dʰh₁-to.

6．tam「与える」はアオリストに次のような形を持っている：

```
            直・アオ           接・アオ
単・1        etow               tac'
    2       etowr              tac'es
    3       et                 tac'ê
```

第 8 章　形態論IV：動詞

複・1　towak'　　　　　tac'owk'
　　2　etowk'　　　　　taǰik'
　　3　etown　　　　　 tac'en
命・単　towr
　　複　towk'
分　　　toweal

　現在語幹および接続法アオリストの ta- は印欧語語根 *dō-=*deh₃- の低減階梯を含む重複現在 *de-dh₃-（第1音節消失を被る）あるいは新しく形成された ye- 現在 *dh₃-ye- を反映しており，その他のアオリスト形 tow- は盈度階梯 *dō- を反映している．この動詞のアオリスト・パラダイムにも，上記の dnem と同様に，語根アオリスト et = Ved. ádāt < PIE *é-dō-t と s-アオリスト etu < PIE *é-dō-s-om（cf. OCS dachъ, 単・3 da < PIE *dōt）が混在している．

b）補充法的なアオリスト
§ 140.
1. gam「来る」のアオリストは eki で補充され，パラダイム全体を通してオーグメントを伴う：

　　　　　直・アオ　　　　　接・アオ
単・1　eki　　　　　　　　ekic'
　　2　ekir　　　　　　　 ekesc'es, ekec'es
　　3　ekn　　　　　　　 ekesc'ê, ekec'ê
複・1　ekak'　　　　　　　ekesc'owk'
　　2　ekik'　　　　　　　ekesǰik'
　　3　ekin　　　　　　　 ekesc'en, ekec'en
命・単　ek
　　複　ekayk'
分　　　ekeal

　現在 gam は印欧語語根 *gʰeh₁-「来る，到達する」の重複現在弱語幹 *(gʰi-)gʰh₁- に遡る．アオリストの直・単・1 eki には印欧語語根 *gʷeh₂-「足を地面につける，歩む」が想定される（cf. Ved. ágāt, Gk. ἔβη「出発する」）．ちなみに，動詞 kam「立っている，…の状態にある」はこれと同じ語根の重複現在 *gʷe-gʷh₂-（cf. Ved. jígāti「歩く」<*gʷé-gʷoh₂-）から重複音節が消失した形かまたは *gʷh₂-yé- に遡ると考えられている．直・単・3 ekn は異なる語根 *gʷem-「行く，来る」で PIE *é-gʷem-t（=Ved. ágan）に遡る．

第8章　形態論IV：動詞

2．owtem「食べる」のアオリストは keray により補充される：

	直・アオ	接・アオ
単・1	ker-ay	ker-ayc'
2	ker-ar	ker-ic'-es
3	e-ker (ker-aw)	ker-ic'-ê
複・1	ker-ak'	ker-ic'-owk'
2	ker-ayk'	ker-iǰ-ik'
3	ker-an	ker-ic'-en
命・単	ker	
複	ker-ayk'	
分	ker-eal	

現在 owtem は PIE *h₁ed-「食べる」に属し，常に第1音節にアクセントを持つ反復・持続的現在 *h₁éd- から類推的に前アルメニア祖語期に作られた *h₁ōd-eye- に由来すると考えられる．アオリスト ker- は PIE *gʷerh₃-「呑み込む，むさぼり食う」に属する (cf. OCS po-žrětъ「貪り食った」, Av. ǰaraiti, Ved. girati「呑み込む」).

3．ert'am「行く」は直説法アオリストでのみ補充法 č'og-ay であり，アオリスト・パラダイムの他の形には語幹 ert'- が用いられる：

	直・アオ	接・アオ
単・1	č'og-ay	ert'-ayc'
2	č'og-ar	ert'-ic'-es (exhort. ert'iǰir)
3	č'og-aw	ert'-ic'-ê
複・1	č'og-ak'	ert'-ic'-owk'
2	č'og-ayk'	ert'-iǰ-ik'
3	č'og-an	ert'-ic'-en
命・単	ert'	
複	ert'-ayk'	
分	ert'-eal	

アオ er-t'a-<*per-steh₂- (PIE *steh₂-「立つ，歩いて行く」: Ved. ásthāt, Gk. ἔστην). 現在 er-t'am は *per-stisth₂- (cf. Ved. tíṣṭhati, Av. hištənti, Lat. sistō, Gk. ἵστημι) から重複音節を失って生じた．アオ č'og- は PIE *kyew-「動き出す」(あるいは *kʷyew-) に属し，例えば č'ogan <*kyéw-n̥to.

— 190 —

第 8 章　形態論Ⅳ：動詞

4. əmpem「飲む」は語根 *peh₃- に属する。現在 *pibe < *pi-ph₃-é- (Ved. píbati, Lat. bibō, -ere) から n- 接中辞現在による *pimbe->*(h)impe- を経て成立した：直・アオ・単・1 arbi, 単・3 arb, 複・1 arbakʻ, 複・3 arbin；接・アオ・単・1 arbicʻ, 単・2 arbcʻes, 単・3 arbcʻê, 複・1 arbcʻowkʻ, 複・2 arbǰikʻ (exhort.), 複・3 arbcʻen；命・アオ・単 arb, 複 arbêkʻ. アオリストは語根 *srebʰ-/*sr̥bʰ-「すする，飲む」(cf. Gk. ῥοφέω, Lat. sorbeō, -ere) に由来する。

5. čanačʻem「知っている，認識する」(語頭音 č- は *canačʻem < *ǵn̥h₃-sḱé- が部分同化したもの，cf. Gk. γιγνώσκω, Lat. [g]nōskō; cf. canawtʻ「知識」；語根は *ǵneh₃-, Gk. ἔγνω, Lat. [g]nō-uī)：直・アオ・単・1 caneay, 単・2 canear, 単・3 caneaw, 複・1 caneakʻ, 複・3 canean；接・アオ・単・1 caneaycʻ, 単・2 canicʻes, 単・3 canicʻê, 複・3 canicʻen；命・アオ・単 canir, 複 canerowkʻ < *cani-arowkʻ；分詞 canowcʻeal. アオ canea-/cani- は現在 *canačʻe- から現在 -čʻi-：アオ -ea-/i- タイプ（例えば tʻakʻčʻi-：tʻakʻea-/tʻakʻi-「身を隠す」）に基づいて作られた類推形と考えられる。

6. ownim「持っている」(PIE *senh₂-「勝ち得る」の完了 *[se-]sonh₂- が現在組織に組み込まれて継承されたもの，cf. Ved. sanóti「獲得する」, Hitt. šanahzi, šanhanzi「探し求める」)：直・アオ・単・1 kal-ay「つかんだ，手に取った」(語源は不明), 単・3 kalaw, 複・1 kalakʻ, 複・2 kalaykʻ, 複・3 kalan；接・アオ・単・1 kalaycʻ, 単・2 kalcʻis/kalcʻes, 単・3 kalcʻi, 複・1 kalcʻowkʻ, 複・2 kalǰikʻ (exhort.), 複・3 kalcʻin；命・アオ・単 kal（例外的に ka = δέξαι Lk 16,6.7）, 複 kalarowkʻ；分詞 kaleal. ――複合語 ənd-ownim「受け取る」も同様にアオ ənkalay < *ənd-kalay. アオ kal- < PIE *ǵelH-/ǵl̥H-「…を意のままにする」。

— 191 —

第9章 前置詞

§ 141. 本来の前置詞は次の6つである：aṙ, ənd, əst, z-, i（子音の前で）/y-（母音の前で）, cʻ-. 同じ前置詞がさまざまな格形と共に用いられ，さまざまな意味を表わす．その詳細については後述する．

§ 142. 副詞的前置詞．前置詞的機能をもつ副詞であり，次のようなものがある：aṙaǰi「…の前に」, dêp「…のところへ，…に向かって，…の方へ」, handêp「…の面前で，…に向かって」, artakʻoy「…の外に」, nerkʻoy「…の内に」, ger「…の上に」, mak「…の上に」, šowrǰ「…の周りに」, vasn, saks, ałagaw「…のために」, het, hetê, hetoy「…と一緒に，…の後ろに，…のあとに（時間的）」, handerj「…と一緒に」, yet, yetoy「…の後ろに，…のあとに（時間的）」, aṙancʻ「…なしに」, pʻoxanak「…の代りに」, hakaṙak「…に反して，…に敵対して」, zat「…を除いて」．これらは属格を従えるが，handerj には常に具格が用いられる．

用例：
Lk 1,19 és em Gabriêł or kam aṙaǰi AY＝ἐγὼ εἰμι Γαβριὴλ ὁ παρεστηκὼς ἐνώπιον τοῦ θεοῦ「この私は神の御前に立つガブリエルである」; Mt 21,17 el artakʻoy kʻałakʻin i Bêtʻania＝ἐξῆλθεν ἔξω τῆς πόλεως εἰς Βηθανίαν「彼は都の外に出てベタニアに行った」; Mt 27,61 nstein handêp gerezmanin＝ἦν ... καθήμεναι ἀπέναντι τοῦ τάφου「彼女らはその墓に向かって座っていた」; Mk 10,45 ordi mardoy ekn aṙnowl paštawn. aył paštel ew tal zanjn iwr pʻrkans pʻoxanak bazmacʻ＝ὁ υἱὸς τοῦ ἀνθρώπου οὐκ ἦλθεν διακονηθῆναι ἀλλὰ διακονῆσαι καὶ δοῦναι τὴν ψυχὴν αὐτοῦ λύτρον ἀντὶ πολλῶν「人の子は仕えられるためでなく，仕えるために来た．そして自分の命を多くの人のための身代金として与えるために〔来た〕」; Jh 1,16 mekʻ amenekʻin aṙakʻ šnorhs pʻoxanak šnorhacʻ＝ἡμεῖς πάντες ἐλάβομεν καὶ χάριν ἀντὶ χάριτος「私たちは皆，恵みに代わる恵みを受けた」; Mt 10,29 ew mi i nocʻanê yerkir očʻ ankcʻi aṙancʻ hawr jeroy＝καὶ ἓν ἐξ αὐτῶν οὐ πεσεῖται ἐπὶ τὴν γῆν ἄνευ τοῦ πατρὸς ὑμῶν「それらのうちの一羽すらも，あなたたちの父なしに地上に落ちることはない」; Lk 22,35 yoržam aṙakʻecʻi zjez aṙancʻ kʻsaki ew maxałi ew kawšacʻ. mi tʻe karawtecʻaykʻ? imikʻ＝ὅτε ἀπέστειλα ὑμᾶς ἄτερ βαλλαντίου καὶ πήρας καὶ ὑποδημάτων, μὴ τινος ὑστερήσατε;「私があなたたちを，財布も袋も皮ぞうりも持たせずに遣わした時，何か不足したか」; Mt 12,30 or očʻ ənd is ê. hakaṙakʻ im ê＝ὁ μὴ ὢν μετʻ ἐμοῦ κατʻ ἐμοῦ ἐστιν「私と共にいない者は，私に敵対する者である」．

第 9 章　前　置　詞

　副詞的前置詞には後置詞として用いられるものがある：aṙaǰi, dêp, artakʻoy, šowrǰ, vasn, pʻoxan, pʻoxanak, pʻoxarên, handerǰ（具格が先行する）．この場合でも支配される名詞は通例属格に置かれる．前置詞的用法と後置詞的用法の揺れは次のような例に見ることができる：Lk 20,1 cerovkʻ handerǰ＝σὺν τοῖς πρεσ-βυτέροις「長老たちと一緒に」，F.Byz.V, 1 handerǰ awaganwovkʻ Hayocʻ「アルメニアの貴族と一緒に」．

§ 143. 複合的な前置詞表現．本来の前置詞 i(y-) と名詞が結合して属格を従える表現には次のようなものがある：i saks, yałags「…のために」，i meǰ「…の中央に」，i vayr, i nerkʻoy「…の下に」，i nerkʻs「…の内部に」，yaynkoys「…の向こうに」，yandiman「…に向かい合って，…の前に」，i veray「…の上に，…の前に」．さらに zkni/zhet「…の後について，…の後ろから」，ənddêm「…に向かい合って，…に対して，」（例えば ənddêm aysr bani asê「この言葉に対して彼は言った」）．

用例：
Jh 1,48 zi eir i nerkʻoy tʻzenwoyn. tesí zkʻez＝ὄντα ὑπὸ τὴν συκῆν εἶδόν σε「あなたがあのいちじくの木の下にいるのを私は見た」; Jh 1,28 ays i Betʻabra ełew yaynkoys Yordananow＝ταῦτα ἐν Βηθανίᾳ ἐγένετο πέραν τοῦ Ἰορδάνου「これはヨルダン〔河〕の向こう，ベタニアで起こった」; Lk 8,26 nawecʻin iǰin yašxarhn Gergesacʻwócʻ or ê yaynkoys handêp Gałiłeay＝κατέπλευσαν εἰς τὴν χώραν τῶν Γερασηνῶν, ἥτις ἐστὶν ἀντιπέρα τῆς Γαλιλαίας「彼らはガリラヤの反対側にあるゲラサ人たちの地方に舟で下った」; Mk 13,3　minčʻ nstêr na i lerinn jitʻeneacʻ yandiman tačarin＝καθημένου αὐτοῦ εἰς τὸ ὄρος τῶν ἐλαιῶν κατέναντι τοῦ ἱεροῦ「彼がオリーブ山で神殿に向かい合って座っていた時」; Mt 10,38 or očʻ aṙnow zxačʻ iwr ew gay zkni im＝ὃς οὐ λαμβάνει τὸν σταυρὸν αὐτοῦ καὶ ἀκολουθεῖ ὀπίσω μου「自分の十字架を取って私に従わない者」; Mt 15,23 ałałakê zhet mer＝κράζει ὄπισθεν ἡμῶν「彼女は私たちの後ろから叫んでいる」; Mk 11,2 ertʻaykʻ dowkʻ i geawłd or ənddêm jer kay＝ὑπάγετε εἰς τὴν κώμην τὴν κατέναντι ὑμῶν「[Arm：あなたたちは] あなたたちに向かい合っているあの村に行け」．

§ 144. 複合的な前置詞をなす 2 つの成分の間に名詞が置かれることがある：I テモ 5,14 i hayhoyowtʻean ałags＝λοιδορίας χάριν「悪口のために」，I テモ 5,22 yowrowkʻ veray「誰かの上に」，F.Byz.IV,3 i noyn yaṙaǰin banin veray pndeal「彼はまさにその最初の言葉に固執して」．この場合，名詞が i に支配されて位格形になることがある：yaynm hetê「その時から」，yaysm hetê「これから，今後」．

第9章　前置詞

i veray には 3 種類の構文が可能である：創 27,13 yim veray「私の上に」、Lk 21,10 yazgi veray=ἔθνος ἐπ' ἔθνος「民族に敵対して」；i veray hawrn imoy「私の父のために」；i naxneac'n meroc' i veray「私たちの先祖のために」。

§ 145. 本来の前置詞

1. aṙ

a) 対格と共に「…の近くに，…のそばに，…の傍らに，…の方に」：Lk 1,26-27 aṙak'ec'aw Gabriēł hrełtak yAY i k'ałak' mi Gałiłeac'woc'... aṙ koys = ὁ ἄγγελος Γαβριὴλ ἀπὸ τοῦ θεοῦ εἰς πόλιν τῆς Γαλιλαίας... πρὸς παρθένον「天使のガブリエルが神からガリラヤのある町に乙女のもとに遣わされた」；Lk 4,42 ekin minč'ew aṙ na = ἦλθον ἕως αὐτοῦ「彼らは彼のところまで来た」；Lk 15,1 ew ein merj aṙ na=ἦσαν δὲ αὐτῷ ἐγγίζοντες「彼らは彼のそばに近づいて来た」。―― 慣用語法：z-+対+ownim+aṙ+複・対：Lk 20,20 aṙak'ec'in dawačans kełcaworeals zanjins aṙ ardars ownel = ἀπέστειλαν ἐγκαθέτους ὑποκρινομένους ἑαυτοὺς δικαίους εἶναι「彼らは，自ら義人であるふりをする間諜どもを遣わした」；ロマ 1,22 zanjins aṙ imastowns ownein = φάσκοντες εἶναι σοφοί「彼らは自分のことを賢いと見なしていた」。

b) 位格と共に「…のもとに，…の傍らに」：Lk 1,56 ekac' Mariam aṙ nma = ἔμεινεν δὲ Μαριὰμ σὺν αὐτῇ「マリヤムは彼女のもとに留まった」；Lk 3,9 bayc' ahawasik tapar aṙ armin caṙoc' kay = ἤδη δὲ καὶ ἡ ἀξίνη πρὸς τὴν ῥίζαν τῶν δένδρων κεῖται「しかし，見よ，斧が木々の根元にある」；Lk 4,39 ekac' aṙ nma=ἐπιστὰς ἐπάνω αὐτῆς「彼は彼女の傍らに立った[Gk：近づいて彼女の上にかがみ込みながら]」；Lk 5,2 etes erkows naws zi kayin aṙ covakin =εἶδεν δύο πλοῖα ἑστῶτα παρὰ τὴν λίμνην「彼は，湖のほとりに 2 艘の舟があるのを見た」；創 13,18 bnakec'aw aṙ kałnowjn Mambrei = κατῴκησεν παρὰ τὴν δρῦν τὴν Μαμβρῆ「彼はマムレの樫の木のそばに住んだ」；創 18,1 nstêr aṙ dowrs=ἐκάθητο ἐπὶ τῆς θύρας「彼は入り口に座っていた」。

c) 属格と共に「…のために，…のゆえに」：Lk 22,19 zays arasjik' aṙ imoy yišataki = τοῦτο ποιεῖτε εἰς τὴν ἐμὴν ἀνάμνησιν「私を想い起こすために，これを行え」；I コリ 6,5 aṙ amawt'oy jeroy asem = πρὸς ἐντροπὴν ὑμῖν λέγω「あなたたちを恥じ入らせるために私は言っている」；Mt 14,26 aṙ ahin ałałakec'in=ἀπὸ τοῦ φόβου ἔκραξαν「彼らは恐怖のあまり叫んだ」。

d) 奪格と共に「…のために，…のせいで，…によって；…にとって；…の側から」，特に aṙ i の結合で：Lk 8,6 č'orac'aw aṙ i č'goyê hiwt'oy=ἐξηράνθη διὰ τὸ μὴ ἔχειν ἰκμάδα「(種は) 水分がないために枯れてしまった」；Mk 10,27 aṙ i mardkanê ayd anhnarin ê, ayl oč' aṙ i yAY = παρὰ ἀνθρώποις ἀδύνατον, ἀλλ' οὐ παρὰ θεῷ「それは人間にはできないが，神にはそうではない」；Lk 1,37 oč' tkarasc'i aṙ yAY amenayn ban=οὐκ ἀδυνατήσει παρὰ τοῦ θεοῦ πᾶν ῥῆμα

— 194 —

第9章 前置詞

「神にとって何も不可能なことはない」；Jh 5,44 z-pʻaṝs z-aṝ i mioyn očʻ xndrêkʻ=τὴν δόξαν τὴν παρὰ τοῦ μόνου θεοῦ οὐ ζητεῖτε；「あなたたちは唯一の神からの栄光を求めないのか」；目的を表わして，Ezn. II, 1 Zrowann aṝ i čʻǰreloy zowxtn asê cʻArhmnn「ズルワンは，その約束を廃棄しないようにするために，アルフムンに言った」；Mt 26,12 Arkanel dora zewłd i marmin im. Aṝ i tʻałelóy zis nšanakeacʻ=βαλοῦσα γὰρ αὕτη τὸ μύρον τοῦτο ἐπὶ τοῦ σώματός μου πρὸς τὸ ἐνταφιάσαι με ἐποίησεν「この女は私の体に香油をかけてくれたが，それは私を埋葬するためのしるしだったのだ」.

e) 具格と共に「…のそばで，…の近くに，…に沿って；…の時代に」：Mk 1,16 ibrew ancʻanêr aṝ covezerbn=παράγων παρὰ τὴν θάλασσαν「彼が海辺を歩いていた時」；Mk 14,54 ǰeṝnoyr aṝ lowsovn=θερμαινόμενος πρὸς τὸ φῶς「彼は焚き火で暖をとっていた」；Lk 8,5 êr or ankaw aṝ čanaparhaw = ὁ μὲν ἔπεσεν παρὰ τὴν ὁδόν「道端に落ちた（種）があった」；Mk 5,11 aṝ lerambn=πρὸς τῷ ὄρει「山のふもとに」（vulg.: circa montem）；Mk 10,35 ertʻayin aṝ novaw = προσπορεύονται αὐτῷ「彼らは彼に近寄って来た」；Mk 6,48 kamêr zancʻ aṝnel aṝ nokʻawkʻ=ἤθελεν παρελθεῖν αὐτούς「彼は彼らの傍らを通り過ぎようとした」；Lk 4,27 aṝ Ełiseiw margarêiw=ἐπὶ Ἐλισαίου τοῦ προφήτου「預言者エリシャの時代に」.

2．ənd

a) 対格と共に「…に向かって，…に沿って，…を通って，…の周りに」：Lk 4, 30 ancʻeal ənd mêǰn nocʻa = διελθὼν διὰ μέσου αὐτῶν「彼らの只中を通り抜けて」；Mk 7,33 ark zmatowns iwr ənd akanǰs nora=ἔβαλεν τοὺς δακτύλους αὐτοῦ εἰς τὰ ὦτα αὐτοῦ「〔イエスは〕自分の指を彼の両耳に通し入れた」；Lk 2, 18 banicʻn zor xawsecʻan ənd nosa hoviwkʻn = τῶν λαληθέντων ὑπὸ τῶν ποιμένων πρὸς αὐτούς「羊飼いたちが彼らに語ったこと」；Lk 1,65 ənd amenayn leṝnakołmnn Hrêastani patmein amenayn bankʻs aysokʻik = ἐν ὅλῃ τῇ ὀρεινῇ τῆς Ἰουδαίας διελαλεῖτο πάντα τὰ ῥήματα τοῦτα「ユダヤの山岳地帯のどこでもこの話の一部始終でもちきりだった」；Lk 4,14 el hambaw znmanê ənd amenayn kołmans gawaṝin = φήμη ἐξῆλθεν καθʻ ὅλης τῆς περιχώρου περὶ αὐτοῦ「彼についての噂はその地方一帯に広がった」；Lk 4,25 ełew sov mec ənd amenayn erkir = ἐγένετο λιμὸς μέγας ἐπὶ πᾶσαν τὴν γῆν「大飢饉が全地に起こった」；Lk 2, 1 ašxaragir aṝnel ənd amenayn tiezers = ἀπογράφεσθαι πᾶσαν τὴν οἰκουμένην「全世界に人口調査をする」；Lk 3,22 ənd kʻez hačecʻay=ἐν σοὶ εὐδόκησα「お前は私の意にかなった」；Lk 23,31 etʻe ənd pʻayt dalar zays aṝnen. ənd čʻorn zinčʻ? linicʻi=εἰ ἐν τῷ ὑγρῷ ξύλῳ ταῦτα ποιοῦσιν, ἐν τῷ ξηρῷ τί γένηται；「生木にこれらのことがなされるのならば，枯れ木には何が起こるであろうか」；Lk 1,72 aṝnel ołormowtʻiwn ənd (M：aṝ)

第9章 前置詞

hars mer = ποιῆσαι ἔλεος μετὰ τῶν πατέρων ἡμῶν「われわれの父祖たちに憐れみをなす」(benefactive)；（前置詞を繰り返して）Lk 2,1 ənd awowrsn ənd aynosik = ἐν ταῖς ἡμέραις ἐκείναις「その頃」；Lk 2,46 nstêr ənd vardapetsn = καθεζόμενον ἐν μέσῳ τῶν διδασκάλων「彼は律法学者たちの只中に座っていた」；Lk 2,47 zarmanayn amenekʻean or lsein i nmanê ənd imastowtʻiwn ew ənd patasxanis nora = ἐξίσταντο δὲ πάντες οἱ ἀκούοντες αὐτοῦ ἐπὶ τῇ συνέσει καὶ ταῖς ἀποκρίσεσιν αὐτοῦ「彼の言うことを聞いていた者は全員、その賢さとその答えに驚いていた」；ənd... ew ənd...「(…と…の) 間に」：Mt 19,10 etʻe aydpês inčʻ vnas icʻê ənd ayr ew ənd kin. law ê čʻamowsnanal = εἰ οὕτως ἐστιν ἡ αἰτία τοῦ ἀνθρώπου (D：ἀνδρός) μετὰ τῆς γυναικός, οὐ συμφέρει γαμῆσαι「もし夫と妻の関係がそのような具合ならば、結婚しない方が良い」；Lk 11,51 Zakʻariay korowseloy ənd sełann ew ənd tačarn = Ζαχαρίου τοῦ ἀπολομένου μεταξὺ τοῦ θυσιαστηρίου καὶ τοῦ οἴκου「祭壇と神殿との間で滅びたゼカリヤ」(cf. Mt 23,35 ənd mêǰ tačarin ew sełanoy = μεταξὺ τοῦ ναοῦ καὶ τοῦ θυσιαστηρίου)；Lk 16,26 víh mec ê ənd mez ew ənd jez = μεταξὺ ἡμῶν καὶ ὑμῶν χάσμα μέγα ἐστήρικται「私たちとお前たちとの間には大いなる淵がある」。

b) 奪格と共に「…の側に」：Mt 22,44 nist ənd aǰmê immê = κάθου ἐκ δεξιῶν μου「私の右に座れ」；Mt 25,41 ənd ahekên = ἐξ εὐωνύμων「左側に」

c) 具格と共に「…の下に」：Lk 7,6 čʻem bawakan etʻe ənd yarkaw imov mtanicʻes = οὐ ἱκανός εἰμι ἵνα ὑπὸ τὴν στέγην μου εἰσέλθῃς「私は自分の屋根の下にあなたに入ってもらうに値する者ではない」；Lk 7,8 es ayr em kargeal ənd išxanowtʻeamb̕ ownim ənd inew zinowors = ἐγὼ ἄνθρωπός εἰμι ὑπὸ ἐξουσίαν τασσόμενος ἔχων ὑπ' ἐμαυτὸν στρατιώτας「私は権威の下に据えられている人間であり、私の下に兵士たちを持っている」。

d) 位格と共に「…と一緒に」：Lk 15,6 owrax ełerowkʻ ənd is = συγχάρητέ μοι「私と共に喜んでくれ」；Lk 2,36 kecʻeal ənd arn = ζήσασα μετὰ ἀνδρός「夫と暮らして」；Lk 5,30 əndêr？ ənd makʻsawors ew ənd meławors owtêkʻ ew əmpêkʻ = διὰ τί μετὰ τῶν ντελωνῶν καὶ ἁμαρτωλῶν ἐσθίετε καὶ πίνετε；「どうしてお前たちは徴税人や罪人らと一緒に食べたり飲んだりするのか」；Lk 2,13 ənd hreštakin ənd aynmik = σὺν τῷ ἀγγέλῳ「その天使と共に」；Mt 5,24 hašteacʻ ənd ełbawr kʻowm = διαλλάγηθι τῷ ἀδελφῷ σου「あなたの兄弟と仲直りせよ」；Mt 5,25 Lêr irawaxorh ənd awsoxi kʻowm = ἴσθι εὐνοῶν τῷ ἀντιδίκῳ σου「あなたを訴える者と和睦せよ」。

e) 属格と共に「…の代りに、…に対して」：王上 22,51 tʻagaworeacʻ Yovram ordi nora ənd nora = ἐβασίλευσεν Ἰωρὰμ υἱὸς αὐτοῦ ἀντ' αὐτοῦ「彼の子ヨラムが彼に代って王となった」；Mt 5,38 akn ənd akan ew atamn ənd ataman = ὀφθαλμὸν ἀντὶ ὀφθαλμοῦ καὶ ὀδόντα ἀντὶ ὀδόντος「目に対しては目を、歯に

— 196 —

第9章 前置詞

対しては歯を」; Mt 16,26 zinč'? tac'ê mard p'rkans ənd anjin iwroy = τί δώσει ἄνθρωπος ἀντάλλαγμα τῆς ψυχῆς αὐτοῦ「人は自分の命の代価として何を与えようというのか」; F.Byz. IV, 54 na inj č'ar ənd barwoy hatoyc'「彼は私に善でなく悪をもって報いた」; Mt 17,27 tac'es noc'a ənd im ew ənd k'o= δὸς αὐτοῖς ἀντὶ ἐμοῦ καὶ σοῦ「私とあなたの分として彼らに与えよ」; Mk 4,8 berêr ənd mioy eresown = ἔφερεν ἐν τριάκοντα「1つの〔実〕に対して30〔の実〕をもたらした」。

f) 与格と共に「…と一緒に」(-i に終わる名詞, o-語幹の名詞, a-語幹の固有名詞の単数すなわち単・与 -oy/-ay をもつ名詞にしか現れない): 創 21,9 xałayr ənd Isahakay ordwoy iwrowm = παίζοντα μετὰ Ἰσαὰκ τοῦ ἑαυτῆς「彼が彼女の子イサクと遊んでいた」; Lk 5,36 ənd hnoyn č'miabani kapertn or i noroyn = τῷ παλαιῷ οὐ συμφωνήσει τὸ ἐπίβλημα τὸ ἀπὸ τοῦ καινοῦ「新しい〔着物〕から〔取られた〕当て切れは古い〔着物〕に合わない」; Mk 14,67 dow ənd YI Nazovrac'woy? eir = σὺ μετὰ τοῦ Ναζαρηνοῦ ἦσθα τοῦ Ἰησοῦ「あなたはナザレ人イエスと一緒にいたか」; ロマ 5,10 haštec'ak' ənd Astowcoy = κατηλλάγημεν τῷ θεῷ「私たちは神と和解した」; 動詞 naxanjim「ねたむ」の後で, 創 26,14 naxanjec'an ənd nma P'łštac'ik'n = ἐζήλωσαν δὲ αὐτὸν οἱ Φυλιστιιμ「ペリシテ人は彼をねたんだ」。

3. əst

a) 与格と共に「…に従って, …によれば, …のとおりに」: Eznik I,26 əst aynm zor asên「彼の言うことに従って」, kac'oyc' sahmans azgac' əst t'owoy hreštakac'n Astowcoy「彼は神の使いの数に応じて国々の境界を定めた」; Lk 2,24 əst asac'eloyn yawrêns = κατὰ τὸ εἰρημένον ἐν τῷ νόμῳ「律法に言われていることに従って」; Lk 4,16 əst sovorowt'ean iwrowm = κατὰ τὸ εἰωθὸς αὐτῷ「自分の習慣に従って」。

b) 対格と共に「…の向こうに, …の外に, …から, …の後」, Minassian, *Manuel*, p.100. によればこれらの意味は anc'anel「過ぎる」, elanel「出て行く」などの動詞の場所を表わす状況補語と共に本来の意味でも比喩的な意味でも用いられる: ahawasik elanêk' əst Yordanan get「あなたたちはヨルダン川の向こうに渡る」; banakn elanê əst k'ałak'n「軍隊は町から出ていく」; nok'a əst hraman k'o oč' elanen「彼らはあなたの命令に違反しない」; Eznik III,10 əst erkir andr oč' inč' ê「地の向こうには何もない」; Künzle (*Das altarmenische Evangelium*, Teil II : Lexikon, p.267 : ənd erkir ew i veray erkri en ĵowrk'. ew əst erkir andr oč' inč' ê ew oč' et'e ĵowrk' : 'c'est au sein de la terre et à la surface de la terre, qu'il y a des eaux ; et au delá de la terre, là-bas, c'est le néant, loin qu'il y ait des eaux !' ; F.Byz. III,5 əst ayn mi gišern ayl oč' emowt aṝ kinn iwr「この一夜の後, 彼はもう妻のそばに来ることはなかっ

第9章 前置詞

た」.

c) 位格と共に「…を理由として，…を考慮して，…に従って」: Mt 19,3 et'e aržan? ic'ê owmek' arjakel zkin iwr əst amenayn vnasow = εἰ ἔξεστιν ἀνθρώπῳ ἀπολῦσαι τὴν γυναῖκα αὐτοῦ κατὰ πᾶσαν αἰτίαν;「どんな理由であれ，人が自分の妻を離縁するのは許されているのか」; Jh 7,24 mi əst ač's datik'' ayɫ owɫił datastan ararêk'= μὴ κρίνετε κατ' ὄψιν, ἀλλὰ τὴν δικαίαν κρίσιν κρίνετε「うわべで裁くな．正しい裁きを下せ」; Mt 16,27 hatowscê iwrak'anč'iwr əst gorcs iwr = ἀποδώσει ἑκάστῳ κατὰ τὴν πρᾶξιν αὐτοῦ「彼は各人にその行いに従って報いるであろう」; 詩 102,10 oč' əst meɫs mer arar mez. ew oč' əst anawrênowt'ean merowm hatoyc' mez = οὐ κατὰ τὰς ἁμαρτίας ἡμῶν ἐποίησεν ἡμῖν οὐδὲ κατὰ τὰς ἀνομίας ἡμῶν ἀνταπέδωκεν ἡμῖν「〔主は〕私たちの罪に応じて私たちをあしらわず，私たちの不法に従って私たちに報いもしなかった」.

d) 奪格と共に「…の後で，…に続いて」: mi əst mioĵê「1人（1つ）ずつ，次々に」(Mk 14,19 εἷς κατὰ εἷς; Lk 14,18 ἀπὸ μιᾶς; Lk 16,5 ἕνα ἕκαστον; Jh 21,25 καθ' ἕν); awr əst awrê「日々，毎日」(Lk 11,3 τὸ καθ' ἡμέραν; II コリ 4,16 ἡμέρᾳ καὶ ἡμέρᾳ; II ペト 2, 8 ἡμέραν ἐξ ἡμέρας).

4 ．z–

a) 奪格と共に「…に関して，…について，…に逆らって，…に敵対して」，次のような動詞と用いる（動詞によっては対格標識としての z–＋対も見られる）: asel「言う」, ambastanel, ambastan linil「訴える，不利な証言をする」, bambasel「悪口を言う，呪う」, gitel「知っている」, goh em「満足している」, gohanam「感謝する，ほめたたえる」, zarmanal「驚く」, lsel「聞く」, xabem「だます」, xawsim「語る」, kat'ogi linim「心配する」, kargel「語る」, karis aṙnel「同情する」, karcel「信じる」, hambawel「言い広める」, harc'anel「質問する」, hawanim「同意する」, hṙč'akel, hṙč'ak harkanem「言い広める」, yayt aṙnel「明らかにする」, yaytnel「はっきりと示す」, yišel「思い出す」, yowrast em「否認する」, owsanim「学ぶ」, owsowc'anel「教える」, č'araxawsel「悪口を言う，訴える」, patmel「語る」, vkayel「証言する」, p'oyt' ê「心配する，気にする」, k'arozel「宣べ伝える」: Lk 9,18 zo? ok' asen zinên žołovowrdk'n t'e ic'em = τίνα με λέγουσιν οἱ ὄχλοι εἶναι;「群衆は私のことを誰だと言っているのか」; Mk 15,4 tes k'ani ambastanen zk'ên = ἴδε πόσα σου κατηγοροῦσιν「どれほど彼らがお前を訴えているかを見よ」; Mt 26,62 č'tas? inč' patasxani zinč' dok'a ambastanden zk'ên = οὐδὲν ἀποκρίνῃ τί οὗτοί σου καταμαρτυροῦσιν;「お前は何も答えないのか．これらの者がお前に逆らう証言をしているのはなぜなのだ」; Mt 15,4 or bambasê zhayr kam zmayr. mahow vaxčanesc'i = ὁ κακολογῶν πατέρα ἢ μητέρα θανάτῳ τελευτάτω「父や母を呪う者は

— 198 —

第9章　前置詞

必ず死ぬべし」; Mk 7,25 lowaw kin mi znmanê = ἀκούσασα γυνὴ περὶ αὐτοῦ 「ひとりの女が彼のことを聞きつけて」; Lk 19,48 žołovowrdn amenayn kaxeal kayin (M: kayr) znmanê i lsel = ὁ λαὸς ἅπας ἐξεκρέματο αὐτοῦ ἀκούων (D: ἀκούειν)「群衆は皆、彼の言うことにじっと耳を傾けていた」; Lk 2,38 xawsêr znmanê = ἐλάλει περὶ αὐτοῦ「彼女は彼のことを語り始めた」; Lk 10,21 gohanam zk'ên = ἐξομολογοῦμαί σοι「私はあなたを讃め称える」; Mt 9,31 Ew nok'a eleal hambawec'in (M: hambovec'in) zna ənd amenayn erkirn ənd ayn = οἱ δὲ ἐξελθόντες διεφήμισαν αὐτὸν ἐν ὅλῃ τῇ γῇ ἐκείνῃ「彼らは去って行くと、その地一帯に彼のことを言い広めた」; Lk 4,37 ert'ayr hṙč'ak znmanê yamenayn tełis šowrǰ zgawaṙawn = ἐξεπορεύετο ἦχος περὶ αὐτοῦ εἰς πάντα τόπον τῆς περιχώρου「彼についての評判はその地域周辺のすべてのところにおよび始めた」; Mt 12,16 sasteac' noc'a. zi mí yaytnesc'en znmanê owmek' = ἐπετίμησεν αὐτοῖς ἵνα μὴ φανερὸν αὐτὸν ποιήσωσιν「彼は、彼を誰にもあからさまにしないよう、厳命した」; Mt 5,11 yoržam... asic'en zamenayn ban č'ar zjênǰ = ὅταν... εἴπωσιν πᾶν πονηρὸν καθ' ὑμῶν「人々があなたたちに敵対してあらゆる悪いことを言う時」; Mt 22,16 oč' ê k'ez p'oyt' zowmek'ê = οὐ μέλει σοι περὶ οὐδενός「あなたは誰をも憚らない」．——「取る、つかむ、触る、吊るす」などを意味する動詞と用いる: Mk 8,23 aṙeal zjeṙanê kowrin = ἐπιλαβόμενος τῆς χειρὸς τοῦ τυφλοῦ「彼は盲人の手を取って」; Lk 14,4 bowṙn hareal znmanê bžškeac' zna = ἐπιλαβόμενος ἰάσατο αὐτόν「〔イエスは〕彼の手を取り、彼を癒した」; Mk 7,33 kalaw zlezowê nora = ἥψατο τῆς γλώσσης αὐτοῦ「〔イエスは〕彼の舌に触った」; エス 8,7 zna kaxec'i zp'aytê = αὐτὸν ἐκρέμασα ἐπὶ ξύλου「私は彼を木に吊るした」; Lk 17,2 law êr nma et'e vêm erkanak'ar kaxêr zparanoc'ê nora = λυσιτελεῖ αὐτῷ εἰ λίθος μυλικὸς περίκειται περὶ τὸν τράχηλον αὐτοῦ「彼にとってはその首に挽き臼の石をつけられる方がまだ良いだ」．

b）具格と共に、場所や時間の状況補語として「…の周囲に、…の近くに、…の上に、…を超えて」（比喩的にも）: Mk 14,47 mi omn yaync'anê or znovawn kayin = εἷς τις τῶν παρεστηκότων「彼の傍らに立っていた者のうちの誰か1人が」; Mt 27,46 zinn žamawn (M: žamovn) goč'eac' $\overline{YS}$ = περὶ τὴν ἐνάτην ὥραν ἀνεβόησεν ὁ Ἰησοῦς「第9刻頃にイエスは叫んだ」; Lk 2,36 sa ink'n anc'eal êr zawowrbk' bazowmk' = αὕτη προβεβηκυῖα ἐν ἡμέραις πολλαῖς「この人自身は非常に高齢だった」; Lk 11,42 anc'anêk' zirawambk' ew zsirovn $\overline{AY}$ = παρέρχεσθε τὴν κρίσιν καὶ τὴν ἀγάπην τοῦ θεοῦ「お前たちはさばきと神の愛をないがしろにしている」; šowrǰ の後で冗語的に用いて、Mk 6,6 šrǰêr šowrǰ zgawaṙawk'n ew owsowc'anêr = περιῆγεν τὰς κώμας κύκλῳ διδάσκων「彼はまわりの村々をめぐり歩いて教え続けた」．——動詞の状況補語あるいは単に間接補語が z + 具格によって導入されることがある．そのような動

第9章　前置詞

詞には次のようなものがある：
1）「…で覆う，ものを…に投げる，抱く，置く，落ちる」などを意味する動詞：acel「導く」, ankanim「落ちる」, aṙnowl「受け取る」, arkanel「投げる，置く」, berel「連れて来る」, dizanel「積み重ねる」, hayim「見る，に視線を投げる」, pʻarim「抱く」, 例えば Lk 15,20 ankaw zparanocʻawn nora = ἐπέπεσεν ἐπὶ τὸν τράχηλον αὐτοῦ「彼の首に落ちた＝彼の首に抱きついた」; Mk 14,51 arkeal ziwrew ktaw mi = περιβεβλημένος σινδόνα「自分の身を一枚の亜麻布でくるんで」; Lk 23,11 ark znovaw handerjs spitaks = περιβαλὼν ἐσθῆτα λαμπσάν「彼は彼にけばけばしい衣をはおらせた」; Mk 3,5 hayecʻeal YS znokʻawkʻ = περιβλεψάμενος αὐτούς「イエスは彼らを見回して」.
2）「…を嘲弄する，ばかにする」などを意味する動詞（ただし具格以外の格形あるいは前置詞句を伴うこともある）：aypn aṙnel「なぶる，嘲弄する」, ar hamarhel「軽蔑する」, zancʻ aṙnel「無視する，うっちゃっておく」, zgowšanal「信用しない」, cicałim「あざ笑う」, katakem「なぶりものにする」, mkʻtʻal「あざ笑う」, kʻamahel「軽蔑する」：Lk 22,63 aypn aṙnein znovaw = ἐνέπαιζον αὐτῷ「彼らは彼をなぶり続けた」; Mk 10,34 katakicʻen znovaw = ἐμπαίξουσιν αὐτῷ「彼らは彼をばかにするだろう」.
3）次のような慣用的な言い回しの後で：zanjamb gal「気をつける」, zjeṙawkʻ acel「手に入れる」, zgrov gal「読書に専念する」, zkʻnov ankanim「眠る」, zmimeamb elanel「追い抜き合う」, zmtaw acel「思いめぐらす」, zmtawkʻ zaṙancʻel「たわごとを言う」, zsirov gal「恋に陥る」.
c）位格と共に zarkanel, harkanel「打ちつける，ぶつかる」の間接補語として：Lk 4,11 mi erbekʻ harcʻes zkʻari zotn kʻo = μήποτε προσκόψῃς πρὸς λίθον τὸν πόδα σου「お前が自分の足を石に打ちつけることがないように」; Jh 18,6 zarkan zgetni = ἔπεσαν χαμαί「彼らは地面に倒れた」; Mk 5,15 zahi haran = ἐφοβήθησαν「彼らは恐怖におそわれた」; Lk 11,53 zamawtʻi harkanein = δεινῶς ἔχειν (Θ, D)「彼らは恥辱に打ちすえられていた」.
d）対格と共に，時の状況補語として機能する：Mt 4,2 paheal [M：parheal] zkʻaṙasown tiw ew zkʻaṙasown gišer. apa kʻałcʻeaw = νηστεύσας ἡμέρας τεσσεράκοντα καὶ νύκτας τεσσεράκοντα, ὕστερον ἐπείνασεν「彼は40日40夜断食し，その後飢えた」; Lk 2,37 paštêr zcʻayg ew zcʻerek = λατρεύουσα νύκτα καὶ ἡμέραν「彼女は夜も昼も仕えていた」; Lk 4,25 zeris ams ew zvecʻ amis = ἐπὶ ἔτη τρία καὶ μῆνας ἕξ「3年と6ヶ月の間」; Lk 5,5 zamenayn gišers ašxat ełeakʻ. ew ocʻ inčʻ kalak = διʼ ὅλης νυκτὸς κοπιάσαντες οὐδὲν ἐλάβομεν「私たちは夜通し苦労して，何も捕れなかった」; Jh 21,14 zays ericʻs angam erewecʻaw YS ašakertacʻn = τοῦτο ἤδη τρίτον ἐφανερώθη Ἰησοῦς τοῖς μαθηταῖς「これで[Gk：すでに]3度目，イエスは弟子たちに現れた」.

第9章　前置詞

5．i（母音の前で y）
a）対格と共に：
 1）「どこへ？」に対する：Lk 1,23 gnac' i town iwr＝ἀπῆλθεν εἰς τὸν οἶκον αὐτοῦ「彼は自分の家へ帰って行った」；Lk 2,7 pateac' i xanjarowrs ew ed zna i msowr＝ἐσπαργάνωσεν αυτὸν καὶ ἀνέκλινεν αὐτὸν ἐν φάτνῃ「彼女は彼を産着にくるんで、飼い葉桶の中に寝かせた」；Lk 1,35 hogi sowrb ekec'ê i kez＝πνεῦμα ἅγιον ἐπελεύσεται ἐπὶ σέ「聖霊があなたの上にやって来るだろう」；Mt 25,5 i k'own mtin＝ἐκάθευδον「彼らは眠り込んだ」．
 2）他の種々の関係を示す：Lk 9,50 or oč'n ê jer t'šnami. i jer kołmn ê＝ὃς οὐκ ἔστιν καθ' ὑμῶν, ὑπὲρ ὑμῶν ἐστιν「あなたたちの敵でない者は、あなたたちの側にいる（＝味方だ）」；Jh 6,34 yamenayn žam towr mez zhac'n zayn＝πάντοτε δὸς ἡμῖν τὸν ἄρτον τοῦτον「そのパンをいつも私たちに与えよ」；Jh 12,27 eki i žams yays＝ἦλθον εἰς τὴν ὥραν ταύτην「この時のために私は来た」；Lk 1,47 c'ncac'aw hogi im y$\overline{AC}$ p'rkič' im＝ἠγαλλίασει τὸ πνεῦμα μου ἐπὶ τῷ θεῷ τῷ σωτῆρί μου「私の心は、私の救い主である神を喜ぶ」；Lk 1,59 koč'ein zna yanown hawr iwroy Zak'aria＝ἐκάλουν αὐτὸ ἐπὶ τῷ ὀνόματι τοῦ πατρὸς αὐτοῦ Ζαχαρίαν「彼らは、その父ザカリヤの名で彼を呼ぼうとした」；Lk 9,48 or ok' ənkalc'i zmanowks zays yanown im＝ὃς ἐὰν δέξηται τοῦτο τὸ παιδίον ἐπὶ τῷ ὀνόματί μου「この子供を私の名ゆえに受け入れる者は」；Mk 1,26 ałałakeac' i jayn mec＝φωνῆσαν φωνῇ μεγάλῃ「彼は大声で叫んだ」；Mt 23,22 or erdowaw yerkins erdnow yat'oȓn $\overline{AY}$ ew yayn or nstin i veray nora＝ὁ ὀμόσας ἐν τῷ οὐρανῷ ὀμνύει ἐν τῷ θρόνῳ τοῦ θεοῦ καὶ ἐν τῷ καθημένῳ ἐπάνω αὐτοῦ「天にかけて誓った者は、神の座とその上に座る者とにかけて誓うのだ」；Mk 5,7 erdmnec'owc'anem zk'ez y$\overline{AC}$＝ὀρκίζω σε τὸν θεόν「神かけて私はお前に頼む」；Mt 1,22 or asac'awn i $\overline{TE}$ i jeȓn Êsayay margarêi＝τὸ ῥηθὲν ὑπὸ κυρίου διὰ τοῦ προφήτου「預言者イザヤを通して主によって言われたこと」；F.Byz. IV,6 i hngetasan awr hasanêr i hramayeal tełin「15日間で彼は命じられた場所に到着した」．また、minč' i ＋対「…まで」や mawt i ＋対「…に近い」などの結合で、例えば Mk 13,27 i cagac' erkri. minč' i cags erknic'＝ἀπ' ἄκρου γῆς ἕως ἄκρου οὐρανοῦ「地の果てから天の果てまで」；Jh 19,20 mawt êr i k'ałak' andr tełin owr xač'ec'awn $\overline{YS}$＝ἐγγὺς ἦν ὁ τόπος τῆς πόλεως ὅπου ἐσταυρώθη ὁ Ἰησοῦς「イエスが十字架につけられた場所はその町に近かった」．
b）位格と共に：
　Lk 2,7 oč' goyr noc'a tełi yiJavanin＝οὐκ ἦν αὐτοῖς τόπος ἐν τῷ καταλύματι「旅籠の中には彼らのための居場所がなかった」；Lk 1,26 yamseann vec'erordi＝ἐν τῷ μηνὶ τῷ ἕκτῳ「6月目に」；Lk 2,3 ert'ayin amenek'ean

第9章　前置詞

mtanel yašxaragir yiwrak'anč'iwr k'ałak'i＝ἐπορεύοντο πάντες ἀπογράφεσθαι, ἕκαστος εἰς τὴν ἑαυτοῦ πόλιν「すべての人が，各自の町で戸口調査の登録をするために，赴いた」; Lk 2,25 hogi sowrb êr i nma＝πνεῦμα ἦν ἅγιον ἐπ' αὐτόν「聖霊が彼の上にあった」; Lk 1,14 bazowmk' i cnndean nora xndasc'en＝πολλοὶ ἐπὶ τῇ γενέσει αὐτοῦ χαρήσονται「多くの者が彼の誕生を喜ぶだろう」; Lk 1,5 yawowrs Hêrovdi＝ἐν ταῖς ἡμέραις Ἡρῴδου「ヘロデの時代に」; Lk 3,2 i k'ahanayapetowt'ean Anayi ew Kayiap'a＝ἐπὶ ἀρχιερέως Ἅννα καὶ Καϊάφα「ハンナスとカヤファが大祭司であった時に」; Jh 7,6 yamenayn žamow＝πάντοτε「いつも」.

c）奪格と共に「…から」，次のような用法がある：
1) 分離・起源・出所の奪格：Lk 1,2 i skzbanê＝ἀπ' ἀρχῆς「初めから」; Lk 2,36 and êr Anna margarê... yazgê Asêra (M : Asêray)＝ἦν Ἅννα προφῆτις... ἐκ φυλῆς Ἀσήρ「アセル族の出身でアンナという女預言者がそこにいた」; Lk 2,1 el hraman yAwgowstos kayserê＝ἐξῆλθεν δόγμα παρὰ Καίσαρος Αὐγούστου「皇帝アウグストゥスから勅令が出た」; Lk 1,30 gter šnorhs yAY＝εὗρες χάριν παρὰ τῷ θεῷ「あなたは神から恵みを得た」; Lk 23,26 əmbṛnec'in zomn Simovn... or gayr yandê＝ἐπιλαβόμενοι Σίμωνά τινα... ἐρχόμενον ἀπ' ἀγροῦ「彼らは，シモンという者が野からやって来たのをつかまえた」; Mt 5,30 hat zna ew ənkea i k'ên＝ἔκκοψον αὐτὴν καὶ βάλε ἀπὸ σοῦ「それを切り取って投げ捨てよ」; Mk 12,34 č'es heṛi yark'ayowt'enê AY＝οὐ μακρὰν εἶ ἀπὸ τῆς βασιλείας τοῦ θεοῦ「あなたは神の王国から遠くない」; Lk 5,19 elin i tanis ew i c'owoc'in kaxec'in zna ew iJowc'in mahčawk'n handerj＝ἀναβάντες ἐπὶ τὸ δῶμα διὰ τῶν κεράμων καθῆκεν αὐτὸν σὺν τῷ κλινιδίῳ「彼らは屋根にのぼり，天井から彼を吊るして，担架と共におろした」（ギリシア語原文と異なる訳).
——i＋奪格は次のような意味をもつ動詞の補語として用いられる：「やめる，逃れる，断念する，捨てる，禁ずる，恐れる，憚る，隠す，拒む，背く，嫌悪する，別れを告げる，求める，聞く」; 出 34,33 dadareac' i xawseloy anti＝κατέπαυσεν λαλῶν「彼は語り終えた」; Lk 7,45 oč' dadareac' i hambowreloy zots im＝οὐ διέλιπεν καταφιλοῦσά μου τοὺς πόδας「彼女は私の足に接吻するのをやめなかった」; Lk 10,21 cackec'er zays yimastnoc' ew i gitnoc'＝ἀπέκρυψας ταῦτα ἀπὸ σοφῶν καὶ συνετῶν「あなたはこれを知者や賢者に隠蔽した」; Lk 9,45 êr cackeál i noc'anê＝ἦν παρακεκαλυμμένον ἀπ' αὐτῶν「それは彼らから隠されていた」; Lk 9,61 hraman towr inj hražarel i tanê immê＝ἐπίτρεψόν μοι ἀποτάξασθαι τοῖς εἰς τὸν οἶκόν μου「私の家の者たちに別れを告げることを許せ」; Lk 22,2 erknč'ein i žołovrdenên anti＝ἐφοβοῦντο τὸν λαόν「彼らは民を恐れていた」; Lk 18,4 yAY oč' erknč'im ew i mardkanê oč' amač'em＝τὸν θεὸν οὐ φοβοῦμαι

— 202 —

第9章　前置詞

οὐδὲ ἄνδρωπον ἐντρέπομαι「私は神を恐れず，人を憚らない」; Lk 6,29 or hanê i k'ên zbačkon k'o mi argelowr i nmanê ew zšapiks = ἀπὸ τοῦ αἴροντός σου τὸ ἱμάτιον καὶ τὸν χιτῶνα μὴ κωλύσῃς「あなたから上着を取る者には下着も拒むな」; F.Byz. IV,23 apstambeac' yark'ayên Hayoc' mi omn i naxararac' mecamecac'n「王侯貴族のある者がアルメニア王に背いた」; レビ 20,23 garšec'ay es i noc'anê = ἐβδελυξάμην αὐτούς「私はそれらを嫌悪した」; Lk 3,7 p'axč'el i barkowt'enên or galoc' ê = φυγεῖν ἀπὸ τῆς μελλούσης ὀργῆς「来たるべき怒りから逃れる」; Lk 6,30 amenayni or xndrê ok' i k'ên towr = παντὶ αἰτοῦντί σε δίδου「すべてあなたに求める者には与えよ」; Lk 6,18 ekin lsel i nmanê ew bžškel i hiwandowt'enê iwreanc' = ἦλθον ἀκοῦσαι αὐτοῦ καὶ ἰαθῆναι ἀπὸ τῶν νόσων αὐτῶν「彼らは彼の言うことを聞こうとして，そして彼らの病から治してもらおうとしてやって来た」．——形容詞と共に：Ⅰテサ 2,17 orb mnac'ak' i jênǰ = ἀπορφανισθέντες ἀπ' ὑμῶν「私たちはあなたたちから引き離されていた」．

2) 動作主の奪格：Lk 2,21 koč'ec'aw anown nora Y̅S̅ or koč'ec'eal êr i hreštakên = ἐκλήθη τὸ ὄνομα αὐτοῦ Ἰησοῦς, τὸ κληθὲν ὑπὸ τοῦ ἀγγέλου「彼の名はイエスと名づけられた．これは天使によってつけられた〔名〕である」; Mt 3,6 mkrtein i nmanê = ἐβαπτίζοντο ὑπ' αὐτοῦ「彼らは彼から洗礼を受けていた」; Lk 6,18 nełealk'n yaysoc' płcoc' bžškein = οἱ ἐνοχλούμενοι ἀπὸ πνευμάτων ἀκαθάρτων ἐθεραπεύοντο「穢れた霊に苦しめられていた者たちは癒された」; Mt 2,16 ibrew etes Hêrovdês t'e xabec'aw i mogowc' anti barkac'áw yoyž = Ἡρῴδης ἰδὼν ὅτι ἐνεπαίχθη ὑπὸ τῶν μάγων ἐθυμώθη λίαν「ヘロデは占星学者たちにだまされたと知って，甚だしく慣った」．

3) 材料の奪格：Mt 3,4 handerj i stewo (M: -woy) owłtow = τὸ ἔνδυμα αὐτοῦ ἀπὸ τριχῶν καμήλου「らくだの毛から作られた着物」．

4) 部分の奪格：Lk 4,27 oč' ok' i noc'anê srbec'aw = οὐδεὶς αὐτῶν ἐκαθαρίσθη「彼らのうち誰も清められた者はない」; Mt 5,29 mi yandamoc' koc' = ἕν τῶν μελῶν σου「あなたの肢体の一部」; Mk 12,28 mi omn i dprac'n = εἷς τῶν γραμματέων「律法学者たちの1人」; Lk 1,16 zbazowms yordwoc'n I̅Ł̅I̅ = πολλοὺς τῶν υἱῶν Ἰσραήλ「イスラエルの子らの多くを」; Lk 5,12 i mi k'ałak'ac'n = ἐν μιᾷ τῶν πόλεων「ある町で」; Jh 6,70 ew mid i jênǰ sataná ê = καὶ ἐξ ὑμῶν εἷς διάβολός ἐστιν「そしてあなたがたの中の1人は悪魔だ」．

6．c'-

対格とのみ用いて「…に向かって」; asel「言う」, harc'anel「問う」, tal「与える」, xndrel「求める」のような動詞の間接補語として，与格の代りに用いられ

— 203 —

第 9 章　前置詞

る：Lk 1,30 asê c'na hreštakn = εἶπεν ὁ ἄγγελος αὐτῇ「天使は彼女に言った」；Lk 1,34 asê Mariam c'hreštakn = εἶπεν Μαριὰμ πρὸς τὸν ἄγγελον「マリヤムは天使に言った」；Lk 6,9 harc'ic' inč' c'jez = ἐπερωτῶ ὑμᾶς「私はあなたたちにたずねよう」；Lk 4,20 xp'eal zgirsn et c'paštawneayn ew nstaw = πτύξας τὸ βιβλίον ἀποδοὺς τῷ ὑπηρέτῃ ἐκάθισεν「その書を閉じて、彼は下役の者に返し、腰をおろした」；Mt 7,9 O ic'ê i jênĵ mard· c'or xndric'ê ordi iwr hac'· mit'e k'ar? tayc'ê nma = τίς ἐστιν ἐξ ὑμῶν ἄνθρωπος, ὃν αἰτήσει ὁ υἱὸς αὐτοῦ ἄρτον, μὴ λίθον ἐπιδώσει αὐτῷ；「あなたたちの中で誰が、自分の息子がパンを求めているのに、石を与えるような人間であろうか」．—— aha, awadik c'- の形で：Mt 25,25 awadik k'oyd c'k'ez = ἴδε ἔχεις τὸ σόν (vulg.: ecce habes, quod tuum est)「見よ、それがあなたのものだ」；Jh 19,5 aha ayrd c'jez = ἰδοὺ ὁ ἄνθρωπος (vulg.: ecce homo)「見よ、この人だ」；Jh 19,14 aha t'agawor (M: -d) jer c'jez = ἴδε ὁ βασιλεὺς ὑμῶν (vulg.: ecce rex vester)「見よ、お前たちの王だ」．——「…まで」の意味で：c'erek「夕方まで＝昼」；owtel c'yag「満腹するまで＝腹一杯食べる」．大抵は minč' c'-, minč'ew c'- の結合で：Jh 16,24 minč' c'ayžm oč' inč' xndrec'êk' yanown im = ἕως ἄρτι οὐκ ᾐτήσατε οὐδὲν ἐν τῷ ὀνόματί μου「これまであなたたちは私の名において何も願ったことがない」；Lk 2,15 ekayk' ert'ic'owk' minč'ew c'Bet'łeem = διέλθωμεν δὴ ἕως Βηθλέεμ「さあ、ベトレヘムまで出かけてみようではないか」．

第10章　統語論

第1部　文

§ 146. Meillet は "Aucun mot n'avait dans la phrase indo-européenne une place défini et constante" と述べている (Introduction à l'étude comparative des langues indo-européennes, p.365). 古典アルメニア語の文の構造も基本的には他の古い印欧諸語に見られるものと異ならない. ギリシア語やヴェーダ語と同様に, アルメニア語は名詞の曲用および動詞の活用を豊富に備えているために, 文中における語順は極めて自由である. したがって, 語順は文法的な機能を担うのではなく, 表現意図的な機能を果たすのであり, 特に強調されるべき重要な語は文頭に置かれる傾向があった. 主語, 動詞, 目的語および他の成分は文中でさまざまな位置に現れ得る. 以下に掲げるホレンのモーセス『アルメニア人の歴史』1, 31 に引用されている「ゴルトゥン (Gołt'n) の歌」の一節「ヴァハグン (Vahagn) の誕生」は, アルメニア文字創製よりかなり以前のアルメニア語の古い姿をとどめる貴重な資料であるが, 上記のような表現的な動機に基づく印欧語文の語順の自由さをよく保存している. 動詞の位置, 名詞と形容詞の結合順序および後置詞の添加される位置, 前置詞句の位置などに注意されたい：

 Erknêr erkin, erknêr erkir,
 erknêr ew covn cirani;
 erkn i covown ownêr ew zkarmrikn ełegnik;
 ənd ełegan p'oł cowx elanêr,
 ənd ełegan p'oł boc' elanêr;
 ew i boc'oyn vazêr xarteaš patanekik;
 na howr her ownêr, apa t'ê boc' ownêr môrows,
 ew ač'kownk'n êin aregakownk'.
 「天は陣痛にあえぎ, 地は陣痛にあえいでいた,
 深紅の海も陣痛にあえいでいた；
 小さな赤い葦もその海で陣痛に襲われていた；
 葦の茎を通って煙が立ち昇り,
 葦の茎を通って炎が立ち昇った；
 そして, その炎から赤毛の幼子が躍り出た；
 それは火を髪としてもち, 炎を髭としてもって,
 両の目は太陽だった」

第10章 統　語　論

　こうした語順の自由さによって、聖書のアルメニア語訳はギリシア語原文の語順を概ね正確に写し取ることが可能であった。例えば次の一節を参照：Mt 19,14 tʻółł towkʻ manktwoyd ew mi argelowkʻ zdosa gal aṙ is. zi aydpiseacʻd ê arkʻayowtʻiwn (M : -n) erknicʻ = ἄφετε τὰ παιδία καὶ μὴ κωλύετε αὐτὰ ἐλθεῖν πρός με, τῶν γὰρ τοιούτων ἐστὶν ἡ βασιλεία τῶν οὐρανῶν「子供たちをそのままにさせておけ。そして彼らが私のところに来るのを邪魔してはならない。なぜなら、天の王国とは、このような者たちのものだからだ」。ここでは、ギリシア原文の語順が忠実に踏襲されている。ただ決定的に異なるのは、ギリシア語に明示されていない人称直示的標識がアルメニア語では一貫して提示されていることである。下線部のように、いったん manktwoyd が2人称指示者、つまり「（あなたたちがたった今叱りつけた）子供たち」として言及されると、それに続く直示的標識は場面が変わらない限り保持されることになる。

　単文や複文を駆使した古典期の散文の見本は、コルブのエズニク『謬説駁論』II, 1からの抜粋に見ることができる：

Ew teseal zna Zrowanay, očʻ gitacʻ etʻê o okʻ icʻê. ew harcʻanêr` etʻê ov ? es dow : Ew na asê. es em ordin kʻo : Asê cʻna Zrowan. im ordin anowšahot ew lowsawor ê, ew dow xawarin ew žandahot es : Ew minčʻ deṙ nokʻa zays ənd mimeans xawsêin, cneal Ormzdi i žamow iwrowm lowsawor ew anowšahot, ekn ekacʻ aṙaǰi Zrowanay : Ew teseal zna Zrowanay, gitacʻ` etʻê Ormizd ordi nora ê, vasn oroy zyašt arnêr

「そして、彼を見て、ズルワンはそれが誰であるか分からず、『お前は誰だ』とたずねた。すると彼は言う『私はあなたの子です』。ズルワンが彼に言う、『私の子は芳香を放って光り輝いているが、お前は暗くて悪臭を放っている』。彼らが互いにこうしたことを語り合っている間に、オルミズドが折よく光り輝き芳香を放って生まれ、やって来てズルワンの前に立った。彼を見て、ズルワンは、これが供犠を行って来た彼の子オルミズドであることを知った」。

1．動詞文と名詞文

§ 147.　動詞文は1つの定形動詞を含む文をいうが、それだけからなることもある、例えば owtem「私は食べる」は動詞文である。しかし、動詞文は主語、目的語、小辞といったさまざまな成分を含むことができる、例えば Jh 20,17 értʻ dow aṙ ełbarsn im ew asá cʻnosa elanem es aṙ hayrn im = πορεύου πρὸς τοὺς ἀδελφούς μου καὶ εἰπὲ αὐτοῖς· ἀναβαίνω πρὸς τὸν πατέρα μου「あなたは私の兄弟たちのところに行け。そして彼らに言え、『私は自分の父のところにのぼっていく』と」； F. Byz. IV,23 yaynm žamanaki apstambeacʻ yarkʻayên Hayocʻ mi omn i naxararacʻ mecamecacʻn「その時代にアルメニアの王に対して大封建諸侯の一人が反乱を起こした」。

— 206 —

第10章　統　語　論

§ 148. 名詞文の最も純粋な形式は繋辞（copula）を伴わずに広義の名詞（すなわち名詞，代名詞，形容詞，分詞）2つからなる文をいうが，アルメニア語では通常繋辞が大抵は述語の後に置かれ，純粋な名詞文はもはや一般的に用いられなかった．例えば Eznik I,23 Astowac hogi kendani ê「神は生ける魂である」；III,10 awd ənd ǰowrs ew ənd erkir xaṙn ê「空気は水と地と混じっている」；III,9 čšmarit ê ban groyn「その書の言葉は真実だ」(linim も語順に関して em と同じ位置をとる．例えば Agath. § 39 aṙancʻ arean ew kotoracoy licʻi šinowtʻiwn kołmancʻs erkocʻowncʻ「流血と虐殺なしに両派の進歩が成るように」)．福音書の翻訳ではギリシア語原文に繋辞がないところにこれを規則的に加えている．例えば Lk 10,7 aržaní ê mšakn varjow iwroy = ἄξιος ὁ ἐργάτης τοῦ μισθοῦ αὐτοῦ「労働者がその報いを得るのはふさわしい」；Mt 9,37 hownjkʻ bazowm en· ew mšakkʻ sakaw = ὁ μὲν θερισμὸς πολύς, οἱ δὲ ἐργάται ὀλίγοι「収穫は多いが，働き手が少ない」；Mt 26,41 Hogis yawžar ê· báycʻ marmins tkar = τὸ μὲν πνεῦμα πρόθυμον ἡ δὲ σὰρξ ἀσθενής「霊ははやっても，肉は弱い」，この2つの例のそれぞれ後半部は自明なので繋辞が書かれていない；Lk 5,38 gini nor i tiks nors arkaneli ê = οἶνον νέον εἰς ἀσκοὺς καινοὺς βλητέον「新しい葡萄酒は新しい革袋に入れられるべきだ」；Lk 4,36 zinčʻ? ê bans ays = τίς ὁ λόγος οὗτος ;「この言葉は何だ」；Lk 1,43 owsti ? ê inj ays = πόθεν μοι τοῦτο「こんなことが私にどうして〔起こったの〕か」；part ê, pitoy ê「…しなければならない」のような非人称文では繋辞は必要である：Eznik II,3 yaytʻ ê tʻê anmtowtʻiwn li en baǰałankʻn「その馬鹿げた物語が愚かさに満ちていることは明らかだ」；Mt 6,34 šát ê awowrn čʻar iwr = ἀρκετὸν τῇ ἡμέρᾳ ἡ κακία αὐτῆς「今日の苦しみで，今日は十分だ」．述語が二重になっているなら，繋辞は第1項の後に置かれるか，例えば Agath. § 64 ardarew šahapet ê gerezmanacʻ ew pahapan「本当に彼は墓の主人であり守り人である」，あるいは第2項の後に置かれる：Eznik I,2 vnasakar ew apakaničʻ ê「それは有害であり破滅をもたらすものだ」．述語が後置された規定を受けているならば，それは原則として繋辞に後続する：Eznik I,14 miayn inkʻn kanxagêt ê handerjelocʻ「彼だけが未来の予見者だ」．

繋辞は，それに先行する述語が名詞である場合，その述語の数に一致する：Jh 12,50 patowêrn keankʻn (M : p. ayn keankʻ) en yawitenakankʻ = ἡ ἐντολὴ αὐτοῦ ζωὴ αἰώνιός ἐστιν「その命令は永遠の命である」．

em の現れる文がすべて名詞文であるとはかぎらない．em に強勢が置かれ独立しているならば，その文は存在文である．例えば Eznik I,2 apa owremn ê inčʻ zawrowtʻiwn cacowk「それゆえに何か隠れた力がある」(ê は述語に後続していない)．

特に関係節において，繋辞は3人称現在で欠如することがある．この場合，関係

— 207 —

節は関係詞と前置詞に先行された語あるいは前方照応詞の属格とからなる，例えば，創 1,22 lcʻekʻ zjowrsd or i covs＝πληρώσατε τὰ ὕδατα ἐν ταῖς θαλάσσαις「海の水を満たせ」；創 47,1 xašinkʻ ew arǰaṙ nocʻa ew amenayn or inčʻ nocʻa＝τὰ κτήνη καὶ οἱ βόες αὐτῶν καὶ πάντα τὰ αὐτῶν「彼らの羊や牛と彼らの全財産」；Lk 8,12 orkʻ aṙ čanaparhawn aynokikʻ en. or lsenn＝οἱ παρὰ τὴν ὁδόν εἰσιν οἱ ἀκούσαντες「道端に〔いる〕者たちとは，〔御言葉を〕聞く人たちだ」．

否定文は時として繋辞を欠くことがある，例えば Eznik II,3 čʻew owrekʻ ordi i miǰi「どこにもまだ息子はいない」．čʻikʻ を伴う否定文は繋辞を含まない，例えば，Lk 18,19 čʻikʻ okʻ bari＝οὐδεὶς ἀγαθός「善い者は誰もいない」；分詞と共に čʻikʻ が助動詞のように現れている例は Jh 7,15 zi owseal bnaw čʻikʻ＝μὴ μεμαθηκώς「彼は誰にも教わったことがないのに」．

関係節で分詞が繋辞を伴わずに現れる例が見られる，例えば Jh 6,51 Es em hacʻn kendani or yerknicʻ iǰeal＝ἐγώ εἰμι ὁ ἄρτος ὁ ζῶν ἐκ τοῦ οὐρανοῦ καταβάς「私は天から降った活けるパンである」，Jh 6,58 Áys ê hacʻn or yerknicʻ iǰeal（M：ê）＝οὗτός ἐστιν ὁ ἄρτος ὁ ἐξ οὐρανοῦ καταβάς「これは天から降ったパンである」．しかしこれらは先行箇所から説明がつく：Jh 6,50 Áys ê hacʻn or yerknicʻ iǰeal ê＝οὗτός ἐστιν ὁ ἄρτος ὁ ἐκ τοῦ οὐρανοῦ καταβαίνων「これは天から降って来るパンである」．

述語が動詞のそばに置かれているならば，その文は名詞的・動詞的という（下記 §211 参照），例えば Jh 4,46 ordi nora hiwand kayr＝ὁ υἱὸς ἠσθένει「その息子が病気であった」；Eznik II,2 aysow mecaroy erewin aṙaǰnordkʻ kʻêšin「これによってその宗派の指導者たちは尊く見える」；名詞的述語が目的語の補語であることがある，例えば Eznik I,19 zjez anmahs arari「私はあなたがたを不死のものとして造った」；Agath. §64 pahê zšownčʻs mardkan kendanis「彼は人々の息を活けるものとして守る」．

2．能動文と受動文

§149. アルメニア語の動詞形は基本的に印欧語的な能動態と中／受動態の区別を示しており，その機能も概ね印欧祖語のそれに対応するが，形態論的な観点から見ると，必ずしも全面的に明確な区別を示しているわけではない．例えば，態の形態的標識を持たないものには次のような形がある：-a-/-ow- 語幹の直説法現在，-ow- 語幹の接続法現在，-a-/-ow- 語幹の命令法現在，あらゆる語幹の未完了，直説法アオリスト複数1人称，接続法アオリスト複数1・2人称．さらに不定詞は態に関して中立的である．こうした態範疇の不均衡ゆえに，受動文を避けてできるだけ能動文で置き換えようとする傾向が認められる：例えば，Lk 1,62 akn arkanein hawrn nora tʻe zinčʻ? kamicʻi kočʻel zna＝ἐνένευον δὲ τῷ πατρὶ αὐτοῦ τί ἂν θέλοι καλεῖσθαι αὐτό「彼らは彼の父に合図を送り，彼がその子にどんな名をつけたがっているか〔うかがった〕」；Lk 2,18 zarmanayín vasn

第10章 統 語 論

banic'n zor xawsec'an ənd nosa hoviwk'n = ἐθαύμασαν περὶ τῶν λαληθέντων ὑπὸ τῶν ποιμένων πρὸς αὐτούς「彼らは，羊飼いたちが彼らに語ったことに驚いた」; Lk 2,5 Maremaw handerj zor xawseal êr nma = σὺν Μαριὰμ τῇ ἐμνηστευμένῃ αὐτῷ「人が彼の許嫁に定めていたマリアムと共に」; Lk 2,21 minč'-č'ew yłac'eal êr zna yorovayni = πρὸ τοῦ συλλημφθῆναι αὐτὸν ἐν τῇ κοιλίᾳ「〔彼女が〕彼を胎に宿す前に」．後の2つの例では目的語標識 z- (いわゆる nota accusativi) の存在によって，xawseal êr, yłac'eal êr が他動詞完了能動文であることがわかる．

受動文において動作主 (agent) は次のように表わされる：
a) 人間の場合，前置詞 i + 奪格によって：Lk 2,21 or koč'ec'eal êr i hreštakên = τὸ κληθὲν ὑπὸ τοῦ ἀγγέλου「天使によってつけられた〔名〕」
b) 事物の場合，具格によって：Lk 8,37 ahiw mecaw tagnapein = φόβῳ μεγάλῳ συνείχοντο「彼らは大きな恐れに取りつかれていた」

3．一致 (Agreement)

§ 150. 同一文中における名詞とこれに属する述語・修飾語とは数・格において一致することもあれば，一致しないこともある．形容詞が述語あるいは修飾語として用いられているかによって，規則が異なる．一般的な原則は以下のようであるが，例外が常に存在する．
a) 形容詞述語の場合：名詞文や名詞＋動詞文において，形容詞が繋辞あるいは動詞の直前にある時，通常複数形をとらず，繋辞あるいは動詞だけで一致を示す，例えば Lk 10,2 Hownjk' bazowm en ew mšakk' sakaw = ὁ μὲν θερισμὸς πολύς, οἱ δὲ ἐργάται ὀλίγοι「収穫は多いが，働き手が少ない」．M写本では述語がそれぞれ複数形 bazowmk', sakawk' で主語と一致している．hownjk' のような複数でしか用いられない名詞 (pluralia tantum) も形容詞単数形と結びつき得る；Mt 15,28 méc en hawatk' k'o = μεγάλη σου ἡ πίστις「あなたの信仰は偉大だ」; Mt 17,26 apa owremn azát en ordik'n = ἄρα γε ἐλεύθεροί εἰσιν οἱ υἱοί「それゆえ息子たちは自由なのだ」; Mk 12,27 dowk' yóyž moloreal êk' = ὑμεῖς πολὺ πλανᾶσθε「あなたたちはひどく誤っている」; Mk 13,35 art'ówn kac'êk' = γρηγορεῖτε「目を覚ましていよ」; Jh 17,17 Sówrb ara znosa = ἁγίασον αὐτούς「彼らを聖別せよ」．

強調したり注意を喚起するために，動詞の直前にある形容詞も一致することがある，例えば Mt 12,5 i šabat's k'ahanayk'n i tačarin płcen zšabat'n. ew anmełk' en = τοῖς σάββασιν οἱ ἱερεῖς ἐν τῷ ἱερῷ τὸ σάββατον βεβηλοῦσιν καὶ ἀναίτιοί εἰσιν「安息日に神殿にいる祭司たちは，安息日を破っても罪はない」; Mt 12,34 Cnowndk' ižic' ziard? karic'êk' baris xawsel or č'ark'd êk' k'anzi i yawelowacóy srti xawsi beran = γεννήματα ἐχιδνῶν, πῶς δύνασθε ἀγαθὰ λαλεῖν πονηροὶ ὄντες; ἐκ γὰρ τοῦ περισσεύματος τῆς καρδίας τὸ

— 209 —

第10章 統 語 論

στόμα λαλεῖ「まむしの後裔よ，悪しき者であるお前たちは，どうして善いことを語ることができようか．なぜなら，心があふれることによって口は語るのだから」．
複数の標識を欠く数詞が名詞を伴わない場合，動詞は複数に置かれる：Mt 25,2 hingn i nocʻanê yimarkʻ ein. ew hingn imastównkʻ=πέντε δὲ ἐξ αὐτῶν ἦσαν μωραὶ καὶ πέντε φρόνιμοι「彼女たちのうち五人は愚かで，五人は賢かった」．
　動詞が形容詞の直後にない場合は，その形容詞は複数形をとる，例えば Mt 23,27 artakʻoy erewin gełecʻikkʻ ew i nerkʻoy li en oskerawkʻ meṙeloc=ἔξωθεν μὲν φαίνονται ὡραῖοι, ἔσωθεν δὲ γέμουσιν ὀστέων νεκρῶν「外側は美しいが，内側は死者の骨に満ちている」；Mt 10,22 etiǰikʻ atecʻealkʻ yamenecʻowncʻ=ἔσεσθε μισούμενοι ὑπὸ πάντων「あなたたちはすべての人々から憎まれ続けるだろう」；Mt 24,44 ew dowkʻ ełerowkʻ patrástkʻ=καὶ ὑμεῖς γίνεσθε ἕτοιμοι「あなたたちも備えていよ」．この通則に従わない例も見られる，例えば Mt 17,2 handerjkʻ nora ełen spiták ibrew zloys=τὰ ἱμάτια αὐτοῦ ἐγένετο λευκὰ ὡς τὸ φῶς「彼の衣は光のように白くなった」；Mt 22,8 harsanikʻs patrast en ew hrawirealkʻn čʻein aržani=ὁ μὲν γάμος ἕτοιμός ἐστιν, οἱ δὲ κεκλημένοι οὐκ ἦσαν ἄξιοι「婚礼の用意は整っている．しかし招待された人たちはふさわしくなかった」．
　動詞に後続する分詞は，それが動詞的に機能する時，一致しない，例えば Mt 18,13 i veray innsown ew yinowcʻn (M:... ew innowcʻn) or čʻicʻen moloreal=ἐπὶ τοῖς ἐνενήκοντα ἐννέα τοῖς μὴ πεπλανημένοις「さ迷わなかった九十九匹のために」(y- は i veray の i を繰り返したもの)．
　述語が対格に置かれている構文では，形容詞が動詞に後続するならば，一致は通則に従う，例えば Mt 15,32 arjakel zdosa anawtʻis čʻkamim (M:... z-nosa /nawtʻis...)=ἀπολῦσαι αὐτοὺς νήστεις οὐ θέλω「私は彼らを空腹のまま帰らせたくない」；Lk 1,53 zmecatowns arjakeácʻ ownayns=πλουτοῦντας ἐξαπέστειλεν κενούς「彼は富める者たちを空手で追い返した」．しかし，形容詞が動詞に先行するならば，一致は行われない，例えば Mt 3,3 (= Lk 3,4) owłił ararêkʻ zšawiłs nora=εὐθείας ποιεῖτε τὰς τρίβους αὐτοῦ「彼の小道を真っ直ぐにせよ」(逆に Mk 1,3 owłiłs ararêkʻ zšawiłs nora).
b) 形容詞修飾語の場合：
(i) 形容詞が名詞に後続する時，それは一般に数と格において一致する，例えば Mt 7,24 aṙn imastnoy (単・与)=ἀνδρὶ φρονίμῳ「賢い人に」，Mt 10,6 aṙ očʻxarsn korowseals (複・対)=πρὸς τὰ πρόβατα τὰ ἀπολωλότα「失われた羊のもとへ」，Mt 12,15 žołovowrdkʻ bazowmkʻ=ὄχλοι πολλοί (複・主)「多くの人々の群」，Lk 4,38 ǰermamb mecaw (単・具)=πυρετῷ μεγάλῳ「高熱で」，Lk 21,34 hogovkʻ ašxarakanawkʻ (M: ašxarhakanawkʻ)=μερίμναις βιωτικαῖς「生活の思い煩いによって」．
(ii) 形容詞が名詞に先行する時，それは通常変化しない，例えば Lk 4,25 ba-

第10章 統語論

zowm ayrik' = πολλαὶ χῆραι「多くの寡婦が」, Mt 10,31 láw êk' k'an zbazowm čnčłowks = πολλῶν στρουθίων διαφέρετε ὑμεῖς「あなたたちは多くの雀よりも優れている」, Jh 10,32 bazowm gorcs baris = πολλὰ ἔργα καλά「多くの良い業を」, Lk 21,5 gełec'ik vimawk' = λίθοις καλοῖς「見事な石で」. しかし，この通則には多くの例外がある. 第一に, 主／対格が単音節である形容詞はしばしば斜格で一致を示す，例えば Lk 6,6 i miwsowm šabat'own (単・位) = ἐν ἑτέρῳ σαββάτῳ「別の安息日に」, Mt 21,41 ayloc' mšakac' (複・与) = ἄλλοις γεωργοῖς「ほかの農夫たちに」, Mt 5,35 meci ark'ayi (単・属) = τοῦ μεγάλου βασιλέως「大いなる王の」, Mt 26,28 noro (M : noroy) owxti (単・属) = τῆς καινῆς διαθήκης「新しい契約の」など. 格は一致するが，数が一致しないこともある，例えば Mk 5,42 zarmac'an mecaw (単・具) zarmanaleawk' (複・具) = ἐξέστησαν ἐκστάσει μεγάλῃ「彼らは大きな驚きで驚いた」. 斜格でも，名詞に先行する単音節形容詞は変化しないことがある，例えば Lk 5,36 i nor handerjê (単・奪) = ἀπὸ ἱματίου καινοῦ「新しい着物から」, Lk 6,26 sowt margarêic'n (複・与) = τοῖς ψευδοπροφήταις「偽預言者たちに」, Mt 27,59 sowrb ktawovk' (複・具) = σινδόνι καθαρᾷ「清潔な亜麻布で」. 第二に，名詞に先行する形容詞は，それに注意が促される場合，変化し得る. 序数詞などは話題の展開上重要な要素として現れる時，しばしば一致する，例えば Lk 3,1 i hingetasanerordi ami (単・位) = ἐν ἔτει πεντεκαιδεκάτῳ「第十五年に」, Mt 26,17 yaṙaǰnowm awowr = τῇ πρώτῃ「最初の日に」. そうでないところでは，一般的な規則が適用される，例えば Mt 20,6 zmetasanerord žamow = περὶ τὴν ἑνδεκάτην「第十一刻頃」.

名詞に先行する形容詞の一致は次のような例にも見られる：Lk 9,12 zi ast yanapati tełwoǰ emk' = ὅτι ὧδε ἐν ἐρήμῳ τόπῳ ἐσμέν「私たちはここ，荒涼としたところにいるのだから」(食物がないその荒涼としたところで，イエスがパンを増やす話で)；Mt 26,60 i bazmac' (M : i bazowm) sowt vkayic'n「多くの偽証者から」(単音節語 sowt は不変だが，2音節語 bazowm は複・奪)；Jh 10,33 vasn barwoy gorcoy óč' aṙnemk' zk'ez k'arkóc. ayl vasn hayhoyowt'ean = περὶ καλοῦ ἔργου οὐ λιθάζομέν σε ἀλλὰ περὶ βλασφημίας「私たちは良い業のためにお前を石で打とうというのではない. 冒瀆のためだ」(ここで重要な語は形容詞 bari である).

c) 所有・関係・疑問形容詞

所有形容詞は，原則として，主格と対格以外のすべての格で一致する. 主格も対格も変化しない. 所有詞が名詞に後続する時，主格と対格は不変である：例えば Mt 10,1 zerkotasanesin ašakertsn iwr = τοὺς δώδεκα μαθητὰς αὐτοῦ「十二人の弟子すべてを」；Mt 10,36 әntanik' iwr = οἱ οἰκιακοὶ αὐτοῦ「彼の家の者」；Mt 12,2 ašakertk'n k'o = οἱ μαθηταί σου「あなたの弟子たち」；Mt 12,27 ordik'n jer = οἱ υἱοὶ ὑμῶν「あなたたちの息子たち」；Mt 12,49 mayr im ew eł-

第10章　統語論

bark' im＝ἡ μήτηρ μου καὶ οἱ ἀδελφοί μου「私の母と私の兄弟たち」; Mt 13, 30 i štemarans im＝εἰς τὴν ἀποθήκην μου「私の倉に」; Mt 19,8 arjakel zkanays jer＝ἀπολῦσαι τὰς γυναῖκας ὑμῶν「あなたたちの妻を離縁する」. 前置詞が所有詞の前で繰り返される時も, 一致はない: Jh 17,24 zi tesanic'én zp'aṙsn zim zors etowrn c'is＝ἵνα θεωρῶσιν τὴν δόξαν τὴν ἐμήν, ἥν δέδωκάς μοι「あなたが私に与えてくれた私の栄光を彼らが見るために」.

他の格では一致する: Mt 10,10 kerakroy iwrowm（単・与）「自分の糧」; Mt 10,35 i skesrê iwrmê（単・奪）「その姑から」; Lk 1,36 i cerowt'ean iwrowm（単・位）「年老いて」; Lk 1,38 əst bani k'owm（単・与）「あなたの言葉に従って」; Lk 1,44 yorovayni imowm（単・位）「私の胎内に」; Lk 1,51 bazkaw iwrov（単・具）「その腕で」; Lk 1,71 i t'šnameac' meroc'（複・奪）「われらの敵どもから」; Mt 25,8 tōwk' mez yiwłoyd jermê（単・奪)・ zi aha šiǰanin lapterk's (M：łapterk's) mer＝δότε ἡμῖν ἐκ τοῦ ἐλαίου ὑμῶν, ὅτι αἱ λαμπάδες ἡμῶν σβέννυνται「あなたたちの油を私たちに分けて与えよ. 見よ, 私たちのともし火が消えかかっているから」.

所有詞が名詞に先行する時も, 同様に, 主格と対格は不変であり, 他の格では変化する: Mt 12,27 jer datawork'「あなたたちの裁き人」; Mt 12,48 im mayr... im ełbark'; Mt 13,57 yiwrowm gawaṙi ew yiwrowm tan（単・位）「自分の故郷で, 自分の家で」; Mt 15,3 vasn jeroy awandowt'eann（単・属）「あなたたちの言い伝えゆえに」; Lk 4,23 i k'owm gawaṙi; Jh 18,31 əst jeroc' awrinac'n（複・与）「あなたたちの律法に従って」.

修飾語形容詞と所有詞とに適用される規則の違いは次の例に見られる: 例えば Mt 5,16 zgorcs jer baris＝ὑμῶν τὰ καλὰ ἔργα「あなたたちの良い行いを」.

関係・疑問形容詞 or も所有形容詞と同じ規則に従う. 主格と対格では一致しないが, 他の格では一致が見られる: Mt 21,23 orov išxanowt'eamb aṙnes zayd＝ἐν ποίᾳ ἐξουσίᾳ ταῦτα ποιεῖς;「あなたは何の権威をもってこのようなことをするのか」; Mt 24,42 oč' gitêk' yorowm žamow TRn jer gay＝οὐκ οἴδατε ποίᾳ ἡμέρᾳ ὁ κύριος ὑμῶν ἔρχεται「あなたたちの主がどの日に来るか, あなたたちは知らない」; Jh 10,32 vasn oroy? gorcoy i noc'anê k'arkoc aṙnêk' zis＝διὰ ποῖον αὐτῶν ἔργον ἐμὲ λιθάζετε;「あなたたちは, それらのうちのどの業ゆえに私を石で撃とうというのか」.

複数位格はあらゆる屈折で複数対格と同形であるから, 所有形容詞は普通不変である: 例えば Mt 21,42 yač's mer「私たちの目に」; Jh 8,24 i mełs jer meṙanic'ik'「あなたたちは自分たちの過ちのうちに死ぬであろう」. しかし, 特に複数でしか用いられない名詞が関係する時, 所有詞は単数位格に置かれることがある: Mt 6,29 yamenayn p'aṙsn iwrowm＝ἐν πάσῃ τῇ δόξῃ αὐτοῦ「その栄華の極みに」; Mk 10,37 i p'aṙsn k'owm＝ἐν τῇ δόξῃ σου「あなたの栄光の中で」.

第10章　統　語　論

　関係代名詞の一致について問題となるのは，文構造の中で決定される格ではなく，先行詞との数の一致だけである．主格と対格以外のあらゆる格で，複数名詞に関わる関係代名詞は複数に置かれる：Mt 11,20 sksaw naxatél zkʻałakʻsn yors ełen bazowm zawrowtʻiwnkʻ nora = ἤρξατο ὀνειδίζειν τὰς πόλεις ἐν αἷς ἐγένοντο αἱ πλεῖσται δυνάμεις αὐτοῦ「彼は，彼の多くの力ある業が行われた町々を非難し始めた」；Lk 1,78 vasn gtʻowtʻeancʻ ołormowtʻean AY meroy orovkʻ áycʻ arascʻê mez aregakn i barjancʻ = διὰ σπλάγνα ἐλέους θεοῦ ἡμῶν, ἐν οἷς ἐπισκέψεται ἡμᾶς ἀνατολὴ ἐξ ὕψους「われらの神の慈悲の断腸の想いゆえに．その想いによって，高きところから黎明の陽光がわれらを訪れるであろう」；Lk 4,29 acin zna minčʻew yartewann lerinn yoroy veray kʻałakʻn nocʻa šineal êr = ἤγαγον αὐτὸν ἕως ὀφρύος τοῦ ὄρους ἐφʼ οὗ ἡ πόλις ᾠκοδόμητο αὐτῶν「彼らは，彼らの町が建てられている山の絶壁まで彼を連れて行った」．

　これとは逆に，主格と対格は関係詞に注意が促されない場合，通常複数の形をとらない：Mt 10,28 mí erknčʻikʻ yayncʻanê or spananen zmarmin. ew zogi očʻ karen spananel = μὴ φοβεῖσθε ἀπὸ τῶν ἀποκτεννόντων τὸ σῶμα, τὴν δὲ ψυχὴν μὴ δυναμένων ἀποκτεῖναι「体を殺しても魂を殺せない者どもを恐れるな」；Mt 22,10 žołovecʻín zamenesean zor (M: zors) ew gtin zčʻars ew zbaris = συνήγαγον πάντας οὓς εὗρον, πονηρούς τε καὶ ἀγαθούς「彼らは，悪人であれ善人であれ，見つけた者はすべて集めて来た」；Lk 2,18 amenekʻin or lsein zarmanayín vasn banicʻn zor xawsecʻan ənd nosa hoviwkʻn = πάντες οἱ ἀκούσαντες ἐθαύμασαν περὶ τῶν λαληθέντων ὑπὸ τῶν ποιμένων πρὸς αὐτούς「聞いていた者たちは皆，羊飼いたちが彼らに語ったことに驚いた」；Lk 6,27 jéz asem or lsêkʻd = ὑμῖν λέγω τοῖς ἀκούουσιν「聞いているあなたたちには，私は言う」．関係代名詞に注意が向けられているならば，それが主格でも対格でも，複数の形をとる：Mt 16,28 icʻen omankʻ i socʻanê or ast kanʻ orkʻ óčʻ čašakescʻen zmah. minčʻew tesanicʻen zordi mardoy ekeal arkʻayowtʻeamb iwrov = εἰσίν τινες τῶν ὧδε ἑστώτων οἵτινες οὐ μὴ γεύσωνται θανάτου ἕως ἂν ἴδωσιν τὸν υἱὸν τοῦ ἀνθρώπου ἐρχόμενον ἐν τῇ βασιλείᾳ αὐτοῦ「ここに立っている者たちの中には，人の子がその王国と共にやって来るのを見るまでは，決して死を味わうことのない者が何人かいる」(or と orkʻ の対比が明瞭に出ている)；Mt 22,9 zors miangam gtanicʻêkʻ kočʻecʻêkʻ i harsaniss = ὅσους ἐὰν εὕρητε καλέσατε εἰς τοὺς γάμους「あなたたちが出会う者たちは誰であろうと，婚礼に招待せよ」(上掲 Mt 22,10 と対照せよ)；Lk 6,13 əntreacʻ i nocʻanê erkotasáns zors ew aṙakʻeals anowaneacʻ = ἐκλεξάμενος ἀπʼ αὐτῶν δώδεκα, οὓς καὶ ἀποστόλους ὠνόμασεν「彼は，彼らの中から十二人を選んで，その彼らを使徒とも名づけた」．

第10章 統 語 論

§ 151. 同一文中における主語と述語動詞とは数・人称において一致する．主語が2つ以上の等位された単数名詞からなる場合，動詞は複数の形をとる．例えば Eznik II,1 Ormizd ew Arhmn yłecʻan yargandi mawr iwreancʻ「オルミズドとアルフムンがその母の胎内に宿った」；Jh 18,15 ertʻayín zhet $\overline{\text{YI}}$ Simovn Petros. ew miws ews ašakert = ἠκολούθει τῷ Ἰησοῦ Σίμων Πέτρος καὶ ἄλλος μαθητής「シモン・ペトロともう一人の弟子がイエスについて行った」．2つの主語が単一の概念を表わす時，動詞は単数に置かれる，Eznik I,3 dołowmn ew soskowmn owni zararacsn「戦慄と恐怖が生ける者たちを襲う」．

単数の主語が人の一群を表わす場合，動詞は複数に置かれる，例えば F.Byz. IV,3 aṙ hasarak ateann ałałakein「最高法院は一斉に叫んだ」．

主語が無変化の数詞を伴う単数名詞ならば，動詞は単数に置かれる，例えば ewtʻn astł miayn ê gnayown「七つの星だけが移動する」；創 18,26 etʻe gtciʻ i Sodom yisown ardar = ἐὰν εὑρεθῶσιν ἐν Σοδόμοις πεντήκοντα δίκαιοι「もしソドムに五十人の正しい者がいたなら」．

4．単文の種類

A．疑問文

§ 152. 疑問文は分節的に無標であり，おそらくイントネーションの置かれる位置は文末ではなく，文中のどの位置であれ，疑問の対象となる語にあった．paroyk と称される音調を高める標識が強勢音節の母音の上に置かれた（この標識は既に最古の写本に見られるが，本書の転写では当該語の直後に疑問符を付して代用する）．例えば Lk 4,34 ekir korowsanel？zmez = ἦλθες ἀπολέσαι ἡμᾶς；「あなたは私たちを滅ぼしに来たのか」；Mt 12,3 očʻ？icʻê ǝntercʻeal jer zor arar Dawitʻ = οὐκ ἀνέγνωτε τί ἐποίησεν Δαυίδ「ダビデが何をしたか，あなたたちは読んだことがないのか」（否定が強調されている；cf. 対応箇所 Lk 6,3 čʻicʻê？ǝntercʻeal jer zor ararn Dawitʻ）；Mt 17,24 vardapetn jer očʻ？tay zerk-drameann = ὁ διδάσκαλος ὑμῶν οὐ τελεῖ τὰ δίδραχμα；「あなたたちの教師は二ドラクマを納めないのか」；Jh 18,33 dow？es tʻagaworn hreicʻ = σὺ εἶ ὁ βασιλεὺς τῶν Ἰουδαίων；「お前がユダヤ人たちの王なのか」；Jh 21,15 sires？zis aṙawel kʻan zdosa = ἀγαπᾷς με πλέον τούτων；「あなたはその人たちにまさって私を愛しているか」．

§ 153. 疑問代名詞または疑問副詞を伴う疑問文では，他の成分が強調のために文頭位置を占めることができるので，これらの疑問語は必ずしも文頭に立つ必要がないが，paroyk は疑問語の上に置かれる．疑問詞は焦点として動詞の直前に位置するというのが原則である．例えば Mt 13,54 sma owsti？icʻê ays imastowtʻiwn ew zawrowtʻiwnkʻ = πόθεν τούτῳ ἡ σοφία αὕτη καὶ αἱ δυνάμεις；「この知恵と力ある業はどこからこの者にやって来たのか」；Mk 9,33 zinčʻ？vičeikʻ zčan-

第10章　統　語　論

aparhayn ənd mimeans=τί ἐν τῇ ὁδῷ πρὸς ἑαυτοὺς διελογίζεσθε;「あなたたちは道すがら何を論じ合っていたのか」.──Mt 21,23 orov? išxanowt'-eamb aṝnes zayd ew o? et k'ez zišxanowt'iwnd zayd=ἐν ποίᾳ ἐξουσίᾳ ταῦτα ποιεῖς; καὶ τίς σοι ἔδωκεν τὴν ἐξουσίαν ταύτην;「お前は何の権威をもってこのようなことをするのか. それに, このような権威を誰がお前に与えたのか」, Mt 21,25 mkrtowt'iwnn Yovhannow owsti? êr yerknic'? t'e i mardkanê=τὸ βάπτισμα τὸ Ἰωάννου πόθεν ἦν; ἐξ οὐρανοῦ ἢ ἐξ ἀνθρώπων;「ヨハネの洗礼はどこから来たのか. 天からか, それとも人間からか」, əndêr? oč' hawatac'êk' nma = διὰ τί οὐκ ἐπιστεύσατε αὐτῷ;「なぜ彼を信じなかったのか」.──疑問語はしばしば種々の副詞（例えば ardewk'「いったい, はたして」, apak'ên「本当に」）によって, あるいは人物を表わす疑問詞 o?, ov? は不定代名詞 ok' を付加することによって強められる. 例えば Eznik I,25 marmnawork'? ein ardewk' dik'n, t'e anmarmink'「あの神々は肉体を備えた存在だったのか, それとも肉体を持たなかったのか」; Eznik I,15 əndêr? awrênk' i t'agaworac' dnic'in. oč'? apak'ên vasn karčeloy č'areac'n「なぜ法は王たちによって据えられたのか. 悪が阻止されるためではないのか」; Mk 4,41 o? ok' ardewk' ic'ê sa=τίς ἄρα οὗτός ἐστιν「この人はいったい誰だろうか」; Jh 7,17 gitasc'ê vasn vardapetowt'eans yAY ic'ê ardewk' et'e es inč' yanjnê immê xawsim = γνώσεται περὶ τῆς διδαχῆς πότερον ἐκ τοῦ θεοῦ ἐστιν ἢ ἐγὼ ἀπ' ἐμαυτοῦ λαλῶ「彼は, この教えについて, それが神からか, それとも私が私自身から語っているか, 知るだろう」.

§ 154. 肯定か否定かを問う対極疑問文（Polar questions）は次の3種類に分けられる：a) 肯定の返答が予期される疑問で, oč'/č'- によって導入される（Gk. οὐ/οὐχί, Lat. nonne）; b) 否定の返答が予期される疑問で, mit'e あるいは mi et'e によって導入される（Gk. μή/μήτι, Lat. num）; c) 肯定か否定の返答を予期させる文法的手段をもたない疑問（Lat. -ne）:
a) Mt 13,27 oč' sermn bari? sermanec'er yagarakin k'owm=οὐχὶ καλὸν σπέρμα ἔσπειρας ἐν τῷ σῷ ἀγρῷ;「あなたは自分の畑には良い種を蒔いたのではなかったのか」; Mt 6,25 oč' apak'ên ogi aṝawél ê k'an zkerakowr. ew marmin k'an zhanderj=οὐχὶ ἡ ψυχὴ πλεῖόν ἐστιν τῆς τροφῆς καὶ τὸ σῶμα τοῦ ἐνδύματος;「いのちは食物以上のものであり, 体は着物以上のものではないか」（副詞 apak'en「本当に, 確かに」によって強調されている）.
b) Lk 6,39 mit'e karic'ê? koyr kowri aṝajnordel. oč' apak'en erkok'in i xorxorat ankanic'in=Μήτι δύναται τυφλὸς τυφλὸν ὁδηγεῖν; οὐχὶ ἀμφότεροι εἰς βόθυνον ἐμπεσοῦνται;「盲人が盲人を道案内できるだろうか. それでは二人とも溝に落ちてしまわないだろうか」（否定と肯定の返答を予期する疑問が連続している例）; Jh 7,47-48 mi t'e ew dowk' molorec'arowk'? mi t'e ok' yi-

第10章 統 語 論

šxanac'n hawatac'? i na· kam i p'arisec'woc' = μὴ καὶ ὑμεῖς πεπλάνησθε; μή τις ἐκ τῶν ἀρχόντων ἐπίστευσεν εἰς αὐτὸν ἢ ἐκ τῶν Φαρισαίων;「まさかお前たちまでたぶらかされてしまったのではあるまい. 指導者たちの中で, あるいはファリサイ派の人たちの中で, 彼を信じた者などまさかいるまい」, Jh 7,51 mi t'e awrênk'n mer datin? zmard et'e oč' lsen inč' nax i nmanê. kam giten zinč' gorcê = μὴ ὁ νόμος ἡμῶν κρίνει τὸν ἄνθρωπον ἐὰν μὴ ἀκούσῃ πρῶτον παρ' αὐτοῦ καὶ γνῷ τί ποιεῖ;「わたしたちの律法は, まず最初に本人から聴取してその人が何をしているのかを知った上でなければ, 人を裁くことをしないのではないだろうか」; Mk 4,21 mi et'e (M: mit'e) gay črag zi ənd growanaw dnic'i kam ənd mahčawk' oč' apak'ên i veray aštanaki dnic'i = μήτι ἔρχεται ὁ λύχνος ἵνα ὑπὸ τὸν μόδιον τεθῇ ἢ ὑπὸ τὴν κλίνην; οὐχ ἵνα ἐπὶ τὴν λυχνίαν τεθῇ;「ともし火は, 枡や寝台の下に置かれるためにやって来るだろうか. 燭台の上に置かれる〔ため〕ではないか」.

c) Mk 14,61 dow? es K͞S ordi awhrneloyn (M: -rh-) = σὺ εἶ ὁ χριστὸς ὁ υἱὸς τοῦ εὐλογητοῦ;「お前は讃美すべき者の子キリストか」; Mt 13,28 kamis? zi ert'ic'owk' k'ałesc'owk' zayn i bac' = θέλεις οὖν ἀπελθόντες συλλέξωμεν αὐτά;「あなたは, 私たちが行って, それを抜き集めることを望むか」.

§ 155. 二重疑問文 (Double questions)

二重疑問文 (または選択疑問文) は原則として最初の選択項には小辞を伴わず, 通常は2番目の選択項が et'e (t'e), ew et'e あるいは kam t'e によって導かれる. 例えば Agath. § 118 inj oč' ê p'oyt' znmanê t'e norogesc'ê zk'ez astowacn k'o t'e oč'「私にとっては, あなたの神があなたを新たにしてくれるか否かは重要でない」; Eznik II,1 linic'i? inj ordi Ormizd, ew et'e č'linic'i「私に息子オルミズドは生じるだろうか, それとも生じないだろうか」; Mk 12,14 tac'owk'? t'e oč' tac'owk' = δῶμεν ἢ μὴ δῶμεν;「私たちは払うべきだろうか, 払うべきではないのだろうか」; Lk 5,23 zinč'? diwragoyn ê asel t'ołeal lic'in k'ez mełk' k'o· et'e asel ari ew gna = τί ἐστιν εὐκοπώτερον, εἰπεῖν· ἀφέωνταί σοι αἱ ἁμαρτίαι σου, ἢ εἰπεῖν· ἔγειρε καὶ περιπάτει;「『あなたの罪はあなたに赦されている』と言うのと, 『起きよ, そして歩け』と言うのと, どちらがたやすいか」; Lk 6,9 harc'ic' inč' c'jez zinč' aržan ê i šabat'ow· bari? inč' ařnel. et'e č'ar gorcel· ogi mi aprec'owc'anel? t'e korowsanel = ἐπερωτῶ ὑμᾶς τί ἔξεστιν τῷ σαββάτῳ ἀγαθοποιῆσαι ἢ κακοποιῆσαι, ψυχὴν σῶσαι ἢ ἀπολέσαι;「お前たちにたずねよう. 安息日に許されているのはどちらか. 善をなすことか, それとも悪をなすことか. いのちを救うことか, それとも滅ぼすことか」; Agath. § 117 et'e vał et'e anagan k'akti hnac'eal marminn「遅かれ早かれ老いた体は滅びる」(cf. § 177).

第10章 統 語 論

§ 156. 「問う，言う」などの動詞が先行する場合，独立した直接疑問文は t'e によって導かれることがあるが，人称と法は変わらず，いわゆる間接疑問になることはない：Mk 5,9 harc'anêr c'na· t'e zinč‘? anown ê k'o =ἐπηρώτα αὐτόν· τί ὄνομά σοι；「彼は彼に『お前の名は何というのだ』とたずねた」; Eznik II,1 harc'anêr et'ê ov? es dow「彼は『お前は誰だ』とたずねた」; Mt 21,20 zarmac'an ew asen· t'e ziard vałvałaki c'amak'ec'aw t'zenin =ἐσαύμασαν λέγοντες· πῶς παραχρῆμα ἐξηράνθη ἡ συκῆ；「彼らは驚いて言った，『なぜいちじくの木はたちまち枯れてしまったのか』」.── 従属的な（間接）疑問文も原則として t'e (et'e は稀）により導入される：Mk 8,23 harc'anêr c'na t'e tesanic'ê? inč‘ =ἐπηρώτα αὐτόν· εἴ τι βλέπεις；「彼は彼に，何か見えるか，とたずねた」; 使 21,33 harc'anêr t'e ov? ic'ê ew zinč‘? ic'ê arareal =ἐπυνθάνετο τίς εἴη καὶ τί ἐστιν πεποιηκώς「彼は，これが何者で何をしたのか，とたずねた」; Jh 12,33 zays asêr nšanakeal t'e oróv mahow mer̄aneloc' ic'ê =τοῦτο δὲ ἔλεγεν σημαίνων ποίῳ θανάτῳ ἤμελλεν ἀποθνῄσκειν「これはどのような死に方で死ぬことになっているかを示そうとして話していた」.

B．否定文

§ 157. 否定辞には一般的に事実を否定する oč‘ または č‘- と禁止に用いる mi がある.

a) oč‘ は否定の独立形である．これは「いいえ」の訳にも当てられる．例えば Mt 5,37 ełic'i jer ban· ayon. ayó ew oč'n. óč‘ =ἔστω ὁ λόγος ὑμῶν ναὶ ναί, οὒ οὒ「あなたたちの言葉は『はい，はい』，『いいえ，いいえ』であれ」.── 否定が強調されている場合，oč‘ は動詞において通常の否定形式である．例えば Mt 15,2 oč‘ lowanan zjer̄s =οὐ νίπτονται τὰς χεῖρας「彼らは手を洗わないではないか」; Mt 15,32 óč‘ ownin zinč‘ owtic'en =οὐκ ἔχουσιν τί φάγωσιν「彼らは食べる物を持っていない」; Mt 25,13 oč‘ gitêk' zawrn. ew oč‘ zžam =οὐκ οἴδατε τὴν ἡμέραν οὐδὲ τὴν ὥραν「あなたたちはその日やその時を知らない」; Lk 12,6 Oč‘ apak'ên hing jag erkowc' dangac'? vačar̄i. ew mi i noc'nê óč‘ ê mor̄ac'eal ar̄aji AY =οὐχὶ πέντε στρουθία πωλοῦνται ἀσσαρίων δύο; καὶ ἓν ἐξ αὐτῶν οὐκ ἔστιν ἐπιλελησμένον ἐνώπιον τοῦ θεοῦ「五羽の雀は二アサリオンで売られているではないか．しかしそれらのうちの一羽すらも，神の前で忘れられているものはないのだ」.── 短形 č‘- は大抵後続する動詞と共に 1 語として書かれ，アクセントを持たない（cf. § 23 備考 3）．例えば Mt 15,32 arjakel zdosa anawt'is č'kamim (M : oč‘ kamim) =ἀπολῦσαι αὐτοὺς νήστεις οὐ θέλω「私は彼らを空腹のまま帰らせたくない」.── 不定代名詞 ok‘, inč‘ は oč‘ によって，ew「まだ」は č‘- によって否定される．例えば Jh 8,15 es óč‘ datim. ew oč‘ zok‘ =ἐγὼ οὐ κρίνω οὐδένα「私は誰をも裁かない」; Lk 5,5 zamenayn gišers ašxat ełeak‘. óč‘ inč‘ kalak‘ =δι' ὅλης νυκτὸς κοπιάσαντες οὐδὲν ἐλά-

第10章　統　語　論

βομεν「私たちは夜通し労しても，何も捕れなかった」; Mt 24,6 čʻew ê katarac = οὔπω ἐστὶν τὸ τέλος「まだ終末ではない」; しかし Jh 7,26 čʻasen inčʻ ənd nma = οὐδὲν αὐτῷ λέγουσιν「彼らは彼に何も言わない」．

b) mi + 命令法現在は禁止を表わす．接続法が用いられることもある：Mt 7,1 mi datikʻ = μὴ κρίνετε「あなたたちは裁くな」; Lk 3,14 mí zokʻ xowicʻêkʻ (M: xr̄ovicʻêkʻ)· ew mí zokʻ zrparticʻêkʻ = μηδένα διασείσητε μηδὲ συκοφαντήσητε「何人からもゆすり取るな，また何人をも恐喝するな」（共に接・現）; Jh 5,14 mí ews mełančʻer = μηκέτι ἁμάρτανε「罪を犯すのはもうやめよ」; Lk 9,3 mí inčʻ baṙnaykʻ i čanaparh... mí erkows handerj ownicʻikʻ = μηδὲν αἴρετε εἰς τὴν ὁδόν... μήτε δύο χιτῶνας ἔχειν「道中は何も携えるな…二枚の下着も持つな」（命・現と接・現）．—— očʻ は接続法と共に用いられて，禁止ではなく予測・推量を表わす．例えば Lk 12,59 ôčʻ elanicʻes anti. minčʻew hatowcʻanicʻes zyetin bnionn = οὐ μὴ ἐξέλθῃς ἐκεῖθεν, ἕως καὶ τὸ ἔσχατον λεπτὸν ἀποδῷς「あなたは最後の一レプトンを払い切るまでは，決してここから出て来ることはないだろう」, しかし Lk 9,27 en omankʻ i docʻanê or aydr kan orkʻ mí čašakescʻen zmah. minčʻew tescʻen zarkʻayowtʻiwn A̅Y̅ = εἰσίν τινες τῶν αὐτοῦ ἑστηκότων οἳ οὐ μὴ γεύσωνται θανάτου ἕως ἂν ἴδωσιν τὴν βασιλείαν τοῦ θεοῦ「ここに立っている者たちの中には，神の王国を見るまでは，決して死を味わうことのない者が幾人かいる」(cf. 対応箇所 Mt 16,28... orkʻ ôčʻ čašakescʻen zmah...).

mi は単独でも用いられる：Mt 13,28-29 kamis? zi ertʻicʻowkʻ kʻałescʻowkʻ zayn i bacʻ:.(29) ew na asê cʻnosa· mi = θέλεις οὖν ἀπελθόντες συλλέξωμεν αὐτά; (29) ὁ δέ φησιν· οὔ「『あなたは，私たちが行って，それを抜き集めることを望むか』．(29) しかし，彼は彼らに言う，『それはいけない』」

§ 158. 否定文では，繫辞は述語に依存せずしばしば先置される (cf. §148). 例えば Jh 7,30 čʻew êr haseal žam nora = οὔπω ἐληλύθει ἡ ὥρα αὐτοῦ「彼の時はまだ到来していなかった」(cf. Jh 16,21 haseal ê žam nora = ἦλθεν ἡ ὥρα αὐτῆς「彼女の時が到来した」); Mt 14,4 čʻê aržan kʻez ownel zdá = οὐκ ἔξεστίν σοι ἔχειν αὐτήν「お前が彼女を娶るのは許されていない」; Mt 27,6 ôčʻ ê aržan əndownel zayd i korbann = οὐκ ἔξεστιν βαλεῖν αὐτὰ εἰς τὸν κορβανᾶν「これを神殿の宝物庫に入れるのは許されていない」; (cf. Mt 23,23 Zays aržan êr aṙnel ew zayn čʻtʻołówl = ταῦτα ἔδει ποιῆσαι κἀκεῖνα μὴ ἀφιέναι「後者は行うべきであったし，前者もないがしろにすべきでなかった」; Lk 19,5 aysawr i tan kʻowm aržan ê inj aganel = σήμερον ἐν τῷ οἴκῳ σου δεῖ με μεῖναι「今日，私はあなたの家に留まることになっている」)

否定文では，特に名詞＋動詞結合表現において，しばしば目的語は動詞に後置される．例えば Mt 15,23 ôčʻ et nma patasxani = οὐκ ἀπεκρίθη αὐτῇ「彼は彼女

— 218 —

第10章 統 語 論

に答えなかった」(否定でなければ patasxani et nma が普通の語順である，しかし Mk 11,29 towk' inj patasxani=ἀποκρίθητέ μοι「私に答えよ」); Mt 23,13 dowk' oč' mtanêk', ew oroc' mtanen č'táyk' t'oyl mtanel=ὑμεῖς οὐκ εἰσέρχεσθε οὐδὲ τοὺς εἰσερχομένους ἀφίετε εἰσελθεῖν「お前たちは入らず，また入ろうとする者たちをも入らせない」; Lk 4,41 óč' tayr noc'a t'óyl xawsel=οὐκ εἴα αὐτὰ λαλεῖν「彼は彼らが語るのを許さなかった」(cf. Mt 3,15 t'óyl towr ayžm=ἄφες ἄρτι「今はそうさせてくれ」)．

§ 159. 否定は接続詞 et'e を付加することによって強調されることがある．厳密に言えば，これによって従属節への変更が起こっている：Jh 15,16 Oč' et'e dowk' əntrec'êk' zis· ayl es əntrec'i zjez=οὐχ ὑμεῖς με ἐξελέξασθε, ἀλλ' ἐγὼ ἐξελεξάμην ὑμᾶς「あなたたちが私を選んだのではなく，私があなたたちを選んだ」; Jh 16,13 oč' et'e yanjnê inč' xawsic'i ayl zor lsic'ê xawsesc'i = οὐ λαλήσει ἀφ' ἑαυτοῦ, ἀλλ' ὅσα ἀκούσει λαλήσει「彼は自分から語るというのではなく，聞くことを語るであろう」; Lk 6,44 óč' et'e i p'šoc' k'ałen t'owz· ew óč' i morenwoy kt'en xałoł = οὐχ ἐξ ἀκανθῶν συλλέγουσιν σῦκα οὐδὲ ἐκ βάτου σταφυλὴν τρυγῶσιν「なぜなら，人は茨からいちじくを集めることはないし，藪から葡萄を採ることもないから」; 創 3,4 oč' et'ê mahow meṙanic'ik'= οὐ θανάτῳ ἀποθανεῖσθε「あなたたちは決して死ぬことはない」; Mk 7,15 óč' inč' artak'owst i mard mteal. et'e karic'ê płcel zna· ayl or elanên i nmanê áyn ê or płcê zmardn = οὐδέν ἐστιν ἔξωθεν τοῦ ἀνθρώπου εἰσπορευόμενον εἰς αὐτὸν ὃ δύναται κοινῶσαι αὐτόν, ἀλλὰ τὰ ἐκ τοῦ ἀνθρώπου ἐκπορευόμενά ἐστιν τὰ κοινοῦντα τὸν ἄνθρωπον「外から人間の中に入って彼を穢すことのできるものは何もない．むしろ，その人間から出て行くものが，その人間を穢すのだ」(et'e は inč' にかかる関係的な機能を持っている)．——ギリシア語 οὐ μή に相当するような否定を強調する特別の手段はなく，否定辞に強勢が置かれるだけである：Mt 24,2 óč' mnasc'ê aydr k'ar i k'ari veray. or oč' k'aktesc'i = οὐ μὴ ἀφεθῇ ὧδε λίθος ἐπὶ λίθον ὃς οὐ καταλυθήσεται「ここで崩されずに〔他の〕石の上に残される石は一つたりともないだろう」; Mt 16,22 mí etic'i k'ez ayd= οὐ μὴ ἔσται σοι τοῦτο「そんなことがあなたに起こるはずがない」; Jh 13,8 óč' lowasc'es zots im yawitean=οὐ μὴ νίψῃς μου τοὺς πόδας εἰς τὸν αἰῶνα「私の足を洗うなどということは決してするな」．——ギリシア語にしばしば見られる多重否定はアルメニア語では用いられない：Mk 5,3 oč' šłt'ayiwk' ok' ews karêr kapel zna=οὐδὲ ἁλύσει οὐκέτι οὐδεὶς ἐδύνατο αὐτὸν δῆσαι「誰ももはや彼を鎖で縛ることができなかった」; Lk 4,2 oč' eker ew óč' arb yawowrsn yaynosik = οὐκ ἔφαγεν οὐδὲν ἐν ταῖς ἡμέραις ἐκείναις「それらの日々の間，彼は [Gk：何も] 食べ [Arm：ず，飲ま] なかった」; Jh 15,5 aṙanc' im óč' inč' karêk' aṙnel=χωρὶς ἐμοῦ οὐ δύνασθε ποιεῖν οὐδέν「私なしではあなたたちは

第10章 統 語 論

何もできない」。ギリシア語原文の模倣と考えられる例が見られる：Jh 3,27 oč' karê mard ařnowl yanjnê ew oč' inč' = οὐ δύναται ἄνθρωπος λαμβάνειν οὐδὲ ἕν [v.l. ἀφ' ἑαυτοῦ οὐδέν]「人間は自分から何一つとして受け取ることはできない」；使8,16 c'aynžam č'ewews êr ew oč' i veray mioy noc'a haseal = οὐδέπω γὰρ ἦν ἐπ' οὐδενὶ αὐτῶν ἐπιπεπτωκός「この時までには〔聖霊は〕まだ彼らの誰一人の上にも到達していなかった」。

§ 160. 不定代名詞 inč' はしばしば否定文で特別の意味を持たずに小辞として現れる。例えば Lk 5,31 oč' inč' en pitoy bžiškk' ołjoc'. ayl hiwandac' = οὐ χρείαν ἔχουσιν οἱ ὑγιαίνοντες ἰατροῦ ἀλλὰ οἱ κακῶς ἔχοντες「健康な者に医者は必要ない、必要なのは病んでいる者だ」。
否定辞は大抵動詞のそばに置かれるが、特に否定される語の前にも置くことができる。例えば Agath. § 59 oč' č'ar ew oč' bari owmek' inč' karen ařnel「彼らは誰かに悪いことも善いこともなすことはできない」。否定辞は名詞に関連して用いることができる。例えば Mt 25, 13 oč' gitêk' zawrn. ew oč' zžam = οὐκ οἴδατε τὴν ἡμέραν οὐδὲ τὴν ὥραν「あなたたちはその日やその時を知らない」。

§ 161. č'ik' は「存在しない」を意味する：Jh 4,17 č'ík' im ayr = οὐκ ἔχω ἄνδρα「私に夫はいない」；Jh 15,22 ard č'ík' patčařk' vasn mełac' iwreanc' = νῦν πρόφασιν οὐκ ἔχουσιν περὶ τῆς ἁμαρτίας αὐτῶν「今や彼らには自分たちの罪について弁解の余地がない」；Eznik I,15 č'ik' inč' or bnowt'eamb ê č'ar「生来悪いものは一つもない」。

C．比較構文 (Comparative construction)
§ 162. アルメニア語は形容詞に対して形態論的に特別の比較級の形を持たず、通常は原級が用いられ、その比較の機能は後続する小辞 k'an (z-)「…よりも」から了解される（比較級がないので原級という言い方は正確でないが、慣例に従う）。
　比較の意味を示さない単純な強意形 -agoyn は次のような例に見られる：創 29, 17 ač'k' Liay gižagoynk' = οἱ δὲ ὀφθαλμοὶ Λειας ἀσθενεῖς「レアの目は濡れていた [Gk：弱かった]」；ヨブ 24, 18 t'et'ewagoyn ê i veray ǰowrc'n eresac' = ἐλαφρός ἐστιν ἐπὶ πρόσωπον ὕδατος「彼は水の表面では迅速だ」。

　比較構文には次のような3つのタイプが見られる：
タイプ1：形容詞の原級＋比較小辞 k'an＋対格標識 z- を伴う対象
タイプ2：形容詞の原級＋比較小辞 k'an＋対格標識 z- を伴わない対象
タイプ3：格による構文（属格、対格）

第10章　統　語　論

〈タイプ1〉
Mt 10,31 ew ard mí erknč'ic'ik'· zi láw êk' k'an zbazowm čnčłowks＝μὴ οὖν φοβεῖσθε· πολλῶν στρουθίων διαφέρετε ὑμεῖς「だから恐れるな．あなたたちは多くの雀よりも優れているのだ」；Mt 13,32 or p'ok'r ê k'an zamenayn sermanis· ew yoržam ačic'ê méc ê k'an zamenayn banǰars· ew lini cár̄＝ὃ μικρότερον μέν ἐστιν πάντων τῶν σπερμάτων, ὅταν δὲ αὐξηθῇ μεῖζον τῶν λαχάνων ἐστὶν καὶ γίνεται δένδρον「それ（芥子種）はあらゆる種よりも小さいが，成長するとあらゆる野菜よりも大きく，そして木になる」．語順は自由で，比較の小辞と比較の対象とが形容詞に先行することができた．
　この構文タイプでは接尾辞 -a-goyn（イラン語からの借用，cf. §65 g）を添加した形容詞が頻繁に用いられる：Mt 3,11 bayc' or zknin im gay hzawragoyn ê k'an zis＝ὁ δὲ ὀπίσω μου ἐρχόμενος ἰσχυρότερός μού ἐστιν「しかし私の後から来る者は私よりも強い」；Lk 16,8 ordik' ašxarhis aysorik. imastnagóynk' en k'an zordis lowsoy yazgs iwreanc'＝οἱ υἱοὶ τοῦ αἰῶνος τούτου φρονιμώτεροι ὑπὲρ τοὺς υἱοὺς τοῦ φωτὸς εἰς τὴν γενεὰν τὴν ἑαυτῶν εἰσιν「この世の子らは，自らの世代のことでは，光の子らよりも賢い」．この形容詞は本来は強意の形である：Mt 5,25 Lér irawaxorh ǝnd awsoxi k'owm vałgoyn· minč'der̄ ic'es ǝnd nma i čanaparhi＝ἴσθι εὐνοῶν τῷ ἀντιδίκῳ σου ταχύ, ἕως ὅτου εἶ μετ' αὐτοῦ ἐν τῇ ὁδῷ「あなたを訴える者と共に途上にあるうちに，彼とごくすみやかに和睦せよ」；Lk 15,20 minč'der̄ her̄agoyn êr＝ἔτι δὲ αὐτοῦ μακρὰν ἀπέχοντος「彼がまだ遠くにあった時」；Mt 26,58 Petros zhet nora ert'ayr bac'agoyn＝ὁ Πέτρος ἠκολούθει αὐτῷ ἀπὸ μακρόθεν「ペトロは遠くから彼の後について行った」．比較級的な意味を明らかにするには ews「もっと，いっそう」が付加された：Mt 9,16 éws č'ar patar̄owmn lini＝χεῖρον σχίσμα γίνεται「破れはさらにひどくなるだろう」；Jh 5,36 Ayl es ownim vkayowt'iwn méc ews k'an zYovhannow＝Ἐγὼ δὲ ἔχω τὴν μαρτυρίαν μείζω τοῦ Ἰωάννου「しかし，私にはヨハネのよりもさらに大いなる証しがある」．——意味上すでに比較級である語として次のようなものが挙げられる：krtser「年下の」，erêc'「年上の」（ロマ 9,13 erêc'n krtseroyn car̄ayescê＝ὁ μείζων δουλεύσει τῷ ἐλάσσονι「兄は弟に仕えるであろう」），erêc' ordin＝ὁ υἱὸς ὁ πρεσβύτερος「年上の息子」．aweli「より多くの」も比較級的な意味に用いられる：Lk 20,47 noka' ǝnkalc'ín aweli datastans＝οὗτοι λήμψονται περισσότερον κρίμα「彼らはいっそう厳しい裁きを受けるだろう」．
　副詞，前置詞，動詞が比較構文を形成することがある．副詞 aweli「より以上に」，ar̄awel「より以上に」：Lk 3,13 mí inč' aweli k'an zhramayealn jez ar̄nic'ék'＝μηδὲν πλέον παρὰ τὸ διατεταγμένον ὑμῖν πράσσετε「お前たちに命じられた以上に徴収してはならない」；Mt 6,25 oč' apak'ên ogi ar̄awél ê k'an zkerakowr. ew marmin k'an zhanderj＝οὐχὶ ἡ ψυχὴ πλεῖόν ἐστιν τῆς

第10章 統語論

τροφῆς καὶ τὸ σῶμα τοῦ ἐνδύματος；「命は食物以上であり，体は着物以上ではないか」。aweli, aṙawel 自体が比較の意味を持っているのに対して，副詞 ews は比較級的形容詞と共に強調的に用いられる。例えば Jh 1,50 mecamécs ews kʻan zays tescʻes＝μείζω τούτων ὄψῃ「これよりももっと大いなることをあなたは見るだろう」。——前置詞あるいは前置詞的副詞の例：Mk 10,32 ertʻayr YS aṙaǰi kʻan znosa＝ἦν προάγων αὐτοὺς ὁ Ἰησοῦς「イエスは彼らの先頭に立って進んだ」；Jh 12,1 Isk YS vecʻ awowrb yaṙaǰ kʻan zzatikn. ekn i Bētʻania＝Ὁ οὖν Ἰησοῦς πρὸ ἓξ ἡμερῶν τοῦ πάσχα ἦλθεν εἰς Βηθανίαν「さて，過越祭より6日前，イエスはベタニアに来た」；Eznik I,1 ew očʻ owni zokʻ i ver kʻan zinkʻn「そして彼の上には誰もいない」；Eznik IV,1 gitacʻ tʻe goy ayl astowac artakʻoy kʻan zna「彼は，彼のほかに別の神が存在することを知った」；このような構文タイプが意味の類似した表現に類推的に転移している例がわずかながら見られる：詩 44,11 Darjowcʻer zmez yets kʻan ztʻšnamis mer「あなたは我らを敵の前から敗走させた」；さらに時間的な意味でF.Byz. III,21 kʻan sakaw žamanakkʻ en, aysrên aršawescʻen tʻšnamikʻn「ほどなく敵がこちらへ侵攻して来るだろう」。接尾辞 -a-goyn を添加して Mk 14,28 yet yarowtʻean imoy yaṙaǰagóyn ertʻaycʻ kʻan zjez i Gaɫiɫea＝μετὰ τὸ ἐγερθῆναί με προάξω ὑμᾶς εἰς τὴν Γαλιλαίαν「私は自分の甦りの後，あなたたちより先にガリラヤへ行くだろう」。——比較の意味を許容する動詞は多くが形容詞あるいは副詞から派生した動詞である：詩 38,5 Anôrênowtʻiwnkʻ im barjracʻan kʻan zglowx im「私の罪悪は私の頭より高くなった」；詩 105,24 Ačecʻoycʻ zžoɫovowrd iwr yoyž, ew zôracʻoycʻ znosa kʻan ztʻšnamis iwr「主は自分の民を大いに増やし，彼らをその敵よりも強くした」。副詞から派生した動詞 yaṙaǰanam, yaṙaǰem「先に行く」：Mt 21,31 makʻsaworkʻ ew poṙnikkʻ yaṙaǰescʻen kʻan zjez yarkʻayowtʻiwn erknicʻ＝οἱ τελῶναι καὶ αἱ πόρναι προάγουσιν ὑμᾶς εἰς τὴν βασιλείαν τοῦ θεοῦ「徴税人と売春婦たちの方が，あなたたちより先に天の[Gk：神の] 王国に入る」。分詞が比較的に用いられることもある：Lk 18,14 êǰ sa ardaracʻeal i town iwr kʻan zna＝κατέβη οὗτος δεδικαιωμένος εἰς τὸν οἶκον αὐτοῦ παρ' ἐκεῖνον「後者の方が前者よりも義とされて，自分の家へくだって行った」；詩 35,20 Isk ard tʻšnamikʻ im kendani en, ew zôracʻeal eɫen kʻan zis「しかし私の敵は生きている，そして彼らは私よりも力強い」。

派生的に形容詞あるいは副詞に関わらない動詞にも比較構文が類推的に拡張している：詩 52,5 sireacʻ zčʻarowtʻiwn kʻan zbarowtʻiwn, zanôrênowtʻiwn kʻan zxôss ardarowtʻean「彼は善よりも悪を，正義の言葉よりも罪悪を好んだ」；詩 87,2 sirê têr zdrowns Siovni kʻan zamenayn yarksn Yakobay「主はヤコブのあらゆる住まいよりもシオンの城門を愛する」；詩 119,127 Vasn aysorik sirecʻi zpatowirans kʻo, kʻan zamenayn oski ew tpazion「それゆえ，私はあらゆる金と純金よりもあなたの命令を愛した」；Jh 3,19 sireacʻ mardik zxawar

第10章　統　語　論

aṟawel kʻan zloys=ἠγάπησαν οἱ ἄνθρωποι μᾶλλον τὸ σκότος ἢ τὸ φῶς「人々は光よりも暗闇を愛した」.

〈タイプ2〉
　比較の対象が不定詞である場合，z- を伴わないことが多かった：詩 118,8-9 Bari ê yowsal i têr kʻan yowsal i mardik, bari ê yowsal i têr kʻan yowsal yišxans「主を信頼する方が人間を信頼するよりもよい．主を信頼する方が君侯を信頼するよりもよい」；Mk 9,43 zi láw icʻê kʻez xeł i keansn yawitenicʻ mtanel. kʻán erkows jeṟs ownel ew ertʻal i gehen i howrn yanšêǰ=καλόν ἐστίν σε κυλλὸν εἰσελθεῖν εἰς τὴν ζωὴν ἢ τὰς δύο χεῖρας ἔχοντα ἀπελθεῖν εἰς τὴν γέενναν, εἰς τὸ πῦρ τὸ ἄσβεστον「なぜなら，両手を持ってゲヘナに，消えない火の中に行くよりも，片手を欠いて永遠の命に入る方があなたにはまだましだ」[1]. しかし，aweli, aṟawel, aṟaǰi, yaṟaǰ nax などを伴う比較構文では，すでに古典期でも不定詞は z- を伴っている： 詩 83(84),11 əntrecʻi ənd ałb gal i tan Astowcoy, aṟawel kʻan zbnakanal i yarks meławoracʻ「私は，罪人の幕屋に住まうよりよりも神の家で門口を守るのを選ぶだろう」；Jh 8,58 yaṟaǰ kʻan zlinel Abrahamow em es = πρὶν ʼΑβραὰμ γενέσθαι ἐγὼ εἰμί「アブラハムが生まれるより前に，私はいる」；Dan. 42 Ałałakeacʻ i jayn barjr Šowšan ew asê "Astowac yawitenakan cackagêt, or gites zamenayn yaṟaǰ kʻan zlinel nocʻa「そしてスザンナは大声で叫んで言った，『永遠の神，隠されたことを知り，あらゆることをその起こる前から知っておられる方よ」；Jh 17,5 Ew ayžm pʻaṟaworeá zis hayr aṟ i kʻên pʻaṟawkʻn zor ownei yaṟaǰ kʻan zlinel ašxarhi aṟ i kʻên=καὶ νῦν δόξασόν με σύ, πάτερ, παρὰ σεαυτῷ τῇ δόξῃ ᾗ εἶχον πρὸ τοῦ τὸν κόσμον εἶναι παρὰ σοί「父よ，今あなた自身のもとで，私に栄光を現わせ．世が生起するより前に，あなたのもとで私が持っていた，あの栄光を」.
　従属文が比較の対象として現れる場合は，z- を伴わない：Lk 17,2 law êr nma etʻe vêm erkanakʻar kaxêr zparanocʻê nora ew ankanêr i cov kʻan tʻe gaytʻakłecʻowcʻanicʻê zmi okʻ i pʻokʻrkancʻs yayscʻanê=λυσιτελεῖ αὐτῷ εἰ λίθος μυλικὸς περίκειται περὶ τὸν τράχηλον αὐτοῦ καὶ ἔρριπται εἰς τὴν θάλασσαν ἢ ἵνα σκανδαλίσῃ ἕνα τῶν μικρῶν τούτων「彼にとっては，その首に引き臼の石をつけられて海に投げ込まれる方が，これらの小さい者たちの一人を躓かせるよりはましだ」；Dan. 23 Baycʻ law licʻi inj čʻgorcel zayd ew ankanel i jeṟs jer kʻan tʻe mełaycʻ aṟaǰi Teaṟn「私にとっては，そんなことを

---

[1] 不定詞が対格標識 z- を伴う例は後代のテクストに稀にしか見られず，明らかに二次的である．例えば Adam Rez. II,III,2. zi erkow angam merjecʻay ew inj mec sowkʻ ełen kʻan zelaneln im i draxtên「なぜなら，私は二度彼女と同衾した．そしてそれは楽園から私が追放されるよりも大きな不幸であった」.

— 223 —

第10章 統 語 論

せずにあなたたちの手に落ちる方が，主の前で罪を犯すよりはましだろう」．

〈タイプ3〉
　格による構文は稀であり，時期も遅い．用いられる格は対格および属格である：Mxitʻar XI,3 əst orowm tʻê anerewoytʻn yereweleacʻs pʻowtʻagoyns owni zčanačʻeln「それに従えば，目に見えないものは目に見えるものよりも迅速に知覚される」；Mxitʻar XII,2 Or barjragoyn golov pʻaṙawkʻ ew patowov amenayn ełanowtʻeancʻ araracocʻ, kamaw xonarhecʻaw i hoł mahow「名声と名誉においてすべての存在する被造物よりも高い者，自らの意志によって死の塵へと降って行った」．
　対格は小辞構文における対格が類推的に転用されたものと説明される．属格は後代の学術的なテキストに稀にしか見られず，明らかに外来語法であって，おそらくギリシア語法からの影響ではないかと考えられている．

§ 163.「…であればあるほどいっそう…である」は前方照応的・相関的な表現 orčʻapʻ... aynčʻapʻ あるいは orčʻapʻ... ews により表わされる (cf. §95)：出1, 12 orčʻapʻ čnšein znosa, aynčʻapʻ aṙawel bazmanayin＝καθότι αὐτοὺς ἐταπείνουν, τοσούτῳ πλείους ἐγίνοντο「彼らは虐待されればされるほど，ますます増大していった」．

§ 164.　最上級は amenayn あるいは amenekʻean を含む表現が一般的である：Lk 9,48 or pʻokʻrikn ê yamenesin i jez＝ὁ μικρότερος ἐν πᾶσιν ὑμῖν「あなたたちすべての中で最も小さい者」．また他の限定的な補足を加えて：雅1,7(8) gełecʻikd i kanays＝ἡ καλὴ ἐν γυναιξίν「女たちのうちで最も美しい者よ」；Mt 2,6 óčʻ inčʻ krtser es yišxans yowda＝οὐδαμῶς ἐλαχίστη εἶ ἐν τοῖς ἡγεμόσιν Ἰούδα「お前はユダの君主の中で決して最小の者ではない」．しかし形容詞が単独で用いられることもある：Mt 5,19 Or okʻ lowccʻê mi inčʻ i patowiranacʻ yayscʻanê i pʻokʻowncʻ ew owsowscʻê aynpês zmardik. pʻókʻr kočʻescʻi yarkʻayowtʻean erknic＝ὃς ἐὰν οὖν λύσῃ μίαν τῶν ἐντολῶν τούτων τῶν ἐλαχίστων καὶ διδάξῃ οὕτως τοὺς ἀνθρώπους, ἐλάχιστος κληθήσεται ἐν τῇ βασιλείᾳ τῶν οὐρανῶν「これらの最も小さい掟の一つですら破棄し，そのように人々に教える者は，天の王国において最も小さい者と呼ばれるであろう」．
　最上級的な機能を表わす形容詞形がいくつかある：
1）接尾辞（-a)-goyn．ギリシア語原文の最上級形容詞に -agoyn が当てられることがある：使 26,5 əst čšmartagoyn krônicʻ ôrinacʻn merocʻ＝κατὰ τὴν ἀκριβεστάτην αἵρεσιν τῆς ἡμετέρας θρησκείας「私たちの宗教の中で最も厳格な派に従って」；代下 21,17 Okʻozias miayn krtseragoyn ($\mu\iota\kappa\rho\acute{o}\tau\alpha\tau\sigma\varsigma$) yordis nora「彼の息子のうち最年少の子ヨアハズのみ」．

第10章　統語論

2) 短い形容詞の重複（子音の前で母音 -a- を伴う）．例えば mecamec「最も大きい」, barjrabarj「非常に高い」（変異形 barjraberj, しかし berj は名詞である）：IIペト 1,4 orovkʻ mecameckʻn ew patowakan awetikʻ pargeweal en mez=δι' ὧν τὰ μέγιστα καὶ τίμια ἡμῖν ἐπαγγέλματα δεδώρηται「〔これらによって〕最も大きく尊い約束が私たちに与えられている」．

3) amen-a- +形容詞の結合．これは最上級的な意味か絶対最上級的な意味を持っている．例えば amenabari「最善の，非常に良い」, amenačʻar「最悪の，非常に悪い」, amenasowrb「最も聖なる，大変に聖なる」（名詞語幹と動詞語幹の結合では意味が異なることに注意：amenapʻrkičʻ「すべての者の救い主」, amenakal「全能の」）．

D．願望文

§ 165. a) 実現可能な願望文の動詞は接続法形である．特別の小辞によって導入されることはないが，まれに erani tʻe (=ὄφελον) で始まることがある．その否定は mi, ある場合には kʻáw または kʻáw mi を用いる：使 8,20 arcatʻ kʻo ənd kʻez łicʻi i korowst=τὸ ἀργύριόν σου σὺν σοὶ εἴη εἰς ἀπώλειαν「お前の金はお前ともども消え失せろ」; Mt 6,9-10 sowrb ełicʻi anown kʻo (10) ekecʻê arkʻayowtʻíwn kʻo· ełicʻín kamkʻ kʻo = ἁγιασθήτω τὸ ὄνομα σου, ἐλθέτω ἡ βασιλεία σου, γενηθήτω τὸ θέλημά σου「あなたの名が聖なるものとなるように．あなたの王国が来るように．あなたの意志が成るように」; ガラ 1,8 nzoveal łicʻi = ἀνάθεμα ἔστω「呪われるがよい」; ガラ 6,17 ašxat okʻ zis mi arascʻê = κόπους μοι μηδεὶς παρεχέτω「誰も私を煩わさないでほしい」; Mk 11,14 mí ews okʻ yawitean i kʻên ptowł kerícʻê=μηκέτι εἰς τὸν αἰῶνα ἐκ σοῦ μηδεὶς καρπὸν φάγοι「これから永遠に，誰一人お前から実を食べる者がないように」．kʻaw は次のような定型で用いられる：Mt 16,22 kʻáw licʻi kʻez T̅R̅· mí ełicʻi kʻez ayd = ἵλεώς σοι, κύριε· οὐ μὴ ἔσται σοι τοῦτο「主よ，とんでもない．そんなことがあなたに起こるはずがない」; Lk 20,16 kʻáw mí łicʻi = μὴ γένοιτο「とんでもない．〔そんなことが〕起こってはならぬ」．

b) 実現不可能な願望は直説法過去時制形の動詞によって示される．ギリシア語では小辞となった ὄφελον +直説法未完了過去かアオリストによって表わされる．アルメニア語は大抵 erani tʻe, 稀に awš によって訳されるが，これらを欠いて動詞形だけで表現されることもある：I コリ 4,8 erani tʻe tʻagaworeikʻ = ὄφελον ἐβασιλεύσατε「あなたたちが王になっていてくれたなら」; ガラ 5,12 erani tʻe môtaktowr isk linein, or zjezn xr̄ovecʻowcʻanen=ὄφελον καὶ ἀποκόψονται οἱ ἀναστατοῦντες ὑμᾶς「あなたたちをかき乱す者たちはいっそのこと去勢されてしまえばいい」．

時として迂言的な表現も用いられる：II コリ 11,1 law êr etʻe nereikʻ pʻokʻr mi ew imowm anzgamowtʻeans = ὄφελον ἀνείχεσθέ μου μικρόν τι ἀφροσύνης

第10章 統語論

「私の少しばかりの愚かさを我慢してくれたらよかったのに」; 黙 3, 15 part êr k'ez c'owrt linel ew kam ǰerm = ὄφελον ψυχρὸς ἦς ἢ ζεστός 「冷たいか熱いか, どちらかであってほしい」.

E. 要求文

§ 166. a) 1人称複数に対する勧告的命令は接続法アオリストにより表現される. 否定は mi である: Lk 15,23 acêk' zezn pararak zenêk' keric'owk' ew owrax lic'owk' = φέρετε τὸν μόσχον τὸν σιτευτόν, θύσατε, καὶ φαγόντες εὐφρανθῶμεν 「肥えた子牛を牽いて来て屠れ. そして食べて祝宴をあげようではないか」; Lk 20,14 spanc'owk' zsa = ἀποκτείνωμεν αὐτόν 「こいつを殺してしまおう」; Jh 19,24 mí pataŕesc'owk' zayd ayl arkc'owk' vičaks i veray dora owm ew elc'ê = μὴ σχίσωμεν αὐτόν, ἀλλὰ λάχωμεν περὶ αὐτοῦ τίνος ἔσται 「これを裂いたりせずに, 誰のものになるか, それについて籤引きをしよう」; ロマ 14,13 aysowhetew mí zmimeans datesc'owk' = μηκέτι οὖν ἀλλήλους κρίνωμεν 「だから, もう互いに裁き合わないようにしよう」. 時に ari (yaŕnel「立ち上がる」の命・アオ・単・2) で始まることがある: F.Byz. IV,10 ari gnasc'owk' aŕ kaysrn 「さあ, カエサルのところへ行こう」.

b) 2人称に対する命令文. 動詞は常に命令法アオリストであり, 禁止は mi + 命令法現在によって表わされる. いずれの場合にも接続法で代用され得る: Mt 6,6 mowt i seneak k'o ew p'akeá zdowrs k'o ew kac' yaławt's aŕ hayr k'o = εἴσελθε εἰς τὸ ταμεῖόν σου καὶ κλείσας τὴν θύραν σου πρόσευξαι τῷ πατρί σου 「あなたの奥の部屋に入り, あなたの戸に鍵をし, あなたの父に祈れ」; Mk 2,14 ek zkni im = ἀκολούθει μοι 「私に従って来い」; Lk 9,60 dow ért' patmea zark'ayowt'iwn AY = σὺ δὲ ἀπελθὼν διάγγελλε τὴν βασιλείαν τοῦ θεοῦ 「あなたは行って, 神の王国を告げ知らせよ」; Jh 2,16 aŕêk' zayd asti = ἄρατε ταῦτα ἐντεῦθεν 「これをここから取り去れ」; Mk 6,10 yor town mtanic'êk'. andên awt'evans kalǰik' minč'ew elanic'êk' anti = ὅπου ἐὰν εἰσέλθητε εἰς οἰκίαν, ἐκεῖ μένετε ἕως ἂν ἐξέλθητε ἐκεῖθεν 「どこでも家に入ったなら, そこから出て来るまで, そこに留まっているのだ」; Jh 2,5 or zinč' asic'ê jez arasǰik' = ὅ τι ἂν λέγῃ ὑμῖν ποιήσατε 「彼があなたたちにどんなことを言っても, してやるのだ」. 禁止: Mt 6,16 mí linik' (2.pl.ipv.prs) ibrew zkełcaworsn trtmealk' = μὴ γίνεσθε ὡς οἱ ὑποκριταὶ σκυθρωποί 「偽善者たちのように陰鬱になるな」; Mt 5,36 ew mí i glowx k'o erdnowc'ows (2.sg.conj.prs) = μήτε ἐν τῇ κεφαλῇ σου ὀμόσῃς 「あなたの頭にかけても誓ってはならぬ」; Mk 5,36 mí erknč'ir (2.sg.ipv.prs)· bayc' miayn hawatay = μὴ φοβοῦ, μόνον πίστευε 「恐れるな, ただ信ぜよ」; Jh 2,16 mí aŕnêk' (2.pl.ipv.prs) ztown hawr imoy town vačaŕi = μὴ ποιεῖτε τὸν οἶκον τοῦ πατρός μου οἶκον ἐμπορίου 「私の父の家を商売の家にするな」; Lk 9,3 mí baŕnayk' (2.pl.ipv.prs) i čanaparh... mí

— 226 —

第10章 統 語 論

gawazan ew mí maxał... ownicʻikʻ (2.pl.conj.prs)＝μηδὲν αἴρετε εἰς τὴν ὁδόν, μήτε ῥάβδον μήτε πήραν... ἔχειν「道中は何も携えるな。杖も、革袋も持つな」。

時おり命令法に接続法が後続することがある：使 28,26 ertʻ aṙ žołovowrdn, ew asacʻes＝πορεύθητι πρὸς τὸν λαὸν τοῦτον καὶ εἰπόν「その民のもとに行って、言え」。

時おり不定法によって命令が表現されることがある：ヤコ 3,1 mi bazowm vardapetkʻ linel＝μὴ πολλοὶ διδάσκαλοι γένεσθε「多くの者が教師になってはいけない」；Ⅰペト 4,12 mi awtaroti hamarel zeṙandn inčʻ... orpês tʻê awtar inčʻ irkʻ jez dipicʻin＝μὴ ξενίζεσθε τῇ ἐν ὑμῖν πυρώσει... ὡς ξένου ὑμῖν συμβαίνοντος「火のような試練を、何か思いがけないことが起こったかのように驚き怪しむな」；Ⅰペト 3,9 mi čʻar pʻoxanak čʻari hatowcʻanel... ayl znorin hakaṙakn ôrhnel＝μὴ ἀποδιδόντες κακὸν ἀντὶ κακοῦ... τοὐναντίον δὲ εὐλογοῦντες「悪に悪をもって報いてはならない。むしろ祝福せよ」。

c）3人称に対する命令文はギリシア語のように特定の形がないので、接続法で代用する：Ⅰコリ 7,2 iwrakʻančʻiwrokʻ kin ziwr ayr kalcʻi＝ἑκάστη τὸν ἴδιον ἄνδρα ἐχέτω「女はそれぞれ自分の夫を持て」；ガラ 4,30 mi žaṙangescʻê ordi ałaxnoyn ənd ordwoyn azati＝οὐ μὴ κληρονομήσει ὁ υἱὸς τῆς παιδίσκης μετὰ τοῦ υἱοῦ τῆς ἐλευθέρας「女奴隷の子は自由な女から生まれた子と一緒に相続してはならない」。

5．等位的な文結合

§ 167．接続詞による文の結合は、文と文を等位に結合する場合（coordination）と主文と複文を従属的にまたは相関的に結合する場合（subordination）とがある。しかし接続詞を欠くこともあり得る（asyndeton）。接続詞による文と文の等位的な文結合は、意味関係に従って、連接的（copulative）・反意的（adversative）・離接的（disjunctive）結合に分けられる。

連接的結合に最も広く用いられる接続詞は ew ʻandʼ である。さらに ew... ew「…と同様に…も」、očʻ... ew očʻ「…でもなく…でもない」、očʻ miayn... ayl (ew)...「…だけでなく…もまた」、mertʻ... mertʻ「…することもあれば…することもある」など：Lk 2,7 cnáw zordin iwr zandranik ew pateacʻ i xanjarowrs ew ed zna i msowr＝ἔτεκεν τὸν υἱὸν αὐτῆς τὸν πρωτότοκον, καὶ ἐσπαργάνωσεν αὐτὸν καὶ ἀνέκλινεν αὐτὸν ἐν φάτνῃ「彼女は自分の最初の男子を産み、産着にその子をくるんで、飼い葉桶の中に寝かせた」；Lk 5,36 ew znorn pataṙê. ew ənd hnoyn čʻmiabani kapertn or i noroyn＝καὶ τὸ καινὸν σχίσει καὶ τῷ παλαιῷ οὐ συμφωνήσει τὸ ἐπίβλημα τὸ ἀπὸ τοῦ καινοῦ「新しい〔着物〕は破れるだろうし、また新しい〔着物〕から〔取った〕当て切れも古い〔着物〕に合わないだろう」；Mt 6,28 očʻ janay ew óčʻ niwtʻê＝οὐ κοπιῶσιν οὐδὲ

— 227 —

第10章 統 語 論

νήθουσιν「それは労することもせず，紡ぐこともしない」; Ι コリ 11,11 očʻ kin aranc' arn, ew očʻ ayr aranc' knoǰ=οὔτε γυνὴ χωρὶς ἀνδρὸς οὔτε ἀνὴρ χωρὶς γυναικός「男なしに女はなく，女なしに男はない」; Mt 4,4 očʻ hacʻiw miayn kecʻcʻê mard ayl [M : ayl] amenáyn baniw or elanê i beranoy $\overline{AY}$= οὐκ ἐπʻ ἄρτῳ μόνῳ ζήσεται ὁ ἄνθρωπος, ἀλλʻ ἐπὶ παντὶ ῥήματι ἐκπορευομένῳ διὰ στόματος θεοῦ「人はパンだけで生きるのではなく，神の口から出て来るあらゆる言葉で〔生きるであろう〕」; Jh 5,18 očʻ miayn lowcanêr zšabatʻs· ayl [M : ayl] ew hayr iwr ko čʻêr z$\overline{AC}$· ew hawasar arnêr zanjn $\overline{AY}$ = οὐ μόνον ἔλυεν τὸν σάββατον, ἀλλὰ καὶ πατέρα ἴδιον ἔλεγεν τὸν θεὸν ἴσον ἑαυτὸν ποιῶν τῷ θεῷ「彼は安息日を破っていたばかりか，神を自分の父と呼び，自身を神に等しいものとしていた」; ヘブ 10,33 mertʻ i naxatins... xaytarakealkʻ, mertʻ kcʻordkʻ aynpiseacʻ vastakaworacʻn linel = τοῦτο μὲν ὀνειδισμοῖς... θεατριζόμενοι, τοῦτο δὲ κοινωνοὶ τῶν οὕτως ἀναστρεφομένων γενηθέντες「辱められ，見世物にされたこともあれば，このような目に遭った人たちの仲間となったこともあった」。

備考. ew の本来の意味は「…もまた」である：Eznik II,3 ayl ew zOrmizd tʻagaworecʻoycʻ i veray nora「しかし彼はオルミズドをも彼を支配する王とした」; Lk 2,4 el ew Yovsêpʻ「ヨセフもまたのぼった」；「…もまた，さらに，なお」の意味で拡張形 ews も好んで用いられる。čʻ-ew, čʻew ews は「まだ…ない」を意味する：Mt 24,6 ayl čʻéw ê katarac=ἀλλʻ οὔπω ἐστὶν τὸ τέλος「しかしまだ終末は来ていない」; Jh 8,20 čʻew ews haseal êr žam nora=οὔπω ἐληλύθει ἡ ὥρα αὐτοῦ「彼の時はまだ到来していなかった」。

§ 168. 反意的結合

「しかし, but, however」を意味する接続詞は baycʻ（制限）; isk（対比）; ayl（明瞭な対立）; sakayn「それにもかかわらず」; gonê, gonea「しかしながら」: Mt 26,41 hogis yawžar ê· báycʻ marmins tkar=τὸ μὲν πνεῦμα πρόθυμον ἡ δὲ σὰρξ ἀσθενής「霊ははやっても，肉の方は弱い」; Mt 26,24 ordi mardoy ertʻay orpês greal ê vasn nora· baycʻ váy mardoyn aynmik yoyr jers ordin mardoy matnescʻi = ὁ μὲν υἱὸς τοῦ ἀνθρώπου ὑπάγει καθὼς γέγραπται περὶ αὐτοῦ, οὐαὶ δὲ τῷ ἀνθρώπῳ ἐκείνῳ διʻ οὗ ὁ υἱὸς τοῦ ἀνθρώπου παραδίδοται「たしかに人の子は，彼について書いてある通り，去って行く。しかし禍いだ，その手に人の子が売り渡されるその人は」; Mt 26,11 yamenayn žam załkʻats ənd jez ownikʻ· baycʻ zis očʻ hanapaz ənd jez ownikʻ=πάντοτε τοὺς πτωχοὺς ἔχετε μεθʻ ἑαυτῶν, ἐμὲ δὲ οὐ πάντοτε ἔχετε「貧しい者たちは常時あなたたちと共にいる。しかし私はいつまでもあなたたちと共にいるわけではない」; Mt 25,3-4 yimarkʻn arin zlaptersn. ew jêtʻ ənd iwreans očʻ barjin· (4)

第10章　統語論

isk imastownk'n arīn jêt' amanovk' [M：amanawk'] ənd lapters iwreanc'＝αἱ μωραὶ λαβοῦσαι τὰς λαμπάδας αὐτῶν οὐκ ἔλαβον μεθ' ἑαυτῶν ἔλαιον．(4) αἱ δὲ φρόνιμοι ἔλαβον ἔλαιον ἐν τοῖς ἀγγείοις μετὰ τῶν λαμπάδων ἑαυτῶν「愚かな〔乙女〕たちは，[Gk：自分たちの]ともし火は持って来たものの，油を携えて来なかった．(4) 他方，賢い〔乙女〕たちは，自分のともし火と共に，油を器に入れて持って来た」；Mt 26,33 t'epêt ew amenek'ean gaytagłesc'en i k'ên. sakayn es očʻ gaytagłec'ayc'＝εἰ πάντες σκανδαλισθήσονται ἐν σοί, ἐγὼ οὐδέποτε σκανδαλισθήσομαι「皆があなたに躓いたとしても，この私は決して躓かない」．

　ayl は本来 ayl「他の」の単・対である．例えば F.Byz. III,5 na əst ayn mi gišer ayl očʻ emowt aṙ kinn iwr「この一夜の後，彼は他の時に (＝二度と) その妻に近づくことはなかった」．通常は ayl は「しかし，…ではなくて…」を意味する：Lk 5,31 očʻ inčʻ en pitoy bžiškk' ołǰoc'. ayl hiwandac'＝οὐ χρείαν ἔχουσιν οἱ ὑγιαίνοντες ἰατροῦ ἀλλὰ οἱ κακῶς ἔχοντες「健康な者に医者は必要ない，必要なのは病んでいる者だ」；F.Byz. III,5 očʻ amowsnac'aw na, ayl i hngetasanamenic' ehas yastičan episkoposowt'ean「彼は結婚せず，十五年で司教の位階に達した」；Eznik II,2 varowk'n zat en i mimeanc'... ayl i k'ešin mi en erkok'ean「風俗習慣によって彼らは互いに離れていたが，宗教では両者は一つである」．

　備考1．bayc' は本来「…を別にして，…以外に」を意味する：Jh 17,12 očʻ ok' i noc'anê koreaw bayc' ordin korstean＝οὐδεὶς ἐξ αὐτῶν ἀπώλετο εἰ μὴ ὁ υἱὸς τῆς ἀπωλείας「彼らのうちの誰も滅びなかった．ただ滅びの子を別にして」；Eznik IV, 1 bayc' yinên ayl astowac k'ez mi lic'i「あなたには私以外に神はないであろう」；Mk 9,9 patowireac' noc'a zi mi owmek' patmesc'en zor tesinn bayc' yoržam ordi mardoy i meṙeloc' yaric'ê＝διεστείλατο αὐτοῖς ἵνα μηδενὶ ἃ εἶδον διηγήσωνται, εἰ μὴ ὅταν ὁ υἱὸς τοῦ ἀνθρώπου ἐκ νεκρῶν ἀναστῇ「彼は，人の子が死人の中から甦る時以外は，見たことを誰にも物語るな，と彼らに命じた」．また miayn を伴って，Jh 6,22 žołovowrdn... tesanêr t'e ayl naw očʻ goyr and bayc' miayn miōyn yor mtin ašakertk'n Y̅I̅ ew zi č'êr mteal Y̅S̅ ənd ašakertsn iwr i nawn bayc' miayn ašakértk'n nora gnac'in＝ὁ ὄχλος... εἶδον ὅτι πλοιάριον ἄλλο οὐκ ἦν ἐκεῖ εἰ μὴ ἓν ἐκεῖνο εἰς ὃ ἐνέβησαν οἱ μαθηταὶ τοῦ Ἰησοῦ καὶ ὅτι οὐ συνεισῆλθεν τοῖς μαθηταῖς αὐτοῦ ὁ Ἰησοῦς εἰς τὸ πλοῖον ἀλλὰ μόνοι οἱ μαθηταὶ αὐτοῦ ἀπῆλθον「群衆は，イエスの弟子たちが乗り込んだあの一艘のほかにはそこには小舟のないこと，またイエスがあの舟に弟子たちと一緒に乗らず，弟子たちだけが出かけたことを見た」．

　備考2．isk は本来「実際，本当に」を意味する：Jh 13,13 dowk' koč'êk' zis vardapet ew T̅R̅ ew barwôk' asêk' k'anzi em isk＝ὑμεῖς φωνεῖτέ με· ὁ διδάσκαλος, καὶ ὁ κύριος, καὶ καλῶς λέγετε· εἰμὶ γάρ「あなたたちは私を師とか主とか呼んでい

第10章 統 語 論

る。そう言うのは正しい。実際そうなのだから」。──先行する語を強調する：Jh 3,19 áys isk ê datastan＝αὕτη ἐστιν ἡ κρίσις「これこそが裁きだ」；Jh 18,37 es yáyd isk cneal em ew i doyn isk ekeal em yašxarh· zi...＝ἐγὼ εἰς τοῦτο γεγέννημαι καὶ εἰς τοῦτο ἐλήλυθα εἰς τὸν κόσμον, ἵνα...「…するために，まさにそのために私は生まれたのであり，そのためにこの世に来ているのだ」；Jh 8,17 ew yawrênsn isk jer greal ê＝καὶ ἐν τῷ νόμῳ δὲ τῷ ὑμετέρῳ γέγραπται「あなたたちの律法にも書かれている」。──isk ew isk は「すぐに，ただちに」を意味する：F.Byz. III,5 ew isk ew isk etes i tesleann「そして彼は即座に夢に見た」；Mk 1,21 isk ew isk i šabat'own mteal i žołovowrdn owsowc'anêr znosa＝εὐθὺς τοῖς σάββασιν εἰσελθὼν εἰς τὴν συναγωγὴν ἐδίδασκεν「彼はすぐに安息日に会堂に入り，彼らを教え始めた」；Mk 6,54 ibrew elin i nawê anti· isk ew isk canean zna ark' tełwoyn aynorik＝ἐξελθόντων αὐτῶν ἐκ τοῦ πλοίου εὐθὺς ἐπιγνόντες αὐτόν「彼らが舟から出て来ると，[Arm：その土地の人々は]すぐに彼と知った」。

§ 169. 離接的結合

接続詞は kam「あるいは」，kam... kam「…かまたは…か」：F.Byz. III,3 dowk' oyk'? ek', kam owsti? gayk', kam zo? xndrek'「あなたたちは誰なのか，あるいはどこから来たのか，あるいは誰を探しているのか」；ロマ 14,10 dow zi? datis zełbayr k'o, kam əndêr? angosnes zełbayr k'o＝σὺ τί κρίνεις τὸν ἀδελφόν σου; ἢ καὶ σὺ τί ἐξουθενεῖς τὸν ἀδελφόν σου;「あなたはなぜ自分の兄弟を裁くのか。またなぜ兄弟を侮るのか」；Mt 6,24 kam zmin atic'ê ew zmiwsn siric'ê· kam zmin mecaric'ê ew zmiwsn arhamarhic'ê＝ἢ τὸν ἕνα μισήσει καὶ τὸν ἕτερον ἀγαπήσει, ἢ ἑνὸς ἀνθέξεται καὶ τοῦ ἑτέρου καταφρονήσει「人はあるいは一方を憎み，他方を愛し，あるいは一方の世話はするが，他方を軽蔑する」。

kam を用いて並置された疑問文と二重疑問文を混同してはならない．後者は選択疑問であり，「それとも」に対応するのは et'e (t'e) である．

6．従属節（Dependent clauses）

A．目的節（Purpose clauses）

§ 170. 目的節は，主節に記述されている動作に関して動作主の意図を明示する．
1）不定詞と分詞
　これらを用いた構造は従属節ではないが，同じような機能を果すので，ここに含まれる：Mk 10,45 ordi mardoy oč' ekn arnowl paštawn. aył paštel＝ὁ υἱὸς τοῦ ἀνθρώπου οὐκ ἦλθεν διακονηθῆναι ἀλλὰ διακονῆσαι「人の子は仕えられるためではなく，仕えるために来た」；Mt 2,13 k'anzi i xndir ê Hêrovdês korowsanel zmanowkd＝μέλλει γὰρ Ἡρῴδης ζητεῖν τὸ παιδίον τοῦ ἀπολέσαι αὐτό「なぜなら，ヘロデがその幼子を探し出して滅ぼそうとしているから」；

第10章 統語論

Jh 12,33 zays asêr nšanakeal t'e oróv mahow meṙaneloc' ic'ê = τοῦτο δὲ ἔλεγον σημαίνων ποίῳ θανάτῳ ἤμελλεν ἀποθνῄσκειν「彼は、どんな死に方で死ぬことになっているかを示そうとして、これを話していた」。
2）zi＋接続法アオリスト
　Mt 1,22 ays amenayn ełew zi lc'c'i or asac'awn i TĒ = τοῦτο ὅλον γέγονεν ἵνα πληρωθῇ τὸ ῥηθὲν ὑπὸ κυρίου「このことすべてが起こったのは、主によって言われたことが満たされるためだ」; Jh 5,34 zays asem zi dowk' apresjīk' = ταῦτα λέγω ἵνα ὑμεῖς σωθῆτε「私がこれを言うのは、あなたたちが救われるためである」; Agath. §29 vasn aynorik eki es aṙ k'ez, zi hasarak zhasarakac' vrêž xndrel mart'asc'owk'「私たちが一緒に共通の〔悪〕に復讐できるように、そのために私はあなたのもとに来た」; Jh 10,17 vasn áynorik sirê zis hayr im· zi es dnem zanjn im. zi miwsangam aṙic' zna = διὰ τοῦτό με ὁ πατὴρ ἀγαπᾷ ὅτι ἐγὼ τίθημι τὴν ψυχήν μου, ἵνα πάλιν λάβω αὐτήν「私が自分の命を棄てるそのゆえに、父は私を愛している。私がそれを再び受けるためである」（最初のziは直説法と用いて原因・理由を表わす）; Mt 7,1 mi datik' zi mí datic'ik' = μὴ κρίνετε, ἵνα μὴ κριθῆτε「あなたたちは裁くな、裁かれないためだ」; Mt 17,27 bayc' zi mi gayt'agłec'owsc'owk' znosa = ἵνα δὲ μὴ σκανδαλίσωμεν αὐτούς「しかし私たちが彼らを躓かせないために」; Lk 20,10 aṙak'eac' aṙ mšaksn zcaṙay zi i ptłoy aygwoyn tac'en nma = ἀπέστειλεν πρὸς τοὺς γεωργοὺς δοῦλον ἵνα ἀπὸ τοῦ καρποῦ τοῦ ἀμπελῶνος δώσουσιν αὐτῷ「彼はその農夫たちのところへ僕を遣わして、彼らに葡萄園の収穫を納めさせようとした」; Lk 4,42 argelowin zna zi mí gnasc'ê i noc'anê = κατεῖχον αὐτὸν τοῦ μὴ πορεύεσθαι ἀπ' αὐτῶν「彼らは、彼が自分たちのところから立ち去ってしまわないように、彼を引き留めようとした」。——orpês zi＋接続法：Mt 6,5 siren i žołovowrds ew yankiwns hraparakac' kal yaławt's· orpês zi erewesc'in mardkan = φιλοῦσιν ἐν ταῖς συναγωγαῖς καὶ ἐν ταῖς γωνίαις τῶν πλατειῶν ἑστῶτες προσεύχεσθαι, ὅπως φανῶσιν τοῖς ἀνθρώποις「彼らは、人々に見られるために、会堂や大通りの角に立って祈るのが好きなのだ」。——gowc'ê＋接続法：Mk 13,35-36 ard art'ówn kac'êk'... (36) gowc'ê ekeal yankarcaki gtanic'ê zjez i k'own = γρηγορεῖτε οὖν... (36) μὴ ἐλθὼν ἐξαίφνης εὕρῃ ὑμᾶς καθεύδοντας「だから目を覚ましていよ。彼が突然やって来て、あなたたちの眠っているところを見つけることがないようにするためだ」。

B．結果節 (Result clauses)
§ 171．結果節は、先行する行為の結果起こる行為を表わし、アルメニア語では主に接続詞 orpês zi, ibrew zi, zi, et'e, minč'ew, minč' により導かれる。minč'ew は直説法または不定詞を伴う：
Mt 8,28 č'arač'ark' yoyž orpês zi č'êr hnar anc'anel owmek' ənd ayn

第10章 統語論

čanaparh = χαλεποὶ λίαν, ὥστε μὴ ἰσχύειν τινὰ παρελθεῖν διὰ τῆς ὁδοῦ ἐκείνης「彼らはひどく狂暴で、誰もその道を通り過ぎることができないほどだった」; Mt 12,22 bžškeac' zna. orpês zi hamrn ew koyrn xawsic'i ew tesanic'ê = ἐθεράπευσεν αὐτόν, ὥστε τὸν κωφὸν καὶ τὸν τυφλὸν λαλεῖν καὶ βλέπειν「彼は彼を癒した。そのため、口の利けなかった者と目の見えなかった者は話したり、見たりできるようになった」; I テサ 1,8 yamenayn tełis hawatk'n jer sp'r̄ec'an, zi aysowhetew oč' inč' ê pitoy mez ew xawsel inč' = ἐν παντὶ τόπῳ ἡ πίστις ὑμῶν ἐξελήλυθεν, ὥστε μὴ χρείαν ἔχειν ἡμᾶς λαλεῖν τι「至る所であなたたちの信仰のことが流布されたので、これから後は何かを語る必要がまったくないほどだ」; Mt 15,30-31 bžškeác' znosa:. (31) minč'ew zarmanál žołovrdoc'n = ἐθεράπευσεν αὐτούς· ὥστε τὸν ὄχλον θαυμάσαι「彼は彼らを癒した。そのため群衆は驚いた」; Mk 9,26 ełew pataneakn ibrew zmer̄eál. minč'ew bazmac' isk asel t'e mer̄aw = ἐγένετο ὡσεὶ νεκρός, ὥστε τοὺς πολλοὺς λέγειν ὅτι ἀπέθανεν「その子は死人のようになった。そのため、実に多くの者が彼は死んでしまったと言った」; Jh 3,16 zi áynpês sireac' AC zašxarh minč'ew zordin iwr miacin et = οὕτως γὰρ ἠγάπησεν ὁ θεὸς τὸν κόσμον, ὥστε τὸν υἱὸν τὸν μονογενῆ ἔδωκεν「神はそのひとり子を与えるほど世を愛したのだ」(逆相関的な aynpês... minč'ew); Lk 5,6-7 zays ibrew ararin. p'akec'in i nerk's bazmowt'iwn jkanc' yoyž· minč'ew parpatein owr̄kank' noc'a· (7) ew aknarkein orsakc'ac'n i miws nawn. gal awgnel noc'a:. ew ekin ew lc'án erkok'in nawk'n. minč'ew merj ynkłmel noc'a (M : noc'a yngłmeł) = καὶ τοῦτο ποιήσαντες συνέκλεισαν πλῆθος ἰχθύων πολύ, διερρήσσετο δὲ τὰ δίκτυα αὐτῶν. (7) καὶ κατένευσαν τοῖς μετόχοις ἐν τῷ ἑτέρῳ πλοίῳ τοῦ ἐλθόντας συλλαβέσθαι αὐτοῖς· καὶ ἦλθον καὶ ἔπλησαν ἀμφότερα τὰ πλοῖα ὥστε βυθίζεσθαι αὐτά「彼らがこのようにすると、おびただしい魚の群れを捕り込み、彼らの網は破れそうになった. (7) そこで彼らは、もう一艘の舟にいる仲間にも合図を送り、やって来て自分たちを手助けしてくれるように [頼んだ]. そこで彼らがやって来ると、双方の舟が満杯になって、それら [の舟] はあやうく沈むところであった」[2]; Mk 1,45 sksaw k'arozél yoyž· ew hr̄č'ák harkanel zbann. minč' óč' ews karoł (M : minč'ew oč' isk karawł) linel nma yayt-

---

[2] アルメニア語では minč'ew+不定詞 = ὥστε+不定詞が一般的であり、minč'ew+未完了過去によるものは Lk 5,6 にしか見られないとされる。この節では未完了過去形 parpatein はその de conatu の機能に関してギリシア語多数本文 διερρήσσετο に対応しているが、構文的には、次節の ὥστε 構文におそらく影響されて滑らかにされた異読 ὥστε τα δίκτυα ῥησσέσθαι (= D) に対応する混合的な訳になっている。7節で minč'ew に続く merj「(時間について) 近い、迫っている」は原語の現在不定詞の意味的なニュアンスをより正確に伝えようと意図されたもので、この訳も前節と同様に異読 ὥστε παρά τι βυθίζεσθαι αὐτά (= D) に拠っている可能性が高い.

第10章 統 語 論

napês i k'ałak' mtanel = ἤρξατο κηρύσσειν πολλὰ καὶ διαφημίζειν τὸν λόγον, ὥστε μηκέτι αὐτὸν δύνασθαι φανερῶς εἰς πόλιν εἰσελθεῖν「彼はこの言葉を大いに宣べ伝え言い広め出した. そのために彼（イエス）はもはや公けに町に入れなくなった」.——zi+直説法/接続法も結果節と解釈されることがある：Mt 8, 27 orpisi? ok' ic'ê sa· zi ew hołmk' ew cov hnazandin sma=ποταπός ἐστιν οὗτος ὅτι καὶ οἱ ἄνεμοι καὶ ἡ θάλασσα αὐτῷ ὑπακούουσιν;「この人はいったいどういう人なのか. 風も海もこの人に従うとは」; Jh 9,2 oyr? vnas ê... zi koyr cnc'i = τίς ἥμαρτεν... ἵνα τυφλὸς γεννηθῇ;「彼が盲目で生まれたからには, 誰の罪か」.

C. 原因節 （Causal clauses）
§ 172. 原因節は2つの事柄の間に因果関係をたてるものである. アルメニア語では zi/k'anzi+直説法, さらに vasn zi, t'e (et'e), orovhetew, p'oxanak zi などにより導かれる：
Mk 1,34 oč' tayr xawsel diwac'n. zi gitein zna t'e K͞Sn ê=οὐκ ἤφιεν λαλεῖν τὰ δαιμόνια, ὅτι ᾔδεισαν αὐτόν「彼は悪霊どもには語ることを許さなかった. 彼らは彼がキリストであることを知っていたからだ」; Lk 1,34 ziard? linic'i inj ayd· k'anzi zayr oč' gitem = πῶς ἔσται τοῦτο, ἐπεὶ ἄνδρα οὐ γινώσκω;「どうして私にそんなことが起こるだろうか. 私は男の人を知らないのだから」; Lk 11,9-10 xndrec'êk'. ew tac'í jez· hayc'ec'êk'. ew gtǰik'· baxec'êk'. ew bac'c'í jez· ⑽ zi amenayn or xndrê arnów· ew or hayc'ê gtanê· ew or baxê bac'c'í nma=αἰτεῖτε καὶ δοθήσεται ὑμῖν, ζητεῖτε καὶ εὑρήσετε, κρούετε καὶ ἀνοιγήσεται ὑμῖν. ⑽ πᾶς γὰρ ὁ αἰτῶν λαμβάνει καὶ ὁ ζητῶν εὑρίσκει καὶ τῷ κρούοντι ἀνοιγήσεται「求めよ, そうすればあなたたちに与えられるだろう. 探せ, そうすればあなたたちは見出すだろう. 叩け, そうすればあなたたちに開かれるだろう. ⑽ なぜなら, すべて求める者は手に入れ, 探す者は見出し, 叩く者は開けてもらえるだろうから」; Lk 15,13 vatneac' zinč's iwr zi keayr anaṙakowt'eamb = διεσκόρπισεν τὴν οὐσίαν αὐτοῦ ζῶν ἀσώτως「放埓な生活をして自分の財産を浪費してしまった」; Jh 14,19 dowk' tesanic'êk' zis. zi es kendani em. ew dowk' kendani linelóc' êk'=ὑμεῖς θεωρεῖτέ με, ὅτι ἐγὼ ζῶ καὶ ὑμεῖς ζήσετε「あなたたちは私を見る. 私は生きており, あなたたちも生きるようになるからだ」; Jh 16,4 zays i skzbanê oč' asac'i jez. k'anzi ənd jez ei = ταῦτα ὑμῖν ἐξ ἀρχῆς οὐκ εἶπον, ὅτι μεθ' ὑμῶν ἤμην「これを私はあなたたちにはじめから話すことはしなかった. 私はあなたたちと共にいたからだ」; Mt 21,46 erkean i žołovrdoc'n k'anzi ibrew zmargarê ownein zna=ἐφοβήθησαν τοὺς ὄχλους, ἐπεὶ εἰς προφήτην αὐτὸν εἶχον「彼らは群衆を恐れた. 群衆は彼を預言者と見なしていたからである」; Mk 4,6 zi oč' goyin armatk' c'amak'ec'aw= διὰ τὸ μὴ ἔχειν ῥίζαν ἐξηράνθη「根がないために枯れてしまった」; Mt 25,21

— 233 —

第10章 統 語 論

orovhetew i sakawowd hawatarim es. i veray bazmacʻ kacʻowcʻicʻ zkʻez
=ἐπεί (D., vulg.：quia) ἐπὶ ὀλίγα ἧς πιστός, ἐπὶ πολλῶν σε καταστήσω「あ
なたはわずかなことに忠実だったので，多くのことをあなたに任せよう」．——
vasn zi：Mt 18,32 zamenayn zpartsn tʻoti kʻez vasn zi ałačʻecʻer zis=πᾶ-
σαν τὴν ὀφειλὴν ἐκείνην ἀφῆκά σοι, ἐπεὶ παρεκάλεσάς με「お前が乞い願うも
のだから，私はお前のあの借金を全部帳消しにしてやった」；Jh 8,43 əndêr ?
zxawss im očʻ gitêkʻ dowkʻ· vasn zi očʻ karêkʻ lsel zbann zim=διὰ τί τὴν
λαλιὰν τὴν ἐμὴν οὐ γινώσκετε ; ὅτι οὐ δύνασθε ἀκούειν τὸν λόγον τὸν ἐμόν
「なぜあなたたちは私の語ることを知ろうとしないのか．あなたたちは私の言葉を
聞くことができないからだ」；Agath. §121 vasn zi očʻ part keancʻ, vasn
aynorik očʻ kami keal「彼は生にふさわしくないゆえに，生きることを欲しな
い」．—— pʻoxanak zi「…した代りに，…だから」(cf. §179)：創 22,18 awr-
hnescʻin i zawaki kʻowm amenayn azgkʻ erkri. pʻoxanak zi lowar jayni
imowm=ἐνευλογηθήσονται ἐν τῷ σπέρματί σου πάντα τὰ ἔθνη τῆς γῆς,
ἀνθ' ὧν ὑπήκουσας τῆς ἐμῆς φωνῆς「地上の諸国民はすべてあなたの子孫によっ
て祝福されるだろう．あなたが私の声に聞き従ったからだ」；Lk 1,20 etʻicʻes hamr
ew mí karascʻes xawsel. minčʻew cʻawrn yorowm ayd linicʻi· pʻoxanak zi
očʻ hawatacʻer banicʻ imocʻ=ἔσῃ σιωπῶν καὶ μὴ δυνάμενος λαλῆσαι ἄχρι ἧς
ἡμέρας γένηται ταῦτα, ἀνθ' ὧν οὐκ ἐπίστευσας τοῖς λόγοις μου「このことが
起こる日まで，あなたは口がきけず，ものが言えなくなるだろう．あなたが私の言
葉を信じなかったからだ」；Jh 1,50 pʻoxanak zi asacʻi kʻez tʻe tesi i nerkʻoy
tʻzenwoyn hawatas=ὅτι εἶπόν σοι ὅτι εἶδόν σε ὑποκάτω τῆς συκῆς, πιστεύ-
εις ;「あのいちじくの木の下であなたを見たとあなたに言ったから，信じるのか」．

D．内容節 (Content clauses)
§ 173. 内容節とは，主語，補語，述語など他の単位の内容を述べるものである．
その内容が事実と見なされている場合には直説法，可能性もしくは希望が示されて
いる場合には接続法が用いられる．アルメニア語では接続詞 tʻe, etʻe, zi により
導かれ，「…ということ，…と」で訳されることが多い (cf. 英語 that，ドイツ語
daß)．直接話法・直接疑問を導入して (cf. §156)：Eznik I,3 bołokʻê etʻe čʻem
aržani paštawn arīnloy「彼は『私は崇拝されるに値しない』と言明している」；
Lk 4,41 asein etʻe dow es ordi $\overline{AY}$=λέγοντα ὅτι σὺ εἶ ὁ υἱὸς τοῦ θεοῦ「彼
らは『お前が神の子だ』と言った」；Jh 4,17 barwókʻ asacʻer tʻe čʻikʻ im ayr=
καλῶς εἶπας ὅτι ἄνδρα οὐκ ἔχω「『私には夫がない』とあなたは言ったが，その
とおりだ」；F.Byz. III,3 harcʻanêr znosa etʻe dowkʻ oykʻ ? êkʻ「彼は彼らに尋
ねた，『あなたたちは何者なのか』と」，xostovan linein etʻe ekakʻ zi aweres-
cʻowkʻ ztełis「彼らは明言した，『我々はこの場所を荒廃させるためにやって来
た』と」；——Lk 2,44 karcein znmanê tʻe ənd owłekicʻsn icʻê=νομίσαντες

— 234 —

第10章 統語論

δὲ αὐτὸν εἶναι ἐν τῇ συνοδίᾳ「彼らは彼が道連れの人々の中にいるかと思った」; Lk 13,2 hamarikʻ etʻe ayn Gałiłeacʻikʻ ełen meławorkʻ? kʻan zamenayn Gałiłeacʻis = δοκεῖτε ὅτι οἱ Γαλιλαῖοι οὗτοι ἁμαρτωλοὶ παρὰ πάντας τοὺς Γαλιλαίους ἐγένοντο「あなたたちは、これらのガリラヤ人が他のすべてのガリラヤ人よりも罪人だったと考えるのか」; Jh 12,16 yišecʻín etʻe ayn êr or grealn êr vasn nora = ἐμνήσθησαν ὅτι ταῦτα ἦν ἐπʼ αὐτῷ γεγραμμένα「彼らは、それが彼について書かれていたものであることを思い起こした」; Mk 4,38 očʻ inčʻ ê kʻez pʻoytʻ zi kornčʻimkʻ awasik = οὐ μέλει σοι ὅτι ἀπολλύμεθα;「私たちがこうして滅んでしまうというのに、あなたは気にならないのか」; Jh 8,17 ew yawrênsn isk jer greal ê tʻe erkowcʻ mardocʻ vkayowtʻiwn čšmarit ê = καὶ ἐν τῷ νόμῳ δὲ τῷ ὑμετέρῳ γέγραπται ὅτι δύο ἀνθρώπων ἡ μαρτυρία ἀληθής ἐστιν「あなたたちの律法にも、二人の人間の証しは真実であると書かれている」(こうした表現から gretʻe (= grea-tʻe「…と書け」)「いわば」: Eznik I,3 lowsin amsoy amsoy hiwcani, gretʻe ew merani「月は毎月欠ける、いわば死ぬのだ」); Mk 9,12 ziard? greal ê zordwoy mardoy zi bazowm inčʻ čʻarčʻ-arescʻi ew angosnescʻi = πῶς γέγραπται ἐπὶ τὸν υἱὸν τοῦ ἀνθρώπου ἵνα πολλὰ πάθῃ καὶ ἐξουδενηθῇ「人の子について、彼が多くの苦しみを受け、ないがしろにされると書いてあるのはなぜか」. ── tesanem「見る」や gtanem「見出す」は zi による従属節の主語を (z-+) 対格の形で先取りすることがある (cf. 下記備考); Jh 1,32 tesaneí zhogin zi iǰanêr = τεθέαμαι τὸ πνεῦμα καταβαῖνον「私は霊が降ってくるのを見た」; Jh 1,51 tesanicʻêkʻ zerkins bacʻeal ew zhreštaks AY zi elanicʻén ew iǰanicʻen i veray ordwoy mardoy = ὄψεσθε τὸν οὐρανὸν ἀνεῳγότα καὶ τοὺς ἀγγέλους τοῦ θεοῦ ἀναβαίνοντας καὶ καταβαίνοντας ἐπὶ τὸν υἱὸν τοῦ ἀνθρώπου「天が開いて、人の子の上に神の使いが上り下りしているのを、あなたたちは見ることになる」(ギリシア語原文の2番目の分詞構文が zi 節を用いて訳されている); Lk 2,46 gtín zna i tačarin zi nstêr ənd vardapetsn, lsêr i nocʻanê ew harcʻanêr znosa (M: cʻnosa) = εὗρον αὐτὸν ἐν τῷ ἱερῷ καθεζόμενον ἐν μέσῳ τῶν διδασκάλων καὶ ἀκούοντα αὐτῶν καὶ ἐπερωτῶντα αὐτούς「彼らは彼を神殿で見出した。彼は律法学者たちと一緒に座って、彼らの言うことを聞いたり、彼らに質問したりしていた」; F.Byz. III,8 tesin zawrsn Parsicʻ, zi očʻ goyr tʻiw bazmowtʻeann「彼らは、ペルシアの軍隊が数え切れないほどであるのを見た」(cf. 下記備考). しかし Mt 8,14 etes zi zokʻančʻn nora ankeal dnêr tapacʻeal = εἶδεν τὴν πενθερὰν αὐτοῦ βεβλημένην καὶ πυρέσσουσαν「彼の姑が床に伏して熱病を患っているのを見た」; Jh 19,33 tesin zi ayn inčʻ mereal êróčʻ xortakecʻin zbarjs nora = εἶδον ἤδη αὐτὸν τεθνηκότα, οὐ κατέαξαν αὐτοῦ τὰ σκέλη「彼らは、彼がすでに死んでいるのを見て、その足を折ることはしなかった」. ── 人称代名詞与格形 + (ayspês) tʻowi (e)tʻe の構造で: Jh 4,19 tʻowi inj tʻe margarê icʻes dow = θεωρῶ ὅτι προφήτης εἶ σύ「私にはあなたが預言者

― 235 ―

第10章 統語論

であるかのように見える」; Jh 20,15 Nma ayspês tʻowecʻaw tʻe partizapann icʻê = ἐκείνη δοκοῦσα ὅτι ὁ κηπουρός ἐστιν「彼女には，それが庭師だと思われた」; Jh 11,13 nocʻa ayspês tʻowecʻaw tʻe vasn nnǰeloy (M : nnǰecʻeloy) kʻnoy asê = ἐκεῖνοι δὲ ἔδοξαν ὅτι περὶ τῆς κοιμήσεως τοῦ ὕπνου λέγει「彼らには，彼が睡眠という眠りのことを言っていると思われた」. —— Mt 18,14 óčʻen kamkʻ arˇaǰi hawr imoy or yerkinsn ê. etʻe koricʻê mi i pʻokʻrkancʻ yayscʻanê = οὐκ ἔστιν θέλημα ἔμπροσθεν τοῦ πατρὸς ὑμῶν τοῦ ἐν οὐρανοῖς ἵνα ἀπόληται ἓν τῶν μικρῶν τούτων「これらの小さい者たちの中の一人でも滅ぶことは，天にいる私 [Gk : あなたたち] の父の意志ではない」; Mk 9,30 očʻ kamêr etʻe okʻ gitascʻê = οὐκ ἤθελεν ἵνα τις γνοῖ「彼は誰にも知られることを望まなかった」; Jh 18,39 kamikʻ? zi arǰakecʻicʻ jez ztʻagaworn hrêicʻ = βούλεσθε ἀπολύσω ὑμῖν τὸν βασιλέα τῶν Ἰουδαίων;「お前たちは，あのユダヤ人たちの王を自分らのために釈放してほしいか」; Mt 5,29 law ê kʻez etʻe mi yandamocʻ kʻocʻ koricʻê = συμφέρει σοι ἵνα ἀπόληται ἓν τῶν μελῶν σου「あなたの肢体の一部が滅んだ方があなたにとってましだ」; Mt 8,8 čʻem bawakan etʻe ənd yarkaw imov mtcʻes = οὐκ εἰμὶ ἱκανὸς ἵνα μου ὑπὸ τὴν στέγην εἰσέλθῃς「私は自分の屋根の下にあなたを迎えるに値する者ではない」; Jh 4,34 im kerakowr ayn ê zi araricʻ zkams aynorik or arˇakʻeacʻn zis ew katarecʻicʻ zgorcn nora = ἐμὸν βρῶμά ἐστιν ἵνα ποιήσω τὸ θέλημα τοῦ πέμψαντός με καὶ τελειώσω αὐτοῦ τὸ ἔργον「私の食物は，私を派遣した方の意志を行い，その業を成し遂げることだ」; Jh 15,12 áys ê patowêr im zi siresǰikʻ zmimeans orpês ew es zjez sirecʻi = αὕτη ἐστὶν ἡ ἐντολὴ ἡ ἐμή, ἵνα ἀγαπᾶτε ἀλλήλους καθὼς ἠγάπησα ὑμᾶς「私があなたたちを愛したように，あなたたちが互いに愛し合うように．これが私の命令だ」; Jh 15,13 méc ews kʻan zays sêr óčʻ okʻowni. etʻe zanjn iwr dicʻê i veray barekamacʻ iwrocʻ = μείζονα ταύτης ἀγάπην οὐδεὶς ἔχει, ἵνα τις τὴν ψυχὴν αὐτοῦ θῇ ὑπὲρ τῶν φίλων αὐτοῦ「人がその友人のために命を棄てること，これよりも大いなる愛は誰も持つことがない」.

備考. Meillet (1913 : 137 f.) は zi によるこの構文を関係節に匹敵するものとして，次のような例も掲げている：詩 31,9 mi linikʻ orpês zjis ew zǰoris, zi očʻ goy i nosa imastowtʻiwn = μὴ γίνεσθε ὡς ἵππος καὶ ἡμίονος, οἷς οὐκ ἔστιν σύνεσις「あなたたちは物分かりのない馬や騾馬のようであってはならない」．アルメニア語は原文の関係節を直訳できないわけではないので，このような構文には，例えば理由といった何らかの意味的な陰翳が込められているといえるかもしれない．形態的に zi は本来 z-+i- からなる疑問／関係代名詞の対格であり，「…ということに関して；そのことから，というのは」を意味する (cf. §98 b)．例えば Eznik I,18 zi čʻekn i złǰowmn yancʻowcʻealn, yirawi kreacʻ patiž zmah「罪を犯した者が悔悛しなかったということに対して，彼は正当に罰として死を受けた」.

第10章 統 語 論

E．場所節 (Locative clauses)
§ 174. 場所節は動作が行われる場所を指定するものであり，関係副詞 owr, yo, owsti あるいは yor（前置詞 i＋関係代名詞 or）により導かれる：Mt 6,19 mí ganjêk' jez ganjs yerkri· owr c'ec' ew owtič apakanen ＝ μὴ θησαυρίζετε ὑμῖν θησαυροὺς ἐπὶ τῆς γῆς, ὅπου σῆς καὶ βρῶσις ἀφανίζει「地にあなたたちの宝を積むな．そこでは衣魚と虫が食う」; Jh 4,20 yĒM ewet' e (＝ê) teɫi owr aržan ic'ê erkir paganel ＝ ἐν Ἱεροσολύμοις ἐστὶν ὁ τόπος ὅπου προσκυνεῖν δεῖ「礼拝すべき場所はエルサレムにのみある」; Jh 19,20 mawt êr i k'aɫak' andr teɫin owr xač'ec'awn YS ＝ ἐγγὺς ἦν ὁ τόπος τῆς πόλεως ὅπου ἐσταυρώθη ὁ Ἰησοῦς「イエスが十字架につけられた場所はその町に近かった」; Jh 21,18 ert'ayir yo ew kameir ＝ περιεπάτεις ὅπου ἤθελες「あなたは自分の望むところを歩いていた」; Mt 12,44 darjáyc' i town im owsti elin ＝ εἰς τὸν οἶκόν μου ἐπιστρέψω ὅθεν ἐξῆλθον「出て来た俺の家に戻ろう」; Mt 2,9 ekac' i veray owr êr manowkn ＝ ἐστάθη ἐπάνω οὗ ἦν τὸ παιδίον「それは幼子のいる場所の上に止まった」．——Mk 6,10 yor town mtanic'êk'. andên awt'evans kaɫjik' minč'ew elanic'êk' anti ＝ ὅπου ἐὰν εἰσέλθητε εἰς οἰκίαν, ἐκεῖ μένετε ἕως ἂν ἐξέλθητε ἐκεῖθεν「どこでも家に入ったら，そこから出て来るまで，そこに留まっていよ」; Mk 14,4 yor town mtanic'ê. asasjik' c'tanowtêrn ＝ ὅπου ἐὰν εἰσέλθῃ εἴπατε τῷ οἰκοδεσπότῃ「彼が入る家で，その家の主人に言え」．

F．時間節 (Temporal clauses)
§ 175. アルメニア語の時を表わす従属節は，主節に表現される出来事と従属節に表現される出来事との時間的な前後関係により，先時的（「…した後で」）・同時的（「…した時，…している間に」）・後時的状況（「…する前に」）を表わす節に分けられる．先時性を表わす接続詞としては ibrew, yoržam, 同時性を表わす節を導く接続詞としては minč', minč' deṙ (minč'deṙ), minč'ew, ibrew, yoržam, 後時性を表わす接続詞としては minč', minč' zi, minč'ew「…するまでは」, minč' č'ew「…する前に」(本来は「まだ…しないうちに」の意), yaṙaj k'an「…するより前に」が挙げられる．共通に用いられる接続詞の意味は文脈によって判断されねばならないことが多い．

a）先時性
Lk 7,1 Ew ibrew katareac' zamenayn bans iwr i lselis žoɫovrdeann. emowt in Kap'aṙnaowm ＝ Ἐπειδὴ ἐπλήρωσεν πάντα τὰ ῥήματα αὐτοῦ εἰς τὰς ἀκοὰς τοῦ λαοῦ, εἰσῆλθεν εἰς Καφαρναούμ「そして彼は，自分のすべての言葉を民の耳に入れた後，カファルナウムに入った」; Jh 6,60 Ew bazowmk' yašakertac'n ibrew lowan asen ＝ Πολλοὶ οὖν ἀκούσαντες ἐκ τῶν μαθητῶν αὐτοῦ εἶπαν「彼の弟子たちの中の多くの者が聞いて言った」．

第10章　統　語　論

b）同時性
Lk 3,15-16 minč' akn ownêr žołovowrdn ew xorhein amenek'ean... patasxani et amenec'own ew asê=προσδοκῶντος δὲ τοῦ λαοῦ καὶ διαλογιζομένων πάντων... ἀπεκρίνατο λέγων πᾶσιν ὁ Ἰωάννης「民は待ち望んでおり，皆が思いめぐらしていると，[Gk：ヨハネは]皆に答えて言った」; Lk 5,34 mit'e karoł? êk' mankanc' ařagasti. minč' p'esayn ənd nosa ic'ê hraman tal parhel = μὴ δύνασθε τοὺς υἱοὺς τοῦ νυμφῶνος ἐν ᾧ ὁ νυμφίος μετ' αὐτῶν ἐστιν ποιῆσαι νηστεῦσαι ;「あなたたちは新婚の部屋の子らに，花婿が彼らと一緒にいる間，断食を命じることができるか」; Jh 21,18 minč' manowkn eir anjamb anjin gawti aceir=ὅτε ἦς νεώτερος, ἐζώννυες σεαυτόν「あなたは若かった頃は，自分で自分の帯を締めていた」; Jh 9,4 inj part ê gorcél zgorcs aynorik or ařak'eac'n zis minč' awowr kay=ἡμᾶς δεῖ ἐργάζεσθαι τὰ ἔργα τοῦ πέμψαντός με ἕως ἡμέρα ἐστίν「私たちは，昼である間に，私を派遣した人の業をなさねばならない」; Jh 9,5 minč'deṝ yašxarhi em. lóys em ašxarhi = ὅταν ἐν τῷ κόσμῳ ὦ, φῶς εἰμι τοῦ κόσμου「世にある限り，私は世の光だ」; Jh 9,1 minč'deṝ anc'anêr. etes ayr mi koyr i cnê=παράγων εἶδεν ἄνθρωπον τυφλὸν ἐκ γενετῆς「通りがかりに，彼は生まれつき盲目の人を見た」; Jh 12,35 gnac'êk' minč'deṝ zloysn ownik'=περιπατεῖτε ὡς τὸ φῶς ἔχετε「あなたたちに光のあるうちに歩め」; Lk 17,11 ełew minč'ew ert'ayr na yEM. ew ink'n anc'anêr ənd mêǰ Samareay ew Gałiłeac'woc'= ἐγένετο ἐν τῷ πορεύεσθαι αὐτὸν εἰς Ἰερουσαλὴμ καὶ αὐτὸς διήρχετο διὰ μέσον Σαμαρείας καὶ Γαλιλαίας「さて，エルサレムへ赴く時に，彼自身がサマリアとガリラヤの真中を通り過ぎて行った」; Lk 4,28 lc'án amenek'in barkowt'eamb i žołovrdeann ibrew lsein zays=ἐπλήσθησαν πάντες θυμοῦ ἐν τῇ συναγωγῇ ἀκούοντες ταῦτα「会堂にいた人たちは皆，これを聞いているうちに，憤りに満たされた」; Lk 5,19 ibrew oč' gtanein t'e ənd or mowcanic'en zna i nerk's... elin i tanis = μὴ εὑρόντες ποίας εἰσενέγκωσιν αὐτόν... ἀναβάντες ἐπὶ τὸ δῶμα「彼らは，どこを通って彼を運び込んだらいいのか分からぬまま，屋根に上った」; Mk 2,19 c'ork'an ənd iwreans ownic'in zp'esayn. óč' ê mart' pahel = ὅσον χρόνον ἔχουσιν τὸν νυμφίον μετ' αὐτῶν οὐ δύναται νηστεύειν「花婿が自分らと一緒にいる間は，断食できない」. ——未来に起こり得る特定されない出来事を示す従属節は，原則として yoržam ＋接続法＝ギリシア語 ὅταν ＋接続法によって導かれる：Jh 15,26 yoržam ekec'ê mxit'arič'n... ná vkayesc'ê vasn im=ὅταν ἔλθῃ ὁ παράκλητος... ἐκεῖνος μαρτυρήσει περὶ ἐμοῦ「弁護者が来る時，彼が私について証しするだろう」; Mt 5,11 Eraní ê jez yoržam naxatic'en zjez =μακάριοί ἐστε ὅταν ὀνειδίσωσιν ὑμᾶς「幸いだ，あなたたちは．人々があなたたちを罵る時は」; Lk 6,26 Váy jez yoržam bari asic'en zjênǰ amenayn mardik=οὐαὶ ὅταν ὑμᾶς καλῶς εἴπωσιν πάντες οἱ ἄνθρωποι「禍いだ，あなたたちは．すべて

— 238 —

第10章　統　語　論

の人々があなたたちをよく言う時は」.

c) 後時性
Mt 6,8 gitê hayrn jer zinč' pitoy ê jez minč'č'ew jer xndreal inč' ic'ê i nmanê =οἶδεν ὁ πατὴρ ὑμῶν ὧν χρείαν ἔχετε πρὸ τοῦ ὑμᾶς αἰτῆσαι αὐτόν 「あなたたちの父は，あなたたちが彼に願う前に，あなたたちに必要なものを知っている」; Mk 14,30 minč'č'ew hawow xawseal ic'ê eric's owrasc'es zis=πρὶν ἢ δὶς ἀλέκτορα φωνῆσαι τρίς με ἀπαρνήσῃ「鶏が〔Gk：二度〕鳴く前に，あなたは三度私を否むだろう」; Lk 2,21 ibrew lc'an awowrk' owt' t'lp'atel zna. ew koč'ec'aw anown nora $\overline{YS}$ or koč'ec'eal êr i hreštakên minč'č'ew yłac'eal êr zna yorovayni=ὅτε ἐπλήσθησαν ἡμέραι ὀκτὼ τοῦ περιτεμεῖν αὐτὸν καὶ ἐκλήθη τὸ ὄνομα αὐτοῦ Ἰησοῦς, τὸ κληθὲν ὑπὸ τοῦ ἀγγέλου πρὸ τοῦ συλλημφθῆναι αὐτὸν ἐν τῇ κοιλίᾳ「彼に割礼を施すための八日が満ちた時，彼にイエスという名がつけられた．これは〔マリアが〕彼を胎に宿す〔Gk：彼が胎に宿される〕前に，天使によってつけられた名である」; Lk 2,26 êr nora hraman aṙeal i hogwoyn srboy mí tesanel zmah. minč'ew tesc'ê zawcealn $\overline{TN}$ =ἦν αὐτῷ κεχρηματισμένον ὑπὸ τοῦ πνεύματος τοῦ ἁγίου μὴ ἰδεῖν θάνατον πρὶν [ἢ] ἂν ἴδῃ τὸν Χριστὸν κυρίου「彼は，主のキリスト〔Arm.：聖油を塗られた者〕を見るまでは死を見ることはない，と聖霊からお告げを受けていた」; Lk 9,27 en omank' i doc'anê or aydr kan' ork' mí čašakesc'en zmah. minč'ew tesc'en zark'ayowt'iwn $\overline{AY}$ =εἰσίν τινες τῶν αὐτοῦ ἑστηκότων οἳ οὐ μὴ γεύσωνται θανάτου ἕως ἂν ἴδωσιν τὴν βασιλείαν τοῦ θεοῦ「ここに立っている者たちの中には，神の王国を見るまでは死を味わうことのないであろう者が幾人かいる」; Jh 8,58 yaṙāǰ k'an zlinel Abrahamow em es=πρὶν Ἀβραὰμ γενέσθαι ἐγὼ εἰμί「アブラハムが生まれるより前に，私はいる」.

G. 比較節（Comparative clauses）
§176. 比較節は，その間に類似点が指摘される項目を記述するものである．基本的な接続詞は orpês（zi）であり，aynpês「そのように」，noynpês「それと同じように」などと前方照応的・相関的に用いられることがある：Lk 6,31 orpês kamik' t'e arasc'en jez mardik· áynpês arasǰik' ew dowk' noc'a=καθὼς θέλετε ἵνα ποιῶσιν ὑμῖν οἱ ἄνθρωποι, ποιεῖτε αὐτοῖς ὁμοίως「あなたたちが人々からしてほしいと思うように，そのようにあなたたちも彼らにせよ」; Lk 17,26 orpês ełew yawowrsn Noyi. nóynpês ełic'i ew yawowrs ordwoy mardoy= καθὼς ἐγένετο ἐν ταῖς ἡμέραις Νῶε, οὕτως ἔσται καὶ ἐν ταῖς ἡμέραις τοῦ υἱοῦ τοῦ ἀνθρώπου「ノアの日々にそうであったと同じように，人の子の日々においてもそうなるだろう」; Jh 5,26 Zi orpês hayr owni keans yanǰin iwrowm· noynpês et ew ordwóy ownel keans yanǰin iwrowm=ὥσπερ γὰρ ὁ πατὴρ

第10章 統語論

ἔχει ζωὴν ἐν ἑαυτῷ, οὕτως καὶ τῷ υἱῷ ἔδωκεν ζωὴν ἔχειν ἐν ἑαυτῷ「なぜなら，父が自分のうちに命を持つように，それと同じように子にも自分のうちに命を持つようにさせたから」；ヘブ 13,3 yowš lic'in jez kapealk'n, orpês t'e dowk' ənd nosa kapeal ic'êk' = μιμνῄσκεσθε τῶν δεσμίων ὡς συνδεδεμένοι「あなたたちは彼らと一緒に捕らわれているようなつもりで，捕らわれている人々を思い起こせ」.

次の例は福音書で ayspês と orpês が相関している唯一の箇所であり，ayspês... orpês のように逆相関構造になっている：Mk 4,26 áyspês ê ark'ayowt'iwn AY. orpês zi [M : Ø] ayr mi arkanic'ê sermanis yerkir = οὕτως ἐστιν ἡ βασιλεία τοῦ θεοῦ ὡς ἄνθρωπος βάλῃ τὸν σπόρον ἐπὶ τῆς γῆς「神の王国とはこのようなものだ，一人の人間が大地に種を蒔くように」.

句レヴェルにおいて，ibrew は z-+対格を従え，同等比較・一致あるいは類似・比喩を示して「…のように」を意味する：創 3,5 linic'ik' ibrew zastowacs = ἔσεσθε ὡς θεοί「あなたたちは神のようになるだろう」；Mt 28,3 ew êr tesil nora ibrew zp'aylákn ew handerj nora spiták ibrew zjiwn = ἦν δὲ ἡ εἰδέα αὐτοῦ ὡς ἀστραπὴ καὶ τὸ ἔνδυμα αὐτοῦ λευκὸν ὡς χιών「彼の姿は稲妻のようであり，彼の衣は雪のように白かった」；F.Byz. IV 54 ibrew zmi i caṙayic'n imoc' hamari zink'n「彼は自分のことを私の下僕の一人のように見なしている」；z- を伴わずに「…のように」を意味することがある：Mt 7,29 zi ibrew išxanowt'eamb owsowc'anêr ew ōč' orpês dpirk'n (M : noc'a) = ἦν γὰρ διδάσκων αὐτοὺς ὡς ἐξουσίαν ἔχων καὶ οὐχ ὡς οἱ γραμματεῖς αὐτῶν「なぜなら，彼らは律法学者たちのようにではなく，権能をもっているかのように [Gk：彼らを] 教え続けたから」.

備考．ibrew は数量詞を従えて「約，およそ」を意味する：Mk 8,9 ein or (M : ork') kerann ibrew č'ōrk' hazark = ἦσαν δὲ (D, Θ : οἱ φάγοντες) ὡς τετρακισχίλιοι「食べた人は 4,000 人ほどであった」.

H．認容節（Concessive clauses）

§ 177．「たとえ…であるとしても，…にもかかわらず」を意味する認容節は t'epêt（通常 ew が後続する），t'e ew などにより導かれる．意味に応じて直説法または接続法を伴う．また t'epêt... t'epêt あるいは et'e... (ew) et'e は「…であるにせよ…であるにせよ」：Jh 8,14 t'epêt ew es vkayem vasn anjin imoy. vkayowt'iwnn im čšmarít ê = κἂν ἐγὼ μαρτυρῶ περὶ ἐμαυτοῦ, ἀληθής ἐστιν ἡ μαρτυρία μου「たとえ私が私自身について自分で証ししているとしても，私の証しは真実だ」；Mt 26,33 t'epêt ew amenek'ean gayt'agłesc'en i k'ên. sakayn es ōč' gayt'agłesc'ayc' = εἰ πάντες σκανδαλισθήσονται ἐν σοί, ἐγὼ οὐδέποτε σκανδαλισθήσομαι「皆があなたに躓いたとしても，私は決して躓かな

第10章 統 語 論

い」; Mt 26,35 tʻe ew meranel hasanicʻê ənd kʻez zkʻez ōčʻ owracʻaycʻ=κᾶν δέῃ με σὺν σοὶ ἀποθανεῖν, οὐ μή σε ἀπαρνήσομαι「たとえもし私があなたと一緒に死ぬようなことになるとしても、決してあなたを否みはしない」(cf. Mk 14, 31 etʻe meranel ews hasanicʻê [M: tʻepêt ew meranel hasanê] ənd kʻez zkʻez ōčʻ owracʻaycʻ) ; Lk 18,4-5 etʻe (M: tʻe) ew yAY očʻ erknčʻim. ew i mardkanê očʻ amačʻem (5) gonê vasn ašxat arneloy zis ayrwoyn ararícʻ nma dat=εἰ καὶ τὸν θεὸν οὐ φοβοῦμαι οὐδὲ ἄνθρωπον ἐντρέπομαι, (5) διά γε τὸ παρέχειν μοι κόπον τὴν χήραν ταύτην ἐκδικήσω αὐτήν「私は神をも恐れず、人をも憚らないとしても、あの寡婦が私に面倒をかけるから、彼女を擁護してやろう」; Jh 10,38 apa tʻe gorcem. tʻe ew inj očʻ hawataykʻ. sakayn gorcocʻn hawatacʻêkʻ=εἰ δὲ ποιῶ, κἂν ἐμοὶ μὴ πιστεύητε, τοῖς ἔργοις πιστεύετε「しかし行っているのなら、たとえ私の言うことを信じなくても、業を信じよ」; I コリ 10,31 ard, etʻe owticʻêkʻ, etʻe əmpicʻêkʻ, etʻe zinčʻ ew gorcicʻêkʻ, zamenayn inčʻ i pʻars AY arasǰikʻ=εἴτε οὖν ἐσθίετε εἴτε πίνετε εἴτε τι ποιεῖτε, πάντα εἰς δόξαν θεοῦ ποιεῖτε「だから、あなたたちは食べるにせよ飲むにせよ、何をするにしても、すべてを神の栄光のためになせ」.

1. 条件節 (Conditional clauses)

§ 178. 条件構文は2つの部分，すなわち条件節もしくは前提節 (protasis) と帰結節 (apodosis) から成っており，文法的には前者が従属節，後者が独立節である．明示的には条件節しか持たない不完全な構文が現れることがあるが，ここでは形式上両節が揃った条件構文が扱われる．条件節を導く接続詞は通常 etʻe (稀に tʻe) であるが，必ずしも文頭に立つとは限らない (備考1参照)．否定辞はつねに očʻ/čʻ- である．帰結節は後続する場合, apa, ew, apa ew で始まることがある (備考2参照)．前提節と帰結節に起こる動詞形から，条件構文は次のように3つに区別されている：

a) 前提節に直説法，帰結節には直説法，接続法（未来の機能で），命令法．これは事実と仮定される条件関係を表わす．前提節は議論のために事実であると仮定されていることを示す．
b) 前提節に過去時制の直説法，帰結節にも同じく過去時制の直説法．これは事実に反する（と仮定される）条件関係を表わす．
c) 前提節に接続法，帰結節に直説法，接続法，命令法．これは仮定，可能性，不確実性，一般的条件を表わす．

上記の区別は概ねギリシア語における3つの範疇の条件文に対応している：すなわち第1類 εἰ＋直説法（否定辞は οὐ；帰結節はいかなる叙法・時制をも取りうる），第2類 εἰ＋直説法アオリストまたは未完了過去（否定辞は μή；帰結節では

— 241 —

第10章 統 語 論

ἄν ＋アオリスト［過去について］または未完了過去［現在について］)、第3類 ἐάν ＋接続法（否定辞は μή；帰結節はいかなる叙法・時制をも取りうる）。しかし、これはあくまでもおおよその対応であって、そうでない場合も多く見られることは当然である。以下に例を掲げる：

a) Mt 12,27-28 et'e es Beełzebowław hanem zdews. ordik'n jer iw? hanic'en ... ⒄ apa et'e hogwov $\overline{AY}$ hanem es zdews. owremn haseál ê i veray jer ark'ayowt'iwn $\overline{AY}$＝εἰ ἐγὼ ἐν Βεελζεβοὺλ ἐκβάλλω τὰ δαιμόνια, οἱ υἱοὶ ὑμῶν ἐν τίνι ἐκβάλλουσιν; ... ⒇ εἰ δὲ ἐν πνεύματι θεοῦ ἐγὼ ἐκβάλλω τὰ δαιμόνια, ἄρα ἔφθασεν ἐφ' ὑμᾶς ἡ βασιλεία τοῦ θεοῦ「もし私がベエルゼブルによって悪霊どもを追い出しているのなら、お前たちの息子は何によって〔彼らを〕追い出しているのか。⒇ しかし、もし私が神の霊によって悪霊どもを追い出しているのなら、神の王国はお前たちの上にまさに到来したのである」；Mt 5,30 et'e aj jern k'o gayt'agłec'owc'anê zk'ez hát zna ew ənkea i k'ên ＝ εἰ ἡ δεξιά σου χείρ σκανδαλίζει σε, ἔκκοψον αὐτὴν καὶ βάλε ἀπὸ σοῦ「もしあなたの右手があなたを躓かせるなら、それを切り取って投げ捨てよ」；Lk 4,3 asê c'na satanay· et'e ordi es $\overline{AY}$. asá k'arid aydmik zi hác' lic'i＝εἶπεν αὐτῷ ὁ διάβολος· εἰ υἱὸς εἶ τοῦ θεοῦ, εἰπὲ τῷ λίθῳ τούτῳ ἵνα γένηται ἄρτος「悪魔が彼に言った、『もしお前が神の子ならば、この石にパンになるように言え』」；Lk 16,31 et'e Movsêsi ew margarêic'n oč' lsen. ew óč' t'e i mereloc' ok' yarnic'ê hawanesc'in ＝ εἰ Μωϋσέως καὶ τῶν προφητῶν οὐκ ἀκούουσιν, οὐδ' ἐάν τις ἐκ νεκρῶν ἀναστῇ πεισθήσονται「もし彼らがモーセと預言者たちに聞かないならば、たとえ誰かが死者の中から甦ったとしても、彼らが説得されることはないだろう」；Lk 19,8 et'e zok' zrkec'i (M：zrkec'ic'). hatowc'íc' č'orek'kin ＝ εἴ τινός τι ἐσυκοφάντησα ἀποδίδωμι τετραπλοῦν「もし私が誰かから〔Gk：何かを〕ゆすり取ったのなら、四倍にして返す」；Jh 7,4 et'e zayd gorces. yaytneá zanjn k'o ašxarhi＝εἰ ταῦτα ποιεῖς, φανέρωσον σεαυτὸν τῷ κόσμῳ「これを行っているのなら、お前自身を世に顕せ」；Jh 18,23 et'e č'ar inč' xawsec'ay. vkayeá vasn č'arin＝εἰ κακῶς ἐλάλησα, μαρτύρησον περὶ τοῦ κακοῦ「私が間違ったことを語ったのなら、その間違った点を証しせよ」；Jh 15,20 et'e zis halacec'in. apa ew zjéz halacesc'en＝εἰ ἐμὲ ἐδίωξαν, καὶ ὑμᾶς διώξουσιν「彼らが私を迫害したのなら、あなたたちをも迫害するだろう」。

ギリシア語原文 ἐάν ＋接続法に対してアルメニア語でしばしば直説法も見られる。例えば Mt 6,22 et'e akn k'o arat ê amenayn marmind lowsawór etic'i＝ἐὰν οὖν ᾖ ὁ ὀφθαλμός σου ἁπλοῦς, ὅλον τὸ σῶμά σου φωτεινὸν ἔσται「もしあなたの目が純真ならば、あなたの体全体が輝いているだろう」；Lk 6,33 et'e bari arnek' barerarac' jeroc'. or? šnorh ê jer＝ἐὰν ἀγαθοποιῆτε τοὺς ἀγαθοποιοῦντας ὑμᾶς, ποία ὑμῖν χάρις ἐστίν;「もしあなたたちに良くしてくれる人たち

第10章　統　語　論

に良くしてやったとしても、あなたたちにどのような恵みがあるいうのか」；Jh 11,9 et'e ok' gna i towənǰean. ὅτ᾽ gayt'akłi=ἐάν τις περιπατῇ ἐν τῇ ἡμέρᾳ, οὐ προσκόπτει「人が昼間歩むなら、躓くことはない」。

b) Eznik II,3 Darjeal t'ê erkink' ew erkir ew or i nosayn˘ č'êin, owr? arnêr zyaštn kam iw?「また、天と地とそれらにあるものが存在しなかったならば、彼はどこで、どのようにして供犠を行ったのだろうか」；Lk 7,39 sa t'e (M: et'e) margarê ok' êr apa gitêr t'e óv (M: o) ew orpisí ok' kin merjanay i sa=οὗτος εἰ ἦν προφήτης, ἐγίνωσκεν ἂν τίς καὶ ποταπὴ ἡ γυνὴ ἥτις ἅπτεται αὐτοῦ「仮にこの人が預言者であったなら、自分に触っている女が誰でどんな女か知り得たろうに」；Jh 5,46 et'e hawatayik' dowk' Movsêsi. hawatayík' ardewk' ew inǰ=εἰ ἐπιστεύετε Μωϋσεῖ, ἐπιστεύετε ἂν ἐμοί「仮にあなたたちがモーセの言ったことを信じたとすれば、私の言うことも信じたであろう」；Jh 8,42 et'e AC êr hayr jer. sireík' ardewk' zis=εἰ ὁ θεὸς πατὴρ ὑμῶν ἦν, ἠγαπᾶτε ἂν ἐμέ「仮に神があなたたちの父であったなら、あなたたちは私を愛したはずだ」；Jh 9,33 et'e oč' yAY êr ayrn ayn. ὅč' karêr arnel inč'=εἰ μὴ ἦν οὗτος παρὰ θεοῦ, οὐκ ἠδύνατο ποιεῖν οὐδέν「あの方が仮に神からの方でなかったとすれば、何もできなかったはずだ」；Mt 12, 7 et'e giteik' zinč'? ê zołormowt'iwnn kamim ew óč' zzoh apa óč' dataparteik' dowk' zampartsn=εἰ ἐγνώκειτε τί ἐστιν· ἔλεος θέλω καὶ οὐ θυσίαν, οὐκ ἂν κατεδικάσατε τοὺς ἀναιτίους「もし、私の望むのは憐れみであって犠牲ではない〔という言葉〕が何を意味しているか分かったならば、お前たちは罪のない者たちを断罪しなかっただろうに」。

過去についての事実に反する条件は、迂言的形式すなわち過去分詞＋繋辞の未完了過去によって表現されることがある。この迂言法は条件節か帰結節のいずれか、あるいはその両方に現れ得る：Jh 11,21 et'e ast lieal eir. ełbayrn im č'êr mereal=εἰ ἦς ὧδε οὐκ ἂν ἀπέθανεν ὁ ἀδελφός μου「あなたがここにいてくれたら、私の兄弟は死ななかっただろうに」；Jh 15,22 Im et'e č'êr ekeal ew xawsec'eal ənd nosa. meł inč' ὅč' goyr noc'a=εἰ μὴ ἦλθον καὶ ἐλάλησα αὐτοῖς, ἁμαρτίαν οὐκ εἴχοσαν「仮に私が来て彼らに語ることがなかったとすれば、彼らには罪がなかっただろう」；Jh 14,28 ew t'e sireik' zis. apa owráx lieal êr jer t'e es ar̄ hayr ert'am=εἰ ἠγαπᾶτέ με ἐχάρητε ἂν ὅτι πορεύομαι πρὸς τὸν πατέρα「仮に私を愛しているのなら、あなたたちは私が父のもとに行くのを喜んでくれたはずだ」；

c) Mt 4,9 zays amenayn k'éz tac' et'e ankeal erkir paganic'es inǰ=ταῦτά σοι πάντα δώσω, ἐὰν πεσὼν προσκυνήσῃς μοι「もしお前がひれ伏して俺を拝むなら、これらをすべてお前にやろう」；Lk 10,6 et'e ic'ê and ordi ołǰowni.

第10章 統 語 論

hangicʻê i veray nora ołJoyn jer apa tʻe ocʻ i jéz darjcʻi = ἐὰν ἐκεῖ ᾖ υἱὸς εἰρήνης, ἐπαναπαήσεται ἐπ' αὐτὸν ἡ εἰρήνη ὑμῶν· εἰ δὲ μή γε, ἐφ' ὑμᾶς ἀνακάμψει「もし平安の子がそこにいるならば、あなたたちの平安は彼の上に憩うだろう。もしそうでなければ、それはあなたたちに戻って来るだろう」; Jh 3,12 isk ard etʻe zerkrawors asacʻi jez ew ocʻ hawataykʻ. ziard? etʻe zerknaworsn asacʻicʻ hawataycʻêkʻ = εἰ τὰ ἐπίγεια εἶπον ὑμῖν καὶ οὐ πιστεύετε, πῶς ἐὰν εἴπω ὑμῖν τὰ ἐπουράνια πιστεύσετε;「私があなたたちに地上のことを話したのに、信じないとすれば、〔将来〕天上のことを話しても、どのようにしてあなたたちは信じるようになるだろうか」; Jh 6,44 ocʻ okʻ karê gal aṙ is. etʻe ocʻ hayrn or zis aṙakʻeacʻ jgescʻê zna = οὐδεὶς δύναται ἐλθεῖν πρός με ἐὰν μὴ ὁ πατὴρ ὁ πέμψας με ἑλκύσῃ αὐτόν「私を派遣した父が引き寄せるのでなければ、誰も私のもとに来ることはできない」.

　ギリシア語原文がεἰ+直説法に対して、アルメニア語では接続法がしばしば用いられる: Mk 4,23 etʻe okʻ ownicʻi akanJs lseloy lowicʻê = εἴ τις ἔχει ὦτα ἀκούειν ἀκουέτω「聞く耳持つなら、聞け」; Mt 19,10 etʻe aydpês inčʻ vnas icʻê ənd ayr ew ənd kin. law ê čʻamowsnanál = εἰ οὕτως ἐστὶν ἡ αἰτία τοῦ ἀνθρώπου μετὰ τῆς γυναικός, οὐ συμφέρει γαμῆσαι「もし夫と妻の関係がそのようであれば、結婚しない方がましだ」; 使 13,15 etʻe icʻen i jez bankʻ mxitʻarowtʻean, xawsecʻarowkʻ = εἴ τίς ἐστιν ἐν ὑμῖν λόγος παρακλήσεως, λέγετε「あなたたちの中に、何か奨励の言葉があったら、話せ」.

　備考1. tʻe, etʻe (写本ではtʻê, etʻêと交替する) はMellet (1913: 138 f. 141) によれば「すべてのための接続詞」("Konjunktion für alle") であり、これまで述べてきたように、条件節を含む多種多様な領域で頻繁に用いられることは次の単独例からだけでも見て取ることができる: Eznik I,14 gitêr? Astowac˘ etʻe aynpês linelocʻ êr, tʻe čʻgitêr. tʻe gitêr ew arar, inkʻn ê patčaṙ nora i lawowtʻeancʻn daṙnaloy. apa tʻe ocʻ gitêr, ziard? aṙnêr zayn zor ocʻn gitêr˘ tʻe orpisi inčʻ okʻ linelocʻ icʻê「神は彼がそのようになるであろうことを知っていたのか、それとも知らなかったのか. もしもそのことを知って彼を造ったのならば、神自身が彼の善きものから背反していることの原因である. もしもそのことを知らなかったならば、彼がどのようなものになるはずであるかを知らないものを神はどのようにして造ったのであろうか」.

　備考2. 小辞apaは出来事の結果を表わす: F.Byz. IV,23 zmiJnašxarhn kʻandeal breal zawrkʻn Parsicʻ apakanein. apa zawražołov linêr Vasak zawravarn Hayocʻ「ペルシア軍は内陸部を破壊し荒廃させた. そこでアルメニアの司令官ヴァサクは軍隊を召集した」. —— apa は特に owremn を後続させて証明の帰結を表わす: Mt 17,26 apa owremn azát en ordikʻn = ἄρα γε ἐλεύθεροί εἰσιν οἱ υἱοί「それゆえ息子たちは自由なのだ」; Mk 2,27-8 šabatʻ vasn mardoy ełew. ew ocʻ etʻe mard vasn šabatʻow· ⑵ apa owremn T̄R̄ ê ordi mardoy. ew šabatʻow = τὸ σάββατον διὰ τὸν

第10章 統 語 論

ἄνθρωπον ἐγένετο καὶ οὐχ ὁ ἄνθρωπος διὰ τὸ σάββατον· ⑱ ὥστε κύριός ἐστιν ὁ υἱὸς τοῦ ἀνθρώπου καὶ τοῦ σαββάτου「安息日は人間のためにできたのであって，人間が安息日のためにできたのではない。⑱ だから，人の子は安息日の主でもあるのだ」。あるいは2番目の選択項を導いて：I 王 20,7 et'e asasc'eˇ et'e barwok' ê, xaɫaɫowt'-iwn ê caȓayi k'owm. apa t'e xstiw tayc'ê patasxani, gitasjir zi včareal ê č'arowt'iwn aȓ i nmanê=ἐὰν τάδε εἴπῃ Ἀγαθῶς, εἰρήνη τῷ δούλῳ σου· καὶ ἐὰν σκληρῶς ἀποκριθῇ σοι, γνῶθι ὅτι συντετέλεσται ἡ κακία παρ' αὐτοῦ「もし彼が『良し』と言うなら，あなたのしもべは安全だが，もし厳しい答えをするなら，彼から危害が加えられることを知れ」。εἰ δὲ μή (γε)「そうでなければ」は apa t'e oč' によって訳される。

J. 除外節 (Exceptional clauses)
§ 179. 大きく次の2つの意味に分けられる：a）「…を除いて，…以外には，…なら別だが，…でなければ」= bayc' et'e. 動詞形は接続法である；b）「…する代わりに，…ではなくて」=p'oxanak zi (cf. §172).

a）ガラ 1,7 or oč' goy ayl, bayc' et'e ic'en omank' or xȓovec'owc'anic'en zjez ew kamic'in šrjel zawetarann K'Si=ὃ οὐκ ἔστιν ἄλλο, εἰ μή τινές εἰσιν οἱ ταράσσοντες ὑμᾶς καὶ θέλοντες μεταστρέψαι τὸ εὐαγγέλιον τοῦ Χριστοῦ「（ほかの福音といっても）もう一つ別の福音が存在するわけではなく，ある人々があなたたちを惑わし，キリストの福音を覆そうとしたにすぎない」；I コリ 15,2... bayc' et'e i zowr inč' hawatayc'êk'=ἐκτὸς εἰ μὴ εἰκῇ ἐπιστεύσατε「さもなければ，あなたたちは無駄に信じたことになる」；II コリ 6,12 oč' inč' neɫik' i mênj, bayc' et'e i gowt's jer neɫic'ik'=οὐ στενοχωρεῖσθε ἐν ἡμῖν, στενοχωρεῖσθε δὲ ἐν τοῖς σπλάγχνοις ὑμῶν「あなたたちが自分の心の中で狭くされていることを除けば，あなたたちは全く私たちから狭くされていない」；Lk 9,13 óč' goy mer aweli k'an zhing nkanak ew zerkows jkowns bayc' et'e ert'ic'owk' gnesc'ówk bawakan žoɫovrdean kerakowr=οὐκ εἰσὶν ἡμῖν πλεῖον ἢ ἄρτοι πέντε καὶ ἰχθύες δύο, εἰ μήτι πορευθέντες ἡμεῖς ἀγοράσωμεν εἰς πάντα τὸν λαὸν τοῦτον βρώματα「私たちには五個のパンと二匹の魚以上のものはない。そうでなければ，私たちが出向いて，この民 [Gk：すべて] に十分な食物を買って来るようなことになるが」。

b）ヤコ 4,15 p'oxanak zi aseik'=ἀντὶ τοῦ λέγειν ὑμᾶς「あなたたちが言う代わりに」；ヘブ 5,12 p'oxanak zi part êr jez linel vardapets, pitoy ê jez owsanel=ὀφείλοντες εἶναι διδάσκαλοι, χρείαν ἔχετε τοῦ διδάσκειν ὑμᾶς τινά「あなたたちは教師となっているはずなのに，学ばねばならない [Gk：誰かに教えてもらわねばならない]」。

第10章 統語論

7．関係節 (Relative clauses)

§ 180．関係節は関係代名詞によって主節に連結される．アルメニア語には独立の関係代名詞は存在せず，疑問代名詞 or, o, zinč' によって代用される．

最も一般的な関係代名詞は or であり，「…するところの〔人・もの〕」を意味する．zinč' は先行詞を持たずに「…するもの（こと）」を意味する．アルメニア語で関係節構文はよく用いられ，福音書の翻訳でも原文で関係節を含まない構文に対して関係節を用いる事例が頻繁に見られる．or で始まる関係節は，主要部あるいは先行詞を欠く場合は主節の (1)主語か (2)目的語として名詞的に機能し，主要部を持つ場合は (3)修飾的（あるいは形容詞的）な節として機能する：

(1) 主語として：Lk 1,35 or cnaneloc'n ê sowrb ê. ew ordi $\overline{AY}$ koč'esc'i = τὸ γεννώμενον ἅγιον κληθήσεται υἱὸς θεοῦ「生まれ来る者が聖なる者であり，神の子と呼ばれるだろう」; Jh 6,35 Or gay aṙ is. oč' k'ałc'ic'ê = ὁ ἐρχόμενος πρὸς ἐμὲ οὐ μὴ πεινάσῃ「私のところに来る人は決して飢えることがない」; Mt 10,38 or oč' aṙnow zxač' iwr ew gay zkni im. č'ê inj aržani = ὃς οὐ λαμβάνει τὸν σταυρὸν αὐτοῦ καὶ ἀκολουθεῖ ὀπίσω μου, οὐκ ἔστιν μου ἄξιος「自分の十字架をとって私の後に従わない者は，私にふさわしくない」; Mt 15,18 or elanê i beranoy i srtê anti gay = τὰ ἐκπορευόμενα ἐκ τοῦ στόματος ἐκ τῆς καρδίας ἐξέρχεται「口から出て来るものは，心の中から出て来る」; Jh 7,4 oč' ok' ê or i cacowk inč' gorc'ê. ew xndrê ink'n hamarjak linel = οὐδεὶς γὰρ τι ἐν κρυπτῷ ποιεῖ καὶ ζητεῖ αὐτὸς ἐν παρρησίᾳ εἶναι「ことをひそかに行い，自分が公けのものであることを求める人は誰もいない」; Mk 4,9 or ownic'i akanjs lseloy. lowic'ê = ὃς ἔχει ὦτα ἀκούειν ἀκουέτω「聞く耳ある者は聞け」．

(2) 目的語として：Mk 4,24 tesêk' zinč' lsêk'd = βλέπετε τί ἀκούετε「あなたたちの聞いていることを見よ」; Jh 2,5 or zinč' asic'ê jez arasǰíik' = ὅ τι ἂν λέγῃ ὑμῖν ποιήσατε「彼があなたたちにどんなことを言っても，してやれ」; Jh 13, 27 or zinč' [M：zor inč'] aṙneloc'n es. ará = ὃ ποιεῖς ποίησον「しようとしていることをしてしまえ」;

(3) 修飾節として．or は主格と対格で複数として代用されるが，稀に複・主 ork'，対 ors も見られる：Lk 2,18 M amenek'in or lseinn zarmanayin vasn banic'n zor xawsein znmanê [E：xawsec'an ənd nosa] hoviwk'n = πάντες οἱ ἀκούσαντες ἐθαύμασαν περὶ τῶν λαληθέντων ὑπὸ τῶν ποιμένων πρὸς αὐτούς「聞いた者たちは皆，羊飼いたちが彼について [E：彼らと] 語った言葉に驚いた」; Jh 5,36 zgórcsn zor et c'is hayr zi katarec'ic' znosa. nok'in isk gorck'n zor gorcem vkayén vasn im et'e hayr aṙak'eac' zis = τὰ γὰρ ἔργα ἃ δέδωκέν

第10章 統 語 論

μοι ὁ πατὴρ ἵνα τελειώσω αὐτά, αὐτὰ τὰ ἔργα ἃ ποιῶ μαρτυρεῖ περὶ ἐμοῦ ὅτι ὁ πατήρ με ἀπέσταλκεν「父が私に成し遂げるようにと与えてくれた業、私の行いつつあるそれらの業こそが、私について、父が私を遣わしたことを証ししている」; Jh 2,9 spasawork'n gitein ork' arkin zJowrn＝οἱ διάκονοι ᾔδεισαν οἱ ἠντληκότες τὸ ὕδωρ「その水を汲んで来た給仕人たちにはわかっていた」; Jh 18, 26 azgakan aynorik zoro zowknn [M : zoroy zownknn] ehat Petros＝συγγενὴς ὢν οὗ ἀπέκοψεν Πέτρος τὸ ὠτίον「ペトロが耳を切り落とした人の親戚」; Jh 4,14 bayc' or əmpê i Jroyn zor es tac' nma. mí carawesc'ê yawiteans＝ὃς δ' ἂν πίῃ ἐκ τοῦ ὕδατος οὗ ἐγὼ δώσω αὐτῷ, οὐ μὴ διψήσει εἰς τὸν αἰῶνα「だが私が与えることになる水を飲む人は永遠に渇くことがないだろう」（原文は οὗ でなく ὅν が期待される牽引の例）; Jh 4,39 asac' inj zamenayn or inč' im gorceal êr＝εἶπέν μοι πάντα ἃ [v.l. ὅσα] ἐποίησα「彼は私のしたことをすべて私に言った」。

§ 181. 関係代名詞は不定代名詞 ok'（人物に）、inč'（事物に）、その他の小辞、例えば miangam「一度」を加えることで不定化される : Mt 12,32 or ok' asic'ê ban zordwoy mardoy t'ołc'í nma＝ὃς ἐὰν εἴπῃ λόγον κατὰ τοῦ υἱοῦ τοῦ ἀνθρώπου, ἀφεθήσεται αὐτῷ「人の子に敵対して言葉を語る者は誰でも、赦されるだろう」; Lk 9,48 or ok' ənkalc'i zmanowks zays yanown im. zís əndowni＝ὃς ἐὰν δέξηται τοῦτο τὸ παιδίον ἐπὶ τῷ ὀνόματί μου, ἐμὲ δέχεται「この子を私の名ゆえに受け入れる者は誰でも、私を受け入れるのだ」; Jh 3,11 zor inč' gitemk' xawsimk'＝ὃ οἴδαμεν λαλοῦμεν「わかっていることを私たちは話している」; エフェ 6,8 iwrak'anč'iwr ok' or zinč' aṙnê zbarin, znoyn əndowni i Teaṙnê＝ἕκαστος ἐάν τι ποιήσῃ ἀγαθόν, τοῦτο κομίσεται παρὰ κυρίου「何でも善いことをする人はおのおの主からそれに対して報いを受ける」; Mt 16,19 zor miangam kapesc'es yerkri. ełic'i kapeál yerkins＝ὃ ἐὰν δήσῃς ἐπὶ τῆς γῆς ἔσται δεδεμένον ἐν τοῖς οὐρανοῖς「あなたが地で結ぶものは何でも、天でも結ばれたものとなろう」; Agath. § 124 ayl mardik, or miangam iJowc'eal êr andr amenek'in meṙeal ein「他の人々は、そこに引き降ろされたのが誰であろうと、すべて死んだ」。

§ 182. 関係節の内部に冠詞が用いられて、関係節が修飾する名詞句全体を限定することがある。その場合、冠詞は、関係詞に後続する強勢のある最初の独立した語（または語群）に付加される : 主要部を欠く場合 : Mt 1,22 Aył ays amenayn ełew zi lc'c'i or asac'aw-n i TĒ i jeṙn Êsayay margarêi＝τοῦτο δὲ ὅλον γέγονεν ἵνα πληρωθῇ τὸ ῥηθὲν ὑπὸ κυρίου διὰ τοῦ προφήτου「しかしこのことすべてが起こったのは、預言者イザヤを通して主によって言われたことが満たされるためだ」; Jh 13,7 zor inč' es-s gorcem. dow ayžm oč' gites＝ὃ ἐγὼ ποιῶ σὺ οὐκ

— 247 —

第10章 統 語 論

οἶδας ἄρτι「私のしようとしていることが、あなたには今は分からない」; Jh 1,26 i miji jerowm kay zor dowk'-n oč' gitêk' = μέσος ὑμῶν ἕστηκεν ὃν ὑμεῖς οὐκ οἴδατε「あなたたちの間に、あなたたちの知らない人が立っている」; Mk 14, 68 óč' čanač'em. ew oč' gitem zinč' dow-d ases = οὔτε οἶδα οὔτε ἐπίσταμαι σὺ τί λέγεις「私はあなたの言っていることは知らないし分からない」; Mk 13,37 zor zjez-d asem· amenec'ówn asem = ὃ ὑμῖν λέγω πᾶσιν λέγω「私があなたたちに言うことは、すべての者に言うのだ」.――主要部を持っている場合: Mt 1,16 M Yakovb cnaw zYovsêp' zayrn mariamay... yormê cnaw-n $\overline{YS}$ or anowanec'aw-n $\overline{K'S}$ = Ἰακὼβ δὲ ἐγέννησεν τὸν Ἰωσὴφ τὸν ἄνδρα Μαρίας, ἐξ ἧς ἐγεννήθη Ἰησοῦς ὁ λεγόμενος χριστός「ヤコブはマリヤの夫ヨセフを生んだ。その彼女から、キリストと呼ばれているイエスが生まれた」; Lk 2,4-5 Él ew Yovsêp'... (5) mtanel yašxaragir Maremaw handerj zor xawseal-n êr nma = ἀπογράψασθαι σὺν Μαριὰμ τῇ ἐμνηστευμένῃ αὐτῷ「ヨセフもまたのぼった. (5) 彼の妻であったマリアムと一緒に戸口調査の登録をするためであった」.――関係節の主要部が指示詞またはこれを含む名詞句などである場合: Mk 2,26 ew et ew aynoc'ik or ənd nmayn ein = καὶ ἔδωκεν καὶ τοῖς σὺν αὐτῷ οὖσιν 「また彼は自分と一緒にいる者たちにも与えた」; Jh 2,22 Isk yoržam yareawn i mereloc' yišec'in ašakertk'n nora t'e ays ê zor asac'-n = ὅτε οὖν ἠγέρθη ἐκ νεκρῶν, ἐμνήσθησαν οἱ μαθηταὶ αὐτοῦ ὅτι τοῦτο ἔλεγεν「そして彼が死人の中から起こされた時、彼の弟子たちは、これが彼の言ったことであるのを想い起こした」; Jh 3,29 Ard ays owraxowt'iwn or im-s ê lc'eál ê = αὕτη οὖν χαρὰ ἡ ἐμὴ πεπλήρωται「だからこの私のものである喜びは満ち溢れている」; Jh 3,2 óč' ok' karê zayd nšans arnel zor dow-d arnes = οὐδεὶς δύναται ταῦτα τὰ σημεῖα ποιεῖν ἃ σὺ ποιεῖς「あなたの行っているこの徴は、誰一人なしえない」; Jh 21,10 berêk' i jkanc' ayti [M : aydi] zor dowk'-d kalarowk' = ἐνέγκατε ἀπὸ τῶν ὀψαρίων ὧν ἐπιάσατε「あなたたちが捕った魚の中から〔数匹を〕持って来い」.

§ 183. 関係節は後続する指示詞と相関することがある: Mt 13,12 Zi oyr gowc'ê tac'i nma... ew oyr oč'n gowc'ê. ew zor ownic'ín barjc'i i nmanê = ὅστις γὰρ ἔχει, δοθήσεται αὐτῷ... ὅστις δὲ οὐκ ἔχει, καὶ ὃ ἔχει ἀρθήσεται ἀπ' αὐτοῦ「なぜなら、持っている者には与えられるが、持っていない者からは、持っているものも取り去られるだろう」. 最初の oyr 節は nma との間に、また次の oyr 節は i nmanê との間に文法的関係を結んでいる; Eznik I,15 yormê ararč'ê erkir leal ê, i nmanê ew gazank'n arareal en「地が造られたその同じ創造主から獣が造られた」; Jh 1,12 Isk ork' ənkalann zna. et noc'a išxanowt'iwn ordís $\overline{AY}$ linel = ὅσοι δὲ ἔλαβον αὐτόν, ἔδωκεν αὐτοῖς ἐξουσίαν τέκνα θεοῦ γενέσθαι「しかし彼を受け入れた人々、その人たちに彼は神の子となる権能を与

― 248 ―

第10章 統語論

えた」；Jh 2,16 or załawnisn vačaṙein· asê c'nosa = τοῖς τὰς περιστερὰς πωλοῦσιν εἶπεν「鳩を売っていた人たち、その人たちに彼は言う」；Jh 14,3 zi <u>owr esn ic'em</u>. ew dowk' ánd ic'ek' = ἵνα ὅπου εἰμὶ ἐγὼ καὶ ὑμεῖς ἦτε「私のいるところ、そこにあなたたちもいるようになるために」；Jh 3,26 or êrn ǝnd k'ez yaynkoys Yordananow orowm down vkayec'er. ahawanik <u>na</u> mkrtê· ew amenek'in gán aṙ <u>na</u> = ὃς ἦν μετὰ σοῦ πέραν τοῦ Ἰορδάνου, ᾧ σὺ μεμαρτύρηκας, ἴδε οὗτος βαπτίζει καὶ πάντες ἔρχεται πρὸς αὐτόν「ヨルダン〔河〕の向こうであなたと一緒にいた人、あなたが証しした人、あの人が洗礼を授けており、皆がそちらに行ってしまう」；Jh 7,38 or hawatay yis... gétk' yorovaynê <u>nora</u> błxesc'en ǰroc' kendanowt'ean = ὁ πιστεύων εἰς ἐμέ... ποταμοὶ ἐκ τῆς κοιλίας αὐτοῦ ῥεύσουσιν ὕδατος ζῶντος「私を信じる人は、その人の内部から生命の水の川が流れ出るであろう」。

§ 184. 関係詞の格は、関係節が要求する格である。それが主／対格以外ならば、関係節の中に前方照応的な代名詞あるいは受動態が導入されることがある：Jh 4, 46 and êr t'agaworazn mi oro [M：oroy]ordi <u>nora</u> hiwánd kayr = ἦν τις βασιλικὸς οὗ ὁ υἱὸς ἠσθένει「そこにある王の家臣がいて、その息子が病んでいた」；Agath. §54 yararč'ên, oroy en stac'owack' <u>iwr</u> ereweli ew anerewoyt' ararack'「その所有物が目に見えもし見えもしないものであるところの創造主」。——関係詞は、関係節中にある二つの文のうち最初の文が要求する格に置かれる：Eznik I,15 yarǰaṙ, <u>zor</u> asen t'e i barwoy ararč'ê arareal ê, gtani inč' vnasakarowt'iwn「善の創造主によって造られたと彼らが言う牛に有害なものが見られる」；Agath. §75 mi owticêk' yaydm caṙoy, <u>zor</u> patowirec'i č'owtel i dmanê「私が食べないように命じたその木を食べるな」。

関係節の先行詞が関係節と同じ格を取ることがある：Jh 6,37 <u>zamenayn zor</u> tay inǰ hayr. aṙ ís ekec'ê = πᾶν ὃ δίδωσίν μοι ὁ πατὴρ πρὸς ἐμὲ ἥξει「父が私に与えるものはすべて私のところに来るであろう」；Jh 6,63 <u>zbansn</u> [M：zbann] <u>zor</u> es xawsec'ay ǝnd jez. hogi ê keank' = τὰ ῥήματα ἃ ἐγὼ λελάληκα ὑμῖν πνεῦμά ἐστιν καὶ ζωή ἐστιν「私があなたに語った言葉は霊であり命である」；F.Byz. IV,4 <u>hlowac'n oroc'</u> akanǰk' srtic'n bac'eal ein znosa baniwk' k'arozowt'ean acêr i hawanowt'iwn「その心の耳が開かれた従順な人たち（複・属）、その人たちを彼は説教によって信仰へと導いた」。——逆に、関係節が先行詞と同じ格をもつことがある：Mk 4,24 yawelc'i <u>jez oroc'</u> lsêk'd = προστεθήσεται ὑμῖν τοῖς ἀκούουσιν「聞いているあなたたちに付け加えられるだろう」。関係詞が変化せずに、同格の標識のように用いられている例もある：Eznik, IV,1 anown astowcoy, or teaṙn araracoc'「被造物の主である神の名」。

主節と従属関係節が互いに異なる格を要求する場合、主／対格以外の格が用いられる：Jh 4,22 mek' erkir paganemk' orowm gitémk'n = ἡμεῖς προσκυνοῦ-

— 249 —

第10章 統 語 論

μεν ὃ οἴδαμεν「私たちは自分に分かっているものを礼拝している」; Lk 9,11 oroc' pêtk' ein bžškowt'ean bžškêr=τοὺς χρείαν ἔχοντες θεραπείας ἰᾶτο「彼は癒しを必要としていた人たちを治した」; Lk 8,36 patmec'in noc'a oroc' tesealn êr=ἀπήγγειλαν αὐτοῖς οἱ ἰδόντες「見ていた人たちは彼らに知らせた」; Jh 5,29 ekec'en artak's oroc' baris gorceal ic'ê=ἐκπορεύσονται οἱ τὰ ἀγαθὰ ποιήσαντες「善いことをした者は出て来るであろう」. 主格 oyk' がそのまま残っていることもある、例えば 詩 118,42 tac' patasxani oyk' naxaten zis baniwk'=ἀποκριθήσομαι τοῖς ὀνειδίζουσί με λόγον「私を侮辱する者たちに答えさせよ」; Mt 5,42 orowm xndrê i k'ên towr. ew or kami p'ox aṙnowl i k'ên mí darjowc'aner zeress=τῷ αἰτοῦντί σε δός, καὶ τὸν θέλοντα ἀπὸ σοῦ δανίσασθαι μὴ ἀποστραφῇς「あなたに求める者には与えよ、あなたから金を借りたいと思う者には背を向けるな」(最初の与格 orowm は規則的であるが、第二の主格 or には奪格 yormê が期待されるところ).

§ 185. 関係節における語順がきわめて自由であることは、聖書翻訳でギリシア語原文の語順が忠実に模倣されていることからうかがえる。ただし、通常は名詞文で述語に後続する繋辞は、関係代名詞の直後に置かれる傾向が見られる: Jh 1,18 miacinn ordi or ê i coc' hawr=μονογενὴς θεὸς ὁ ὢν εἰς τὸν κόλπον τοῦ πατρός「父の胸中にいるひとり子である神」; 黙 1,5 yYisowsê K'ristosê... or ê andranik i meṙeals=ἀπὸ Ἰησοῦ Χριστοῦ... ὁ πρωτότοκος τῶν νεκρῶν「死者の中から最初に生まれた方であるイエス・キリストから」. 名詞・動詞的表現でも目的語が動詞に後続することがある、例えば patasxani tam「私は答える」に対して、使 25,16 oroc' etow patasxani=πρὸς οὓς ἀπεκρίθην「〔彼らに〕私は答えた」. しかし、繋辞は述語に後続するというのが依然として原則である: Lk 7,19 dow? es or galoc'n es=σὺ εἶ ὁ ἐρχόμενος;「あなたは来たるべき方か」; Jh 3,31 or yerkrê asti ê. yerkrê ê=ὁ ὢν ἐκ τῆς γῆς ἐκ τῆς γῆς ἐστιν「地からの人は地からのものである」;

§ 186. 関係詞はさまざまな名詞と用いられて、接続詞として働く表現をつくる: yoržam (y-or-žam 対格): Jh 10,4 yoržam ziwrn (M: ziwrsn) zamenayn hanic'ê. aṙaji noc'a ert'ay=ὅταν τὰ ἴδια πάντα ἐκβάλῃ, ἔμπροσθεν αὐτῶν πορεύεται「彼は自分の〔羊たち〕を皆追い出してしまうと、それらの先に立って行く」. ── yoržam... yaynžam「その時」のように相関的に: Jh 2,10 amenayn mard zanoyš gini yaṙajagoyn paštê· ew yoržam arbenan. yaynžam zyoṙin=πᾶς ἄνθρωπος πρῶτον τὸν καλὸν οἶνον τίθησιν καὶ ὅταν μεθυσθῶσιν τὸν ἐλάσσω「誰でも良い酒は先に出すものだ。そして酔ったころに、質の落ちるやつを出すのだ」.

yormê hetê (y-ormê-hetê 奪格)「...して以来」: Lk 13,7 aha erek' amk'en

第10章 統 語 論

yormê hetê gam = ἰδοῦ τρία ἔτη ἀφ' οὗ ἔρχομαι「見よ、私が来てから3年になる」。── cf. yaynm hetê「その時から」: Mt 4,17 Yaynm hetê sksaw k'arozel $\overline{YS}$='Από τότε ἤρξατο ὁ 'Ιησοῦς κηρύσσειν「その時からイエスは宣教し始めた」。

orovhetew（具格）「…だから」: Mt 25,21 orovhetew i sakawowd hawatarim es. i veray bazmác' kac'owc'ic' zk'ez = ἐπεί (= D., vulg.: quia) ἐπὶ ὀλίγα ἦς πιστός, ἐπὶ πολλῶν σε καταστήσω「お前はわずかなことに忠実であるので、多くのことをお前にまかせよう」; Mt 25,40 orovhetew ararêk' miowm yełbarc's aysoc'ik p'ok'rkanc'. ínj ararêk' = ἐφ' ὅσον ἐποιήσατε ἑνὶ τούτων τῶν ἀδελφῶν μου τῶν ἐλαχίστων, ἐμοὶ ἐποιήσατε「あなたたちが私のこれらの最も小さな兄弟のひとりにしたのだから／限りにおいて、私にしたのだ」。── cf. aysowhetew「これゆえに、これからは」: Mt 3,8 Ararêk' aysowhetew ptowł aržani apašxarowt'ean = ποιήσατε οὖν καρπὸν ἄξιον τῆς μετανοίας「だから／これからは回心にふさわしい実を結べ」; Mt 21,19 mí aysowhetew i k'ên ptowł etic'i i yawitean = μηκέτι ἐκ σοῦ καρπὸς γένηται εἰς τὸν αἰῶνα「今から永遠にお前から実が生じないように」; これに対して aynowhetew「その時から」は福音書ではほとんど否定節に制限され、「もはや…ない」の意味に固定化している: Mt 5,13 apa et'e ałn anhami... óč' imik' azdic'ê aynowhetew = ἐὰν δὲ τὸ ἅλας μωρανθῇ... εἰς οὐδὲν ἰσχύει ἔτι「しかしもし塩が味を失ってしまったら…それはもはや何の役にも立たないだろう」; Mk 15,5 Ew $\overline{YS}$ aynowhetew (M: Ø) óč' inč' et patasxani = ὁ δὲ 'Ιησοῦς οὐκέτι οὐδὲν ἀπεκρίθη「そしてイエスはもはや何一つまったく答えなかった」, cf. Jh 5, 6 bazowm žamanakk' en aynowhetew = πολὺν ἤδη χρόνον ἔχει「すでに長い期間がたっている」。

orpês「…のように」(cf. §176; 疑問詞 orpês?「どのように」も); cf. ayspês「このように」(cf. §66 C b)。

orč'ap'「…ほどに多くの」(疑問詞 orč'ap'?「どれほど」も); cf. č'ap'「秤」, aynč'ap'「それほどに」(cf. §95): Jh 6,11 Ew ař zhac'n $\overline{YS}$· ew gohac'áw· ew bašxeac' bazmakanac'n· nóynpês ew jkanc' orč'ap' ew kamec'an = ἔλαβεν οὖν τοὺς ἄρτους ὁ 'Ιησοῦς καὶ εὐχαριστήσας διέδωκεν τοῖς ἀνακειμένοις ὁμοίως καὶ ἐκ τῶν ὀψαρίων ὅσον ἤθελον「そしてイエスはパンを取り、感謝を捧げて、座っている人々に分け与えた。魚も彼らの欲しいだけ、同じように〔与えた〕」。

第2部　動詞形の用法

I. 定形の用法
A. 人称語尾
§ 187. アルメニア語の動詞は互いに明瞭に区別される人称語尾を備えているので，代名詞は文中で不可欠の成分ではない．単独で sirem は「私は愛する」，sirêk' は「あなたたちは愛する」を意味する．しかし強調の度合に応じて es berem「運ぶのは，私だ」あるいは berem es「（余人ではなく）私が運ぶ」のように，代名詞が加えられることがある．例えば，創 20,6 es gitac'i zi srbowt'eamb srti ararêr <u>dow</u> zayd, ew xnayec'i <u>es</u> i k'ez č'mełanč'el k'ez yis = κἀγὼ ἔγνων ὅτι ἐν καθαρᾷ καρδίᾳ ἐποίησας τοῦτο, καὶ ἐφεισάμην ἐγώ σου τοῦ μὴ ἁμαρτεῖν σε εἰς ἐμέ「私はあなたが清らかな心をもってこのことをしたのを知っていた．それで私も，あなたが私に対して罪を犯すことのないようにした」．また，翻訳では原文にない代名詞が付加されることもよくある．例えば，Lk 5,8 ayr mi meławor em es = ἀνὴρ ἁμαρτωλός εἰμι「この私は罪深い人間である」；創 12,11 gitem zi kin gełec'ik es dow = γινώσκω ἐγὼ ὅτι γυνὴ εὐπρόσωπος εἶ「私はあなたが美しい女であるのを知っている」；Lk 11,44 Váy jez zi êk' dowk' ibrew zgerezmans anyayts = Οὐαὶ ὑμῖν, ὅτι ἐστὲ ὡς τὰ μνημεῖα τὰ ἄδηλα「禍いだ，お前たちは．お前たちは目には入らない墓のようなものだ」；Jh 17,11 es óč' ews em yašxarhi· ew nok'a yašxarhí en = οὐκέτι εἰμὶ ἐν τῷ κόσμῳ, καὶ αὐτοὶ ἐν τῷ κόσμῳ εἰσίν「私はもう世にいなくなり，彼らは世にいる」．命令法では人称代名詞が頻繁に付加される：創 12,1 el dow yerkrê k'owmmê = ἔξελθε ἐκ τῆς γῆς σου「あなたはあなたの地から出て行け」；出 7,9 ař dow zgawazand ew ənkea zda i getin = λαβὲ τὴν ῥάβδον καὶ ῥῖψον αὐτὴν ἐπὶ τὴν γῆν「あなたは杖を取って，それを地面に投げよ」．

　複数 3 人称は特定の主語に関わらない場合，人間一般を示して「人は」の意味を持つ (cf. 独 man, 仏 on). 例えば Lk 6,44 Zi óč' et'e i p'šoc' k'ałen t'owz ew óč' i morenwoy kt'en xałoł = οὐ γὰρ ἐξ ἀκανθῶν συλλέγουσιν σῦκα οὐδὲ ἐκ βάτου σταφυλὴν τρυγῶσιν「なぜなら，人は茨からいちじくを集めることはないし，藪から葡萄の房を採ることもないから」．

B. 非人称構文
§ 188. アルメニア語には次のような 2 種類の非人称構文が見られる：
 a) 自動詞の単数 3 人称によるもの．
 b) em, linim の単数 3 人称と名詞または形容詞の結合によるもの．
非人称構文の論理的主語は与格に置かれる．

第10章 統語論

a）の例：

動詞 cʻawel「苦しむ」：サム上 23,21 cʻaweacʻ jez vasn im＝ἐπονέσατε περὶ ἐμοῦ「私のためにあなたたちは心を痛めてくれた」；エレ 5,3 nocʻa očʻ cʻaweacʻ＝οὐκ ἐπόνεσαν「彼らは痛みを覚えなかった」；Eznik IV,1 cʻaweacʻ nma vasn ankelocʻn i howr ew tanǰelocʻ「火に投げ込まれ苦しんだ者たちのために、彼はさいなまれた」；Jh 3,9 ziard？ martʻi aydm linel＝πῶς δύναται ταῦτα γενέσθαι；「どうしてそんなことがあり得るだろうか」．さらに tʻowel「…のように見える・思われる」(tʻowi, tʻowecʻaw＋人物の与格で）：Jh 11,13 nocʻa ayspês tʻowecʻaw tʻe vasn nnǰeloy kʻnoy asê＝ἐκεῖνοι δὲ ἔδοξαν ὅτι περὶ τῆς κοιμήσεως τοῦ ὕπνου λέγει「彼らには、彼が睡眠という眠りのことを言っているように思われた」；hasanel「着く、到達する」：Lk 1,9 ehas nma xównk arkanel mteal i tačarn T̄N̄＝ἔλαχε τοῦ θυμιᾶσαι εἰσελθὼν εἰς τὸν ναὸν τοῦ κυρίου「くじが当たって彼は主の聖所に入って香を捧げることになった」．

b）の例：

aržan ê「ふさわしい、するべきである、許されている」：Mt 14,4 čʻê aržan kʻez ownel zdá＝οὐκ ἔξεστίν σοι ἔχειν αὐτήν「お前が彼女を娶るのは許されていない」．

dêp ełew「たまたま…した」：Lk 10,31 Dêp (M：Dep) ełew kʻahanayi mioǰ iǰanel ənd noyn (M：ayn) čanaparh＝κατὰ συγκυρίαν δὲ ἱερεύς τις κατέβαινεν ἐν τῇ ὁδῷ ἐκείνῃ「ある祭司がたまたまその道を下って来た」．

erani ê「幸いだ」：Lk 11,27 eraní ê orovaynin or kreacʻ zkʻez＝μακαρία ἡ κοιλία ἡ βαστάσασά σε「あなたを宿した胎は幸いだ」

hačoy ê / tʻowi「気に入る」：Mk 6,22 hačóy ełew Herovdi/Mt 14,6 hačóy tʻowecʻaw Herovdi＝ἤρεσεν τῷ Ἡρῴδῃ「ヘロデの気に入った」．

hark / part / pitoy ê「…するべきである、必要がある」：Mt 18,7 hark ê gal gaytʻagłowtʻeancʻ＝ἀνάγκη ἐλθεῖν τὰ σκάνδαλα「躓きはやって来ないわけにはいかない」；Mt 18,33 očʻ？ êr part ew kʻez ołormel caṙayakcʻin kʻowm ＝οὐκ ἔδει καὶ σὲ ἐλεῆσαι τὸν σύνδουλόν σου；「お前もお前の僕仲間を憐れんでやるべきではなかったのか」；Mt 3,14 inǰ pito (M：pitoy) ê i kʻên mkrtel ＝ἐγὼ χρείαν ἔχω ὑπὸ σοῦ βαπτισθῆναι「私こそあなたから洗礼を受ける必要がある」．

šat ê「十分である」：Mt 10,25 šát icʻê ašakertin etʻe etʻicʻi ibrew zvardapet iwr＝ἀρκετὸν τῷ μαθητῇ ἵνα γένηται ὡς ὁ διδάσκαλος αὐτοῦ「弟子にとっては、彼がその師のようになればそれで十分であろう」．

vayel ê「ふさわしい」：Mt 3,15 zi ayspês vayel ê mez lnowl zamenayn ardarowtʻiwn＝οὕτως γὰρ πρέπον ἐστὶν ἡμῖν πληρῶσαι πᾶσαν δικαιοσύνην「このようにすべての義を満たすのは私たちにとってふさわしいことだから」．

第10章 統語論

C．態

§ 189. アルメニア語の動詞は基本的に印欧語的な能動態と中／受動態の区別を示しており，その機能も概ね印欧祖語のそれに対応するが，形態的な観点から見ると，全面的に明確な区別を保持しているわけではない．-em に終わる直説法現在とこれに対応して -ic'em に終わる接続法現在に対しては，それぞれ -im, -ic'im に終わる中／受動形が存在する (sirem, siric'em : sirim, siric'im)．しかし，態の形態的標識を持たない形として次のようなものがある：-a-/-ow- に終わる現在語幹の直説法，-ow- に終わる現在語幹の接続法，-a-/-ow- に終わる現在語幹の命令法，あらゆる語幹の未完了過去，直説法アオリスト1人称複数，接続法アオリスト1, 2人称複数．さらに不定詞は態に関して中立的である．例えば hełowm は「(何かを) 注ぐ」と並んで「注がれる，流れる」を意味することがある：Mt 9,17 ginin hełow = ὁ οἶνος ἐκχεῖται「酒は流れ出る」；接続法現在で Mt 24,40 min (M : -n) aṙnowc'ow. ew miwsn t'ołowc'ow = εἷς παραλαμβάνεται καὶ εἷς ἀφίεται「一人は取り去られ，もう一人は残されるだろう」；直説法現在でイザ 57, 1 ark' ardark' baṙnan = ἄνδρες δίκαιοι αἴρονται「正しい人たちは取り去られる」，未完了過去で使 27,20 baṙnayr amenayn yoys p'rkowt'ean meroy = περιῃρεῖτο ἐλπὶς πᾶσα τοῦ σῴζεσθαι ἡμᾶς「私たちの助かるあらゆる望みが消え失せようとしていた」；直説法現在で dnê「彼は置く」と dni「彼は置かれる」は区別されるが，未完了過去 dnêr は「彼は (何かを) 置いた；置かれていた，いた」，Mk 5,40 mtanê owr dnêr manowkn = εἰσπορεύεται ὅπου ἦν τὸ παιδίον「彼は子供のいたところに入って行く」；lnowm「(何かを) 満たす」に対しては直説法現在でコヘ 1,7 cov oč' lnow = ἡ θάλασσα οὐκ ἔσται ἐμπιμπλαμένη「海は満たされない」，接続法現在で Mt 26,54 ziard? lnowc'own girk' = πῶς οὖν πληρωθῶσιν αἱ γραφαί；「聖書はどのようにして満たされようか」．

能動態と中／受動態の形態上の区別は現在よりもアオリストにおいて明瞭に認められる．起源は何であれ，形成素 -a- がアオリスト中／受動態の一般的な標識となっている．直説法現在で受動形を持たない -a-/-ow- タイプの動詞もアオリストでは受動形を持っている．例えば hełowm「私は注ぐ」，アオ heli「私は注いだ」の受動アオリストとして詩 21,15 es orpês zǰowr hełay = ὡσεὶ ὕδωρ ἐξεχύθην「私は水のように注ぎ出された」；baṙnam「取り去る」，アオ barji の受動アオリストとして使 8,33 datastan nora barjaw = ἡ κρίσις αὐτοῦ ἤρθη「裁きは奪われた」；banam「開く」，アオ bac'i の受動アオリストとして Mt 9,30 bac'an ač'k' noc'a = ἠνεῴχθησαν αὐτῶν οἱ ὀφθαλμοί「彼らの目が開かれた」．

-im に終わる現在しか持たない動詞 (いわゆる Deponentia) が多数ある．例えば erknč'im「恐れる」，nstim「座る」，kamim「欲する」，erewim「現れる」，xorhim「思いめぐらす」，hamarim「数える」，trtmim「悲しむ」(trtowm「悲しげな」から)，partim「しなければならない」，linim「なる」，aganim「夜を過ごす，宿をとる」，ankanim「倒れる」，bowsanim「芽を出す」，cnanim「生む，

第10章 統 語 論

生まれる」, hecanim「(ろばなどに) 乗る」, macanim「くっつく」, meṙanim「死ぬ」, owsanim「学ぶ」, prcanim / pʻrcanim「助けられる, 逃げる」, sk-sanim「始める」, snanim「養育される」, spʻacanim「(前掛けなどを) かける, 巻く」, pʻlanim「崩れ落ちる」, tʻakʻčʻim「身を隠す」, tʻr̄čʻim「飛ぶ」, kornčʻim「滅ぶ」, hangčʻim「休む」, matčʻim「近づく」, martnčʻim「戦う」, pʻaxčʻim「逃げる」。これらの動詞は多くが自動詞的または再帰的な意味を持ち, 直接目的語をとらない。補語をとる場合でも, それはしばしば対格以外の格に置かれる。例えば, erknčʻim「恐れる」はi+奪格を伴う: Mt 14,5 erknčʻer i žoł-ovrdenê anti=ἐφοβήθη τὸν ὄχλον「彼は群衆を恐れた」。ołormim「憐れむ」は与格と用いる: Mt 18,33 isk ard očʻ? êr part ew kʻez ołormel caṙayakcʻin kʻowm orpês ew es kʻez ołormecʻay=οὐκ ἔδει καὶ σὲ ἐλεῆσαι τὸν σύνδουλόν σου, ὡς κἀγὼ σὲ ἠλέησα;「私があなたを憐れんだように, あなたもまた自分の僕仲間を憐れんでやるべきではなかったのか」。しかし, これは絶対的な規則というわけではない。例えば šahim「儲ける」: Mk 8,36 etʻe zašxarhs amenayn šahescʻi = κερδῆσαι τὸν κόσμον ὅλον「もし彼が全世界を儲けるならば」; hamarim「計算する」: Lk 14,28 hamaricʻi zcaxsn (M: hamaricʻê zcaxn) = ψηφίζει τὴν δαπάνην「費用を計算する」。同じ形が受動の意味で用いられる: Lk 22,24 o? i nocʻanê hamaricʻi mec = τίς αὐτῶν δοκεῖ εἶναι μείζων;「彼らのうちで誰が偉いと見なされているだろうか」。datim「裁く」も Jh 5,22 očʻ etʻe hayr dati zok「父は誰も裁かない」のように対格をとり, 次のような用法が見られる: Lk 6,37 Mi datikʻ. ew ōčʻ daticʻikʻ=μὴ κρίνετε καὶ οὐ μὴ κριθῆτε「裁くな。そうすればあなたたちも裁かれることはない」。自動詞であって-em と -im の間で揺れている動詞も見られる。例えば bnakem/bnakim「住む」(アオ bnakecʻi/bnakecʻay): Jh 1,14 bann marmin ełew. ew bnakeácʻ i mez=ὁ λόγος σὰρξ ἐγένετο καὶ ἐσκήνωσεν ἐν ἡμῖν「その言葉は肉となって, 私たちの間に宿った」, Mt 2,23 bnakecʻaw i kʻałakʻin or kočʻêr Nazaretʻ=κατῴκησεν εἰς πόλιν λεγομένην Ναζαρέτ「彼はナザレという町に居を定めた」。

§ 190. アルメニア語聖書でギリシア語原文の中／受動態をなるべく能動構文で置き換えようとする傾向が見られるが, これは部分的に前述のような態範疇の形態的な不均衡にその原因があると推測される。形態的に態の区別を欠く不定詞を伴う構文では特にこうした傾向が顕著に認められる。原文で受動態と能動態の不定詞が並列されている箇所で, アルメニア語は前者に分析的表現 paštawn aṙnowl「奉仕を受ける」を用いて訳している: Mt 20,28 (=Mk 10,45) ordi mardoy očʻ ekn paštawn aṙnowl ayl paštel=ὁ υἱὸς τοῦ ἀνθρώπου οὐκ ἦλθεν διακονηθῆναι ἀλλὰ διακονῆσαι「人の子は仕えられるためでなく, 仕えるために来た」。また, xačʻem「十字架につける」は能動にも受動にも用いられる無標の語であるが, i xačʻ hanem (σταυρόω) はもっぱら能動に, i xačʻ elanê (σταυροῦται) は受動

に用いる：Lk 23,33 ánd hanin zna i xač':. Ew zč'aragorcsn zomn ənd ajmê ew zomn ənd jaxmê xač'ec'in=ἐκεῖ ἐσταύρωσαν αὐτὸν καὶ τοὺς κακούργους, ὃν μὲν ἐκ δεξιῶν ὃν δὲ ἐξ ἀριστερῶν「そこで彼らは彼を十字架につけた．そして犯罪者たちも一人を右に，もう一人を左に十字架につけた」(xač'ec'inは原文にない)，Mt 26,2 ordi mardoy matni i xač' elanel=ὁ υἱὸς τοῦ ἀνθρώπου παραδίδοται εἰς τὸ σταυρωθῆναι「人の子は十字架につけられるために引き渡される」．次の例では，原文前半部の不定詞＋対格が不定詞＋与格で訳されているが，後半部は原文の受動態不定詞＋対格「(御使いたちによって) 彼が連れて行かれること」に対して目的語標識 z- が不定詞 tanel の能動的意味を裏付けている：Lk 16,22 Ełew meṙanel ałk'atin ew tanel hreštakac' zna in gog Abrahamow=ἐγένετο δὲ ἀποθανεῖν τὸν πτωχὸν καὶ ἀπενεχθῆναι αὐτὸν ὑπὸ τῶν ἀγγέλων εἰς τὸν κόλπον 'Αβραάμ「その乞食は死んで，御使いたちが彼をアブラハムの懐に連れて行った」．原文の受動態不定詞が従属節で訳されている例：Lk 2,21 minč'č'ew yłac'eal êr zna yorovayni=πρὸ τοῦ συλλημφθῆναι αὐτὸν ἐν τῇ κοιλίᾳ「(マリヤムが) 彼を胎に宿す前に」．

　動詞が受動態を持たない場合には，形容詞が用いられる．例えば lsem「聞く」に対して lseli+linim：Lk 1,13 lseli ełen aławt'k' k'o=εἰσηκούσθη ἡ δέησίς σου「あなたの祈願が聞き入れられた」；創 42,20 hawatarim linic'in bank' jer=πιστευθήσονται τὰ ῥήματα ὑμῶν「あなたたちの言い分が本当だと証明されるだろう」．

D．相

§ 191.　アルメニア語動詞の人称形は現在組織とアオリスト組織に分けられ，各組織は直説法，接続法，命令法を含んでいる．命令法については現在がつねに禁止命令であり，アオリストがつねに肯定命令であるという規則が機械的に適用されるので，相対立の正確な把握にはあまり役立たない．直説法には現在と未完了過去が含まれるが，直説法現在はアオリスト組織に対応する形を持たないので，アルメニア語における相の区別は次の2つの形態を吟味することによって決定されることになる：直説法では過去においてのみ，すなわち未完了過去（現在組織の直説法過去）とアオリスト（アオリスト組織の直説法過去），および接続法現在と接続法アオリスト．

　直説法アオリストは過去に起こって終結した全体と見られる事態を表わす．事態の終結点または限界が不確定であるか，または事態が進行しつつあると見られる場合には未完了過去が用いられる．例えば次の例を参照：Mk 6,30 Žołovec'an (συνάγονται) aṙak'ealk'n aṙ Y̅S̅ ew patmec'în (ἀπήγγειλαν) nma zamenayn inč' zor ararin (ἐποίησαν). ew zor owsowc'in (ἐδίδαξαν)... (32) Ew gnac'in (ἀπῆλθον) nawow yanapet teḷi aṙanjinn:(33) Ew tesin (εἶδον) znosa zi ert'ayin (ὑπάγοντας)· zgac'in (ἐπέγνωσαν) bazowmk'· ew heti yamenayn

第10章 統 語 論

k'ałak'ac' xowīn ənt'anayin (συνέδραμον) andr ew merjanayin (προῆλ-θον) aī nosa「遣わされた者たちはイエスのもとに集まった。そして，自分たちがなし，また教えたすべてのことを彼に報告した…⑫ そこで彼らは舟に乗って，荒涼としたところに彼らだけで行った。⑬ すると人々は，彼らが去って行くのを目にしたが，多くの者たちには〔彼らの行き先が〕わかったので，すべての町々から徒歩でそこへいっせいに駆けつけ，彼らのもとに近づきつつあった」。語り手は一連の事実を純然たる事実として語っているだけであり，人称形で示された動作にはギリシア語でアオリストが用いられている。一方，アルメニア語訳者は，完了的な動作——弟子たちの集合，(その集合前に) なされ教えられたことの報告，荒野への出発，人々がその出発を目にし，行き先がわかったという事実——と，その終結が顧慮されずに徐々に進展して行く動作——人々が町々から動き出して，イエスと弟子たちのもとに向かって行くという事実——をそれぞれ直説法アオリストと未完了過去によって区別している；同様に Mt 28,8 …ənt'anayín (ἔδραμον) pat-mel ašakertac'n：(9) Ew aha pataheac' (ὑπήντησεν) noc'a $\overline{YS}$「彼女らは彼の弟子たちに告げ知らせるために走って行った。(9) すると見よ，イエスが彼女らに出会った」。

　接続法現在と接続法アオリストの相的対立は，上記の 2 つの直説法過去の相対立に厳密に対応している。接続法現在は終結点を限定せずに進行する行為に用いられる。例えば Lk 5,10 yaysm hetê zmardík orsayc'es（接・現) i keans＝ἀπὸ τοῦ νῦν ἀνθρώπους ἔσῃ ζωγρῶν「今から後，あなたは人間を生け捕るだろう」。アルメニア語の接続法現在は，不定の持続的行為を表わすために選ばれたギリシア語形を訳している；Lk 11,18 et'e ew satanay bažanec'aw yanjnê. ziard? kayc'ê（接・現）t'agaworowt'iwn nora＝εἰ δὲ καὶ ὁ σατανᾶς ἐφ' ἑαυτὸν διεμερίσθη, πῶς σταθήσεται ἡ βασιλεία αὐτοῦ；「サタンまでもが自らに敵対して分裂し果ててしまったら，その王国はどうやって立ちゆくだろうか」；Lk 6,7 Ew spaseín nma dpirk'n ew p'arisec'ik' t'e i šabat'own bžškic'ê（接・現）. zi gtanic'en（接・現）č'araxawsowt'iwn znmanê＝παρετηροῦντο δὲ αὐτὸν οἱ γραμματεῖς καὶ οἱ Φαρισαῖοι εἰ ἐν τῷ σαββάτῳ θεραπεύει, ἵνα εὕρωσιν κατηγορεῖν αὐτοῦ「律法学者たちとファリサイ人たちは，彼が安息日に癒すのかどうか，うかがっていた。彼を訴える口実を見つけようというのだった」。

　接続法アオリストは，終結点の画定された完了的動作を表わす。例えば Lk 8,10 zi tesc'en ew mí tesc'en ew lowic'en ew mí imasc'in＝βλέποντες μὴ βλέπωσιν καὶ ἀκούοντες μὴ συνιῶσιν「『彼らが見ても見えず，聞いても理解できない』ようになるために」。ギリシア語では持続進行する行為が念頭に置かれているのに対して，視覚の欠如，理解力の欠如は明白かつ決定的なので，アルメニア語ではすべてアオリストが用いられている；Mk 6,36 arjakeá zžołovowrdsd zi ert'eal šowrǰ yagaraks ew i geawłs. gnesc'en（接・アオ) iwreanc' zinč' owtic'en（接・現)＝ἀπόλυσον αὐτούς, ἵνα ἀπελθόντες εἰς τοὺς κύκλῳ ἀγροὺς

第10章 統語論

καὶ κώμας ἀγοράσωσιν ἑαυτοῖς τί φάγωσιν「群衆を解散させよ，そうすれば彼らはまわりの里や村々に行って，何か自分たちの食べるものを買って来るだろう」。「買う」という行為と「食べる」という行為が完了性の観点から区別されている；Lk 9,48 or ok' ənkalc'i（接・アオ）zmanowks zays yanown im. zís əndowni· ew or zis əndownic'i（接・現）. əndowní zar̄ak'ič'n im＝ὃς ἐὰν δέξηται τοῦτο τὸ παιδίον ἐπὶ τῷ ὀνόματί μου, ἐμὲ δέχεται· καὶ ὃς ἂν ἐμὲ δέξηται, δέχεται τὸν ἀποστείλαντά με「この子供を私の名ゆえに受け入れる者は，私を受け入れるのだ。また，私を受け入れる者は，私を遣わした者を受け入れるのだ」。イエスの腕に子供を受け入れるという定の行為にアオリスト，イエスの受け入れという不定の持続期間に及ぶ行為に現在が用いられている。ギリシア語はただ単なる行為として両方ともアオリスト；創 11,7 ekayk' ijc'owk'（接・アオ）ew xar̄nakesc'owk'（接・アオ）and zlezows noc'a, zi mi lsic'en（接・現）iwrak'anč'iwr barbar̄oy ənkeri iwroy＝δεῦτε καὶ καταβάντες συγχέωμεν ἐκεῖ αὐτῶν τὴν γλῶσσαν, ἵνα μὴ ἀκούσωσιν ἕκαστος τὴν φωνὴν τοῦ πλησίον αὐτοῦ「さあ我々は降って行って，そこで彼らの言葉を乱し，互いの言葉が聞き分けられぬようにしよう」。互いに言葉が通じ合わなくなる期間は不定である；Lk 19, 44 yatakesc'én（接・アオ）zk'ez ew zordis k'o i k'ez:. Ew óč' t'ołowc'own（接・現）k'ar i k'ari veray yamenayni i k'ez＝ἐδαφιοῦσίν σε καὶ τὰ τέκνα σου ἐν σοί, καὶ οὐκ ἀφήσουσιν λίθον ἐπὶ λίθον ἐν ὅλῃ σοί「お前とお前の中のお前の子らとを地に打ち倒すだろう。そして彼らは，お前全体の中で，石の上に〔ほかの〕石を残したままにしておくことはないだろう」；Eznik II,1 でズルワンは自分の行ってきた供犠の効果がどんなものになるかを知らずに言う：linic'i?（接・現）inj ordi Ormizd, et'e i zowr inč' janayc'em（接・現）「私に子のオルミズドができるのだろうか，それともいたずらに苦労していることになるのだろうか」。ついで母の胎内にオルミズドとアルフムンが宿ったとき，言う：or ok' i noc'anê vał ar̄ is hasc'ê zna t'agawor araric'（接・アオ）「彼らのうち最初に私のもとに来る方を，私は王とするだろう」。再び接続法現在が定の終点を含まない行為を示すのに現れる：c'ayžm es vasn k'o yašt ar̄nei, yaysm hetê dow vasn im ar̄nic'es（接・現）「これまでは私がお前のために供犠を行ってきた。これから後はお前が私のために行うのだ」；Lk 1,20 ełic'es（接・アオ）hamr ew mí karasc'es（接・アオ）xawsel. minč'ew c'awrn yorowm ayd linic'i（接・現）＝ἔσῃ σιωπῶν καὶ μὴ δυνάμενος λαλῆσαι ἄχρι ἧς ἡμέρας γένηται ταῦτα「このことが起こる日まで，あなたは口がきけず，ものが言えなくなるだろう」；Jh 16,21 kin yoržam cnanic'i（接・現）trtmowt'iwn ê nma. zi haseal ê žam nora· aył yoržam cnc'i（接・アオ）zmanowkn. óč' ews yišê znełowt'iwn vasn xndowt'ean. zi cnaw mard yašxarh＝ἡ γυνὴ ὅταν τίκτῃ λύπην ἔχει, ὅτι ἦλθεν ἡ ὥρα αὐτῆς· ὅταν δὲ γεννήσῃ τὸ παιδίον, οὐκέτι μνημονεύει τῆς θλίψεως διὰ τὴν χαρὰν ὅτι ἐγεννήθη ἄνθρωπος εἰς τὸν κόσμον「女性は産もうと

第10章 統 語 論

いう時，悲しみを覚えるものだ．自分の時が来たからだ．だが，幼子を産むと，その時には，人が世に生まれたという喜びのために，もはや苦しみを思い出さないものだ」．

E．時制

§ 192. 時制はアルメニア語の動詞組織ではきわめて小さな位置しか占めていない．2つの時制しか区別されず，しかも直説法に限られる．すなわち，直説法現在によって表わされる現在と，未完了過去と直説法アオリストによって表わされる過去との対立である．

歴史的現在は一般に避けられる傾向が強い．原則としてギリシア語の歴史的現在はアルメニア語で未完了過去あるいはアオリストによって訳されるが，そのまま模倣されることも稀でない．次の例ではギリシア語の歴史的現在がアオリストで訳されている：Mk 8,6 hramayeacʻ žołovrdeann bazmel i veray erkri＝παραγγέλλει τῷ ὄχλῳ ἀναπεσεῖν ἐπὶ τῆς γῆς「彼は群衆に地面に横になるように指示した」．しかし次の例では，原文の3つの歴史的現在のうち最初の2つが維持され，最後の1つが未完了過去で訳されている：Mk 8,22 Gan i Betʻsayida. ew acen arʻaǰi nora koyr mi. ew ałačʻein zna zi merjescʻí i na＝Καὶ ἔρχονται εἰς Βηθσαϊδάν. Καὶ φέρουσιν αὐτῷ τυφλὸν καὶ παρακαλοῦσιν αὐτὸν ἵνα αὐτοῦ ἅψηται「彼らはベトサイダにやって来る．すると人々は，一人の盲人を彼の前に連れて来る．そして彼らは，彼に触ってもらいたいと乞い願った」．また Mk 6,1 el anti. ekn i gawarʻ ew ertʻayin zhet nora ašakertkʻn iwr＝ἐξῆλθεν ἐκεῖθεν καὶ ἔρχεται εἰς τὴν πατρίδα αὐτοῦ, καὶ ἀκολουθοῦσιν αὐτῷ οἱ μαθηταὶ αὐτοῦ「彼はそこから出て行って，彼の故郷にやって来た．また，彼の弟子たちが彼に従っていた」．

§ 193. 未来はアルメニア語で固有の表現を持たず，きわめて頻繁に接続法アオリストによって表わされる．例えば Lk 6,9 harcʻícʻ inčʻ cʻjez＝ἐπερωτῶ ὑμᾶς「私はあなたたちにひとつ尋ねたい」；Lk 1,48 yaysm hetê eranescʻén (M: eranicʻen) inj amenayn azgkʻ＝ἀπὸ τοῦ νῦν μακαριοῦσίν με πᾶσαι αἱ γενεαί「今から後，すべての世代が私を幸いな者と呼ぶだろう」；Jh 4,23 ekecʻê žamanak ew áyžm isk ê＝ἔρχεται ὥρα καὶ νῦν ἐστιν「時が来ようとしている．今こそその時だ」．動作に未完了的な相が見られる場合には，接続法現在が未来の訳に用いられる．例えば，未来の反復的な動作に言及して Mk 10,34 ew katakicʻen znovaw ew harkanicʻen zna ew tʻkʻanicʻen i na ew spancʻen＝καὶ ἐμπαίξουσιν αὐτῷ καὶ ἐμπτύσουσιν αὐτῷ καὶ μαστιγώσουσιν αὐτὸν καὶ ἀποκτενοῦσιν「そして彼らは彼をなぶりものにし，彼を鞭打ち，彼に唾をかけ，そして殺すだろう」（最後の動詞のみ接・アオ）；Lk 16,30 tʻe i mereḷocʻ okʻ ertʻicʻê（接・アオ）ar nosa. ew apašxaricʻen（接・現）＝ἐάν τις ἀπὸ νεκρῶν πορευθῇ

— 259 —

第10章 統語論

πρὸς αὐτοὺς μετανοήσουσιν「もし誰かが死者の中から彼らのもとに赴いたならば, 彼らも悔い改めるであろう」。

未来は -oc' に終わる分詞＋繋辞によって表現されることがある (cf. §122, 207). 時折その本来の必然性の意味がそれとなく現れることがあるが, 純粋に未来の意味の影に隠れることも多い. 例えば Mk 14,18 mi omn i jênĵ matneloc' ê zis = εἰς ἐξ ὑμῶν παραδώσει με「あなたたちのうちの一人が私を売り渡すだろう」; Mt 26,31 amenek'in dowk' gayt'agłełóc' êk' yinên yaysm gišeri = πάντες ὑμεῖς σκανδαλισθήσεσθε ἐν ἐμοὶ ἐν τῇ νυκτὶ ταύτῃ「あなたたち全員がこの夜, 私に躓くことになるだろう」; Jh 13,27 or zinč' ařneloc'n es. ará vałvałaki = ὃ ποιεῖς ποίησον τάχιον「しようとしていることを早くしてしまえ」。

§ 194. 直説法現在は, 間近に迫っている事態を表すことがある：創 24,58 ert'as? ənd ařns ənd aysmik — ert'am = πορεύσῃ μετὰ τοῦ ἀνθρώπου τούτου; — πορεύσομαι「お前はこの人と一緒に行くか」 — 「行く」; 出 33,20 oč' tesanê mard zeress im = οὐ γὰρ μὴ ἴδῃ ἄνθρωπος τὸ πρόσωπόν μου「人は私の顔を見ることはない」; 強調的に Jh 20,25 óč' hawatam = οὐ μὴ πιστεύσω「私は絶対に信じない」。

§ 195.「…して言った」という表現において, ew「そして」に続く動詞 asem「言う」（通常は直接話法を導く）の時制の選択は, 先行する主動詞の時制に依存している. 先行動詞が未完了過去ならば asem も未完了過去で現れる：Mt 27,39-40 šaržein zglowxs iwreanc' ew asein = κινοῦντες τὰς κεφαλὰς αὐτῶν καὶ λέγοντες「彼らは頭を振りながら言い続けた」; Lk 3,10 harc'anein zna žołovowrdk'n ew asein = ἐπηρώτων αὐτὸν οἱ ὄχλοι λέγοντες「群衆が彼にたずねて言った」; しかし Mt 3,14 Ew Yovhannês argeloyr zna ew asê = ὁ δὲ Ἰωάννης διεκώλυεν αὐτὸν λέγων「しかしヨハネは彼を思いとどまらせようとして言った」. 先行動詞がアオリストならば asem は現在形で現れる：Mt 8,10 zarmac'aw ew asê = ἐθαύμασεν καὶ εἶπεν「彼は驚いて言った」; Lk 3,12 ekin ew mak'sawork' mkrtel ew asen c'na = ἦλθον δὲ καὶ τελῶναι βαπτισθῆναι καὶ εἶπαν πρὸς αὐτόν「徴税人たちも洗礼を受けにやって来て, 彼に対して言った」; F.Byz. III,6 zayrac'an ənd bans nora ew asen「彼らは彼の言葉に腹を立てて言った」; Eznik II,1 et c'Ormizd ew asê「彼は（それを）オルミズドに与えて言った」; しかし Mk 8,24 bac'aw ew asêr = ἀναβλέψας ἔλεγεν「彼は見えるようになって言った」。

先行動詞が分詞形でも, あるいはそれが従属節にある場合も asem はアオリストになる：Mt 2,8 arjakeal znosa i Bet'łeem asê = πέμψας αὐτοὺς εἰς Βηθλέεμ εἶπεν「彼らをベトレヘムに送って言った」; Eznik II,1 matowc'eal Arhmeni ařaji Zrowanay asê c'na「アルフムンがズルワンの前に近づいて彼に言っ

— 260 —

た」; Mk 6,16 ibrew lowaw Hêrovdês asê = ἀκούσας δὲ ὁ Ἡρῴδης ἔλεγεν 「ヘロデは〔これを〕聞いて言った」.

F. 叙法

§ 196. 法には命令法, 直説法, 接続法の3つがある.

命令法は現在語幹とアオリスト語幹にそれぞれ2人称単数と複数のみ. その用法は機械的に決まっている. すなわち命令法現在は常に禁止的であり, 命令法アオリストは常に肯定的である. 例えば, 命・アオ・単 ara「なせ」, 複 ararêk‘, 命・現・単 mi aṙner「なすな」, 複 mi aṙnêk‘. 命令法現在が福音書で肯定的に用いられる唯一の例外は, 動詞「(で) ある」のそれである: Mt 26,49.27,29. Mk 15, 18 oḷj er = χαῖρε「ごきげんうるわしゅう」; Mt 28,9 oḷj êk‘ = χαίρετε.

gam「来る」の命・アオ・複・2 ekayk‘ は接・アオ・複・1 と共に用いて, ギリシア語の勧奨的接続法を訳す: Mk 1,38 ekayk‘ ert‘ic‘ówk‘ ew yayl mawtawor giwłak‘ałak‘sn = ἄγωμεν ἀλλαχοῦ εἰς τὰς ἐχομένας κωμοπόλεις 「この付近のほかの村や町へ行こうではないか」; Mk 4,35 ekayk‘ anc‘c‘ówk‘ yaynkołmn = διέλθωμεν εἰς τὸ πέραν「向こう岸に渡ろうではないか」. もちろん接続法形単独でも, Lk 15,23 keric‘owk‘ ew owráx lic‘owk‘ = φαγόντες εὐφρανθῶμεν「食べて祝宴をあげようではないか」; Lk 20,14 spanc‘owk‘ zsa = ἀποκτείνωμεν αὐτόν「こいつを殺してしまおう」; 使 4,17 spaṙnasc‘owk‘ noc‘a mí ews xawsel yanownn yayn = ἀπειλησώμεθα αὐτοῖς μηκέτι λαλεῖν ἐπὶ τῷ ὀνόματι τούτῳ「その名によって誰にも語ってはならないと, 彼らを威してやろうではないか」. また, t‘ołowm の命・アオ・単・2 t‘oł は特に接続法1人称と共に用いて, ギリシア語 ἄφες (ἄφετε) + 接続法を訳す: Mt 7,4 t‘oł hanic‘ zšiwłd yakanê k‘owmmê = ἄφες ἐκβάλω τὸ κάρφος ἐκ τοῦ ὀφθαλμοῦ σου「あなたの目からそのちり屑を取り出させてくれ」; Mt 27,49 t‘ół tesc‘owk‘ et‘e gay Êlia p‘rkel zda = ἄφες ἴδωμεν εἰ ἔρχεται Ἠλίας σώσων αὐτόν「エリヤがやって来てそいつを救うかどうか, 見てやろう」.

直説法は事態を事実として叙述する. 例えば, Eznik II,1 Yaynžam sksan Ormizd ew Arhmnn aṙnel araracs. ew amenayn inč‘ʿ zor Ormizdn aṙnêrˋ bari êr ew owłił, ew zor inč‘ Arhmnn gorcêrˋ č‘ar êr t‘iwr「そこでオルミズドとアルフムンは創造を開始した. オルミズドが造ったものはすべて善く正しかった. アルフムンが造ったものは悪く正しくなかった」.

§ 197. アルメニア語では接続法が従属化の基本的な叙法として残存した. 叙法に関してアルメニア語の辿った経過は, 新約聖書ギリシア語において希求法がその分布・頻度・用法の範囲を大幅に後退させられたのと引き替えに, 接続法が従属化の支配的な叙法になったことと平行している. 直説法は事態を事実として提示するのに対して, 接続法は事態を可能なあり得ること, あるいは望ましいこととして示す.

第10章 統 語 論

不定の単なる可能性を表わすには接続法現在が用いられる．従属節と独立節を問わず，その使用領域が広いことは，次の『創世記』3,3-5のギリシア語原文とアルメニア語訳文を対照することによって例示されよう：

bayc' i ptłoy cařoyn, or ê i mêǰ draxtin, asac' Astowac` mi owtic'êk' i nmanê, ew mi howp linic'ik', zi mi meřanic'ik' : (4) Ew asê awjn c'kinn, oč' et'ê mahow meřanic'ik' : (5) Zi gitêr Astowac t'ê yorowm awowr owtic'êk' i nmanê, banayc'en ač'k' jer ew linic'ik' ibrew zastowacs, čanač'el zbari ew zč'ar :

ἀπὸ δὲ καρποῦ τοῦ ξύλου, ὅ ἐστιν ἐν μέσῳ τοῦ παραδείσου, εἶπεν ὁ θεός Οὐ φάγεσθε ἀπ' αὐτοῦ οὐδὲ μὴ ἅψησθε αὐτοῦ, ἵνα μὴ ἀποθάνητε.(4) καὶ εἶπεν ὁ ὄφις τῇ γυναικί Οὐ θανάτῳ ἀποθανεῖσθε· (5) ᾔδει γὰρ ὁ θεὸς ὅτι ἐν ᾗ ἂν ἡμέρᾳ φάγητε ἀπ' αὐτοῦ, διανοιχθήσονται ὑμῶν οἱ ὀφθαλμοί, καὶ ἔσεσθε ὡς θεοὶ γινώσκοντες καλὸν καὶ πονηρόν「ただ，園の中央にある木の果実は，これを食べてはいけない，触れてもいけない，死んではいけないから，と神は言われた」．(4) 蛇は女に言った，「決して死ぬことはないだろう」．(5) それを食べると，あなたたちの目が開け，神々のように善悪を知る者となることを，神は知っておられるのだ」

以下では，接続法の用法の幾つかの例を挙げるにとどめておこう（ギリシア語原形はすべて直説法現在）：
〈従属用法〉（関係節やt'eによって導かれる間接疑問文など）—— Lk 3,11 oyr ic'en erkow handerjk'. tac'ê zmin aynm oyr oč'n gowc'ê ew oyr kayc'ê kerakowr noynpês arasc'ê = ὁ ἔχων δύο χιτῶνας μεταδότω τῷ μὴ ἔχοντι, καὶ ὁ ἔχων βρώματα ὁμοίως ποιείτω「下着が二枚ある者は，ない者に一枚与えよ．また食物がある者も同じようにせよ」; Lk 6,35 towk' p'ox owsti óč' akn ownic'ik' ařnowl = δανίζετε μηδὲν ἀπελπίζοντες「取り戻すことが期待できないような者に [Gk：少しも失望することなく] 金を貸せ」; Lk 6,48 nmán ê ařn or sinic'ê town = ὅμοιός ἐστιν ἀνθρώπῳ οἰκοδομοῦντι οἰκίαν「彼は，家を建てる人（がいればその人）と同じだ」; Mk 6,49 hamarec'an t'e ař ač'awk' inč' linic'i = ἔδοξαν ὅτι φάντασμά ἐστιν「彼らは，それが化け物でもあろうと思った」; Mk 8,23 harc'anêr c'na t'e tesanic'ê? inč'=ἐπηρώτα αὐτόν· εἴ τι βλέπεις;「イエスは彼に，何か見えるか，とたずねた」（原文は直接疑問）; Jh 9, 25 t'e meławor ic'ê. es óč' gitem· bayc' zays gitem. zi koyr ei. ew ard tesaném = εἰ ἁμαρτωλός ἐστιν οὐκ οἶδα· ἓν οἶδα ὅτι τυφλὸς ὢν ἄρτι βλέπω「彼が罪人であるかどうか，私にはわからない．しかし私にはこのことがわかっている．自分が盲人だったのに今は見えるということだ」; ギリシア語の不定詞付き対格を内容とする分詞構文が接続法現在を伴うt'eによって導かれている例もあ

第10章　統　語　論

る：Lk 2,44 karcein znmanê tʻe ənd owłekicʻsn icʻê＝νομίσαντες δὲ αὐτὸν εἶναι ἐν τῇ συνοδίᾳ「彼らは，彼が道連れの人々の中にいるのではないかと思った」。

〈独立用法〉—— Lk 6,39 mitʻe karicʻê? koyr kowri aṙajnordel. ôčʻ apakʻên erkokʻin i xorxorat anakanicʻin ＝ μήτι δύναται τυφλὸς τυφλὸν ὁδηγεῖν ; οὐχὶ ἀμφότεροι εἰς βόθυνον ἐμπεσοῦνται ;「盲人に盲人の道案内ができようか．両者とも溝に落ちてしまわないだろうか」（ギリシア語の最後の未来形は接続法に代わるもの）；Lk 16,17 Diwrín icʻê erknicʻ ew erkri ancʻanel. kʻan yawrinacʻ mio nšanaxecʻi ankanel＝εὐκοπώτερον δέ ἐστιν τὸν οὐρανὸν καὶ τὴν γῆν παρελθεῖν ἢ τοῦ νόμου μίαν κεραίαν πεσεῖν「律法から文字の一画がなくなるよりは，天地の消え失せる方が容易だろう」。

§ 198. kamim「望む」, ałačʻem「懇願する」などの動詞に要求される補文（その標識は zi）の動詞には通常，接続法アオリストが用いられる：Mt 13,28 kamis? zi ertʻicʻowkʻ kʻałescʻowkʻ zayn i bacʻ＝θέλεις οὖν ἀπελθόντες συλλέξωμεν αὐτά;「私たちが行って，それらを抜き集めることを，あなたは望むか」；Mk 7,26 ałačʻêr zna· zi zdewn hancʻê i dsterê nora＝ἠρώτα αὐτὸν ἵνα τὸ δαιμόνιον ἐκβάλῃ ἐκ τῆς θυγατρὸς αὐτῆς「彼女は，自分の娘から悪霊を追い出してくれるよう彼に頼んだ」；part ê zi ＋接法は次の箇所のみ（通常は不定詞と）：Lk 22,37 ays ews or greal ê part ê zi kataresc'i yis＝τοῦτο τὸ γεγραμμένον δεῖ τελεσθῆναι ἐν ἐμοί「書かれているこのことはなお，私において成就されねばならない」。

§ 199. 接続法は，あることを行わせる，または行おうとする意志を表明するのに用いられる：Lk 8,8 or ownicʻi akanjs lseloy. lowicʻê＝ὁ ἔχων ὦτα ἀκούειν ἀκουέτω「聞く耳を持つ者は聞け」；Mk 6,37 ertʻicʻowkʻ gnescʻowkʻ erkeriwr dahekani hacʻ ew tacʻowkʻ? docʻa owtel＝ἀπελθόντες ἀγοράσωμεν δηναρίων διακοσίων ἄρτους καὶ δώσομεν αὐτοῖς φαγεῖν;「私たちの方が行って，二百デナリオンも出してパンを買い，彼らに食べさせようというのか」；Eznik II,1 cʻayžm es vasn kʻo yašt aṙnêi, yaysm hetê dow vasn im aṙnicʻes「これまでは私がお前のために供犠を行って来た，これからはお前が私のために行うのだ」；yet inn hazar ami Ormizd tʻagaworescʻê, ew zinčʻ kamicʻi aṙnelˉ arascʻê「九千年後にオルミズドが王として支配し，創造したいものを創造するのだ」。

　2人称であっても，命令に相のニュアンスを表現しようとする場合には，接続法が用いられる：Mt 10,26 mí... erknčʻicʻikʻ (接・現・複・2)「恐れるな」…(28) mí erknčʻikʻ (命・現・複・2 ; M : mi erknčʻicʻikʻ) ... aył erkerowkʻ (命・アオ・複・2)「恐れよ」…(31) mí erknčʻicʻikʻ (M : mi erknčʻikʻ). しかし，ギリシア語諸写本におけるように，アルメニア語でも写本間で mi ＋命・現／接・現の

— 263 —

第10章 統語論

揺れが起こっている．接続法現在の複数2人称で -iǰik' に終わる形（いわゆる exhortativus）は相的な差異を表わす．例えば，Mt 10,11-12 Yor k'ałak' mtanic'êk' kam i geawł. harc'anic'êk'（接・現）t'e o？ê i nma aržani ew ánd liniǰik'（exhort・現）minč'ew elanic'êk' anti : (12) Ew ibrew mtanic'êk' i townn. ołǰoyn taǰik'（exhort・アオ）nma ew asasǰik'（exhort・アオ）= εἰς ἣν δ' ἂν πόλιν ἢ κώμην εἰσέλθητε, ἐξετάσατε τίς ἐν αὐτῇ ἄξιός ἐστιν κἀκεῖ μείνατε ἕως ἂν ἐξέλθητε. (12) εἰσερχόμενοι δὲ εἰς τὴν οἰκίαν ἀσπάσασθε αὐτήν λέγοντες「町や村に入ったら，その中で誰がふさわしいか，探せ．そしてそこから出て来るまで，そこに留まれ．(12) また，家に入ったら，その家の人に挨拶して言え」．ここでは harc'anic'êk', liniǰik' と taǰik', asasǰik' とによって相的な対比が表現されている．

§ 200. 2つの文が等位的につながれ，後文の動詞が前文の動詞に示されている行為に関連して起こり得る1つの結果を表わしている時，後文の動詞に接続法が用いられることがある（Jensen [1959 : 118] はこれを Conj. Consecutivus と名づけている）．ギリシア語原文では最初の動詞が分詞の形をとることがある : Lk 5,39 oč' ok' əmpê zhinn ew kamic'i norn = οὐδεὶς πιὼν παλαιὸν θέλει νέον「誰も古い〔葡萄酒〕を飲んで，新しい〔葡萄酒〕を欲しがる者はいない」; Lk 9, 62 oč' ok' arkanê ǰeṙn zmačov· ew hayic'i yets = οὐδεὶς ἐπιβαλὼν τὴν χεῖρα ἐπ' ἄροτρον καὶ βλέπων εἰς τὰ ὀπίσω「鋤に手をつけてから後ろを振り返る者は一人もいない」; Lk 11,22 zspaṙazinowt'iwn nora hanê yor yowsac'eal êr. ew zawar nora bašxesc'ê = τὴν πανοπλίαν αὐτοῦ αἴρει ἐφ' ᾗ ἐπεποίθει καὶ τὰ σκῦλα αὐτοῦ διαδίδωσιν「彼らは彼が頼みとしていたその武具を奪い取り，戦利品を分配するだろう」．ギリシア語の2つの未来形がそれぞれ直説法現在と接続法現在で訳されている例が注目される : Mk 9,39 oč' ok' ê or aṙnê zawrowt'iwns yanown im. ew karic'ê hayhoyel zis = οὐδείς ἐστιν ὃς ποιήσει δύναμιν ἐπὶ τῷ ὀνόματί μου καὶ δυνήσεται ταχὺ κακολογῆσαί με「私の名で力ある業を行い，(Gk : すぐに) 私の悪口を言えるような者は一人もいない」．

§ 201. 接続法現在・アオリストの否定は原則として，可能な事実の意味ならば oč' を，禁止・勧告の意味ならば mi を用いる : Lk 12,4 mí zarhowric'ik' yaync'anê or spananen zmarmin. ew yet aynorik aweli inč' oč' ownic'in aṙnel = μὴ φοβηθῆτε ἀπὸ τῶν ἀποκτεινόντων τὸ σῶμα καὶ μετὰ ταῦτα μὴ ἐχόντων περισσότερόν τι ποιῆσαι「体を殺しても，その後それ以上何事もできない者どもを恐れるな」; Lk 12,59 oč' elanic'es anti. minč'ew hatowc'anic'es zyetin bnionn = οὐ μὴ ἐξέλθῃς ἐκεῖθεν, ἕως καὶ τὸ ἔσχατον λεπτὸν ἀποδῷς「あなたは最後の一レプトンを払い切るまでは，決してそこから出て来ることはないだろう」．しかし Lk 9,27 en omank'... ork' mí čašakesc'en zmah. minč'ew

第10章　統　語　論

tesc'en zark'ayowt'iwn $\overline{AY}$=εἰσίν τινες... οἳ οὐ μὴ γεύσωνται θανάτου ἕως ἂν ἴδωσιν τὴν βασιλείαν τοῦ θεοῦ「神の王国を見るまでは，決して死を味わうことのない者が幾人かいる」; Mt 24,35 Erkink' ew erkir anc'c'en· ew bank' im mí anc'c'en=ὁ οὐρανὸς καὶ ἡ γῆ παρελεύσεται, οἱ δὲ λόγοι μου οὐ μὴ παρέλθωσιν「天地は過ぎ行くであろう．しかし私の言葉は決して過ぎ行くことがない」; Jh 10,28 ew es tám noc'a zkeansn yawitenakans· ew mí koric'en i yawitean=κἀγὼ δίδωμι αὐτοῖς ζωὴν αἰώνιον καὶ οὐ μὴ ἀπόλωνται εἰς τὸν αἰῶνα「そして私は彼らに永遠の命を与えようとしており，彼らは永遠に滅びることがない」．アルメニア語では接続法それ自体は単に可能性を示すだけであり，oč' あるいは mi を使用することで，接続法に固有の価値とは無縁の，否定か禁止かというニュアンスの違いを明確にしている．

II．不定形の用法

A．不定詞

§ 202．不定詞は形態上は現在語幹に属しているが，アオリスト不定詞というべきものが対立的に存在していないので，相的ないし時制的価値はもっぱら未完了的現在的であるというわけではない．また，態の対立もなく中立的であって，同じ形が能動にも受動にも用いられる．

　不定詞は o-語幹型に属する名詞であり，抽象名詞として機能する．例えば aṙanc' yapałeloy は aṙanc' yapałowt'ean または aṙanc' yapałanac' と同じく「躊躇することなく，遅延なく」を意味する．また，不定詞の主語は属格に置かれる．例えば Jh 2,3 i pakasel ginwoyn· asê mayrn c'$\overline{YS}$=ὑστερήσαντος οἴνου λέγει ἡ μήτηρ τοῦ Ἰησοῦ πρὸς αὐτόν「葡萄酒が切れてしまった時に，母がイエスに言う」; しかし一方で，不定詞は動詞的性格を持っており，どんな場合でも不定詞の目的語は対格に置かれるという事実は重要である．

　不定詞はあらゆる格形で用いられる：

〈主格〉
Mt 8,12 ánd etic'i lal ew krčel atamanc'=ἐκεῖ ἔσται ὁ κλαυθμὸς καὶ ὁ βρυγμὸς τῶν ὀδόντων「そこには嘆きと歯ぎしりとがあるだろう」; ロマ 14, 21 law ê oč' owtel mis=καλὸν τὸ μὴ φαγεῖν κρέα「肉を食わないことは良いことだ」; Mt 15,20 anloway jeṙawk' owtel oč' płcê zmard=τὸ ἀνίπτοις χερσὶν φαγεῖν οὐ κοινοῖ τὸν ἄνθρωπον「洗わない手で食べることが人間を穢すことはない」．

〈対格〉
Eznik II,16 oč' kamim zmah meławorin, ayl zdaṙnaln nora ew zkeal「私が望むのは罪人の死ではなく，その改心と生である」; Eznik I,23 č'et ogi klanel「彼は私に息を吸い込ませなかった」; F.Byz. III,5 złjac'aw zamowsnanaln「彼

— 265 —

第10章　統　語　論

は結婚を後悔した」, yamowsnanaln brīnadatec'aw「彼は結婚を強いられた」；
Jh 17,5 yaṟaǰ k'an zlinel ašxarhi＝πρὸ τοῦ τὸν κόσμον εἶναι「世が生起する
よりも前に」．

〈属格〉
Agath. §71 vasn imoy tanǰeloy i k'ên「私があなたによって苦しめられている
ゆえに」；Lk 12,33 ararêk' ǰez k'saks aṟanc' hnanaloy＝ποιήσατε ἑαυτοῖς
βαλλάντια μὴ παλαιούμενα「あなたたちは自分のために，古びることのない財布
を作れ」；Mk 1,14 yet matneloyn Yovhannow＝μετὰ τὸ παραδοθῆναι τὸν
Ἰωάννην「ヨハネが引き渡された後」．──不定詞は名詞に依存して属格に置かれ
るが，その目的語は対格に置かれる：Eznik II,3 araracs aṟneloy hnars xndrêr
「彼は被造物をつくる手段を求めていた」

〈与格〉
Jh 5,3 akn ownein ǰroc'n yowzeloy＝ἐκδεχομένων τὴν τοῦ ὕδατος κίνησιν
「彼らは水の動くのを待っていた」．──目的を表わして：Lk 8,8 or ownic'i akanǰs
lseloy. lowic'ê＝ὁ ἔχων ὦτα ἀκούειν ἀκουέτω「聞くために耳を持つ者は聞
け」；創 13,6 oč' bawêr noc'a erkirn bnakeloy i miasin＝οὐκ ἐχώρει αὐτοὺς
ἡ γῆ κατοικεῖν ἅμα「その土地は彼らが一緒に住むには十分でなかった」．

〈位格〉（時間節によく見られる）
Agath. §18 ənd nowazel žamanakac', i baṟnal terowt'eann yArtawanay, i
spananel zna Artašri「時が過ぎ去って，アルタワンに支配権が奪われた時，ア
ルタシルが彼を殺した時」；Lk 12,1 Orovk' i kowtel biwraworac' žołovr-
deann· minč'ew koxêl zmimeans:. Sksaw asel c'ašakertsn iwr＝ἐν οἷς ἐπι-
συναχθεισῶν τῶν μυριάδων τοῦ ὄχλου, ὥστε καταπατεῖν ἀλλήλους, ἤρξατο
λέγειν πρὸς τοὺς μαθητὰς αὐτοῦ「そうこうするうちに，無数の群衆が集まって
来て，互いに足を踏みつけ合うほどになった時，彼はその弟子たちに対して語り始
めた」；Mt 20,29 yelaneln noc'a yErik'ovê. gnac'ín zhet nora žołovowrdk'
bazowmk'＝ἐκπορευομένων αὐτῶν ἀπὸ Ἰεριχὼ ἠκολούθησεν αὐτῷ ὄχλος
πολύς「彼らがエリコから出て来ると，多くの群衆が彼に従った」；Lk 8,5 i ser-
maneln iwrowm＝ἐν τῷ σπείρειν αὐτόν「彼が種を蒔いている間に」（主語が所
有詞によって表わされている）；Mt 6,27 o? i ǰênǰ aṟ hogal iwrowm yawelowl
karic'ê i hasak iwr kangown mi＝τίς δὲ ἐξ ὑμῶν μεριμνῶν δύναται προσ-
θεῖναι ἐπὶ τὴν ἡλικίαν αὐτοῦ πῆχυν ἕνα;「あなたたちのうちで誰が，思い煩っ
たからといって，自分の背丈を一尺ほどでも伸ばせるだろうか」．

第10章 統　語　論

〈奪格〉
Lk 23,2 gtak' zsa zi t'iwrêr zazgs mer. ew argeloyr i taloy harks kayser =τοῦτον εὕραμεν διαστρέφοντα τὸ ἔθνος ἡμῶν καὶ κωλύοντα φόρους Καίσαρι διδόναι「私たちは，この者が私たちの民を惑わし，カエサルに税を払うことを禁じているのを見届けた」．

〈具格〉
Lk 8,47 ekn dołalov ew ankaw aŕaǰi nora = τρέμουσα ἦλθεν καὶ προσπεσοῦσα αὐτῷ「彼女はおののきつつやって来て，彼の前にひれ伏した」；Lk 11,45 zayd bans aselov ew zmez t'šnamanés=ταῦτα λέγων καὶ ἡμᾶς ὑβρίζεις「そのようなことを言うことによって，あなたは私たちをも侮辱している」；Lk 22,48 hambowrelov? matnes zordi mardoy = φιλήματι τὸν υἱὸν τοῦ ἀνθρώπου παραδίδως;「あなたは接吻で人の子を売り渡すのか」；使 10,27 ew hawselov ənd nma emowt i nerk's=καὶ συνομιλῶν αὐτῷ εἰσῆλθεν「そして彼と語り合いながら彼は入って来た」；Eł. 1,23 Ew zays lselov t'agaworin, borbok'ec'aw ibrew zhowr hnoc'in i Babilon「王はこれを聞きながら，バビロンに燃えさかる火のように激昂した」．

§ 203. 純粋な不定詞（形態的には主／対／位格形）は多数の動詞および一連の非人称的表現に現れる：Mt 28,1 ékn Mariam tesanel zgerezmann = ἦλθεν Μαριὰμ θεωρῆσαι τὸν τάφον「マリヤは墓を見るためにやって来た」．ここで純粋な不定詞は目的を示している（上記の与格不定詞を参照）．しかし，通常の名詞ならば何か他の格に置かれるような場合でも，純粋な不定詞はそのまま用いられる．例えば，与格の代わりに Jh 4,32 es kerakowr ownim owtel zor dowk'n óč' gitêk'=ἐγὼ βρῶσιν ἔχω φαγεῖν ἣν ὑμεῖς οὐκ οἴδατε「私には食べるべき，あなたたちの知らない食べ物がある」；奪格の代わりに Mt 2,22 erkeáw ert'al andr=ἐφοβήθη ἐκεῖ ἀπελθεῖν「彼はそこへ行くことを恐れた」；属格の代わりに Jh 19,10 išxanowt'iwn ownim arjakel zk'ez=ἐξουσίαν ἔχω ἀπολῦσαί σε「私にはお前を釈放する権力がある」．

§ 204. 純粋な不定詞の主語が表現される場合には，原則として与格に置かれる．そこでは大概，文の主動詞への依存が見られるが，そうした依存性が立証されない事例もあり，「不定詞付き与格」（dativus cum infinitivo）と称されることがある：IIコリ 9,1 aweli ê inj ew grel aŕ jez=περισσόν μοί ἐστιν τὸ γράφειν ὑμῖν「あなたたちに書くことも私には余計なことだ」；Jh 18,14 law ê aŕn miowm meŕanél i veray žołovrdeann=συμφέρει ἕνα ἄνθρωπον ἀποθανεῖν ὑπὲρ τοῦ λαοῦ「一人の人間が民のために死ぬことは得策だ」；Lk 19,14 óč' kamimk' t'agaworel dma i veray mer = οὐ θέλομεν τοῦτον βασιλεῦσαι ἐφ' ἡμᾶς「我

第10章　統　語　論

々は，この者が王として我々を支配することを望まない」．後の2つの例では共に，ギリシア語の不定詞付きの対格に不定詞付き与格が対応している．不定詞主語の与格は初めは文の主動詞に依存していたが，後にその依存関係を離れて，不定詞と共に独立の構成素に移行したと考えられる．

　不定詞が名詞的に用いられて前置詞に支配されている場合に，その主語が期待される属格でなく与格に置かれている例は，ギリシア語の不定詞付き対格の模倣であろう：Lk 9,29 i kal nma yaławt's ełew tesil eresac' nora aylakerp＝καὶ ἐγένετο ἐν τῷ προσεύχεσθαι αὐτὸν τὸ εἶδος τοῦ προσώπου αὐτοῦ ἕτερον「彼が祈っているうちに，彼の顔のさまが変わった」．こうした不定詞付き与格の用法がアルメニア語的語感にとって根本的に異質のものであったことは，次の例からも明らかである：Lk 9,18 ełew i kaln nora yaławt's aṙanjinn. eín ənd nma ew ašakertk'n nora＝ἐγένετο ἐν τῷ εἶναι αὐτὸν προσευχόμενον κατὰ μόνας συνῆσαν αὐτῷ οἱ μαθηταί「彼が一人で祈っている際，弟子たちも彼と共にいた」．ここではギリシア語の奴隷的な模倣ではなく，アルメニア語に期待される属格主語が見られる．

B．分詞

-eal に終わる分詞は，a）形容詞および b）（通常は助動詞と共に）動詞として用いられる．

a）　形容詞としての分詞

§ 205．分詞は多くの場合自動詞的または受動的な意味を持つが，他動詞的な意味で用いられることもある．形容詞としての分詞は名詞修飾語あるいは述語として用いられる．

——名詞修飾語として：Mt 12,20 zełegn ǰaṭǰaxeal óč' p'šresc'ê＝κάλαμον συντετριμμένον οὐ κατεάξει「彼は傷つけられた葦を砕くことがないであろう」；Agath. §55 yačaxes inj zpatrasteal owraxowt'iwnn K'ristosi「あなたはキリストの用意された喜びを私に増やしてくれる」；F.Byz. IV,11　vałvałaki ztoweal　hramans　nora　katarêr「彼の与えた命令をすぐに果した」；F.Byz. IV,23 t'ap'êr zamenayn zaṙeal gerowt'iwnn「彼は囚われた捕虜をすべて解放した」；F.Byz. III,7 kotorac zawrac'n harelóc'「打ちのめされた軍隊の敗北」；箴 28,15 aṙiwc k'ałc'eal ew gayl carawi＝λέων πεινῶν καὶ λύκος διψῶν「飢えた獅子と渇いた狼」．

——述語として：F.Byz. III,5 Vrt'anês amowsnac'eal ew anordi「ウルタネスは結婚しており，子供がなかった」．

——分詞は形容詞と同様に名詞として用いられる：例えば aṙak'eal（aṙak'em「派遣する」から）は ἀπόστολος「遣わされた者，使徒」の訳語である；Lk 9,60 t'ół zmeṙealsn t'ałel zmeṙeals iwreanc'＝ἄφες τοὺς νεκροὺς θάψαι τοὺς

第10章　統　語　論

ἑαυτῶν νεκρούς「死者たちに彼らの死者たちを葬らせよ」; Jh 7,49 nzoveałkʻ en =ἐπάρατοί εἰσιν「彼らは呪われた者たちだ」; asacʻealkʻ margarêin「預言者の言葉」, ənkalay zgiteals kʻo「私はあなたの手紙を受け取った」.

b) 動詞としての分詞

§ 206. 分詞は動詞として助動詞と共に，あるいは助動詞を伴わずに主動詞と同格的に用いられる．前者は述語的用法であって，後者はいわゆる participium conjunctum である．助動詞には繋辞 (em, ei, icʻem, あるいは linim の接 licʻim, あるいは ełanim のアオełê) が人称的または非人称的に用いられる．非人称的な用法の場合，繋辞は常に3人称単数形であり，文法的主語は属格に置かれる．原則として助動詞が現在形ならば完了であり，助動詞が未完了過去ならば過去完了を表わす．以下のような構文的な変異が見られる：

A. 分詞は受動的で，文法的主語は主格に立ち，動作主は表現される場合 i＋奪格または単独の具格である：Lk 5,20 tʻołeál licʻin kʻez mełkʻ kʻo＝ἀφέωνταί σοι αἱ ἁμαρτίαι σου「あなたの罪はあなたに赦されよ」; Mk 1,13 ew êr na... pʻorjeal i satanayê ＝ καὶ ἦν... πειραζόμενος ὑπὸ τοῦ σατανᾶ「彼はサタンによって試みられていた」; 使 20,22 ahawasik es kapeal hogwov ertʻam yErowsałêm ＝ ἰδοὺ δεδεμένος ἐγὼ τῷ πνεύματι πορεύομαι εἰς Ἰερουσαλήμ「見よ，私は霊に縛られて，エルサレムに行こうとしている」; 使 4,23 ew anti arjakeal ekin＝ἀπολυθέντες δὲ ἦλθον「釈放されて彼らは行った」．

B. 分詞は自動詞的・能動的で，その主語は主格に立つ：Mt 8,2 matowcʻeal borot mi erkir paganêr nma ＝ λεπρὸς προσελθὼν προσεκύνει αὐτῷ「一人のらい病人が近寄って来て彼にひれ伏した」; Mk 7,1 omankʻ i dpracʻn or ekeal ein yEMê ＝ τινες τῶν γραμματέων ἐλθόντες ἀπὸ Ἱεροσολύμων「エルサレムからやって来た幾人かの律法学者たち」; Lk 4,30 ew na ancʻeal ənd mêjn nocʻa gnáyr＝αὐτὸς δὲ διελθὼν διὰ μέσου αὐτῶν ἐπορεύετο「彼は彼らの只中を通り抜けて歩き去って行った」．

C. 分詞は自動詞的・能動的で，その主語は属格に立つ：Jh 15,22 Im etʻe čʻêr ekeal ew xawsecʻeal ənd nosa. meł inčʻ óčʻ goyr nocʻa ＝ εἰ μὴ ἦλθον καὶ ἐλάλησα αὐτοῖς, ἁμαρτίαν οὐκ εἴχοσαν「もし私が来て彼らに語らなかったならば，彼らには何ら罪がなかったろう」; Mt 15,12 Yaynžam matowcʻeal ašakertacʻn (M: ašakertkʻ) nora asen cʻna ＝ Τότε προσελθόντες οἱ μαθηταὶ αὐτοῦ λέγουσιν αὐτῷ「その時，彼の弟子たちがやって来て彼に言う」．

D. 分詞は他動詞的・能動的で，動作主は属格に，目的語は対格に立つ：Mt 12,3 očʻ? icʻê əntʻercʻeal jer zor arar (M: -n) Dawitʻ＝ οὐκ ἀνέγνωτε τί ἐποίησεν Δαυίδ「お前たちは，ダビデのしたことを読んだことがないのか」; Mt

28, 15 ew noc'a aŕeal zarcat'n. ararín orpês owsann = οἱ δὲ λαβόντες τὰ ἀργύρια ἐποίησαν ὡς ἐδιδάχθησαν「彼らは銀貨を受け取り，教えられたように行なった」；Mk 10,50 nora ənkec'eal zjorjs iwr. yareaw ékn aŕ $\overline{YS}$ =ὁ δὲ ἀποβαλὼν τὸ ἱμάτιον αὐτοῦ ἀναπηδήσας ἦλθον πρὸς τὸν Ἰησοῦν「彼は自分の着物を脱いで躍り上がり，イエスのもとにやって来た」（アルメニア語は通常ギリシア語原文のような分詞の等位構造を持たない）；Eznik I,25 zpayn isk im ač'awk' teseal ê「私はこの目で妖精を見た」；F.Byz. III,6 aŕ ekełec'eawn zor šineal êr mecin Grigori「大グレゴリウスが建てた教会のそばに」．動作主が表現されない場合，他動詞的・能動的意味は目的語の対格から明らかになる：Mt 5,1 Ew teseal zžołovowrdsn el i leaŕn = Ἰδὼν δὲ τοὺς ὄχλους ἀνέβη εἰς τὸ ὄρος「彼は群衆を見ると山にのぼった」．

E. 分詞は他動詞的・能動的で，動作主は主格に，目的語は対格に立つ：Mt 4,20 Ew nok'a t'ołeal vałvałaki zgorcisn. gnac'ín zhet nora = οἱ δὲ εὐθέως ἀφέντες τὰ δίκτυα ἠκολούθησαν αὐτῷ「彼らはすぐに網を捨て，彼に従った」；Mt 27,59 aŕeal zmarminn Yovsêp' (M. yovsêp'ay) pateác' = λαβὼν τὸ σῶμα ὁ Ἰωσὴφ ἐνετύλιξεν「ヨセフは体を取り包んだ」．このタイプには，述語的用法の例は知られていない．

助動詞はしばしば欠けることがある：Jh 6,51 Es em hac'n kendani or yerknic' iĵeal = ἐγώ εἰμι ὁ ἄρτος ὁ ζῶν ὁ ἐκ τοῦ οὐρανοῦ καταβάς「私は天から降った活けるパンである」；この用法は歴史家にもっとも頻繁に見られる．例えば Agath. §175 ew ard ełeal orotowmn yerknic'「その時，天から雷鳴が起こった」．

§ 207. いわゆる未来分詞あるいは必然性を表わす分詞は不定詞に接尾辞 -oc' を付加してつくられる．一般に助動詞 em を従えて述語的にしか用いられず，単数・複数にかかわらず形は不変である．その意味は，未来において確実に起こるべき事態あるいは間近に迫っている未来の事態を表わす：Jh 6,6 gitêr zinč' aŕneloc' êr = ᾔδει τί ἔμελλεν ποιεῖν「彼は，自分が何をすることになるかが分かっていた」；Mt 17,12 ordi mardoy č'arč'areloc' ê i noc'anê = ὁ υἱὸς τοῦ ἀνθρώπου μέλλει πάσχειν ὑπ' αὐτῶν「人の子は彼らから苦しみを受けるであろう」．

第3部　動詞の結合

A．動詞の並置

§ 208. 関連した一連の行為を示すために，2つ以上の動詞が並置されることがある．単独の mnay「彼は留まっている」の代わりに，kay mnay「彼はある，留まっている」あるいは kay ew mnay「彼はあって留まっている」が頻繁に見られる：Ⅱペト 3,4 amenayn inč' noynpês kay mnay i skzbanê araracoc'＝πάντα οὕτως διαμένει ἀπ' ἀρχῆς κτίσεως「すべてのものは天地創造の初めからそのままで変わっていない」；ヘブ 9,27 kay mnay mardkan mi angam meṙanel＝ἀπόκειται τοῖς ἀνθρώποις ἅπαξ ἀποθανεῖν「人間には一度だけ死ぬことが定まっている」；ヘブ 10,34 giteik' t'e lawagoyn ews stac'owacs ownik' anjanc' yerkins, owr kann ew mnan＝γινώσκοντες ἔχειν ἑαυτοὺς κρείττονα ὕπαρξιν ἐν οὐρανοῖς καὶ μένουσαν「あなたたちは，自分がもっとすばらしいいつまでも残るものを天に持っていることを知っていた」；詩 9,8 Astowac kay ew mnay yawitean＝ὁ κύριος εἰς τὸν αἰῶνα μένει「神はとこしえにある」．Mk 8,25 eba'c ew tesanêr＝διέβλεψεν「彼はよく見えるようになった」ではアオリストと未完了過去を結合してギリシア語の1つの動詞を訳している．また同様にF.Byz. Ⅲ,10 xałac' gnac'「彼は行った」；ekn t'ap'ec'aw yašxarhn nora「彼は自分の国にやって来た」；Agath.§ 809 ekn ehas i sahmans Hayoc'「彼はアルメニアの領土に到着した」；gam「来る」＋動詞は特にギリシア語の分詞＋動詞を訳す：Mt 4, 13 êkn bnakec'aw i Kap'aṙnaowm＝ἐλθὼν κατῴκησεν εἰς Καφαρναούμ「彼はやって来てカファルナウムに居を定めた」；Lk 5,7 aknarkein orsakc'ac'n i miws nawn. gal awgnel noc'a＝κατένευσαν τοῖς μετόχοις ἐν τῷ ἑτέρῳ πλοίῳ τοῦ ἐλθόντας συλλαβέσθαι αὐτοῖς「彼らは他の舟にいる猟師仲間に合図を送り，やって来て自分らを手助けしてくれるように〔頼んだ〕」；Mk 7, 25 ekn ankaw＝ἐλθοῦσα προσέπεσεν「彼女はやって来てひれ伏した」．Mk 4, 35；Lk 8,22 ekayk' anc'c'owk' は διέλθωμεν「渡ろうではないか」を訳している．また Mt 28,6 ekayk' tesêk'＝δεῦτε ἴδετε「こちらに来て，見よ」．さらに Mk 1, 7 č'em bawakan xonarhel lowcanel zxrac's＝οὐκ εἰμὶ ἱκανὸς κύψας λῦσαι τὸν ἱμάντα「私はかがんで紐を解く値打ちがない」．

ert'am にも同じような構文が見られる：Mt 28,7 ert'ayk' asac'êk' ašakertac'n nora＝πορευθεῖσαι εἴπατε τοῖς μαθηταῖς αὐτοῦ「行って，彼の弟子たちに言え」；Lk 5,14 ert' c'oyc' zanjn k'o＝ἀπελθὼν δεῖξον σεαυτόν「行って自らを見せよ」．同様にこれと平行した例：Lk 16,6.7 nist grea＝καθίσας γράψον「座って書け」；Lk 13,15 oč'？arjakê zezn iwr kam zêš i msroy· ew tani tay ǰowr＝οὐ λύει τὸν βοῦν αὐτοῦ ἢ τὸν ὄνον ἀπὸ τῆς φάτνης καὶ ἀπαγαγὼν ποτίζει；「自分の牛やろばを飼い葉桶からほどいてやり，引いて行って水

― 271 ―

第10章 統 語 論

をやらないのか」; Mt 2,16 aṝak'eac' kotoreac' zamenayn mankowns=ἀποστείλας ἀνεῖλεν πάντας τοὺς παῖδας「〔人を〕遣わして男児をすべて殺させた」; Lk 19,5 p'owt'á êǰ ayti=σπεύσας κατάβηθι「急いで降りて来い」, 6節では p'owt'ac'aw ew êǰ=σπεύσας κατέβη, cf. 使 22,18 p'owt'a el=σπεῦσον καὶ ἔξελθε.

yaṝnem「起きる」の命令法はギリシア語原文から独立して, 他の命令法と一群をなすことがある: Mk 3,3 arí anc' i mêǰ=ἔγειρε εἰς τὸ μέσον「起きて, 真中へ行け」; Lk 8,54 arí kac' manowk dow=ἡ παῖς, ἔγειρε「子よ, 起きよ」; Lk 5,24 arí aṝ zmahičs k'o. ew ert' i town k'o=ἔγειρε καὶ ἄρας τὸ κλινίδιόν σου πορεύου εἰς τὸν οἶκόν σου「起きてあなたの寝台を担げ, そしてあなたの家に行け」; Lk 22,46 では命令法が分詞を訳している: arík' kac'êk' yaławt's=ἀναστάντες προσεύχεσθε「起き上がって祈れ」.

任意の2つの動詞は意味によって一体と見なされるならば, 1つにまとめることができる: Mk 4,8 eleal ačec'eal tayr ptowł=ἐδίδου καρπὸν ἀναβαίνοντα καὶ αὐξανόμενα「〔それらの種は〕芽を出し成長しながら, 実を結び続けた」; ユディト 1,6 žołovec'an gowmarec'an aṝ na=συνήντησαν πρὸς αὐτόν「彼らは彼に敵対して集まって来た」.

語頭音の類似した動詞がまとめられる傾向が見られる: 詩 3,7 noc'a or šowrǰanaki pateal paheal pašarein zis=τῶν κύκλῳ συνεπιτιθεμένων μοι「私を包囲する者たち」; 使 21,35 dêp ełew baṝnal berel zna i zawrakanac'n=συνέβη βαστάζεσθαι αὐτὸν ὑπὸ τῶν στρατιωτῶν「彼はたまたま兵士たちに担がれねばならなくなった」; F.Byz. III,6 kalan ji mi amehi kapec'in kaxec'in zmanowkn Grigoris「彼らは一頭の悍馬をつかまえて, これに幼いグレゴリウスを縛って吊るした」.

3つの動詞を並置して: F.Byz. IV,23 zmnac'ords ašxarhin gerp'ec'in gerec'in aṝin「彼らは国の残りを略奪し, 捕虜にし, 連れ去った」. 4つの動詞を並置して: Agath. §18 lk'in xotec'in meržec'in anargec'in ztêrowt'iwnn Part'ewac'「彼らはパルティア人の支配を捨て, はねつけ, 追い払い, 拒絶した」. 前後2つずつの動詞が1つの単位をなしている. 単音節アオリストはオーグメントを欠くことがある. 例えば Agath. §44 kac' (v.l. ekac') patmeac'「彼は立って伝えた」; Mt 26,44 gnac' kac' yaławt's=ἀπελθὼν προσηύξατο「彼は行って祈った」.

§ 209. 「言う」を意味する語の後で, 補文を導入する「…と」(英 that, 独 daβ) にあたるものが時には動詞 bam「私は言う」の人称形によって表わされることがある: 申 32,26 asac'i bam c'rec'ic' znosa=εἶπα διασπερῶ αὐτούς「私は言った『彼らを追い散らしてしまおう』と」; Agath. §62 asac'er bas mardik en「あなたは『彼らは人間である』と言った」.

第10章　統　語　論

「たぶん，ひょっとすると」は動詞 goy「存在する」の本来は接続法現在 3 人称単数形である gowc'ê（＜*goyc'ê）によって表現される：Jh 7,26 gowc'ê ardewk' ew išxank'n gitac'ín t'e sa ic'ê K'Sn＝μήποτε ἀληθῶς ἔγνωσαν οἱ ἄρχοντες ὅτι οὗτός ἐστιν ὁ χριστός；「ひょっとすると指導者たちはこの男がキリストだと本当に知ったのだろうか」；Mt 25,9 gowc'ê ōč' ic'ê mez ew jez bawakan＝μήποτε οὐ μὴ ἀρκέσῃ ἡμῖν καὶ ὑμῖν「たぶん私たちとあなたたちにとっては決して十分ではないだろう」；Mt 24,4 zgōyš lerowk'. gowc'ê ok' zjez xabic'ê ＝βλέπετε μή τις ὑμᾶς πλανήσῃ「警戒せよ，ひょっとして誰かがあなたたちをだますかも知れない」．

B．動詞接頭辞

§ 210.　前置詞 aṙ，z-，ənd，y- は一定の動詞の前に添加されて，動詞接頭辞（preverb）として機能する．しかしこの用法は稀である．最も注目すべき例は ownim（アオ kalay）「持っている」に対する əndownim（アオ ənkalay）「受け取る」．また 1 つの動詞がいくつかの接頭辞を持つことがある，例えば hatanem「切る」に対して z-atanem「分ける」，y-atanem「切りそろえる」，しかし z-atč'im「分かれる」は接頭辞を伴ってしか現れない；anc'anem「通り過ぎる，違反する，過ぎ去る」に対して z-anc'anem「踏み越える」，y-anc'anem「罪を犯す」．

前置詞 aṙ はよく用いられるが，動詞接頭辞 aṙ- は例外的である：ełcanem「壊滅させる，滅ぼす」に対して aṙ-ełcanem「（謎を）解く」（士 14，12.13.14）；aṙ-lnowm「満たす」，aṙ-xet'em「続ける」（使 21，7 aṙxet'eal ＝ διανύσαντες）．aṙ-awelowm「増やす，増える」（cf. 副詞 aṙ-awel「より多く」）と y-awelowm「付け加える」は動詞接頭辞を添加した動詞複合語としてしか現れない．

動詞接頭辞 z- はきわめて頻繁に現れる．いくつかの動詞は動詞接頭辞を伴った複合語でしか存在しない：z-genowm「服を着る」，z-ayranam「（病気が）悪くなる，憤りを感じる」（cf. ayrem「燃える」）；zercanem「離す，外す」はオーグメントのないアオ・単・3 zerc（詩 29，12）の証拠から z-ercanem と区切られる（zenowm「いけにえにする」はアオ ezen（Lk 15，27）により一語である）．zgam「気づく，悟る」は歴史時代にはすでに gam「来る」（アオ eki）からまったく独立してしまい，アオ zgac'（ホセ 7，9）を持っている（使役形 zekowc'anem「示す，知らせる」から本来はアオ*z-eki）．

形容詞 art'own「目覚めた」と z-art'nowl「目覚める」はあるが，*art'nowl は見られない．zarhowrim「恐れる」の z- は動詞接頭辞であろう（cf. arhawirk'「恐怖」，ah「恐れ」）．単純語 armanal「びっくりする」，z-armanal「驚く」，ənd-armanal「腰を抜かす，こわばる」（これらの語の基底に形容詞*arm「硬直した，驚いた」が仮定される）．zawdem「結ぶ」，zawd「ひも，結合」と yawdem「つなぎ合わせる」，yawd「ひも」から z- と y- は接頭辞であることが分か

— 273 —

第10章　統　語　論

るが，単純動詞*awdem, 名詞*awd はこの意味では用いられない．

　動詞接頭辞 ənd- は目立って少ないが，その形態はきわめて明瞭である．例えば elanem「外へ出る，のぼる」に対して z-elanem「超える，踏み越える」，ənd-elanim「試みる」(使 9,26 πειράζω) および使役形 ənd-elowzanem「はめ込む，織り込む，編み込む」; ənd-harkanim「だます」(創 31,7 əndharaw＝παρεκρούσατο), harkanem「打つ」の頭音 h を保持している；ənd- の末音 nd は複合語の後分初頭の唇音の前で m に同化する，例えば əmberanem「黙らせる」＜*ənd-beranem, əmbr̄nem「つかまえる」＜*ənd-burnem.

　əst が動詞接頭辞として用いられているのはおそらく əst-gtanem「非難する，告発する，καταγινώσκω」(gtanem「見出す」) だけである．əst-anjnem「身につける，受け取る，引き受ける」は前置詞 əst「…に従って」と名詞 anjn「人物」からなる前置詞句から派生した動詞である．

　動詞接頭辞 y- は母音の前でしか起こらず，子音の前に現れることはない．最も注目すべき例は y-ar̄nem「立ち上がる」(アオ yareay, 使役 yarowc'anem) であり，単純動詞は存在しないが，命・アオ ari, 複 arik' は y- を伴わない形である．この変則性は，古典アルメニア語が固定した時代のアルメニア語話者にとっては，動詞接頭辞に対する意識がもはや存在しなかったことを確証するものと考えられる．

　アルメニア語翻訳者は，ギリシア語に見られる動詞接頭辞の種々の用法にアルメニア語動詞接頭辞を対応させることはできなかったので，ギリシア語のモデルを模倣するのでなく，さまざまな手段に訴えざるを得なかった．

　動詞接頭辞を訳す最も単純な手続きは副詞を用いることであった：Lk 5,6 p'akec'in i nerk's＝συνέκλεισαν; Lk 5,8 i bac' gna＝ἔξελθε; Lk 6, 34 zi ar̄c'en andrên zkšir̄n＝ἵνα ἀπολάβωσιν τὰ ἴσα; Lk 5, 27 el anti＝ἐξῆλθεν; Lk 6,10 hayec'eal šowrǰ zamenek'owmbk'＝περιβλεψάμενος πάντας αὐτούς Lk 10,34 arkeal i veray jêt' ew gini＝ἐπιχέων ἔλαιον καὶ οἶνον; Mt 28, 2 i bac' t'awalec'oyc' zvêmn＝ἀπεκύλισεν τὸν λίθον; Mk 6,33 xowr̄n ənt'anayin＝συνέδραμον; ロマ 11,35 ar̄nowl p'oxarên＝ἀνταποδοθῆναι. ―― 短い前置詞句が同じ役割を果たすことがある：Lk 16,5 koč'ec'eal ar̄ ink'n＝προσκαλεσάμενος (ar̄ ink'n は同時に中動態にも対応している); 創 47,2 ar̄ ənd iwr hing ayr＝παρέλαβεν πέντε ἄνδρας「彼は五人を連れて行った」; Lk 12, 35 ełic'in gawtik' jer pndeal ənd mêǰs (M: ənd mêǰ)＝ἔστωσαν ὑμῶν αἱ ὀσφύες περιεζωσμέναι「あなたたちの腰に帯を締めておれ」; 関係副詞を用いて Lk 6,35 towk' p'ox owsti oč' akn ownic'ik' ar̄nowl＝δανίζετε μηδὲν ἀπελπίζοντες「返してもらうことを期待せずに，金を貸せ」．

　アルメニア語に特有の手続きは動詞の並置である：Lk 10,39 or ew ekn nstaw ar̄ ots $\overline{TNn}$＝παρακαθεσθεῖσα πρὸς τοὺς πόδας τοῦ κυρίου「〔彼女は〕主の足元に座って」; Lk 10,40 ekn ekac' ar̄ nma＝ἐπιστᾶσα.

第10章 統 語 論

異なる動詞が用いられることもある：出 3,2 vaṙeal êr＝καίεται「燃えていた」と ayrêr＝κατεκαίετο「燃え尽きた」．

C．名詞＋動詞による表現

§ 211. いわゆる名詞＋動詞的表現（nominal-verbal expressions）とは名詞的な性格を持つ項（名詞・形容詞・副詞）と動詞からなる句である．例えば aławtʻs aṙnel「祈る」，yaławtʻs kal「祈っている」，aławtʻs matowcʻanel「祈りを唱える」は同義の単純動詞 aławtʻel よりもよく用いられる．副詞的表現 i bacʻ「遠く（に）」は次のような動詞と共に用いられる：i bacʻ aṙnel「どける，取り除く，ἆραι」（Jh 11,39），i bacʻ aṙnowl「切り落とす，ἀποκόψαι」（Jh 18,10).「許可する」は tʻoyl tal で訳されている，例えば Jh 18,8 tʻóyl（M：tʻoyl）towkʻ docʻa ertʻal＝ἄφετε τούτους ὑπάγειν「この人たちを行かせてやれ」，Lk 4,41 ōčʻ tayr nocʻa tʻóyl xawsel＝οὐκ εἴα αὐτὰ λαλεῖν「彼は彼らが語るのを許さなかった」(cf. Lk 8,51 očʻ zokʻ etʻoł mtanel＝οὐκ ἀφῆκεν εἰσελθεῖν τινα「彼は誰にも入るのを許さなかった」).「眠っている」は i kʻown em（Mt 28,13 gołacʻán zna minčʻ mekʻ i kʻown eakʻ＝ἔκλεψαν αὐτὸν ἡμῶν κοιμωμένων「われわれが眠っている間に，彼らが彼を盗んだ」）であるが，kʻownem は「同衾する，κοιμῶμαι」を意味する（例えば，創 39,7 kʻowneá ənd is＝κοιμήθητι μετ' ἐμοῦ「私と同衾せよ」）．patasxani tam＝ἀποκρίνομαι「答える」は頻繁に用いられる．名詞＋動詞結合は受動態の訳にも用いられた．例えば Mt 20,28 (= Mk 10,45) ordi mardoy očʻ ekn paštawn aṙnowl (Mk 10,45 aṙnowl paštawn) ayl paštel＝ὁ υἱὸς τοῦ ἀνθρώπου οὐκ ἦλθεν διακονηθῆναι ἀλλὰ διακονῆσαι「人の子は仕えられるためでなく，仕えるために来た」，アルメニア語で「仕える」意の動詞 paštem，アオ paštecʻi に対する受動形は paštim，アオ paštecʻay であるが，不定詞には態の区別がないため，原文のそれぞれ受動と能動の不定詞の違いを訳し分けられない．ここで翻訳者は受動不定詞に paštawn aṙnowl「奉仕を受け取る」をあてた．名詞＋動詞結合による受動態の訳例は Mt 26,2 ordi mardoy matni i xačʻ elanel＝ὁ υἱὸς τοῦ ἀνθρώπου παραδίδοται εἰς τὸ σταυρωθῆναι「人の子は十字架につけられるために引き渡される」（能動態 σταυρόω に対しては i xačʻ hanem が用いられる：Mk 15,27 ənd nma hanin i xačʻ erkóws awazaks＝σὺν αὐτῷ σταυροῦσιν δύο λῃστάς「彼らは彼と共に二人の強盗を十字架につけた」).

2つの名詞が1つの動詞に結合することがある：F.Byz. III,10 całr ew aypn aṙnêr anawrênn Manačirh zayrn Astowcoy zYakob episkoposn「神をも畏れぬマナチルフは神の人，司教ヤコブをあざ笑い，なぶりものにした」（całr aṙnem と aypn aṙnem はそれぞれ存在する）．

名詞＋動詞結合で名詞は特別の形をとることがある．例えば vrêžkʻ「復讐，報復」は複数専用の名詞であるが，vrêž xndrel「復讐する」のように用いる：申

第10章 統 語 論

18,19 es xndrecʻicʻ vrêž i nmanê=ἐγὼ ἐκδικήσω ἐξ αὐτοῦ「私はその者に報復するだろう」（そこからêをそのまま持った抽象名詞 vrêžxndrowtʻiwn=ἐκδίκησις Lk 21, 22 が派生している）。しかし，vrêž はその独立性を保持して付加詞を伴い，動詞との距離を留めていることもある：士 6,31 inkʻn xndrescʻê zvrêž anjin iwroy=αὐτὸς ἐκδικήσει αὐτόν「彼自らおのれの報復を求めるだろう」。

第 4 部　名詞形の用法

A．数

§ 212.　複数形は意味が複数である場合に規則的に用いられる：Lk 12,34 owr ganjn jer. ánd ew sirtkʻ jer etʻicʻin=ὅπου ἐστιν ὁ θησαυρὸς ὑμῶν, ἐκεῖ καὶ ἡ καρδία ὑμῶν ἔσται「あなたたちの宝のあるところ，そこにあなたたちの心もある」；詩 21,8 amenekʻin or tesanein zis... šaržein zglowxs iwreancʻ=πάντες οἱ θεωροῦντες με... ἐκίνησαν κεφαλήν「私を見ていた人は皆，その頭を振っていた」；Ⅰテモ 5,4 owsanicʻin nax iwreancʻ tancʻ bari aṙnel=μανθανέτωσαν πρῶτον τὸν ἴδιον οἶκον εὐσεβεῖν「（彼らは）まず自分の家族に善くすることを学ぶべきだ」；Mk 1,7 lowcanel zxracʻs kawškacʻ nora=λῦσαι τὸν ἱμάντα τῶν ὑποδημάτων αὐτοῦ「彼の皮ぞうりの紐を解くこと」；Lk 6,38 tacʻén i gogs jer=δώσουσιν εἰς τὸν κόλπον ὑμῶν「彼らはあなたたちの懐に与えるだろう」(cf. Lk 16,22 tanél hreštakacʻ zna i gog Abrahamow=ἀπενεχθῆναι αὐτὸν ὑπὸ τῶν ἀγγέλων εἰς τὸν κόλπον Ἀβραάμ「御使いたちが彼をアブラハムの懐に連れて行くこと」）。

žamanak「時，時代」は限定的な意味では単数で用いられるが，限定的でない時の全体を表わす場合はしばしば複数で用いられる：Lk 1,57 Ełisabetʻi lcʻan žamanakkʻ cnaneloy=Τῇ Ἐλισάβετ ἐπλήσθη ὁ χρόνος τοῦ τεκεῖν αὐτήν「エリザベトにとって産をする時が満ちた」；Mk 9, 21 kʻani ? žamanakkʻ en yormê hetê ayd ełew dma=πόσος χρόνος ἐστιν ὡς τοῦτο γέγονεν αὐτῷ「その者にそのようなことが起こってから，どのくらいの時が経っているのか」；創 26, 1 i žamanaks Abrahamow=ἐν τῷ χρόνῳ τοῦ Ἀβραάμ「アブラハムの時代に」。

§ 213.　多くの名詞は複数形のほかに集合形（collective form）を持っている。mardik（属／与／位 mardkan, 具 mardkaw）は mard「人」に対する集合名詞である。複数形 mardkʻ は個々人について用いる：Jh 8,17 erkowcʻ mardocʻ vkayowtʻiwn čšmarit ê=δύο ἀνθρώπων ἡ μαρτυρία ἀληθής ἐστιν「二人の人間の証言は真実である」；Lk 24,7 part ê ordwoy mardoy matnel in jeṙs

第10章 統 語 論

mardoc' meławorac'= δεῖ παραδοθῆναι εἰς χεῖρας ἀνθρώπων ἁμαρτωλῶν「人の子は罪人なる人々の手に渡されねばならない」.
　manowk「子供」の集合形は mankti（属／与／位 manktwoy）である：Mt 18,3 et'e oč' darjǰik' ew ełiǰik' ibrew zmankti. óč' mtanic'êk' yark'ayowt'iwn erknic'=ἐὰν μὴ στραφῆτε καὶ γένησθε ὡς τὰ παιδία, οὐ μὴ εἰσέλθητε εἰς τὴν βασιλείαν τῶν οὐρανῶν「もしあなたたちが心を翻さず，子供たちのようにならないのならば，決して天の王国に入ることはない」；Mt 19,13 matowc'an aṙ na mankti. zi jérn dic'ê i veray noc'a = προσηνέχθησαν αὐτῷ παιδία ἵνα τὰς χεῖρας ἐπιθῇ αὐτοῖς「子供たちが，彼に手を彼らの上に置いてもらうために，彼のもとに連れて来られた」．複数形 mankownk' は「（個々の）子供たち」を意味する：Mt 2,16 kotoreac' zamenayn mankowns or ein i Bêt'-łeem ew yamenayn sahmans nora = ἀνεῖλεν πάντας τοὺς παῖδας τοὺς ἐν Βηθλέεμ καὶ ἐν πᾶσι τοῖς ὁρίοις αὐτῆς「彼は，ベトレヘムとその地域全体にいる子供たちを全員殺した」；Mt 15, 26 óč' ê barwok' aṙnowl zhac' mankanc' ew arkanel šanc'=οὐκ ἔστιν καλὸν λαβεῖν τὸν ἄρτον τῶν τέκνων καὶ βαλεῖν τοῖς κυναρίοις「子供たちのパンを取り上げて小犬たちに投げ与えるのはよくない」.
　xozk'（属 xozic'）は「（個々の）豚ども」, xozean は「豚の群れ」：Lk 8,32 eramak mi xozic' bazmac'=ἀγέλη χοίρων ἱκανῶν「多くの豚の一群」；Lk 8, 33 eleal dewk'n yaṙnên mtín i xozeann=ἐξελθόντα δὲ τὰ δαιμόνια ἀπὸ τοῦ ἀνθρώπου εἰσῆλθον εἰς τοὺς χοίρους「悪霊どもはその人から出て行って，豚の群れの中に入った」.
　ほかに orear「人々」（属 oreroy），これから azatorear「自由民，貴族」（頻繁には azatani：azat「自由な」）；ban「語」：banear「言葉」；vank'「修道院」(pl. tant.)：vanear；gir「文字」：grean「文字群」などがあり，大抵は世俗的な影響にさらされたテキストに見られるが，古い複数を集合形で代替するのが中期アルメニア語の主要な特徴の一つなので，これらの語を実際に用いたのが著者なのかあるいは写字生なのかは決定できない．

§ 214. アルメニア語に固有の特徴として，形態はもっぱら複数（主格が -k' に終わる）として現れるが，表わす意味は単数である名詞（pluralia tantum）が極めて多く存在している．これらの複数形が単数と感じられていたことは，単数位格の指示詞や所有詞を伴っている例からも知られる：Lk 16,25 i keansn k'owm = ἐν τῇ ζωῇ σου．しかし属／与／奪ではこのようなことは起こらない：Lk 1,75 zamenayn awowrs kenac' meroc'=πάσας τὰς ἡμέρας τῆς ζωῆς ἡμῶν.
　Pluralia tantum は次のようなグループに大別することができる：建物（とその一部）や道具・器具：aparank'（属／与／奪 aparanic'）「宮殿」, dowrk'（drac'）「玄関の扉，戸口」, štemarank'（štemaranac'）「穀物倉, ἀπο-

第10章 統語論

θήκη」, vank'(vanac')「天幕, 宿所, 修道院」[3], tanik'(taneac')「屋根」, mahičk'(mahčac')「担架」, zrahk'(zrahic')「甲冑」, dagałk'(dagałac')「棺, σορός」, xanjarowrk'(xanjarroc')「産着」, paregawtk'(paregawtic')「下着, χιτών」など。——身体の部位：dêmk'(dimac')「顔, πρόσωπον」[4], eresk'(eresac')「顔」, t'ikownk'(t'ikanc')「背中, νῶτος」, barjk'(barjic')「太もも, σκέλη」, lanJk'(lanJac')「胸, στῆθος」, kowrck'(krcic')「胸, στῆθος」, xelk'(xelac')「頭」（これから「船尾, πρύμνα」）, mêJk'(miJac')「腰」(mêJもある), snark'(snaric')「頭頂, (ベッドの)頭部」(Jh 20,12 i snaric'... yanotic' = πρὸς τῇ κεφαλῇ... πρὸς τοῖς ποσίν) など。——祝いごと：ənt'rik'(ənt'reac')「食事, δεῖπνον」, koč'ownk'(koč'noc')「祝宴, δοχή, πότος」, harsanik'(harsaneac')「婚礼, γάμος」など。—— -ank'(-anac') に終わる抽象詞 (cf. §62 c)：keank'(kenac')「命」（例えば Jh 11,25 es isk em yarowt'iwn ew keank' = ἐγώ εἰμι ἡ ἀνάστασις καὶ ἡ ζωή「私は甦りであり命である」), xtrank'「区別, 観察, παρατήρησις」, anargank'「恥, ἀτιμία」, zarmank'「驚き, θαῦμα, ἔκστασις」, halacank'「迫害, διωγμός」, yanc'ank'「違反, παράπτωμα」, patrank'「欺瞞, 誘惑, ἀπάτη」, patčar̄ank'「口実, 見せかけ, πρόφασις」。しかしこれらは -owt'iwn および -owmn に終わる語に比べて抽象度がより低い。さらに p'rkank'「解放, 代価, ἀντάλλαγμα」, p'akank'「閉鎖, 鍵, κλεῖς」, kapank'「束縛, δεσμός（縄目, τὰ δεσμά Lk 8,29）」, tanJank'「苦痛, βάσανοι」など。——法律・宗教的な概念：awrênk'(awrinac')「律法, νόμος」, irawownk'(irawanc')「裁き, 義の規定, κρίσις, δίκη, δικαίωμα」, krawnk'(krawnic')「宗教, 礼拝, θρησκεία」, mełk'(mełac')「罪, ἁμαρτία」[5], patčar̄k'(patčar̄ac')「弁解, 科, πρόφασις, αἰτία」, partk'(partowc')「借金, δάνιον, ὀφειλή, ὀφειλόμενον」, pêtk'「必要性, χρεία」, vrêžk'(vrižowc')「復讐, ἐκδίκησις」, ganjk'(ganjowc')「宝, 倉庫, θησαυρός」(ganj が普通), caxk'(caxic')「費用, δαπανή」(cax もあり), tokosik'「利子」(τόκος を訳す)など。——その他：andowndk'(andndoc')「深淵, ἄβυσσος」,

---

[3] 古い意味は複合語 iJavank'「旅籠, 宿所」に残っているが, iJavan は古典期のテクストにおいてさえ単数で存在する：Mk 14,14 iJavank'n = τὸ κατάλυμα —— Lk 2,7 yiJavanin = ἐν τῷ καταλύματι。

[4] 一定の語法では単数形 dêm が現れる：ənddêm「(〜と)向かい合って, 〜に対して」, dêm yandiman「向き合って」, dêm dnel「〜に向かって行く」, zdêm ownel「立ち向かう」など。

[5] ELPA I.151：*mełk'* désigne un ensemble de péchés... dès qu'il est question expressément d'un péché, on a le singulier：Jh 9, 41 et'e koyrk' eik' óč' êr jer meł bayc' ard asêk' t'e tesanemk'. ew mełk'n jer i jez hastateal en = εἰ τυφλοὶ ἦτε, οὐκ ἂν εἴχετε ἁμαρτίαν· νῦν δὲ λέγετε ὅτι βλέπομεν, ἡ ἁμαρτία ὑμῶν μένει (D：αἱ ἁμαρτίαι ὑμῶν μένουσιν)「もしあなたたちが盲人であったならば, あなたたちに罪はなかったであろう。しかし今, 自分たちは見えると言っており, あなたたちの罪はそのまま留まっている」。

第10章 統語論

džoxkʻ(džoxocʻ)「地獄, ᾅδης」, tiezerkʻ(tiezeracʻ)「全世界, ἡ οἰκουμένη」, pʻaṙkʻ(pʻaṙacʻ)「栄光」, aławtʻkʻ(aławtʻicʻ)「祈り, προσευχή, δέησις」, hawatkʻ(hawatocʻ)「信仰, πίστις」[6]など.

多くの場合, 単数と複数に意味の違いはない. しかし, 微妙な違いが認められることもある. 例えば varjkʻ(varjowcʻ)「報酬, 賃金」に対して, より抽象的な意味で varj(varjow)「報い」: Lk 10,7 aržaní ê mšakn varjow iwroy = ἄξιος ὁ ἐργάτης τοῦ μισθοῦ αὐτοῦ「労働者がその報いを得るのはふさわしい」, Mt 20,8 kočʻeá zməšaksn· ew towr nocʻa varjs = κάλεσον τοὺς ἐργάτας καὶ ἀπόδος αὐτοῖς τὸν μισθόν「労働者たちを呼んで, 彼らに賃金を払え」(どちらの例もギリシア語では単数形が用いられている).

抽象名詞をつくるには形容詞を複数にすることで十分な場合がある: bari「善い」から barikʻ(bareacʻ)「善いこと」, čʻar「悪い」から čʻarikʻ(čʻareacʻ)「悪しきこと」, xor「深い」から xorkʻ「深さ」, handerjeal「準備された, 将来の」から handerjealkʻ「未来」, hačʻoy「気に入った, 喜ばしい」から hačʻoykʻ「喜び, 楽しみ」, ǰerm「暖かい」から ǰermkʻ(ǰermocʻ)「暖かさ」; 特に -li に終わる動詞的形容詞で, 例えば zarmanali「驚嘆すべき」から zarmanalikʻ(zarmanaleacʻ)「奇跡, 驚異」, skʻančʻeli「驚くべき」から skʻančʻelikʻ(-leacʻ)「不思議」, lseli「聞くことのできる」から lselikʻ(lseleacʻ)「聴覚」, hototelikʻ(-leacʻ)「嗅覚」など.

名詞の複数形は時に単数形よりも具体的な意味を持つことがある: ǰowr「水」: ǰowrkʻ「塊としての水」(海, 川など), 例えば創 1,2 hogi Astowcoy šrǰêr i veray ǰowrcʻ = πνεῦμα θεοῦ ἐπεφέρετο ἐπάνω τοῦ ὕδατος「神の霊が水の面を動いていた」; kʻirtn「汗」, 創 3,19 kʻrtambkʻ = ἐν ἱδρῶτι「汗して」; anjrew「雨」(Lk 12,54 anjrew gay = ὄμβρος ἔρχεται「にわか雨が来る」), Mt 7,25,27 anjrewkʻ = ἡ βροχή.

B. 格

1. 主格

§ 215. 主格は主語格として働く: Lk 7,22 koyrkʻ tesanén = τυφλοὶ ἀναβλέπουσιν「盲人は見える」; Jh 1,17 awrênkʻn i jeṙn Movsêsi towan = ὁ νόμος διὰ Μωϋσέως ἐδόθη「律法はモーセを介して与えられた」.

述語格として: Lk 1,6 ein ardárkʻ erkokʻin = ἦσαν δίκαιοι ἀμφότεροι「二人とも正しかった」; Mk 12,10 na ełew glowx ankean = οὗτος ἐγενήθη εἰς κεφαλὴν γωνίας「それが隅の親石となった」; 動詞 linim では述語的主格の代わりに i+対格も現れる: Mk 10,8 ełicʻin erkowkʻn i marmin mi = ἔσονται οἱ

---

[6] 複合語 tʻerahawat, sakawahawat「信仰の薄い者, ὀλιγόπιστος」に単数 hawat が現れている.

第10章　統　語　論

δύο εἰς σάρκα μίαν「その二人は一つの肉になるであろう」; ヘブ 1,5 es etēc' nma i hayr ew na etic'i inj yordi = ἐγὼ ἔσομαι αὐτῷ εἰς πατέρα, καὶ αὐτὸς ἔσται μοι εἰς υἱόν「私は彼の父となり，彼は私の子となる」; ロマ 4,3 hawatac' Abraham yAstowac, ew hamarec'aw nma yardarowt'iwn = ἐπίστευσεν Ἀβραὰμ τῷ θεῷ καὶ ἐλογίσθη αὐτῷ εἰς δικαιοσύνην「アブラハムは神を信じた．それが彼の義と見なされた」.

呼びかけの形として働く：Mk 9,19 ov? azg anhawat minč'ew yerb ic'em aī jez = ὦ γενεὰ ἄπιστος, ἕως πότε πρὸς ὑμᾶς ἔσομαι;「ああ，信仰のない世代よ，いつまで私はあなたたちのもとにいるだろうか」; Mk 5,8 ēl aysd piłc i mardoy ayti = ἔξελθε τὸ πνεῦμα τὸ ἀκάθαρτον ἐκ τοῦ ἀνθρώπου「穢れた霊よ，その人から出て行け」; Lk 7,14 patani dow, arí = νεανίσκε, ἐγέρθητι「若者よ，起きよ」; Lk 8,54 arí kac' manowk dow = ἡ παῖς, ἔγειρε「子よ，起きて立て」; Mk 15,18 otȷ er ark'ayd hrēic' = χαῖρε, βασιλεῦ τῶν Ἰουδαίων「ユダヤ人たちの王，ごきげんよろしゅう」 (cf. Jh 19,3 otȷ er ark'ay hreic' = χαῖρε ὁ βασιλεὺς τῶν Ἰουδαίων).

ギリシア語原文でもきわめて稀に用いられる時間を表わす主格に対して，よりわかりやすい翻訳を試みている例がある：Mk 8,2 ard erek' awowrk' en minč' aī is en = ἤδη ἡμέραι τρεῖς προσμένουσίν μοι = Mt 15,32 ard erek' awowrk' en zi kan aī is「彼らはすでに三日も私のもとにいる」. また Agath. §51 aysč'ap' amk' en, zi tesi es zk'ez「私があなたに会ってからこんなにも年月がたっている」.

2．属格

§ 216．印欧語の属格は主として 2 つの機能を持っていたと考えられる．すなわち，a) 名詞の補語として働くもの (adnominal genitive) と b) 全体に対する部分を表わすもの (partitive genitive) である．前者はアルメニア語でよく維持されているが，後者の例はかなり少ない．

a) 名詞の補語としての属格は，当該の名詞間のさまざまな関係を表わす：Lk 1,5 anown nora = τὸ ὄνομα αὐτῆς「彼女の名」; Koriwn p.92 ew anowank' glxaworac' ašakertac'n žołoveloc'n en ays「（そこに）集まった主要な弟子たちの名はつぎのようである」; Lk 2,44 awowr mioy čanaparh = ἡμέρας ὁδόν「一日分の距離」; 創 24,53 = 出 3,22 anawt's oskwoy ew anawt's arcat'oy = σκεύη ἀργυρᾶ καὶ χρυσᾶ「金銀の装身具」; M. X. III,36 Yet mahowann Aršakay gowmareac' Šapowh zôr bazowm i jeṙn Merowžanay「アルシャクの死後，シャプフはメルジャンの助けを借りて大量の軍隊を召集した」; M. X. III, 35 i nmin žamow ehas hraman i Šaphoy ark'ayê, zi k'andeal aweresc'en zamrowt'iwn amenayn k'ałak'ac'「その時，シャプフ王から，すべての町の保塁を破壊して絶滅させるようにとの命令が届いた」. 1つの名詞がそれぞれ異なる

— 280 —

第10章 統語論

関係を示す2つの属格を取ることがある：Lk 2,2 i dataworowt'ean asorwoc' Kiwreneay = ἡγεμονεύοντος τῆς Συρίας Κυρηνίου「クィリニウスがシリアの総督であった時に」，ここで属格はそれぞれ基底の動詞dataworemの目的語と主語を表わしている．述語として働く属格は上述の用法の拡張に過ぎない：Lk 6,32 zinč'? šnorh ê jer = ποία ὑμῖν χάρις ἐστίν;「あなたたちにはどのような恵みがあるのか」; Lk 7,41 erkow partapánk' ein owrowmn p'oxatowni = δύο χρεοφειλέται ἦσαν δανιστῇ τινι「ある金貸しに二人の債務者がいた」; Mt 22,28 oyr? yiwt'anc'n eɫic'i na kin = τίνος τῶν ἑπτὰ ἔσται γυνή;「彼女は七人のうちの誰の妻なのか」; Lk 3,11 oyr ic'en erkow handerjk'. tac'ê zmin aynm oyr oč'n gowc'ê ew oyr kayc'ê kerakowr noynpês arasc'ê = Ὁ ἔχων δύο χιτῶνας μεταδότω τῷ μὴ ἔχοντι, καὶ ὁ ἔχων βρώματα ὁμοίως ποιείτω「下着を二枚持っている者は，持っていない者に一枚与えよ，また食物を持っている者も同じようにせよ」; Lk 8,18 oyr gowc'ê. tac'í nma = ὃς ἂν ἔχῃ, δοθήσεται αὐτῷ「持っているであろう者には与えられるであろう」; Lk 17,27 kanays aṙnein aranc' linein = ἐγάμουν, ἐγαμίζοντο「人々は娶ったり嫁いだりしていた」; Jh 7,7 es vkayem vasn sora. et'e gorck'n iwr č'arowt'ean en = ἐγὼ μαρτυρῶ περὶ αὐτοῦ ὅτι τὰ ἔργα αὐτοῦ πονηρά ἐστιν「私はこれについて，その業が邪悪であることを証ししている」．

代価を表わす属格：Mt 10,29 Oč' apak'ên erkow čnčɫowkk' dangi? mioǰ vačaṙin = οὐχὶ δύο στρουθία ἀσσαρίου πωλεῖται;「二羽の雀は一アサリオンで売られているではないか」; Mt 20,13 oč' dahekani mioǰ sak? arker ənd is = οὐχὶ δηναρίου συνεφώνησάς μοι;「あなたは私と一デナリオンの約束をしたではないか」．

Jh 9,4 minč' awowr kay = ἕως ἡμέρα ἐστίν「昼である間に」において awowr は述語的副詞．

不定詞は屈折を行なう名詞であり，定形の主語に該当する名詞を属格に取る：Lk 1,8 i k'ahanayanaln nora = ἐν τῷ ἱερατεύειν αὐτόν「彼が祭司として仕える際に」; Lk 2,4 vasn lineloy nora i tanê ew yazgê Dawt'i = διὰ τὸ εἶναι αὐτὸν ἐξ οἴκου καὶ πατριᾶς Δαυίδ「彼はダビデの家系に属し，その一族であったために」．

b）部分属格は通常 i＋奪格により代用される．次のような例は例外であって，ギリシア語の敷き写し（calque）の疑いがある：Lk 5,3 i mi nawowc'n = εἰς ἓν τῶν πλοίων, Lk 5,17 i miowm awowrc' = ἐν μιᾷ τῶν ἡμερῶν; しかし Jh 6,11 zhac'n... bašxeac' bazmakanac'n nóynpês ew jkanc'n orč'ap' ew kamec'an = τοὺς ἄρτους... διέδωκεν τοῖς ἀνακειμένοις ὁμοίως καὶ ἐκ τῶν ὀψαρίων「彼はパンを座っている人々に分け与えた．あの魚も人々の欲しいだけ，同じように〔与えた〕」（諸版本では i jkanc'n）．

他の印欧語に見られるような動詞の目的語としての属格はアルメニア語に期待さ

第10章　統　語　論

れない．また属格は形容詞の補語にもならない．ただし aržani「ふさわしい，資格がある」には属格が見られる：Lk 10,7 aržaní ê mšakn varjow iwroy＝ἄξιος ὁ ἐργάτης τοῦ μισθοῦ αὐτοῦ「働き手がその報酬を得るのはふさわしい」(cf. 与格：Mt 10,10 aržaní ê mšakn kerakroy iwrowm＝ἄξιος ὁ ἐργάτης τῆς τροφῆς αὐτοῦ「働き手がその食糧を得るのはふさわしい」)．

　c) アルメニア語は絶対格をもたない．ギリシア語の絶対属格に対しては従属節が用いられる：Lk 7,24 Ew ibrew gnac'in hreštakk'n Yovhannow sksaw xawsél =᾿Απελθόντων δὲ τῶν ἀγγέλων ᾿Ιωάννου ἤρξατο λέγειν「ヨハネの使いの者たちが去ってしまうと，彼は語り始めた」；Lk 8,23 Ew minč'deṙ nawein i k'ówn emowt = πλεόντων δὲ αὐτῶν ἀφύπνωσεν「彼らが漕いでいると，彼は眠りに落ちてしまった」．

3．与格

§ 217.　a) 人間の関与，関心を表わす格であり，ある人物にまたはある人物のために何かがなされることを示す：Lk 15,29 owl mi erbek' oč' etowr inj＝ἐμοὶ οὐδέποτε ἔδωκας ἔριφον「あなたは私に山羊一匹もくれたことがない」；Jh 4,10 ew táyr k'ez jowr kendani＝καὶ ἔδωκεν ἄν σοι ὕδωρ ζῶν「彼はあなたに活ける水を与えたであろうに」；Lk 1,13 kin k'o Ełisabet' cnc'i k'ez ordi＝ἡ γυνή σου ᾿Ελισάβετ γεννήσει υἱόν σοι「お前の妻エリサベツはお前に一人の息子を産むであろう」；Eznik II,1 canowc'eal Ormǝzdi zxorhowrds hawrn yaytneac' Arhmenin「オルミズドは父の計画を知って，アルフムンに伝えた」；Mt 22,19 c'owc'êk' inj zdahekan harkin＝ἐπιδείξατέ μοι τὸ νόμισμα τοῦ κήνσου「私に人頭税の貨幣を見せよ」；Mt 27,31 agowc'in nma ziwr handerj＝ἐνέδυσαν αὐτὸν τὰ ἱμάτια αὐτοῦ「彼らは彼に彼自身の服を着せた」（ギリシア語は二重対格）；Jh 14,26 ná owsowsc'ê jez zamenayn＝ἐκεῖνος ὑμᾶς διδάξει πάντα「彼はあなたたちにすべてについて教えるであろう」（ギリシア語は二重対格）；Lk 10,16 Or jez lsê. ínj lsê＝῾Ο ἀκούων ὑμῶν ἐμοῦ ἀκούει「あなたたちに耳を傾ける者は私に耳を傾ける」(lsem の対象が人物なら与格；しかし事物ならば対格，例えば Jh 3,8 zjayn nora lses＝τὴν φωνὴν αὐτοῦ ἀκούεις「あなたはその音を聞く」)；Jh 3,28 Dowk' jezên vkayêk' inj = αὐτοὶ ὑμεῖς μοι μαρτυρεῖτε「あなたがた自身が私に証ししてくれる」．次のような表現では与格と c'+対格は交換できる：Lk 4,3 asê c'na satanay... asá k'arid aydmik＝εἶπεν αὐτῷ ὁ διάβολος... εἰπὲ τῷ λίθῳ τούτῳ「悪魔が彼に言う，『この石に言え』」．

　目的語が与格に限られる動詞が多数ある：

tirem「支配する」：詩 18,14 Apa t'e oč' tiresc'en inj, yaynžam anbic ełêc', ew sowrb ełêc' i mełac' mecac'＝ἐὰν μή μου κατακυριεύσωσιν, τότε ἄμωμος ἔσομαι καὶ καθαρισθήσομαι ἀπὸ ἁμαρτίας μεγάλης「彼らが私を支配しなければ，そうすれば私は欠けるところなく，重大な罪から清くなるであろう」．

第10章　統　語　論

išxem「支配する」：I コリ 7,4 kin marmnoy iwrowm oč' išxê=ἡ γυνὴ τοῦ ἰδίου σώματος οὐκ ἐξουσιάζει「妻は自分の体を自由にできない」。

t'agaworem「王として支配する」：Mt 2,22 Ark'ełaos t'agaworeac' Hrêastani p'oxanak Hêrovdi hawrn iwroy=Ἀρχέλαος βασιλεύει τῆς Ἰουδαίας ἀντὶ τοῦ πατρὸς αὐτοῦ Ἡρῴδου「アルケラオスがその父ヘロデに代わってユダヤを支配した」。

yałt'em「圧倒する」：詩 128,2 inj oč' yałt'ec'in=οὐκ ἠδυνήθησάν μοι「彼らは私を圧倒できなかった」。しかし、類義の yałt'aharem は対格を取る、例えば Mt 16,18 drownk' džoxoc' zna mi yałt'aharesc'en=πύλαι ᾅδου οὐ κατισχύσουσιν αὐτῆς「黄泉の門がそれに打ち勝つことはないであろう」。

ařaǰnordem「導く」：Lk 6,39 mit'e karic'ê? koyr kowri ařaǰnordel=μήτι δύναται τυφλὸς τυφλὸν ὁδηγεῖν;「盲人に盲人の道案内ができようか」。

sastem「命じる、叱りつける」：Lk 9,42 sasteac' Y̅S̅ aysoyn płcoy=ἐπετίμησεν ὁ Ἰησοῦς τῷ πνεύματι τῷ ἀκαθάρτῳ「イエスは穢れた霊を叱りつけた」。しかし i＋対格を伴うこともある、例えば Lk 4,35 i na.

hnazandim「服従する」：Lk 8,25 hnazandin sma=ὑπακούουσιν αὐτῷ「それらはこの人に服従する」（形容詞：Lk 2,51 êr noc'a hnazánd=ἦν ὑποτασσόμενος αὐτοῖς「彼は彼らに従っていた」）。

cařayem「仕える」：Jh 8,33 oč' owmek' erbek' cařayec'ak'=οὐδενὶ δεδουλεύκαμεν πώποτε「私たちはいまだかつて誰にも隷従したことはない」。

ansam「耐える」：Mt 17,17 minč'ew yérb ansayc'em jez=ἕως πότε ἀνέξομαι ὑμῶν;「いつまで私はあなたたちを我慢しようか」。

nerem「赦す、辛抱する」：ヨブ 21,3 nerec'êk' inj=βαστάσατέ με「私を赦せ」。

hawatam「信じる」：Jh 4,21 hawatáy inj=πίστευέ μοι「私の言うことを信じよ」。しかし、ギリシア語 πιστεύω と一致して i＋対格を伴う構文もある、例えば Jh 7,48 mi t'e ok' yišxanac'n hawatac'? i na=μή τις ἐκ τῶν ἀρχόντων ἐπίστευσεν εἰς αὐτόν;「指導者たちのうちで誰か彼を信じた者があっただろうか」。

spasem「待ち伏せる」：詩 118,95 inj spasec'in meławork' i korowsanel=ἐμὲ ὑπέμειναν ἁμαρτωλοί τοῦ ἀπολέσαι με「悪しき者が私を滅ぼそうと待ち伏せている」。

c'ankanam「切望する」：申 21,11 c'ankasc'is nma=ἐνθυμηθῇς αὐτῆς「あなたがその人を望む〔ならば〕」。

ołormim「憐れむ」：Lk 16,24 ołormeác' inj=ἐλέησόν με「私に憐れみを」。

spařnam「威嚇する」：使 4,17 spařnasc'owk' noc'a=ἀπειλησώμεθα αὐτοῖς「彼らを威してやろうではないか」。

karawtim, karawtanam「必要とする」：Lk 22,35 mi t'e karawtec'ayk'

第10章 統 語 論

(M: karawtac'ayk') imik' = μή τινος ὑστερήσατε ;「あなたたちは何か必要なことがあったか」。

vnasem「害する」: Lk 4,35 inč' óč' vnaseac' nma = μηδὲν βλάψαν αὐτόν「彼に何の害も及ぼさなかった」; Mk 16,18 ew t'e mahkanac'ow inč' deł arbowsc'en noc'a óč' vnasesc'en = κἂν θανάσιμόν τι πίωσιν οὐ μὴ αὐτοὺς βλάψῃ「何か毒を飲ませても，彼らに害を及ぼすことは決してないであろう」。

barkanam「腹を立てる」: Mt 5,22 or barkanay ełbawr iwrowm = ὁ ὀργιζόμενος τῷ ἀδελφῷ αὐτοῦ「自分の兄弟に対して怒る者」。

b) 与格は類似を表わす形容詞およびこれらから派生した動詞に伴って用いられる。すなわち, nman, nmani, nmanak, hasarak, hasarakord「同じ，似ている」; hamemat「相応する，適合した」; hakaṝak「等しくない，反対の，敵対した」; anhawasar「等しくない」など: Lk 13,18 owm? nman ê ark'ayowt'iwn AY· ew orowm nmanowt'ean nmanec'owc'ic' zna = τίνι ὁμοία ἐστὶν ἡ βασιλεία τοῦ θεοῦ καὶ τίνι ὁμοιώσω αὐτήν ;「神の王国は何と同じであろう，また私はそれが何と同じであると言おうか」; Mt 6,8 mí nmanic'êk' noc'a = μὴ ὁμοιωθῆτε αὐτοῖς「彼らの真似をするな」; Mt 20,12 hasarakords mez ararer zdosa = ἴσους ἡμῖν αὐτοὺς ἐποίησας「あなたは，彼らを我々と同じように扱った」; Mt 5,39 mí kal hakaṝak č'ari = μὴ ἀντιστῆναι τῷ πονηρῷ「悪人に手向かうな」; 詩93,16 O? yaric'ê ənd is i veray č'arac', kam o? hawasaresc'ê inj i veray aynoc'ik or gorcen zanawrênowt'iwn = τίς ἀναστήσεταί μοι ἐπὶ πονηρευομένους, ἢ τίς συμπαραστήσεταί μοι ἐπὶ ἐργαζομένους τὴν ἀνομίαν;「邪悪な者に対して誰が私のために立ち上がり，不義を行う者に対して誰が私に代わって立つであろうか」。——「知っている，くわしい」を意味する形容詞: gitak, tełeak, hmowt, xelamowt: コヘ（伝導の書）9,5 meṝealk' oč' en gitak ew oč' imik' = οἱ νεκροὶ οὔκ εἰσιν γινώσκοντες οὐδέν「死者は何一つ知らない」。—— さらに, pitani「役に立つ」, pitoy「必要な」, anpitan「役に立たない」, yajołeal「適した」(yajołem「促進する」の分詞), hačoy「好ましい，気に入る」, vnasakar「有害な」, partakan「有罪の，借りがある」など: IIテモ 4,11 ê inj pitani = ἔστιν μοι εὔχρηστος「彼は私のために役に立つ」; フィレ 11 (zOnessimos,) or erbemn anpitan êr k'ez, bayc' ard k'ez ew inj pitani = Ὀνήσιμον, τόν ποτέ σοι ἄχρηστον νυνὶ δὲ σοὶ καὶ ἐμοὶ εὔχρηστον「以前はあなたにとって役に立たなかったが，今はあなたにも私にも役立つ者となっている（オネシモ）」; I コリ 11,27 partakan ełic'i marmnoy ew arean = ἔνοχος ἔσται τοῦ σώματος καὶ τοῦ αἵματος「彼は体と血に対して罪を犯すことになる」; Mt 5,21 or spananic'ê. partakan lic'i datastani = ὃς δ' ἂν φονεύσῃ, ἔνοχος ἔσται τῇ κρίσει「殺す者は裁きにあうであろう」; Lk 9,62 óč' ok' arkanê jeṝn zmačov· ew hayic'i yets. et'e yajołeal ic'ê ark'ayowt'ean AY = οὐδεὶς ἐπιβαλὼν τὴν χεῖρα ἐπ' ἄροτρον καὶ βλέπων εἰς τὰ ὀπίσω εὔ-

第10章 統語論

θετός ἐστιν τῇ βασιλείᾳ（D. Θ：εἰς τὴν βασιλείαν）τοῦ θεοῦ「神の王国に適する者ならば、鋤に手をつけて後ろを振り返る者は誰もいない」；Mk 6,22 hačoy ełew Herovdi＝ἤρεσεν τῷ Ἡρῴδῃ「それはヘロデの気に入った」。

述語的与格も見られる：使 28,5 ełew nma č'ar ew oč' inč'＝ἔπαθεν οὐδὲν κακόν「彼には何の悪いことも起こらなかった」。

名詞に対する与格補語は用いられない．ギリシア語原文がこの用法を示しているように見えても、アルメニア語では避けられる：Lk 1,5 ełew... k'ahanay omn... ew kin nora i dsterac' Aharovni＝ἐγένετο... ἱερεύς τις... καὶ γυνὴ αὐτῷ ἐκ τῶν θυγατέρων Ἀαρών「ある祭司がおり、彼の妻はアロンの娘たちの出であった」。

c）不定詞の意味上の主語が与格に置かれている場合、この与格は主動詞に依存していると見なすことができる：Jh 3,9 ziard? mart'i aydm linel＝πῶς δύναται ταῦτα γενέσθαι；「どのようにしてそれは起こり得るのか」；Lk 19, 14 oč' kamimk' t'agaworel dma i veray mer＝οὐ θέλομεν τοῦτον βασιλεῦσαι ἐφ' ἡμᾶς「私たちは、この者が王として私たちを支配することを望まない」（Lk 19,27 or oč'n kamein zis t'agaworel i veray noc'a＝τοὺς μὴ θελήσαντάς με βασιλεῦσαι ἐπ' αὐτούς「私が王として支配することを望まぬ者たち」はギリシア語法と見られる）；Lk 6,1 ełew i šabat'ow... anc'anel nma ənd artoraysn＝ἐγένετο ἐν σαββάτῳ... διαπορεύεσθαι αὐτὸν διὰ σπορίμων「彼が安息日に麦畑を通り過ぎていた際」；Lk 4,43 part ê inj awetaranél＝εὐαγγελίσασθαί με δεῖ「私は福音を告げ知らせねばならない」；Lk 11,1 owso mez yaławt's kal. orpês Yovhannês owsoyc' ašakertac'n iwroc'＝δίδαξον ἡμᾶς προσεύχεσθαι, καθὼς καὶ Ἰωάννης ἐδίδαξεν τοὺς μαθητὰς αὐτοῦ「私たちに祈るすべを教えよ．ヨハネもその弟子たちに教えたように」（owsowc'anel は対格を伴う）；IIコリ 9,1 aweli ê inj ew grel aṙ jez＝περισσόν μοί ἐστιν τὸ γράφειν ὑμῖν「私があなたたちに書くのは余計なことだ」；Jh 18,14 law ê aṙn miowm meṙanél i veray žołovrdeann＝συμφέρει ἕνα ἄνθρωπον ἀποθανεῖν ὑπὲρ τοῦ λαοῦ「一人の人間が民のために死ぬのはよいことだ」；しかし、次のように不定詞が名詞的に用いられている構文で、その主語が期待される属格でなく与格で現れている例は、ギリシア語の不定詞付き対格（acc. cum inf.）がアルメニア語で不定詞付き与格（dat. cum inf.）によって模倣されていることを示している：Lk 9,29 i kal nma yaławt's. ełew tesil eresac' nora aylakerp＝ἐγένετο ἐν τῷ προσεύχεσθαι αὐτὸν τὸ εἶδος τοῦ προσώπου αὐτοῦ ἕτερον「彼が祈っている際、彼の顔の様相が変じた」。

d）間投詞 vay「ああ、おお」などの後では、与格または繋辞＋与格が置かれる：詩 119(120), 5 vay inj＝οἴμμοι「禍いだ、私は」（イザ 6,5 vay ê inj）、Mt 11,21 váy k'ez＝οὐαί σοι「禍いだ、あなたたちは」。――ほとんど間投詞化した形容詞 erani「幸いだ」もこれに類する：Mt 5,11 ȩraní ê jez＝μακάριοί ἐστε

第10章 統 語 論

「幸いだ，あなたたちは」, Mt 16,17 eraní (M：ê) kʻez Símovn (M：simon) = μακάριος εἶ, Σίμων「幸いだあなたは，シモンよ」．

4. 対格
§ 218. a) 対格の名詞的用法．直接目的語として：Lk 1,13 kin kʻo Ełisabetʻ cncʻi kʻez ordi = ἡ γυνή σου Ἐλισάβετ γεννήσει υἱόν σοι「お前の妻エリサベトはお前に一人の息子を産むであろう」；Jh 15,2 or očʻ berê ptowł = μὴ φέρον καρπόν「実を結ぼうとしないもの」．――二重対格：Mt 21,24 harcʻícʻ ew es zjez ban mi = ἐρωτήσω ὑμᾶς κἀγὼ λόγον ἕνα「私もまたあなたたちに一つたずねよう」；目的語補語の二重対格：Jh 15,15 očʻ ews kočʻem zjez caṙays = οὐκέτι λέγω ὑμᾶς δούλους「もう私はあなたたちを僕とは言わない」；Mt 4,19 ararícʻ zjez orswords mardkan = ποιήσω ὑμᾶς ἁλιεῖς ἀνθρώπων「私はあなたたちを人間の漁師にしてやろう」；Jh 4,46 arar zǰowrn gini = ἐποίησεν τὸ ὕδωρ οἶνον「彼は水を葡萄酒にした」；Lk 1,53 zmecatowns arjakeacʻ ownayns = πλουτοῦντας ἐξαπέστειλεν κενούς「彼は富んだ者らを空手で去らせた」；Mk 8,3 etʻe arjakem zdosa nawtʻis = ἐὰν ἀπολύσω αὐτοὺς νήστεις「もし私が彼らを空腹のまま帰らせたなら」；ロマ 6,11 ew dowkʻ hamaresǰikʻ zanjins meṙeals małacn = καὶ ὑμεῖς λογίζεσθε ἑαυτοὺς [εἶναι] νεκροὺς τῇ ἁμαρτίᾳ「あなたたちも自分は罪に対して死んでいるのだと考えよ」；Mk 12,23 zi ewtʻnekʻean kalan zna kin = οἱ γὰρ ἑπτὰ ἔσχον αὐτὴν γυναῖκα「というのは，七人とも彼女を妻にしたから」．――内的対格あるいは同族対格は稀である：Lk 2,9 erkean erkiwł mec = ἐφοβήθησαν φόβον μέγαν「彼らは戦々恐々として恐れた」；Lk 1,73 zerdowmnn zor erdowaw Abrahamow = ὅρκον ὃν ὤμοσεν πρὸς Ἀβραάμ「アブラハムに誓った誓い」；Mt 2,10 xndacʻin yoyž (M：+y-) owraxowtʻiwn mec = ἐχάρησαν χαρὰν μεγάλην σφόδρα「彼らははなはだしく喜んだ」．しかし，前置詞 i +対格でも：Lk 7,29 zi mkrtecʻan i mkrtowtʻiwnn Yovhannow = βαπτισθέντες τὸ βάπτισμα Ἰωάννου「彼らはヨハネの洗礼を受けたために」．――名詞+動詞的表現で：Lk 20,10 mšakkʻn gan harin zna ew arjakecʻin ownayn = οἱ δὲ γεωργοὶ ἐξαπέστειλαν αὐτὸν δείραντες κενόν「農夫たちは彼を殴り，空手で送り返した」；Mk 2,12 pʻaṙawor aṙnel zAC = δοξάζειν τὸν θεόν「神を讃美する」；Lk 11,7 mí ašxat aṙnêr zis = μή μοι κόπους πάρεχε「私に面倒をかけるな」；自動詞 linim「なる」が用いられている場合にも：Mt 3,6 xostovan linein zmełs iwreancʻ = ἐξομολογούμενοι τὰς ἁμαρτίας αὐτῶν「彼らは自らの罪を告白していた」．

b) 対格の副詞的用法．時間の広がりを示す：Lk 1,56 ekacʻ Mariam aṙ nma ibrew amiss eris = ἔμεινεν δὲ Μαριὰμ σὺν αὐτῇ ὡς μῆνας τρεῖς「マリヤムは彼女のもとに三月ほど留まった」；Lk 13,8 tʻoł zdá ays am ews = ἄφες αὐτὴν καὶ τοῦτο τὸ ἔτος「今年だけそれをこのままにさせよ」；bazowm žamanaks

第10章 統 語 論

「長い間」=Lk 8,27 χρόνῳ ἱκανῷ, Lk 8,29 πολλοῖς χρόνοις；Lk 20,9 gnácʻ čanaparh žamanaks bazowms=ἀπεδήμησεν χρόνους ἱκανούς「彼は長い間留守にした」；Eznik II,3 ew or kʻan zamenayn anmtagoyn ê, zhazar am, asen, yašt arar「すべてにまして馬鹿げたことに，彼が千年間供犠を行ったことだと言う」．──空間の広がりを示す：Lk 2,44 ekin ibrew awowr mioy čanaparh=ἦλθον ἡμέρας ὁδόν「彼らは約一日分の距離を行った」；Jh 6,19 vareal ibrew asparês kʻsan ew hing kam eresown=ἐληλακότες ὡς σταδίους εἴκοσι πέντε ἢ τριάκοντα「二十五から三十スタディオンばかり漕いだ時」；Mt 5,41 or taraparhak varicʻê zkʻez młion mi· ertʻ ənd nma ew erkôws=ὅστις σε ἀγγαρεύσει μίλιον ἕν, ὕπαγε μετ' αὐτοῦ δύο「あなたを徴用して一ミリオン行かせようとする者とは，一緒に二ミリオン行け」．

c）関係の対格は次のような語にしか見られない：zayn awrinak「そのように，同じように」（または znoyn awrinak）；anown「名は」，Lk 1,5 kʻahanay omn anown Zakʻaria=ἱερεύς τις ὀνόματι Ζαχαρίας「名をザカリアという祭司」．──副詞的に用いられた形容詞：Mt 15,7 barwokʻ margarêacʻaw=καλῶς ἐπροφήτευσεν「彼はみごとに預言した」；Lk 7,43 owłił datecʻar=ὀρθῶς ἔκρινας「あなたは正しく判断した」．

§ 219. 前置詞を伴わない名詞あるいは代名詞の対格目的語が何らかの限定を被っている場合，いわゆる「対格標識（nota accusativi）」z- が添加される．限定は，「定冠詞」が用いられることによって行われるか，あるいは固有名，人称代名詞，指示・関係代名詞のように当該名詞に限定は本来的に内在していることもあり得る．その用法は次の例に明瞭に見ることができる：Mt 8,16 matowcʻin aṙ na diwahars bazowms ew ehan zayssn baniw· ew zaménayn hiwandsn bžškeacʻ=προσήνεγκαν αὐτῷ δαιμονιζομένους πολλούς· καὶ ἐξέβαλεν τὰ πνεύματα λόγῳ καὶ πάντας τοὺς κακῶς ἔχοντας ἐθεράπευσεν「人々は悪霊に憑かれた多くの者を彼のもとに連れて来た．すると彼は言葉でその霊どもを追い出し，患っているすべての者を癒した」．この標識は対格を単数で主格から，複数で位格から区別する機能をもっている．

z-＋対格は，比較を表わす kʻan「…よりも」や ibrew「…のように」の後で規則的に用いられる：Lk 9,13 ócʻ goy mer aweli kʻan zhing nkanak ew zerkows jkowns=οὐκ εἰσὶν ἡμῖν πλεῖον ἢ ἄρτοι πέντε καὶ ἰχθύες δύο「私たちには五個のパンと二匹の魚以上のものはない」；Lk 10,3 aṙakʻêm zjez ibrew zgaṙins i mêj gaylocʻ=ἀποστέλλω ὑμᾶς ὡς ἄρνας ἐν μέσῳ λύκων「私はあなたたちを，狼どもの只中に小羊の〔群れを遣わす〕ように遣わす」；Mt 6,16 Ew yoržam parhicʻêkʻ mí linikʻ ibrew zkełcaworsn trtmealkʻ=ὅταν δὲ νηστεύητε, μὴ γίνεσθε ὡς οἱ ὑποκριταὶ σκυθρωποί「あなたたちが断食する時，偽善者たちのように陰鬱になるな」．

第10章　統　語　論

5．　位格
§ 220. 位格は行為がなされる場所あるいは時間を表わす．位格形は大部分の曲用類では単数で属／与格と，複数でつねに対格（語尾 -s）と同じであり，その独自の形はいわゆる ea- 語幹（a- 語幹，副次型 B：teł「場所」の位 tełwoǰ に見られる語尾 -oǰ, cf. § 71 c）や一連のいわゆる「代名詞的形容詞」（語尾 -owm, cf. § 101）に見られるだけである．それゆえにアルメニア人の文法で位格は固有の格とは認められていない．

位格は前置詞を伴わずに単独で現れることは決してない．最も頻繁に用いられる前置詞は i (y-)「…（の中）に」であり，他に aṙ, ənd, z-（稀に），əst と共に用いられる．これらの例については第9章「前置詞」を参照されたい．

6．　奪格
§ 221. 奪格は空間的・時間的起点や始点，起源・出所を表わし，「…から」を意味する．これはほとんど常に前置詞 i (y-) に先行されるが，z-, ənd, əst などと共に用いることもある．これらの例は第9章「前置詞」を参照されたい．前置詞を伴わない奪格はある種の言い回しにしか残っていない．その主要なものは次の2つである：

1) とくに単音節の名詞が i ＋同じ名詞の対格形で繰り返される場合：エゼ4,10 žamê i žam = ἀπὸ καιροῦ ἕως καιροῦ「一定の時間をおいて」; F.Byz. III, 6 am yamê「毎年」; Lk 1, 50 azgac' yazgs = εἰς γενεὰς καὶ γενεάς「幾世代にわたって」（文字通りには「世代から世代へ」）; Lk 10,7 mí p'oxic'ik' tanê i town = μὴ μεταβαίνετε ἐξ οἰκίας εἰς οἰκίαν「家から家へ渡り歩くな」; 逆に Ełišê II, p.42 minč'ew i nawasardê nawasard「新年まで」（文字通りには「新年から新年にまで」）; しかし，2つの i を伴うことも：Mt 23,34 i k'ałak'ê i k'ałak' = ἀπὸ πόλεως εἰς πόλιν「町から町へ」．

2)「自身」を表わす人称代名詞の injên, k'ezên などは前置詞を伴わない特殊な奪格である（cf. § 83 および -ên については § 94）：Lk 22,71 zi mezên isk lowák' i beranoy dora = αὐτοὶ γὰρ ἠκούσαμεν ἀπὸ τοῦ στόματος αὐτοῦ「なぜなら私たち自身が彼の口から聞いたから」; Jh 3,28 Dowk' jezên vkayêk' inj = αὐτοὶ ὑμεῖς μοι μαρτυρεῖτε ＋QUOTE「あなたたち自身が証ししてくれる」; Jh 19, 6 aṙêk' zda i jez ew jezên hanêk' i xač' = λάβετε αὐτὸν ὑμεῖς καὶ σταυρώσατε「お前たちが自分で彼を引き取って，自分たちで十字架につけろ」; Ełišê III, p.50 es injên ač'awk' tesi「私は自分のこの目で（それを）見た」．

7．　具格
§ 222. 具格に固有の，共同の行為者や協力者を示す「…と〔一緒に〕」の意味は通常，いわゆる副詞的前置詞 handerj を後置させることによって正確に示される：Jh 6,3 ánd nstêr ašakertawk'n handerj = ἐκεῖ ἐκάθητο μετὰ τῶν μαθητῶν

第10章 統語論

αὐτοῦ「彼はその弟子たちと共にそこに座っていた」；Mt 2,11 tesin zmanowkn handerj Mariamaw marbn iwrov＝εἶδον τὸ παιδίον μετὰ Μαρίας τῆς μητρὸς αὐτοῦ「彼らは幼子がその母マリアムと一緒にいるのを見た」．その意味が文脈から明らかな場合，具格は handerj を伴わずに単独で用いることができる：Mk 3,7 $\overline{\text{YS}}$ ašakertawk'n iwrovk' gnac' i covezrn＝ὁ Ἰησοῦς μετὰ τῶν μαθητῶν αὐτοῦ ἀνεχώρησεν πρὸς τὴν θάλασσαν「イエスはその弟子たちと共に海辺に退いた」；使 18,8 hawatac' i Têr amenayn tamb iwrov＝ἐπίστευσεν τῷ κυρίῳ σὺν ὅλῳ τῷ οἴκῳ αὐτοῦ「彼は全家族と共に主を信じた」．本来の前置詞で具格と用いられるのは ənd, z, aṝ である．これらの例は第9章「前置詞」を参照のこと．

　前置詞を伴わない具格は道具，手段，方法，媒介などを表わす：Agath. §812 hraman et Grigor zawrakanin ew išxanac'n or ənd iwrn êr, zi elc'en ew mrčawk' tapalesc'en zšinowacs bagnac'n「グレゴリウスは兵士と一緒にいた指揮官たちに，行って祭壇の置かれている建物をハンマーで取り壊すよう命じた」；M. X. III,3 ənt'adreal jiovk', barbarosk'n i Vatnean daštin, merj i Kasbiakann koč'ec'eal cov「カスピと呼ばれている海の近くバトニャン平原で，蛮族どもは馬で踏み荒らした」；Lk 1,3 zhet ert'eal ei amenayni čšmartowt'eamb (＝ἀκριβῶς,「真実をもって」)「私はすべてを詳細に調べた」；Lk 1,18 iw? gitac'ic' zayd＝κατὰ τί γνώσομαι τοῦτο「私は何によってそれを知り得るだろう」；Lk 1,44 xałác' c'ncalov manowks yorovayni imowm＝ἐσκίρτησεν ἐν ἀγαλλιάσει τὸ βρέφος ἐν τῇ κοιλίᾳ μου「私の胎内の子は喜びのあまり飛び跳ねた」；Lk 1,51 arár zawrowt'iwn bazkaw iwrov＝ἐποίησεν κράτος ἐν βραχίονι αὐτοῦ「彼はその腕で力〔ある業〕をなした」；Lk 1,70 orpês xawsec'aw beranov srboc' or yawitenic' margarêk'n nora ein＝καθὼς ἐλάλησεν διὰ στόματος τῶν ἁγίων ἀπ' αἰῶνος προφητῶν αὐτοῦ「古来その預言者であった聖なる者たちの口を通して彼が語ったように」；Lk 1,75 paštêl zna srbowt'eamb ew ardarowt'eamb＝λατρεύειν αὐτῷ ἐν ὁσιότητι καὶ δικαιοσύνῃ「純潔と義のうちに彼に仕えること」；Lk 1,80 ačêr ew zawranayr hogwov＝ηὔξανεν καὶ ἐκραταιοῦτο πνεύματι「彼は成長し，霊においても力強くなっていった」；Lk 2, 52 zarganayr imastowt'eamb ew hasakaw ew šnorháwk'＝προέκοπτεν [ἐν τῇ] σοφίᾳ καὶ ἡλικίᾳ καὶ χάριτι「彼は知恵も背丈もそして恵みにもいや増していった」；Lk 3,16 es mkrtem zjez jrov＝ἐγὼ μὲν ὕδατι βαπτίζω ὑμᾶς「私は水によってあなたたちに洗礼を施している」；Lk 4,4 oč' hac'iw miayn kec'c'ê mard ayl amenayn baniw $\overline{\text{AY}}$＝οὐκ ἐπ' ἄρτῳ μόνῳ ζήσεται ὁ ἄνθρωπος, ἀλλ' ἐπ' παντὶ ῥήματι θεοῦ「人はパンだけで生きるものではない．むしろ神のすべての言葉で〔生きるであろう〕」；Lk 6,38 novin č'ap'ov orov č'ap'êk' č'ap'esc'í jez＝ᾧ μέτρῳ μετρεῖτε ἀντιμετρηθήσεται ὑμῖν「あなたたちが量るその秤で，あなたたちに量り返されるであろう」；Lk 8,47 ekn dołalov＝

— 289 —

第10章　統　語　論

τρέμουσα ἦλθεν「彼女は震えつつやって来た」；Mt 14,11 beraw glowx nora sktełb = ἠνέχθη ἡ κεφαλὴ αὐτοῦ ἐπὶ πίνακι「彼の首が盆に載せて運ばれて来た」；Jh 14,6 óč' ok' gay aṙ hayr. et'e oč' inew = οὐδεὶς ἔρχεται πρὸς τὸν πατέρα εἰ μὴ δι' ἐμοῦ「私を介してでなければ，誰も父のもとに行けない」；Jh 6, 10 bazmec'án mardikn t'owov ibrew hing hazar = ἀνέπεσαν οἱ ἄνδρες τὸν ἀριθμὸν ὡς πεντακισχίλιοι「数にして五千人ばかりの男が座った」（ギリシア語は関係の対格）．

受動的な意味の動詞は，その原因が事物である場合，具格をとる：Lk 4,38 zok'anč' Simovni tagnapêr ǰermamb mecaw = πενθερὰ τοῦ Σίμωνος ἦν συνεχομένη πυρετῷ μεγάλῳ「シモンの姑が甚だしい熱病に苦しんでいた」；Lk 8,37 ahiw mecaw tagnapein = φόβῳ μεγάλῳ συνείχοντο「彼らは大きな恐れにさいなまれていた」．――「満たす」を意味する動詞の補語として：Lk 1,53 zk'ałc'eals lc'oyc' barowt'eamb = πεινῶντας ἐνέπλησεν ἀγαθῶν「彼は飢える者たちを良いもので満たした」；Lk 1,67 lc'áw hogwov srbov = ἐπλήσθη πνεύματος ἁγίου「彼は聖霊に満たされた」；Lk 5,26 li ełen ahiw = ἐπλήσθησαν φόβου「彼らは恐れに満たされた」；Agath. § 809 meheann mecaganj, li oskwov ew arcat'ov「金銀に満ちた裕福な寺院」．

具格は期間を表わす：使 13,30 erewec'aw awowrbk' bazmawk' = ὤφθη ἐπὶ ἡμέρας πλείους「彼は幾日ものあいだ姿を現した」；Jh 12,1 YS vec' awowrb yaṙaǰ k'an zzatikn. ékn i Bêt'ania = ὁ Ἰησοῦς πρὸ ἓξ ἡμερῶν τοῦ πάσχα ἦλθεν εἰς Βηθανίαν「過越祭の六日前，イエスはベタニアに来た」．

前置詞を伴わない具格は述語としても頻繁に用いられる：創 34,21 orearn ayn xałałowt'eamb en ənd mez = οἱ ἄνθρωποι οὗτοι εἰρηνικοί εἰσιν μεθ' ἡμῶν「あの人たちは我々と仲良くやっていける人たちだ」；Lk 4,32 išxanowt'eamb êr bann nora = ἐν ἐξουσίᾳ ἦν ὁ λόγος αὐτοῦ「彼の言葉は権能を帯びていた」；ロマ 8,8-9 or marmnovn en Astowcoy hačoy linel oč' karen : (9) Bayc' dowk' oč' êk' marmnov, ayl hogwov = οἱ ἐν σαρκὶ ὄντες θεῷ ἀρέσαι οὐ δύνανται. (9) Ὑμεῖς δὲ οὐκ ἐστὲ ἐν σαρκὶ ἀλλὰ ἐν πνεύματι「肉の支配下にある者は神に喜ばれるはずがない．しかし，あなたたちは肉でなく霊の支配下にある」；Eznik IV,8 kerparanawk' asen zxač'n ew zmahn ew oč' čšmartowt'eamb「彼らは，十字架と死は形象であって真理ではない，と言う」．

goy「存在」の具格 goyiw が č'ap'「秤」と用いられた特殊な言い回しは次の箇所に見られる：Mk 12,44 zamenayn inč' zor ownêr ark. goyiw č'ap' zkeans iwr = πάντα ὅσα εἶχεν ἔβαλεν ὅλον τὸν βίον αὐτῆς「彼女は持っているもの一切を，彼女の生活〔の糧〕を全部投げ入れた」．

C．名詞の結合

§ 223. 語順は自由であるが，結合して1つの句をなす名詞同士が原則として並置

第10章　統　語　論

される.
　属格あるいは形容詞は主要部名詞の前後に置かれる：skizbn č'areac' 「悪の始まり」, č'areac' ararič' 「悪の創造者」, mec gorc 「大きな仕事」, xṙovowt'iwn mec 「大きな混乱」など. まれに属格または形容詞は主要部名詞から離されることがある：Eznik I,9 masanc' č'areac' gtani mardn ararič' 「その男は自らを悪い部分の創造者と称する」. masanc' č'areac' が強調されて文頭に置かれ, 主要部 ararič' から離されている; Eznik I,15 varazi` or gazanagoyn ê k'an zamenayn gazans`owti misn, ew oč' vanasê 「猪——これはすべての野性動物よりも野生的だ——の肉を食べても害にはならない」; Agath. §58 mahowamb zyoys hatanem kenac' 「死によって私は生きる希望を断ち切る」.
　形容詞修飾語と被修飾語との間の一致については, §150 b を参照されたい.

§ 224. 同格と見られる例：Mt 10,42 or arbowsc'ê miowm i p'ok'rkanc' yaysc'anê bažak mi ǰowr c'owrt=ὃς ἂν ποτίσῃ ἕνα τῶν μικρῶν τούτων ποτήριον ψυχροῦ 「これらの小さい者たちの一人に冷たい水一杯を飲ませてやる者は」.
　次の例は「格の牽引」(Casus-Attraktion) と説明されてきたが, 問題がないわけではない：Lk 7,44 darjeal i kinn kołmn=στραφεὶς πρὸς τὴν γυναῖκα 「その女の方を振り返って」. Meillet (Altarm. Elementarbuch, §99) は 'manchmal steht das regierte Substantiv im Kasus des regierenden' と述べて, この例は文字通りには 'von der Seite des Weibes' の意味であるとしている. Jensen (AG, §466) は, kołmn または koys 「側」との結合で格の牽引が特に好まれるとして, この例を挙げている (他に i nora kowsê の代わりに i nmanê kowsê 「彼の側から」など). Künzle はこれらが共時的に格の牽引と見なされるかどうかは疑わしいとして, むしろほとんど硬直化した副詞的小辞 'hin, zu... hin, seitens' ではないかという; 具格では 知恵の書 1, 1 miamtowt'eamb srtiw=ἐν ἁπλότητι καρδίας 「率直な心で」; 奪格では 創 6, 7 yeresac' erkrê=ἀπὸ προσώπου τῆς γῆς 「地上から」, 詩 20,11 yordwoc' i mardkanê=ἀπὸ υἱῶν ἀνθρώπων 「人の子らから」; Eznik II,3 i mardkanê hnarołowt'enê 「人々の技術によって」.

§ 225. 等位された2つの語が1つのグループをなす場合, 冠詞 -s, -d, -n は最初の語に後置される：Lk 5,21 sksan xorhel dpirk'n ew p'arisac'ik'=ἤρξαντο διαλογίζεσθαι οἱ γραμματεῖς καὶ οἱ Φαρισαῖοι 「律法学者たちとファリサイ人たちは思いめぐらし始めた」; Lk 9,12 ert'eal šowrǰ i geawłsn ew yagaraks=πορευθέντες εἰς τὰς κύκλῳ κώμας καὶ ἀγρούς 「まわりの村々や里に行って」. しかし複数の語からなる数詞は1つのまとまりと見なされて, 冠詞は最後の語に付加される：Lk 10,17 darjan ewt'anasown ew erkowk'n xndowt'eamb=ὑπέ-

第10章　統　語　論

στρεψαν οἱ ἑβδομήκοντα δύο μετὰ χαρᾶς「七十二人は喜びと共に帰って来た」。

　名詞群の最初の強勢語の直後に冠詞を付加するという一般的な傾向は，次の2つの規則によって制限されている：

1）名詞＋属格名詞の結合において，冠詞は原則として従属部つまり属格名詞に付加される．ただしこれが固有名や抽象名詞の場合は主要部の名詞に付けられる．冠詞は名詞句全体を規定している：Lk 22,52 c'k'ahanayapetsn ew c'išxans tačarin ew c'cers＝πρὸς τοὺς ἀρχιερεῖς καὶ στρατηγοὺς τοῦ ἱεροῦ καὶ πρεσβυτέρους「祭司長たちや神殿の守護長官たちや長老たちに対して」；Lk 1,10 i žamow xnkoc'n＝τῇ ὥρᾳ τοῦ θυμιάματος「香の時刻に」；Lk 5,17 p'arisec'ik'n ew awrinac'n vardapetk'＝Φαρισαῖοι καὶ νομοδιδάσκαλοι「ファリサイ人と律法の教師たち」，しかし Lk 1,32 zat'oṙn Dawt'i＝τὸν θρόνον Δαυίδ「ダビデの王座を」；Lk 23,3 dow? es t'agawor (M：-n) hrêic'＝σὺ εἶ ὁ βασιλεὺς τῶν Ἰουδαίων；「お前はユダヤ人どもの王なのか」；Mt 24,14 awetarans ark'ayowt'ean＝τοῦτο τὸ εὐαγγέλιον τῆς βασιλείας「王国のこの福音」；Mt 24, 15 i tełwoǰn srbowt'ean＝ἐν τόπῳ ἁγίῳ「聖なる場所に」；Mk 2,26 zhac'sn zaṙaǰaworowt'ean＝τοὺς ἄρτους τῆς προθέσεως「供えのパンを」．属格が指示詞や所有詞の場合も冠詞は主要部名詞に付けられる：Lk 23,23 zawranayin barbaṙk'n noca'＝κατίσχυον αἱ φωναὶ αὐτῶν「彼らの声が大きくなって行った」；Lk 22,66 hanin acin zna yateann iwreanc'＝ἀπήγαγον αὐτὸν εἰς τὸ συνέδριον αὐτῶν「彼らは彼を彼らの最高法院に連れて行った」；Eznik IV,1 towr inǰ i kawoyd k'owmê「私にあなたの粘土を与えよ」．

　属格が2つの場合はどちらかの属格に冠詞が付く：ロマ 8,2 awrênk' hogwoyn kenac' i K'ristos Yisows azatec'in zis ew yawrinac' mełac'n ew mahow＝ὁ νόμος τοῦ πνεύματος τῆς ζωῆς ἐν Χριστῷ Ἰησοῦ ἠλευθέρωσέν σε ἀπὸ τοῦ νόμου τῆς ἁμαρτίας καὶ τοῦ θανάτου「キリスト・イエスによる命の霊の法則が，罪と死との法則からあなたを自由にした」；Lk 1,11 ənd aǰmê sełanoy xnkoc'n ＝ἐκ δεξιῶν τοῦ θυσιαστηρίου τοῦ θυμιάματος「香の祭壇の右側に」．

2）形容詞＋名詞の結合では，冠詞は名詞に付加される：Lk 1, 59 yawowrn owt'erordi＝ἐν τῇ ἡμέρᾳ τῇ ὀγδόῃ「八日目に」；Lk 5,37 payt'owc'anê ginin nor ztiksn hins＝ῥήξει ὁ οἶνος ὁ νέος τοὺς ἀσκούς「新しい葡萄酒は革袋を破る」；Lk 5,7 lc'án erkok'in nawk'n＝ἔπλησαν ἀμφότερα τὰ πλοῖα「双方の舟は満杯になった」；固有名詞の場合，冠詞は形容詞に付く：mecn Vardan「偉大なヴァルダン」，sowrbn Grigorios「聖グレゴリウス」．

　形容詞に注意が促されるならば，冠詞は形容詞に付けられる．ただし写本間で揺れが見られる：Mt 20,24 loweal tasanc'n barkac'án i veray erkowc'n ełbarc' (M：erkowc' ełbarc'n)＝ἀκούσαντες οἱ δέκα ἠγανάκτησαν περὶ τῶν δύο ἀδελφῶν「十人は〔これを〕聞いて，二人の兄弟に対して怒った」；Mt 22,38 áys ê mecn (M：-Ø) ew aṙaǰin patowiran (M：-n)＝αὕτη ἐστὶν ἡ μεγάλη καὶ

第10章 統 語 論

πρώτη ἐντολή「これが大いなるそして第一の掟である」

§ 226. 前置詞は名詞句全体の前に置かれる．前置詞は名詞句の個々の成分の前で繰り返されることがある：Lk 2,1 ənd awowrsn ənd aynosik＝ἐν ταῖς ἡμέραις ἐκείναις「その頃」；Jh 4,20 i lerins yaysmik＝ἐν τῷ ὄρει τούτῳ「この山で」；F.Byz. III,7 ənd getn mec ənd Kowr「大河クルを渡って」；Lk 15,6 gti zoč'xars zim zkorowseal＝εὗρον τὸ πρόβατόν μου τὸ ἀπολωλός「私は，失われていた私の羊を見つけた」(z- が3回)；Mt 5,19 mi inč' i patowiranac' yaysc'anê i p'ok'ownc'＝μίαν τῶν ἐντολῶν τούτων τῶν ἐλαχίστων「これらの最も小さい掟の一つ」(i が3回)．

繰り返された前置詞は，同一名詞の反復を避けて「…のそれ」と訳される表現を構成することがある：Eznik III,6 yêgs mardkan ew yanasnoc' ankeal「それらは人間の雌と動物のそれとに属して」；F.Byz. IV,23 kalaw zawrêns mazdezanc'n, aysink'n zmogowc'n「彼はゾロアスター教徒の戒律，すなわちマギたちのそれに従った」．主要部を欠いた属格の前に z- が添加されている例：Mt 22,21 towk' zkayser. kayser ew zAY. AY＝ἀπόδοτε τὰ Καίσαρος Καίσαρι καὶ τὰ τοῦ θεοῦ τῷ θεῷ「カエサルのものはカエサルに与えよ．しかし神のものは神に〔与えよ〕」；Mt 16, 23 oč' xorhis zAYsn. ayɫ zmardkán (Mk 8,33 E : zmardkans)＝οὐ φρονεῖς τὰ τοῦ θεοῦ ἀλλὰ τὰ τῶν ἀνθρώπων「お前は神のことがらを思わず，人間のことがらを思っている」(欠如している主要部が複数と考えられるので，複数語尾 -s が属格形に付接されている)；F. Byz. III,6 oč' aȓc'owk' zayloy「我々が他人の（所有物）を取ることはない」．

前置詞の繰り返しは語群を形成・画定する有効な手段である：Eznik III, 11 orpês t'e ardaroc'n mereloc' ogik' yayl i sowrb marmins p'oxic'in, kam i mardkan kam yanasnoc' srboc'「亡くなった義人の魂が他の清らかな肉体に，人間のそれあるいは清らかな動物のそれに，移っているかのように」(i が4回繰り返されている)．

erkok'ean「両方の」，amenayn「すべての」のような形容詞や強調のために前置された所有詞と用いられると，前置詞は繰り返される：F.Byz. III,19 zerkosean zeɫbarsn「両兄弟を」；Mt 6,29 yamenayn i p'aȓsn iwrowm＝ἐν πάσῃ τῇ δόξῃ αὐτοῦ「その栄華の極みに」；Mt 7,28 zamenayn zbans zaynosik＝τοὺς λόγους τούτους「これらの言葉すべてを」；Jh 13,6 dow zim zots lowanas？＝σύ μου νίπτεις τοὺς πόδας；「あなたがこの私の足を洗うのか」(続く8節では強調のない zots im)．

§ 227. 前置詞を反復することによって語群を画定するこの手段は，文に明瞭性を与えている：F.Byz. III,4 oč' t'oɫoyr zerkoc'ownc' tohmac'n zorj koriwn ew oč' zmi「彼は両家の男の若者を一人たりとも残さなかった」(3度現れる z- は関

— 293 —

第10章　統　語　論

連し合う名詞を一体化しており，後置冠詞 -n は erkoc'ownc' tohmac' orj koriwn 全体を限定している). ——使 16,14 kin... zoroy têr isk ebac' zsirtn＝γυνή... ἧς ὁ κύριος διήνοιξεν τὴν καρδίαν「主がその心を開いてやった女」，z- は関係詞 oroy が sirt に依存していることを示している．

　これら一致，冠詞の位置，前置詞の反復といった多様な手段が巧みに適用されていることには常に考慮に入れて置かねばならない．例えば，Agath. §36　and omn aprec'owc'anêr i hinê anti yordwoc'n Xosrovow t'agaworin Hayoc' mankik mi p'ok'rik anown Trdat「そこである人が，アルメニア王ホスロフの息子の一人，名をトリダテスという子供を匪賊から救い出した」．後置冠詞 anti, -n がそれぞれ付加されることによって，同じ前置詞に支配された2つの句が互いに別個のものとして提示されており，また t'agawori に冠詞 -n が付加されているのは，それが先行の属格形 Xosrovow と同格だからである．

テクスト

1. 創世記　第27章1-45節

1 Ew ełew ibrew cerac'aw Isahak, ew vatec'in ač'k' nora i tesaneloy koč'eac' zEsaw zordi iwr zerêc' ew asê c'na· Ordeak im : ew na asê c'na, Ahawasik es : 2 Ew na asê c'na· Ahawasik es cerac'eal em, ew oč' gitem zawr vaxčani imoy : 3 Ard aṙ dow zgorci k'o załełn ew zkaparčs, ew el i dašt ew orsa inj ors· 4 Ew ara inj xortiks orpês ew es sirem, ew ber mato inj zi kerayc' ew awrhnesc'ê zk'ez anjn im minč'č'ew meṙeal ic'em : 5 Ew lowaw Rebeka zi xawsêr Isahak ənd ordwoy iwrowm : gnac' Esaw i dašt orsal ors hawr iwrowm : 6 Ew xawsec'aw Rebeka ənd Yakobay ordwoy iwrowm ew asê· Aha loway es i hawrê k'owmmê zi xawsêr ənd ełbawr k'owm ew asêr· 7 Ber inj ors ew ara inj xortiks zi kerayc' ew awrhnec'ic' zk'ez aṙaǰi Teaṙn minč'č'ew meṙeal ic'em : 8 Ew ard, ordeak im, lowr inj, orpês es patowirem k'ez : 9 gna dow i xašn, ew aṙ inj anti erkows owls p'a'powks ew əntirs, ew araric' znosa xortiks hawr k'owm orpês ew sirê : 10 Ew matowsc'es hawr k'owm ew keric'ê, zi awrhnesc'ê zk'ez hayr k'o minč'č'ew meṙeal ic'ê : 11 Ew asê Yakob c'Rebekay mayr iwr· Ełbayr im Esaw ayr t'aw ê, ew es˘ lerk : 12 Gowc'ê šawšap'ic'ê zis hayr im, ew linic'im aṙaǰi nora ibrew arhamarheal ew acic'em i veray im anêcs ew oč' awrhnowt'iwn : 13 Ew asê c'na mayrn iwr· Yim veray anêck'n ayn, ordeak· bayc' miayn lowr jayni imowm ew ert' ac inj : 14 Gnac' ew aṙ ac mawr iwrowm : ew arar xortiks, orpês ew sirêr hayr nora : 15 Ew aṙeal Rebekay zpatmowč'ann zazniw ordwoy iwroy eric'ow, or kayr aṙ nma i tann, zgec'oyc' Yakobay ordwoy iwrowm krtseroy : 16 Ew zowlenisn agoyc' i bazowks nora ew i veray merkoy paranoc'i nora : 17 Ew et zxortiksn ew zhac'n, zor arar, i jeṙs Yakobay ordwoy iwroy : 18 ew taraw hawr iwrowm ew asê· Hayr im : ew na asê· Ahawasik em : ov ? es dow, ordeak : 19 Ew asê Yakob c'hayrn· Es em Esaw andranikn k'o : arari orpês ew xawsec'ar ənd is, ari nist ew ker yorsoy immê. zi awrhnesc'ê zis anjn k'o : 20 Ew asê Isahak c'ordin iwr· Zi ? ê zi vałvałaki gter, ordeak : ew na asê· Orpês patrasteac' Têr Astowac aṙaǰi im : 21 Ew asê Isahak c'Yakob· Mawt ek, ew šawšap'ec'ic' zk'ez, ordeak, et'ê dow ic'es ordi im Esaw, t'ê oč' : 22 Mateaw Yakob aṙ Isahak hayr iwr, ew šawšap'eac' zna ew asê· Jaynd˘ jayn Yakobay, ew jeṙk'd˘ jeṙk' Esaway : 23 ew oč' caneaw zna, zi êin jeṙk' nora ibrew zjeṙsn Esaway ełbawr iwroy, t'aw : Ew awrhneac' zna : 24 ew

テクスト

asê· Dow? es ordi im Esaw : ew na asê· Es em : 25 ew asê· Mato inj ew kerayc' yorsoy k'owmmê, ordeak, zi awrhnesc'ê zk'ez anjn im : aṝ matoyc' nma ew keraw, ew eber nma gini ew arb : 26 Ew asê c'na Isahak hayr iwr· Mawt ek ew hambowrea zis, ordeak : 27 Ew mateaw hambowreac' zna : ew aṝ zhot handerjic' nora, ew awrhneac' zna ew asê· Aha hot ordwoy imoy ibrew zhot andoy lioy, zor awrhneac' Têr : 28 ew tac'ê k'ez Astowac i c'awłoy erknic' ew i parartowt'enê erkri, ew bazmowt'iwn c'orenoy ew ginwoy : 29 ew caṝayesc'en k'ez azgk', ew erkir pagc'en k'ez išxank', ew ełic'es têr ełbawr k'owm, ew erkir pagc'en k'ez ordik' hawr k'oy, or anicanic'ê zk'ez˘ aniceal lic'i, ew or awrhnesc'ê zk'ez˘ awrhneal : 30 Ew ełew yet dadareloyn Isahakay anti zYakob zordi iwr, ibrew el Yakob yeresac' Isahakay hawr iwroy : ew ekn Esaw ełbayr nora yorsoy : 31 arar ew na xortiks, ew matoyc' hawr iwrowm, ew asê c'hayr iwr· Yaric'ê, hayr im, ew keric'ê yorsoy ordwoy iwroy, zi awrhnesc'ê zis anjn k'o : 32 Ew asê c'na Isahak˘ hayr iwr· Ov? es dow : ew na asê· Es em ordin k'o andranik Esaw : 33 Ew zarmac'aw Isahak zarmac'owmn mec yoyž, ew asê· Isk ayn ov? êr, or orsac'aw inj ors, ew eber matoyc', ew keray· yamenaynê minč'č'ew k'o ekeal êr, ew awrhnec'i zna ew ełic'i awrhneal : 34 Ew ełew ibrew lowaw Esaw zbansn Sahakay hawr iwroy, ałałakeac' i jayn mec daṝnac'eal yoyž, ew asê c'hayrn iwr· Awrhnea ard ew zis, hayr : 35 Ew asê c'na· Ekn ełbayr k'o nengowt'eamb ew aṝ zawrhnowtiwns k'o : 36 Ew na asê· Yirawi koč'ec'aw anown nora Yakob, ays erkic's xabeac' zis· aṝ zandrankowt'iwn im ew ard aṝ zawrhnowtiwn im : ew asê Esaw c'hayr iwr· Ew oč' mi? inč' awrhnowtiwn t'ołer inj, hayr : 37 Patasxani et Isahak ew asê c'Esaw· Orovhetew têr arari zna k'ez ew zamenayn ełbars k'o arari nma caṝays, c'orenov ew ginwov hastatec'i zna, k'ez zinč'? araric', ordeak : 38 Asê Esaw c'hayrn iwr· Mit'ê mi? awrhnowt'iwn ic'ê k'o, hayr· awrhnea ew zis, hayr : ew ibrew strǰac'aw Isahak· ambarj zjayn iwr Esaw ew elac' : 39 Patasxani et Isahak hayr nora ew asê c'na· Aha i parartowt'enê erkri ełic'i bnakowt'iwn k'o, ew i c'awłoy erknic' i verowst : 40 ew srov k'ov kec'c'es, ew ełbawr k'owm caṝayesc'es. ew ełic'in yoržam k'akesc'es ew lowcc'es zlowc nora i paranoc'ê k'owmmê : 41 Ew pahêr Esaw oxs Yakobay vasn awrhnowt'enac'n zor awrhneac' zna hayr iwr· ew asêr Esaw i mti· Merjesc'in awowrk' kareac' hawr imoy, zi spanic' zYakob zełbayr im : 42 Azd ełew Rebekay bank'n Esaway ordwoy iwroy eric'ow, ew yłeac' koč'eac' zordi iwr zkrtser zYakob ew asê c'na· Aha Esaw ełbayr k'o spaṝnay spananel zk'ez : 43 ard lowr, ordeak, jayni imowm, ew ari gna i miǰagets aṝ Laban ełbayr im i Xaṝan : 44 ew bnakesc'es ənd nma awowrs

— 296 —

テクスト

bazowms, minč'ew anc'c'ê srtmtowt'iwn barkowt'ean ełbawr k'o i k'ên: 45 ew mor̄asc'i zor inč' ararer nma, ew apa ar̄akec'ic' koč'ec'ic' zk'ez anti, gowc'ê anzawakic'im yerkoc'ownc' i jênǰ i miowm awowr:

2. ダニエル書補遺 スザンナ

1 ew êr ayr mi bnakeal i Babelovn ew anown êr nora Yovakim: 2 ew ar̄ iwr kin, anown nora Šowšan, dowstr K'ełkea, gełec'ik yoyž erkiwłac' i Tear̄nê: 3 ew cnawłk' nora ardark' ew owsowc'in zdowstrn iwreanc' əst awrinac'n Movsêsi: 4 ew êr Yovakim mecatown yoyž ew êr nora bowrastan merj yaparans iwr ew ar̄ na žołovein hrêayk' zi p'ar̄aworagoyn êr k'an zamenesean: 5 ew erewec'an erkow cerk' i žołovrdenê anti dataworkʻ taroyn aynmik, zoroc' xawsec'aw Têr t'e el anawrênowt'iwn i Babelovnê i ceroc' dataworac' or hamarein ar̄aǰnordel žołovrdeann: 6 ew nok'a hanapazord êin i tann Yovakima, ew gayin ar̄ nosa amenek'in i datastan: 7 ew linêr ibrew žołovn mêknêr zhasarak awowrbn, mtanêr Šowšan ew gnayr i bowrastani ar̄n iwroy: 8 ew tesanein zna erkok'in cerk'n hanapaz zi mtanêr ew zgnayr ew c'ankac'an nma: 9 ew darjowc'in ⟨zsirts⟩ iwreanc' ew xotorec'owc'in zač's iwreanc' č'hayel yerkins ew č'yišel zardar datastann: 10 ew ein erkok'in ⟨harealk'⟩ i nma. ew č'patmein mimeanc' zc'awsn iwreanc' 11 Zi patkar̄ein patmel zc'ankowt'iwnn iwreanc', k'anzi kamein linel ənd nma: 12 ew spasein nma stêp hanapaz tesanel zna 13 ew asen c'mimeans 《ert'ic'owk' i town k'anzi čašoy žam ê》 ew elin meknec'an i mimeanc': 14 ew darjeal andrên ekin miwsangam ar̄ mimeans ew harc'eal mimeanc' zpatčar̄sn, xostovan ełen zc'ankowt'iwnn iwreanc'. apa ełen žamadir mimeanc' t'e erb karasc'en zna miayn gtanel: 15 ew ełew i spasel noc'a nma i dipoł awowr, ekn emowt erbemn orpês yerêkn ew yer̄andn erkowk' miayn ałǰkambk' ew c'ankac'aw lowanal i bowrastani and k'anzi tawt' êr 16 ew č'êr ok' and bayc' miayn erkow cerk'n ⟨t'ak'owc'ealk'⟩ or spasein nma: 17 ew asê c'ałǰkownsn 《Ert'ayk' berêk' inj iwł ew awčar̄ ew zdowrs bowrastanis p'akec'êk' zi lowac'ayc'》: 18 ew ararin orpês asac' c'nosa, p'akec'in zdowrs bowrastanin ew elin i kołmanê drac'n berel zor inč' ⟨hramayeac'⟩ noc'a ew č'tesin zcersn k'anzi ⟨t'ak'owc'ealk'⟩ ein. 19 ew ełew ibrew elin ałǰkownk'n, yarean erkow cerk'n ew dimec'in i veray nora: 20 ew asen 《aha dowrk' bowrastani p'akeal en ew č'ik' ok' or tesanê zmez ew mek' c'ankcac'eal emk' k'ez, vasn oroy ew k'o hawaneal ler ənd mez. 21 apa t'e oč', vkayemk' zk'ên et'e omn patani êr ənd k'ez ew vasn aynorik arjakec'er załǰkownsn i k'ên》: 22 Yogwoc' ehan Šowšan ew asê 《tagnap ⟨ê⟩ inj yamenayn koł-

— 297 —

manc'. et'e zayd gorc gorcec'ic', mah ⟨ê⟩ inj ew et'e oč' gorcec'ic', č'em apreloc' i jeṟac' jeroc' : 23 Bayc' law lic'i inj č'gorcel zayd ew ankanel i jeṟs jer k'an t'e mełayc' aṟaǰi Teaṟn⟩ : 24 ew ałałakeac' i jayn mec Šowšan, ałałakec'in ew erkok'in cerk'n kic' nmin. 25 ew ǝnt'ac'aw min ebac' zdowrs bowrastanin : 26 ibrew lowan zjayn čč'oyn i bowrastani and ǝntanik'n ankan ǝnd kołmn drann i nerk's tesanel t'e zinč' irk' ǝnd na anc'eal ic'en : 27 ew ibrew asac'in cerk'n zbans iwreanc' zamawt'i haran caṟayk'n yoyž, zi oč' erbek' aynpisi bank' asac'an zŠowšanay : 28 ew ełew i vałiw andr ibrew ekn žołovowrdn aṟ ayr nora Yovakim, ekin ew erkow cerk'n anawrên mtawk' zŠowšana spananel zna, ew asen aṟaǰi žołovrdeann 29 ⟨yłec'êk' ew berêk' zŠowšana aysr or dowstr ê K'ełkea, or ê kin Yovakima⟩. ew nok'a yłec'in : 30 ew ekn na ew cnawłk' iwr ew ordik' iwr ew amenayn azgakank' nora : 31 ew Šowšan êr p'ap'owk yoyž ew gełec'ik' tesleamb, 32 ew anawrênk'n hramayec'in holani aṟnel zna, k'anzi sk'ołeal êr zi lc'c'in gełov nora : 33 ew iwrk'n layin amenek'ean or čanač'ein zna : 34 Yarean cerk'n erkok'ean i miǰoy žołovrdenên edin zjeṟs iwreanc' i veray glxoy nora : 35 ew na lalov hayec'aw yerkins k'anzi êr sirt nora yowsac'eal i Têr : 36 ew asen cerk'n erkok'ean ⟨minč'deṟ mek' miayn zgnayak' i mêǰ bowrastanin emowt da andr erkowk' ałǰkambk' ew p'akeac' zdowrs bowrastanin ew arjakeac' załǰkownsn : 37 ew ekn aṟ na patani omn or ⟨t'ak'owc'eal⟩ êr ew ankaw ǝnd dma : 38 ew mek' emk' yankean bowrastanin : 39 ibrew tesak' zanawrênowt'iwnn ǝnt'ac'ak' aṟ dosa ew tesak' zlineln doc'a ǝnd mimeans. zna oč' karac'ak' ownel k'anzi bowṟn êr k'an zmez ew ebac' dowrsn ew p'axeaw artak's : 40 Zda or ǝmbṟnec'ak' harc'ak' t'e ov? êr patanin 41 ew oč' kamec'aw patmel mez, zays vkayemk'⟩. ew hawatac' noc'a ateann ibrew ceroc' žołovrdean ew dataworac' ew datec'an zna meṟanel : 42 Ałałakeac' i jayn barjr Šowšan ew asê ⟨Astowac yawitenakan cackagêt, or gites zamenayn yaṟaǰ k'an zlinel noc'a : 43 Dow gites zi sowt vkayen zinên. aha meṟanim or oč' inč' gorcec'i zor dak'ayd anawrinen zinên⟩ : 44 ew lowaw Têr jayni nora. 45 ew minč'deṟ tanein zna korowsanel, zart'oyc' Astowac zogi sowrb i veray mankan mioy tłayo orowm anown êr Daniêl : 46 ew ałałakeac' i jayn barjr ew asê ⟨anapat em es yarenê dora⟩ : 47 ew darjaw amenayn žołovowrdn aṟ na ew asen ⟨zinč'? ê band zor xawsec'ar⟩ : 48 ew na ekac' i miǰi noc'a ew asê ⟨aydpês? anmitk' êk' ordik' israyêłi. oč' k'nnec'êk' ew oč' yirawanc' i veray hasêk' ew datapartec'êk' zdowstr israyêłi : 49 ⟨Darjayk'⟩ andrên yatean k'anzi sowt vkayec'in dok'a znmanê⟩ : 50 ew darjaw žołovowrdn vałvałaki ew asen c'na cerk's ⟨ek nist i miǰi merowm ew

テクスト

patmea mez, zi k'ez et Astowac zeric'owt'iwn⟩ : 51 ew asê c'nosa Daniêl ⟨meknec'êk' zdosa i mimeanc' i bac' ew k'nnesc'owk' zdosa⟩ : 52 ew ibrew meknec'an i mimeanc', koč'eac' zminn i noc'anê ew asê c'na ⟨ay, hnac'eal awowrbk' č'arowt'ean, ayžm ekin hasin mełk' k'o zor gorceir yaṙaǰagoyn. 53 zi dateir zdatastan anirawowt'eamb, zanmełs datapartreir ew zvnasakars arjakeir, orowm Astowcoy asac'eal êr t'e zanmełn ew zardarn mi spananic'es : 54 bayc' ard et'e teser zda asa ənd orov caṙov haser aṙ dosa minč'deṙ xawsein ənd mimeans⟩. ew na asê ⟨ənd herjeawn⟩ : 55 ew asê Daniêl ⟨bariok' stec'er i k'oyn glowx. ahawasik hreštaki Astowcoy aṙeal hraman herjc'ê zk'ez ənd mêǰ⟩ : 56 ew i bac' meržeac' zna, hramayeac' acel zmiwsn ew asê c'na ⟨zawak K'ananow ew oč' Yowda, geł dora patreac' zk'ez ew c'ankowt'iwn šrǰeac' zsirt k'o : 57 Aydpês aṙneik' zdstersn Israyêłi, ew nok'a aṙ erkiwłi merjanayin aṙ jez, ayl ew oč' dowstr Yowda kalaw yanjin zanawrênowt'iwnd jer : 58 bayc' ard ałê, asa ənd orov ? caṙov haser aṙ dosa minč'deṙ xawsein ənd mimeans⟩ : 59 ew na asê ⟨ənd słoc'eawn⟩ ew asê c'na Daniêl ⟨bariok stec'er ew dow i k'oyn glowx, zi ka awadik hreštak Astowcoy, sowser i jeṙin, słoc'ê zk'ez ənd mêǰ zi satakesc'ê zk'ez⟩ : 60 ew ałałakeac' amenayn žołovowrdn i jayn mec ew awrhnec'in zAstowac or aprec'owc'anê zyowsac'eals iwr : 61 ew yarean i veray erkowc' ceroc'n k'anzi yandimaneac' znosa Daniêl i noc'in beranoc' sowt vkays ew ararin ənd nosa orpês edin i mti č'arowt'iwn aṙnel ənd ənkeri 62 əst awrinac'n Movsêsi ew spanin znosa ew aprec'aw ariwn ardar yawowr yaynmik : 63 isk K'ełkea ew kin nora awrhnec'in zAstowac vasn dstern iwreanc' Šowšana handerj Yovakimaw aramb nora ew amenayn azgakanawk' zi oč' gtan irk' garšowt'ean i nma : 64 ew Daniêl ełew mec aṙaǰi žołovrdeann yawrê yaynmanê ew andr :

3. マタイ福音書 第6章

1 Zgóyš lerowk' ołormowt'ean jerowm mi aṙnel aṙaǰi mardkan orpēs t'e i c'oyc' inč' noc'a gowc'ē ew varjs oč' əndownic'ik' i hawrē jermē or yerkinsn ē : 2 Ayl yoržam aṙnic'es ołormowt'iwn. mí harkaner p'oł aṙaǰi k'o. orpēs kełcawork'n aṙnen i žołovowrds ew i hraparaks. orpēs zi p'aṙaworesc'in i mardkanē : Amén asem jez áyn isk en varjk' noc'a : 3 Ayl dow yoržam ołormowt'iwn aṙnic'es. mí gitasc'ē jax k'o zinč' gorcē aǰ k'o 4 orpēs zi ełic'i ołormowt'iwnn k'o i cacówk ew hayrn k'o or tesanē i cacowk hatowsc'ē k'ez yaytnapēs :. 5 Ew yoržam yaławt's kayc'es. mí linic'is orpēs kełcawork'n zi siren i žołovowrds ew yankiwns hraparakac' kal. yaławt's orpēs zi erewesc'in mardkan : Amén asem jez áyn isk en

— 299 —

テクスト

varjk' noc'a :. 6 Ayɫ dow yoržam kayc'es yaɫawt's. mowt i seneak k'o· ew p'akeá zdowrs k'o· ew kac' yaɫawt's aṝ hayr k'o i cacówk· ew hayrn k'o or tesanē i cacowk hatowsc'ē k'ez yaytnapḗs :. 7 Ew yoržam kayc'ēk' yaɫawt's. mí šatxawsk' linik' ibrew zhet'anossn· zi hamarin et'e i bazowm xawsic' iwreanc' lseli linic'in. 8 ard. mí nmanic'ēk' noc'a· zi gitḗ hayrn jer zinč' pitoy ē jez minč'č'ew jer xndreal inč' ic'ē i nmanē :. 9 Ew ard ayspēs kayc'ēk' dowk' yaɫawt's· hayr mer or yerkins· sowrb eɫic'i anown k'o· 10 ekec'ē ark'ayowt'íwn k'o· eɫic'ín kamk' k'o orpēs yerkins ew yerkri· 11 Zhac' mer hanapazord towr mez aysawr· 12 ew t'oɫ mez zpartis mer. orpēs ew mek' t'oɫowmk' meroc' partapanac'· 13 ew mi tanir zmez i p'orjowt'iwn· ayɫ p'rkeá zmez i č'arē· zi k'o ē ark'ayowt'iwn ew zawrowt'iwn ew p'aṝk' yawiteans amēn :. 14 Zi et'e t'oɫowc'owk' mardkan zyanc'ans noc'a· t'oɫc'ḗ ew jez hayr jer erknawor :. 15 Apa t'e oč' t'oɫowc'owk' mardkan zyanc'ans noc'a· ew oč' hayrn jer t'oɫc'ē jez zyanc'ans jer :. 16 Ew yoržam parhic'ēk' mí linik' ibrew zkeɫcaworsn trtmealk'· or apakanen zeress iwreanc' orpēs zi erewesc'in mardkan t'e parhic'en· amḗn asem jez· áyn isk en varjk' noc'a :. 17 Ayɫ dow yoržam parhic'es. áwc zglowx k'o. ew lowa zeress k'o· 18 zi mi erewesc'is mardkan ibrew zpahoɫ· ayɫ háwrn k'owm i cacowk· ew hayrn k'o or tesanē i cacowk. hatowsc'ē k'ez :. :. :. :. 19 Mí ganjēk' jez ganjs yerkri· owr c'ec' ew owtič apakanen· ew owr goɫk' akan hatanen ew goɫanan :. 20 Ayɫ ganjec'ēk' jez ganjs yerkins· owr óč' c'ec' oč' owtič apakanen. ew oč' goɫk' akan hatanen ew goɫanan· 21 zi owr ganjk' jer en· ánd ew sirtk' jer lic'in :. 22 Črag marmnoy ákn ē et'e akn k'o aṝat ē· amenayn marmind lowsawór eɫic'i· 23 apa t'e akn k'o č'ar ē. amenáyn marmind xawarin eɫic'i :. Isk et'e loysd or i k'ez ē xawar ē· xawarn orč'ap'? ews :. 24 Óč' ok' karē erkowc' teranc' caṝayel· kam zmin atic'ē ew zmiwsn siric'ē· kam zmin mecaric'ē. ew zmiwsn arhamarhic'ē· óč' karēk' $\overline{\text{AY}}$ caṝayel ew mamonai :. 25 Vasn aydorik asém jez· mí hogayk' vasn ogwoc' jeroc' zinč' owtic'ēk' kam zinč əmpic'ēk'· ew mí vasn marmnoc' jeroc' et'e zinč' aganic'ik'· oč' apak'ēn ogi aṝawél ē k'an zkerakowr. ew marmin k'an zhanderj :. 26 Hayec'arówk' i t'ṝč'owns erknic'· zi oč' varen. ew oč' hnjen. ew óč' žoɫoven i štemarans· ew hayrn jer erknawor kerakrḗ znosa· oč' apak'ēn dowk' aṝawél ēk' k'an znosa :. 27 Isk ard o? i jēnǰ aṝ hogal iwrowm· yawelowl karic'ē i hasak iwr kangown mi :. 28 Ew vasn handerji zi? hogayk'· hayec'arówk' i šowšann vayreni orpēs ačē· oč' ǰanay ew óč' niwt'ē· 29 asem jez· zi ew óč' Soɫovmovn yamenayn p'aṝsn iwrowm zgec'aw ibrew zmi i noc'anē :. 30 Isk et'e zxotn i vayri or aysawr ē· ew vaɫiw i hnoc' arkani· $\overline{\text{AC}}$ aynpēs zgec'owc'anē·

— 300 —

orč'ap' ews aṝawel zjez ? t'erahawatk' :. 31 Mí aysowhetew hogayc'ēk'· ew asic'ēk' zinč' keric'owk'. kam zinč' arbc'owk'. kam zinč' zgec'c'owk'· 32 zi zayd amenayn het'anósk' xndren· k'anzi gitē hayrn jer erknawor t'e pitóy ē jez ayd amenayn :. 33 Xndrec'ēk' nax zark'ayowt'iwn $\overline{AY}$ ew zardarowt'iwn nora· ew ayd amenayn yawelc'í jez :. 34 Mí aysowhetew hogayc'ēk' vasn vałowi· zi vałiwn vasn iwr hogasc'i· šát ē awowrn č'ar iwr :. :. :.

4．マタイ福音書 第28章

1 Ew yerekoyi šabat'own yorowm lowsanayr miašabat'in. ékn Mariam Makdałēnac'i ew miws Mariamn tesanel zgerezmann :. 2 Ew aha šaržowmn méc ełew· zi hreštak $\overline{TN}$ iǰeal yerknic'. matowc'eal i bac' t'awalec'oyc' zvēmn i drac' anti. ew nstḗr i veray nora· 3 ew ēr tesil nora ibrew zp'aylákn· ew handerj nora spiták ibrew zjiwn : 4 Ew yahḗ anti nora xṝovec'an pahapank'n. ew ełén ibrew zmeṝeals : 5 Patasxani et hreštakn ew asê c'kanaysn· mí erknč'ik' dowk'· gitem zi z$\overline{YS}$ zxač'ealn xndrēk'· 6 č'é ast· k'anzi yareáw orpēs asac'n. ekayk' tesḗk' ztełin owr kayr· 7 ew vałvałaki ert'ayk' asac'ēk' ašakertac'n nora t'e yareaw· ew aha yaṝaǰanay k'an zjez i Gałiłea. ánd tesanic'ēk' zna· aha asac'í jez :. 8 Ew eleal vałvałaki i gerezmanē anti ahiw ew xndowt'eamb bazmaw. ənt'anayín patmel ašakertac'n : 9 Ew aha pataheac' noc'a $\overline{YS}$ ew asē· ółǰ ēk' : Ew nok'a matowc'eal kalan zots nora. ew erkír pagin nma : 10 Yaynžam asē c'nosa $\overline{YS}$· mí erknč'ik'· ert'ayk' asac'ēk' ełbarc'n imoc'· zi ert'ic'en i Gałiłea ew ánd tesc'en zis :. 11 Ibrew nok'a gnac'in. aha omank' i zawrakanac'n ekin i k'ałak'n. ew patmec'ín k'ahanayapetic'n zamenayn or inč' ełewn :. 12 Ew nok'a žołoveal handerj cerovk'n. xorhowrd aṝeal arcat' yoyž etown zawrakanac'n ew asen· 13 asasǰik' et'e ašakertk' nora ekeal gišeri· gołac'án zna minč' mek' i k'own eak'· 14 ew et'e lowr lic'i ayd aṝ dataworn· mḗk' hačesc'owk' zna· ew zjes anhógs arasc'owk' :. 15 Ew noc'a aṝeal zarcat'n. ararín orpēs owsann· ew ēl hambaws ays i hrēic' minč'ew c'aysawr :. 16 Isk metasan ašakertk'n gnac'in i Gałiłea· i leaṝnn owr žamadir ełew noc'a $\overline{YS}$· 17 ibrew tesin zna. erkír pagin nma· ew omank' yerkowac'án : 18 Ew matowc'eal $\overline{YS}$ xawsec'aw ənd nosa ew asē· towáw inj amenayn išxanowt'iwn yerkins ew yerkri· orpēs aṝak'eac' zis hayr. ew és aṝak'em zjez· 19 gnac'ḗk' aysowhetew ašakertec'ḗk' zamenayn het'anoss· mkrtec'ḗk' znosa yanown hawr ew ordwoy. ew hogwoy srboy· 20 owsowc'ēk' noc'a pahḗl zamenayn or inč' patowirec'i jez :. Ew aha wasik es ənd jez em zamenayn awowrs. minč'ew i katarac ašxarhi :.

テクスト

5．マルコ福音書 第1—5章

第1章 1 Skizbn awetarani $\overline{YI}$ $\overline{K'I}$· orpēs ew greal ē y$\overline{E}$sayi margarē· 2 ahawasik es aṙakʻem zhreštak im aṙaǰi kʻo. or handerjescʻē̂ zčanaparh kʻo aṙaǰi ko:. 3 Jayn barbaṙoy yanapati· patrást ararēkʻ zčanaparh $\overline{TN}$· ew owłiłs ararēkʻ zšawiłs nora:. 4 Ew ełew zi Yovhannēs mkrtēr yanapati· ew kʻarozēr mkrtowtʻiwn apašxarowtʻean i tʻołowtʻiwn mełacʻ:. 5 Ew ertʻayr aṙ na amenayn ašxarhn Hrēastani· ew $\overline{E}$Macʻikʻ. amenekʻean· ew mkrtein i nmanē i Yordanan get. xostovaneál zmełs iwreancʻ:. 6 Ew ēr Yovhannēs zgecʻeal stew owłtow· ew gawti maškełēn ənd mēǰ iwr· ew kerakowr nora maráx ew mełr vayreni:. 7 Kʻarozēr ew asēr· gay zawragóynn kʻan zis zkni im· orowm čʻem bawakan xonarhel lowcanel zxracʻs kawškacʻ nora· 8 es mkrtecʻi zjez ǰrov. ew na mkrtescʻē̂ zjez hogwovn srbov:. 9 Ew ełew yawowrsn yaynosik· ekn $\overline{YS}$ i Naretʻē Gałiłeacʻwocʻ. ew mkrtecʻaw i Yovhannē i Yordanan : 10 Ew noynžamayn ənd veranal i ǰrocʻn. etes cʻeleál zerkins· ew zhogin $\overline{AY}$ ibrew załawni zi iǰanēr i veray nora:. 11 Jayn ełew yerknicʻ ew asē· dów es ordi im sireli. ənd kʻez hačecʻay:. 12 Ew noynžamayn hogin hanē̂ zna yanapat : 13 Ew ēr na and zawowrs kʻaṙasown pʻorǰeal i satanayē : Ew ēr ənd gazans. ew hreštákkʻ paštein zna:. :. 14 Ew yet matneloyn Yovhannow· ékn $\overline{YS}$ i Gałiłea : Kʻarozēr zawetarann $\overline{AY}$ 15 ew asēr· tʻe katareal ē žamanak· ew haseal ē arkʻayowtʻiwnn $\overline{AY}$. apašxarecʻē̂kʻ ew hawatacʻēkʻ yawetarann :. 16 Ibrew ancʻanēr aṙ covezerbn Gałiłeacʻwocʻ. etes zSimovn ew zAndrēas ełbayr Simovni zi arkeal ēr nocʻa owṙkans i covʻ kʻanzi jknórskʻ ein:. 17 Ew asē cʻnosa $\overline{YS}$ ekaykʻ zkni im. ew araricʻ zjez orsórds mardkan:. 18 Ew vałvałaki tʻołeal zowṙkansn. gnacʻín zhet nora:. 19 Ew matowcʻeal anti sakawik mi yaṙaǰ. etes zYakovbos Zebedeay· ew Yovhannēs ełbayr nora· ew znosa i nawin minčʻ kazmeín owṙkans. 20 ew kočʻeacʻ znosa : Ew vałvałaki tʻołeal zhayrn iwreancʻ Zebedeos i nawin varǰakanawkʻn handerǰ. gnacʻín zhet nora:. 21 Ew mtanen i Kapʻaṙnaowm. ew isk ew isk i šabatʻown mteal i žołovowrdn owsowcʻanēr znosa : 22 Ew zarmanayín ənd vardapetowtʻiwnn nora· zi owsowcʻanēr znosa ibrew išxanowtʻeamb. ew očʻ orpēs dpirkʻn:. 23 Ew ēr i žołovrdeann nocʻa ayr mi yorowm ays piłc goyr i nma· or ałałakeacʻ ew asē· tʻóyl towr· 24 zi? kay mer ew kʻo $\overline{YS}$ Nazovracʻi· ekir korowsanél zmez· gitémkʻ zkʻez ov es· sowrbn $\overline{AY}$:. 25 Sasteacʻ i na $\overline{YS}$ ew asē karkeácʻ· ew el i dmanē:. 26 Ew zarkoycʻ zna aysn piłc· ew ałałakeacʻ i jayn mec. ew él i nmanē:. 27 Ew zarmacʻán amenekʻin. minčʻew hccel ənd mimeans ew asel· zinčʻ ē ays nor

— 302 —

テクスト

vardapetowtʻiwn· zi išxanowtʻeamb ew aysocʻ płcocʻ sastē. ew hnazandin nma : 28 Ew el lowr nora ənd amenáyn kołmn Gałiłeacʻwocʻ :. 29 Ew vałvałaki eleal i žołovrdenēn ékn i town Simovni ew Andreay· Yakovbaw ew Yovhannow handerj :. 30 Ew zokʻančʻ Simovni dnḗr ǰermacʻeal· ew vałvałaki asen cʻna vasn nora· 31 ew matowcʻeal yaróycʻ zna kaleal zjeṙanē nora. ew etʻoł zna tendn. ew paštēr znosa :. 32 Ew ibrew erekoy ełew i mtanel aregakann. berein aṙ na zamenayn hiwands· ew zdiwahars· 33 ew ēr amenayn kʻałakʻn žołoveal aṙ drownsn :. 34 Ew bžškeácʻ bazowm hiwands i pēspēs axticʻ :. Ew dews bazówms ehan. ew óčʻ tayr (M : + tʻoył) xawsel diwacʻn. zi gitein zna tʻe $\overline{\text{KʻSn}}$ ē :. :. 35 Ew ənd ayg ənd aṙawawtn. yarowcʻeal el· ew gnácʻ yanapat tełi. ew and kayr yaławtʻs :. 36 Ew gnacʻ zhet nora Simovn ew or ənd nmayn ein. ew ibrew gtin zna· 37 asen cʻna· tʻe amenekʻin xndrén zkʻez :. 38 Ew asē cʻnosa· ekaykʻ ertʻicʻówkʻ ew yayl mawtawor giwłakʻałakʻsn. zi ew and kʻarozecʻicʻ zi yays isk ekeal em :. 39 Ew kʻarozḗr i žołovowrds nocʻa ənd amenayn Gałiłeacʻis. ew dews hanēr :. 40 Gay aṙ na borot mi· ałačʻēr i cownr iǰanēr ew asēr· $\overline{\text{TR}}$· etʻe kamis. karoł es zis srbel : 41 Isk $\overline{\text{YS}}$ gtʻacʻeal jgeacʻ jeṙn merjecʻaw i na· ew asē· kamim srbeácʻ :. 42 Ew ibrew asacʻn cʻna· vałvałaki gnacʻ i nmanē borotowtʻiwnn. ew srbecʻaw :. 43 Ew sasteal nma ehán zna artakʻs vałvałaki· 44 ew asē· zgóyš ler mí owmekʻ inčʻ asicʻes· ayl ertʻ cʻoycʻ zkʻez kʻahanayin. ew mató vasn srbowtʻeand kʻo patarag. zor hramayeacʻ Movsēs i vkayowtʻiwn nocʻa :. 45 Ew na eleal· sksaw kʻarozél yoyž· ew hṙčʻákʻ harkanel zbann. minčʻ óčʻ ews karoł linel nma yaytnapēs i kʻałakʻ mtanel· ayl artakʻóy yanapat tełis ēr· ew gayín aṙ na yamenayn kołmancʻ :.

第2章 1 Ew mteal darjeal i Kapʻaṙnawowm. yet awowrcʻ lowr ełew etʻe i tan ē. 2 ew žołovecʻan bazowmkʻ. minčʻew tełi ews óčʻ linel ew očʻ aṙ drann· ew xawsēr nocʻa zbann :. 3 Ew gayin aṙ na berein andamaloyc mi barjeal i čʻoricʻ· 4 ew ibrew očʻ karein merjanal aṙ na yamboxē anti. kʻakecʻin zyarkn owr ēr $\overline{\text{YS}}$· ew bacʻeal zaṙastałn. iǰowcʻín zmahičʻsn yorowm kayr andamaloycn :. 5 Ew teseal $\overline{\text{YI}}$ zhawats nocʻa· asē cʻandamaloycn· ordeakʻ tʻołeál licʻin kʻez mełkʻ kʻo :. 6 Ew ein omankʻ i dpracʻ anti or and nstein. ew xorhein i sirts iwreancʻ· 7 zinčʻ? ē ays or xawsis sa zhayhoyowtʻiwns. o karē tʻołowl zmełs. etʻe očʻ mi $\overline{\text{AC}}$:. 8 Ew gitacʻ $\overline{\text{YS}}$ i yogi iwr tʻe aynpēs xorhin i mits iwreancʻ. ew asē zi ? xorhikʻ zayd i sirts jer· 9 zinčʻ? diwrin ē· asel cʻandamaloycn tʻołeal licʻin kʻez mełkʻ? kʻo. tʻe asel ari aṙ zmahičʻs kʻo ew ertʻ i town kʻo :. 10 Ayl zi

— 303 —

テクスト

gitasǰikʻ etʻe išxanowtʻiwn owni. ordi mardoy i veray erkri tʻołowl zmełs·
asē cʻandamaloycn· 11 kʻez asem. arí ār zmahičs kʻo. ew ertʻ i town kʻo :.
12 Ew yareáw· ew vałvałaki āreal zmahičsn él āraǰi amenecʻown· minčʻew
zarmanal amenecʻown· ew pʻārawor āṙnel z$\overline{AC}$ ew aseł· tʻe ayspisi inčʻ
erbekʻ očʻ tesakʻ :. 13 Ew el darjeal i covezrn· ew amenayn žołovowrdn
gáyr āṙ na. ew owsowcʻanēr znosa : 14 Ew minčʻdēr ancʻanēr etes zŁewi
Ałpʻeay zi nstēr i makʻsaworowtʻean· ew asē cʻna· ék zkni im : Ew
yarowcʻeal gnacʻ zkni nora :. 15 Ew ełew i bazmeln nora i tan nora· ew
bazowm makʻsaworkʻ ew meławorkʻ bazmeál ein ənd $\overline{YI}$. ew ənd
ašakertsn nora. kʻanzi ein bazówmkʻ or ertʻayin zhet nora :. 16 Isk
dpirkʻn ew pʻarisecʻikʻ ibrew tesin tʻe owtē ənd makʻsawors ew ənd
meławors· asen cʻašakertsn nora· zi ? ē zi ənd meławors ew ənd
makʻsawors owtēkʻ ew əmpēkʻ (mg : tē, pē [=owtē ew əmpē]) :. 17 Ibrew
lowaw $\overline{YS}$· asē cʻnosa· óčʻ inčʻ ē pito bžišk ołǰocʻ· ayl hiwandácʻ· ew očʻ eki
kočʻel zardars. ayl zmeławórs :. 18 Ew ein ašakertkʻn Yovhannow ew
pʻarisecʻikʻn i páhs· gan ew asen cʻna· əndēr ? ašakertkʻn Yovhannow ew
pʻarisecʻikʻn pahen. ew kʻo ašakertkʻd očʻ pahen :. 19 Ew asē cʻnosa $\overline{YS}$ mi
etʻe martʻ ? inčʻ icʻē ordwocʻ āragasti minčʻ ənd nosa icʻē pʻesayn parhel·
cʻorkʻan ənd iwreans ownicʻin zpʻesayn. óčʻ ē martʻ pahel· 20 ayl ekecʻen
awowrkʻ. yoržam verascʻi i nocʻanē pʻesayn. ew apa parhescʻén yawowrn
yaynmik :. 21 Očʻ okʻ kapert nor antʻapʻ arkanē i veray hnacʻeal jorjoy·
apa tʻe očʻ āṙnow lrowtʻeambn iwrov norn i hnoy anti. ew čʻár ews
patāṙowmn lini :. 22 Ew óčʻ okʻ arkanē gini nor i tiks hins· apa tʻe očʻ
paytʻowcʻanē ginin ztiksn· ginin hełow. ew tikkʻn kornčʻín· ayl gini nor i
tiks nórs arkaneli ē :. :. 23 Ew ełew nma i šabatʻow ancʻanél ənd artorays·
ew ašakertkʻn i gnaln iwreancʻ skasan hásk korzel ew owtel : 24 Ew
pʻarisecʻikʻn asen cʻna· tés zinčʻ ? gorcen ašakertkʻn kʻo ei šabatʻows. zor
čʻē aržan :. 25 Ew asē cʻnosa $\overline{YS}$ očʻ erbekʻ icʻē əntʻercʻeal jer zor ararn
Dawitʻ· yoržam pitoyn ełew· ew kʻałcʻeaw na ew or ənd nmayn ein· 26
ziard ? emowt i townn $\overline{AY}$ āṙ Abiatʻaraw kʻahanayapetiw· ew zhacʻsn
zaṙaǰaworowtʻean eker· ew et ew aynocʻik or ənd nmayn ein· zor očʻ ēr
awrēn owtel baycʻ miayn kʻahanayicʻ :. 27 Ew asē cʻnosa· šabatʻ vasn
mardoy ełew. ew očʻ etʻe mard vasn šabatʻow· 28 apa owremn $\overline{TR}$ ē ordi
mardoy. ew šabatʻow :. :. :.

第3章 1 Ew emowt miwsangam i žołovowrdn. ew ēr and ayr mi oro jeṙn
iwr gawsacʻeal ēr :. 2 Ew spaseín nma etʻe bžškicʻē zna i šabatʻown· zi
čʻaraxawsescʻen znmanē :. 3 Ew asē cʻayrn oro jeṙnn gawsacʻeal ēr· arí

— 304 —

テクスト

anc' i mēǰ :. 4 Ew asē c'nosa zinč' ? aržan ē i šabat'ow barí ? inč' gorcel et'e č'ar aṝnel ogi mi aprec'owc'anel ?. et'e korowsanel : Ew nok'a lr̄ec'ín :. 5 Ew hayec'eal Y̅S̅ znok'awk' li c'asmamb trtmeal vasn kowrowt'ean srtic' noc'a asē c'ayrn Jgeá zjeṝn k'o :. Ew na jgeac'. ew ołjac'áw jeṝn nora :. 6 Ew eleal artak's vałvałaki p'arisec'ik'n Hērovdianosawk'n handerj. xohowrd aṝnein vasn nora t'e ziard ? korowsc'en zna :. 7 Isk Y̅S̅ ašakertawk'n iwrovk' gnác' i covezrn :. Ew bazowm žołovowrd i Gałiłeac'woc' ert'ayín zhet nora ew i Hrēastanē. 8 ew yE̅M̅ē. ew yaynkoys Yordananow ew ork' i Tiwrosē. ew i Sidovnē bazowm žołovowrd ibrew lsein orč'ap' inč' aṝnēr. gayín aṝ na :. 9 Ew asē c'ašakertsn iwr. zi nawak mi patrastakan kayc'ē nma vasn amboxin. zi mi nełesc'en zna 10 k'anzi zbazowms bžškeac'. minč' gal xṝnel znovaw zi merjesc'in aṝ na ork' ownein axts inč' :. 11 Ew aysk' piłck' yoržam tesanein zna ankaneín aṝaǰi nora ałałakein ew asein t'e dów es ordin A̅Y̅ 12 ew na yoyž sastēr noc'a. zi mí yaytni aṝnic'en zna :. 13 Elanē i leaṝn ew koč'ḗ aṝ ink'n zors ink'n kamec'aw ew č'ogan aṝ na :. 14 Ew arar erkotasans zi ic'én znovaw ew zi aṝak'esc'ḗ znosa k'arozel 15 ew ownel išxanowt'iwn bžškeloy zc'aws ew haneloy zdews :. 16 Ew ed anown Simovni. Pétros 17 ew Yakovbow Zebedeay ew Yovhannow ełbawr Yakovbay. ed noc'a anowans Banereges or ē ordík' orotman 18 ew zAndrḗas ew zP'iłíppos ew zBart'ołoméos ew zMatt'éos zmak'saworn ew zT'óvmas. ew zYákovbos Ałp'eay ew zT'addéos ew zSímovn Kannac'i 19 ew zYówda Skariovtac'i or ew matneac'n zna :. 20 Gan i town ew gay miwsangam ənd nosa žołovowrdn. minč' zi ew hac' ews ṓč' žamanal owtel noc'a. 21 Ew ibrew lowan or iwrk'n ein. elín ownel zna. zi hamarein t'e molegneál ic'ē :. 22 Ew dpirk'n or yE̅M̅ē iǰeal ein. asein t'e Beełzebṓwł goy i dma ew išxanaw diwác'n hanē da zdews :. :. 23 Ew koč'ec'eal znosa aṝ ink'n aṝakáwk' xawsēr ənd nosa ziard ? karē satana zsatanay hanel 24 ew ard et'e t'agaworowt'iwn yanjn iwr bažanesc'i. ṓč' karē kal t'agaworowt'iwnn ayn 25 ew et'e town yanjn iwr bažanesc'i. ṓč' karē kal townn 26 ew et'e satana i veray anjn iwroy yareaw ew bažaneal ic'ē. ṓč' karē kal. ayl vaxčaneal ē :. 27 Ayl ṓč' ok' karē zkarasi hzawri mteal i town nora awar harkanel. et'e oč' nax zhzawrn kapic'ē. ew apa ztown nora awar harkanic'ē :. 28 Amēn asem jez zi amenayn t'ołc'í ordwoc' mardkan mełk'. ew hayhoyowt'iwnk' orč'ap' ew hayhoyesc'en 29 bayc' or hayhoyesc'ē zhogin sowrb. oč' ownic'i t'ołowt'iwn yawitean ayl partapán lic'i yawitenic'n mełac' :. 30 Zi asein t'e ays piłc goy i nma :. 31 Gan ełbark'n ew mayr nora ew artak'oy kac'eal ylec'in ew koč'eín zna :.

— 305 —

テクスト

32 Ew and žołovowrdn šowrǰ znovaw nstēr. ew ibrew asac'in c'na· ahawasik mayr k'o ew ełbark' k'o kan artak'oy ew xndrén zk'ez :. 33 Patasxani et noc'a ew asē o? ē im mayr kam ełbark'· hayec'aw šowrǰ ziwrew yašakertsn zi nstein· ew asē· ahawasik máyr im ew ełbark' im· zi or aṙnic'ē zkams $\overline{AY}$. na ē ełbayr im ew k'oyr ew mayr :.

第4章 1 Darjeal sksaw owsowc'anel aṙ covezerbn· ew xṙnec'án znovaw žołovowrdk' bazowmk'. minč'ew i naw mtanel nma ew nstel i covowm· ew amenayn žołovowrdk'n zcovezerbn zc'amak'n ownein· 2 ew owsowc'anḗr znosa aṙakawk' bazowm inč' :. Ew asēr noc'a i vardapetowt'ean iwrowm : 3 Lsḗk'· ahawasik él sermanawł sermanel· 4 ew ełew i sermaneln. omn ankaw aṙ čanaparhaw ew ekn t'ṙč'own ew eker zna :. 5 Ew ayln ankaw yapaṙaži owr óč' goyr hoł bazowm. ew vałvałaki bowsaw k'anzi oč' goyr hiwt' erkrin· 6 ew yorẓam cageac' arew ǰeṙáw· ew zi oč' goyin armatk'. c'amakec'áw :. 7 Ew ayln ankaw i mēǰ p'šoc'· elin p'owšk'n ew heljowc'ín zna· ew ptowł óč' et :. 8 Ew ayłn ankaw yerkir barwok'. ew eleal ačec'eal tayr ptowł ew berēr. ənd mioy eresówn· ew ənd mioy vat'sówn· ew ənd mioy haríwr :. 9 Ew asēr· or ownic'i akánǰs lseloy. lowic'ḗ :. 10 Ew ibrew ełew aṙanjinn. harc'in c'na or znovawn ein ašakertawk'n handerj zaṙaksn :. 11 Ew asē c'nosa· jéz toweal ē gitel zxorhowrds ark'ayowt'ean $\overline{AY}$: Bayc' noc'a or artak'ink'n en amenayn inč' aṙakawk' lini· 12 zi tesanelov tesc'en. ew mí tesc'en· ew lselov lowic'en. ew mí imasc'in· zi mí erbek' darjc'in· ew t'ołc'i noc'a :. 13 Ew asē c'nosa· oč' gitēk' zaṙaks zays. ew ziard? zamenayn zaṙaksn gitic'ēk' :. 14 Or sermanēn. zbánn sermanē : 15 Ew nok'a en or aṙ čanaparhawn· owr bann sermani· ew yorẓam lsen zna. gay satanay ew hanḗ zbann sermaneal i sirts noc'a :. 16 Ew nok'a en or yapaṙažín sermanec'an· ork' yorẓam lsic'en zbann. vałvałaki xndowt'eamb əndownin· 17 ew zi oč' ownin armats yanjins. ayl aṙẓamanak mi en· apa i hasanel nełowt'ean kam halacman vasn banin vałvałakí gayt'agłin :. 18 Isk or i mēǰ p'šoc'n sermanec'an· nok'a en or ibrew zbann lsen· 19 ew hogk' ašxarhis· ew patrank' mecowt'ean· mtanen ew heljowc'anen zbann. ew anptowł lini :. 20 Ew nok'a en or yerkirn barwok' sermanec'an ork' lsen zbann ew əndownin. ew tan zptowł ənd mioy eresówn· ew ənd mioy vat'sówn· ew ənd mio haríwr :. 21 Ew asē c'nosa· mi et'e gay črag zi ənd growanaw dnic'i· kam ənd mahčawk' oč' apak'ēn i veray aštanaki dnic'i :. 22 Zi č'ē inč' i cacowk. or t'e oč' yaytnesc'i· ew oč' ełew inč' gałtni. et'e oč' i yayt gayc'ē· 23 et'e ok' ownic'i akanǰs lseloy lowic'ḗ :. 24 Ew asē c'nosa· tesḗk'

テクスト

zinč' lsēk'd· ew yawelc'i jez oroc' lsēk'd :. orov č'ap'ov č'ap'ēk' novin č'ap'esc'í jez :. 25 Or ok' ownic'i. tac'i nma. ew or oč'n ownic'i. ew zor ownin barjc'i i nmanē :. 26 Ew asēr· áyspēs ē ark'ayowt'iwn $\overline{AY}$. orpēs zi ayr mi arkanic'ē sermanis yerkir· 27 ew nnǰic'ē· ew yar̄nic'ē zc'ayg ew zc'erek· ew sermanik'n bowsanic'in ew ačic'en ew na óč' gitē. 28 t'e erkirn ink'nin berē zptowł nax zxotn· ew apa zhaskn. ew apa c'orean atok' i haskin. 29 ayl yoržam tayc'ē zptowłn vałvałakí ar̄ak'i mangał. zi hasanen hownjk' :. 30 Ew asēr· owm? nmanec'owsc'owk' zark'ayowt'iwn $\overline{AY}$· kam orov ?ar̄akaw ar̄akesc'owk' zna. 31 orpēs hatn mananxóy· or yoržam sermanic'i yerkir· p'ok'ragoyn ē k'an zamenayn banǰar sermanis or en yerkri· 32 ew yoržam sermanic'i· bowsani ew lini mec k'an zamenayn banǰar· ew arǰakē osts mecamecs. minč'ew bawakan linel ənd hovaneaw nora t'r̄č'noc' erknic' bnakel :. 33 Ew aynpisi ar̄akawk' xawsēr ənd nosa zbann· orpēs karół linein lsel· 34 ew ar̄anc' ar̄aki óč' inč' xawsēr ənd nosa :. Bayc' ar̄anjinn ašakertac'n iwroc' meknē zamenayn :. 35 Ew asē c'nosa yawowrn yaynmik ibrew ənd ereks linēr· ekayk' anc'c'ówk' yaynkołmn :. 36 T'ołown zžołovowrdn. ew ar̄nown zna nawawn handerǰ· ew záyl ews nawsn or ein ənd nma· 37 ew linēr mrrik mec hołmoy· ew zalisn i nawn zełoyr. minč' gret'e li isk linel· 38 ew ink'n nnǰḗr i xels nawin i veray barji :. Zart'owc'anein zna ew asein· vardapet· oč' inč' ē k'ez p'oyt' zi kornč'imk' awasik :. 39 Ew zart'owc'eal sasteac' hołmoyn· ew covown asē dadarea karkeác' :. Ew dadareac' hołmn ew ełew xałałowt'iwn méc :. 40 Ew asē c'nosa· əndēr? aydpēs vatasirtk' ēk'· č'éw ews ownik' hawats :. 41 Ew erkeán erkiwł mec· ew asein c'mimeans o? ok' ardewk' ic'ē sa. zi ew hołm. ew cov hnazandin sma :. :. :.

第5章 1 Ew ekn yaynkoys covown yašxarhn Gergesac'woc' : 2 Ew ənd elaneln nora i nawē anti. pataheac' nma ayr mi i gerezmanac'n zor ownēr ays piłc· 3 oro ew bnakowt'iwn iwr isk i gerezmáns ēr· ew óč' šłt'ayiwk' ok' ews karēr kapel zna· 4 vasn bazowm angam otnkapawk' ew šłt'ayiwk' kapeloy· ew xzeloy i nmanē zšłt'aysn. ew zotnkapsn xortakeloy· ew óč' ok' karēr partel zna· 5 K'anzi hanapaz zc'ayg ew zc'erek i gerezmans. ew i lerins ałałakēr. ew kocēr zanjn iwr k'arambk' :. 6 Ibrew etes z$\overline{YS}$ i her̄astanē. ənt'ac'aw ew erkir epag nma· 7 ałałakeac' i jayn mec ew asē· zi? kay im ew k'o $\overline{YS}$ ordi $\overline{AY}$ barjreloy· erdmnec'owc'anem zk'ez y$\overline{AC}$. mí tanǰer zis· 8 k'anzi asēr c'na· el aysd piłc i mardoy ayti· 9 Ew harc'anēr c'na· t'e zinč'? anown ē k'o : Ew asē c'na· Legeóvn anown ē im k'anzi bazowmk' emk' :. 10 Ew ałač'ein zna yoyž. zi mí ar̄ak'esc'ē znosa artak's

— 307 —

テクスト

k'an zašxarhn :. 11 Ew and ēr aṙ lerambn eramak mi xozac' arawtakan mec· 12 ałač'ec'in zna amenayn dewk'n ew asen· aṙak'eā zmez i xozsn. zi mtc'owk' i nosa :. 13 Ew hramayeác' noc'a :. Ew ibrew elin aysk'n piłck' mtín i xozsn· ew dimeác' eramakn i darē anti i covn· ein ibrew erków hazark'. ew heljnowin i covown :. 14 Ew xozarack'n p'axean· ew patmec'ín i k'ałak'in ew yagaraks. ew elin tesanél zinč' ic'ē or gorcec'awn :. 15 Gan aṙ YS· ew tesanen zdiwaharn zi nstēr zgec'eal ew zgastac'eal or ownēr zŁegeovnn· ew zahí haran :. 16 Ew patmec'ín noc'a oroc' tesealn ēr· t'e zinč' ełew aysaharin. ew zinč' vasn xozic'n :. 17 Ew sksan ałač'el zna. gnal i sahmanac' noc'a :. 18 Ew ibrew emowt na i naw. ałač'ḗr zna diwaharn zi ənd nma ic'ē :. 19 Ew YS óč' et nma t'oyl· ayl asē c'na· ért' i town k'o aṙ əntanis k'o. ew patmea noc'a or inč' miangam TR arar k'ez ew ołormec'aw k'ez :. 20 Ew č'ogaw· ew sksaw k'arozél i Dekapołin zor inč' arar nma YS· ew amenek'in zarmanayín :. 21 Ew ibrew anc' YS miwsangam yaynkołmn. žołovec'áw aṙ na žołovowrd bazowm· ew ēr aṙ covezerbn :. 22 Ew aha mi i žołovrdapetac'n gayr orowm anown ēr Yayrós· ibrew etes zna. ankáw aṙ ots nora· 23 ałač'ḗr zna yoyž ew asēr· t'e dowstr nora mérj i mah ē. zi ekeal dnic'ē nma jeṙn orpēs zi apresc'i ew kec'c'ē :. 24 Ew gnác' ənd nma· ert'áyr ew žołovowrd bazowm zhet nora. ew nełein zna : 25 Ew kin mi ēr i teṙatesowt'ean arean zerkotasán am· 26 ew yoyž vštac'eal i bazowm bžškac'. ew caxeal zinč's iwr zamenayn ew č'ēr inč' awgteal· ayl ews aṙawel zayrac'eal :. 27 Ibrew lowaw zYĒ· ekn i mēj amboxin yetoy ew bowṙn ehar zhanderjē nora· 28 k'anzi xorhēr i mti t'e miayn merjec'ayc' i handerjs nora p'rkec'ayc' :. 29 Ew vałvałaki c'amak'ec'aw ałbewr arean nora· ew gitác' i marmin iwr t'e bžškec'aw i tanjanac'n :. 30 Ew andēn vałvałaki gitác' YS yanjn iwr zzawrowt'iwnn or el i nmanē· darjaw yamboxn ew asē· o ? merjec'aw i handerjs im :. 31 Ew asen c'na ašakertk'n· tesanés zi amboxd nełē zk'ez· ew ases t'e o merjec'aw i handerj im :. 32 Ew šowrj hayēr tesanel t'e ó zayn arar :. 33 Ew kinn zarhowreál ew dołac'eal· vasn oroy gałtn arar· k'anzi gitḗr zinč' ełewn nma· ekn ankaw aṙaji nora ew asac' zamenayn irsn stowgowt'eamb :. 34 Ew YS asē c'na· dowstr· hawatk' k'o kec'owc'in zk'ez· ért' i xałałowt'iwn ew ełijir ólj i tanjanac'd k'oc' :. 35 Minč'deṙ na zayn xawsēr. gan omank' i žołovrdapetēn ew asen· t'e dowstrn k'o meṙaw zi ews ašxat aṙnes zvardapetd :. 36 Isk YS ibrew lowaw zbann asac'eal. asē c'žołovrdapetn· mí erknč'ir· bayc' miayn hawatáy :. 37 Ew óč' zok' et'oł ənd iwr ert'al. bayc' miayn zPétros ew zYakovbos ew zYovhannēs zełbayrn Yakovbay :. 38 Gay i town žołovrdapetin· ew tesanē ambox yoyž· ew lalakans ew ała-

— 308 —

テクスト

łák yoyž 39 ew mteal i nerk's asē c'nosa zi? xr̄oveal ēk' ew layk': manowkn oč' ē mer̄eal ayɫ nnɉē :. 40 Ew cáɫr ar̄nein zna :. Ew nora haneal artak's zamenesean. ar̄now ənd iwr zhayr mankann ew zmayr ew znosa or ənd nmayn ein. ew mtanē owr dnēr manowkn 41 ew kaleal zjeranē mankann. asē c'na tałit'a kówmi or t'argmani. ałɉik dow k'ez asem ari :. 42 Ew vaɫvałaki yareaw ałɉikn. ew gnayr. k'anzi ēr amac' ibrew erkotasaníc' ew zarmac'án mecaw zarmanaleawk' 43 Ew patowēr tayr noc'a yoyž. zi mí ok' gitasc'ē zayn ew asac' tal nma owtel :.

6. ルカ福音書 第2章

1 Ew ełew ənd awowrsn ənd aynosik él hraman yAwgowstos kayserē. ašxaragir ar̄nel ənd amenayn tiezers 2 ays ar̄aɉin ašxaragir (M : ašxarhagir) ełew i dataworowt'ean asorwoc' Kiwreneay :. 3 Ew ert'ayin amenek'ean mtanel yašxaragir yiwrak'anč'iwr k'ałak'i :. 4 Él ew Yovsēp' i Gałiłeē i k'ałak'ē Nazaret'ē. i Hr̄eastan i k'ałak' Dawt'i or koč'i Bet'łeem vasn lineloy nora i tanē ew yazgē Dawt'i 5 mtanel yašxaragir Maremaw handerj zor xawsealn ēr nma. ew ēr yłí :. 6 Ew ełew i hasaneln noc'a andr. lc'an awowrk' cnaneloy norá 7 ew cnáw zordin iwr zandranik. ew pateac' i xanjarowrs ew ed zna i msowr. zi oč' goyr noc'a tełi yiɉavanin :. 8 Ew hovíwk' ein i tełwoɉn yaynmik bac'awt'eagk' or parhein zparhpanowt'iwns gišerwoy hawtic' iwreanc' :. 9 Ew hreštak $\overline{TN}$ erewec'aw noc'a. ew p'ar̄k' $\overline{TN}$ cagec'ín ar̄ nosa. ew erkeán erkiwł mec :. 10 Ew asē c'nosa hreštakn mí erknč'ik' zi ahawasik awetaraném jez owraxowt'iwn mec. or ełic'i amenayn žołovrdeann. 11 zi cnaw jez aysawr p'rkič' or ē awceal $\overline{TN}$ (M : $\overline{TR}$) i k'ałak'i Dawt'i 12 ew áys nšanak jez gtanic'ēk' manowk pateal i xanjarowrs. ew edeál i msowr :. 13 Ew yankarcaki ełew ənd hreštakin ənd aynmik bazmowt'iwn zawrac' erknaworac' or awhrnein (M : awrhnein) z$\overline{AC}$ ew asein 14 p'ar̄k' i barjowns $\overline{AY}$. ew yerkir xałałowt'iwn. i mardik hačowt'iwn :. 15 Ew ełew ibrew verac'an i noc'anē hreštakk'n yerkins. asen c'mimeans hoviwk'n ekayk' ert'ic'ówk' minč'ew c'Bet'łeem ew tesc'owk' zinč' ē bans ays or ełew zor $\overline{TR}$ ec'oyc' mez :. 16 Ew ekin p'owt'anaki ew gtín zMariam ew zYovsēp'. ew zmanowkn edeal i msowr 17 ew canean vasn banin or asac'aw noc'a zmankanēn :. 18 Ew amenek'in or lsein zarmanayín vasn banic'n zor xawsec'an ənd nosa hoviwk'n :. 19 Ew Mariam zamenayn zbans zaysosik parhēr (M : pahēr). ew xelamówt linēr i srti iwrowm :. 20 Ew darjan hoviwk'n p'ar̄awór ar̄nein ew awhrnein (M : awrhnein) z$\overline{AC}$ vasn amenayni zor lowan ew tesin. orpēs patmec'aw noc'a :. :. :. :. 21 Ew ibrew lc'an aw-

— 309 —

テクスト

owrk' owt' t'lp'atel zna. ew koč'ec'aw anown nora $\overline{YS}$· or koč'ec'eal ēr i hreštakēn minč'č'ew yłac'eal ēr zna yorovayni :. 22 Ew ibrew lc'an awowrk' srbowt'ean noc'a· əst awrinac'n Movsēsi. acín zna y$\overline{EM}$ yandiman ar̄nel $\overline{TN}$· 23 orpēs ew greal ē yawrēns $\overline{TN}$· t'e amenayn arow or banay zargand. sowrb $\overline{TN}$ koč'esc'i :. 24 Ew tál patarags əst asac'eloyn yawrēns $\overline{TN}$ zoygs tatrakac'. kam erkows jags aławneac' :. 25 Ew aha ēr ayr mi y$\overline{EM}$ oro anown ēr Simeovn (M : Simewovn) ew ēr ayrn ayn ardar ew erkiwłac ew ákn ownēr mxit'arowt'eann $\overline{IŁI}$· ew hogi sowrb ēr i nma. 26 ew ēr nora hraman ar̄eal i hogwoyn srboy mí tesanel zmah. minč'ew tesc'ē zawcealn $\overline{TN}$:. 27 Ew ekn hogwovn i tačarn· ew ibrew acin cnawłk'n zmanowkn $\overline{YS}$· ar̄nel noc'a əst sovorowt'ean awrinac'n i veray nora. 28 ew na ar̄ ənkalaw zna i girks iwr. ew awhrneac' (M : awrhneac') z$\overline{AC}$ ew asē : 29 Ard arjakés zcar̄ay k'o $\overline{TR}$ əst bani k'owm i xałałowt'iwn· 30 zi tesin ač'k' im zp'rkowt'iwn k'o. 31 zor patrastec'er ar̄aji amenayn žołovrdoc'· 32 lóys i yaytnowt'iwn het'anosac'. ew p'ar̄s žołovrdean k'owm $\overline{IŁI}$:. 33 Ew ein hayrn ew mayr nora zarmac'eál i veray banic'n or xawsein znmanē :. 34 Ew awhrneac' (M : awrhneac') znosa Simeovn (M : Simewovn)· ew asē c'Mariam mayrn nora· aha sa káy i glorowm ew i kangnowmn bazmac' i mēj $\overline{IŁI}$· ew i nšan hakar̄akowt'ean· 35 ew ənd k'o isk anjn (M : -d) anc'c'ē sówr· zi yaytnesc'in i bazowm srtic' xohowrdk' (M : xorhowrdk') :. 36 Ew ánd ēr Anna margarē dowstr P'anowēłi (M : P'anoweli) yazgē Asēra (M : Asēray)· sa ink'n anc'eál ēr zawowrbk' bazmawk'. kec'eal ənd ar̄n ams ewt'n i kowsowt'enē iwrmē. 37 ew ēr ayrí amac' ibrew owt'sown ew č'oric'· or oč' meknēr i tačarēn· ayl pahawk' (M : parhawk') ew aławt'iwk' paštēr zc'ayg ew zc'erek· 38 ew sa i nmin žamow yarowc'eal· gohanáyr z$\overline{TE}$. ew xawsēr znmanē ənd amenesin or akn ownein p'rkowt'eann $\overline{EEMi}$:. 39 Ew ibrew katarec'in zamenayn əst awrinac'n $\overline{TN}$. darján andrēn i Gałiłea i k'ałak'n iwreanc' Nazaret' :. 40 Ew manowkn ačēr ew zawranayr. lí imastowt'eamb. ew šnorhk' $\overline{AY}$ ein i veray nora :. :. 41 Ew ert'ayín cnawłk' nora ami ami y$\overline{EM}$ i tawn zatkin : 42 Ew ibrew ełen nora amk' erkotasan. yelanel noc'a y$\overline{EM}$ əst sovorow'ean tawnin· 43 ew katarel zawowrsn· ew dar̄nal andrēn. mnác' $\overline{YS}$ manowkn y$\overline{EM}$· ew óč' gitac'in cnawłk' nora· 44 karcein znmanē t'e ənd owłekic'sn ic'ē. ekin ibrew awowr mioy čanaparh· ew xndrein zna ənd drac'isn ew ənd canawt's· 45 ew ibrew oč' gtin. darjan andrēn y$\overline{EM}$ xndrél zna :. 46 Ew ełew yet eric' awowrc' gtín zna i tačarin zi nstēr ənd vardapetsn. lsēr i noc'anē ew harc'anēr znosa (M : c'nosa) :. 47 Zarmanayín amenek'ean or lsein i nmanē ənd imastowt'iwn ew ənd patasxanis nora· 48

テクスト

ew ibrew tesin zna sk'anč'ac'án :. Ew asē c'na mayrn iwr ordeak zinč' ? gorc gorcec'er dow ənd mez ahawasik hayr k'o ew es taṝapeák' (M : taṝapealk') xndreak' zk'ez :. 49 Ew asē c'nosa zi ? xndreik' zis oč' giteik' et'e i tan hawr imoy part ē inj linel ? :. 50 Ew nok'a ôč' imac'an zbann zor xawsec'aw ənd nosa :. 51 Ew ēǰ ənd nosa ew gnác' i Nazaret' ew ēr noc'a hnazánd :. Ew mayrn nora parhḗr zamenayn bans i srti iwrowm :. 52 Ew $\overline{YS}$ zarganayr imastowt'eamb ew hasakaw. ew šnorháwk' y$\overline{AY}$ ew i mardkanē :. :.

7．ルカ福音書　第15章

1 Ew ein merj aṝ na amenayn mak'sawork' ew meławork' lsel i nmanē :. 2 Trtnǰein p'arisec'ik'n ew dpirk' ew asein əndēr ? sa zmeławors əndowni ew owtē ənd nosa :. 3 Asac' aṝ nosa zaṝaks zays 4 o ? ok' ic'ē jēnǰ mard oroy ic'ē hariwr oč'xar ew korowsanic'ē mi i noc'a oč' t'ołowc'ow zinnsown ew zinn yanapati ew ert'ayc'ē zhet korowseloyn. minč'ew gtanic'ē ? zna 5 ew ibrew gtanē. dnē zna i veray owsoc' iwroc' xndalov 6 ew ert'ay i town koč'ē zbarekams ew zdrac'is ew asē c'nosa owráx ełerowk' ənd is. zi gti zoč'xars zim zkorowseal :. 7 Asem jez zi áyspēs ē owraxowt'iwn yerkins vasn mioy meławori or apašxaric'ē. k'an vasn innsown ew inn ardaroy oroc' č'ic'ē pitoy apašxarowt'iwn :. 8 Kam o ? ic'ē kin oroy ic'en. dramk' tasn ew et'e korowsanic'ē dram mi oč' ? lowc'anic'ē črag ew acic'ē awel i tan ew xndric'ē stēp. minč'ew gtanic'ē 9 ew ibrew gtanē. koč'ē zbarekams ew zdrac'is ew asē owráx ełerowk' ənd is. zi gti zdramn im zor korowsi : 10 Aynpēs asem jez owraxowt'íwn ełic'i aṝaǰi hreštakac' $\overline{AY}$. i veray mioy meławori or apašxaric'ē :. :. :. 11 Ew asē aṝn mioǰ ein erkṓw ordik' 12 asē krtsern i noc'anē c'hayrn háyr tôwr inj bažin or ankani ynč'ic'd :. Ew na bažaneác' noc'a zkeansn :. 13 Ew yet oč' bazowm awowrc'. žołoveal zamenayn krtseroy ordwoyn gnác' yašxarh heṝi. ew and vatneac' zinč's iwr zi keayr anaṝakowt'eamb :. 14 Ew ibrew spaṝeac' zamenayn. ełew sóv sastik yašxarhin yaynmik ew sksaw ink'n č'k'aworel 15 ew gnac'eal yarec'aw i mi omn k'ałak'ac'woc' ašxarhin aynorik ew yłeác' zna yagarak iwr aracel xozs 16 ew c'ankáyr lnowl zorovayn iwr yełǰiwrēn zor xozk'n owtein ew ôč' ok' tayr nma :. 17 Ekeal i mits iwr asē k'aní varjkank' ic'en i tan hawr imoy hac'alic'k'. ew es ast sovamah kornč'im 18 yarowc'eal gnac'ic' aṝ hayr im ew asac'ic' c'na háyr mełáy yerkins. ew aṝaǰi k'o 19 ew oč' ews em aržani koč'el ordi k'o arā zis ibrew zmi i varjkanac' k'oc' :. 20 Ew yarowc'eal ékn aṝ hayr iwr :. Ew minč'deṝ heṝagoyn ēr. etes zna hayrn ew gt'ac'áw yareaw ew

— 311 —

テクスト

ənt'ac'áw ənd ařaǰ· ankaw zparanoc'awn nora. ew hambowreác' zna :. 21
Ew asē c'na ordin· hayr. mełáy yerkins. ew ařaǰi k'o· ṓč' ews em aržani
koč'el ordi k'o :. 22 Asē hayrn c'cařaysn iwr· vałvałaki hanḗk' zpatmow-
čann ařaǰin. ew agowc'ēk' nma· ew tówk' zmatanin i jeřn nora· ew kawšiks
yots nora· 23 ew acēk' zezn pararak zenēk' keric'owk' ew owráx lic'owk'·
24 zi ays ordi im mereal ēr. ew ekeac'· korowseal ēr. ew gtaw· ew sksan
owráx linel :. 25 Ew ēr erēc' ordin nora yagarakí· ew minč'deř gayr ew
merj ełew i townn. lowáw zjayn ergoc' ew zparowc'· 26 ew koč'ec'eal ař
ink'n zmi i cařayic'n. harc'anēr t'e zinč' ? ic'ē ayn :. 27 Ew na asē c'na· zi
ełbayr k'o ekeal ē· ew ezen hayr k'o zeznn pararak. zi ołǰámb ənkalaw
zna :. 28 Barkac'aw ew oč' kamēr mtanel :. Ew hayrn eleal artak's ałač'ēr
zna :. 29 Patasxani et ew asē c'hayrn· aysk'ani ? amk' en zi cařayem k'ez.
ew erbek' zpatowiranaw k'ov oč' anc'i· owl mi erbek' ṓč' etowr inj zi
owrax ełēc' ənd barekams im· 30 yoržam ekn ordid k'o ayd or eker zkeans
k'o ənd pořniks· zenér dma zeznn pararak :. 31 Ew asē c'na· ordeak· dow
hanapáz ənd is es· ew amenayn or inč' im ē k'ó ē· 32 ayl owrax linel ew
xndal part ēr· zi ełbayrs k'o ays mereal ēr. ew ekeac'· korowseal· ew
gtaw :.

8. ヨハネ福音書 第4章

1 Ibrew gitac' $\overline{YS}$ et'e lowan p'arisec'ik'n et'e $\overline{YS}$ bazowm ašakerts ařnē
ew mkrtē· k'an zYovhannēs· 2 k'anzi ṓč' et'e $\overline{YS}$ ink'nin mkrtēr· ayl
ašakértk' nora :. 3 Et'ół zHrēastan erkir. ew ékn miwsangam i Gałiłea :.
4 Ew ēr nma anc'anel ənd Samaria :. 5 Gay na i k'ałak' mi Samarac'woc'
orowm anown ēr Sēk'ar. mérj i geawɫn zor et Yakovb ordwoy iwrowm
Yovsép'a· 6 ew ánd ēr ałbewr mi Yakovbay :. Ew $\overline{YS}$ vastakeal i
čanaparhēn. nstēr i veray ałbern· ew ēr žam ibrew vec'erórd :. 7 Gay kin
mi i Samareay hanél ǰowr :. Asē c'na $\overline{YS}$· tówr inj əmpel :. 8 Zi ašakertk'n
nora ert'eal ein i k'ałak' andr zi kerakówrs gnesc'en :. 9 Asē c'na kinn
Samarac'i· dow or hreayd es. ziard ? yinēn əmpel xndres i knoǰē
Samarac'woy : Zi ṓč' erbek' xařnakin hreayk' ənd Samarac'is :. 10
Patasxani et nma $\overline{YS}$ ew asē· et'e giteir dow zpargewsn $\overline{AY}$. ew ov ē or
asēd c'k'ez· t'e towr inj əmpel. dow ardewk' xndreir i nmanē. ew táyr k'ez
ǰowr kendani :. 11 Asē c'na kinn· $\overline{TR}$. dow k'anzi ew doył isk oč' ownis· ew
ǰrhors xor ē· isk ard owsti ? ownic'is zǰowrn kendani· 12 mi t'e dow mec ?
inč' ok' ic'es k'an zhayrn mer Yakovb· or zays ǰrhor et mez. ew ink'n asti
arb· ew ordik' nora ew xašink' nora :. 13 Patasxani et nma $\overline{YS}$ ew asē·
amenayn or əmpē i ǰroy yaydmanē. miwsangam carawḗ 14 bayc' or əmpē

i ǰroyn zor es tac' nma. mí carawesc'ē yawiteans ayl ǰowrn zor es tac' nma. ełic'i i nma ałbéwr ǰroc' błxeloy i keansn yawitenakans :. 15 Asē c'na kinn T̄R̄ tówr inj zǰowrn zayn zi mi carawec'ic' ew mí ekic' aysr hanel ǰowr :. 16 Asē c'na Ȳ̄S̄ ert' koč'ea zayr k'o ew ék aysr :. 17 Patasxani et nma kinn ew ase č'ík' im ayr :. 18 Asē c'na Ȳ̄S̄ barwók' asac'er t'e č'ik' im ayr zi hing ayr p'oxeal ē k'o ew zor ayžmn ownis č'ḗ k'o ayr zayd ardár asac'er :. 19 Asē c'na kinn T̄R̄ t'owi inj t'e margaṙē ic'es dow 20 hark'n mer i lerins yaysmik erkir pagin ew dowk' asēk' t'e yĒ̄M̄ ewet' e (=ē) tełi owr aržan ic'ē erkir paganel :. 21 Asē c'na Ȳ̄S̄ kin dow hawatáy inǰ zi ekec'ē žamanak. yoržam óč' i lerins yaysmik. ew óč' yĒ̄M̄ erkir paganic'en hawr :. 22 Dowk' erkir paganēk' orowm óč'n gitēk' mek' erkir paganemk' orowm gitémk'n. zi p'rkowt'iwn i hṙeic' ē :. 23 Aył ekec'ē žamanak ew áyžm isk ē yoržam čšmaritk'n erkrpagowk' erkír paganic'en hawr hogwov ew čšmartowt'eamb k'anzi ew háyr aynpisi erkrpagows iwr xndrē 24 Hogí ē ĀC ew erkrpagowac'n nora hogwóv ew čšmartowt'eamb part ē erkir paganel :. 25 Asē c'na kinn gitem zi Messia gay anowanealn K̄'S̄ yoržam ekec'ē. na patmesc'ḗ mez zamenayn :. 26 Asē c'na Ȳ̄S̄ és em or xawsims ənd k'ez :. 27 Ew yayn ban ekin ašakertk'n nora ew zarmanayín zi ənd knoǰn xawsēr bayc' óč' ok' asac' i noc'anē t'e zinč' xndres kam zinč' xawsis ənd dma :. 28 Et'oł kinn zsap'orn iwr ew č'ogaw i k'ałak'n ew asē c'mardikn 29 ekayk' tesḗk' zayr mi or asac' inǰ zamenayn or inč' im gorceal ē mi t'e ná ic'ē K̄'S̄n :. 30 Elin i k'ałak'ēn ew gayín aṙ na :. 31 Ew minč'č'ew ekeal ein nok'a ałač'ein zna ašakertk'n ew asein ṙabbi hác' ker :. 32 Na asē c'nosa es kerakowr ownim owtel zor dowk'n óč' gitēk' :. 33 Asein ašakertk'n ənd mimeans mi et'e eber ? inč' ok' dma owtel :. 34 Asē c'nosa Ȳ̄S̄ im kerakowr ayn ē zi araríc' zkams aynorik or aṙak'eac'n zis ew katarec'ic' zgorcn nora :. 35 Oč' dowk' asēk' et'e ayl ews č'ork' amisk'n en ew hownǰk' gan ahawasik es asém jez ambarǰēk' zač's ǰer ew tesḗk' zartorayn zi spitakac'eal en ew i hownǰs haseal 36 ew or hnǰēn várǰs aṙnow ew žołovē zptowł i keansn yawitenakans zi or sermanēn ew or hnǰē hasarák c'ncasc'en :. 37 Yaysm isk ē bann čšmarit zi ayl ē or sermanē. ew ayl or hnǰē : 38 Es aṙak'ec'i zjez hnǰel zor óč' dowk' vastakec'ēk' aylk' vastakec'in. ew dówk' i vastaks noc'a mtēk' :. 39 Ew i k'ałak'ēn yaynmanē Samarac'woc' bazówmk' hawatac'in i na vasn bani knoǰn vkayeloy et'e asac' inǰ zamenayn or inč' im gorceal ēr :. 40 Isk ibrew ekin aṙ na Samarac'ik'n ałač'ein zna linel aṙ nosa ew ełew and awowrs erkóws :. 41 Ew ews bazowmk' hawatac'in i na vasn banin nora 42 ew asein c'kinn t'e óč' aysowhetew vasn k'o xawsic'd hawatamk'· zi mezĕ́n isk lowak' i dmanē· ew gitemk' et'e da ē čšmartiw p'rkič' ašxarhac' :. 43 Ew yet erkowc' awowrc' el anti ew gnac' i Gałiłea :. 44 Zi ink'n isk $\overline{\text{YS}}$ vkayeac'· et'e margarē yirowm (M : yiwrowm) gawaṙi patiw ōč' owni :. 45 Ayl yoržam ekn na i Gałiłea. ənkalan zna Gałiłe- ac'ik'n· zi teseal ews ēr zamenayn nšansn zor arar y$\overline{\text{EM}}$ i tawnin· k'anzi ew nok'a ekeál ein i tawnn :. 46 Ekn darjeal i Kana Gałiłeac'woc' owr arar zǰowrn gini :. Ew and ēr t'agaworazn mi oro ordi nora hiwánd kayr i Kap'aṙnaowm :. 47 Na ibrew lowaw et'e $\overline{\text{YS}}$ ekeal ē i Hrēastanē i Gałiłeá. ékn aṙ na· ew ałač'ēr zi iǰc'ĕ́ ew bžškesc'ē zordi nora· k'anzi mérj ēr i meṙanel :. 48 Asē c'na $\overline{\text{YS}}$· et'e oč' nšans inč' ew arowests tesanēk'. oč' hawatayk' :. 49 Asē c'na t'agaworaznn· $\overline{\text{TR}}$· êǰ minč'č'ew meṙeal ic'ē manowkn im :. 50 Asē c'na $\overline{\text{YS}}$· ért'· ordin k'o kendaní ē :. Ew hawatac' ayrn banin zor asac' nma $\overline{\text{YS}}$. ew gnác' :. 51 Ew minč'deṙ iǰanēr. əndaṙaǰ ełew (M : ełen) nma caṙayk'n nora awetís etown ew asen. t'e manowkn nora kendaní ē :. 52 Harc'anēr c'nosa vasn žamown yorowm apak'ineac' :. Ew asen c'na· erēk yewt'nerord žamow et'oł zna ǰermnn :. 53 Gitac' hayrn nora et'e yáynm žamow yorowm asac'n c'na $\overline{\text{YS}}$ et'e ordin k'o kendani ē· ew hawatac' ink'n ew amenáyn town iwr :. 54 Zays darjeal erkrórd nšan arar YS ekeal i Hrēastanē i Gałiłeá :.

9．ヨハネ福音書 第18章

1 Zays ibrew asac' $\overline{\text{YS}}$· el ašakertawk'n handerj yaynkoys joroyn Kedrovni owr ēr partēz· yor emowt ink'n ew ašakertk'n iwr :. 2 Gitēr ew Yowda or znayn matneloc' ēr ztełin· zi bazowm angam žołoveal ēr andr $\overline{\text{YI}}$ ašakertawk'n handerj :. 3 Ew Yowdayi aṙeal ənd iwr zgowndn· ew i k'ahanayapetic'n ew i p'arisec'woc' spasawors. gáy andr ǰahiwk' ew lapterawk' ew zinowk' :. 4 Isk $\overline{\text{YS}}$ ibrew etes zayn amenayn ekeal i veray nora. el ew asē c'nosa zo? xndrēk' :. 5 Patasxani etown nma. z$\overline{\text{YS}}$ Nazovrec'i :. Asē c'nosa $\overline{\text{YS}}$· és em :. Kayr ənd nosa ew Yówda or matnērn zna :. 6 Ibrew asac' t'e es em. yets yets č'ogan. ew zarkán zgetni :. 7 Darjeal eharc' znosa· zo? xndrēk' :. Ew nok'a asen· z$\overline{\text{YS}}$ Nazovrec'i :. 8 Patasxani et noc'a $\overline{\text{YS}}$ asac'i jez t'e és em :. Ard et'e zis xndrēk'. t'óyl towk' doc'a ert'al :. 9 Zi lc'c'i bann zor asac'· t'e zors etowrn c'is. oč' korowsic' i noc'anē ew oč' zok' :. 10 Isk Simovn Petros k'anzi ownēr sowr. jgeac' zna· ew ehár zk'ahanayapetin caṙay. ew i bác' aṙ zownkn nora zaǰoy· ew ēr anown caṙayin Máłk'os :. 11 Asē $\overline{\text{YS}}$ c'Petros· árk zsowrd andrēn i pateans iwr :. Zbažakn zor et inj hayr. oč'? əmpic'em zna :. 12 Isk gowndn ew hazarapetn ew spasawork' hṙeic'n kalan z$\overline{\text{YS}}$· ew

テクスト

kapec'ín :. 13 Ew acin zna nax aṝ Ánna· or ēr aner Kayiap'ayi· or k'ahanayapetn ēr tarwoyn aynorik :. 14 Ays ayn Kayiap'ay ēr or xrátn et hrēic'· et'e law ē aṝn miowm meṝanél i veray žołovrdeann :. 15 Ert'ayín zhet Y̅I̅ Simovn Petros. ew miws ews ašakert :. Ew ašakertn ayn k'anzi canawt' ēr k'ahanayapetin. emówt ənd Y̅I̅ i gawit' k'ahanayapetin :. 16 Ew Petros káyr aṝ drann artak'oy :. El miws ašakertn or ēr canawt' k'ahanayapetin· ew asac' c'dṝnpann. emoyc i nerk's zPetros :. 17 Asē ałǰikn or dṝnapann ēr c'Petros· mi t'e ew dow yašakertac'? aṝnn aynorik ic'es :. Ew na asē· óč' em :. 18 Kayin and caṝayk'n ew spasawork' xaroyk arkeal· k'anzi c'ówrt ēr. ew ǰeṝnowín· kayr ənd nosa ew Petros ew ǰeṝnoyr :. 19 Ew k'ahanayapetn ehárc' zY̅S̅ vasn ašakertac'n ew vasn vardapetowt'ean nora :. 20 Patasxani et nma Y̅S̅· es yaytnapés xawsec'ay yašxarhi· es yamenayn žam owsowc'í i žołovrdeann ew i tačari and owr amenayn hreayk' žołoveal ein· ew i cacowk inč' óč' xawsec'ay :. 21 Zi? harc'anes zis· harc' záynosik or lowann t'e zinč' xawsec'ay ənd nosa· ahawanik nok'a giten zinč' asac'i es :. 22 Ibrew na zayn asac' mi omn i spasaworac'n or and kayr ac aptak Y̅I̅ ew asē· aydpēs patasxani? tas k'ahanayapetid :. 23 Ew Y̅S̅ asē c'na· et'e č'ar inč' xawsec'ay. vkayeá vasn č'arin· isk et'e bari. əndēr? harkanes zis :. 24 Ew aṝak'eac' zna Anna kapeal aṝ Kayiap'á k'ahanayapet :. 25 Ew Simovn Petros kayr and ew ǰeṝnoyr· asen c'na· mi t'e ew dow? yašakeratac' anti nora ic'es :. Na owrac'aw ew asē· t'e č'ém :. 26 Ew asē mi omn i caṝayic' k'ahanayapetin azgakan aynorik zoro zowknn (M : zoroy zownknn) ehat Petros· oč' es isk tesi? zk'ez i partizi and ənd nma :. 27 Darǰeal owrac'áw Petros· ew vałva- łaki háw xawsec'aw :. 28 Ew acen zY̅S̅ i vanac' Kayiap'ay yaparans dataworin· ew ēr aygowc' :. Ew nok'a óč' mtin yaparansn zi mi płcic'in. ayl zi owtic'en zzatikn :. 29 El aṝ nosa Piłatos artak's ew asē· zinč'? č'araxawsowt'iwn matowc'anēk' zaṝnēn zaynmanē :. 30 Patasxani etown ew asen c'na· et'e č'ēr č'aragorc ayrn ayn. apa óč' matneak' zna k'ez :. 31 Asē c'nosa Piłatos· aṝēk' zna dówk'· ew əst jeroc' awrinác'n datec'arowk' :. Asen c'na hreayk'n· mez óč' ē aržan spananel zok'· 32 Zi lc'c'i bann Y̅I̅ zor asac'. nšanakeal t'e oróv mahow meṝaneloc' ic'ē :. 33 Emowt miwsangam yaparansn Piłatos· koč'eac' zY̅S̅ ew asē c'na· dow? es t'agaworn hreic' :. 34 Patasxani et Y̅S̅· i k'ḗn ases zayd· et'e aylk' asac'in k'ez zinēn :. 35 Patasxani et Piłatos· mi t'e ew es hreay? ic'em. azgn k'o ew k'ahanayapetk' matnec'in zk'ez inǰ zinč'? gorc gorceal ē k'o :. 36 Patasx- ani et Y̅S̅· im ark'ayowt'iwn č'ḗ yaysm ašxarhē· et'e yašxarhē asti ēr ark'ayowt'iwnn im. spasawork'n im martnč'eín ardewk' zi mi

— 315 —

matnecʻaycʻ hreicʻ baycʻ ard tʻagaworowtʻiwn im čʻḗ asti :. 37 Asē cʻna Piłatos apa tʻe aydpēs icʻē tʻagawór omn es dow :. Patasxani et Y͞S dów ases tʻagawor icʻem :. Baycʻ es yáyd isk cneal em ew i doyn isk ekeal em yašxarh zi vkayecʻíc̓ čšmartowtʻeann amenayn or i čšmartowtʻenē ē. lsḗ barbar̄oy imoy :. 38 Asē cʻna Piłatos zinčʻ ? ē čšmartowtʻiwn :. Zays ibrew asacʻ. darjeal él ar̄ hreaysn ew asē cʻnosa es ew óčʻ mi inčʻ patčar̄s gtanem i nma :. 39 Baycʻ ē jer sovorowtʻiwn zi zmi okʻ arjakecʻícʻ jez i zatiks ard kamikʻ ? zi arjakecʻicʻ jez ztʻagaworn hrēicʻ :. 40 Ałałakecʻin amenekʻean ew asein mí zda ayɫ zBarabbá :. Ew ēr Barabbayn ayn awazák :.

10. コリウン (Koriwn) 『マシュトツ伝』(Varkʻ Maštocʻi) 抜粋

[3] Ar̄n, zor i naxakarg banis nšanakemkʻ, vasn oroy ew pʻoytʻ arareal mer patmeloy, êr Maštʻocʻ anown, i Tarawnakan gawar̄ên, i Hacʻekacʻ geɫjê, ordi ar̄n eranelwoy Vardan kočʻecʻeloy : I mankowtʻean tisn varžeal hellenakan dprowtʻeambn, ekeal haseal i dowr̄n Aršakowneacʻ tʻagaworacʻ Hayocʻ Mecacʻ, kacʻeal yarkʻownakan diwanin, linel spasawor arkʻayatowr hramanacʻn ar̄ hazarapetowtʻeambn˜ ašxarhis Hayocʻ˜ Ar̄awanay owrowmn : Tełekacʻeal ew hnowtełeal ašxarhakan kargacʻ, cʻankali ełeal zinoworakan arowestiwn iwrocʻ zawrakanacʻn : Ew andên owš edeal pʻowtʻov əntʻercʻowacocʻ astowacełên grocʻ, orov ar̄ žamayn lowsaworeal ew tʻewamowx mijamowx ełeal yatowacatowr hramanacʻn hangamans, ew amenayn patrastowtʻeamb zanjn zardareal, harkanêr zišxanacʻn spasaworowtʻiwnsn :

[4] Ew yet aynorik əst awetaranakan čʻapʻowcʻn˜ i car̄ayowtʻiwn Astowcoy mardasirin darjeal, merkanayr aynowhetew zišxanakir cʻankowtʻiwnsn, ew ar̄eal zxačʻn parcanacʻ˜ elanêr zkni amenakecʻoycʻ xačʻeloyn : Ew hačʻeal hramanacʻn˜ i xačʻakir gowndn Kʻristosi xar̄nêr, ew andên vałvałaki i miaynakecʻakan karg mtanêr : Bazowm ew azgi azgi vštakecʻowtʻiwn əst awetaranin krêr amenayn iracʻ. amenayn krtʻowtʻeamb hogeworacʻn zanjn toweal˜ miaynaworowtʻean, leṙnakecʻowtʻean, kʻałcʻi ew carawoy ew banjaračašakowtʻeancʻ, argelanacʻ anlowsicʻ, xaraznazgest ew getnatarac ankołnocʻ : Ew bazowm angam zheštakan hangist gišeroyn ew zhark kʻnoy˜ yotnawor tkʻnowtʻean i tʻawtʻapʻel akan včarêr : Ew zayn amenayn ar̄nêr očʻ sakaw žamanaks : Ew gteal ews zomans˜ yinkʻn yarecʻowcʻanêr˜ ašakerteal nmin sovorakan awetaranowtʻean :

Ew aynpês amenayn pʻorjowtʻeancʻ i veray haselocʻ˜ kamayakan kʻajowtʻeamb tareal ew paycar̄acʻeal, canawtʻakan ew hačoy linêr Astow-

テクスト

coy ew mardkan :
[5] Aṟeal aynowhetew eranelwoyn zhawatac'eals iwr, dimeal iǰanêr yankarg ew yandarman tełis Gołt'an : Ayl ew ənd aṟaǰ elanêr nma išxann Gołt'an, ayr erkiwłac ew astowacasêr, orowm anown êr Šabit', ew aspnǰakan hiwramecar gteal˘ barepaštowt'eamb spasaworêr əst ašakertac' hawatoc'n K'ristosi : Isk eranelwoyn vałvałaki zawetaranakan arowestn i mêǰ aṟeal, jeṟn arkanêr zgawaṟovn handerj miamit satarowt'eamb išxanin. gereal zamenesean i hayreneac' awandeloc', ew i satanayakan diwapašt spasaworowt'enên˘ i hnazandowt'iwn K'ristosi matowc'anêr :
Ew yoržam i nosa zbann kenac' sermaneal, yaytni isk bnakč'ac' gawaṟin nšank' mecameck' erewêin, kerpakerp nmanowt'eamb diwac'n p'axstakan linelov˘ ankanêin i kołmans Marac' : Noynpês aṟawel hog i mti arkanêr zhamašxarhakans sp'op'eloy. Ew aṟawel aławt's mštnǰenamṟownč's, ew bazkatarac pałatans aṟ Astowac ew artasows andadars, zmtaw acelov zaṟak'elakann, ew asêr hogalov. ⟨Trtmowt'iwn ê inj ew anpakas c'awk' srti imoy, vasn ełbarc' imoc' ew azgakanac'⟩[1] :
[6] Ew ibrew awowrs bazowms andên i nmin degerêr, yarowc'eal aynowhetew hasanêr aṟ sowrb kat'ołikosn Hayoc' Mecac', oroy anownn čanač'êr Sahak, zor patrastakan gtanêr nmin p'owt'oy hawaneal : Ew miangamayn yawžarowt'eamb gowmareal handerj aławt'iwk' mecawk' aṟ Astowac kanxêin, vasn amenayn ogwoc' k'ristosaber p'rkowt'eann hasaneloy : Ew zayn aṟnêin awowrs bazowms :
Apa elanêr noc'a pargewakan yamenabarin Astowcoy žołovel zašxarhahog xorhowrdn eraneli miabaneloc'n, ew i giwt nšanagrac' Hayastan azgin hasanel :
Bazowm harc'ap'orji ew k'nnowt'ean zanjins parapec'owc'eal ew bazowm ašxatowt'eanc' hambereal, azd aṟnêin apa ew zkanxagoyn xndrelin iwreanc' t'agaworin Hayoc', oroy anown koč'êr Vṟamšapowh :
Yaynžam patmêr noc'a ark'ayn vasn aṟn owrowmn asorwoy episkoposi aznowakani˘ Daniêl anown koč'ec'eloy, oroy yankarc owremn gteal nšanagirs ałp'abetac' hayerên lezowi : Ew ibrew patmec'aw noc'a yark'ayê vasn gteloyn i Daniêlê, yawžarec'in zark'ay˘ p'oyt' aṟnel vasn pitoyic'n aynoc'ik : Ew na aṟak'êr zomn Vahrič anown hrovartakawk' aṟ ayr mi erêc', oroy anown Habêl koč'êin, or êr merjawor Daniêli asorwoy episkoposi :
Isk Habêlin zayn loweal, p'owt'anaki hasanêr aṟ Daniêln, ew nax ink'n

---
[1] Cf. ロマ 9, 2-3.

テクスト

tełekanayr i Daniêlê nšanagracʻn, ew apa aṙeal i nmanê aṙakʻêr aṙ arkʻayn yerkirn Hayocʻ : I hingerordi ami tʻagaworowtʻean nora i na hasowcʻanêr : Isk arkʻayin handerj miaban srbovkʻn Sahakaw ew Maštʻocʻiw˜ ənkaleal znšanagirsn i Habêlên, owrax linêin :

Apa aṙeal eraneli hogabarjowacʻn zyankarcagiwt xndrelin, haycʻêin ews yarkʻayê mankowns matałs, orov znšanagirsn arcarcel martʻascʻen : Ew yoržam bazowmkʻ i nocʻanê tełekanayin, apa hraman tayr amenayn owrekʻ novin krtʻel. orov ew yastičan isk vardapetowtʻean gełecʻik˜ eranelin hasanêr, ew ibrew ams erkow kargeal zvardapetowtʻiwn iwr, ew novin nšanagrovkkʻ tanêr :

Isk ibrew i veray haseal tʻe čʻen bawakan nšanagirkʻn˜ ołǰ acel zsiwłobays ew zkaps hayerên lezwoyn, manawand zi ew nšanagirkʻn isk yaylocʻ dprowtʻeancʻ tʻałealkʻ ew yarowcʻealkʻ dipecʻan, yet aynorik darjeal krkin angam i noyn hogs daṙnayin, ew nmin els xndrêin žamanaks inčʻ :

[7] Vasn oroy aṙeal eranelwoyn Maštʻocʻi das mi manktwoy hramanaw arkʻayi, ew miabanowtʻeamb srboyn Sahakay, ew hražarealkʻ i memeancʻ hambowriw srbowtʻeann˜ xałayr gnayr i hingerord ami Vṙamšaphoy arkʻayin Hayocʻ, ew ertʻeal hasanêr i kołmans Arami˜ i kʻałakʻs erkows Asorocʻ. orocʻ aṙaǰinn Edesia kočʻi, ew erkrordn Amid anown : Ənddêm linêr sowrb episkoposacʻn, orocʻ aṙaǰnoyn Babilas anown ew erkrordin Akakios. handerj kłerakanawkʻn ew išxanawkʻn kʻałakʻin pataheal, ew bazowm mecarans cʻowcʻeal haselocʻn, əndownêin hogabarjowtʻeamb, əst Kʻristosi anowanelocʻn kargi :

Isk ašakertasêr vardapetin˜ ztarealsn ənd iwr yerkows bažaneal, zomans yasori dprowtʻiwnn kargêr, ew zomans i yownakan dprowtʻiwnn˜ anti i Samowsatakan kʻałakʻn gowmarêr :

[8] Ew nora iwrovkʻ hawasarawkʻ zsovorakann aṙaǰi edeal załawtʻs ew ztkʻnowtʻiwnn ew zpałatans artasowalicʻ, zxstamberowtʻiwns, zhogs zašxarhahecs, yišelov zasacʻealsn margarêin, etʻê˜ ⟨Yoržam hececescʻes, yaynžam kecʻcʻes⟩[2] :

Ew aynpês bazowm ašxatowtʻeancʻ hambereal vasn iwroy azgin bareacʻ inčʻ awčan gtaneloy : Orowm pargewêr isk vičak yamenašnorhołên Astowcoy. hayrakan čʻapʻown cneal cnownds norog ew skʻančʻeli sowrb aǰovn iwrov, nšanagirs hayerên lezowin : Ew and vałvałaki nšanakeal, anowaneal ew kargeal, yawrinêr siłobayiwkʻ ew kapawkʻ :

Ew apa hražareal yepiskoposacʻn srbocʻ, handerj awgnakanawkʻ

---

[2] Cf. イザ 30, 15.

テクスト

iwrovkʻ iǰanêr i kʻałakʻn Samosatacʻowcʻ, yorowm mecapatiw isk yepiskoposên ew yekełecʻwoyn mecareal linêr :

Ew andên i nmin kʻałakʻi gričʻ omn hellenakan dprowtʻean Hr̄opʻanos anown gteal, orov zamenayn əntrowtʻiwns nšanagracʻnˉ znrbagoynn ew laynagoynn, zkarčn ew zerkaynn, zar̄anǰinn ew zkrknaworn, miangamayn yawr̄ineal ew yankowcʻeal, i tʻargmanowtʻiwn dar̄nayin handerj arambkʻ erkowkʻ, ašakertawkʻn iwrovkʻ. orocʻ ar̄aǰnoyn Yovhan anown kočʻêin, yEkełeacʻ gawar̄ên, ew erkrordin Yovsêpʻ anownˉ i Pałanakan tanên : Ew edeal skizbn tʻargmaneloy zgirs nax yAr̄akacʻn Sołomoni, or i skzbann isk canawtʻs imastowtʻeann əncayecʻowcʻanê linel, aselovˉ etʻê 《Čanačʻel zimastowtʻiwn ew zxrat, imanal zbans hančaroy》: Or ew grecʻaw jer̄ambn aynorik grčʻi, handerj owsowcʻanelov zmankowns gričʻs nmin dprowtʻean :

[9] Apa yet aynorik ar̄noyr tʻowłtʻs yepiskoposê kʻałakʻin ew hražareal i nocʻanê handerj iwrovkʻn, berêr ar̄ episkoposn Asorocʻ : Or yorocʻ naxənkaln ełew, ar̄aǰi arkeal nocʻa znšanagirs astowacatowrs. vasn oroy bazowm isk govowtʻiwnkʻ yepiskoposacʻ srbocʻ ew yamenayn ekełecʻeacʻ barjranayin i pʻar̄s Astowcoy, ew i mxitʻarowtʻiwn ašakerteloc'n očʻ sakawkʻ : (中略)

Ew ard ekeal yišelin merj i tʻagaworakan kʻałakʻn, azd linêr tʻagaworin ew srboy episkoposin : Orocʻ ar̄eal zamenayn naxararagownd awaganwoyn ambox, i kʻałakʻên ealealˉ patahein eranelwoyn zapʻamb R̄ah getoyn : Ew zcʻankali olǰoynn mimeancʻ toweal, owsti ew barbar̄awkʻ cʻncowtʻean ew ergawkʻ hogeworawkʻ ew barjragoyn awrhnowtʻeambkʻ i kʻałakʻn dar̄nayin, ew zawowrs tawnakan owraxowtʻeamb ancʻowcʻanêin :

[10] Yaynžam vałvałaki hraman ar̄eal i tʻagaworênˉ skizbn ar̄neloy zxowžadowž kołmansn Maracʻ, orkʻ očʻ miayn vasn diwakan satanayakir barowcʻn čiwałowtʻean, ayl ew vasn xecʻbekagoyn ew xošoragoyn lezowinˉ džowaramatoycʻkʻ êin : Ar̄ i yardarel ew znocʻa harowst amacʻn cnownds ar̄ealˉ parzaxawss, hr̄etorabans, krtʻeals, astowacatowr imastowtʻeann canawtʻs kacʻowcʻanêin : Ew aynpês miǰamowx ełeal hangamanawkʻ awrinapatgamacʻn, min čʻew bnaw artakʻoy iwreancʻ bnakanowtʻeann zercanel :

[11] Ew i jer̄n ar̄eal aynowhetew astowacagorc mšakowtʻeamb zawetaranakan arowestnˉ i tʻargmanel, i grel ew yowsowcʻanel, manawand hayecʻeal i tear̄nabarbar̄ hramanacʻn barjowtʻiwnn, or ar̄ eranelin Movsês ekeal, vasn amenayn iracʻn ełelocʻ, yastowacełên patgamacʻn barjowtʻiwn awandelocʻnˉ matenagrel ar̄ i pahest yawiteancʻn or galocʻn êin. noynpisikʻ ew ayloc' margarêicʻn hramayealkʻ : 《Ar̄, asê, kʻartêz nor

— 319 —

テクスト

mec, ew greá i nma grč'aw dpri⟩³ : Ew aylowr, t'ê˜ ⟪Greá ztesild i taxtaki, ew i girs hastatea⟫⁴ : Isk Dawit' yaytnapês ews vasn amenayn azgac'˜ zvičak astowacatowr awrinac'n nšanakê aselovn, t'ê˜ ⟪Gresc'i yazg ayl⟫⁵ : Ew t'ê˜ ⟪Têr patmesc'ê grovk' žołovrdoc'⟫⁶ : Zor ekeal katareac' amenap'rkič'n K'ristos šnorhatowr hramanawn, et'ê˜ ⟪Elêk' ənd amenayn azgs⟫⁷.

ew et'ê˜ ⟪K'arozesc'i awetarans ənd amenayn tiezers⟫⁸ : Owsti ew eraneli harc'n meroc' hamarjakowt'iwn ařeal˜ yowsalic' p'owt'ov ew ereweli ew ardiwnakatar əst awetaranin˜ ziwreanc' mšakowt'iwnn c'owc'anen :

Yaynm žamanaki eraneli ew c'ankali ašxarhs Hayoc' anpayman sk'anč'eli linêr. yorowm yankarc owremn awrênsowsoyc' Movsês˜ margarêakan dasown, ew yaṟaǰadêmn Pawłos˜ bovandak ařak'elakan gndovn, handerj ašxarhakec'oyc' awetaranawn K'ristosi, miangamayn ekeal haseal i jeřn erkowc' hawasareloc'n˜ hayabarbařk' hayerênaxawsk' gtan :

[19] Yet aynorik owš edeal erkoc'ownc' eraneleac'˜ ziwreanc' azgin zdprowt'iwn ařawel yargel ew diwrac'owc'anel : Jeřn i gorc arkanêr i t'argmanel ew i grel mecn Isahak˜ əst yaṟaǰagoyn sovorowt'eann :

Oroc' darjeal dêp linêr ełbars erkows yašakertac'n˜ yowłarkel i kołmans Asoroc' i k'ałak'n Edesac'woc', zYovsep', zor i veroyn yišec'ak', ew erkrordn Eznik anown˜ yAyrarateam gawařên, i Kołb gełǰê, zi yasorakan barbařoyn˜ znoc'in harc'n srboc' zawandowt'iwns, hayerên greals darjowsc'en :

Isk t'argmanč'ac'n haseal˜ owr ařak'ec'ann, ew katareal zhramansn ew ař patowakan harsn ařak'eal, anc'eal gnayin i kołmans Yownac', owr ew owsealk' ew tełekac'ealk', t'argmanič's kargêin əst hellenakan lezowin :

Apa yet žamanaki inč' ənd mêǰ anc'eloy˜ dêp linêr omanc' ełbarc' i Hayastan ašxarhês, dimel iǰanel i kołmans Yownac', or ew Łewondês ařaǰnoyn anown êr, ew erkrordin Koriwns, ew matowc'eal yarêin yEznikn, ibrew ař əntanegoyn snndakic'˜ i Kostandinakan k'ałak'in, ew and miabanowt'eamb hogewor pitoyic'n zxndirn včarêin : Oroc' yet aynorik hastatown awrinakawk' astowacatowr groc'n, ew bazowm šnorhagir harc' yet aynr awandowt'eambk', ew Nikiakan ew Ep'esosakan kanonawk', gayin erewelov ašxarhin Hayoc', ew ařaǰi dnêin harc'n zbereal ktakaransn ekełec'woy srboy :

---

³ Cf. イザ 8, 1.
⁴ Cf. ハバク 2, 2 とイザ 30, 8.
⁵ Cf. 詩 101, 19.
⁶ Cf. 詩 86, 6.
⁷ Cf. マタ 28, 19.
⁸ Cf. マタ 24, 14.

語　　彙

(括弧内に掲げたギリシア語は福音書における代表的な訳語あるいは本書テクストに現れる訳語であって，すべてを網羅していないことに注意)

a

abba(s)　僧院長．
abbasowhi (§ 63 e, 71 b)　尼僧院長．
Abiat'ar, -aw　アビアタル ('Αβιαθάρ).
Abraham, -ow (§ 74 a)　アブラハム ('Αβραάμ).
aganim¹, agay (§ 53)　(衣を)着る，身に着ける．
aganim², agay, 命 agir (§ 29 d, 34 b, 131, 189)　夜を過ごす，野宿する，宿泊する，留まる．→ awt', bac'- awt'eag.
agarak, -i, -ac'　1) 畑 (ἀγρός). 2) 里．3) 農地，地所．
-agoyn (§ 162)【接尾辞】比較級ないし絶対最上級をつくる．
agowc'anem, -owc'i (§ 53) [+与(人)に]衣類を着せる，身につけさせる (ἐνδύω).
Adam, -ay (§ 71 b)　アダム ('Αδάμ).
azat, -i, -ac' (§49, 50)　自由な (ἐλεύθερος).
azatanam, -ac'ay (§ 50, 128 c)　自由になる．
azatani (§ 213)《集合的》自由民．
azatem, -ec'i (§ 49, 53)　自由にする (ἐλευθερόω).
azatec'owc'anem, -owc'i (§ 53)　自由にする (ἐλευθερόω).
azatorear (§ 213)《集合的》自由民，貴族．→azat, orear.
azatowt'iwn, -t'ean (§ 61)　自由．

azg, -i, -ac' (§ 23, 24 B, 71 a)　1) 世代，部族，氏族；種類．2) 民，民族．3) 一族，親族；azgi azgi さまざまな
azgakan, -i, -ac' (§ 65 a)　親戚，親族 (συγγενής).
azgakic', -kc'i, -kc'ac' (§ 63 d)　同族の(者)，親戚．→azg.
azd　知らせ，報告，感覚；azd aṙnem 知らせる，告げる，azd linem 知らされる，聞かされる．
azdem, -ec'i　鼓舞する，活気づける，力強い，[+与]役立つ．
azdr, -der (§ 75 a)　太もも，大腿[部]．
azn, azin, azink' (§ 44, 77 a)　種族，民 (γένος).
azniw, -nowi, -wac'　高貴な，立派な；《比》aznowagoyn (§ 65 g).
aznowakan, -i, -ac' (§ 65 a)　高貴な生まれの，貴門の．
At'enk', -nac'　アテネ．
At'enac'i, -c'woy (§ 65 d, 72 b)　アテネ人．
at'oṙ, -oy, -oc'　1) 椅子 (καθέδρα). 2) 座，王座，位 (θρόνος).
alewr, aler (§ 75 b)　穀粉．
alik', -eac' (§ 27 d, 33 a) [複のみ] (大) 波 (τὰ κύματα)；白髪．
axt, -i, -ic' (§ 16, 73)　病気，悪疫．→hiwandowt'iwn.
acem, aci, 命 ác (§ 1, 27 a, 35 c, 128 a, 130)　引く，引いて来る，連れて行く・来る，導く (ἄγω, φέρω)；zmtaw acem 考える，思いめぐらす，熟慮する．

語　彙

akan　溝，穴；akan hatanem = διορύσσω（壁に）穴を開ける．

akani, -nwoy, -neacʻ（§ 65 n）　目を持つ，見える．→akn.

akanʃ-→ownkn.

akanʃalowr（§ 45 b）　自分の耳で聴いた（者）．

akn, akan, akamb（§ 15, 27 d, 37 a, 78 c）　1）［複］ačʻkʻ, ačʻacʻ, ačʻ-awkʻ　目，眼；akn ownim 待つ，待ち望む，希望する，予期する；akn arkanem（目で？）合図を送る．2）［複・主］akownkʻ 泉，源．3）［複・主］akankʻ 宝石．→aregakn.

aknarkem, -ecʻi　目で合図を送る．→ akn, arkanem.

ah, -i, -icʻ　恐れ，恐怖（φόβος）．

aha（§ 145）【間】ほら，見よ（ἰδού）．

ahagin, -gni, -icʻ（§ 65 f）　恐ろしい，ものすごい．→ah.

aharkow（§ 45 b）　恐ろしい．→ ah, arkanem.

Aharovn, -i　アロン（Ἀαρών）．

ahawadik（§ 88, 95）【間】《2 人称》見よ（ἰδού）．→awadik, -d.

ahawanik（§ 88, 95）【間】《3 人称》見よ（ἰδού）．→awanik, -n.

ahawasik（§ 15, 88, 95）【間】《1 人称》見よ（ἰδού）．→awasik, -s.

aheak, -eki, -ekacʻ　左の，左に；ənd ahekê 左側に（ἐξ εὐωνύμων）．

ahekin, -knoy（§ 65 o）　左の，左側の．

aheł, -acʻ（§ 65 k）　恐ろしい．→ah.

ał, -i, -icʻ（§ 27a, 38, 40b）　塩（ἅλς）．→yałem.

ałag, -i　理由，わけ．→yałags.

ałagaw（§ 142）【前】［+属］…のために．

ałaxin, ałaxnoy, 複・主 ałaxnaykʻ（§ 78e）　下女，女中，女奴隷（παιδίσκη）．

ałatak, -i, -aw　叫び，わめき声，騒音．

ałałakem, -ecʻi　叫ぶ（βοάω, κράζω, κραυγάζω）．

ałam, -acʻi（§ 27 a, 40 b, 134）（穀物などを）碾く．

ałačʻem, -ecʻi（§ 30 d, 127, 198）　請う，懇願する，祈る，懇ろに語りかける（δέομαι, ἐρωτάω, παρακαλέω）．

aławtʻem, -ecʻi　祈る．

aławtʻkʻ, -tʻicʻ（§ 30 d, 214）［複のみ］祈り，祈願（προσευχή, δέησις）；aławtʻs arīnem, y-aławtʻs kam, aławtʻs matowcʻanem 祈る（προσεύχομαι）．

aławni, -nwoy/-noy, -neacʻ　鳩（περιστερά）；【指小】aławneak 小鳩（§ 64）．

ałb, -oy/-i, -ocʻ/-icʻ　糞便；堆肥，肥やし；ごみ；ənd ałb gal 泥・汚辱の中を這いずりまわる．

ałbewr, -ber, -beracʻ/-bercʻ（§ 14 A 2, 75 b, 41 a, 42 b, 75 b）　源，元，泉（πηγή）．

ałełn, ałełan; ałełownkʻ, -łancʻ（§ 77 c）　弓，アーチ．

ałełnawor, -i, -acʻ（§ 65 e）（弓の）射手．

ałê【間】さあ，さて．

ałêtkʻ, ałeticʻ（§ 22）　不幸．

ałi, -łwoy, -łeacʻ（§ 65 n）　塩味の．→ał.

ałx, -i, -icʻ　器具，用具．

ałxamałx, -i（§ 67 a）　品物，商品．

ałowês, -owesow, -sowcʻ（§ 22, 74 a）　キツネ（ἀλώπηξ）．

ałʃamowłʃ（ałʃałʃ）, ałʃamłʃi　闇，暗闇（§ 67 a）．

ałʃik, ałʃkan, -ʃkownkʻ, -ʃkancʻ（§ 77 c）　少女（κοράσιον），下女，侍女（παιδίσκη）．

語　彙

ałtiwr→ełtewr.
ałpʻabet, -i, -acʻ　アルファベット.
Ałpʻeos, -pʻeay　アルファイオス（'Αλφαῖος）.
ałkʻat, -i, -acʻ（§71 a）　貧しい；乞食（πτωχός）. ⇔mecatown.
ačem, ačecʻi（§53, 127）　成長する, 育つ（αὐξάνω）.
ačecʻowcʻanem, - owcʻi（§53）　成長させる, 増やす.
am, -i, -acʻ（§28 a, 30 a, 38, 69, 71 a, 79）　年, 1 年（ἔτος）; ami ami 毎年（κατ' ἔτος）（§67 a）.
aman, -oy/-i, -ocʻ/-icʻ　器（ἀγγεῖον）.
amačʻem, -ecʻi　1）[i＋奪]…を憚る（ἐντρέπομαι）. 2）恥じる（αἰσχύνομαι）.
amārn, -ran/-r̄an, -rowŋkʻ（§30 a, 38, 77 c）　夏.
amarayin（§77 c）　夏の.
amaranocʻ, -i, - acʻ（§63 a）　夏用の住居.
amawtʻ, -oy, -ov　恥, 恥辱（ἐντροπή）.
ambārnam, -barji（§46）　上げる, 持ち上げる（ἐπαίρω）.
ambastan, - acʻ/- icʻ　告発人；ambastan linim　訴える.
ambastanem; ambastandem, - ecʻi [z-＋奪]…を訴える, …に逆らう証言をする.
ambastanowtʻiwn, -tʻean　告発, 告訴.
ambox, -i, -icʻ　群衆（ὄχλος）; 喧騒, 騒ぎ（θόρυβος）.
amehi　荒々しい, 獰猛な, 野性の, 飼いならされていない.
amenabari　万人に慈悲深い, 最善の, 最良の.
amenagêt　すべてを知っている, 全知の. →gêt.
amenakal　全能の.
amenakecʻoycʻ（§45 b）　すべてに命を与える. →kecʻowcʻanem.
amenayn, -i, -iw（§24 B, 65 c, 164）　すべての, あらゆる［複 amenekʻean, amenekʻin］.
amenašnorhołên　すべてに慈悲深い.
amenačʻar　最悪の, 非常に悪い.
amenasowrb　最も聖なる.
amenapʻrkičʻ, -čʻacʻ　すべての者の救い主.
amenewin（§66 C a）【副】全体に, 完全に, 絶対に, 全く. →amenayn.
amenekʻean, amenekʻin（§108, 164）→amenayn.
amên　アーメン（ἀμήν）.
amis, amsoy, 位 y - amsean（§21 a, 38, 39 a.b, 72 a）（暦の）月; amsoy amsoy　毎月.
amowsin, amowsnoy / amowsni（§50, 72 a）　配偶者, 夫または妻.
amowsnanam, - snacʻay（§50）　結婚する.
amowsnacʻowcʻanem, -owcʻi　結婚させる.
amowsnowtʻiwn, -tʻean　結婚.
ampart, -i, -icʻ　罪のない（者）.
amsakan（§21 a, 65 a）　月 1 回の, 毎月の. →amis.
amrowtʻiwn, -tʻean　保塁, 要塞.
ay　【間】おお, おい.
ayb（§11）: 文字 a.
ayg, - ow / - oy, - owcʻ（§74 a）　夜明け, 明け方；ənd　ayg（M : -n）ənd ar̄awawt-n=πρωῒ ἔννυχα λίαν 朝早くまだ暗いうちに; aygowcʻ (- n)【副】朝早く. →cʻayg.
aygi, -gwoy, 位 -gwoj, -geacʻ（§29 c 備, 71 c）　葡萄畑, 葡萄園.
ayd（§88, 90, 91）【代】《2 人称直示》それ, その. →-d, da, ays, ayn.
aydčʻapʻ（§95）【形／副】《2 人称》それ

— 323 —

語　　彙

ほどの・に．→ aysč'ap', aynč'ap', orč'ap', -d.

aydpês（§95）【副】そのように．→ ayspês, aynpês, -d.

aydpisi, -swoy, -seac'（§95）《2人称直示》そのような．→ aynpisi, ayspisi, -d.

aydr（§88, 94）【副】《2人称直示》そこに・へ．→ ast, and, -d.

ayžm（§66B）【副】今，現在（νῦν, ἄρτι）; minč'ew y-/c'-ayžm 今に至るまで．→ ays¹, žam.

ayžmik（§66B）【副】今[は]（νῦν, ἄρτι）. → ayžm.

ayl; ayƚ（§14, 24B, 42c, 101）【形】他の，異なる[与／位 aylowm, 具 aylov, 複・属 ayloc']. ──【接】（§168）しかし，むしろ，…ではなくて…; oč' miayn... ayl ew = οὐ μόνον ... ἀλλὰ καί …だけでなく…もまた（§167）.

aylazgi, -gwoy, -geac'（§65n）外国の．→ ayl, azg.

aylakerp, -i, -ic'/-ac'（§45a）別な姿形を持つ; y-aylakerps linel 姿を変える．→ ayl, kerp.

aylowst【副】どこかほかの場所から（§100）.

aylowstemn【副】《不定》どこからか（§100）.

aylowr【副】どこかほかの場所で（§100）.

ayc, -iw, aycik', -ceac'（§29a, 35c）ヤギ．

ayceamn, ayceman（§77c）ノロジカ，ガゼル．

ayceni, -neac'（§71c）ヤギ皮．

ayn（§88, 90, 91）【代】《3人称直示》それ，その，あれ，あの．→ -n, na, ays, ayd.

aynowhetew その時から，その後; 〔否定辞と共に〕もはや…ない（§186）.

aynč'ap'（§95）【形／副】《3人称》それほどの・に．→ aydč'ap', aysč'ap', orč'ap', -n.

aynpês（§95, 176）【副】そのように．→ aydpês, ayspês, -n.

aynpisi, -swoy, -seac'（§95）《3人称直示》そのような．→ aydpisi, ayspisi, -n.

ayo はい（ναί）.

aypn 嘲笑，あざけり; aypn aṙnem なぶる，嘲弄する．

ays¹（§14 A 2, 88, 90, 91）【代】《1人称直示》これ，この．→ ayd, ayn, -s, sa.

ays², -oy, -oc' 悪魔，悪霊（πνεῦμα）. → dew, ogi.

aysahar, -i, -ac'（§45b）悪霊に憑かれた（δαιμονιζόμενος）. → ays², harkanem.

aysaharim, -rec'ay 悪霊に憑かれる．

aysawr（§66B）【副】今日（σήμερον）. ⇔vaɫiw. → ays¹, awr.

aysink'n（ê）すなわち，つまり（τοῦτ' ἔστιν）. ays¹, ink'n.

aysm, aysmik, aysmanê, aysosik, aysorik → ays¹.

aysowhetew（§66 C a, 186）1）【接】それゆえ，だから，従って（οὖν）. 2）【副】今後，これからは（τὸ λοιπόν）; 〔否定辞と共に〕もはや…ない．→ ays¹（具）, het.

aysč'ap'（§95）【形／副】《1人称》これほどの・に．→ aydč'ap', aynč'ap', orč'ap', -s.

ayspês（§15, 66 C b, 95, 176）【副】このように，次のように（οὕτως）. → aydpês, aynpês, -s.

ayspisi, -swoy, -seac'（§95）《1人称

— 324 —

語　彙

直示》このような．→aydpisi, aynpisi, -s.
aysr (§ 88, 94)【副】《1人称直示》ここへ (ὧδε, ἐνθάδε)．→aydr, andr, -s.
aysrên (§ 94)【副】まさにここへ，この同じ場所へ．→aysr.
aysk'ani これほど多くの．→k'ani.
ayt, -ic' (§ 29 c 備)　頬．
ayti (§ 88, 94)【副】《2人称直示》1) そこから (ἐκεῖθεν)．2) 奪格名詞に後置されて冠詞として機能する：i mardoy ayti その人から．→asti, anti, -d.
aytnowm, -teay, -towc'eal (§ 29 c 備, 138 c)　膨れる，腫れる．
aytowmn (§ 29 c 備)　腫れ，むくみ．
ayr¹, arn, aramb; ark', ars, aranc' (§ 24 Aa, 28 b, 31, 42 c, 78 f)　人間；男；夫 (ἀνήρ, ἄνθρωπος); aranc'/arn linim 嫁ぐ．
ayr², -i, -ic' (§ 42 c)　穴，洞穴；巣窟．
ayrem, -ec'i (§ 127)　燃やす，焼く．
ayrewji (§ 45 e)　騎兵．→ ayr, ew, ji.
ayri, -rwoy, -reac'/-reanc'[M]　寡婦 (χήρα)．
ayc' (§ 29 a)　訪問，顧慮，調査；ayc' arnem[+与]訪れる，顧みる (ἐπισκέπτομαι).
an- (§ 30 b, 43 a)：否定を表わす接頭辞．
anagan【形】遅い；【副】遅く．
Anahit, Anahtay (§ 71 b)　アナヒト．
Anayi→Annas.
ananowx, -nxoy　薄荷 (ἡδύοσμον).
ananown (§ 45 a)　名のない．→anown.
anapat, -i, -ic'/-ac'　1) 荒涼とした，人の住んでいない．2) 荒野 (ἔρημος).
anarakowt'iwn, -t'ean　遊蕩，放埒．
anasown, anasnoy, -oc' (§ 65 s)　動物，獣 (an-asown「(言葉を)話さない」, cf. asem).
anarat, -i, -ic'　欠点のない，落ち度のない，非の打ち所のない (ἄμεμπτος).
anarg, -i, -ac' (§ 49)　価値のない，尊ばれない (ἄτιμος).
anargank' (§ 62 c, 214)　[複のみ] 恥，恥辱．
anargem, -ec'i (§ 49)　台無しにする，蔑む，侮辱する．
anargoł, -i, -ac' (§ 60 b)　侮辱する者．
anawt', -oc'/-ic'　瓶，壺，器，家具，道具，装身具．
anawt'i, -t'woy, -t'eac'　何も食べていない，すきっ腹の (νῆστις)．→nawt'i.
anawrên, -rini, -nac'　不法な (ἄνομος).
anawrênowt'iwn (anôrê-), -t'ean (§ 77 d)　不法[行為]，罪状，罪悪 (ἀνομία).
anawrinem, -ec'i　不法・邪悪である，罪を犯す．
anbic　汚点[欠点]のない，無傷の，純粋な，無垢の．
angam (§ 110)〔主に数詞と用いて〕～度，～回；bazowm angam 何度も，しばしば；k'anic's angam 何度．
angosnem (+ M: ankosnem), -ec'i　侮る，軽蔑する，嘲弄する，ないがしろにする (ἐξουδενέω, ἐξουθενέω, ἐκμυκτηρίζω).
and¹ (§ 34 a)　門柱，敷居．
and² (§ 88, 94)【副】《3人称直示》1) そこに，あそこに．2) 位格名詞に後置されて冠詞として機能する：i tačari and (M: i tačari-n) その神殿で．→ast, aydr.
and³, -oy /-i, -oc'/-ic'　野，野原；耕地，畑 (ἀγρός).
andadar　終わりのない，果てしない．
andam, -oy, -oc'　手足，肢体 (μέλος).
andamaloyc, -lowci, -cac'/-cic' (§ 45a)　麻痺した，中風を患った (παραλυτικός).→andam, lowcanem.

andarman, -ic' 治療法のない, 救済の見込みがない. →darman.
andên (§94)【副】1) そこで, その同じ場所に. 2) すぐに, すでに.
andł, -deł (§76) ハゲタカ.
andowndk', -dndoc' (§214) [複のみ] 深淵.
andstin (§94)【副】そこから.
andr (§88, 94)【副】《3人称直示》1) そこへ, あそこへ;〔対格名詞に後置されて冠詞として機能する〕i gerezman andr その墓へ. 2) aysr andr あちこちへ, ここかしこへ ($\pi\epsilon\rho\iota$-). →aysr, aydr, -n.
andranik, -nki /-nkan, -kac' (§77 c) 最初に生まれた子, 第一子 ($\pi\rho\omega\tau\acute{o}\tau o\kappa o\varsigma$).
andrankowt'iwn, -t'ean 長子の権利.
Andreas; Andrêas, -reay アンドレアス ('$A\nu\delta\rho\acute{\epsilon}\alpha\varsigma$).
andrên (§94)【副】あちらへ, そちらへ; daṙnam andrên 戻る, 帰る, 帰途につく ($\epsilon\pi\iota$-/$\acute{u}\pi o$-$\sigma\tau\rho\acute{\epsilon}\phi\omega$).
aner, -oy/-i 義父 ($\pi\epsilon\nu\theta\epsilon\rho\acute{o}\varsigma$).
anerewoyt', -owt'i, -ic' (§62 d) 目に見えない, 不可視の. → erewim, erewoyt'.
anzawakem, -ec'i 子を奪う; anzawakim -kec'ay 子を失う, 子に先立たれる.
anzgamowt'iwn, -t'ean 意地悪さ, 邪悪さ; 愚かさ, 愚行 ($\alpha\phi\rho o\sigma\acute{u}\nu\eta$).
anêck', -cic' (§62 f) [複のみ] 呪い.
ant'ap'【形】晒していない ($\alpha\gamma\nu\acute{\alpha}\phi o\varsigma$).
anicanem, anici, 3. sg. anêc (§131) 呪う, ののしる ($\kappa\alpha\tau\alpha\rho\acute{\alpha}o\mu\alpha\iota$).
anicanoł, -i, -ac' (§60 b) 呪う者.
anicič', -č'i, -č'ac' (§60 a) 呪う者 ($\kappa\alpha\tau\alpha\rho\acute{\omega}\mu\epsilon\nu o\varsigma$).
aniraw, -i, -ac' 不義なる(者) ($\acute{\alpha}\delta\iota\kappa o\varsigma$). →irawownk'.

anirawowt'iwn, -t'ean (§61) 不義 ($\alpha\delta\iota\kappa\acute{\iota}\alpha$).
aniw, anowoy, -oc' (§42 c) 車輪.
anloys, -lowsi, -ic' 光の射さない, 暗い.
anloway, -i, -ic' 洗っていない ($\acute{\alpha}\nu\iota\pi\tau o\varsigma$).
ancanawt' 知られていない.
ankay (§48) 不安定な.
ankanim, ankay, 命 ankir (§30 b, 37 c, 38, 131, 189) 落ちる, 倒れる, ひれ伏す, くずおれる, 投げ込む, 属する, 所有に帰する ($\pi\acute{\iota}\pi\tau\omega$).
ankarg, -ic' 1) 混乱した, 無秩序な. 2) 不法の, 不正な.
ankarc 思いがけない, 予見できない, 意外な.
ankiwn, -ean, -eanc' (§77 d) 隅, 角.
ankołin, -łni /-łnoy, -ac'/-oc' 寝椅子, 寝台, 敷蒲団.
anhamim, -hamec'ay 味がなくなる.
anhawasar 等しくない.
anhawat, -i, -ic' 不信仰の, 信じない ($\acute{\alpha}\pi\iota\sigma\tau o\varsigma$). →hawatk'.
anhnarin, 複・主 -ink' 不可能な, できない ($\alpha\delta\acute{u}\nu\alpha\tau o\nu$).
anhog, -i, -ac' 心配のない ($\alpha\mu\acute{\epsilon}\rho\iota\mu\nu o\varsigma$). →hogk'.
anjanjroyt' (§62 d)【副】倦まず, たゆまず.
anjn, -jin, -jamb, -janc' (§44, 69, 77 a, 80) 人, 魂, 命 ($\psi u\chi\acute{\eta}$). ——《再帰詞として》自分, 自身 (§84); yanjnê 自分から; yanjn iwr bažanel 自らに敵対して分裂する; zanjamb gam 気をつける.
anjneay (§65 i) 容姿のよい, 品のある.
anjowk, -jkoy (§27 a.e, 35 d, 39 b) 狭い.

語　彙

anjrew, -i/-oy, -ac‘ (§ 214)　雨.
anmah, -i, ac‘ (§ 44, 45 a)　不死の.
anmarmin, -mnoy　肉体のない.
anmeł, -i, -ac‘　無罪の ($\dot{α}ναίτιος$).
anmit, -mti, -ac‘/-ic‘ (§ 43 a)　愚かな, 悟りのない. →mit.
anmtowt‘iwn, -t‘ean　ナンセンス, 愚かさ, 愚鈍.
anyayt, -i, -ic‘　目に見えない, 見分けがつかない ($\check{α}δηλος$).
anyoys, -ic‘/-ac‘ (§ 14 B 2)　希望のない.
Anna　アンナ ($\overset{\text{"}}{A}ννα$).
Anna; Annas, -ayi　ハンナス ($\overset{\text{"}}{A}ννας$).
anšêǰ, anšiǰi, -ǰaw (§ 21 c)　消えない ($\check{α}σβεστος$). →šêǰ, šiǰanim.
anoyš, -nowši; -owšownk‘/ anoyšk‘, -owšic‘　良質の, 味の良い, 香りの良い. ⇔yoři.
anordi　子供のない.
anowanem, -ec‘i (§ 49)　名づける.
anown, -owan, -owank‘, -owanc‘ (§ 24 B, 49, 77 c)　名前 ($\check{ο}νομα$).
anowšahot　香りの良い, 芳香を放つ. ⇔žandahot.
anowrǰ, anərǰoy; anowrǰk‘, -nrǰic‘/-ǰoc‘ (§ 39 b, 40 a, 41 b)　夢, 幻想.
anpakas, -ic‘　絶え間ない, 無尽蔵の.
anpayman【形】無条件の, 絶対の;【副】無条件に, 絶対に.
anpatrast　準備のできていない. →yanpatrastic‘.
anpart, -ic‘　責任のない.
anpitan (§ 217 b)　役に立たない. →pêtk‘, pitani.
anptowł, -ptłi /-oy, -łic‘　実を結ばない ($\check{α}καρπος$). →ptowł.
ansam, -sac‘, 命 ansa (§ 217 a)　耐える, 我慢する ($\dot{α}νέχομαι$).
anti (§ 88)【副】《3 人称直示》1) そこ・あそこから ($\dot{ε}κεῖθεν$). 2) 奪格名詞に後置されて冠詞として機能する. →asti, ayti, -n.
Antoni, -ay (§ 71 b)　アントニウス.
anc‘anem, anc‘i, anc‘ (§ 131)　1) 通り過ぎる, 貫く. 2) 過ぎ去る, 過ぎ行く. 3) (向こうの方へ) 行く, 渡る; yaynkołmn anc‘anem 向こう岸に渡る. 4) [z-+具] (掟などを) 破る, 無視する, ないがしろにする. 5) anc‘eal zawowrbk‘= $προβεβηκότες \dot{ε}ν ταῖς ἡμέραις$ 年をとっている. →yanc‘anem.
anc‘owc‘anem, -owc‘i, -anc‘o　通らせる, 運び去る, 取り除く; (時を) 過ごす.
ašakert, -i, -ac‘　弟子, 門弟 ($μαθητής$).
ašakertakic‘, -kc‘i, -kc‘ac‘ (§ 63 d)　仲間の弟子 ($συμμαθητής$).
ašakertasêr, -ac‘　弟子を愛する.
ašakertem, -ec‘i【他】教える, …を弟子とする;【自】…の弟子となる.
ašakertowhi (§ 63 e, 71 b)　女の弟子.
ašxat　苦労, 骨折り, 心労; ašxat aṙnem【他】苦労・面倒をかける, 煩わせる, 困らせる ($σκύλλω$);【自】ašxat linim 苦労する, 煩う.
ašxatowt‘iwn, -t‘ean　艱難, 苦難, 苦労.
ašxaragir [E] →ašxarhagir.
ašxarakan [E] →ašxarhakan.
ašxarh, -i, -ac‘　世, 世界 ($κόσμος$); 来たるべき世 ($αἰών$); 地方, 国 ($χώρα$).
ašxarhagir [M]; ašxaragir [E], -gri, -raw　戸口調査, 人口調査 ($\dot{α}πογραφή$); ašxarhagir aṙnem 戸口調査をする; mtanem yašxarhagir 戸口調査の登録をする.
ašxarhakan [M]; ašxarakan [E], -i,

— 327 —

語　彙

-ac‘ (§65a) この世の, 現世の, 世俗の, 日常生活の.
ašxarhake‘coyc‘【形】世界に生命を与える.
ašxarhahec【形】世界を嘆き悲しむ.
ašxarhahog【形】国を憂える.
ašnayin (§77c)　秋の.
ašown, ašnan (§77c)　秋.
aštanak, -i, -ac‘　燭台 (λυχνία).
ač‘ac‘; ač‘awk‘; ač‘s; ač‘k‘ →akn.
ač‘kownk‘　目 [akn の不規則な複数形で, ač‘k‘「目」の前音と akownk‘「泉」の後音の混交].
apa (§178)【副】その時に, そのあと, それから, そこで; そうすれば; apa t‘e/et‘e oč‘ もしそうでなければ, (εἰ δὲ μή [γε]); apa owremn【接】したがって, それゆえ.
apagayk‘, -ic‘/-ayc‘ (§73) [複のみ] 未来, 後代.
apakanem, -ec‘i 腐敗させる, 損なう, 破壊する, (顔を) 見苦しくする.
apakanič‘, -nč‘i, -ac‘ 破壊者.
apašxarem, -ec‘i 悔い改める, 回心する (μετανοέω).
apašxarowt‘iwn, -t‘ean 悔い改め, 回心 (μετάνοια).
aparaž, -i, -ic‘/-ac‘【形】岩の [多い], 石地の (τὸ πετρῶδες).
aparank‘, -nic‘ (§214) [複のみ] 宮殿, 官邸, 本営 (πραιτώριον), 家.
apak‘ên (§153-4) 1)【接】確かに, 実際, 本当に (δέ). 2) oč‘ apak‘ên〔肯定の返答を予期する疑問文を導き〕…ではないか (οὐχ, οὐχί).
apak‘inem, -ec‘i 快方に向かう (κομψότερον ἔχειν).
apstambem, -ec‘i 謀反する, 反乱を起こす, 背く.
aptak, -oy/-i, -oc‘/-ac‘ 平手打ち;

aptak acem 平手打ちを食らわせる.
aprec‘owc‘anem, -owc‘i, aprec‘o 救う (σῴζω).
aprim, -rec‘ay 救われる.
aǰ (§101) 右の, 右手 (δεξιός); and aǰmê 右側に (ἐκ δεξιῶν) [-oy, -ov, -ow, -owc‘; aǰowm, aǰmê]. ⇔ jax.
aǰin (§65o) 右の, 右側の.
aǰoy 右の, 右側の.
aṙ【前】(§46, 145) [+対] …の近くに, …のそばに, …の方に; [+位] …のもとに, …の傍らに; [+属] …のために, …のゆえに; [+奪] …のために, のせいで; …にとって, …の側から; [+具] …のそばで, …の近くに, …に沿って; …の時代に. ── aṙ i +不・対／属／奪 …するために, …しようとして; aṙ i +奪…にとって, …のもとで, …(の側) から.
aṙagast, -i, -ic‘/-ac‘ 婚礼に招かれた客; ordik‘ aṙagasti = οἱ υἱοὶ τοῦ νυμφῶνος 新婚の部屋の子ら.
aṙac, -oy, -oc‘ (§62b) 託宣 (λῆμμα).
aṙak, -i, -ac‘ 金言, 箴言, 比喩, 寓話 (παραβολή).
aṙakem, -ec‘i 晒し者にする (δειγματίζω); 示す, 表わす.
aṙanǰin(n)【副】別に, 離れて, ひとりで, ただ…だけ (κατ' ἰδίαν, κατὰ μόνας);【形】単独の.
aṙanc‘ (§142)【前】[+属] …なしに (χωρίς, ἄνευ, ἄτερ).
aṙa č‘awk‘ (§45c) 幽霊, 妖怪, 化け物; 幻影. →aṙ, akn.
aṙaǰ【副】前に. →əndaṙaǰ.
aṙaǰaworowt‘iwn, -t‘ean 供えること (πρόθεσις).
aṙaǰi (§142)【副】前に, 面前に; aṙaǰi dnem/arkanem 申し立てる, 提供する, 呈示する;【前】[+属] …の前に (ἐνώ-

— 328 —

語　　彙

πιον, κατα πρόσωπον).

aṙaǰin, -ǰnoy, 位 -ǰnowm, -ǰnoc‘ (§ 65 o, 101, 107) 第1の, 最初の, 先頭の (πρῶτος); [複] 古人. ⇔ yetin.

aṙaǰnord, -i, -ac‘ (§ 49, 65 r, 107) 先頭に立っている者, 道案内人, 指導者, 長.

aṙaǰnordem, -ec‘i (§ 49, 217 a) [+ 与] 道案内する, 導く, 先導する (ὁδηγέω, προάγω).

aṙastał, -i, -ac‘ 天井.

aṙat, -i, -ac‘ 純真な, 寛大な.

aṙawawt, -ow (§ 74 a) 朝.

aṙawel (§ 162) 【副】より多く, より以上に, いっそう.

aṙawelowm, -li (§ 55, 137, 210) 【能】増やす; -lay 【中】増える, まさる, 豊かである. →yawelowm.

aṙak‘elakan, -ac‘ 使徒の.

aṙak‘em, -ec‘i 派遣する, 送る, 追い出す (ἀποστέλλω, πέμπω); aṙak‘eal, -eloc‘ 遣わされた者, 使徒 (ἀπόστολος).

aṙak‘ič‘, -k‘č‘i, -č‘aw (§ 60 a) 派遣する者 (ἀποστείλας, πέμψας).

aṙełcanem (§210) (謎を) 解く. →ełcanem.

aṙžamayn (§ 65 c) 【副】その時に, すぐに, ただちに, たちどころに (παραχρῆμα). →aṙ, žam.

aṙžamanak→žamanak

aṙiwc, -ow, -owc‘ (§ 23, 74 a) ライオン (λέων).

aṙiwcabar (§ 66 C c) 【副】獅子のように.

aṙlnowm (§ 46, 210) 満たす. →aṙ, lnowm.

aṙxet‘em (§ 210) 続ける.

aṙǰeṙn (§ 45 c) 扱いやすい. →aṙ, jeṙn.

aṙn →ayr¹

aṙnakin (§45d) 結婚している女性 (ὕπ-ανδρος). →ayr¹, kin.

aṙnem, arari, 命 arar (§ 24 A a, 59, 132) 造る, する, 行う (ποιεῖν); [+二重対格] …を…にする; [+不] …させる.

aṙnowm, aṙi, 命 aṙ (§24 A a. 27 e, 30 c, 39 b, 128 d, 138 a) 取る, 受け取る, 奪い取る, 引き取る, 手に入れる, 受け入れる, 集める, 連れて来る, 担ぐ, 娶る, 捕える (λαμβάνω, αἴρω).

aṙołǰ (§ 50) 健全な.

aṙołǰanam, -ǰac‘ay (§ 50) 健全になる.

aṙow, -ic‘ (§ 27 e, 31, 38, 42 a) 水路, 小川.

asełn, -słan, -łownk‘, -łanc‘ (§ 27 a, 35 a, 77 c) 針.

asem, -ac‘i (§ 127, 130, 195) 言う (λέγω).

Asêr, Asêray アセル ('Ασήρ).

asorakan, -anac‘ シリア (語) の.

asorerên (§ 66 C d) 【副】シリア語で.

Asor, -oc‘ シリア人.

Asori, -rwoy, -oc‘ (§72b) シリアの; シリア, シリア人 (Συρία, Σύρος).

asoweł (§ 65 k) 羊毛でおおわれた. → asr.

asowi (§ 65 n) ウールの, 毛織りの. →asr.

asparês, -risi, -sac‘ スタディオン (στάδιον).

aspnǰakan, -ac‘ もてなしのよい, 歓待する.

ast (§ 88, 94) 【副】《1人称直示》1) ここに (ὧδε). 2) 位格名詞に後置されて冠詞として機能する: y-anapati asti この荒涼としたところで. →aydr, and.

astên (§ 94) 【副】この同じ場所に. → ast.

asti (§ 88, 94) 【副】《1人称直示》1)

— 329 —

語　　彙

ここから（ἐντεῦθεν）．2）奪格名詞に後置されて冠詞として機能する：y-ašxarhê asti＝ἐκ τοῦ κόσμου τούτου ＝ y-aysm ašxarhê この世から．→ ayti, anti, -s.

astičan, -i, -ac' 段階，位階，高い地位．

astł, -teł, -łac' (§ 14, 15, 24 B, 38, 69-70, 76, 80) 星（ἀστήρ）．

Astowac, -oy, -ov (§23) 神（θεός）[patiw : AC, AY, AV, ACK', ACS].

astowacagorc 神の仕事．

astowacakan (§ 65 a) 神的な．

astowacasêr, -ac' 神を愛する．

astowacatowr, -oc' 神の与えた．

astowacełên, -ełinac (§ 65 l) 神の，神性の．⇔mardkełên.

astowacəntir (§ 14 備 2) 神によって選ばれた．→əntir.

aststin (§ 94)【副】この同じ場所から．

asr, asow, -owc' (§ 35 a, 74 b) 羊毛，羊の毛皮．

atamn, -man, -mownk', -manc' (§ 31, 77 c) 歯（ὀδούς）．

ateam, atec'i (§27d, 134) 憎む（μισέω）[不 ateal / atel；接・現・単・3 atic'ê；未完・複・3 atein].

atean, -teni, -ic' (§ 73) 最高法院；地方裁判所（συνέδριον）．

atok' 沢山の，豊かな．

ara 命→arnem.

arag 速い，素早い，敏速な．

aragarag (§ 67 b) 非常に速い．

aracim, -cec'ay (家畜を) 放牧する，番をする，飼う（βόσκω）．

arambi, -bwoy, -beac' (§ 65 n) 夫と共に暮らす，既婚の．→ayr¹.

Aramean (§ 65 j) アラム家の（子・子孫）．

ararac, -oy ; ararack', -coc' (§ 62 b) 1）被造物，存在（物），生ける者．2）創造（κτίσις）．→arnem (アオ arari).

arari アオ→arnem.

ararič', ararč'i, -aw (§ 60 a) 創造主．→arnem (アオ arari).

arawtakan, -i, -ac' 草を食べる，放牧されている．→aracim.

arawr, -oy (§ 27 f, 34 a, 40 a) 鋤．

arb →əmpem.

arbenam, -ec'ay (§ 135) 酒に酔う．

arbec'oł /-c'awł, -i, -ac' (§ 60 b) 大酒飲み．→arbenam.

arbec'owt'iwn, -t'ean 酩酊（μέθη）．

arbi アオ →əmpem.

arbowc'anem, -owc'i (§ 53) 飲ませる，飲み物を与える（ποτίζω）．→ əmpem.

argand, -i, -ac' 子宮，母胎（μήτρα）．

argel (§ 36 a) 妨げ，障害，困難；逮捕，監獄．

argelakan (§ 65 a) 投獄［監禁］された；捕虜．

argelan, -ac' 独房，監獄．

argelowm, -li (§ 55, 128 d, 137) 妨げる，邪魔する，禁ずる，拒む，引き留める，監禁する．

ard¹ (§34a, 66B)【副】今，現在（νῦν, ἄρτι）；既に（ἤδη）；そこで，だから（οὖν）．

ard², -ow (§ 34 a) 形，秩序．

ardar, -oy, -oc' 正しい［人］，義人（δίκαιος）；Jh 4, 16 z-ayd ardár asac'er＝τοῦτο ἀληθὲς εἴρηκας これをあなたは真なるものとして言った．

ardaranam, -rac'ay 正しいことが明らかになる，義とされる．

ardarew (§ 66 C a)【副】本当に，まことに（ἀληθῶς）．

ardarowt'iwn, -t'ean 義，正義．

ardewk', ardeawk' (§ 14 A 2)【小】

語　彙

《疑問を強めて》いったい（§153）；ardewk'＋未完過は非現実的な条件文の帰結節を導入する（§178 b）.
ardiwnakatar　実り豊かな，成功裡の．
ardiwnk', -deanc'（§77 d）産物，成果；行為，baniwk' ardeambk' 言葉によると行為によるとを問わず；証明，ardeambk' hogwoy 霊の証明によって．
areamb ; arean- →ariwn.
aregakn, -kan, -kownk', -kanc' 太陽（ἥλιος）. →arew, akn.
arenê →ariwn.
arew, -ow（§8, 31, 40 a, 41 a）太陽（ἥλιος）.
arewelean（§65 j）東の．
arewelk', -lic'（§45 d）［複のみ］日の出，東．→arew, elanem.
arewmowtk', -mtic'（§45 d）［複のみ］日の入り，日没，西．→arew, mtanem.
arewmtean（§65 j）西の．
art'own, -t'noy, -oc'（§53）［+ linim / kam］目覚めている．→zart'nowm.
aržan, -i, -ic'　1）しかるべき，妥当な，適切な．2）aržan ê ［+与+不］人が…するのが許されている，…せねばならない，…すべきである（ἔξεστιν, δεῖ）.（§188 b）.
aržani, -nwoy, -neac'（§216 b）［+与］ふさわしい（ἄξιος）.
ari 命 →yaṙnem.
ariwn, -rean, -reanc'（§14 A 2, 38, 42 d, 77 d）血（αἷμα）.
arcat', -oy, -oc'（§15, 35 c, 72 a）銀，銀貨，お金（ἀργύριον）. →arcat'i.
arcat'eay（§65 i）銀（製）の．
arcat'ełēn（§65 l）銀（製）の．
arcat'i, -t'woy, -t'eac'（§65 n）銀（製）の，銀貨．
arcarcem, -ec'i 火をつける；励ます，駆り立てる，蘇らせる，活気づける，刺激する，興奮させる．
arcowi, -cowoy, -coweac'（§8, 27 c, 30 c, 33 a, 35 c）ワシ，禿げ鷹（ἀετός）.
arkaneli, -lwoy, -leac'〔arkanem の動詞的形容詞〕（§122）入れられるべき（βλητέος）.
arkanem, arki, 命 ark（§131）投げる，注ぐ，入れる，汲む（βάλλω），縫い付ける（ἐπιράπτω）.
arkł, -keł, -łac'（§76）箱，金庫（γλωσσόκομον）.
arhamarh（§67 a）卑しむべき．
arhamarhem, -ec'i 軽蔑する，さげすむ（καταφρονέω, ἐξουθενέω）.
arhamarhot（§65 q）軽蔑的な．
arhawirk', -awrac'［複のみ］恐怖，恐るべきこと．
Arhmn, -meni《固有名》アルフムン．
arjakem, -ec'i 解放・釈放・赦免する；去らせる，帰らせる；離縁する（λύω, ἀπολύω）; arjakel osts＝ποιεῖν κλάδους 枝を張る．
arm, -i, -mamb 根（ῥίζα）.
armanam, -mac'ay（§210）びっくりする．→zarmanam, əndarmanam.
armat, -oy, -oc' 根（ῥίζα）.
armowkn, armakan（§77 c）肘．
Aršak, -ay《固有名》アルシャク．
Aršakowni, -neac'　アルシャク家の，アルサシド王家の．
aršawem, -ec'i 侵入する，急襲する．
arow, -i, -ac' 男性（の），雄（の）（ἄρσην）. ⇔êg.
arowest, -i, -ic'（§79）技能，芸術；不思議，奇蹟（τέρας）.
arǰ, -oy/-ow（§30 c）熊．
arǰaṙ, -oy, -oc' 大型家畜（牛や馬など）.

— 331 —

語　彙

art, -oy (§ 27 a)　畑, 耕地.
artasowalic‘ (§ 45 b)　涙で満たされた, 涙ながらの．→lnowm.
artasowk‘, -sowac‘ (§ 42 c) [複のみ] 涙 ($δάκρυα$).
artawsr (§ 42 b.c, 74 b)　涙.
artak‘in, -k‘noy, -oc‘ (§ 65 o)　外側の, 外部の.
artak‘oy (§ 66 A, 142)【副】外に, 外側に ($ἔξω$);【前】[＋属] …の外に.
artak‘owst (§ 66 A)【副】外から.
artak‘s (§ 66 A)【副】外へ；外で, 外部で；artak‘s k‘an z-ašxarh-n＝$ἔξω$ $τῆς$ $χώρας$ その地方の外に.
artewan, -i；artewanownk‘, -nanc‘ 絶壁 ($ὀφρῦς$).
artoray, -i, -ic‘　種の蒔いてある耕地, 穀物 [麦] 畑 ($σπόρμια, τὰς χώρας$). →art.
ark‘ay, -i, -ic‘ (§ 14 A 2) 王 ($βασιλεύς$).
ark‘ayatowr, -oy, -oc‘　王の与える.
ark‘ayowt‘iwn, -t‘ean　(神の) 王国 ($βασιλεία$).
Ark‘ełaos　アルケラオス ($’Αρχέλαος$).
ark‘ownakan, -i, -ac‘　王の, 王室の.
awagani, -nwoy, -oc‘　貴族.
awagoyt‘ (§ 62 d)　老年.
awadik (§ 88, 95, 145)【間】《2人称》見よ．→ahawadik, -d.
awaz, -oy/-i, -ov/-aw　砂.
awazak, -i, -ac‘　強盗, 盗賊 ($λῃστής$).
awazowt (§ 65 t)　砂地 (の).
awan, -i, -ac‘　村, 小さな町.
awandealk‘, -deloc‘　伝説, 伝統.
awandem, -ec‘i　1) 伝える, 伝承する. 2) 委ねる, 任せる.
awandowt‘iwn, -t‘ean　言い伝え, 伝承, 伝統.
awanik (§ 88, 95)【間】《3人称》見よ ($ἴδε$). →ahawanik, -n.
awasik (§ 88, 95)【間】《1人称》見よ ($ἰδού$). →ahawasik, -s.
awar, -i, -ac‘　戦利品, 略奪物；awar arnem / harkanem 略奪する ($διαρπάζω$).
awararow, -owi, -owaw (§ 60 c) 略奪者. →arnem.
awgnakan, -i, -ac‘　助手, 援助者.
awgnem, -ec‘i [＋与] 助ける, 手助けする.
Awgowstos　アウグストゥス ($Αὐγοῦστος$).
awgtim, -tec‘ay　利用する, 利益を得る；č‘-ēr inč‘ awgteal＝$μηδὲν ὠφελήθεῖσα$ 何の役にも立たなかった.
awd, -oy/-i　空気, 大気.
awel, -i, -ac‘　ほうき；awel acem 掃く ($σαρδῶ$).
aweli (§ 162)【副】より多く, より以上に, もっと, いっそう；【形】より多くの, より以上の, 余計な.
awelord, -i, -ac‘ (§ 65 r) 有り余った. →aweli.
awetaran, -i, -ac‘ (§ 63 b) 福音, 福音書 ($εὐαγγέλιον$).
awetaranakan, -i, -ac‘　福音の.
awetaranem, -ec‘i (福音を) 告げ知らせる ($εὐαγγελίζω$). →awetaran.
awetaranowt‘iwn, -t‘ean　福音を説くこと, 伝道すること.
awetem, -ec‘i　(よい) 知らせをもたらす.
awetik‘, -teac‘　(よい) 知らせ, 福音, 約束したもの ($ἐπαγγελία$)；awetis tam 知らせる.
awer　破壊された；破壊.
awerac, -oy/-i, -oc‘/-ic‘ (§ 62 b, 72 a) 荒らすこと, 荒廃.
awerak, -i, -ac‘ (§ 64) 荒廃した, 破

— 332 —

語　彙

壊された.
awerem, -ec'i　荒廃させる, 荒らす, 破壊する.
awt', -i, -ic' (§29 d, 34 b)　ねぐら, 野営地.
awt'evank', -nac' [複のみ] 宿所, 住処 ; awt'evank' en k'o あなたは留まる ; awt'evans arˉnem 住処を設ける ; awt'evans kal 留まる.
awcanem, awci, 命 awc (§42 c, 131) 油・聖香油を塗る ($\alpha\lambda\epsilon\iota\phi\omega$) ; awceal TR/TN 主 (の) キリスト.
awhrnem ; M : awrhnem, -ec'i　祝福する, 讃め称える ($\epsilon\dot{\upsilon}\lambda o\gamma\acute{\epsilon}\omega$, $\alpha\dot{\iota}\nu\acute{\epsilon}\omega$).
awhrnowt'iwn, -t'ean　祝福.
awj, -i, -ic' (§42 c)　ヘビ ($\ddot{o}\phi\iota\varsigma$).
awjik', -jeac' (§42 c) [複のみ] 襟.
awčan, -i, -ic'　助力, 援助, 方法, 手段.
awčar　香油.
awš (§165 b) 【間】願わくは…するように, …であればいいのに.
awsox, -i, -ac'　裁判の相手, 訴える者 ($\dot{\alpha}\nu\tau\acute{\iota}\delta\iota\kappa o\varsigma$).
awtar, -i, -ac'　外国の, 奇妙な, 不思議な, 思いがけない.
awtaroti, -twoy, -teac'　外国の, 外異の, 奇異な, 不思議な ; awtaroti hamarim 不思議に思う, 驚き怪しむ, 訝る.
awr, awowr, awrê ; 複 awowrk', -owrc' (§14 A 2, 42 c, 78 a) 日 (日の出から日の入りまで, $\dot{\eta}\mu\acute{\epsilon}\rho\alpha$) ; awowr awowr (また awr awowr, awr əst awrê) 毎日 (§67 a).
awrên, -rini ; awrênk', -rinac'　1) awrênk' (§214) [複のみ] 律法, 法則 ($\nu\acute{o}\mu o\varsigma$). 2) awrên [単] 習慣 ($\ddot{\epsilon}\theta o\varsigma$). 3) awrên ê/êr [+人の与格+不]…することが許されている ($\ddot{\epsilon}\xi\epsilon\sigma\tau\iota\nu$).

awrênsdir (§44, 45 b)　立法者. → dnem.
awrênsowsoyc' 【形】律法を教える. → owsowc'anem.
awrinadir (§44, 45 b)　立法者.
awrinak, -i, -ac' (§64)　1) 模範 ($\dot{\upsilon}\pi\acute{o}\delta\epsilon\iota\gamma\mu\alpha$), 実例, 写し. 2) (əst) nmin /dmin awrinaki = $\kappa\alpha\tau\grave{\alpha}$ $\tau\grave{\alpha}$ $\alpha\dot{\upsilon}\tau\grave{\alpha}$ 同じように. 3) z-or awrinak = $\ddot{o}\nu$ $\tau\rho\acute{o}\pi o\nu$ …するように ; z-ayn awrinak そのようにして.
awrinapatgamk', -ac' [複のみ] 律法と掟・戒律. → patgam.
awrhnem → awhrnem.
ap'n, ap'in, ap'amb, ap'ownk' (§77 b)　縁, へり, 岸.
ak'ayec'i, -c'ik', -c'woc' (§65 d) アカイヤ人.
Ak'ayia　アカイヤ.

b

babaxem, -ec'i (§67 c)　打つ, 叩く. → baxem.
Babilon, -i ; Babelovn　バビロン.
bagin, -gnac' (偶像を祀った) 祭壇 ; 寺院.
bazê, -zêi, -ic' (§22)　タカ.
bazkatarac　腕を高く広げて. → bazowk.
bazmaglxi, -xwoy, -xeac' (§71 c)　多くの頭を持つ. → bazowm, glowx.
bazmažamanakeay (§65 i)　多くの時を経た, 古い. → bazowm, žamanak.
bazmakan, -i ; bazmakank', -nac'　客, 招待客 ($\dot{\alpha}\nu\alpha\kappa\epsilon\acute{\iota}\mu\epsilon\nu o\iota$).
bazmameay (§65 i)　多年の.
bazmanam, -zmac'ay (§21 b, 50)　増える, 増加する ; はびこる. → bazowm.

— 333 —

語　彙

bazmačʻi (§ 65 n) 多くの目を持つ. → bazowm, akn.
bazmecʻowcʻanem, - owcʻi (§ 53) （食事のために）横たわらせる, 食卓に着かせる, 座らせる (ἀνακλίνω).
bazmim, -mecʻay (§ 53) （食事のために）横たわる, 食卓に着く, 座る (κατάκειμαι).
bazmowtʻiwn, -tʻean (§ 61) 多数, 群衆, 大勢 (πλῆθος).
bazowk, -zki, -zkacʻ 腕 (βραχίων).
bazowm, - zmi, - zmacʻ (§ 21 b, 50) 多くの (πολύς).
bažak, -i, -acʻ (§71a) 杯 (ποτήριον).
bažanarar, - i, - icʻ (§ 45 b) 分配者 (μεριστής). →bažanem, aṙnem.
bažanem, -ecʻi 分ける, 分け与える, 分配する, 分裂させる (μερίζω).
bažin, -žni, -icʻ 分け前 (μέρος).
baxem, -ecʻi 打つ, 叩く, 襲う. → babaxem.
baxt (§ 16) 運命, 幸運.
bačkon, -i, -acʻ 上着, マント (ἱμάτιον).
bam, bas, bay (§ 28 a, 33 d) 私（あなた, 彼）は言う；〔補文を導入して〕…ということ (§ 209).
bambasem, -ecʻi (§ 67 c) 悪口を言う, 非難する, そしる, 罵る, 呪う (καταλογέω).
bay, - i, - icʻ (§ 24 B, 27 f, 33 d, 34 a, 73) 語, 言葉.
baycʻ (§ 168, 179) しかし, だが；〔miayn を伴うことあり〕…を除いて, …のほかは, …以外 (i/y-＋奪と共に).
ban, -i, -icʻ (§ 14, 20, 33 d, 42 c, 69, 73) 言葉, 語 (λόγος, ῥῆμα).
banak, -i, -acʻ 軍隊；野営, 宿営.
banam, bacʻi, 3.sg. ebacʻ, 命 bacʻ (§ 128c, 135, 189) 開く, 開ける (ἀνοίγω, διανοίγω), 穴をくりぬく (ἐξορύσσω).
banber, -i, -acʻ (§ 43 b, 45 b) 使者.
banear (§ 213) 《集合的》言葉. → ban.
Banereges ボアネルゲス (Βανηρεγές = v.l.；t.r.：βοανηργές).
banǰar, -i/-oy, -iw/-ov 野菜 (λάχανον).
banǰaračašakowtʻiwn, -tʻean 野菜を食うこと, 菜食. →čašakem.
bansarkow, - owi (§ 44, 60 c) 告発者, 密告者. →arkanem.
bašxem, -ecʻi 分け与える, 分配する (διαδίδωμι).
baǰałankʻ, -nacʻ 馬鹿げた物語, くだらぬ話.
baṙnam, barji, 命 barj (§ 24 A a, 33 d, 35 d, 128 c, 136, 189) 持ち上げる, 持ち運ぶ, 携える, 負わせる；取り除く, 取り去る.
Barabba；Barabbay；Barabbas バラバ (Βαραββᾶς).
barbaṙ, - oy, - ocʻ (§ 24 A b, 67 b) 声, 言語, 言葉, 叫び声, 音 (φωνή, κραυγή).
barbaṙim, -ṙecʻay (§ 67 b) 叫ぶ.
barbaros, -i, -acʻ 野蛮な, 蛮人, 蛮族.
bard, - i, - icʻ (§ 30 c, 33 d, 34 a, 42 c) 積み重ねた山, 荷.
barebaroy (§ 65 p) 正義の.
baregorcʻ, -i, -acʻ (§ 43, 45 b) 善行をなす者. →bari, gorc.
barekam, -i, -acʻ (§ 22, 45 b) 好意ある, 好意的な；友人 (φίλος). →bari, kamim.
barekeacʻ (§ 48) 良く生きるところの. →bari, keam.
barepaštowtʻiwn, -tʻean 敬虔さ, 信

— 334 —

語　彙

barerar, -i, -ac' (§ 45 b)　善をなす者.
→bari, aṝnem.
Bart'ołomeos　バルトロマイオス (Βαρθολομαῖος).
bari, -rwoy, -reac' (§ 71 c)　良い, 善い, 正当な (ἀγαθός, καλός); [複] barik' 善 (§ 214); bari(s) aṝnem/gorcem 善をなす. ⇔ č'ar.
bark (§ 50)　激しい, 厳しい, 苛酷な.
barkanam, -kac'ay (§ 50, 217 a)　怒る, 憤る, 腹を立てる (ἀγανακτέω, ὀργίζομαι).
barkowt'iwn, -t'ean　怒り, 憤り (ὀργή).
barj, -i, -ic'　枕 (προσκεφάλαιον).
barjowt'iwn, -t'ean　高いこと, 高尚であること.
barjr, barjow, 複・主 barjownk', -janc' (§ 23, 30 c, 35 d, 42 c, 50, 74 c, 77 c)　高い; 高い所, 天.
barjraberj (§ 164)　非常に高い.
barjreal, -eloy, -oc'　いと高き[者] (ὕψιστος).
barjranam, -rac'ay (§ 50)　上げられる, 高められる, 挙がる, 超える.
barjk', -jic' (§ 214)　[複のみ]脚, 太もも.
baroyk', -oyic'/-oyc' (§ 73)　[複のみ]慣習, 慣行. →bark'.
barowt'iwn, -t'ean　善.
barwok'　1)【形】良い, 善い, みごとな (καλός). 2)【副】よく, みごとに (καλῶς). 3) barwok' ê + 不 [+与] (…が) …するのはよい (καλόν ἐστιν). →bari.
bark', -rowc'　品行, 振る舞い, 作法, 生き方 (§ 66 C c).
bac' (i bac' の形のみで)　離れて, 去って, いなくなって. ── 1) aṝnem (石を) どかせる. 2) aṝnowm (耳を) 切り落とす. 3) ert'am [そこへ] 行く. 4) gnam 立ち去る, 離れる. 5) k a m 離 れ て い る. 6) t'awalec'owc'anem = ἀποκυλίω (石を) 転がす.
bac'agoyn (§ 65 g)【副】遠くから ([ἀπό] μακρόθεν). →-agoyn, heṝastan.
bac'agoyns (§ 65 g)【副】より遠くに, 離れて.
bac'awt'eag [M:-t'eak], -t'egi, -gac' (§ 45 b)　野宿している (ἀγραυλῶν). →awt', aganim^2.
bawakan　1) [+与] 十分な (ἀρκέω). 2) [+不／et'e+接法] …するに値する (ἱκανός). 3) できる, 能力がある (δύνασθαι).
bawem, -ec'i　十分である.
Bet'łeem　ベトレヘム (Βηθλέεμ).
Beełzebowł, -i, -aw　ベエルゼブル (Βεελζεβούλ).
bekanem, beki, 3.sg. ebek (§ 128 a, 131)　折る, 割る, 裂く, 壊す (συντρίβω).
ben (§ 11):　文字 b.
beṝn, -ṝin, -ṝink', -ṝanc' (§ 24 A a, 77 a)　荷物, 荷.
beran, -oy, -oc' (§ 33 d, 72 a)　口 (στόμα). →brem.
berem, beri, 3.sg. eber (§ 20, 24 E, 27 b, 33 d, 40 a, 118, 124-128, 130)　運ぶ, もたらす, 持って来る (φέρω).
bewr (§ 106)【数】10000.
[Bêt'abra;] Bet'abra　ベタバラ (Βηθαβαρᾶ).
Bêt'ania; Bet'ania　ベタニア (Βηθανία).
bžišk, bžški, -ac' (§ 14 備 2, 49)　医者 (ἰατρός).
bžškem, -ec'i (§14備2, 49)　癒す (θεραπεύω, ἰάομαι).
biwr (§ 106)【数】10000.

語　彙

biwrawor, -i, -ac‘　無数の（μυριάς）.
błxem, -ec‘i　持ち出す，湧き出させる，ほとばしり出る，流れ出る.
błxowmn, -xman　ほとばしり出ること，奔流，流出，湧出.
bnakan (§65 a)　自然の. →bown.
bnakanam　→bnakem.
bnakanowt‘iwn, -t‘ean　自然なこと，自然さ；素質，気質，天性.
bnakem, -ec‘i (§48, 189)　住む，居を定める（κατοικέω）；巣を作る（κατασκηνόω）.
bnakič‘, -kč‘i, -č‘ac‘ (§48)　住民.
bnakowt‘iwn, -t‘ean　住むこと，住まい，住居（κατοίκησις）.
bnaw (§66 C a)【副】〔多く否定辞と共に〕全く，全面的に，絶対に，そもそも. →bown.
bnaw (§66 C a)【副】〔否定辞と共に〕一度も・全く…ない.
bnion, -i, -ic‘　レプトン（λεπτόν）.
bnowt‘iwn, -t‘ean　自然，本性，性質；bnowt‘eamb 本来，生まれつき.
bolor, -i, -ic‘　全体の；丸い，円形の；bolorak 丸い (§64).
boloragir (§10)　丸文字，小文字.
bolorovin (§66 C a)【副】完全に，全く. →bolor.
bok (§33 d, 36 c, 38, 42 d, 50)　裸足で[の].
bokanam, -kac‘ay (§50)　（履物を）脱ぐ.
bołok‘em, -ec‘i　言明する，断言する.
boyc (§29 f, 33 d, 36 c)　食物. →bowcanem.
boys, bowsoy, -oc‘ (§29 e, 33 d, 36 a)　植物，草木.
bovandak, -ac‘　全体の，すべての；全く，完全に，全面的に.
bor, -oy　らい病（λέπρα）.

borbok‘im, -k‘ec‘ay　燃え上がる，激昂する，興奮する.
borot, -i, -ac‘/-ic‘ (§65 q)　らい病を患っている［人］（λεπρός）.
borotowt‘iwn, -t‘ean　らい病（λέπρα）.
boc‘, -oy, -oc‘　炎，灼熱.
boc‘ełen (§65 l)　炎の，燃え立つような.
bow, -oy, oc‘ (§72 a)　フクロウ.
bowc, -i, -ac‘ (§27 e)　小羊.
bowcanem, bowci, eboyc (§21 d, 29 f, 36 c, 128 a, 131)　食物を与える.
bown, bni, -ac‘　茎，(木の)幹；自然.
bowṙn, bṙan, bṙownk‘, bṙanc‘　1)こぶし，手. 2)暴力；暴力的な，力が強い；《比》bṙnagoyn (§65 g). 3) bowṙn harkanem (z-＋奪) 触る，つかむ（ἅπτω）.
bowsanim, bowsay (§53, 131, 189)　芽生える，生長する. →boys.
bowsowc‘anem, -sowc‘i (§53)　芽生えさせる，生長させる.
bowrastan, -ac‘　庭園.
bṙnabar (§66 C c)【副】暴力的に. →bowṙn.
bṙnadatem, -ec‘i　強いる，強制する，暴力を加える.
bṙnawor (§71 a)　支配者，圧制者. →bowṙn.
brem, -ec‘i (§33 d)　掘る，掘り起こす，掘り抜く，穴をあける. →beran.

g

Gabriêł　ガブリエル（Γαβριήλ）.
gagat‘n, gagat‘an　頭頂，髑髏.
gazan, -i, -ac‘　野生動物，野獣（θηρίον）；gazanagoyn 野生的な.
gazanabar (§66 C c)【副】野獣のように.

— 336 —

語　彙

gazanowt (§ 65 t)　野獣に満ちた.
gal ; galoc'　→gam.
galowst, galstean (§ 62 e, 77 d)　来臨 ($\pi\alpha\rho o\upsilon\sigma\iota\alpha$) ; i miwsangam galstean 再生の時, 戻って来る時. → gam (不 gal).
gah, -ow, -owc' (§ 74 a)　王座, 安楽椅子.
gahoyk', gahoyic' (§ 73)　[複のみ] 王座. →gah.
Gaḷiḷea, 属 -ḷeay, 奪 -ḷeê　ガリラヤ ($\Gamma\alpha\lambda\iota\lambda\alpha\iota\alpha$).
Gaḷiḷeac'i, -c'woy, -oc'　ガリラヤ ($\Gamma\alpha\lambda\iota\lambda\alpha\iota\alpha$), ガリラヤ人 ($\Gamma\alpha\lambda\iota\lambda\alpha\iota o\varsigma$).
gaḷt【副】ひそかに, こっそり ($\lambda\alpha\theta\rho\alpha$).
gaḷtagnac' (§ 45 b)　こっそり去る. → gnam.
gaḷtni, -nwoy, -neac'　秘密の, 秘められた.
gam, eki, 3. sg. ekn, 命 ek (§ 37 c, 140)　来る ($\check{\epsilon}\rho\chi o\mu\alpha\iota$); gam zkni + 属 …に従う ; ekayk' [命・アオ]＋命・アオ　さあ [来い], ekayk'＋接・アオ・複・1 …しようではないか (§ 196, 208) ; ekeal i mits iwr ＝ $\epsilon\iota\varsigma\ \dot{\epsilon}\alpha\upsilon\tau o\nu\ \dot{\epsilon}\lambda\theta\omega\nu$ おのれに返って.
gayt'agḷem ; gayt'akḷem, -ec'i　躓く ($\sigma\kappa\alpha\nu\delta\alpha\lambda\iota\zeta o\mu\alpha\iota$) ; -ḷim ($\pi\rho o\sigma\kappa o\pi\tau\omega$).
gayt'agḷec'owc'anem, -owc'i　躓かせる ($\sigma\kappa\alpha\nu\delta\alpha\lambda\iota\zeta\omega$).
gayl ; gayḷ, -oy, -oc'　オオカミ ($\lambda\upsilon\kappa o\varsigma$).
gan, -i, -ic' (§ 37 d)　一打, 殴打, こん棒 ; gan harkanem 鞭打つ, 殴る ; əmpem (arbi) gan 鞭打たれる.
ganj, -i ; ganjk', -jowc' (§ 14, 74 a)　宝 ; [複] 宝箱, 倉, 倉庫 (§ 214).
ganjaran, -i, -ac' (§ 63 b)　宝物庫.
ganjem, -ec'i (宝を) ためこむ, 蓄える, 積み上げる ($\theta\eta\sigma\alpha\upsilon\rho\iota\zeta\omega$).

gar̄n, -r̄in, -r̄ink', -r̄anc' (§ 24 A a, 30 c, 39 b, 41 a, 77 a)　小羊 ;【指小】gar̄nik (§ 64).
gareḷên, -lini, -nac'　大麦の ($\kappa\rho\iota\theta\iota\nu o\varsigma$).
garšim, -šec'ay　嫌悪する, 忌み嫌う ($\beta\delta\epsilon\lambda\upsilon\sigma\sigma o\mu\alpha\iota$).
garšowt'iwn, -t'ean　不貞.
garown, garnan (§ 24 A a, 38, 41 a, 42 d, 77 c)　春.
gawazan, -i, -ac' (§ 1)　(羊飼いの) 杖.
gawar̄, -i, -ac'　1) 地方, 州 ($\chi\omega\rho\alpha$). 2) 故郷 ($\pi\alpha\tau\rho\iota\varsigma$). 3) 村 ($\kappa\omega\mu\eta$).
gawar̄akan (§ 65 a)　地方の, 土着の, 現地の.
gawit', gawt'i, -t'ac'/-t'ic'　中庭 ($\alpha\upsilon\lambda\eta$).
gaws, -i, -ic' (§ 50)　乾いた.
gawsanam, -sac'ay (§ 50)　干からびる, しおれる, 萎える.
gawti, -twoy, -teac'　1) 帯 ($\zeta\omega\nu\eta$). 2) gawti acem 帯を締める ($\pi\epsilon\rho\iota\zeta\omega\nu\nu\upsilon\mu\iota$).
geawḷ, 奪 geḷjê, 複・対 geawḷs [M : geawḷ / gewḷ] (§ 14 A 2, 42 c, 78 g)　1) 村 ($\kappa\omega\mu\eta$). 2) 場所, 地所 ($\kappa\omega\rho\iota o\nu$).
gelowm, -li (§ 55, 128 d, 137)【能】回転させる, 回す ; -lay【中】回転する.
gehen, -i, -iw　ゲヘナ ($\gamma\epsilon\epsilon\nu\nu\alpha$).
geḷ, -oy, -ov　美しさ, 美貌.
geḷec'ik, -c'ki, -ic'　美しい, 見事な, 高貴な ;《比》geḷec'kagoyn (§ 65 g).
geḷjk (§ 36 d)　[複のみ] 腺.
get, -oy, -oc' (§ 14, 24 B, 34 c, 38, 41 a, 69-70, 72 a)　川, 流れ.
getezr (§ 45 d)　川岸. →ezr.

— 337 —

語　　彙

getin, -tnoy, -ocʻ (§72 a) 地面；zgetni 地面に (χαμαί). →zgetnem.
getnatarac, -icʻ 地面に広がった・伏した.
ger (§142)【前】[＋属] …の上に.
geran, -i, -icʻ 梁 (δοκός).
Gergesacʻi, -cʻwoy, -ocʻ ゲルゲサ人 (Γεργεσηνός).
gerezman, -i, -acʻ 墓, 墓場 (μνημεῖον, τάφος).
gerem, -ecʻi 捕える, 捕虜にする.
geri, -rwoy, -ocʻ 捕虜.
gercowm, gerci, egerc (§137)（毛髪を）切る, ひげを剃る.
gerowtʻiwn, -tʻean (§61, 77 d) 囚われの状態, 捕虜, 捕囚. →geri.
gerpʻem, -ecʻi 荒らす, 略奪する, 荒廃させる.
gewł →geawł.
gêš, gišoy, -ocʻ 死体, 死骸 (πτῶμα).
gêǰ 湿った, 濡れた；《比》giǰagoyn (§65 g).
gêt, giti, -tacʻ (§60 d) 知っている；物知り, 専門家, 賢者, 魔術師. →gitem, gitowtʻiwn, amenagêt.
gtʻac, -i, -acʻ (§65 h) 思いやりのある. →gowtʻ.
gtʻam, -tʻacʻay (§52, 128 c, 134) 憐れむ, 同情する, 断腸の想いに駆られる (σπλαγχνίζομαι). →gowtʻ.
gtʻowtʻiwn, -tʻean 同情, 憐れみ, 断腸の想い (σπλάγχνον).
gim (§11)：文字 g.
gin, gnoy; ginkʻ, gnocʻ (§28 b, 38, 39 b, 41 a, 49) 値段, 代価.
gind, gndacʻ/-icʻ (§34 b) 耳輪.
ginetown, -tan, -ancʻ (§22) 酒場.
gini, -nwoy, -neacʻ (§22, 29 c, 39 b, 41 a, 41 b, 71 c) 葡萄酒, 酒 (οἶνος).
gišer, -oy (§72 a) 夕方, 夜 (νύξ)；

gišeri（硬化した位格）【副】夜に (νυκτός). ⇔tiw.
gišerayn (§65 c) 夜に.
gišeroyn 夜に.
gitak, -i, -acʻ (§64, 217 b) 知っている, 通暁した, 経験ある. →gêt.
gitem, gitacʻi (§29 c, 34 c, 41 a, 115, 130) 知っている, わかる, 理解する (οἶδα, γινώσκω). →gêt.
gitowtʻiwn, -tʻean (§61, 77 d) 知っていること, 認識, 悟り, 学問 (γνῶσις).
gitown, -tnoy, -ocʻ (§65 s) 知っている, 物知りの；賢者.
gir, groy; girkʻ, grocʻ (§21 a, 62 f, 72 a) 文字, 字句, 銘（文）, 手紙, 書物, 聖書；gir mekneloy 離縁状 (βιβλίον ἀποστασίον)；zgrov gam 読書に没頭する；《集合的》grean, grenoy (§213) 文字群, 書物. → grem.
girkkʻ, grkacʻ 両腕.
giwłakʻałakʻ, -i, -acʻ (§78 g) 村や町 (κωμόπολις). → geawł, kʻałak.
giwt, -ocʻ/-icʻ 発見, 発明, 考案. → gtanem.
glxatem, -ecʻi (§49) 首[頭]を切り落とす.
glxawor, -i, -acʻ 主要な；長.
glxovin (§66 C a)【副】個人的に, 自分で. →glowx.
glorowmn, -rman 倒れること, 倒壊 (πτῶσις).
glowx, glxoy, -ocʻ (§14) 頭, 頭部, 首, 親石 (κεφαλή).
gnam, -acʻi, 3.sg. gnacʻ (§14, 134) 歩いて行く, 去る, 立ち去る, 旅立つ (πορεύομαι, ἀποδημέω)；gnam zhet [＋属]…の後を追う
gnayown, -ynoy (§65 s)【形】歩行の, 通行可能な, 可動性の, 移動性の.
gnacʻkʻ, -cʻicʻ (§62 f) [複のみ] 歩み,

— 338 —

語　彙

gnawł, -i, -ac' (§60 b)　買う人. → gnem.

gnem, -ec'i (§49)　買う (ἀγοράζω). →gin.

gog, -oy, -oc'　懐 (κόλπος).

goh (§50)　感謝している，満ち足りた.

gohanam, -hac'ay (§50) [z-+奪] …に感謝する，感謝の意を表す (εὐχαριστέω), …をほめたたえる，讃美する (ἐξομολογοῦμαι, ἀνθομολογέομαι).

goł, -oy, -oc' (§14, 50)　泥棒 (κλέπτης).

gołanam, -łac'ay (§50)　盗む (κλέπτω).

gom, -oy, -oc'　家畜小屋，牛舎.

goy¹, 3. pl. gon, 未完 goyr, goyin, 接・現 gowc'ê (§24 E, 27 d, 29 d, 34 b, 41 a, 118-122, 139)　ある，存在する. —— gowc'ê 【副】多分，ひょっとしたら，おそらく; gowc'ê+接法現在 …することを恐れて，…するといけないから (§170, 209), さもなければ (εἰ δὲ μή γε).

goy², -i, -ic' (§62 f)　存在; goyiw 【副】全く，完全に; [複] goyk' 生活，生計の資，財産.

goyn, gownoy (§14 A 2, 65 g)　色.

goynagoyn (§67 a)　異なる色の，色とりどりの，多彩な.

gonê (gonea, goneay) (§37 d, 168)　少なくとも，しかし.

goč'em, -ec'i (§37 a, 41 a)　呼ぶ，叫ぶ.

goč'iwn, -č'man (§62 a, 77 c)　叫び [声].

govem, -ec'i　褒める，称賛する.

govest, -i, -iw (§62 e)　称賛.

govowt'iwn, -t'ean　称賛，賛辞.

gorc, -oy, -oc' (§27 d, 35 c, 40 a, 41 a)　仕事，行い，わざ，道具.

gorcac (§62 b)　作品，製品.

gorcem, -ec'i (§128 a, 130)　行う，なす，つくる (ποιῶ, ἐργάζομαι, πράσσω).

gorci, -cwoy, -ceac' (§65 n, 71 c)　1) 道具，家財道具. 2) 網 (=魚を捕る道具).

gort, -oy, -iw (§72 a)　カエル.

gowb, gboy, -oc' (§72 a)　くぼみ，穴，溝; gowb hncan = ὑπολήνιον 葡萄搾り汁の受け槽. →hncan.

gowt', gt'oy (§52)　同情，憐れみ，優しさ，思いやり，心 (σπλάγχνα). → gt'ac, gt'am.

gowmarem, -ec'i　集める，召集する; gowmarim, -rec'ay 集まる，集合する.

gownd, gndi, -dac'/-dic'　一群，部隊，歩兵隊 (ローマのコホルス), 軍団 (ローマのレギオン) (σπεῖρα).

gowndagownd (gownd gownd) (§67 a)　群れごとに，群れをなして，大挙して.

gowc'ê　→goy¹.

gtanem, gti, 3.sg. egit (§21 a, 27 c, 34 c, 128 a, 131)　見つける，見出す，発明する (εὑρίσκω).

grabar (§2-4)　文字言語，文語.

grgir̄ (§24 A b)　反抗，挑発.

gret'e; M: grea t'e (§173)　いわば，ほとんど.

grem, -ec'i, 命 grea (§14 備2, 127)　書く，著述する (γράφω). →gir.

Grigor; Grigorios, -i　グレゴリウス.

grič', grč'i, -ac' (§71 a)　写字生，書記，書家，ペン. →grem.

growan, -i, -aw　枡 (μόδιος).

— 339 —

語　彙

d

-d（§88）【冠】《2人称直示》その.
da¹（§11）：文字 d.
da²（§88, 92）【代】《2人称直示・前方照応》それ.
dagałk‘, -łac‘（§214）[複のみ]棺.
dadarem, -ec‘i（§67 c）やめる，中止する，休止する，（風が）止む.
dažan, -i, -ac‘　酸っぱい，まずい，味気ない.
dalar, -oy/-i（§27 a, 34 d）緑[色]の，新鮮な，生の（ὑγρός）.
dahekan；darhekan, -i, -ac‘　デナリオン（δηνάριον），貨幣（νόμισμα）.
dałmaterên（§66 C d）【副】ラテン語で.
dayeak, -yeki, -ac‘　乳母.
dayekabar（§66 C c）【副】乳母のように.
dang, -i, -ac‘　アサリオン（ἀσσάριον）.
dandałim, -łec‘ay（§67 c）ぐずぐずする，遅れる，ためらう.
Daniêl　ダニエル.
dašn, -šin, -šanc‘（§77 a）契約，約定.
dašt, -i, -ac‘　平地，平原，野原.
daštayin, -aynoy（§65 b）平地の，平らな.
daṙn, -ṙin, -ṙanc‘（§77 a）苦い，辛い，ひどい.
daṙnam, darjay, 命 darj（§24 A a, 34 d, 35 d, 53, 136）向きを変える，振り返る，帰って来る，戻る；改心する，心を翻す；専心する.
daṙnapês（§66 C b）【副】ひどく，激しく，痛切に（πικρῶς）. →daṙn.
daṙnac‘eal　苛立った，怒った.
das, -ow, -owc‘（§74 a）組，グループ；序列；dask‘ dask‘/dass dass 組にして，組毎に.
dat, -i, -ic‘（§16）訴訟，裁判，判決；dat aṙnem［＋与］擁護する.
datapartem, -ec‘i　断罪する，有罪の判決を下す. →dat, datim, partk‘.
datastan, -i, -ac‘　裁き（κρίσις）.
datark, -i, -ac‘　暇な，無為の，怠惰な（ἀργός）；datark kan 仕事もなく，何もしないで立っている.
datarkanjn, -anjin, -anjownk‘（§77 b）怠惰な人. →datark, anjn.
datawor, -i, -ac‘（§65 e）1）裁判官，裁き手（κριτής）. 2）総督（ἡγεμών）.
datawort‘iwn, -t‘ean　総督の職務.
datim, -tec‘ay（§189）裁く，判断する（κρίνω）.
dar, -i, -ic‘　急坂，崖，絶壁（κρημνός）.
daran, -i, -ac‘（§71 a）待ち伏せ.
darbin, darbni, -bnac‘（§34 d）鍛冶屋.
darbnoc‘, -i, -ac‘（§63 a）鍛冶屋の仕事場.
darhekan　→dahekan.
darjeal（daṙnam の分詞）【副】再び，また，それから（πάλιν）.
darman, -oy, -oc‘　治療，療法，介抱；食糧.
darjowac, -oy, -oc‘（§62 b）帰還. →daṙnam.
darjowc‘anem, -jowc‘i（§53）背を向ける，返す，戻す，元通りにする，変える，失う. →daṙnam.
dawačan, -i, -ac‘　間諜，密偵（ἐγκάθετος）.
Dawit‘, Dawt‘i, Dawt‘ê　ダビデ（Δαυίδ）.
degerim, -rec‘ay　時を過す，さまよ

語　彙

う，気晴らしする．

dedewim, -wec'ay (§ 67 c) あちこち動く，揺らぐ，震える．

Dekapołis, -łeay, 位 -łi [-πόλει] デカポリス (Δεκάπολις).

deł, -oy/-i, -oc'/-ic' 薬草，薬；mahkanac'ow inč' deł=θανάσιμόν τι 毒．

dew, diwi, -wac' (§ 16, 23) 悪魔，悪霊 (δαιμόνιον). →ays², diwahar.

dêz, dizi/-zoy (§ 29 c, 34 d, 35 d) 山積み．

dêm, dimi, dêmk', dimac' (§ 49, 214) [通常複のみ] 顔；dêm dnem 向かう．

dêp (§ 142)【副】[+属]…のところへ，に向かって，の方へ．

dêp (dep) linêr/ełew 偶然に…ということが起こった，たまたま…した (§ 188 b).

džoxakan, -ac' (§ 65 a) 地獄 (のような)，悪魔．

džoxk', -xoc' (§ 214) [複のみ] 地獄，黄泉．

džowar [-i, -ac'] 難しい，困難な；džowaraw [副詞的に] 難しく (§ 66 C a).

džowaramatoyc' 近づきがたい，理解しがたい．

džowarin, -rnoy, -oc' (§ 65 o) 困難な，骨の折れる．

di, dioy (§ 22, 72 a) 遺体，亡骸．

diagoł, -oy (§ 22) 死体泥棒．

diem, -ec'i (§ 53) 乳を飲む，乳房を吸う．

diec'owc'anem, -owc'i (§ 53) 乳を飲ませる，授乳する．

dizanem, dizi, 3.sg. edêz (§ 29 b, 34 d, 35 d, 131) 積み上げる．

dimem, -ec'i (§ 49) 向きを変える，走

る，突進する，急ぐ (ὁρμάω). →dêmk'.

dipim, -pec'ay 起こる，生ずる，たま…である．

dipoł 適当な，都合のよい．

dic'abanowt'iwn (§ 72 b) 神話．→dik'

dic'apašt (§ 72 b) 偶像崇拝者．→dik'.

dic'es; dic'ê →dnem

diwakan, -ac' (§ 23 備 2) 悪魔のような．

diwahar, -i, -ac' (§ 23 備 2, 45 b) 悪魔に憑かれた (δαιμονιζόμενος). →aysahar, dew, harkanem.

diwaharim, -ec'ay (§ 49) 悪魔に憑かれる．

diwan, -i, -ac' 文書室．

diwapašt, -ic' 悪魔崇拝．

diwr, -i, -aw 容易な；diwraw [副詞的に] 容易に (§ 66 C a); diwragoyn【比】より容易な．

diwrac'owc'anem, -c'owc'i 容易にする，軽くする，軽減する，緩和する．

diwrin [-rnoy, -oc'] (§ 65 o) 容易な，やさしい．

diwc'azn, -azin, -azownk' (§ 72 b, 77 b) 神族から出た，神人，英雄．→dew, dik', azn.

diwc'akrawn (§ 72 b) 偶像崇拝的な．

dik', dic', diwk' (§ 72 b) 神 (々)，偶像．

dłeak, dłeki (§ 21 e) 要塞，城砦．

dnem, edi, 3.sg. ed (§ 28 b, 34 d, 132, 139, 189) 置く，(法を) 定める (τίθημι); zanjn dnem 命を捨てる; dnim 横たわる，寝ている; ankeal dni [dnêr] 床に伏す [接・アオ edic', dic'es, dic'ê, 命 dir, dik', 分 edeal].

doł, -i, -ic' (§ 52) 震え，震動．

dołam, -ac'i (§ 48, 52, 134) 震える，

語　彙

揺れる，おののく（τρέμω）．
dołowmn, -łman（§ 48）震え，震動，戦慄．
doył, dowłi, -ic'　手桶，バケツ（ἄντλημα）．
doyn（§ 88, 93）【代】《2人称直示・同一性》それと同じ（人・もの）．
doynpês（§ 95）【副】それと同様に．→ noynpês, soynpês, -d.
dow（§ 42 a, 82-83）【代】《2人称・単》あなたは［対／与／位 k'ez, 属 k'o, 奪 k'en, 具 k'ew］．
dowž　野蛮な．→xowž.
dowrn, dran；複 drownk', dranc'（§ 24 A a, 34 d, 77 c）外門，戸，ドア（θύρα, πύλαι）．
dowstr, dster, 複 dsterk', -rac'（§ 21 b, 27 e, 34 d, 36 a, 75 a, 80）娘（θυγάτηρ）．
dowrk', drac'（§ 77 c, 214）［複のみ］門，戸，扉，（墓の）入り口（θύρα）．—— i dowrs 外に，外部に．
dowk'（§ 81, 83）【代】《2人称・複》あなたたちは［対／与／位 jez, 属 jer, 奪 jênǰ, 具 jewk'］．
dpir, dpri, -rac'　律法学者（γραμματεύς），教師，写字生．
dproc', -i, -ac'（§ 63 a）学校．→ dpir.
dprowt'iwn, -t'ean　文字，文学.
drnpan；drnapan, -i, -ac'（§ 24 A a）門番（ὁ/ἡ θυρωρός）．→dowrn.
draxt, -i　楽園（παράδεισος）．
dram, -i/-oy　ドラクマ（δραχμή）．
drac'i, -c'woy, -c'eac'（§ 65 d, 71 c）隣人，近隣の者（γείτων），親族（συγγενεῖς）．→dowrn, dowrk'.

e

e-（§ 27 b）：加音（augment）．
ebrayec'erên（§ 66 C d）【副】ヘブライ語で．
Ebrayec'i, -c'woy　ヘブライ人．
Egiptac'i, -c'woy（§ 72 b）エジプト人．
egit　→gtanem.
edeal　→dnem.
Edesac'i, -c'woy　エデッサの，エデッサ人．
edi　→dnem.
ezn, -zin, -zanc'（§ 77 a）牛（βοῦς），子牛（μόσχος）；【指小】《固有名として》Eznik エズニク．
ezr, ezerk', -rac'（§ 43 a, 75 a）縁，岸（辺），終わり，果て，限界．→ covezr, tiezerk'.
et'（§ 11）文字ə．
et'e/et'ê（§ 156, 159, 171-3, 178）1)〔補文化標識として〕…ということ；〔特に直接話法・直接疑問を導入して〕…と．2)〔条件節を導いて〕…ならば；t'e ew たとえ…であっても（§ 177）．3)〔二重疑問を導いて〕あるいは，それとも（§ 155）．—— oč' et'e… ayl …ということではなく…である；et'e… (ew) et'e… …であるにせよ…であるにせよ（§ 177）．
elanem, eli, 3.sg./命・アオ el, 分 eleal（§ 23, 54, 131）出て行く，外に出る（ἐξέρχομαι），上る，生え出る（ἀναβαίνω）；（煙などが）立ち昇る；zmimeamb elanem 追い抜き合う，まさる．
elewel（§ 45 e）；elewel arnem …にまさる，しのぐ．

— 342 —

語　彙

elowzanem, -owzi（§54）出て行かせる，上らせる．→elanem.
elkʻ, -licʻ（§62 f）［複のみ］出ること；出口（ἔξοδος）．
ek, -i, -acʻ（§60 d）新参者，新入り．→gam.
ek ; ekaykʻ →gam.
ekamowt, -icʻ（§45 e）改宗者．
ekacʻ →kam¹.
ekeal ; ekakʻ ; ekelocʻ →gam.
ekeacʻ →keam.
ekełecʻakan, -i, -acʻ（§65 a）教会の，聖職者．
ekełecʻi, -cʻwoy, -cʻeacʻ（§71 c）教会（ἡ ἐκκλησία）．
eker →owtem.
eki ; ekn ; eke(s)cʻ- →gam.
ehan →hanem.
ehas →hasanem.
ehat →hatanem.
ełanowtʻiwn, -tʻean　創造；存在，創造物．
ełbayr, -bawr, -barkʻ, -barcʻ（§25, 28 a, 31, 33 d, 34 a, 42 b, 75 c）兄弟（ἀδελφός）．
ełbayrasêr, -siroy（§43 c）兄弟を愛する．
ełbayrsirowtʻiwn, -tʻean（§43 c）兄弟愛．
ełeamn, ełeman（§77 c）霜，寒さ，寒気．
ełegn（ełêgn）, ełegan, -gownkʻ, -gancʻ（§22）ヨシ，アシ（κάλαμος）；【指小】ełegnik.
ełegnowt（§65 t）アシの生い茂った（ところ）．
Ełisabetʻ, -i　エリザベト（Ἐλισάβετ）．
Ełise, -eiw　エリシャ（Ἐλισαῖος）．
ełcanem, ełci, 3.sg. ełc（§131）滅ぼす，破壊する．

ełn, ełin, ełancʻ（§40 b）（雌）シカ．
ełǰerow, -owi, -owac（§60 c）牡シカ．→ełǰewr.
ełǰewr, ełǰer, 奪 -ǰiwrê/-ǰerê, -racʻ（§75 b）1）（牛・羊などの）角（κέρας）．2）いなご豆（κεράτιον）．
ełtewr, ełter（§75 b）沼，沼沢（地），泥沼，湿地．
em（§14 備1, 38, 139）私は…である，ある，存在する［現 em, es, ê, emkʻ, êkʻ, en ; 接 icʻem, icʻes, ... ; 未完過 ei, eir, êr, eakʻ, eikʻ, ein ; 命［ôłǰ とのみ］er, êkʻ］．→linim.
emoyc →mowcanem.
ečʻ（§11）：文字 e.
episkopos, -i, -aw, -ownkʻ（§77 c）司教（ἐπίσκοπος）．
episkoposowtʻiwn, -tʻean　司教の位・職．
erand, -i　おととい．
erandn, -dean　灼熱，烈火，火のような試練（πύρωσις）．
es（§27 b, 35, 82-83）【代】《1人称・単》私は［対／位 is, 属 im, 与 inj, 奪 inên, 具 inew］．
Esay- →Êsay-.
Esaw, -ay　エサウ．
etes →tesanem.
etł, etéł, -łacʻ（§76）場［所］．
etow →tam.
eraz, -oy, -ocʻ（§72 a）夢．
eramak, -i, -acʻ（家畜の）群れ（ἀγέλη）．
eraneli, -lwoy, -leacʻ　神の祝福を受けた，恵まれた，幸せな，幸いな．
eranem, -ecʻi　幸いであると称える（μακαρίζω）．
erani【間】［＋与］幸いだ（§188 b, 217 d）; erani tʻe ぜひとも…であってほしい（§165）．→vay.

— 343 —

語　彙

erastankʻ (§33 a, 40 a) ［複のみ］臀部，尻．
erb (§100)【副】《疑問》いつ．
erbemn (§100)【副】《不定》いつか，かつて；erbemn... erbemn... ある時は（あるいは）…またある時は（あるいは）….
erbekʻ (§100)【副】1) 時には，時折，いつかある時．2) mí/óčʻ erbekʻ 一度も…ない，決して…ない．
erbowc, -bcoy (§33 d, 36 c) （動物の）胸．
erg, -oy, -ocʻ (§8, 27 b, 37 a, 72 a) 歌；竪琴．
ergem, -ecʻi 歌う，朗唱する．
ergecʻik, -cʻki, -cʻkacʻ (§64) 歌手．
erdmnem, -ecʻi (§58) 誓う．→erdowmn．
erdmnecʻowcʻanem, -owcʻi (§58) 誓わせる，懇願する (ὀρκίζω)．→erdmnem．
erdnowm, -doway (§24 A 備 2, 42 b, 58, 138 b) 誓う，宣誓する (ὀμνύω)．
erdowmn, -dman, -ancʻ (§58, 62 a, 77 c) 誓い，宣誓．
eream (§34 a) 3 年　→eri - ［cf. erekʻ］, am．
erek (§31, 37 c, 40 a, 66 B) 夕方；［単・位］erek 昨日．→cʻerek．
erekoy, 位-i 夕方；y-erekoyi šabatʻow-n = ὀψὲ σαββάτων 安息日の後に．
erekoyi (§71 c) 夕方の．
eremean, -meni, -icʻ (§65 j) 3 歳の．→eream．
eremeni, -nwoy, -neaw (§71 c) 3 歳の．
eresnamean (§65 j) 30 歳の．
eresown (§14, 105)【数】30．
ereskʻ, -sacʻ (§214) ［複のみ］顔，容姿，外観，表面 (τὸ πρόσωπον)．
ereweli, -lwoy, -leacʻ (§122) 目に見える，可視の，一目瞭然の；華やかな，祝祭の（衣装）．
erewecʻowcʻanem, -owcʻi (§53) 見えるようにする，公式に任命する (ἐμφανίζω)．
erewim, -wecʻay (§53, 127, 189) 見えるようになる，現れる，見られる，…のように見える (φαίνομαι)；erewelov 公然と．
erewoytʻ, -owtʻi, -icʻ (§62 d) 出現，外観．→anerewoytʻ．
erekʻ, eris, ericʻ, eriwkʻ (§20, 25, 27 c, 31, 34 a, 38, 39 b, 40 a, 41 b, 42 d, 81, 103)【数】3．
erekʻawreay (§65 i) 3 日間の．→erekʻ, awr．
erekʻean / erekʻin (§108)【数】《集合》3 人［3つ］とも．
erekʻkin (§109) 3 重の，3 倍の．
erekʻhariwr (§106)【数】300．
erekʻtasan (§45 e, 104)【数】13．
erê, erêoy (§22) 獲物．
erêk, ereki, yerekê 昨日．
erêcʻ, ericʻow, -cʻownkʻ, -cʻancʻ (§24 B, 35, 77 c, 162) 1) 年上の ⇔ krtser. 2) 長老 (οἱ πρεσβύτεροι). 3) 聖職者，司祭．
ertʻam, čʻogay (§36 a, 41 a, 140) 行く，出かける，去る (πορεύομαι)；ertʻam zhet/zkni [+属] ついて行く，跡をたどる (ἀκολουθέω)．
ertʻewek (§45 e) 行ったり来たりの．→ertʻam, gam．
eris →erekʻ．
eritasard 若さ．
eritasardakan (§65 a) 若い．
erir (§107)【数】《序数》3 番目の，第 3 の．

語彙

eric'agoyn (§ 65 g) 年上の. →erêc'.
eric'owt'iwn, -t'ean 長老の特権.
eric's (§ 110) 3度, 3回.
Erik'ov, 奪-ê エリコ
erkat', -oy, -oc' 鉄.
erkat'agir (§ 10) 鉄文字, 大文字.
erkat'eay (§ 65 i) 鉄(製)の.
erkat'ełên (§ 65 l) 鉄(製)の.
erkat'i, -t'woy, -t'eac' (§ 65 n) 鉄(製)の.
erkayn, -i, -ic' (§ 23) 長い.
erkaynamit, -mti, -mtac' (§ 43 c) 忍耐強い, 寛容な. →mit.
erkaynem, -ec'i 長くする, 大きくする.
erkaynmtowt'iwn, -t'ean (§ 43 c) 忍耐, 寛容.
erkan, -i, -ac' (§ 42 b) 挽き臼.
erkanak'ar 【形】vêm erkanak'ar=λίθος μυλικός 挽き臼の石.
erkar, -ac' (§ 42 a) 長い.
erkbay 疑わしい, 不確かな.
erkban, -i, -ic' 曖昧な, 二枚舌の, 詐欺的な.
erkberanean (§ 65 j) 両刃の. →beran.
erkdramean, -meni, -ic' 2ドラクマ (δίδραχμον). →erkow, dram.
erkeam (§ 22, 42 a) 2年. → erkow, am.
erkemean, -meni, -ic' (§ 22, 65 j) 2歳の.
erkeriwr (§ 106)【数】200.
erkin, -kni；erkink', -knic' 天, 空 (οὐρανός/οὐρανοί).
erkir[1], erkri, -raw (§ 71 a) 地, 大地；地方 (ἡ γῆ). —— erkir paganem [+人の与格] …にひれ伏す, …を伏し拝む, 礼拝する (προσκυνέω). →erkrpagow.

erkir[2] (§ 107)【数】《序数》2番目の, 第2の.
erkic's (§ 110) 2度, 2回.
erkiwł, -i, -iw (§ 23, 42 a, 73) 恐怖 (φόβος).
erkiwłac, -i, -ac' (§ 65 h) 畏れる, 敬虔な, 臆病な (εὐλαβής).
erkn, -kan；erkownk', -kanc' (§ 42 a)（産みの）苦しみ, 陣痛 (ὀδύνη).
erknagoyn (§ 65 g) 空色の.
erknayin, -aynoy (§ 65 b) 天の. → erkin.
erknawor, -i, -ac' (§ 65 e) 天上の. →erkin.
erknem, -ec'i 陣痛に襲われている, 産みの苦しみを味わう, 産む.
erknč'im, erkeay (§ 42 a, 133, 189) 恐れる (φοβέομαι).
erkotasan (§ 104)【数】12.
erkotasanek'in (§ 108)【数】《集合》12人すべて.
erkow (§ 25, 42 a, 103)【数】2, 二つ (δύο).
erkoworik' 双子, 双生児；erkoworeak, -eki, -kac' (§ 64) 双子[の一人].
erkok'ean, -koc'ownc' (§ 108, 111)【数】《集合》両方（の）, 2人[2つ]とも (ἀμφότεροι).
erkok'in, -k'ean (§ 108)【数】《集合》両方（の）, 2人[2つ]とも (ἀμφότεροι).
erksayr, -i (§ 43 a) 両刃の. → sayr.
erkrayin, -aynoy (§ 65 b) 地の. → erkir.
erkrawor, -i, -ac' (§ 65 e) 地上の, この世の, 現世の (ἐπίγειος). →erkir.
erkrord, -i, 位-owm, -ac' (§ 107)【数】《序数》2番目の, 第2の；erkrord angam 2度目に.

語　　彙

erkrpagow, -i, -ac' (§60c) 礼拝者, 崇拝者 (προσκυνητής, νοῦντες).
→erkir paganem.
Erowsałêm; Êrowsałêm エルサレム ('Ιερουσαλήμ, 'Ιεροσόλυμα).
Erowsałêmac'i, -c'woy, -oc' (§72b) [複] エルサレムの住民 ('Ιεροσολυμίτης).
erreak (§108) 【数】三つ組.
errord (§107, 112) 【数】《序数》3番目の, 第3の.
ew (§33a, 167) 【接】そして, …もまた (καί).
ewet' 【副】…だけ, ただ…, もっぱら.
ewt'anasown, -sni, -ic' (§20, 23, 30a, 38, 105) 【数】70.
ewt'n, iwt'anc'/ewt'anc' (§14 A 2, 20, 23, 27b, 30a, 33a, 34a, 38, 103) 【数】7 [eawt'nと綴られることもある].
ewt'napatik (§109) 7倍の.
ewt'nerord, -i, -ac' 【数】7番目の, 第7の.
ewt'nek'ean, -nec'ownc' 7人とも.
ewt'nhariwr (§106) 【数】700.
ewł/iwł, iwłoy, -oc' (§22, 72a) 油, 香油 (τὸ μύρον, τὸ ἔλαιον).
ews (§162, 167) 【副】なお, さらに, もっと; oč' ews もはや…ない.
ep'em, -ec'i (§33b) 煮る, 料理する.
ep'esosakan, -ac' エフェソの.

Z

z- (§46, 145) 【前】[+奪]…に関して, …について, …に逆らって, …に敵対して; [+具]…の周囲に, …の近くに, …の上に, …頃, …を超えて; [+位]…に (打ちつける, ぶつかる); [+対] 1) 対格標識 (nota accusativi). 2)

〔時間の状況補語〕…の間.
za (§11): 文字 z.
zazir 醜い, ぞっとする;《比》zazragoyn (§65g).
Zakk'êos ザカイオス (Ζακχαῖος).
zayragin (§65f) 怒った, 腹を立てた.
zayranam, -rac'ay (§46, 210) 点火する;(病状が)悪化する;(感情が)燃えあがる, 憤りを覚える, いきり立つ; ews arawel zayrac'eal = μᾶλλον εἰς τὸ χεῖρον ἐλθοῦσα いっそう悪くなった. →ayrem.
zanc' arnem (ar+具 …の傍らを) 通り過ぎる;無視する, うっちゃっておく.
zanc'anem, -ec'i (§210) 踏み越える. →anc'anem.
zaracanim, -racay (§131) 迷う.
zaranc'em, -ec'i 耄碌する, ぼける, うわごとを言う; zmtawk' zaranc'em 世迷言を言う, たわごとを言う.
zat 分離した, かけ離れた, 孤立した; 【前】[+属]…を除いて, …を別にして (§142).
zatanem (§24 D, 46, 210) 切り離す, 分ける. →z-, hatanem.
zatik, -tki, -kac' 過越祭, 過越の食事 (πάσχα).
zatč'im, zateay (§133, 210) 離れる, 別れる.
zarganam, -gac'ay 進歩する, 進捗する, 増加する (προκόπτω).
zard, -ow, -owc' (§42c, 74a, 79) 飾り, 装飾.
zardarank' (§62c) 飾り.
zardarem, -ec'i 飾る, 飾りたてる. →yardarem.
zart'nowm, -t'eay (§53, 138c, 210) 目を覚ます, 起き上がる (z-+*art'nowm). →art'own.
zart'owc'anem, -owc'i (§53) 眼を覚

— 346 —

語　彙

まさせる,起こす,呼び覚ます ($\dot{\epsilon}\gamma\epsilon\dot{\iota}\rho\omega$, $\delta\iota\epsilon\gamma\epsilon\dot{\iota}\rho\omega$) [zart'owc'eal は zart'nowm の分詞として代用される].

zarkanem, zarki, ezark　打つ; zark-zgetni 地面に倒れる.

zarkowc'anem, -owc'i　打ち倒す,なぎ倒す ($\dot{\rho}\acute{\eta}\sigma\sigma\omega$); 引きつけを起こさせる,痙攣させる ($\sigma\pi\alpha\rho\acute{\alpha}\sigma\sigma\omega$),

zarhowrim, -rec'ay (§210) 恐れる,怯える (i+奪). →arhawirk', ah.

zarmanali, -lwoy (§65 n, 122) 驚くべき; zarmanalik', -leac' (§214) [複のみ] 驚嘆,驚愕 ($\check{\epsilon}\kappa\sigma\tau\alpha\sigma\iota\varsigma$).

zarmanam, -mac'ay (§46, 135, 210) 驚く, 仰天する ($\theta\alpha\upsilon\mu\acute{\alpha}\zeta\omega$, $\dot{\epsilon}\xi\acute{\iota}\sigma\tau\eta\mu\iota$). →əndarmanam.

zarmank' (§214) [複のみ] 驚き.

zarmac'owmn　驚き; zaramac'aw Isahak zarmac'owmn mec yoyž イサクはとてつもなく驚いた.

zawak, -i, -ac'　子孫 ($\sigma\pi\acute{\epsilon}\rho\mu\alpha$).

zawd, -i, -ic'　紐,結合.

zawdem, -ec'i (§210) 結ぶ. →yawdem.

zawr, -ow; zawrk', -rac' (§23, 74 a) [複のみ] 軍隊,大群. →hzawr.

zawraglowx, -glxi, -ac' (§45 d) 司令官,将軍.

zawragoyn, -gowni, -ic' (§65 g) より強い ($\dot{\iota}\sigma\chi\upsilon\rho\acute{o}\tau\epsilon\rho o\varsigma$). →zawr, -agoyn.

zawražołov　軍隊の召集; zawražołov linim 軍隊を召集する. →zawr, žołovem.

zawrakan, -i, -ac' (§65a)　兵士 ($\sigma\tau\rho\alpha\tau\iota\acute{\omega}\tau\eta\varsigma$), 警備兵 ($\kappa o\upsilon\sigma\tau\omega\delta\acute{\iota}\alpha$).

zawranam, -rac'ay　1) 強くなる ($\kappa\rho\alpha\tau\alpha\iota\acute{o}\omega$). 2) 優勢になる,勝つ ($\kappa\alpha\tau\iota\sigma\chi\acute{\upsilon}\omega$).

zawravar, -i, -ac'　司令官,将軍.

zawrac'owc'anem, -c'owc'i　強くする,強化する.

zawrawor, -i, -ac' (§65 e) 強い.

zawreł (§65 k) 強い.

zawrowt'iwn, -t'ean　力,力ある者,力ある業 ($\delta\acute{\upsilon}\nu\alpha\mu\iota\varsigma$).

Zak'aria, -ay　ザカリア ($Z\alpha\chi\alpha\rho\acute{\iota}\alpha\varsigma$).

zbałnowm; zbałim, -łec'ay (§14 備2, 138 b) 従事する,没頭する,忙殺される.

zgam, zgac'i (*z-eki) (§53, 210) 気づく,感知する,わかる. →gam, zekowc'anem.

zgast, -i, -ic' (§50) 思慮深い.

zgastanam, -tac'ay (§50) 理性的になる,思慮深くなる,正気になる ($\sigma\omega\phi\rho o\nu\acute{\epsilon}\omega$).

zgenowm, zgec'ay (§14 備2, 27 b. e, 38, 39 b, 41 a, 46, 53, 128 d, 138 b, 210) 服を着る,装う ($\dot{\epsilon}\nu\delta\acute{\upsilon}\omega$).

zgest, -ow (§27b, 38, 69, 74a) 衣,衣服.

zgetnem, -ec'i (§49) 地面に投げる. →getin.

zgec'owc'anem, -owc'i (§53) 衣を着せる. →zgenowm.

zgnam (§46, 134) あちこち歩き回る,散策する. →z-, gnam.

zgoyš (§50) 用心した; zgoyš linim 警戒する,用心する.

zgowšanam, -šac'ay (§50) 用心する,警備する; 信用しない,避ける,はぐらかす.

Zebedeos, -eay, -eaw　ゼベダイ ($Z\epsilon\beta\epsilon\delta\alpha\hat{\iota}o\varsigma$).

zelanem, zeli (§210) 超える,踏み越える. →elanem.

zekowc'anem, -owc'i (§53, 210) 知らせる. →zgam.

zełowm, zełi (§24 D) 大量に溢れさせ

— 347 —

語　彙

る．→hełowm.

zenowm, zeni, 3.sg. ezen (§137, 210) いけにえとして捧げる，屠る (θύω).

zeR̄am, -acʻi 這う．

zeR̄own, -R̄noy (§65 s) 地を這う動物．

zercanem, zerci, 3.sg. zerc (§131, 210) 救済する，解放する，離す，外す．

zên, zinow, -owcʻ (§16, 21 c, 74 a) 武器，兵器，武装 (τὰ ὅπλα). →zinowor.

zi¹ (§96)【代】《疑問》何，なぜ；《関係》…する［ところ］のもの（こと）．

zi² (§170-173)【接】《原因》なぜなら．
──《目的》…するために (ἵνα, ὅπως).
──〔目的語として〕…ということを．
──《結果》それで．

ziard【副】《疑問》どのようにして，どうして (πῶς).

zinowor, -i, -acʻ (§14 A 2, 21 c) 兵士．→zên.

zinoworakan, -i, -acʻ 軍の，軍事の．

zinčʻ (§98 b, 180)【代】《疑問》何，どちら，どんな；《関係》…する［ところ］のもの（こと）．

zijagoyn (§65 g) より深く．

zkni (§143)【前】[+属] …の後について，…の後ろから．

zhet (§143)【前】[+属] …の後について，…の後ろから．

złjanam, -jacʻay 後悔する．

złjowmn, złjman 後悔，悔悛，悔い改め；i złjowmn gam 後悔する，悔い改める．

zčanaparhayn【副】途中で，道すがら．→čanaparh.

zmê? 「なぜ」(z-+imê?, §98 b).

zoh, -i, -icʻ いけにえ，犠牲．

zohanocʻ, -i, -acʻ (§63 a) 祭壇．

zoharan, -i, -acʻ (§63 b) 祭壇．

zoyg, zowgi; zoygkʻ, zowgicʻ【形】等しい；zoygkʻ【名】対，組，（動物の）つがい (ζεῦγος).

zov (§50) 冷たい．

zovanam, -vacʻay (§50) 冷たくなる，冷える．

zowartʻ (§50) 陽気な，明朗快活な，心地よい．

zowartʻagin (§65 f) 快活な［に］．

zowartʻanam, -tacʻay (§50) 陽気になる，明朗になる，心地よくなる．

zowr 空虚な，無駄な；zowr, i zowr いたずらに，むなしく，無駄に (μάτην).

zokʻanǰ, -i, -iw (§73) 妻の母，姑 (πενθερά). →skesowr.

zrahkʻ, -hicʻ (§214) 甲冑．

zrkem, -ecʻi [z-+対] …に不正を行う (ἀδικέω)，…からゆすり取る (συκοφαντέω).

zrpartem, -ecʻi 誹謗する，中傷する，恐喝する (συκοφαντέω).

zôr →zawr.

ê

ê¹ (§11)：文字 ê.

ê²: em の現・単・3．

êg, igi 雌（の），女（の）．⇔arow.

êš, išoy, -ocʻ (§21 c, 42 a)（雌）ロバ (ὄνος). →yawanak.

êǰ→iǰanem.

Êsayi, -sayay (§71b) イザヤ (Ἡσαΐας).

êowtʻiwn, -tʻean 存在［すること］，実在，本質 (οὐσία).

— 348 —

語　彙

ə

ət' (§ 11)：文字 ə.
əłjam, -ac'i (§ 21 a) 要求する，願望する．→itj.
əmberanem, -ec'i (§ 210) 黙らせる．
əmbr̄nem, -ec'i (§ 210) つかまえる．
əmpem, アオ arbi, 命 arb (§ 21 b, 30 c, 33 c.d, 38, 53, 130, 140) 飲む ($πίνω$). →owmp.
ənd (§ 14, 34 a, 46, 145)【前】[＋対] …に向かって，…に沿って，…を通って；〔時間的に〕…に；[＋奪] …の側に；[＋具] …の下に；[＋位] …と一緒に；[＋属] …の代りに，…に対して；[＋与] …と一緒に．
əndaṙaǰ; ənd aṙaǰ【副】出迎えに，向かって；əndaṙaǰ ənt'anam 走り寄る；əndaṙaǰ ełew/elanêr nma 彼を出迎えた．
əndarmanam, -mac'ay (§ 210) 驚く．→ənd, (z-) armanam.
ənddêm (§ 143)【前】[＋属] …に向かい合って，…に対して；ənddêm linel [＋与] …に会う，…と面会する．→ənd, dêm.
əndelanim (§ 210) 試みる，努める．→elanem.
əndelowzanem, -owzi (§ 54, 210) はめ込む，織り込む，編み込む．→ənd, elowzanem.
ənderk', ənderac' (§ 34 a, 40 a) 内臓，腸．
əndêr【副】《疑問》なぜ，どうして．
əndharkanim, -haray (§ 210) 打ちのめす；だます (ənd is 私を). →harkanem.
əndownim, ənkalay (§ 46, 55, 210) 受け取る，受け入れる，迎える．→ənd, ownim.
ənt'adrem, -ec'i 踏みにじる，踏み荒らす，蹂躙する．
ənt'anam, -t'ac'ay 走る，駆けつける ($τρέχω$).
ənt'ac'k', -c'ic' (§ 62 f) [複のみ] 走ること，疾走．
ənt'er̄nli, -lwoy (§ 65 n, 122) 読みやすい，読むに値する．
ənt'er̄nowm, ənt'erc'ay (§ 7, 24 A a, 46, 125, 138b) 読む ($ἀναγιγνώσκω$).
ənt'erc'owac, -oc' (§ 62 b) 読むこと，朗読．
ənt'erc'owmn, -c'man (§ 62 a) 読むこと．
ənt'rik', -reac' [y-＋ənt'ris > y-nt'ris /yənt'ris/, cf. § 14 備 2] [複のみ] 食事，晩餐，宴会 (§ 214).
əncayec'owc'anem, -owc'i 提供する，提示する，勧める，奨励する．
ənkal- →əndownim.
ənkenowm, -ec'i, 3.sg. -kêc', 命 -kea (§ 138 b) 投げる，（着物を）脱ぎ捨てる ($βάλλω$ $ἀποβάλλω$).
ənker, -i, -ac' (§ 14 備 2, 45 b) 仲間，同僚，隣人．→ənd, owtem.
ənkerakic', -kc'i, -kc'ac' (§ 63 d) 仲間，同僚，隣人．
ənklnowm, ənklay (§ 54, 138 a) 呑み込まれる，沈む．→klanem.
ənklowzanem, -owzi (§ 54) 呑み込む，沈める．→ənklnowm.
ənkłmem, -ec'i [y-nkł- < y-ənkł-] 沈める；ənkłmim, -ec'ay 沈む．→klanem.
ənč'eł (§ 65 k) 金持ちの．→inč'k'.
əntanenam, -nec'ay (§ 50) 熟知する，慣れる，親しくなる．

— 349 —

語　彙

əntani, -nwoy ; əntanik‘, -neac‘ (§50) 熟知した，親密な，親族；[-k‘] 家の者，家人．
əntir 選ばれた，良い．
əntrem, -ec‘i 選ぶ [分 əntreal (z-+əntreal > z-ntreal「選ばれた者を」, cf. §14備2).
əntrowt‘iwn, -t‘ean 選択（肢）．
əst (§14, 46, 145)【前】[＋与]…に従って，…のとおりに，…毎に；[＋対]…の向こうに；[＋位]…を理由として，…に従って；[＋奪]…の後で，…に続いて．
əstanjnem, -ec‘i (§210) 身につける；責任を引き受ける．
əstgtanem (§46, 210) 非難する，告発する．→əst, gtanem.

t‘

T‘addeos タダイオス (Θαδδαῖος).
t‘ag, -i, -ac‘ 冠，王冠 (στεφός).
t‘agadir (§45 b) 王冠を置く者．
t‘agawor, -i, -ac‘ (§15, 23, 45 b, 49, 65 e) 王 (βασιλεύς).
t‘agaworazn, -zin, -zownk‘, -zanc‘ (§44) 王家の，王の家臣 (βασιλικός). →azn.
t‘agaworem, -ec‘i (§15, 49, 217 a) 王として支配する．
t‘agaworec‘owc‘anem, -owc‘i (§15) 王にする．
t‘agaworowt‘iwn, -t‘ean (§61) 王権，支配，王国 (βασιλεία).
t‘agowhi (§63 e, 71 b) 王妃，女王．
t‘ałem, -ec‘i 埋葬する (θάπτω).
t‘amb, -ac‘ (§30 a) 腿肉，鞍．
t‘anam, t‘ac‘i (§135) 濡らす；濡れる．
t‘anjr, -jow (§50, 74 c) 厚い，濃厚

な，鈍い，鈍感な．
t‘anjranam, -rac‘ay (§50) 鈍感になる．
t‘arˉamim / t‘aršamim (§34 a, 42 a) 枯れる，しおれる．
t‘argman, -i, -ac‘ 通訳，翻訳者．
t‘argmanem, -ec‘i 翻訳する (μεθερμηνεύω).
t‘argmanič‘, -nč‘i, -č‘ac‘ 翻訳者，通訳．
t‘argmanowt‘iwn, -t‘ean 翻訳．
t‘aw 毛深い．
t‘awalec‘owc‘anem, -owc‘i 転がす．
t‘awt‘ap‘em, -ec‘i (§67 b) 払い［振い］落とす，（目を）まばたきする；yakan t‘awt‘ap‘el またたく間に，あっという間に．
t‘ap‘em, -ec‘i 注ぐ，空にする，解放する．
t‘ap‘im, -ec‘ay 流れ出る，避難する，逃れる．
t‘ak‘owst, -k‘stean, -eamb (§77 d) 隠れ場，秘密．
t‘ak‘owc‘anem, -owc‘i (§53) 隠す． →t‘ak‘č‘im.
t‘ak‘č‘im, t‘ak‘eay (§53, 127, 133, 189) 身を隠す，隠れる．
t‘e (t‘ê) →et‘e.
t‘et‘ew すばやい，迅速な；《比》t‘et‘ewagoyn.
t‘epêt (§177)【接】〔通常 ew を後続させて〕《認容》…にもかかわらず，たとえ…ではあっても；t‘epêt… t‘epêt …であるにせよ…であるにせよ．
t‘esałonikec‘i (§65 d) テサロニケ人．
T‘esałonikê テサロニケ．
t‘erahawat, -i, -ic‘ (§44) 信仰の薄い者．→hawatk‘.
t‘erews【副】ひょっとしたら．
t‘ew, -oy (§72 a) 羽，翼．

— 350 —

語　彙

t'ewamowx　進取の気性に富んだ，意欲的な，勤勉な．→t'ew, mxem.

t'ewr, -ac' (§14 A 2, 22) 斜めの，曲がった．→t'iwrem.

t'ek'em, -ec'i (§22) 回転させる，編む，より合わせる，ねじる．

t'zeni, -nwoy, -neac' (§65 m, 71 c) イチジクの木．→t'owz.

t't'eni, -nwoy, -neac' (§71 c) クワの木．→t'owt'.

t'it'eŕn, t'it'ŕan (§23 備2, 67 c) 蝶．→t'ŕt'ŕem.

t'ikownk', -kanc' (§214) [複のみ] 背中．

t'iw, t'owoy, -oc' (§14 A 2, 21 a, 72 a) 数；(本の)章．→t'owim.

t'iwrem, -ec'i (§22) 曲げる，歪める，惑わす，堕落させる．→t'ewr.

t'lp'atem, -ec'i 割礼を行う (περιτέμνω)．

t'šnamanem, -nec'i 侮辱する，なじる．

t'šnami, -mwoy, -meac' 敵．

t'o (§11)：文字 t'．

t'oł [t'ołowm の命・アオ t'oł が硬化して副詞になったもの] (§121) t'oł z-[+対] …を除いて，…は別として (χωρίς)．

t'ołowt'iwn, -t'ean 赦し (ἄφεσις)．

t'ołowm, -ti, 3.sg. et'oł / t'oł, 命 t'oł (§137) 1) 置き去りにする，放置する，捨てる，(熱が) 去る，(掟などを) なおざりにする，(死後に妻や子を) 残す，離れる．2) (罪・過ちなどを) 赦す，(借金を) 免除する．3) 許す．4) t'oł (命) +接法 (特に1人称) = ἄφες (ἄφετε) +接法：…させよ，…させてくれ，…しよう [ではないか] (§196)．

t'oyl ; t'oył (§50) ゆるんだ，柔らかい ; t'oyl (t'oył) tam 許す，許可する，そのままにさせる (ἀφίημι)．

t'oŕn, -ŕin, -ŕownk' (§77 b) (男女の) 孫．

T'ovmas　トマス (Θωμᾶς)．

t'owem, -ec'i 1) 《受動のみ》 数える．2) t'owi (アオ t'owec'aw) +人の与格 + t'e：…は…と思う，…には…のように思われる (§173, 188 b). →t'iw.

t'owz, t'zoy, -oc' イチジク．→t'zeni.

t'owt', t't'oy クワの実．→t't'eni.

t'owlanam, -lac'ay (§50) ゆるむ，弱まる．→t'oyl.

t'owx, t'xoy, -oc' (暗) 褐色の，黒い (μέλας). ⇔spitak.

t'owłt', t'łt'oy, 位 t'łt'i, -oc' (§14 備 4, 72 a) 紙；書類，文書，書状； t'owłt' mekneloy 離縁状 (βιβλίον ἀποστασίου)．

t'owk', t'k'oy (§62 f) 唾 (πτύσμα). →t'k'anem.

t'ŕič'k' [複のみ] 飛ぶこと，飛行．

t'ŕč'im, t'ŕeay (§133, 189) 飛ぶ．

t'ŕč'own, -č'noy (§65s) 鳥 (τὰ πετεινά 複). →t'ŕč'im.

t'ŕt'ŕem, -ec'i (§67 c) 震える，揺れる．→t'it'eŕn.

t'k'anem, t'k'i, 3.sg. et'owk' (§131) 唾を吐く (ἐμπτύω). →t'owk'.

Ž

žam, -ow (§24 B 備, 74 a) 時間，時刻 (ὥρα) ; aŕ žam ちょっとの間，つかの間 ; yamenayn žam (対) / žamow (位) いつも，いつでも (πάντοτε). →aŕžamayn, ayžm.

žamadir 会合，会う約束 ; žamadir linim [+人の与格] …と会う約束をする

žamayn →aŕžamayn.

žamanak, -i, -ac' (§212) 1) 時，

語　彙

žamanaks inč' しばらくの間．2) ař žamanak mi ; ařžamanak mi 一時的な，その場限りの (πρόσκαιρος).

žamanem, -ec'i [＋不] …する時間がある，できる．

žandahot 悪臭を放つ．

žant (§50) 悪い，悪辣な．

žantanam, -tac'ay (§50) 悪くなる，辛辣になる．

žaṟangem, -ec'i 遺産相続する，受け継ぐ，手に入れる (κληρονομέω).

žaṟangord, -i, -ac' (§65 r) 遺産相続人，跡継ぎ．

žê (§11)：文字 ž．

žołov, -oy, -oc' 人々，群衆；会堂．

žołovem, -ec'i 集める (συνάγω); žołovim, -ec'ay 集まる (συνάγομαι).

žołovowrd, žołovrdean, žołovowrdk', žołovrdoc' (§77 d) 1) 民衆，群衆 (λαός, ὄχλος). 2) 会堂 (συναγωγή).

žołovrdanoc', -i, -ac' (§63 a) 集会所，会堂のある場所，会堂 (συναγωγή).

žołovrdapet, -i, -ac' 会堂長 (ἀρχισυνάγωγος).

žtowt'iwn, -t'ean 執拗さ，恥知らずであること (ἀναίδεια).

i

i ; y- (§14, 46, 145)【前】[＋対] …へ；[＋位] …に；[＋奪] …から，…によって，…のうちの．

*i- (§81 a, 98 b)：疑問代名詞．

ibrew 1) 《時間的》…した時，…した後で，…すると (§175). 2)〔数的表現を従えて〕およそ，ほぼ，約 (§176). 3) ibrew z-＋対《同等・比較》…のように (§176, 219); ibrew z-＋対＋ownim＋対 …を…と見なす．4) ibrew zi《結果》そのために (§171).

iž, -i, -ic' (§22, 37 d) ヘビ，マムシ．

iłj, əłjic' (§21 a) 要求，欲求，願望．→əłjam.

im¹【代】→es.

im² (§27 b, 39 a, 86)【代】《所有》私の．

imanam, -mac'ay (§135) 理解する，悟る (νοέω, συνίημι/συνίω).

imast, -i, -iw (§62 e) 理性，分別，賢さ．

imastnabar (§66 C c)【副】賢明に．

imastnagoyn, -gowni, -ic' (§65 g) より賢い，より思慮深い．→imastown, -agoyn.

imastowt'iwn, -t'ean 知恵，思慮分別，賢明さ，洞察 (σοφία, φρόνησις, σύνεσις).

imastown, -tnoy, -oc' (§65 s) 賢い (φρόνιμος)；賢者，知者 (σοφός).

imn (§99 c)【代】《不定》何か，あるもの．

imoyin 私の．

inew ; inên ; inj →es.

ini (§11)：文字 i．

inc (inj), əncow (ənjow) (§21 a, 74 a) 豹．

injên (§83) 私自身．

inn (§103)【数】9, 九つ．

innhariwr (§106)【数】900.

innsown (§105)【数】90.

inč' (§99 c, 160, 181)【代】1) 《不定》何か，あるもの，こと．2)〔複〕inč'k', ənč'ic' 財産，資産 (οὐσία). →ənč'eł.

ink'n, ink'ean (§84)《再帰》(自分) 自身．

ink'nin 彼自身 [で]，自ら．

išxan, -i, -ac' 支配者，君主，長，長官，首領，役人 (ἄρχων).

語　彙

išxanakin (§ 78 e)　支配者の妻．→ kin.
išxanakir　君主の，王侯の．
išxanowt'iwn, -t'ean (§ 61)　支配，権力，権能 (ἐξουσία).
išxem, -ec'i (§ 217 a)　権力を持っている，支配する．
iǰanem, iǰi, 3.sg. êǰ (§ 21 c, 53, 131)　下る，降りる (καραβαίνω).
iǰavan ; iǰavank', -nac' (§ 214)　宿屋，旅籠；部屋 (κατάλυμα). → iǰanem (投宿する), vank'.
iǰowc'anem, iǰowc'i, iǰoyc' (§ 21 d, 53)　降ろす (χαλάω).
is　→ es.
Isahak ; Sahak, -ay (§ 71 b)　イサク ('Ισαάκ).
isk (§ 168)【小】実際に，まさに，しかし，他方；isk ew isk = εὐθύς すぐに，ただちに．
Iskariovtac'i ; Skariovtac'i, -c'woy　イスカリオト ('Ισκαριώθ).
Israyêł, -i　イスラエル ('Ισραήλ) [福音書では patiw 形のみ：ĪĒŁ, ĪŁI].
israyêłac'i, -c'woy (§ 65 d)　イスラエル人 ('Ισραηλίτης).
ir, -i, -ac'　物；事，事柄；現実．
iraw　正当な，正しい；yirawi (副詞に硬化した前置詞句) 正当に (δικαίως). → irawownk', aniraw, anirawt'iwn.
irawaxorh　義にかなった，好意ある，公正な；irawaxorh linim [ənd + 位] (…と) 和解する，和睦する．
irawownk', -wowns, -wac', -wambk' (§ 214)【複のみ】正しさ，義，さばき．
irears, irerac' (§ 85)【代】《相互》互いに．
ic'em (接法) → em.
iwt'anc'　→ ewt'n.
iw?　→ i-.
iwik'　→ ik'.

iwłoy　→ ewł.
iwr¹ (§ 84)【代】《3 人称・再帰》彼 [それ] (ら) 自身 [複・主 iwreank', 属 iwreanc'].
iwr² (§ 86)【代】《所有・再帰》彼の，自分の；iwrk'-n 身内の者たち．
iwrak'anč'iwr【代】《不定》〔不変；ok' を後続させることがある〕おのおの，各人 (ἕκαστος).
iwrovin (具) 自分で；z-iwrovin ert'al 自害する．
*ik' (§ 37 a, 81 a, 99 c)【代】《不定》何か，あるもの．

l

Laban《人名》ラバン．
lalakan, -i, ac'　泣いているところの；lalakank' 泣き女たち．
laliwn (§ 48)　泣くこと．
lalowmn, -lman (§ 48)　泣くこと，嘆き，呻き声．
lakem, -ec'i　なめる．
lam, lac'i, elac'/ lac', 命 lar (§ 24 C, 118-122, 125, 134)　泣く，涙を流す，嘆く (κλαίω).
layn, -i, ic'　広い．
lanǰk', -ǰac' (§ 214) [複のみ] 胸．
lapter ; łapter, -ac' (§14備4)　たいまつ，ともし火 (λαμπάς).
law, -i, ac'　良い (ἀγαθός, καλός);《比》lawagoyn; law ê/er　1) [+与 + et'e, t'e, zi, 不] …にとって…する方がよい (συμφέρει). 2) láw em k'an z- 私は…よりも優れている．
lap'em, -ec'i (§ 33 b, 40 b)　なめる．
leaṟn (§21e, 24A a, 77a)　山 (τὸ ὄρος); leaṟn jit'eneac' オリーブ山 [lerin, leṟnê, leramb ; lerink', leranc'].

— 353 —

語　彙

leard, lerdi （§ 21 e, 41 備 1）　肝臓.
Legeovn　→Łegeovn.
lezow, - i, acʻ/- ocʻ （§ 22, 35 備 4, 71 a）　舌, 言葉, 言語 （γλῶσσα）.
lezowat （§ 24 D, 45 a）　舌を切り落とされた. →hatanem.
lezowm/lizowm, lezi, lez　舐める.
ler̄nakan （§ 21 e）　山の, 山の多い.
leīnakecʻowtʻiwn, -tʻean　山の暮らし.
leīnakołmn, - man, - mancʻ　山岳地帯. →leaīn, kołmn.
leīnayin, -aynoy （§ 65 b）　山の多い, 山地の.
leīnleīnayin （§ 67 b）　山また山に富んだ土地.
lesowm, lesi （§ 137）　すりつぶす, 砕く.
ler, lerowkʻ　→linim.
lerk　毛のない.
Lewi （§ 71 a）　レヴィ.
li, lioy, liov, liocʻ （§ 28 b, 33 a, 40 b, 72 a） （[+ 具] …で） いっぱいの, 満たされた. →lnowm.
Lia, -ay 《人名》レア.
lizem, -ecʻi / lizanem, lizi （§ 29 b, 35 d, 40 b, 128 a, 131, 137）　なめる [lizowm, lezowm もあり].
likayonarên （§ 66 C d）【副】リュカオニア語で.
linim, 3.sg.aor. ełew （§ 139, 189）　なる, 生ずる, 起こる, 生起する, 行われる, ある, 留まる ; linim ənd knoǰ 女と情を交わす.
liwotʻiwn, -tʻean （§ 77 d）　満ちていること, 多量.
litr, lter, ltercʻ （§ 75 a）　リトラ （λίτρα）.
liwn （§ 11） : 文字 l.
lnowm, lcʻi, 3.sg. elicʻ, 命 licʻ （§ 21 a, 28 b, 33 a, 40 b, 53, 128 d, 138 b,

189）　満たす, 一杯にする （πληρόω, γεμίζω）;【受】（アオ lcʻay）満たされる, 満ちる （πληροῦμαι）.
loys, lowsoy, - ov （§ 21 d, 29 e, 36 a, 40 b, 50）　光, 焚き火 （φῶς）.
low （§ 34 a, 35 a, 40 b）　知られた, 有名な ; low　ar̄nem 知らせる ; low　i low 公然と, 公衆の面前で （§ 67 a）. →lsem.
lowanam, - owacʻi, 命 lowá （§ 126, 135） 1）【能】洗う （νίπτω）, （自分の手足などを）洗う （νίπτομαι）. 2）【中】（自分の）体を洗う （νίπτομαι）, 沐浴する （λούομαι）.
lowc, lcoy, - ocʻ （§ 21 b, 36 c, 41 備 1）　くびき （ζυγός）.
lowcanem, lowci, 3.sg. eloyc （§ 36 c, 41 備 1, 131）　解く, ほどく ;（律法を）破る, 廃棄・破棄する.
lowr̄, lr̄i, lr̄acʻ （§ 49）　無言の, 沈黙した ; lowr̄ lowr̄ 全く静かな （§ 67 b）.
lowsanam, - nayr, - sacʻaw （§ 50）　明るくなる, 夜が明ける （ἐπιφώσκω）. →loys.
lowsatow （§ 45 b）　光を与える.
lowsawor, - i, - acʻ （§ 21 d, 49, 65 e）　光る, 輝かしい （φωτεινός）. ⇔ xawarin.
lowsaworem, - ecʻi （§ 49）【能】照らす ;【中】光る, 輝く.
lowsin, lowsni / lowsnoy （§ 29 e, 36 a, 40 b） （天体の）月 （σελήνη）. → loys.
lowsnot, - i, - icʻ/- acʻ （§ 65 q）　てんかんを患った. →lowsin.
lowsnotim, - tecʻay　てんかんを患う （σεληνιάζομαι）. →lowsnot.
lowsov　→loys.
lowr[1] 命　→lsem.
lowr[2], lroy, - ocʻ　1）噂, 評判. 2） lowr lini（…の）耳に入る, 知れ渡る.

— 354 —

lowc'anem, lowc'i, 3.sg. eloyc' (§ 131) 火をつける (ἄπτω).

līeleayn, līelayn (§ 65 c) 黙って、ひそかに、こっそりと.

līem, -ec'i (§49) 黙る、沈黙する (σιωπάω); līeli 沈黙すべき. →lowī.

līec'owc'anem, -owc'i 黙らせる.

lseli, -lwoy (§ 65 n, 190) 聞き入れられる、聞かれる、聞き取れる; lselik', -leac' (§ 214) 聴覚、聴力、耳.

lsem, loway, 命 lowr (§ 34 a, 35 a, 130, 139) 聞く、聞き従う (ἀκούω).

lsoł, - i, - ac' (§ 60 b) 聞く人. →lsem.

lrowt'iwn, -t'ean 当て布 (πλήρωμα).

lrtes ; -k', -ac' (§ 45 e) 密偵、斥候.

lc'aw, lc'i →lnowm.

lc'owc'anem, - owc'i, 3.sg. lc'oyc' (§ 53) 満たす (ἐπιπίμπλημι). →lnowm.

lc'c'i 接・アオ・受・3・単 →lnowm.

lk'anem, lk'i, 3.sg. elik' (§ 21 a, 27 c, 37 a, 40 b, 128 a, 131) 去る、置き去りにする、見捨てる.

X

xabem, -ec'i だます、欺く (πλανάω).
xaxank' (§ 36 b) 高笑い.
xacanem, xac'i, 3.sg. exac' (§ 36 b, 131) 噛む.
xałałowt'iwn, -t'ean 平和、平安、安寧、安全 (εἰρήνη); 凪 (γαλήνη).
xałam, -ac'i (§ 134) 1) 動き出す、赴く. 2) 遊ぶ、戯れる、じゃれる; 飛び跳ねる (σκιρτάω). 3) ほとばしる、流れ出る、あふれ出る.
xałoł, -oy ブドウ (σταφυλή).
xayt'oc' (§ 71 a) とげ.
xaytařakem, -ec'i 辱める、見世物にする,

xanjarowrk', - jarroc' (§214) [複のみ] 産着、おむつ、おしめ; patem i xanjarowrs 産着にくるむ (σπαργανόω).

xašn, -šin; xašink', -šanc' (§ 77 a) (羊・山羊の) 群れ、家畜 (θρέμμα).

xač', -i, -ic' 十字架 (σταυρός); i xač' hanem = σταυρόω 【能】十字架につける; i xač' elanê = σταυροῦται, ἐσταυρώθη 【受】十字架につけられる (§ 190, 211). →xač'eleal(-n).

xač'akir, -kric' 十字架を担う.

xač'ap'ayt, -i, -ic' 十字架 (σταυρός). →p'ayt, xač'.

xač'eleal(-n) 十字架につけられた者 (ἐσταυρωμένος) 〔xač'+ elanem の分詞 eleal から〕.

xač'em, -ec'i (§ 190) 十字架につける [分 xač'eal].

Xařan ハラン (地名).

xařn, -i 混ざった、混ぜ合わされた; xařn i xowřn 混乱して、ごちゃまぜに (§ 67 a).

xařnak, -i, -ac' (§ 64) 混じった、不浄な (κοινή).

xařnakem, -ec'i 混ぜる、乱す、混乱させる; xařnakim, -kec'ay 混ざり合う、[ənd+位] …と付き合う (συγχράομαι).

xařnamařn (§ 67 a) 混乱した、入り乱れた.

xařnem, -ec'i 混ぜる (μείγνυμι); -im (団体などに) 加わる.

xaraznazgest, -ow, owc' 粗服を着た.

xaroyk, - rowki, - kac' 炭、炭火; xaroyk arkanel 炭火を起こす (ἀνθρακιὰν ποιεῖν).

xarteaš, -teši 赤毛の、ブロンドの.

— 355 —

語　彙

xawar, -i, -aw　闇，暗黒（σκότος）．
xawarayin, -oy（§65b）暗い．
xawarim, -recʻay　暗くなる，陰る（σκοτίζομαι）．
xawarin（§65o）暗い，暗闇の（σκοτεινός）．⇔lowsawor.
xawarowt（§65t）暗闇の，真っ暗な．
xawarčʻowt（§65t）暗い．
xawsim, -ecʻay（§127）話す，語る（λαλέω）；(鶏が)鳴く；[分] xawseal 語られた，許婚に定められた，結婚した／xawsecʻeal 結婚した，婚約した．
xawsown, -snoy（§65s）話す能力に恵まれた，理性的な．→xawsim.
xawskʻ, -sicʻ（§62f）[複のみ] 話，語り，話し方，訛り，方言（λαλιά）．
xelamowt（§217b）【形】[+与] …に通じた，（理解力に）富んだ；xelamowt linim 理解する，熟慮する（συμβάλλω）．
xelkʻ, -lacʻ（§214）[複のみ] 頭；船尾，艫（πρύμνη）．
xeł, -i, -acʻ　手足のない，体の不自由な．
xecʻbekagoyn　非常に粗野な．下品な．
xzem, -ecʻi　砕く，破る，ちぎる（διασπάω）．
xê（§11）：文字 x．
xžabar（§66 C c）【副】野蛮に．→xowž．
xždowž　野蛮な；《比》xždžagoyn（§65g）．→xowž, dowž.
xind（§52）喜び．
xist, xsti, -icʻ/-acʻ　厳しい，苛酷な；[具] xstiw【副】厳しく，苛酷に．
xmorown, -noy（§65s, 72a）酵母の入った（パン）．
xnam, oy　入念，注意．
xnamem, -ecʻi　世話をする，気づかう．
xnamot, -i, -acʻ（§65q）注意深い，入念な，情け深い．

xnayem, -ecʻi　節約する，骨惜しみする，控えさせる；容赦する，免除する．
xndam, -acʻi（§48, 52, 134）喜ぶ（χαίρω）．→xind.
xndir, -droy, -ocʻ（§62f）要求，要望，欲求；質問；調査；論争，討論；i xndir（位）ê 探索している．
xndowtʻiwn, -tʻean（§48）喜び．
xndrem, -ecʻi　祈る，懇願する；質問する；求める，探す，探し求める，調査する．
xndrowac, -oy; xndrowackʻ, -cacʻ/-cocʻ（§62b）祈願．
xnjor, -oy/-i　リンゴ．
xnjoreni, -nwoy, -neacʻ（§65m）リンゴの木．
xnowm, xcʻi（§138b）埋める，ふさぐ．
xoz, -i, -icʻ/-acʻ　豚（χοῖρος）．
xozarac, -i, -acʻ/-icʻ（§45b）豚飼い（βόσκων）．→aracim.
xozean（§65j, 213）《集合的》豚の群れ．
xozeni, -nwoy, -neacʻ（§65m）豚肉．
xohowrd　→xorhowrd.
xoy, -oy, -ocʻ（§14 A 2, 72a）雄羊．
xoyr, xowri, xowricʻ（§16）頭飾り．
xonarhim, -hecʻay　1) 低くなる，低くされる．2) かがむ，身をかがめる．3) 下がる，下降する．
xošoragoyn　荒削りの，粗野な，耳ざわりな．
xostanam, -tacʻay　約束する．
xostovan linim [z-+対] 公言する，告白する．
xostovanem, -ecʻi　告白する（ὁμολογέω）．
xot, -oy, -ocʻ（§23, 72a）草，茎（χόρτος）．
xotaker（§45b）草を食べる．
xotem, -ecʻi　拒絶する，無効にする，

語　彙

破棄する，反古にする，軽蔑する．
xotorec'owc'anem, -c'owc'i　わきへ向ける，そらす，背ける．
xor, -oy; xork', -roc'　深い, 深さ (§ 214).
xorin (§ 65 o)　深い.
xorxorat, -i, -ic' (§ 67 b)　くぼみ，穴，溝 ($\beta \delta \theta \upsilon \nu o \varsigma$).
xorhim, -hec'ay (§ 189)　考える，思う，思いめぐらす ($\delta \iota \alpha \lambda o \gamma \iota \zeta o \mu \alpha \iota$).
xorhowrd; xohowrd, -hrdean　計画，もくろみ，考え，想い ($\delta \iota \alpha \lambda o \gamma \iota \sigma \mu \acute{o} \varsigma$)，奥義 ($\mu \upsilon \sigma \tau \acute{\eta} \rho \iota o \nu$); (z-) xorhowrd aṙnowm　協議する ($\sigma \upsilon \mu \beta o \acute{\upsilon} \lambda \iota o \nu \lambda \alpha \mu \beta \acute{\alpha} \nu \omega$).
xorhrdakan (§ 65 a)　賢い，賢人，神秘家．
xortakem, -ec'i　打ち砕く，粉々にする，折る ($\sigma \upsilon \nu \tau \rho \acute{\iota} \beta \omega$).
xortik, -tki, -kac'　皿，料理，御馳走．
xowem, -ec'i　虐待する，暴行する，ゆすり取る ($\delta \iota \alpha \sigma \epsilon \acute{\iota} \omega$).
xowž　野蛮な．→dowž.
xowžadowž　野蛮な．
xowl, xli, -ic'　耳の聞こえない（人）($\kappa \omega \phi \acute{o} \varsigma$).
xowṙn, xṙan (§ 77 c)　雑踏，群集; xowṙn ənt'anam　群れをなして・いっせいに駆けつける ($\sigma \upsilon \nu \tau \rho \acute{\epsilon} \chi \omega$).
xownk, xnkoy, -oc'　香料；香の供え物．
xowṙjn, xṙjan, xṙjownk', -janc' (§ 77 c)　束，ふさ．
xṙnim, -ec'ay [z-＋具] …の周りに集まる，群がる，殺到する．
xṙovem, -ec'i　反乱を起こす，扇動する，【中／受】動転する，動揺する，心を乱される，騒ぎ立てる．
xṙovec'owc'anem, -c'owc'i　惑わす，かき乱す ($\tau \alpha \rho \acute{\alpha} \sigma \sigma \omega, \acute{\alpha} \nu \alpha \sigma \tau \alpha \tau \acute{o} \omega$).

xṙovowt'iwn, -t'ean　暴動，反乱，騒動 ($\theta \acute{o} \rho \upsilon \beta o \varsigma$).
xstamberowt'iwn, -t'ean　厳格，厳粛，謹厳，質素な生活．
xtrank', -anac' (§ 62 c, 214)　[複のみ] 区別；観察
xrat, -ow, -owc' (§ 16, 23, 74 a)　助言，提言，説諭，教訓; xrat tam = $\sigma \upsilon \mu \beta o \upsilon \rho \epsilon \acute{\upsilon} \omega$　提言する．
xrattow (§ 43 b)　助言者．→tam.
xrac'k', -c'ic' （サンダルの）紐 ($\iota \mu \acute{\alpha} \varsigma$).
xp'anem, xp'i, 3.sg. exowp' (§ 131) 閉じる，閉める，蓋をする ($\pi \tau \acute{\upsilon} \sigma \sigma \omega$).
xôseal　→xawsim.
xôsim　→xawsim.

c

ca (§ 11): 文字 c.
cag, -i; cagk', -gac' [単]（指の）先; [複]（地や天の）果て．
cagem, -ec'i 【中】-im　（太陽が）のぼる ($\acute{\alpha} \nu \alpha \tau \acute{\epsilon} \lambda \lambda \omega$); p'aṙk' cagec'in aṙ nosa = $\delta \acute{o} \xi \alpha \pi \epsilon \rho \iota \acute{\epsilon} \lambda \alpha \mu \psi \epsilon \nu \alpha \dot{\upsilon} \tau o \acute{\upsilon} \varsigma$　栄光が彼らを取り巻いて輝いた．
cax, -oy/-ow; caxk', -xic'/-xowc'/-xoc' (§ 214)　費用 ($\delta \alpha \pi \acute{\alpha} \nu \eta$).
caxem, -ec'i　使い果たす，費やす ($\delta \alpha \pi \alpha \nu \acute{\alpha} \omega$).
cackagêt　隠されたことを知っている．
cackem, -ec'i　隠す，隠蔽する，覆う．
cackoyt' (§ 62 d)　覆い．
cacowk　隠れた; i cacowk　隠れて，ひそかに，隠れたところに．
całik, -łki/-łkan, -ac'/-anc' (§ 77 c)　花．
całkeay (§ 65 i)　花咲いた，花でおおわれた，花飾りをつけた．
całr, całow (§ 35 c, 74 b)　笑い; całr

— 357 —

語　彙

arnem あざ笑う，なぶりものにする（καταγελάω）．→cicałim.
canawt', -ic' 1) 知られた，知っている，…と面識がある（γνωστός）．2) canawt'k' 知人，親友，親族（γνωστοί）．
canawt'akan, -ac' 知られた．
caneay →čanač'em.
canowc'anem, -owc'i (§ 53, 58) 知らせる．→čanač'em.
canr, -now, -ownk', -ownc' (§ 50, 74 c) 重い（βαρύς）；canr canr 非常に重い，より・最も重要な（§ 67 b）．
canrabern, -berin, -berink' (§ 77 b) 重い荷を持つ．
canranam, -rac'ay (§ 50) 重くなる，鈍重になる，うちひしがれる．
canranawem, -ec'i (§ 47) 遅い舟脚で進む（βραδυπλοέω）．
car, -oy, -oc' (§ 72 a) 木．
caray, -i, -ic' (§ 49, 73) 下僕，召使い（δοῦλος, παῖς）．
carayakic', -kc'i, -kc'ac' (§ 63 d) 下僕仲間．
carayem, -ec'i (§ 49, 217 a) 仕える，奉仕する（δουλεύω）．
carayowt'iwn, -t'ean 下僕であること，奉仕．
caraw, -oy 渇き．
carawem, -ec'i 渇く（διψάω）．
carawi, -woy, -weac' のどが渇いた．
carawowt (§ 65 t) 乾燥した．
cer, -oy, -oc' (§ 23, 27 b, 35 c, 40 a, 50, 72 a) 1) 年老いた，老齢の（γέρων）．2) 長老（πρεσβύτερος）．
ceragoyn (§ 65 g) 年長の．
ceranam, -rac'ay (§ 50) 年老いる．
cerowt'iwn, -t'ean 老年，老齢．
cicałim, -łec'ay (§ 67 c) 笑う，あざ笑う，馬鹿にする（γελάω）．→catr.

cicern, cicran (§ 23 備 2) ツバメ．
cin, cni, -ic' (§ 27 b, 35 c, 39 b) 誕生，出生；i cnê 生まれつき．→miacin, cnownd, cnanim.
cirani 深紅の，深紅色．
cnanim, cnay (§ 39 b, 125, 131, 189) 産む，生まれる [接・アオ・3・単 cnc'i, 分 cneal]（τίκτω）．
cnawłk'/cnołk', -łac' (§ 60 b) 両親（γονεῖς）．→cnanim.
cnndakan (§ 65 a) 出産する（女）．
cnownd, cnndean, -doc' (§ 77 d) 出生，誕生；子孫，後裔．→cin.
cnowc'anem, cnowc'i 出産させる．
cnowc'ič', -c'č'i, -aw (§ 60 a) 助産婦（μαῖα）．
coyl (§ 50) 躊躇した，怠惰な．
cov, -ow, -owc' (§ 24, 64, 74 a) 湖；海（θάλασσα）；【指小】covak, -i, -ac' 湖（λίμνη）．
covagoyn (§ 65 g) 海の色をもつ．
covap'neay (§ 65 i) 海岸の．→cov, ap'n.
covezr, -ezer, -ezerb (§ 45 d) 海辺，海岸．→cov, ezr.
covezreayk' (§ 65 i) 海岸に住む人々．
coc', -oy 胸（κόλπος）．
cowx, cxoy 煙．
cowlanam, -lac'ay (§ 50) 怠惰になる．→coyl.
cownr, 複 cowngk'/cownkk', cngac' (§ 24 F, 27 d, 35 c, 39 b, 41 a, 74 b) 1) 膝．2) dnem cownr ひざまずく．3) i cownr ijanem ひざまずく，ひれ伏す．

k

ka 1) kay → kam¹. 2) 命・アオ

— 358 —

語　彙

(ka, kal) →ownim.
Kadmos, Kadmeay (§71b)　カドモス.
kazmem, -ec'i　繕う；備える，用意する.
kat'ogi linim　心配する，気にかける.
kat'ołikos (§44)　カトリコス（アルメニア教会の総主教 καθολικός）.
kalay　アオ→ownim.
kalank', -nac' (§62c)　監獄，獄舎. →kalay.
kalowac, -oy (§62b)　所有物. →kalay.
kaxem, -c'in　掛ける，吊るす.
kakłanam, -łac'ay (§50)　柔らかくなる.
kakowł, -kłoy (§50)　柔らかい.
kałin, -łnoy, -oc' (§30d, 37c)　どんぐり.
kałni, -nwoy, -neac' (§30d, 37c, 65n)　オーク，樫.
kam¹, kac'i, 3.sg. ekac'i (§24C.E, 53, 127, 134)　立っている，立つ，存立する；留まる，いる，ある，横たわる（ἵστημι, κεῖμαι）.
kam² (§169)【接】《離接》…か，あるいは (ἤ).
kamakic', -kc'i, -kc'ac' (§63d)　意志を同じくする者，同志. →kamk'.
kamayakan, -ac'　自分の意志の，自発的な.
kamaw【副】自分の意志で，自発的に；故意に.
kamim, -mec'ay (§24E, 127, 189, 198)　…するつもりだ，…しよう[と思う]，…したい (θέλω, βούλομαι).
kamk', -mac' (§62f) [複のみ]意志 (θέλημα).
Kayiap'a(y)　カヤファ (Καϊαφᾶς/Καϊάφας).
kaysr, -ser, -serk', -rac' (§14 備2, 24 B, 75a)　皇帝 (καῖσαρ).

Kana; Kanay　カナ (Κανᾶ).
kanambi, -bwoy, -beac' (§65n)　妻と共に暮らす，既婚の. →kin.
Kananac'i; Kannac'i, -c'woc'　熱心党員 (Καναναῖος).
kananc'acin (§44)　女たちから生まれた. →kin, cin.
kangnem, -ec'i【能】起こす；kangnim【中】立ち上がる.
kangnowmn, -gnman　起き上がらせること (ἀνάστασις).
kangown　肘から中指の先までの長さ (πῆχυς).
kanxagêt　予知する，予知（予見）者 (<kanowx 早く + gêt).
kanxagoyn【副】すでに，以前に，かつて.
kanxem, -ec'i　朝早く起床する.
kanon, -ic'/-ac'　カノン，教会の法規.
kap, -oy, -ac'　結び（目），結合
kapank', -nac' (§62c, 214) [複のみ] 縛る[結ぶ，つなぐ]もの，束縛，縄目.
kaparčk', -čic' [複] 箙（の矢）.
kapem, -ec'i　つなぐ，縛る (δέω); kapeal (mi) 囚人 (δέσμιος).
kapert, -i, -ic' （布などの）切れっ端，当て切れ (ἐπίβλημα).
kapênk', -pinac' (§71a) [複のみ] 結婚持参金,（娼婦の）報酬.
kapoyt　青い；【指小】kapowtak　青みがかった (§64).
kařap'n, -p'in, -p'anc' (§77a)　頭蓋骨，頭.
kařč'im, kařeay (§133)　引っ掛かる.
kaskacem, -ec'i　疑う，嫌疑をかける.
kaskacot (§65q)　疑い深い.
kasowm, kasi, 3.sg. ekas (§137)　脱穀する.
katakem, -ec'i　なぶりものにする.
katarac, -i, -ic' (§62b)　終わり，終

語　彙

末, 結末, 果て (τέλος, συντέλεια).
katarem, -ec'i 完了する, 経過する, 完成する, 成就する, 果たす (τελέω).
katarowmn, -rman (§62a) 実現, 完成, 成就.
karas (§16) 瓶, 甕.
karasi, -swoy, -seaw, -seac' 家財道具 (σκεῦη).
karawtim/karawtanam, -tec'ay/M: -tac'ay (§217a) [+与] …に不足する, を必要とする (ὑστερέω [τινός]). → karawtowt'iwn.
karawtowt'iwn, -t'ean 窮乏, 貧困 (τὸ ὑστέρημα). → karawtim.
karg, -i, -ac' (§62f, 71a) 順序, 順番; 制度, 秩序, しきたり, 習慣; 階級, 身分; [単・具] kargaw 《副詞的に》順序立てて (καθεξῆς).
kargem, -ec'i 順序立てて配列する, 命じる, 定める, 指示する, 任命する, 割り当てる. → karg.
kardam, -ac'i (§134) 呼ぶ, 叫ぶ.
karem, -rac'i (§130) [+不] …できる (δύναμαι, ἰσχύω).
karewor, -i, -ac' (§65e) 必要な, 切迫した.
karik', -reac' 悲しみ, 悲痛; 必要; karis aṙnem 同情する.
karc 考え, 推測, 予想.
karcem, -ec'i 思う, 考える, 想像する (νομίζω).
karcr, -cow (§74c) 固い, 硬い.
karkem, -ec'ay 黙る, 口をつぐむ.
karč, -i, -ic' 短い, 低い.
karčem, -ec'i 短くする, 縮める; 妨げる, 阻止する.
karmir, -mroy (§50) 赤い, 深紅の; 【指小】 karmrik.
karmranam, -rac'ay (§50) 赤くなる.
karoł/karawł, -i, -ac' (§60b) 1)

丈夫な, 健康な. 2) karoł em/linim …できる. → karem.
kac'owc'anem, -owc'i, 3.sg. -oyc' (§53) 立たせる, 据える, 定める, 任命する;(人を…に)する. → kam¹.
kaw, -oy 粘土.
kawšik, -ški, -kac' 皮ぞうり, サンダル (τὰ ὑποδήματα).
Kap'aṙnawowm; Kap'aṙnaowm カファルナウム (Καφαρναούμ).
keam, kec'i, 3.sg. ekeac' (§37c, 48, 53, 128c, 134) 生きる, 生活する, 暮らす, 生き返る (ζῶ, ἀναζάω).
keank', kenac' (§62c, 214) [複のみ] 1) 命, 生命 (ζωή). 2) 資産, 財産 (βίος).
Kedrovn, -i ケドロン (Κεδρών).
kełcawor, -i, -ac' 偽善者 (ὑποκριτής).
kełcaworem, -ec'i ふりをする, 偽装する (ὑποκρίνομαι).
kełewank', -nac' (§62c) 鱗, 殻.
kełewem, -ec'i (皮などを)むく, はぐ.
ken (§11): 文字 k.
kendani, -nwoy, -neac' 生きている, 活ける; kendani aṙnem 生かす.
kesowr, -sri, -rac' 夫の母, 姑.
kesrayr 姑の夫, 舅. → kesowr, ayr.
ker, -oy, -oc' (§37c) 食料, 食物. → owtem.
kerakowr, -kroy, -oc' (§67a) 食料, 食物, 食糧 (τροφή, βρῶμα). → ker, kowr.
kerakrem, -ec'i 食物を与える, 養う (τρέφω).
keray アオ → owtem.
kerawł/keroł, -i, -ac' (§60b) 食べる人; 大飯食いの. → owtem.
kerp, -i, -ic' 形, 姿.
kerpakerp, -i, -ic' さまざまな形・姿

語　彙

kerparank‘, - nac‘ (§ 63 b) ［複のみ］形, 姿.
kec‘owc‘anem, - owc‘i (§ 48, 53)　生命を与える, 生かす, 救う (σῴζω). →keam.
kec‘c‘- →keam.
kês, kisoy ; kêsk‘, kisoc‘ (§ 112)　半分, 2分の1.
kt‘em, -ec‘i　摘む, 採取する.
kizowm, kizi, 3.sg. ekêz (§ 137)　焼く, 燃やす.
kilikec‘i, -c‘woc‘ (§ 65 d)　キリキア人. Kilikia　キリキア.
kin, knoǰ, 複 kanayk‘, - nays, - nanc‘ (§ 37 c, 39 b, 78 e, 81 d)　女性, 妻 (γυνή) ; kin, kanays ar̄nem 娶る.
kic‘　結合して, 一緒に, 同時に.
Kiwrenios, -neay　クィリニウス (Κυρήνιος).
klanem, kli, 3.sg. ekowl (§ 54-5, 131)　呑み込む, 吸い込む. →ənkł-mem.
kcanem, -ec‘i (§ 35 c)　刺す, 嚙む.
kcow (§ 35 c) （味・香りなどが）刺すような, 辛い, 刺激性の.
kłerakan, -i, -ac‘　聖職者.
kšir̄, kšr̄oy, -oc‘　等価の, 同等の.
kogi, - gwoy, - gwov (§ 27 d, 41 a)　バター.
koxan linim　踏みつけられる, 踏み荒らされる.
koxem, -ec‘i (ar̄ otn 足で) 踏む, 踏みつける.
kocem, -ec‘i　1) 打つ, 叩く. 2) kocim, -ec‘ay 胸を打って嘆く. →k‘arkoc.
kokord, -i, -ac‘ (§ 37 c, 67 c)　喉.
Kołb　コルブ (都市).
Kołbac‘i (§ 65 d)　コルブ出身の.

kołkołagin (§ 65 f)　悲嘆に満ちた.
kołkołem, -ec‘i　うめく, 嘆き悲しむ.
kołmn, kołman, kołmank‘ (§ 67 a, 77 c)　面, 側面, 側 ; 地方, 地域 ; 党派 ; i kołmanc‘ kołmanc‘ あらゆる方面 [地方] から, 各地から.
kołr, kołer, kołerc‘ (§ 75 a)　[大] 枝.
kočł, kočeł, -łac‘ (§ 76)　丸太.
koys¹, kowsi, - ic‘ (§ 21 d, 73)　乙女 (ἡ παρθένος). →kowsan.
koys², kowsi, -ac‘ (§ 71 a)　面, 側面.
koyt　山積み, (人の) 群れ. →kowtem.
koyr, kowri, - rac‘ (§ 50)　盲目の ; 盲人 (τυφλός).
koč‘em, -ec‘i (§ 127)　1) 呼ぶ, 呼び寄せる, 名づける (καλέω, φωνέω). 2) 招く, 招待する.
koč‘nakan, -i, -ac‘ (§ 65 a)　客. → koč‘ownk‘.
koč‘ownk‘, - č‘noc‘ (§ 214) ［複のみ］祝宴, 宴会.
Kostandinakan, -ac‘　コンスタンティノープルの.
kov, -ow (§ 1, 37 c, 74 a)　雌牛.
kotorac, -oy, -oc‘ (§ 62 b)　虐殺, 殺戮. →kotorem.
kotorem, -ec‘i　殺す, 虐殺する.
korban, -i, -ac‘　神殿の宝物庫 (κορβανᾶς).
korzem, -ec‘i　引き抜く, 摘む (τίλλω).
koriwn, - rean, - reanc‘ (§ 77 d)　犬の子, (ライオン・クマなどの) 野獣の子, 若者 ;《固有名として》コリウン.
kornč‘im, koreay (§ 56, 133, 189)　滅ぶ, 駄目になる (ἀπόλλυμαι).
korowsanem, - owsi, 3.sg. koroys (§ 56)　1) 滅ぼす, 殺す (ἀπόλλυμι). 2) 失う. →kornč‘im.
korowst, korstean (§ 62 e, 77 d)　滅び, 滅亡, 喪失 ; 無駄遣い, 浪費 (ἀπ-

ὤλεια).
kowł, kłi 折りたたみ.
kôwmi = κοῦμι (D)（アラム語「起きよ」）.
kowr̄k', kr̄oc' [複のみ] 偶像.
kowsan; 複 kowsank', -nac' 乙女. →koys¹.
kowsowt'iwn, -t'ean 少女であること (παρθενία).
kowtem, -ec'i 積み重ねる, 寄り集める. →koyt.
kowr, kroy, -oc'（動物の）餌. →kerakowr.
kowranam, -rac'ay (§50, 53) 盲目になる. →koyr.
kowrac'owc'anem, -owc'i (§53) 盲目にする (τυφλόω).
kowrck', krcic' (§214) [複のみ] 胸.
kowrowt'iwn, -t'ean 盲目, 無理解, 頑迷 (πώρωσις). →koyr.
kr̄aparišt / kr̄apašt, -i, -ic' (§24 F) 偶像崇拝者. →kowr̄k', paštem.
kr̄ownk, kr̄nkan (§36 c) ツル.
ktak, -i, -ac' 遺言, 遺書; 契約, 聖約.
ktakaran, 複 ktakarank', -nac' (§63 b) 契約 (διαθήκη); hin / nor ktakaran 旧・新約聖書.
ktaw, -oy, -ovk' 亜麻布 (σινδών).
ktowrk', -troc' (§62 f) [複のみ] 毛を刈ること.
ktrem, -ec'i 毛を刈る.
ktroł, -i, -ac' (§71 a) 毛を刈る者.
ktroc' (§71 a) ナイフ.
krawnk', -nic', -iwk' (§73, 214) [複のみ] 風俗, 習慣; 宗教, 信仰, 礼拝.
krem, -ec'i 持っている, 持ち運ぶ; 経験する, 被る, 受ける; わきへ取りのける（隠す）, くすねる (βαστάζω).

kretac'i, -c'woy (§65 d) クレタ島人. Kretê クレタ島.
krt'em, -ec'i 学ぶ, 習う, 修行する, 教育する; krt'eal 教育を受けた, 教養のある.
krt'owt'iwn, -t'ean 教育, 訓練, 修行.
krkin (§101, 109)【形】2重の, 2倍の; krkin angam 再び, 改めて;【副】2度目に, 再び.
krknawor, -i, -ac' 2重の.
krčem, -ec'i ぎしぎし音をたてる, きしむ, きしる.
krtser, -oy (§162)（兄弟などで）若い方の, 年下の (νεώτερος). ⇔ erêc'; 最小の.
krtseragoyn (§65 g) 年下の.
kc'ord, -i, -ac' 関与・参与する（人）, 仲間, 同僚 (κοινωνός).

h

h- (§43 a, 45 a)【接頭辞】良い. → hzawr.
hazar (§106)【数】千, 1000.
hazarapet, -i, -ac' 千人隊長 (χιλίαρχος).
hazarapetowt'iwn, -t'ean 千人隊長であること.
haziw【副】ほとんど…ない.
halacank', -nac' (§62 c, 214) [複のみ] 迫害 (διωγμός).
halacem, -ec'i 迫害する (διώκω).
halacowmn, -cman 迫害 (διωγμός).
hakar̄ak【形】反対の, 敵意ある, 敵対する. ——【前】[+属] …に敵対して, …に反して (§142); znorin hakar̄akn 反対に, かえって, むしろ.
hakar̄akord, -i, -ac' (§65 r) 敵対者.
hakar̄akowt'iwn, -t'ean 反対, 敵

— 362 —

語　彙

対；論争.

hačem, -ec'i　1) -em：満足させる, 説得する (πείθω).　2) -im：満足している, 気に入る, 意にかなう, 黙従する.

hačoy (§ 65 p, 188 b, 217 b) ［＋与］意にかなった, 気に入られた, 愛された；hačoyk' 喜ばせること, 楽しみ (§ 214).

hačowt'iwn, -t'ean　意にかなうこと, 気に入られること.

ham- (§ 46)【動詞接頭辞】1) 全部, まったく. 2) 共に.

ham, -oc'　味, 風味. →hameł.

hamašxarh, -ac'　国全体, 同国人, 同胞.

hamašxarhakan, -ac'　全国の；同胞.

hamarem, -ec'i　数える；hamarim, -rec'ay 考える, 思う, …と見なす；数える, 計算する (§ 189).

hamarjak【形】広大な；【副】大胆に, 公然と, あからさまに.

hamarjakagoyns (§ 65 g)【副】より大胆に・思い切って.

hamarjakim, -kec'ay (§ 46) 勇を振う. →ham-, arjakem.

hamarjakowt'iwn, -t'ean　大胆さ, 自由, 許可；hamarjakowt'iwn aṙnowm 許しを得る.

hambaṙnam　→ambaṙnam.

hambaw, -oy, -oc'/-i, -ac'　噂, 評判.

hambawem, M：hambovem, -ec'i 言い広める.

hamberem, -i/-ec'i (§ 46) ［＋与］耐える, 経験する, こうむる. → ham-, berem.

hamberowt'iwn, -t'ean (§ 61) 忍耐, 不屈.

hamboyr, hambowri, -ic' (§ 21 d) 接吻.

hambowrem, -ec'i (§ 21 d) 接吻する (［κατα-］φιλέω).

hameł (§ 65 k) 風味のある. →ham.

hamemat, -ic'　合った, 適した, 相応しい.

hamr, hamer, -merk', -merc' (§ 50, 75 a)　口のきけない (κωφός, ἄλαλος).

hamranam, -rac'ay (§ 50)　口が利けなくなる, 黙る.

Hay；複 Hayk', Hayoc' (§ 5, 14 A 2) アルメニア人.

hayabarbaṙ　アルメニア語を話す.

Hayastan, -i, -aw (§ 5, 63 c)　アルメニア.

hayerên (§ 5, 66 C d)【形】アルメニア語の；【副】アルメニア語で.

hayerênaxaws　アルメニア語を語る.

hayec'owac, -oy (§ 48)　見ること.

hayim, -yec'ay (§ 48, 127) 見つめる, 視線を投げる, 仰ぎ見る；šowrǰ hayim 見回す (περιβλέπω). →nayim.

Hayk, -ay (§ 71 b)　ハイク.

hayhoyem, -ec'i　冒瀆する, 悪口を言う, 罵倒する.

hayhoyowt'iwn, -t'ean　冒瀆〔の言葉〕, 悪口 (βλασφημία, λοιδορία).

hayr, hawr, harb, 複 hark', hars, harc' (§ 20, 25, 27 f, 33 a, 34 a, 40 a, 42 d, 75 c)　父, 教父 (πατήρ)；【指小】hayrik (§ 64).

hayrakan, -ac'　父の, 先祖の；父としての, 父のような.

hayreni, -eac' (§ 65 m)　父の, 父祖の.

hayc'em, -ec'i　探す, 頼む, 懇願する.

han (§ 24 D)　祖母. ⇔haw.

hanapaz【副】いつも, つねに, 毎日 (διὰ παντός, πάντοτε, καθ' ἡμέραν).

hanapazord, -i, -ac' (§ 65 r)　日々の, 毎日の；【副】いつも, 常に.

— 363 —

語　彙

hangamankʻ, -nacʻ [複のみ] 条件, 状況, 事柄.

hangist, hangsti / hangstean (§ 62 e, 77 d) 安らぎ, 安息, 休息 (ἀνάπαυσις).

hangowcʻanem, -owcʻi (§ 53) 休息させる (ἀναπαύω).

hangčʻim, hangeay (§ 53, 133, 189) 休息する, 安らぐ, 憩う (ἀναπαύομαι).

handerj[1] (§ 142, 222) 【後／前】［＋具］…と一緒に (σύν, μετά).

handerj[2], -i, -icʻ (§ 73) 衣服 (ἱμάτιον, ἔνδυμα).

handerjeal, -jeloy, 位 -elowm; handerjealkʻ, handerjelocʻ 未来 (§ 214). →handerjem.

handerjem, -ecʻi [分詞 handerjeal] 用意する, 整える. →yardarem.

handêp (§ 142) 【前】［＋属］…の面前で, …に向かって; yaynkoys handêp …の向かい側に (ἀντιπέρα).

hanem, hani, ehan, han (§ 130) 引く, 引き上げる, 奪う, 取り出す, 追い出す, 送り出す, (水を)汲む, (剣を)抜く.

hančar, -oy 分別, 理解力.

hančareł (§ 65 k) 理解力ある.

haštim, -tecʻay [ənd＋位]（…と）仲直りする, 和解する.

hasak, -i, -acʻ 身長, 背丈; 年齢, 寿命 (ἡλικία).

hasanem, hasi, 3.sg. ehas (§ 53, 131, 188 a) 達する, 到着する, 到来する, 届く, 機が熟す; 籤で決まる, 順番になる (λαγχάνω); i veray hasanem 理解する, わかる, 気づく.

hasarak (§ 217 b); hasarakacʻ 等しい, 共通の; (ar̄) hasarak 皆一緒に, 一斉に; hasarak gišer 真夜中に; zhasarak awowrb 正午に.

hasarakord, -i, -acʻ 等しい, 同じ.

hask, -i, -icʻ 穂 (στάχυς).

hasowcʻanem, -sowcʻi, -soycʻ (§ 53) 到達させる; 準備する; 触れる.

hastatem, -ecʻi 強める, 堅固にする, 基礎を置く, 固定する, 主張する, 回復する; -im 堅固にされる, 確立される, 元通りになる; hastateal ê 留まる.

hastatown, -tnoy, -ocʻ 安定した, 堅固な, 典拠の確かな, 信頼すべき.

hat, -oy, -ocʻ 穀粒種子 (κόκκος).

hatanem, hati, ehat (§ 24 D, 53, 127, 131) 切る, 切り離す, 切り落とす, 断ち切る ([ἀπο-/ἐκ-]κόπτω). →zatanem, yatanem.

hatowcʻanem, -owcʻi, hato (§ 53) 支払う, 返す, 返済する; 報いる.

hatowcʻowmn, -cʻman (§ 62 a) 返礼, 報いること.

haraw, -oy, -ov 南.

harawayin, -aynoy (§ 65 b) 南の.

hartʻnowm, -tʻeay (§ 138 c) 後ろに跳びのく.

hari アオ →harkanem.

hariwr, -ocʻ (§ 14 A 2, 106) 【数】百, 100.

hariwrapatik (§ 109) 100倍の.

hariwreak (§ 108) 【数】100個一組.

hariwrerord, hariwrord (§ 107) 【数】《序数》100番目の.

hark, -i, -acʻ (§ 71 a) 1) 税, 税金, 人頭税 (κῆνσος); 必要. 2) hark ê ［＋不］…せざるを得ない, …することが必要だ (§ 188 b).

harkanem, hari, ehar (§ 57, 131) 打つ, 殴打する, 打ちつける (παίω, δέρω);【中／受】harkanim, haray 打たれる, 襲われる; 魅せられる, うっとりする, 夢中になる; zahi harkanim 恐怖に襲われる; zamawtʻi harkanim 恥辱に打ちすえられる.

語　彙

harowac, -oy, -ocʻ (§62 b) 打つこと, 打撃, (複) 災厄, 苦患 ($μάστιξ$).
harowst, -rsti, -tacʻ 力強い, 強大な. 権力のある, 裕福な, 十分な, 多くの.
harsanikʻ, -neacʻ (§214) [複のみ] 婚礼 ($γάμος$).
harsn, -sin, -sownkʻ/-sinkʻ (§69-70, 77 b) 花嫁 ($νύμφη$) → pʻesay; 嫁→ skesowr.
harcʻ, -i, -icʻ (§30 c, 33 a, 42 a) 質問, 疑問.
harcʻanem, harcʻi, eharcʻ, harcʻ (§7, 30 c, 33 a, 42 a, 128 a, 131) 問う, 尋ねる, 質問する ($ἐπερωτάω$, $πυνθάνομαι$).
harcʻapʻorj 調査. → harcʻanem, pʻorjem.
harcʻowk (§71 a)　占者, 占い.
hacʻ, -i, -icʻ　パン.
hacʻalicʻ　パンが豊富な.
haw¹, -ow, -owcʻ (§24 D, 41 a, 74 a)　鳥, 鶏, 雌鳥 ($ὄρνις$); háw xawsi = $ἀλέκτωρ φωνεῖ$ 鶏が啼く.
haw², -ow, -owcʻ (§24 D, 41 a, 74 a) 祖父. ⇔han.
hawanim, -necʻay 同意する, 説得される.
hawanowtʻiwn, -tʻean 同意, 納得, 確信, 信念.
hawasar, -i, -acʻ/-icʻ 等しい, 同じ; 友人, 仲間.
hawasarem, -ecʻi 同等に扱う, 同格視する, 共有させる.
hawatam, -tacʻi (§134, 217 a) [+与/i+対/i+位] 信じる ($πιστεύω$).
hawatarim, -rmi, -macʻ 忠実な, 信頼できる ($πιστός$); hawatarim linel 本当だと証明される.
hawatacʻeal 忠実な, 信仰厚い.
hawatkʻ, -tocʻ (§44, 214) [複のみ] 信仰 ($πίστις$) [単 hawat は複合語に見られる. →tʻerahawat, sakawahawat].
hawt, -i, -icʻ (羊の) 群 ($ποίμνη$).
hawrakʻoyr (§45 d, 78 b) 父の姉妹, 伯 (叔) 母. →hayr, kʻoyr.
hawrełbayr (§44, 45 d, 75 c) 父の兄弟. →hayr, ełbayr.
hawrow 継父.
hetʻanos, -i, -acʻ 異教徒, 異邦人 ($τὸ ἔθνος, τὰ ἔθνη$).
hetʻanosabar (§66 C c) 【副】異邦人のように.
hetʻanosakan (§65 a)　異邦人の.
hellenakan, -i, -acʻ　ギリシア (人) の.
hecanim, hecay (§53, 131, 189) (ロバなどに) 乗る, 騎乗する.
hececem, -ecʻi (§67 b)　嘆き悲しむ, うめく, 慟哭する.
hecowcʻanem, -owcʻi (§53) (ロバなどに) 乗せる. →hecanim.
hełanim, -łay 流れる.
heł, -i, -acʻ (§67 b)　大水, 洪水, 氾濫. →hełowm.
hetjnowm, -jay (§138 a)　窒息する, 溺れ死ぬ ($πνίγομαι$).
hetjowcʻanem, -owcʻi 窒息させる, 息苦しくさせる ($συμπνίγω$).
hełowm, heła, 3.sg. ehał (§24 D, 81, 118-122, 137, 189)　注ぐ; 【中／受】アオ hełay こぼれる, (血が) 流される ($ἐκχέω$). →zełowm.
henowm (hanowm), heni (hani) (§137)　織る, 編み合わせる.
heštakan, -acʻ　楽しい, 快い.
heṟagoyn (§65 g) 【副】遠くに, 遠く離れて. →agoyn.
heṟastan, -i (§63 c)　遠い所, 遠方; i heṟastanê 遠くから ($ἀπὸ μακρόθεν$).

— 365 —

→heṙi.
heṙi【形】遠い.
het, -oy (§ 24 D, 27 b, 33 a, 34 c)
　1) 足跡. 2) het, hetoy, i hetê (§ 142)【前】…の後ろに, …のあとに, …以来. 3) y-aynm /-aysm hetê それ・これから後 (§ 144). 4) y-ormê hetê …して以来 (§ 186). →yet.
heti, -twoy, -teac' 徒歩で.
her, -oy, -oc' 髪の毛.
herji, -jwoy, -jeac' (§ 71 c) 乳香樹.
herjowm, herji, 3.sg. eherj (§ 137) 分ける, 分割する, 引き裂く.
herow (§ 33 a, 34 a, 40 a) 昨年；i herown hetê 去年から.
hzawr, -i, -ac' (§ 45 a, 50) 力ある, 強い, 権力者. →h-, zawr.
hzawragoyn より強い (ἰσχυρότερος). →zawragoyn, -agoyn, h-.
hzawranam, -rac'ay (§ 50) 強くなる.
hên, hinic' 匪賊, 盗賊, 略奪者.
Hêrovdês [Hêrodês, Herovdês, Herovdes], -di ヘロデ (Ἡρῴδης).
Hêrovdianos [k'] ; M : Herovd -, -sac' ヘロデ党の者 (Ἡρῳδιανοί).
himn, -man, -manc' (§ 22 ,77 c) 土台.
himnem, -ec'i (§ 22) 基礎を置く, 設立する.
hin, hnoy, -oc' (§ 27 b, 38, 39 b, 50, 72 a, 101) 古い (παλαιός). ⇔ nor.
hing, hngic'/-ac', hngiwk'/-awk' (§ 20, 22, 27 b, 33 a, 37 a, 39 b, 103)【数】5.
hingerord (§ 22, 107)【数】《序数》5番目の, 第5の.
hingkrkin (§ 109) 5重の, 5倍の.
hinghariwr (§ 106)【数】500.
hiwand, -i, -ac' (§ 50) 病気の, 病人.
hiwandagin (§ 65 f) 病気の.

hiwandanam, -dac'ay (§ 50) 病気である, 病気になる, 苦しんでいる.
hiwandanoc', -i, -ac' (§ 63 a) 病院.
hiwandowt'iwn, -t'ean 病気 (ἀσθένεια, νόσος).
hiwt', -oy, -oc' 湿気, 湿り, 水分 (ἰκμάς).
hiwcanim, hiwcay 減少する, 縮小する, 弱まる.
hiwł, hiwłeay (§ 14 A 2, 71 b) 物質, 素材 (ὕλη).
hiwn (§ 11) ：文字 w.
Hiwpołitês, Hiwpołtay (§ 71 b) ヒュポリテス.
hiwsis, -oy, -ov/-iw (§ 22) 北.
hiwsisayin, -aynoy (§ 65 b) 北の.
hiwsn, hiwsan, -sownk', -sanc' (§ 77 c) 大工.
hiwr, -oy, -oc' 客, 訪問者.
hiwramecar 客を手厚く・気前よくもてなす.
hlow, -ac' (§45b) 従順な (ὑπήκους). →h-, lsem.
hccem, -ec'i [M : heccem, cf. hecec em] ささやく, ひそひそ話す, つぶやく.
hmowt (§ 45 b, 217 b) 通暁した, 熟練した. →h-, mtanem.
hnazand, -i, -ic' (§49) 卑屈な, 従順な.
hnazandim, -ec'ay (§ 49, 217 a) 屈服する, 服従する, 従う (ὑπακούω).
hnazandowt'iwn, -t'ean 服従, 従順, 屈服.
hnanam, -ac'ay (§ 50, 53) 古くなる；[分] hnac'eal 古い, 年老いた. → hin.
hnarołowt'iwn, -t'ean 巧妙, 器用, 技術, 熟練.
hnark', -ic' [複のみ] 手段, 方法, 発

語 彙

明；hnar ê できる.
hnac'owc'anem, -owc'i (§53) 古くする.
hngekin (§109) 5重の, 5倍の.
hngetasan [M]; hingetasan [E], -iwkʻ (§20, 33 a, 37 a, 104)【数】15.
hngetasanameankʻ, hngetasnamenicʻ 15年.
hngetasanerord[M]; hingetasanerord[E], -acʻ【数】《序数》15番目の, 第15の.
hncan, -i, -acʻ 葡萄圧搾機.
hnjem, -ecʻi 収穫する, 刈り取る (θερίζω).
hnocʻ, -i, -acʻ (§33 a) 炉, 猛火.
hnčʻiwn, hnčʻman (§77c) 物音, 騒音.
ho (§11)：文字 h.
hog, hogkʻ, -gocʻ (§52) 心配, 思い煩い, 悩み (μέριμνα).
hogabarjow, -acʻ 監視人, 監督, 執事.
hogabarjowtʻiwn, -tʻean 気づかい, 世話；監視.
hogam, -acʻay (§52, 134) 心配する, 思い煩う (μεριμνάω).
hogewor, -i, -acʻ (§65 e) 霊的な, 聖職の, 教会の.
hogi, -gwoy, -ocʻ (§24 D, 72 b) 霊, 魂, 心 (πνεῦμα)；hogi sowrb = ἅγιον πνεῦμα 聖霊. →ogi.
holani, -nwoy, -eaw おおいのない.
hoktember, -i (§24 D) 10月.
hoł, -oy, -ov 地, 土地, 土；塵；〔比喩的に〕墓.
hołm, -oy, -ocʻ (§23) 風 (ἄνεμος).
Homeros, Homeray (§71 b) ホメロス.
hovani, -nwoy, -neacʻ 陰 (σκιά).
hoviw, -vowi, -vowacʻ (§24 D, 27 d) 牧者, 羊飼い (ποιμήν).

hovowakan (§65 a) 羊飼いの.
hot, -oy, -ocʻ (§24 D, 27 c, 34 c, 62 f) 臭い, 香り.
hotim, -tecʻay 臭う (ὄζω).
hototelikʻ, -leacʻ (§214) 嗅覚.
hototim, -tecʻay (§67 b) 臭う.
hor, -oy, -ocʻ (§33 a, 43 b) 穴, くぼみ, 井戸. →ȷrhor.
howm, hmoy, -ocʻ (§24 D, 72 a) (食物が) 生の.
hown, hni (§27 d, 33 a) 浅瀬, 道.
hownjkʻ, hnjocʻ [複のみ] 刈り入れ, 収穫 [の時] (θερισμός).
howp, hpoy / hpi 近くの, 接した；howp linel 近づく, 触れる.
howr, hroy, -ov (§21 b, 72 a, 33 a) 火 (πῦρ).
hpart, -i, -icʻ (§50) 高慢な.
hpartanam, -tacʻay (§50) 思い上がる, うぬぼれる.
hr̄etoraban 雄弁な, 能弁な.
hr̄čʻak 評判, 噂；hr̄čʻak harkanem = διαφημίζω 言い広める.
hr̄čʻakem, -ecʻi 言い広める.
hskay, -i, -icʻ 巨人. →skay.
hskem, -ecʻi (§24 D) 目を覚ましている. →skem.
hražarem, -ecʻi 断念する, 辞退する, 辞去する, 別れを告げる (ἀποτάσσομαι)；免除してもらう (παραιτέομαι).
hramayem, -ecʻi 1) 命じる, 指示する (κελεύω, προστάσσω). 2) 許す (ἐπιτρέπω).
hraman, -i, -acʻ 命令, お告げ, 許可；hraman tam a) 許す. b) 命じる, 指図する, 言いつける；hraman ar̄nowm お告げを受ける, 許可を得る.
hraparak, -i, -acʻ 市場, (大) 通り (ἀγορά, πλατεῖα).
hrawirem, -ecʻi 招待する (καλέω)；

語　彙

[分] hrawirealk‘-n 招待客（οἱ κεκλημένοι）.
Hreay, Hrei, Hreic‘/ Hrêay, Hrêi, Hrêic‘ (§ 21 f, 73)　ユダヤ人（'Ιουδαῖος）.
hrełên (§ 65 l)　火の、燃えている．→ howr.
hreštak, -i, -ac‘ (§ 14, 15)　使者、天使（ἄγγελος）.
hrêabar (§ 66 C c)【副】ユダヤ人のように.
hrêakan (§ 65 a)　ユダヤ人の.
Hrêastan/Hreastan, -i, -aw (§ 21 f, 63 c)　ユダヤ（'Ιουδαία）.
hrêarên / hrêerên (§ 66 C d)【副】ユダヤ式に、ユダヤ語で．
hrjig (§43b)　放火犯人，煽動者．→howr, jgem.
hrovartak, -i, -ac‘　書簡、布告、勅令、メッセージ．

j

ja (§ 11)：文字 j.
jag, -ow, -owc‘ (§74a)　雛（νοσσός）.
jax (§ 101)　左の、左手；ənd jaxmê 左側に（ἐξ ἀριστερῶν）[-oy, -ov;-ow; jaxmê]．⇔aj.
jałk, -i, -ac‘ (§ 35 d)　棒、さお.
jayn, -i, -ic‘　声、音（φωνή）.
jaynarkow, -owi (§ 60 c)　叫び声を上げる者．→arkanem.
janjrali, -lwoy (§ 65 n)　退屈な．
janjranam, -rac‘ay　退屈する、倦む．
janjroyt‘, -rowt‘i (§ 62 d)　退屈、飽き飽きすること．
jgem, -ec‘i　(手を) 伸ばす、引く、引き寄せる、抜く、(火を) 放つ．
jez　→dowk‘.

jezên (§ 83, 221)　あなたたち自身で．→dowk‘.
jełown, jełowan (§ 77 c)　部屋の天井．
jeṙagorc, -i, -ac‘ (§ 45 b)　手で造られた（χειροποίητος）．→ jeṙn, gorc.
jeṙn, jeṙin, 複・主 jeṙk‘, 属／与 jeṙac‘ (§ 24 A a, 35 d, 42 a.d, 77 a, 79)　手（ἡ χείρ）；i jeṙn [+属]…によって（διά+属）；jeṙn (i gorc) arkanem, i jeṙn aṙnowm 着手する、取りかかる、企てる、始める；zjeṙawk‘ acel 手に入れる．
jeṙnbek (§ 43 b)　手の折れた（者）．→bekanem.
jeṙnkalow, -owi, -owaw (§ 60 c)　手をかす者、援助者．→ownim.
jet, -oy, -oc‘ (§ 35 d)　尾、しっぽ．
jer (§ 86)【代】《所有》あなたたちの．
jerbakal (§ 24 A a, 42 a, 44, 45 b) 捕虜、囚人．→jeṙn, kalay (→ownim).
jêt‘, jit‘oy　オリーブ (油)、油（τὸ ἔλαιον）．→jit‘-eni ; cf. ewł.
ji, jioy, -oc‘ (§ 8, 22, 35 d, 72 a) 馬．
jiawor, -i, -ac‘ (§ 22)　騎手．
jit‘eni, -nwoy, -neac‘ (§ 65 m)　オリーブの木（ἡ ἐλαία）；leaṙn jit‘eneac‘ オリーブ山（τὸ ὄρος τῶν ἐλαιῶν）．→jêt‘.
jiwn, jean (§ 27 c, 35 d, 39 a, 77 d) 雪（χιών）.
jmeṙn, -eran, -rownk‘, -ranc‘ (§ 35 d, 39 a, 77 c)　冬（χειμών）．
jmerayin (§ 77 c)　冬の．
jknors, -i, -ac‘ (§45 b)　漁師（ἁλιεύς）．→jowkn, orsam.
jor, -oy, -oc‘　谷．
jorj, -oy, -oc‘　着物（ἱμάτιον）．
jow, -oy, -oc‘ (§ 22, 72 a)　卵．
jowkn, jkan, jkownk‘, jkanc‘ (§ 28

— 368 —

語彙

c.d, 77 c) 魚 (ἰχθῦς).

ł

Łazar ; Łazaros ラザロ (Λάζαρος), 呼 Łazare/Łazarê (§68).
łat (§11)：文字 ł.
Łegeovn ; Legeovn レギオン (λεγιών).
Łewi, -weay レビ (Λευί).

č

čakat, -ow, -owcʻ (§74 a) 額 (ひたい).
čay (§14 A 2, 73) カケス, カモメ.
čanačʻem, caneay (§53, 58, 127, 133, 140) 知る, わきまえる, 気づく, 知覚する, 識別する (γινώσκω, οἶδα). →canowcʻanem.
čanaparh, -i, -acʻ 道, 街路 (ὁδός), 旅 (ὁδοιπορία) ; gnam čanaparh 旅立つ, 留守にする (ἀποδημέω) ; i čanaparhi 途中で, 途上で, 道すがら.
čanaparhord, -i, -acʻ (§65 r) 旅人, 旅行者.
čanč, -i, -icʻ ハエ.
čančik, -čki 蚊, ブヨ.
čaš, -oy 食事, 昼食, 宴会.
čašakem, -ecʻi 味わう, 味見する, 少し食べて (飲んで) 見る (γεύομαι) ; čašakem z-mah = γεύομαι θανάτου 死を味わう ; 朝食をとる (ἀριστάω).
čê (§11)：文字 č.
čiwał 怪物, 化け物, 異形なもの.
čiwałowtʻiwn, -tʻean 怪物じみていること, 異形なこと.
čnčłowk, -łki /-łkan, -kacʻ/- kancʻ スズメ (στρουθίον).
čnšem, -ecʻi 虐待する.
čšmarit, -rti, -ticʻ/ tacʻ 本当の, 真実の (ἀληθής, ἀληθινός) ;【副】本当に, 真に, 現実に.
čšmartagoyns (§65 g)【副】より正確に・詳細に.
čšmartiw【副】本当に (ἀληθῶς).
čšmartowtʻiwn, -tʻean 真理, 真実 (ἀλήθεια).
čč'iwn, čč'oyn 叫び.
črag, -i, -aw, čragownkʻ, čragowns (§77 c) ランプ, ともし火 (λυχνός).

m

Magdalênacʻi, -cʻwoy マグダラの (§65 e) [Makdalênacʻi もあり].
mazdezownkʻ, -zanc' [複] ゾロアスター教徒.
maxał, -i, -icʻ 革袋 (πήρα).
mak (§142)【前】[＋属]…の上に.
mah, - ow, 奪 - owanê (§16, 44, 74 a) 死 (θάνατος) ; merj i mah ê 死にかかっている.
mahapart, -i, -acʻ 死に値する. → mah, partkʻ.
mahičkʻ, -hčacʻ (§214) [複のみ] 寝台, 担架 (κλίνη, κράβατος, κλινίδιον).
mahkanacʻow, -i, -acʻ 致命的な, 死を招く (θανάσιμος).
Małkʻos マルホス (Μάλχος).
mač, -oy, -ocʻ 鋤 (ἄροτρον).
Mambrei マムレ (Μαμβρη).
Mamikonean (§65 j) マミコン家の子・子孫.
mamonay, -i, -icʻ マモン (Μαμωνᾶς).
mayr¹, mawr, marb, marcʻ (§28 a, 34 a, 39 a, 40 a, 42 d, 75 c) 母 (μήτηρ).

語　　彙

mayr², -i, -ic‘ (§ 23, 73)　シーダー.
maryakan, -i, ac‘ (§ 65 a)　母親の.
mayrak‘ałak‘ (§45d)　首都 (μητρόπολις).
mayreni, - nwoy, - neac‘ (§ 65 m)　母親の.
mananix, -nxoy/-nxi　芥子 (μάννα).
manawand【副】特に, 主として.
mangał, -i, ac‘/-oy, -ov　鎌 (δρέπανον); arak‘i mangał = ἀποστέλλει τὸ δρέπανον 鎌を入れる.
mankowt‘iwn, -t‘ean　幼年時代, 幼少期, 幼児.
mankti, -twoy, -teaw (§ 72 b, 213)《集合的》子供たち.
manowk, -nkan, -nkownk‘, -nkanc‘ (§ 15, 77 c, 213) 子供, 幼子, 若者 (τέκνον, παῖς, παιδίον, βρέφος);【指小】mankik (§ 64). →mankti.
manr, -now (§49, 74c)　小さい, 細かい.
manrem, -ec‘i (§49)　小さくする, 細かく裂く.
mašk　皮, 毛皮.
maškełēn (§ 65 l)　革(製)の.
maški　革(製)の; maškeak　毛皮製の衣服 (§ 64).
masn, -sin, -sownk‘, -sanc‘ (§ 77 b) 部分, 持ち分, 関わり.
matał, -oy　幼い, 繊細な, か弱い.
matani, -nwoy, -neac‘　指輪 (δακτύλιος). →matn.
matean, mateni, -ic‘ (§ 21 e, 73) 本, 書物.
matenagrem, -ec‘i　書物に著わす.
Matt‘eos, -i　マタイ (Ματθαῖος).
matn, -tin, -townk‘, -tanc‘ (§ 24 B, 77 b) 指.
matnem, -ec‘i　引き渡す, 売り渡す, 裏切る (παραδίδωμι).

matowr̄n, matran (§ 77 c)　殉教者の墓所, 礼拝堂.
matowc‘anem, - owc‘i, 3.sg. - oyc‘, 命 matô (§ 53)　近づける, 連れて来る; 捧げる, 差し出す [分詞 matowc‘eal は matč‘im に欠けている分詞として代用される]; matowc‘eal (...) yar̄aǰ 先へ進んで行くと (προβάς).
matč‘im, mateay, 命 matir (§ 53, 127, 133, 189)　近づく, 近寄る (προσέρχομαι).
Mar, -i, -ac‘　メディア人.
marax, -oy, oc‘　イナゴ.
margarê, margarêi, - iw, - ic‘ (§ 22, 50) 預言者 (προφήτης, προφῆτις).
margarêakan (§ 65 a)　預言者の.
margarêanam, - r̄eac‘ay (§50)　預言する (προφητεύω).
margarit, -rtoy, -ov/-rti, -iw　真珠 (μαργαρίτης).
mard, -oy, -oc‘ (§ 14 A 2, 23, 30 c, 34a, 39a, 72a) 人, 人間 (ἄνθρωπος). →ayr.
mardasêr, -siri (§ 45 b)　人を愛する. →sirem.
mardaspan, -i, -ic‘ (§ 45 b)　人殺し. →spananem.
mardik, - dkan, - dkanê, - dkaw (§ 77c, 213) 人間, 人々 (οἱ ἄνθρωποι) [mard「人」の集合詞; 複数 mardk‘ は存在し, 個別的に捉えられた人々を表わす].
mardkełēn (§ 65 l)　人の, 人間的な. ⇔astowacełēn.
Maremank‘ (§ 62 c)　マリヤとその仲間たち.
mart‘ ê [与+不] …できる.
mart‘em, -t‘ac‘i (§ 130)　知っている, 心得ている, できる.
mart‘i《非人称》あり得る (§ 188 a).

— 370 —

語　彙

Mariam　マリアム（Μαριάμ）[具 Maremaw].
Markion　マルキオン（Μαρκίων）.
markionac'i（§ 65 d）　マルキオン主義者.
marmaǰem, -ec'i（§ 67 c）　うずうずする.
marmaṟot（§ 65 q）　こぶのある.
marmin, -mnoy, -oc'（§ 72 a）　肉体, 身体（σῶμα）.
marmnawor, -i, -ac'（§ 65 e）　肉体の, 肉体を持った.
marmnełên（§ 65 l）　肉の.
mart, -i, -ic'　戦い, 戦闘.
martik, -tki, -tkac'（§ 64）　戦士.
martnč'im, marteay（§ 14 備 2, 133, 189）　戦う（ἀγωνίζομαι）.
mawt [i+対 …の] 近くに.
mawtawor, -i, -ac'　近隣の, 付近の.
mawrak'oyr（§ 78 b）　母の姉妹. → mayr, k'oyr.
mawrow　継母.
mawrowk'（môrowk', morowk'）（§ 35 a, 38）　[複のみ] 髭.
mak's, -ic'　関税.
mak'sawor, -i, -ac'　徴税人（τελώνης）.
mak'saworowt'iwn, -t'ean　収税所（τελώνιον）.
mez　→ mek'.
mezên（§ 83, 221）　私たち自身[で].
mec, -i, -ac'（§ 23, 35 c, 39 a, 50, 71 a, 79）　大きい, 偉大な, 盛大な（μέγας）.
mecabeṟn, -beṟin, -beṟownk'（§ 77 b）　大きな荷を持つ.
mecaganǰ　非常に裕福な.
mecazgi, -gwoy, -geac'（§ 65 n, 79）　貴族の生まれの, 貴門の. → mec, azg.
mecamec; mecameck', -cac'（§ 67 b, 164）　1) 非常に大きい, 巨大な, 最も大きい. 2) mecameck'（-n）尊大な者たち, 名士たち, 裕福な者たち; 偉大さ.
mecanam, -cac'ay（§ 50, 53）　大きくなる.
mecanim, mecay（§ 131, 189）　くっつく.
mecapatiw【形】多大の名誉[光栄]を与えられた, 非常に尊敬すべき.
mecatown, -tan, -anc'（§ 23, 45 a）　1)【形】裕福な, 金持ちの. 2)【名】金持ち. ⇔ ałk'at.
mecarank', -nac' [複のみ] 尊敬, 敬意.
mecarem, -ec'i　尊敬する, 敬う, 世話する（ἀντέχομαι, τιμάω）. ⇔ arhamarhem.
mecaroy　尊敬すべき, 尊い.
mecac'owc'anem, -owc'i（§ 53）　大きくする, 崇める, 称える. → mecanam.
mecowt'iwn, -t'ean　富（πλοῦτος）.
mekin（§ 49, 109）　単独の, 単一の, 単純な, 明快な. → mi.
meknem, -ec'i（§ 49）　離す, 解き明かす; meknim, -ec'ay　離れる, 別れる, 遠ざかる. → mekin.
meknowt'iwn, -t'ean（§ 61）　説明.
mehean, meheni, -ic'（§ 73）　寺院.
meł; mełk', -łac'（§ 214）　罪（ἁμαρτία）.
mełanč'em, -łay（§ 133）　罪を犯す, 害を加える（ἁμαρτάνω）.
meławor, -i, -ac'（§ 65 e）　1) 罪深い. 2) 罪人（ἁμαρτωλός）.
mełk, -i, -ic'　柔らかい.
mełow, -i, -ac'（§ 22, 60 c）　ハチ, ミツバチ. → mełr.
mełowanoc', -i, -ac'（§ 63 a）　ミツバチの巣箱.
mełsacin（§ 44）　罪に生まれた. → meł, cin.
mełr, mełow（§ 27 b, 40 b, 74 b）　蜂

— 371 —

蜜.
men (§11)：文字 m.
menastan (§21 f)　修道院.
meřanim, -řay, meřeal (§128 b, 131, 189)　死ぬ (ἀποθνῄσκω)；meřeal (-n)【名】死者 (νεκρός).
Messia　メシア (Μεσσίας).
Mesrop, -ay (§71 a)　メスロプ.
metasan (§104)【数】11.
metasanerord, -i, -ac'【数】《序数》11番目の，第11の.
mer (§86)【代】《所有》私たちの.
mert'【副】時々，時には；mert'... mert'... ある時は…，またある時は… (§167).
meržem, -ec'i　拒絶する，退ける，追い払う.
merk, -oy/-i, -oc'/-ac'　裸の (γυμνός).
merkanam, -kac'ay　脱ぎ捨てる.
merj (§35 d, 42 b, 50)　1)《時間的・空間的》近くに，間近に. 2) merj êr [i＋不] まさに…しようしている. 3) merj i/ař＋対 …の近くに，そばに，隣に.
merjawor, -i, -ac'　近い；近親者；親友.
merjenam, -jec'ay；merjanam, -jac'ay (§35 d, 50, 128 c, 135) 1) 近づく. 2) [i/ař＋対] …に触る. 3) 交接する.
Merowžan, -ay《固有名》メルジャン.
mek' (§81, 83)【代】《1人称・複》私たちは[対／与／位 mez, 属 mer, 奪 mênǰ, 具 mewk'].
mêg, migi, 具 migov (§21 c, 29 c, 36 d, 39 a, 73)　霧.
mêz, mizi (§29 b, 39 a)　尿，小便.
mên (meni, meniw それぞれの，ある，唯一の)〔mên mi の形でのみ，配分的に〕…ずつ (ἀνά).

mêǰ, miǰoy (§42a, 72a, 143)　中央；i mêǰ/i miǰi 真ん中に，i mêǰ/i miǰi merowm 私たちの間に，ənd mêǰ 真っ二つに. 2) mêǰk', miǰac' (§214) 腰 (ὀσφῦς). ――ənd mêǰ anc'anem 交差する，突き抜ける，貫通する；i mêǰ ařnowm 導入する，行使する.
mžeɫn, mžłan/mžeɫan (§23)　蚊.
mžiɫ (/mžeɫ), mžłac'　ハエ.
mžłowk, -łkan　ブヨ [mžiɫ の指小語] (κώνωψ).
mi¹ (§20, 28 b, 39 a, 121, 157 b, 201)【小】《禁止》…するな (μή).
mi² (§22, 38, 81 d, 101, 103)【数】1つ [1人] (の) (εἷς), 唯一の. ――〔不定冠詞として〕ある1つの.
miaban (§22)　一致して，一斉に.
miabanem, ec'i　一致する；-banim [ənd＋与] (…に) 合う, 賛成する, 同意する.
miabanowt'iwn, -t'ean　同意, 合意, 承諾.
miacin, -cni, -cnaw　ひとり子の. → cnanim.
miakołmani, -nwoy, -neac' (§65 n) 片面だけの, 片側の. →mi, kołmn.
miamit, -mti, -mtac'　無垢な, 純真な, 率直な, 誠実な, 信頼に満ちた. → mi, mit.
miamtowt'iwn, -t'ean　無垢, 無邪気, 純真, 率直.
miayn (§21 f)【形】1人の, 単独の. ――【副】1人で；ただ…だけ；oč' miayn... ayɫ (ew) …のみならず…も (§167).
miaynakeac', -kec'ac' (§45 b)　隠者. →keam.
miaynakec'akan, -ac'　隠者の, 隠遁的な, 修道院の.
miaynaworowt'iwn, -t'ean　孤独 (な

語　彙

生活).
miangam【副】一度; or miangam（たとえ）…誰・何でも（§181）．
miangamayn【副】一緒に，同時に．
mianjn, -anjin, -anjownkʻ (§44, 77 b, 80) 修道士，僧．→mi, anjn.
miašabatʻi, -tʻwoy, -tʻwoǰ 安息日後の第一日＝週の第一日．
miasin〔i miasin の形で〕一緒に．
mizem, -ecʻi (§29 b, 35 d, 39 a) 小便をする．→mêz.
mitʻe; mi tʻe; mi etʻe【小】(§154 b)《疑問；否定の返答を予期する》一体…だろうか，まさか…ではあるまいね ($μή$, $μήτι$).
mimeans (対／位), mimeancʻ (属／与／奪)【代】《相互》互いに (§85).
min (-n)〔常に min または miws-n と対立させて〕→miws.
minčʻ【接】1)《時間》…した時，…している間に（§175）．2)《結果》そのために（§171）．3) minčʻ cʻ-/ i- [+ 対]…まで（§145）．
minčʻdeṙ; minčʻ deṙ (§175)【接】《時間》…した時に，…する間に．
minčʻew 1)《時間》…するまで［は］，…する時に (§175). 2)《結果を表わす》[+ 不] それで，だから (§171). 3) minčʻew cʻ- [+ 対／副] (§145)《時間》…まで; minčʻew cʻ-/ y- [+ 副] (時間・場所). 4) minčʻew i [+ 対／副]《時間・場所》…まで．5) minčʻew aṙ [+ 対]（人）のところまで．
minčʻčʻew (§175)【接】《時間》…する前に．
miǰagetkʻ (§44) メソポタミア ($Μεσοποταμία$). →mêǰ, get.
miǰamowx 深く入り込んだ，通暁した．→mêǰ, mxem.
miǰnašxarh 内陸地方．

miǰnord, -i, -acʻ (§65 r) 仲介者，仲裁者，調停者．
mis, msoy, -ocʻ (§20, 28 b, 38, 39 a) 肉.
mit, mti, mtaw; mitkʻ, mtacʻ (§28 b, 34c, 39a) 考え，想念，心; i mti arkanem/dnem 決心する．
miws, -oy, -ov, 位 -owm (§101) 他の，他の人・物，他方 ($ἕτερος$, $ἄλλος$); min... miws / min ……一方は…他方は… ($ὁ \, εἷς... \, ὁ \, ἕτερος..., \, εἷς...εἷς... $; § 103). →miwsangam
miwsangam もう一度，再び ($πάλιν$).
mxem, -ecʻi 浸す，駆り立てる，押し入れる，突き入れる．
mxitʻarem, -ecʻi 慰める．
mxitʻaričʻ, -rčʻi 弁護者 ($παράκλητος$).
mxitʻarowtʻiwn, -tʻean 慰め，勧め，激励，奨励 ($παράκλησις$).
mkrtem, -ecʻi 洗礼を施す ($βαπτίζω$).
mkrtičʻ, -tčʻi, -acʻ 洗礼者 ($ὁ \, βαπτιστής$).
mkrtowtʻiwn, -tʻean 洗礼 ($βάπτισμα$).
mnam, -acʻi (§24 C, 39 a, 128 c, 134) 留まる，残る，…のままである ($μένω$).
mnacʻord, -i, -acʻ (§65 r) 残り物．
mnacʻowackʻ, -cocʻ (§62 b) 残存物，遺物．
mšak, -i, -acʻ 農夫，働き人，労働者．
mšakowtʻiwn, -tʻean 農耕，耕作，労働．
mštnǰenamṙownčʻ 永遠に響きわたる．
mštnǰenawor, -acʻ 永遠の，果てしない．
mog, -ow, -owcʻ (§14, 16) ゾロアスター教の司祭，占星学者 ($μάγος$).
molegin (§65 f) 怒り狂った，憤激した．
molegnim, -ecʻay 気が狂う ($μαίνομαι$).

— 373 —

語　彙

molekan (§ 65 a)　怒り狂った．
moli　怒り狂った，憤激した．
molorec'owc'anem, -owc'i (§ 53)　惑わす，誤らせる ($\pi\lambda\alpha\nu\acute{\alpha}\omega$).
molorec'owc'ič', -c'č'i (§ 60 a)　惑わす者 ($\pi\lambda\acute{\alpha}\nu o\varsigma$).
molorim, -rec'ay (§ 53)　惑う，思い違いをする，さ迷う；たぶらかされる ($\pi\lambda\alpha\nu\acute{\alpha}o\mu\alpha\iota$).
moṟanam, -ṟac'ay　忘れる ($\dot{\epsilon}\pi\iota\lambda\alpha\nu$-$\theta\acute{\alpha}\nu o\mu\alpha\iota$).
moṟac'owmn, -c'man (§ 62 a)　忘却．
Movsês, -i, -iw (§ 22, 71 a)　モーセ (M$\omega\ddot{\upsilon}\sigma\hat{\eta}\varsigma$).
moreni, -nwoy, 位 -nwoǰ　藪．
mowt'　暗い；《比》mt'agoyn (§ 65 g).
mowcanem, -ci, emoyc, moyc (§ 58, 131)　導き入れる，入らせる，中に入れる ($\epsilon i\sigma\acute{\alpha}\gamma\omega$). →mtanem.
mowkn, mkan, mkownk', mkanc' (§ 14, 28 d, 39 a, 77 c)　ネズミ．
mown, mnoy, -oc' (§ 27 e, 38, 39 a)　蚊．
mownǰ, mnǰoy (§ 41 b)　口のきけない，無言の．
mowranam, -rac'ay　物乞いする．
mowrac'ik, -c'ki, -c'kac' (§ 64)　乞食．
mowrč, mrči, -čac'　ハンマー．
mṟmṟam / mṟmṟem　ぶつぶつ言う．→ mrmṟem.
msowr, msroy, -oc'　飼い葉桶 ($\phi\acute{\alpha}\tau$-$\nu\eta$).
mtanem, mti, 3. sg. emowt, mowt (§ 21b, 58, 131)　入る，与る ($\epsilon i\sigma\acute{\epsilon}\rho$-$\chi o\mu\alpha\iota$), (舟に) 乗り込む ($\epsilon\mu\beta\alpha\acute{\iota}\nu\omega$); mtanê aregakn / arew　陽が沈む ($\delta\acute{\upsilon}$-$\nu\omega$).
mrmṟem, -ec'i (§ 24 Ab)　ぶつぶつ言う．

mrǰiwn, mrǰman (§ 77 c)　アリ．
mrrik, -rki, -kac'　嵐，暴風；mrrik hołmoy = $\lambda\alpha\hat{\iota}\lambda\alpha\psi$ $\acute{\alpha}\nu\acute{\epsilon}\mu o\upsilon$.
môt　近くに；《比》môtagoyn (§ 65 g). →mawt.
môtaktowr linim　去勢される．
môrowk'→mawrowk'.

y

y- 【前】→i.
yag (§ 51)　腹一杯の．
yagenam / yagim, -gec'ay (§ 51, 135)　満腹する．
yagec'owc'anem, -owc'i　満腹させる．
Yakovb (Yakob), -ay / -ow　ヤコブ ('I$\alpha\kappa\acute{\omega}\beta$).
Yakovbos, -bay / -bow　ヤコブ ('I$\acute{\alpha}$-$\kappa\omega\beta o\varsigma$).
yałags (§ 143-4)【前】[+属] …のために, …を考慮して．
yałem, -ec'i (§ 49)　塩味をつける．→ ał.
yałt'　巨大な，強い，優勢な．
yałt'aharem, -ec'i　打ち負かす，圧倒する．
yałt'em, -ec'i (§ 217 a)　勝つ，圧倒する．
yačaxem, -ec'i　増やす，繰り返す．
yamenam, -mec'ay (§ 135)　躊躇する．
yaynžam　その時，それから ($\tau\acute{o}\tau\epsilon$) (y-ayn-žam).
yaynkołmn　向こう岸に．
yaynkoys　1)【副】向こう岸に．2) hayim yayskoys yaynkoys = $\pi\epsilon\rho\iota\beta\lambda\acute{\epsilon}$-$\pi\omega$ あたりを見回す．3)【前】(§ 143) [+属] …の向こう側 (岸) に，…の彼方に・から；yaynkoys handêp [+属] …の反対側に．

— 374 —

語　彙

yaynm hetê　その時から.
yayskoys【副】こちら側に.
yaysm hetê　これから, 今後.
yayt（-i, -ic')　明らかな, 明白な, 顕わな; yayt aṙnem [z-+対] …の出身[正体]を表す: Mt 26, 73 xawsk‘ k‘o yáyt aṙnen zk‘ez = ἡ λαλιά σου δῆλόν σε ποιεῖ お前の訛りで出身がわかる; i yayt gam, yayt linim あらわになる.
yaytnapês（§66 C b）【副】公に, 公然と, はっきりと, 明確に.
yaytnem, -ec‘in　明らかにする, 顕す, あからさまにする（ἀποκαλύπτω）.
yaytni, -nwoy, -neac‘　明らかな, 明白な, あらわな; yaytni aṙnem あらわにする.
yaytnowt‘iwn, -t‘ean　啓示（ἀποκάλυψις）.
Yayros　ヤイロス（'Ιάϊρος）.
yandiman【前】（§143）[+属] …に向かい合って, …の前に;【副】yandiman aṙnel TN = παραστῆσαι τῷ κυρίῳ 主に捧げるために.
yandimanem, -ec‘i　証明する, 非難する.
yankarc【副】思いがけず, 突然, 不意に. →an-, karc, karcem.
yankarcagiwt　思いがけず発見された.
yankarcaki【副】思いがけず, 突然（ἐξαίφνης）.
yankarcowst（§66 A）　思いがけず, 突然.
yankowc‘anem, -kowc‘i　なだめる, 静める, 落ち着かせる, 定着させる, 終える, 完成する.
yanpatrastic‘【副】思いがけず, 突然（§66 C a）. →an-, patrast.
yanc‘anem, -c‘eay（§131, 210）犯す, 違反する. →anc‘anem.

yanc‘ank‘, -nac‘（§62 c, 214）[複のみ] 過ち, 違反行為（παραπτώματα）.
yanc‘owc‘anem, -owc‘i　罪を犯させる, 違反させる.
yašt, -i, -ic‘　供犠.
yapałank‘, -nac‘　躊躇, ためらい.
yapałim, -łec‘ay　躊躇する, ためらう.
yapałowt‘iwn, -t‘ean　躊躇, ためらい.
yaǰołem, -ec‘i　成功させる, 繁栄させる, 促進する;[分] yaǰołeal 適した, 相応しい（§217 b）.
yaǰord, -i, -ac‘（§65 r）後継者, 遺産相続人.
yaṙaǰ　1) 前へ, 前方へ, 先へ. 2) yaṙaǰ k‘an z- [対／不]《時間》…（する）より前に（§50, 162, 175）.
yaṙaǰagoyn【形】以前の;【副】1) 前もって, あらかじめ, 先に, 以前[に]. 2) yaṙaǰagoyn k‘an z- …より先に（§162）.
yaṙaǰadêm　前進する, 進歩的な; 指導者, 闘士, 先駆者.
yaṙaǰanam, -ǰac‘ay（§50, 162）先に行く.
yaṙaǰem, -ec‘i（§162）先に行く.
yaṙnem, yareay, 命 arí（§24 A a, 46, 132, 210）立ち上がる, 起きる, 甦る（ἐγείρομαι, ἀνίσταμαι）; ari [+接・アオ] さあ…しよう.
yatakem, -ec‘i　地に打ち倒す, 徹底的に破壊する（ἐδαφίζω）.
yatanem, yati（§46, 210）切りそろえる. →y-, hatanem.
yargem, -ec‘i　重んずる, 尊敬する, 評価する, 真価を認める.
yardarem, -ec‘i　整理する, 回復する, 整える, 洗練する, 改善する. →zardarem; handerjem, hastatem, patrastem.
yareay, -eaw　→yaṙnem.

— 375 —

語　彙

yarec'owc'anem, -owc'i くっつける，結びつける，加わらせる，信奉させる．

yarim, -rec'ay 身を寄せる（κολλάομαι）．

yark, -i, -ac' 屋根（στέγη）, 幕屋, 家．

yarowt'iwn, -t'ean (§61) 甦り，復活，起こされること（ἀνάστασις, τὸ ἐγερθῆναι）．→yaṙnem.

yarowc'anem, -owc'i 持ち上げる，起こす [yarowc'eal は yaṙnem に欠如する分詞として代用される].

yawanak, -i, -ac' 子ロバ, 子馬（πῶλος）．

yawd, -i (§23) 関節．

yawdem, -ec'i (§210) つなぎ合わせる．→zawdem.

yawelowac, -oy, -oc' (§62 b) 増加，あふれること（περίσσευμα）．→yawelowm.

yawelowm, -li (§55, 137, 210) 増す，加える（προστίθημι）；【受】付け加えられる（περισσεύω）．

yawžar, -i, -ac' やる気のある, 乗り気の, 気のはやった（πρόθυμος）．

yawžarem, -ec'i 促す，説得する，する気を起こさせる．

yawžarowt'iwn, -t'ean 覚悟のできていること，喜んでする気持ち．

yawitean, -eni, -enic'/-eanc' 永遠；【副】永遠に，つねに；yawiteans / i yawitean(s) 永遠に [yawêt (< Parth. y'wyd)「永遠の，つねに」から].

yawitenakan, -i, -ac' (§65 a) 永遠の（αἰώνιος）．→yawitean.

yawray (§33 a) 継父．

yawrinem, -ec'i 作り上げる，形作る，組織する，準備する．

yap'štakoł, -i, -ac'; Lk 18,11M yap'štakawł (§60 b) 強奪する（者）．

yełakarc (§45 b) 思いがけない．→yełowm, karc.

yełamit (§45 b) 移り気の．→yełowm, mit.

yełowm, -owc'i 変える；翻訳する．

yenowm, yec'ay (§138 b) もたせかける；もたれかかる．

yeṙowm, yeṙi (§137) はめ込む．

Yesow (§71 b) イエス．

yet (§24 D, 142)【前】[+属]《空間》…の後から・に，《時間》…の後に（< *i+het）．→het.

yetin, -tnoy, -tnowm, -tnoc' (§65 0, 101) 最後の（ἔσχατος）．⇔aṙajin.

yetoy (§142)【副】1)《空間的》背後から．2)《時間的》あとから，あとで，最後に．

yets【副】後ろに [へ・で]；yets yets č'ogan = ἀπῆλθον εἰς τὰ ὀπίσω 彼らは後ずさりした．

yerkowanam, -wac'ay (§50) 疑う（διστάζω）．→erkow.

yi (§11)：文字 y．

yimar, -i, -ac' 愚かな（μωρός）．

yišatak, -i, -ac' 記憶, 回想, 想起（ἀνάμνησις）．

yišeli, -lwoy, -leac' 忘れ得ぬ，いつまでも記憶されるべき．

yišem, -ec'i 覚えている，思い出す，思い起こす；心を用いる．

yisown (§33 a, 105)【数】50．

Yisows (§14 B 2, 71 a) イエス（Ἰησοῦς）[つねに patiw 形：$\overline{YS}$, $\overline{YI}$, $\overline{YE}$, $\overline{YIW}$].

yirawi【副】公正に，正当に，当然の報いとして．

yłanam, yłac'ay; yłenam, yłec'ay (§50) 妊娠する，（子が胎内に）宿る．

yłem, -ec'i （人を）行かせる，やる，送

語　彙

る，遣わす（πέμπω, ἀποστέλλω）．
yłi, yłwoy, yłeac‘ (§50)　妊娠している（ἔγκυος）．
yo (§100, 174)【副】1)《疑問》どこへ．2)《関係》そこへ…するところの．
yoyž【副】非常に，大いに，甚だしく，激しく．
Yoyn, Yowni, -aw, -ac‘ (§21d)　ギリシア人．
yoys, yowsoy, -ov (§14 B 2, 21 d, 41 b, 52, 72 a)　希望．→yowsam.
yoṙi, -r̄woy, -r̄eac‘　質の悪い．⇔ anoyš.
Yovakim　ヨアキム．
Yovhannês, -annow, -annê (§14 A 2, 74 a)　ヨハネ（Ἰωάννης）．
Yovnan, -ow (§74a)　ヨナ（Ἰωνᾶς）．
Yovsêp‘, -ay/-ow　ヨセフ（Ἰωσήφ）．
Yovram　ヨラム（Ἰωράμ）．
Yordanan, -ow, -ê (§74a)　ヨルダン（河）（Ἰορδάνης）．
yoržam (§175, 186)【接】…する・した時．
yorjanowt (§65 t)　渦, 渦巻．
yorjank‘, -nac‘ [複のみ] (川の) 流れ．
Yowda (y), -dayi[/-day?], -dayê (§73)　ユダ（Ἰούδας）．
yowzem, -ec‘i　動かす, 興奮させる；調べる．
yowłarkem, -ec‘i　送る, 急派する, 同行する, 導く．
yownakan (§65 a)　ギリシア (人) の．→Yoyn.
Yownastan (§14 B 2)　ギリシア．
yownarên (§21 d, 66 C d)【副】ギリシア語で．→Yoyn.
yownowar/yownvar (§14 B 2)　1月．
yowš　記憶, 想起；yowš lic‘i jez bann あなたたちはその言葉を思い起こせ；bann yowš ełew inj 私はその言葉を思

い出した．
yowsalic‘　希望にあふれた, 前途有望な．
yowsam, -ac‘ay (§21 d, 41 b, 52, 127, 134)　望む, 期待する, 信頼する．→yoys.
yowrast em/linim　否認する．

n

n- (§46)【動詞接頭辞】下に．
-n (§88)【冠】《3人称直示》その, あの．
na (§88, 92)【代】《3人称直示・前方照応》あれ, 彼．
Nazaret‘　ナザレ（Ναζαρέτ, Ναζαρέθ）．
Nazovrec‘i ; Zazovrac‘i, -c‘woy　ナザレ人．
nax【副】まず, 先に, 最初に（πρῶτον）．
naxat‘oṙ, -oy /-i, -oc‘/-ac‘ (§45 d)　(会堂での) 最上席（πρωτοκαθεδρία）．
naxakarg, -i, -ac‘　第一級の．
naxahayr, -hawr, -hark‘ (§75 c)　始祖, 父祖, 先祖．
naxanj, -ow (§74 a)　嫉妬, 妬み；熱情（ζῆλος）; aṙ naxanjow 妬みゆえに（διὰ φθόνον）．
naxanjim, -ec‘ay　嫉妬にかられる, 妬む, 羨む, …と競う, 張り合う．
naxanjot (§65 q)　嫉妬深い, 嫉妬にかられた．
naxatem, -ec‘i　罵って侮辱する, 非難する．
naxatink‘, -tanac‘ [複のみ] 侮辱, 屈辱, 恥辱．
naxatord (§71 a)　侮辱する者．
naxarar, -i, -ac‘　総督, 知事, 君主, 貴人, 高官（οἱ μεγιστᾶνες）．
naxənkal　以前に受け入れられた．
naxni　以前の, 昔の；[複] naxnik‘, -neac‘　先祖．

— 377 —

語　彙

nay (§ 14 A 2) 湿っぽい.
nayim, -yec'ay (§ 46) 見下ろす. → hayim.
[z-]nayn (na+-n) →na.
naw, -i 舟 ($\pi\lambda o\tilde{\iota}o\nu$) [奪-ê, 具 nawaw / nawov / nawow; 複 nawk', nawowc']; 【指小】nawak 小舟 (§ 64).
nawem, -ec'i 航行する.
nawt'i, -t'woy, -t'eac' 何も食べていない, すきっ腹の ($\nu\tilde{\eta}\sigma\tau\iota\varsigma$). → anawt'i.
naword, -i, -ac' (§ 65 r) 船頭.
neard, nerdic' (§ 38) 繊維, ひも, 靱帯, 腱.
nełem, -ec'i 押す, 迫る, 押し迫る, 押しつぶす, 悩ます ($\theta\lambda\iota\beta\omega$, $\sigma\upsilon\nu\theta\lambda\iota\beta\omega$, $\dot{\alpha}\pi o\theta\lambda\iota\beta\omega$, $\sigma\upsilon\mu\pi\nu\iota\gamma\omega$, $\sigma\upsilon\nu\dot{\epsilon}\chi\omega$).
──【受】nełim 狭くされる ($\sigma\tau\epsilon\nu o\chi\omega\rho\epsilon\tilde{\iota}\sigma\theta\alpha\iota$). ──【分】nełeal (穢れた霊, 病気に) 苦しめられた.
nełowt'iwn, -t'ean 苦しみ, 苦悩, 苦難, 艱難 ($\theta\lambda\tilde{\iota}\psi\iota\varsigma$).
neng, -i, -aw 策略 ($\delta\delta\lambda o\varsigma$).
nengawor, -i, -ac' 詐欺師.
nengem, -ec'i [+与] 欺く, だます.
nengowt'iwn, -t'ean 欺瞞, 策略, 奸計.
neṙn, -ṙin, -ṙanc' (§ 77 a) 反キリスト.
nerem, -ec'i (§ 217 a) [+与] 赦す, 容赦する, 辛抱する.
nerkem, -ec'i / nerkanem, nerki (§ 128 a, 131) 浸す, 染める.
nerk'in, -k'noy, -oc' (§ 65 o) 内部の, 内側の.
nerk'oy (i nerk'oy の形で) (§ 66 A, 142-3) 中に, 内に; [+属]…の中に, …の下に.
nerk'owst (i nerk'owst の形で) (§ 66 A) 1) 中から. 2) 下から.
nerk's (i nerk's の形で) (§ 66 A, 143) 中に; mowcanem i nerk's 中に入れる ($\epsilon\iota\sigma\dot{\alpha}\gamma\omega$); [+属]…の中へ, 内部で; (i) nerk'sagoyn 内部に, 内の (§65g).
nzovem, -ecc'i 呪う.
nikiakan, -ac' ニカイアの.
nist¹, nstoy (§ 34 c, 38, 39 b) 座る場所, 居住地.
nist² 命 →nstim.
nirh (§ 22) 居眠り, まどろみ.
nirhem, -ec'i (§ 22) 居眠りする, まどろむ.
niwt', -oy, -oc' 物質, 材料.
niwt'ełên (§ 65 l) 物質的な.
niwt'em, -ec'i 紡ぐ ($\nu\dot{\eta}\theta\omega$).
nkanak, -i, -ac' パン ($\ddot{\alpha}\rho\tau o\varsigma$).
nman, -i, -ic' [+与] 似た, 類似の, 同じ, 等しい ($\dot{o}\mu o\tilde{\iota}o\varsigma$, $\ddot{\iota}\sigma o\varsigma$).
nmanem, -ec'i (§ 130) [+与]…に似ている, の真似をする; nmani [主]+[与]…と同じとされる.
nmanec'owc'anem, -owc'i [z-対]…を [与] と比較する ($\dot{o}\mu o\iota\dot{o}\omega$).
nmanoł / nmanawł, -i, -ac' (§ 60 b) 類似した, 模倣者; nmanoł linel [+与]…と同じである.
nmanowt'iwn, -t'ean 同じであること, 似ていること.
nnǰem, -ec'i (§ 127) 眠っている ($\kappa\alpha\theta\epsilon\dot{\upsilon}\delta\omega$).
nšan, -i, -ac' しるし, 徴候 ($\sigma\eta\mu\epsilon\tilde{\iota}o\nu$).
nšanagir, -grac'/-groc' 1) 文字. 2) [複] アルファベット.
nšanaxec', -i, -ic' 文字の一画 ($\kappa\epsilon\rho\alpha\dot{\iota}\alpha$).
nšanak, -i, -ac' (§ 49) しるし, 徴候 ($\sigma\eta\mu\epsilon\tilde{\iota}o\nu$).
nšanakem, -ec'i (§ 49) 示す, 暗示する, デザインする ($\sigma\eta\mu\alpha\dot{\iota}\nu\omega$).

語　彙

Noy, -i (§71 a)　ノア (Νῶε).
noyn (§88, 93)【代】《3人称直示・同一性》彼［それ・あれ］と同じ（人・もの）．
noynžamayn (§65 c)【副】すぐに，即座に (εὐθύς). →arīžamayn, žam.
noynpês (§66 C b, 95, 176)【副】それと同じように．→ soynpês, doynpês, -n.
noynpisi　そのような，同様の．
nor, - oy, - oc' (§41 a, 42 d, 72 a, 101)　新しい (καινός, νέος). ⇔hin.
nora (§87)【代】《3人称・所有》彼（女）の．
noraji (§45 d)　飼いならされていない馬．→nor, ji.
norayin　彼の．
norog (§49)　新しい；新たに．→nor.
norogem, -ec'i (§49)　新しくする，新たにする．
noc'a (§87)【代】《3人称・所有》彼（女）らの．
now¹ (§11)：文字 n.
now², nowoy (§27 e, 38, 39 b, 78 h)　息子の妻，義理の娘，嫁．
nowag, -i, -ac'　歌，音楽．
nowagacow, - owi, - owac' (§60 c)　音楽家．→acem.
nowagaran, -i, -ac' (§63 b)　楽器．
nowaz, -i, -ic'　小さい，少ない，僅かな．
nowazem, -ec'i【能】小さくする，減少させる；nowazim, -zec'ay【中】小さくなる，縮小する，減少する．
nowačem, -ec'i (§14)　征服する，隷属させる．
nowêr, -wirac' (§14)　贈り物，奉献，供犠．
nowṙn, nṙan (§24 A a, 77 c)　ザクロ．→nṙneni.

nowrb, nrbi, -ic'　薄い，細い，繊細な．
nṙneni, -nwoy, -neac' (§71 c)　ザクロの木．
nstim, nstay, 命 nist (§38, 42d, 128b, 130, 189)　座る (κάθημαι, καθίζω). →nist¹.

Š

ša (§11)：文字 š.
šabat', - ow, - owc' (§74 a)　安息日 (σάββατον). →owrbat'.
šah, -i, -iw　利益．
šahapet, -i, -ac'　主人，守り神．
šahekan (§65 a)　有利な，得になる．
šahim, -hec'ay (§189)　儲ける，かち得る (κερδαίνω). →šah.
šapikk', -pkac'　下着 (χιτών).
Šapowh, Šaphoy《固有名》シャプフ．
šat　十分な，足りた (§188 b).
šatxawsk', -sac'　おしゃべりの，多弁の；šatxawsk' linim = βατταλογέω　駄弁を弄する．
šaržem, -ec'i　動かす，揺らす，振る，震えさせる．
šaržowmn, -žman, -žmownk' (§62 a, 77 c)　震動，地震 (σεισμός).
šaržown, -žnoy, -oc' (§65s)　揺らぐ，揺らいだ，揺すられた．
šawił, -włi, -łac'　小道 (τρίβος).
šawšap'em, -ec'i (§67 b)　触れる．
šêk　黄色っぽい．
šên, šini, -ic' (§73)　村 (κώμη).
šêǰ　→anšêǰ, šiǰanim.
šikakarmir (§45 d)　赤茶けた．→šêk, karmir.
šinac, -oy, -oc' (§62 b)　建てること，建物．
šinawł, -i, -ac' (§60b)　建てる人，建

— 379 —

語　彙

設者.
šinem, -ec'i 建てる, 築く.
šinowac, -oy; šinowack', -coc' (§ 62 b) 建物 (οἰκοδομή). →šinem.
šinowt'iwn, -ean 建築, 進歩, 隆盛. →šinem.
šiǰanim, -ǰay (§ 21 c, 131)（火, 光などが）消える. →anšêǰ, šêǰ.
šiǰowc'anem, -owc'i 消す.
šiwł ちり屑 (κάρφος).
šłt'ay; šłt'ayk', -ayic' 鎖 (ἄλυσις).
šnabaroy (§65p) 犬のような (κυνικός). →šown.
šnorh (具 -iw); šnorhk', -hac' 恵み, 恩寵 (χάρις).
šnorhagir 神の恩寵によって書かれた.
šnorhatowr 恵みを与える.
šnorhem, -ec'i 〔恵みとして〕与える.
šnč'em, -ec'i（風が）吹く (πνέω).
šogmog (§ 67 a) 二枚舌の, 中傷ばかりする, 密告者.
šoł, -oy (§ 52) 光, 光線.
šołam, -ac'ay /-ac'i (§ 52) 光り輝く, きらめく.
šown, šan, šownk', šanc' (§ 28 d, 42 a, 77 e) 1) 犬 (κύων). 2) 姦通する者 (μοιχός).
šownč', šnč'oy 呼吸, 息.
šowšan, -i, -ac' ユリ (κρίνον).
Šowšan, -ay《固有名》スザンナ.
šowrt'n, šrt'an; šrt'ownk', -t'anc' (§ 21 b, 77 c) 唇.
šowrǰ (§ 22, 142)【副】ぐるりと, 周りに; šowrǰ z-＋具【前】…の周囲に, の近くに. →šrǰim.
šowrǰanaki (…の) 周辺に.
šowk', šk'oy (§ 52) 華麗さ, 華美. →šk'am, šk'eł.
šč'iwn, šč'man (§ 77 c) 口笛.
štemarank', -nac' (§ 14, 214) [複の

み] 納屋, 穀物倉 (ἀποθήκη).
šrǰem, -ec'i 覆す, ひっくり返す (μεταστρέφω); šrǰim, -ec'ay 向きを変える, 転じる.
šrǰim, -ǰec'ay 歩きまわる, めぐり歩く, さまよい歩く. →šowrǰ.
šk'am, -ac'ay (§ 52) 自慢する, 誇示する. →šowk'.
šk'eł (§65k) 壮大な, 華麗な. →šowk'.

O

o (§ 11)：文字 o.
o？; ov？(§ 96, 98 a, 180)【代】《疑問》誰 (τίς);《関係》…するところの [人].
ogi, ogwoy, -oc' (§ 24 D) 霊, 魂, 命; 息 (πνεῦμα, ψυχή); yogwoc' hanel ため息をつく, うめき声をあげる. →hogi.
ox, -i, -ic' 深い恨み, 怨恨; oxs pahem [＋与] …に恨み・憎しみを抱く.
ołb, -oy, -oc' (§ 52, 62 a) 嘆息, 悲嘆, 嘆声.
ołbagin (§ 65 f) 哀れな, 惨めな.
ołbam, -ac'i/-ac'ay (§ 52, 134) 嘆息する, 嘆き悲しむ (θρηνέω).
ołbowmn, -bman (§ 62 a) 嘆き, 悲嘆の声.
ołorm, -oy 慈悲.
ołormac', -i, -ac' (§ 65 h) 慈悲深い, 憐れみ深い.
ołormim, -rmec'ay (§ 189, 217 a) [＋与] …に憐れみを寄せる (ἐλεέω).
ołormowt'iwn, -t'ean 憐れみ, 施し, 慈悲, 恵み (ἐλεημοσύνη).
ołǰ, -oy, -oc' (§ 38, 50) 1) 健康な, 無事な, 完全な (ὑγιής). 2) ółǰ er/ler, ółǰ êk'＝χαῖρε, χαίρετε ごきげ

語　　彙

ołjamb【副】無事に，つつがなく［子音語幹変化に従った単・具の硬化したもの］．

ołjanam, -ac'ay (§ 50) 健康になる，癒される，元通りになる．

ołjandam (§ 45 a) 無事の． → andam.

ołjoyn, ołjowni, -ic' 1）挨拶 (ἀσπασμός)；平安 (εἰρήνη)．2）ołjoyn tam [＋与] …に挨拶する (ἀσπάζω)．

omn (§ 99 a)【代】《不定》誰か，ある［人］(τις)．

oyž, owžoy/-ži 力，強さ，激しさ． → owžgin.

oyr, oyk' → o.

oč' (§ 23 備 3, 154 a, 157 a, 201)〔否定辞として文全体または文中の特定の成分を否定して〕…でない，…［し］ない；いいえ (⇔ayo); oč' inč'《不定》何も…ない． → inč'.

oč'xar, -i, -ac' 羊 (πρόβατον)．

oṝ, -i (§ 42 a) 後部；［複］尻，臀部．

oṝoganem, oṝogi / aṝoganem, aṝogi (§ 31, 41 a, 42 a, 131) 濡らす，潅漑する．

oskeay (§ 65 i) 金（製）の．

oskedar (§ 2) 黄金時代．

oskedarean Hayerên (§ 2) 黄金期アルメニア語．

oskełên (§ 65 l) 金（製）の．

oski, -kwoy, -ov (§ 72 b) 金 (κρυσός)．

oskr, -ker, oskerk', -rac' (§ 24 B, 69, 75 a) 骨．

ost, -oy, -oc' (§ 27 d, 34 c, 38) 枝 (κλάδος)．

ov¹？ → o.

ov²；o【間】おお，ああ．

otanawor, -ac' 足をもつ，歩行の；ənd gets anc'c'en yotanawor 彼らは大河を歩いて渡った．

otn, otin, otamb, 複 otk', otic' (§ 20, 24 D, 27 d, 30 a, 33 a, 34 c, 77 a, 79) 足 (πούς)．

otnawor, -ac' 徒歩の，歩行の．

otnkap[k'], -ac' 足枷 (πέδη)． →kapem, kapank'.

or (§ 21 b, 42 d, 96-97, 180-185)【代】1）or？《疑問》どの，どちらの，どんな．2）《関係》…するところの［人・もの］[oroy, orowm, ormê, orov; ork' [/or], ors [/or], oroc', orovk'].

orb, -oy, -oc' (§ 27 d, 33 d) 孤児，みなしご (ὀρφανός)；【形】見捨てられた，孤独な，引き離された．

orbanoc', -i, -ac' (§ 63 a) 孤児院．

ordi, -dwoy, -oc' (§ 72 b) 息子 (υἱός)；【指小】ordeak 子供 (§ 64)．

ordn, ordan, -downk', -danc' (§ 77 c) 虫．

orear, -eroy (§ 213) 人々．

ort'¹, -oy, -oc' (§ 72 a) 葡萄の木 (ἄμπελος)．

ort'², -ow, -owc' (§ 34 b, 74 a) 子牛．

orcam, -ac'i (§ 31, 36 c, 40 a, 128 c) げっぷをする，吐く．

orkor, -oy, -oc' 喉 (§ 67 b)．

orj 男性の，雄の．

orjik' (§ 27 d, 35 d) ［複］睾丸．

Ormizd, -mzdi オルミズド．

orovayn, -i, -ic' (§ 14 A 2) 1）腹．2）母胎 (κοιλία)．

orovhetew (§ 66 C a, 172, 186)【接】…ので，…だから． →or（具），het.

orotam, -ac'i (§ 134) 雷が鳴る．

orotowmn, -tman 雷鳴，雷．

orč'ap' (§ 186)【副】1）《疑問》どれほど．2）《関係》…するほどに；orč'ap' … aynč'ap'/ews (§ 95) …であればあるほど…である；orč'ap' inč' aṝnêr =

語　彙

ὅσα ἐποίει 彼が行ったことすべて.

orpês (§66 C b, 170-1, 176, 186)【副】1)《疑問》どのように. 2)《関係》…のように；orpês zi / t'e《目的を示して》…するために (ὅπως, ἵνα),《結果を示して》それで (ὥστε).

orpisi【形】1)《疑問》どんな；《感嘆》何という (ποταπός). 2) …のような (οἵα).

ors, -oy, -oc' (§33a, 52) 漁, 猟の獲物, 捕獲.

orsakic', -kc'i, -kc'ac' (§63 d) 漁師・猟師仲間.

orsam, - ac'i / - ac'ay (§48, 52, 134) 捕まえる, 捕獲する, 狩猟する, 追い立てる.

orsoł, -i, -ac' (§60 b) 漁師, 猟師. →orsam.

orsord, -i, -ac' (§48, 65 r) 漁師, 猟師 [orsword, osord も見られることがある]. →orsam.

ork'inot (§65 q) かさぶた・できものある.

owt', -ic' (§34 a, 103)【数】8.

owt'emean (§65 j) 8年間.

owt'erord【数】8番目の, 第8の.

owt'hariwr (§106)【数】800.

owt'sown (§105)【数】80.

owžeł (§65 k) 強力な. →oyž.

owžgin (§65 f) 強い, 偉大な；激烈な. →oyž.

owl, - ow, - owc' (§28 d, 33 a, 40 b) 子ヤギ (ἔριφος).

owleni, - nwoy, - neac' (§65 m) 子ヤギの毛皮.

owxt, -i, -ic' (§16) 誓い, 誓約, 契約, 協定, 約束 (διαθήκη).

owłekic', - kc'i, - kc'ac' (§63 d) 旅の道連れ (συνοδία).

owłewor, -i, -ac' (§65 e) 旅人, 旅行（中）の.

owłi, -łwoy 道, 道路；道のり, 旅.

owłił, -łoy, -oc' (§49) まっすぐな, 正しい.

owłłord (§65 r) まっすぐな, 正しい.

owłxk', owłxic' (§22) 渓流.

owłłem, -ec'i (§49) まっすぐにする, 直に導く. →owłił.

owłt, - ow, - owc' (§22, 74 a) ラクダ (κάμηλος).

owmp (§21 b) ひと飲み, ひと口. → əmpem.

ownayin, -i, -ic' (§29 e) 空の (κενός).

ownim, kalay (§39 b, 55, 125, 132, 140) 1) 持っている (ἔχω)；人を (z- 対) …と見なす. 2) kalay【中】つかむ, 捕える, 取り押さえる (κρατέω, συλλαμβάνω).

ownkn, ownkan, - anê (§22, 78 d) 1) [複] akanǰk', -ǰac' 耳 (οὖς, ὠτίον). 2) [複] ownkownk', ownkanc' (容器などの) 柄, 取っ手.

owš, -ac'/-ic' 記憶, 注意；owš dnel 注意を払う, 専心する, 努力する；ban owš edeal inj 私は言葉を思い出した.

owr̄kan, -i, -ac' (魚) 網 (δίκτυον).

owr̄nowm, owr̄eay (§53, 138 c) 膨らむ, 水浸しになる.

owr̄owc'anem (§53) 膨れさせる.

ows, -oy, -oc' (§20, 22, 27d, 38, 39 a) 肩 (ὦμος).

owsanim, owsay (§53, 131, 189) 学ぶ, 教わる (μανθάνω).

owsowmn, -sman (§14, 15, 21 b, 62 a, 77 c) 教え (διδαχή).

owsowc'anem, - c'i, owsoyc' (§53) 教える, 教育する (διδάσκω). → owsanim.

owstek'【副】《不定》どこかから (§100).

— 382 —

語　彙

owsowc'ič', -c'č'i, -c'č'ac' (§60 a) 教師, 導師 (καθηγητής).
owsti (§100, 174)【副】1)《疑問》どこから；どうして. 2)《関係》そこから…するところの.
owstr, -ter, -erk', -erac' (§75 a) 息子.
owtem, keray, 3.sg. eker (§37 c, 57, 130, 140) 食べる, 食事をする, 食い潰す (ἐσθίω, κατεσθίω).
owtič, -tči, -čac' 虫 (βρῶσις).
owr (§100, 174)【副】1)《疑問》どこに, どこへ. 2)《関係》…するところの, …するところに.
owrax 楽しい, 喜ばしい, 喜びに満ちた；owrax em/linim 喜ぶ (χαίρω), 祝宴をあげる (εὐφραίνομαι).
owraxowt'iwn, -t'ean 喜び (χαρά).
owranam, -rac'ay (§135) 否定する, 打ち消す (ἀρνέομαι, ἀπαρνέομαι).
owrbat', -ow, -owc' (§74 a) 準備日 (安息日の前日) (παρασκευή). →šabat'.
owremn【副】《不定》どこかで (§100)；【接】それでは, したがって, それゆえ.
owrek'【副】《不定》どこかに, どこかへ (§100)；oč' owrek' どこにも…ない；amenayn owrek' どこでも.
ok' (§37 a, 99 b, 181)【代】《不定》誰か, ある [人]；mi/oč' ok' 誰も…ない.

č'

č'- (§157 a)【副】《否定》(多くは否定される動詞に前接されて) …ない. →č'goy.
č'a (§11)：文字 č'.
č'aman, -oy 茴香 (κύμινον).

č'ar, -i, -ac' (§50) 悪い, 間違った, ひどい；悪, 悪事；《比》č'aragoyn (§65 g).
č'arabaroy (§65 p) 邪悪な.
č'aragorc, -i, -ac' 悪事を働く者, 犯罪人.
č'araxaws, -i, -ac'/-ic' (§45 b, 49) 悪く言う, 告発者.
č'araxawsem, -ec'i (§49) [z-＋奪] 悪口を言う, 言葉尻をとらえる, 呪う；訴える, 告発する (κατηγορέω).
č'araxawsowt'iwn, -t'ean 告訴, 告発 (κατηγορία).
č'aranam, -ac'ay (§50) 悪くなる, 邪悪になる. →č'ar.
č'arabar (§66 C c) 素行が悪い.
č'arač'ar, č'arač'ark' (§67 b)【形】非常に悪い, とても狂暴な；【副】ひどく (κακῶς).
č'arik', -reac' (§214) [複のみ] 悪, 悪しきもの・こと. →č'ar, bari.
č'arowt'iwn, -t'ean 悪, 危害.
č'arč'arim, -rec'ay 苦しみを受ける, 苦しむ (πάσχω).
č'ap', -oy, -oc' (§49) 秤, 尺度 (μέτρον)；教訓, 模範, 手本；hayrakan č'ap'own 父親のように.
č'ap'em, -ec'i (§49) 量る (μετρέω).
č'goy, -ic' 何もないこと, 無；arī i č'goyê …が欠如 (不足) しているために.
č'ew (č'ew ews も) まだ…でない (§157 a, 167 備考). →č'-, ew.
č'ik' (§161) 存在しない, いない；č'ik' ok' 誰もいない.
č'ogay, -aw, -an →ert'am.
č'or, -oy, -oc' (§50) 乾いた, 干からびた (ξηρός).
č'oranam, -ac'ay (§50) 干からびる, 枯れる.

— 383 —

語　彙

č'orek'ean (§108)【数】《集合》4 人 [4つ] とも.
č'orek'kargean (§65 j) 4 列の. →karg.
č'orek'kerp 4つの姿を持つ.
č'orek'kin (§109) 4 重の, 4 倍の；4 倍に.
č'orek'kowsi (§43 a) 四角の. →koys.
č'orek'krkin (§109) 4 重の, 4 倍の.
č'orek'hariwr (§106)【数】400.
č'orek'tasan (§104)【数】14.
č'orir (§107)【数】【序数】4 番目の, 第 4 の.
č'orsotani (§44) 四足を持つ. →otn.
č'orrord (§107, 112)【数】《序数》4 番目の, 第 4 の.
č'ork', -ic' (§37 a, 42 d, 81, 103)【数】4 ($τέσσαρες$).
č'ow, -oc' (§27 e, 36 a) 出発, 旅.
č'k'aworim, -rec'ay 困窮する ($ὑστερέομαι$).

p

paganem, pagi, epag, pág (§131) 接吻する. →erkir.
pakasem, -ec'i 欠ける, 不足する, なくなる.
paknowm, -keay (§125, 138 c) 驚く, びっくりする.
pah- →parh-.
pahanjem, -ec'i (金銭・利子を) 要求する, 取り返す.
pahem →parhem.
pahest, -i, -ic' 蓄え, 予備, 保存, 保管, 拘留, 拘引.
pałatank', -nac' [複のみ] 懇願, 嘆願.
pay, -i, -ic' 妖精.
payt'im, -t'ec'ay 爆発する, 破裂する.
payt'owc'anem, -owc'i 破裂させる, 押し破る ($ῥήγνυμι$).
-pan 守る人, 番人 (複合語の後分として). →pa(r)hapan, partizapan.
paycaṙanam, -ṙac'ay まばゆく輝く.
pašarem, -ec'i (§24 F) 包囲する, 封鎖する, 占領する.
paštawn, -taman, -mownk', -manc' (§77 c) 奉仕；paštawn aṙnowm 奉仕を受ける, 崇拝される.
paštawneay, -nei/-nêi, -ic' (§65 i, 73) 奉仕者, 下役 ($διάκονος$).
paštem, -ec'i (§24 F) 奉仕する, 仕える, 崇拝する ($διακονέω, λατρεύω$)；(飲食物を) 供する, 出す ($τίθημι$).
papakim, -kec'ay 苦しむ, 悶える ($ὀδυνάομαι$).
paṙaw, -ow, -ownk', -anc' (§77 c) 老女.
patahem, -ec'i 出会う, 出迎える ($ὑπαντάω$).
patani, -nwoy, -neac' (§22) 若者, 青年；【指小】pataneak, -neki, -kac' 若者, 少年, 子；【指小】patanekik.
patank' (§62 c) 包むこと, 死体を包む布, 屍衣；埋葬, 葬式. →patem.
pataṙem, -ec'i【能】破る, 引き裂く；-im【中】破れる, 裂ける.
pataṙowmn, -man (衣類の) 破れ ($σχίσμα$).
patasxani, -nwoy, -neac' 1) 答え, 返答 ($ἀπόκρισις$). 2) patasxani tam 答える ($ἀποκρίνομαι$).
patarag, -i, -ac' 供え物, 献げ物, 犠牲, 贈物 ($δῶρον, θυσία$).
patgam, -i, -ac' 言葉, 伝言, 戒律, 神託, 託宣.
patean, -eni；pateank', -enic' 鞘 ($θήκη$) 〔聖書ではすべて複数形で現れ

— 384 —

語　彙

る）．
patem, -ec'i 包む，くるむ；取り囲む，包囲する．
paterazm, -i, -aw, -mownk', -mac' (§ 77 c) 戦争 (πόλεμος)．
paterazmakan (§ 65 a) 軍事的な，戦争の．
patiž, patžoy, -oc' 罰．
patiw, -towoy/-towi, -towoc' (§ 49, 62f) 名誉，敬意，尊敬 (τιμή). → patowem.
patkaṙem, -ec'i 恥じる，はばかる．
patčaṙ, -i ; patčaṙk', -ṙac' (§ 214) 弁解，口実，理由；罪科 (αἰτία)．
patčaṙank' (§ 62 c, 214) [複のみ] 口実，見せかけ．
patmem, -ec'i 物語る，叙述する，告げる，語る (ἀπαγγέλλω, διηγέομαι, λαλέω)；【受】噂される，言い広められる．
patmowt'iwn, -t'ean (§ 61) 物語，歴史．
patmowčan, -i, -ac' 衣装，着物 (στολή)．
patowakan, -i, -ac' (§ 65 a) 高価な，大切な，尊い，尊敬すべき，高貴な．→ patiw.
patowem, -ec'i (§49) 敬う，尊敬する．
patowêr 命令，指示 (ἐντολή)；patowêr tam [+与] 命令する，指示する．
patowirak, -i, -ac' (§ 64) 使節．
patowiran, -i, -ac' 掟，命令，戒め (ἐντολή)．
patowirem, -ec'i 命令する．
patrank' (§ 62 c, 214) [複のみ] 欺瞞，誘惑 (ἀπάτη)．
patrast, -i, -ic' 用意された，準備［用意］の整った (ἕτοιμος)；patrast aṙnem 用意する，備える (ἑτοιμάζω)．
patrastakan 準備のできた，進取の気性に富んだ；patrastakan kam 用意されている (προσκαρτερέω)．
patrastem, -ec'i 用意する，準備する (ἑτοιμάζω)．
patrastowt'iwn, -t'ean 準備．
patrem, -ec'i まどわす，誘惑する．
paranoc', -i, -ac' 首 (τράχηλος)．
parapim, -ec'ay [+与] 従事する，没頭する．
parar 肥育，肥料．
pararak, -i, -ac' (§ 64) 肥育された，肥えた；ezn pararak = ὁ μόσχος ὁ σιτευτός 肥えた子牛．
parart, -ac' 【形】肥えた，肥沃な．
parartowt'iwn, -t'ean 肥沃，豊饒．
pargew, -i, -ac' 贈物，賜物 (τὸ δόμα, ἡ δωρεά)．
pargewakan, -akanac' 贈られた，与えられた．
pargewem, -ec'i 贈る，与える．
paregawtk', -tic' (§ 214) [複のみ] 下着．
parz, -ac'/-ic' 明瞭な，純粋な，心からの．
parzaxaws, -ac' 明瞭に話す，理解できる．
Part'ew ; Partewk', -wac' パルティア人．
parcank', -nac' [複のみ] 栄光；自慢．
parh / pah, -ow (§ 24 F) 1) 見張り (φυλακή). 2) parhk'/pahk', -hovk'/-hawk' [複のみ] 断食 (νηστεία)．
parhak/pahak, -i, -ac' (§ 64) 番人，見張り番；pahak ownim = ἀγγαρεύω 徴用する．
parhapan / pahapan, -i, -ac' 番人，見張人，守護者．
parhem/pahem, -ec'i 1) 見張る，番をする (τηρέω, φυλάσσω)；(心に) 収める (δια-/ συν-τηρέω). 2) 断食

— 385 —

する（νηστεύω）．

parhoł / pahoł, -i, -ac‘ 断食する（者）．

parhpanowt‘iwn / pahpanowt‘iwn, -t‘ean 監視，見張り．

paršarem / pašarem, -ec‘i (§24 F) 包囲する．

parpatim, -tec‘ay (§67 c) 破れる，裂ける．

Parsik, -ski, -ac‘ (§71 a) ペルシア人．

Parskastan (§63 c) ペルシア．

Parsk‘, -sic‘ [複] ペルシア人, ペルシア．

part ê [＋与(人)＋不]《非人称》…しなければならない (§188 b, 198)．

partakan, -i, -ac‘ (§65 a, 217 b) 有罪の，借りがある．

partapan, -i, -ac‘ 債務者 (ὀφειλέτης); partapan linim yawitenic‘n metac‘ 永劫の罪に定められる．

partem, -ec‘i 抑える，制する，おとなしくさせる (δαμνάζω)．

partêz, -tizi, -zac‘ (§71 a) 庭, 園 (κῆπος)．

partizapan, -i, -ac‘ 庭師 (κηπουρός). →-pan.

partim, -tec‘ay (§189) 1) 借りがある. 2) [＋不] …しなければならない, …する義務がある (ὀφείλω)．

partik‘, -teac‘ [複のみ] 負債 (ὀφειλήματα)．

partk‘, -towc‘ (§74 a, 214) [複のみ] 借金，負債；罪, 罪過．

park‘, -owc‘ (§74 a) [複のみ] 踊り, 舞踏．

Pawłos (§14 B 2) パウロ (Παῦλος)．

pentakostê, -ic‘ (§73) 聖霊降臨祭 (πεντηκοστή)．

Petros, -i ペトロ (Πέτρος), 呼 Petre/Petrê (§68)．

pê (§11)：文字 p．

pêspês (§66 C b) さまざまに, 多様に；さまざまな (ποίκιλος)．

pêtk‘ (§214) [複のみ] 必要；pêtk‘ en [＋与(人)＋属(物)] …に…が必要だ．

Piłatos, -i ピラトゥス (Πιλᾶτος)．

piłc, płcoy, -oc‘ (§21 a) 穢れた．

pitani, -nwoy, -neac‘ (§217 b) 役に立つ．→pêtk‘.

pitoy, -oyic‘ (§65 p) 必要な；[複] 欲求, 要求, 必要なもの；inj pitoy ê [＋不]《非人称》私は…を必要とする […する必要がある] (§188 b); pitoy linim 困り果てる (χρείαν ἔχω). →pêtk‘.

płatonean (§65 j) プラトン学派の．

płinj, płnjoy, -oc‘ (§65 n) 銅, 銅貨．

płcem, -ec‘i (§21 a) 穢す (κοινόω), 冒瀆する (βεβηλόω); płcim 不浄を受ける (μιαίνομαι)．

płcowt‘iwn, -t‘ean (§21 a) 穢れ, 不浄．

płnjagoyn (§65 g) 玉髄．

płnji, -jwoy, -jeac‘ 銅製の；[複] 銅の器．

pndagoyns (§65 g) 【副】非常に熱心に．

pndem, -ec‘i 1) 押し寄せる, 固定する, (帯を)締める. 2) 言い張る, 固執する．

pšnowm, pšeay (§138 c) 見つめる．

poṙnik, -nki, -kac‘ 売春婦, 遊女 (πόρνη)．

ptłaber (§45 b) 実を結ぶ．→berem．

ptłalic‘ (§45 b) よく実を結ぶ (κατάκαρπος). →lnowm．

ptowł, ptłoy, -oc‘ (§21 b) 果実, 実；収穫 (καρπός)．

prcanim, prcay / p‘rcanim, p‘rcay (§131, 189) 逃げる, 避難する, 助かる．

語　彙

ǰ

ǰah, -i, -icʿ　ともし火, たいまつ (φανός).
ǰałǰaxem, -ecʿi　壊す, 打ち砕く, 粉砕する (συντρίβω).
ǰan, -i, -icʿ (§ 52)　努力, 苦労.
ǰanam, -nacʿay [/-nacʿi] (§ 41 b, 52, 134)　努力する, 苦労する, 苦心する (κοπιάω).
ǰeṙnowm, ǰeṙay (§ 24 A a, 138 a)　暖をとる, 暖まる (θερμαίνομαι); ǰeṙaw 焼かれた (ἐκαυματίσθη).
ǰer, -oy, -ocʿ (§ 37 d, 79)　暖かさ, 好天.
ǰeranim, ǰeray (§ 57)　熱がある.
ǰerm, -oy (§ 37 d, 72 a)　暖かい, 熱い; ǰermkʿ, -mocʿ 暖かさ (§ 214).
ǰermanam, -macʿay　熱がある, 熱病を患う.
ǰermaǰerm (§ 67 b)　非常に暖かい.
ǰermn, -man, -mamb (§ 77 c)　暖かさ, 熱.
ǰê (§ 11)：文字 ǰ.
ǰil / ǰił, ǰłacʿ (§ 28 c, 37 d, 40 b)　腱; 弓弦, ひも.
ǰin, ǰnacʿ (§ 37 d)　こん棒, さお, 杖.
ǰnem, -ecʿi (§ 37 d)　(こん棒で) 打つ.
ǰnǰem, -ecʿi (§ 37 d, 41 b)　拭う, 一掃する, 壊滅させる.
ǰori, -rwoy, -ocʿ (§72b)　ラバ (ἡμίονος).
ǰowr, ǰroy, -ov (§ 41 b, 72 a, 214)　水 (ὕδωρ).
ǰrem, -ecʿi　洗い落とす, 無効にする, 廃棄する.
ǰrhor, -oy, -ocʿ (§ 43 b, 72 a)　井戸 (φρέαρ). →ǰowr, hor.

ṙ

ṙa (§ 11)：文字 ṙ.
ṙabbi = ῥαββί [アルメニア語では vardapet によって訳される]
Ṙebeka, -kay　リベカ.

s

-s (§ 88)【冠】《1人称直示》この.
sa (§ 88, 92)【代】《1人称直示・前方照応》これ.
sabayecʿi (§ 65 d)　セバ人.
sak [-i, -icʿ]　数；契約, 条件, 程度; sak arkanem (ənd＋位)　…と折り合う, 取り決める, 了解し合う.
sakayn (§ 168)【接】それにもかかわらず, しかしながら, それでも.
sakaṙi, -ṙwoy, -ṙeacʿ　枝編み籠.
sakaw, -ow, -owcʿ　数少ない, わずかの; očʿ sakaw 少なからぬ, かなり多くの; sakaw inčʿ, aṙ sakaw mi 少し, sakaw sakaw 少しずつ.
sakawahawat, -i, -icʿ　信仰の薄い者. →hawatkʿ.
sakawik mi　少し (ὀλίγον).
saks, i saks (§ 142-3)【前】…のために.
Sahak (§ 71 b) →Isahak.
sahman; sahmankʿ, -nacʿ　境界, [複] 領土, 地域 (ὅρια).
sałmos, -i; sałmoskʿ, -sacʿ [単] 讃美歌, 聖歌, [複] 詩篇.
sałmosergow, -owi, -owacʿ (§ 60 c)　讃美歌を朗唱する者. →ergem.
Sałomovn, Sałovmovn; Sołomovn, Sołovmovn, Sołomon, -i　ソロモン (Σολομών, Σαλομών [LXX], Σα-

— 387 —

語　　彙

λωμῶν).
Sałovmê (§14 A 2)　サロメ (Σαλώμη).
Samarac'i, -c'woy, -oc'　サマリア人 (Σαμαρίτης).
Samaria, -reay　サマリア (Σαμάρεια).
samit', -mt'i　いのんど (ἄνηθον).
sayr, -i, -ic'　(刃物の) 刃，鋭利さ.
sastem, -ec'i (§217a)　厳しく命ずる；叱る，叱責する (ἐπιτιμάω)；激しく息巻く (ἐμβριμάομαι).
sastik　激しい，甚だしい (ἰσχυρός).
satakem, -ec'i　討つ，殺す.
Satana [y], -ayi　サタン，悪魔 (Σατανᾶς, διάβολος).
satanayakan, -ac'　サタンの.
satanayakir　サタンのような.
satarowt'iwn, -t'ean　助け，援助，協力.
sarkawag, -i, -aw, -ownk' (§77 c)　助祭.
sarsim, -ec'ay　震える，揺れる.
sarsowr̄, -s̄roy (§24 A b, 67 a)　震え，身震い，震動. →sarsim.
sartnowm, sarteay (§138c)　うんざりする，嫌になる.
sawsap'iwn, sawsap'man (§77 c)　騒音，震動.
sap'or, -oy, -oc'　水瓶 (ὑδρία).
sgam, -ac'i /-ac'ay (§52, 134)　苦悩している，心を痛めている. →sowg.
seaw, sewoy (§21 e)　黒い.
sełan, -oy, -oc'　1) テーブル，台，食卓 (ἡ τράπεζα). 2) 祭壇 (τὸ θυσιαστήριον).
seneak, -neki, -kac' (§21 e)　部屋 (ταμειῖον).
sermanac'an, -i, -ac'　種蒔く人 (ὁ σπείρων). →sermn, c'anem.
sermanawł, -i, -ac'　種蒔く人 (ὁ σπείρων).

sermanem, -ec'i　(種を) 蒔く (σπείρω).
sermanik', -neac'《集合的複数》種，種蒔き.
sermn, -man, -manc' (§77 c)　種，種子 (σπέρμα).
sewač'eay (§65 i)　黒い目を持つ. → seaw, akn.
sê (§11)：文字 s.
sêr, siroy, -ov (§21c, 41b, 49, 62f)　愛 (ἀγάπη)；zsirov gam 恋に陥る. →sirem.
Sêk'ar　シュカル (Συχάρ).
Sidovn, -i　シドン (Σιδῶν).
sikł, skeł, -łac' (§76)　シェケル (σίκλος).
siłobay, siłobayic'　音節. →siwłobay.
Simeovn；M：Simeovn, -i　シメオン (Συμεών).
Simovn；Simon, -i　シモン (Σίμων).
Simovnean (§65 j)　シモンの子.
Siovn, -i　シオン (Σιών).
siser̄n, sis̄ran / siser̄an (§23)　エジプト豆.
sireli, -lwoy, -leac' (§65 n, 71 c, 122)　1) 愛すべき，愛らしい. 2) 友，愛してくれる人.
sirem, -ec'i (§21 c, 24 C, 41 b, 49, 118-127)　愛する，好む (ἀγαπάω, φιλέω). →sêr.
sirt, srti, -ic' (§21 a, 28 b, 34 c, 35 a, 38, 73)　心臓；心 (καρδία).
siwłobay, siłobay；-ic'　音節. →siłobay.
siwn, -eanc' (§28 c, 35 a, 39 b, 41 a, 77 d)　柱.
sxalem, ec'i (§37 b, 38)　つまずく，道を誤る (σφάλλω).
skay, -i, -ic' (§73)　巨人. → hskay.
skayazn, -azin, -azownk' (§77 b)　巨人族から出た. →skay, azn.

語　彙

Skariovtacʻi →Iskariovtacʻi.
skawaṟak, -i, -acʻ 皿, 鉢 ($τρύβλιον$).
skem, -ecʻi (§24 D) 眼を覚ましている. →hskem.
skesowr, -sri, -racʻ (§71 a) 夫の母, 姑 ($πενθερά$). →zokʻančʻ.
skesrayr (§78 f) 姑の夫, 舅. →skesowr, ayr.
skizbn, skzban, -bownkʻ, -bancʻ (§22, 77 c) 始まり, 初め, 開闢, 源. →sksanim.
skowtł, skteł, -łacʻ (§76) 盆, 皿, 鉢 ($πίναξ$).
sksanim, sksay (§131, 189) [＋不] …し始める；始まる, 開始する ($ἄρχομαι$).
słocʻem, -ecʻi 切り裂く.
słocʻi, -cʻwoy, -cʻeacʻ (§71 c) トキワガシ, 柏.
sma ; smanê →sa.
snanim, snay (§131, 189) 養育される.
snarkʻ, -ricʻ (§214) 頭頂,（ベッドの）頭部.
snndakicʻ, -dakcʻacʻ〔「共に育てられた」〕仲間, 同僚. →snownd, -akicʻ.
snownd, -ndean, -ndocʻ 養う, 育てる；滋養（物）, 育成.
sołim, -ecʻay 這う, 這って進む.
Soło[v]movn →Sałomovn.
sołown, -łnoy (§65 s) 地を這う動物, 爬行動物.
soyn (§88, 93)【代】《1人称直示・同一性》これと同じ（人・もの）.
soynpês (§95)【副】これと同様に. →noynpês, doynpês.
soskowmn, soskman 恐怖.
sov 飢饉 ($λιμός$).
sovamah, -i, -acʻ (§45 a) 飢饉で死にかけている. →mah.
Sovkratês, -tow (§74 a) ソクラテス.
sovor, -rocʻ/-racʻ 慣れた, 習慣的な, いつもの.
sovorakan, -i, -acʻ 慣れた, いつもの, 習慣的な, 伝統的な.
sovorowtʻiwn, -tʻean 慣習, 慣例, 習慣 ($συνήθεια$); əst sovorowtʻean 慣習に従って ($κατὰ τὸ ἔθος/τὸ εἰθισμένον$).
sor, -oy, -ocʻ (§35 a) 洞穴, 空洞.
sowg, sgoy (§52) 心痛, 悩み, 悲しみ. →sgam.
sowzanem, sowzi, 3.sg. esoyz (§131) 沈める, 覆い隠す.
-sown (§27 d, 35 a, 105)：基数詞30-90をつくる接尾辞.
sowser, -i, -acʻ (§71a) 剣 ($μάχαιρα$).
sowt, stoy, -ocʻ (§72 a)【形】偽りの, 偽の；【名】嘘, 偽り, 虚偽；sowt mowt 嘘偽りの, 根本的に間違った (§67 a). ——sowt＋名詞／動詞は前分に $ψευδο$- を持つギリシア語複合語を訳す：$ψευδόχριστοι$ = sowt kʻristoskʻ 偽キリスト, $ψευδομαρτυρέω$ = sowt vkayem 偽証する.
sowr, sroy, sowrkʻ, srovkʻ (§72 a) 剣 ($μάχαιρα$, $ῥομφαία$)〔形「鋭い」から, cf. srem「鋭利にする」〕.
sowrb, srboy, -ocʻ (§42 b, 49) 聖なる, 清い, 清潔な ($καθαρός$, $ἅγιος$). →srbem.
spah/spay, -i, -icʻ (§16) 軍隊.
spananem, spani, span (§131) 殺す ($ἀποκτείνω$).
spand, -i, -icʻ 屠殺, 虐殺.
spandanocʻ, -i, -acʻ (§63 a) 屠殺場.
spanoł, -i, -acʻ (§60 b) 人殺し. →spananem.
spaṟ 全く；i spaṟ 最後まで, 極みまで, 完全に；spaṟ spowṟ 完全に (§67 a).
spaṟazinowtʻiwn, -tʻean 全武具

語　彙

($πανοπλία$). → spaṝ, zēn, zinowor.
spaṝem, -ecʻi　費やす，使い果たす（$δαπανάω$）．
spaṝnam, -acʻay（§ 38，136，217 a）おどす，威嚇する．
spas, -ow, -owcʻ（§74a）給仕（$διακονία$）．
spasawor, -i, -acʻ　仕える者，給仕人，下役，執行者（$ὑπερέτης$, $διάκονος$）．
spasaworem, -ecʻi　仕える．
spasaworowtʻiwn, -tʻean　奉仕，給仕，業務；spasaworowtʻiwn harkanem　仕える．
spasem, -ecʻi（§ 217 a）［+ 与］待ち伏せる，窺う，つけ狙う，監視する，目を離さずにいる，保護する；給仕する．
spitak, -i, -acʻ（§14備2）白い（$λευκός$）；華美な（$λαμπρός$）. ⇔ tʻowx.
spitakanam, -kacʻay　白くなる．
stanam, stacʻay（§ 14 備 2, 135）手に入れる，取得する．
stacʻičʻ, -cʻčʻi, -aw（§ 60 a）所有者（$κτησάμενος$）．
stacʻowac, -oy；stacʻowackʻ, -cocʻ　所有物，財産．
stełcanem, stełci（§ 131）造る．
stem, -ecʻi　嘘をつく．
sterǰ（§ 38, 40 a, 41 b）不妊の．
stew, stewoy（動物の）毛．
stêp（§ 29 b, 33 c）【副】しばしば，熱心に，丹念に（$ἐπιμελῶς$）．
stin, stean（§ 77 d）女性の胸，乳房．
stipem, -ecʻi（§ 29 b, 33 c）圧する，強いる．→stêp.
stoyg, stowgi, -gacʻ【形】本当の，確実な，正真正銘の；【副】本当に，確実に．
stor　底，下部．──storin 下方の，低い．
storerkreay（§ 65 i）地下の．→ stor.

erkir.
stowar　太い；《比》stowaragoyn（§ 65 g）．
stowgagoyns（§ 65 g）【副】より正確に・精密に．→stoyg.
stowgowtʻiwn, -tʻean　確実さ．→ stoyg.
strǰanam, -ǰacʻay　後悔する．
srbem, -ecʻi（§ 49）聖化する，清める．→sowrb.
srbowtʻiwn, -tʻean　1）清め（$καθαρισμός$）．2）純潔，清浄．3）聖なるもの［ところ］．
srownkʻ, -nicʻ（§ 28 e, 35 a, 38, 40 a）脚，すね．
srtmtowtʻiwn, -tʻean　怒り，憤り．
spʻacanim, spʻacay（§ 131, 189）（衣類を）身に着ける，腰に巻く．
spʻopʻem, -ecʻi　慰める．
spʻṝem, -ecʻi　散らす，流布する．
skʻančʻanam, -čʻacʻay　驚く，仰天する（$ἐκπλήσσομαι$）．
skʻančʻelapês（§ 65 n）奇妙に．
skʻančʻelarar（§ 65 n）奇蹟を行う，奇術師（$θαυματοποιός$）．
skʻančʻeli, -lwoy（§ 65 n, 214）驚くべき，奇異な；skʻančʻelikʻ, -leacʻ　驚くべき事柄，不思議，奇蹟．
skʻołem, -ecʻi　ヴェールでおおう．

V

vazem, -ecʻi　跳ぶ，跳躍する，疾走する，突進する．
vatʻsown, -snicʻ（§ 27 b, 105）【数】60．
vaxčan, -i, -acʻ　終わり，死（$τελευτή$）．
vaxčanim, -neay　終わりを迎える，死ぬ，滅びる（$τελευτάω$）；vaxčaneal ê = $τέλος ἔχει$.

語　彙

vał　昔, かつて; 早く, 早くから, 既に.
vał(a)goyn (§ 65 g)　速く, 速やかに, すぐに.
vałiw, -łowi (§ 21a, 66 B)　明日 ($α\breve{υ}ριον$). ⇔aysawr; i vałiwn, i vałiw andr　その翌日, 次の日.
vałowean (§ 21 a, 65 j)　翌日 (の).
vałvałaki【副】すぐに, ただちに, 早く, たちまち ($εὐθύς$, $εὐθέως$, $ταχύ$, $ταχέως$).
vačaṙ, -i, -ac'　商売, 販売 ($ἐμπορία$).
vačaṙakan, -i, -ac' (§ 65 a)　商人. →vačaṙ.
vačaṙem, -ec'i　売る ($πωλέω$, $πιπράσκω$). ⇔gnem.
vay (§ 14 A 2)【間】〔苦痛・悲嘆などの気持を表して〕ああ ($οὐαί$); vay k'ez (与) お前に災いあれ; 禍いだ, お前は (§ 217 d). →erani.
vayel ê [+与]　ふさわしい, 適当な (§ 188 b).
vayr, -i, -ac'　場所, 野原; i vayr 下方へ (§ 66 A, 143).
vayreni, -nwoy, -neac' (§ 65 m)　野生の.
vank', -nac' (§ 213, 214)　[複のみ] 宿所, 部屋; 住居, 邸宅; 修道院;《集合的》vanear. →iǰavan.
vaṙem, -ec'in (§ 41 a)　点火する,《比喩的に》武装させる; vaṙim, -ṙec'ay　燃える,《比喩的に》武装する.
vasn (§ 142)【前】[+属] …のために, …のゆえに, …のことで; vasn oroy それゆえに, したがって; vasn zi …だから (§ 172).
vastakawor, -i, -ac'　労苦する (人); 疲れた.
vastakem, -ec'i　労苦する, 疲れる ($κοπιάω$).
vastakk', -koc'　労苦 ($κόπος$).

vatasirt, -srti, -tac'　臆病な, 小心な ($δειλός$).
vatem, -ec'i (目が) かすむ.
vatnem, -ec'i　浪費する. 蕩尽する ($διασκορπίζω$).
varaz, -i, -ac' (§ 71 a)　雄豚, イノシシ;《固有名として》Varaz, -ay (§ 71 b)　ヴァラズ.
vard, -i, -ic'　バラ.
vardagoyn (§ 65 g)　バラ色の.
vardapet, -i, -ac'　先生, 師 ($διδάσκαλος$, $ῥαββί$).
vardapetowt'iwn, -t'ean　教え ($διδαχή$).
vardastan, -i, -aw (§ 63 c)　バラ園.
vardeni, -nwoy, -neac' (§ 65 m)　バラの木.
varem, -ec'i　1) 導く, 駆り立てる, (舟を) 漕ぐ. 2) 蒔く ($σπείρω$).
varžem, -ec'i　教育する.
varj, -ow; varjk', -jowc' (§ 74 a, 214)　報い, 報酬; 賃金 ($μισθός$).
varjkan, -i, -ac'　雇い人 ($μισθωτός$, $μίσθιος$).
vark', varowc' (§ 74 a)　[複のみ] 風習, 風俗, 慣習.
veštasan (§ 104)【数】16.
ver (i verの形で) (§ 66 A)　上へ, 上方に; veragoyn 上で (§ 65 g).
verakac'ow, -i, -ac' (§ 60 c)　監視人. →veray, kam.
veray【副】上に; i veray [+属] …の上に, のところに (§ 143-4).
veranam, -rac'ay (§ 50)　上がる, のぼる ($ἀναβαίνω$); 取り上げる, 奪う ($ἀπαίρω$); 離れ去る ($ἀπέρχομαι$).
verin, vernoy, vernowm, vernoc' (§ 24 Aa, 101)　上方の.
veroy (i veroyの形で) (§ 66 A)　上に; i veroyn 上に, 以前に.
verowst (i verowstの形で) (§ 66 A)

上から.

verǰin, -ǰnoy, -ǰnowm, -ǰnoc' (§ 65 o, 101) 最後の.

vec', -ic' (§ 27 b, 38, 41 a, 42 a, 103)【数】6，六つ ($\H{ε}ξ$).

vec'erord, -i, -ac' (§ 107)【数】《序数》6番目の，第6の ($\H{ε}κτος$).

vec'hariwr (§ 106)【数】600.

vew (§ 11)：文字 v.

vêm, vimi, -mac' (§ 21 c, 71 a) 岩，石 ($λίθος$).

vih, vhi, -hac'/-hic' 淵，深淵，溝 ($χάσμα$).

vičak, -i, -ac' 籤 ($κλῆρος$)，分け前，運命，幸運，成功，遺産，財産；vičaks, vičak arkanem = $κλῆρον$, $κλήρους$ $βάλλω$ (Jh 19, 24 a $λαγχάνω$) 籤引きする.

vičim, -čec'ay 言葉を交わす，議論する.

vkay, -i, -ic' (§73) 1) 証人 ($μάρτυς$). 2) 殉教者.

vkayem, -ec'i 証言する，証しする ($μαρτυρέω$).

vkayowt'iwn, -t'ean (§61) 証言，証し ($μαρτύριον$, $μαρτυρία$).

vkayowhi (§ 63 e, 71 b) 女殉教者.

včarem, -ec'i 終える，完成させる，遂行する，報いる.

vnas, -ow, -owc' (§ 62 f) 損害；罪，罪科，罪状；理由；関係 ($αἰτία$).

vnasakar (§ 44, 217 b) 損害をもたらす，災害を引き起こす，有害な.

vnasakarowt'iwn, -t'ean 有害，不利.

vnasem, -ec'i (§ 217 a) [＋与] …に害を及ぼす.

vštakec'owt'iwn, -t'ean 苦しみ，辛苦，艱難.

vštanam, -tac'ay 苦しめられる ($πάσ$-$χομαι$).

vrêž, vrižow (普通 [複のみ] vrêžk', vrižowc') 復讐，報復；vrêž xndrem 復讐する (§ 211, 214).

vrêžxndrowt'iwn, -t'ean 復讐，報復.

Vrt'anês, Vrt'anay (§71b) ヴルタネス.

t

t- (§ 34 c, 43 a)：否定を表わす接頭辞；母音の前で. ti-. →tkar, tiezerk'.

tagnap, -i, -aw 心配，苦痛，苦悩，急ぎ.

tagnapim, -pec'ay 苦しめられる，責めさいなまれる，取りつかれる ($συνέ$-$χομαι$).

tal, -i, -ic' (§ 30 d) 夫の姉妹.

taxtak, -i, -ac' 板.

tačar, -i, -ac' 神殿，聖所 ($ναός$, $ἱερόν$).

tałit'a=$ταλιθά$ (アラム語「娘よ」).

tam, etow, 分 toweal (§ 14 A 2, 27 f, 28 d, 34 c, 59, 139) 与える，(税金を）払う；[＋不] …させる.

taygr, tayger (§ 29 a, 30 d, 34 c, 40 a, 41 a, 75 a, 80) 夫の兄弟.

tanim, taray, tar (§ 125, 132) 導く，引いて行く，連れて行く ($ἄγω$)；従事する，成し遂げる；[＋与] 耐え忍ぶ..

tanik', -neac' (§ 214) 屋根 ($δῶμα$).

tanowtêr, -teaṝn (§ 78 f) 家の主人，家長 ($οἰκοδεσπότης$). →town, têr.

tanǰank' (§ 62 c, 214) [複のみ] 苦痛 ($βάσανος$, $μάστιξ$).

tanǰem, -ec'i 苦しめる ($βασανίζω$).

tapalem, -ec'i 打ち倒す，取り壊す.

tapanam, -pac'ay 焼かれる；熱がある.

tapar, -i, -ac' 斧 ($ἀξίνη$).

taṝapim, -pec'ay 苦しむ ($ὀδυνάομαι$).

tasanord, -i, -ac' (§ 112) 10分の1.

語　彙

tasanordem, -ec'i　10分の1税を払う（ἀποδεκατόω）.
tasn ; tasownk', - sanc'（§27 b, 30 a, 34c, 35a, 103）【数】10, 十（δέκα）.
tasnamey（§65 i）　10年間の. →tasn, am.
tasnapatik（§109）　10倍の.
tasneak（§108）【数】10個一組.
tasnerord（§107）【数】《序数》10番目の, 第10の.
tasnek'ean（§108）【数】《集合》10（人）すべて.
tatrak, -i, -ac'　山鳩, 雉鳩（τρυγών）.
taracanem/taracem, -taracec'i　伸ばす, 広げる.
tarapa(r)hak varem = ἀγγαρεύω　徴用する.
tareal →tanim.
tarekan, -i, -ac'（§65 a）　例年の, 年; 例年の祭. →tari.
tarewor, -i, -ac'（§65 e）　1年の, 年1回の.
tari, -rwoy, -rwoǰ, -reaw, -reac'（§69, 71 c, 79）　年（ἐνιαυτός）.
tarr, tarer, tarer(a)c'（§75 a）　要素.
tawt', -oy　熱, 暑さ; 暑い.
tawn, -i, -ic'（§34 c, 42 c）　祝い, 祭り（ἑορτή）.
tawnakan, -ac'　祝祭の, お祭り気分の.
tgeł（§43 a）　醜い. →gełec'ik.
tgêt, -i, -ac'（§50）　無知の, 愚かな. →t-, gêt.
tgitanam, -tac'ay（§50）　無知である.
teaṙnabarbaṙ　主から発せられた.
tełay（3.sg.）, アオ tełac'（§134）　雨が降る.
tełeak, tełeki, -aw（§50, 217 b）　精通した.

tełekanam, -kac'ay（§50）　精通する, 教わる.
tełi, -łwoy, -łwoǰ, -łeac'（§71 c）　場所（τόπος）, 地方（χώρα）; i tełis tełis　各地に, そこかしこに（κατὰ τόπους）（§67 a）.
tend, -i, -iw　熱（πυρετός）.
teṙatesowt'iwn, -t'ean　（血が）流れること.
tesanem, tesi, etes, tés（§131）　見る, 見て取る.
tesanoł, -i, -ac'（§60 b）　見る人（ὁ βλέπων, ὁ ὁρῶν）. →tesanem.
tesil, -slean, -eanc'（§77 d）　1) 外観, 姿, 幻. 2) 光景（θεωρία）. 3) 夢, 幻視（ὄναρ）.
terowt'iwn, -t'ean　支配［権］, 権力, 覇権［têr に従って têrowt'iwn と書かれることもある］.
têr, teaṙn, teaṙnê ; 複 teark', teranc'（§21c, 78f）　主人, 主（κύριος）［この意味ではつねに尊称形 TR, TN, TĒ で略記される］. →tirem.
ti, tioy, -oc'　年齢, (人生の) 一時期.
Tigran, -ay（§71 b）　ティグラネス.
tiezerk', -rac'（§43 a, 214）［複のみ］世界, 宇宙（文字通りには「果てしのないもの」）（οἰκουμένη）. →ezr.
tik, tki, tkac'　革袋（ἀσκός）.
tikin, tiknoǰ（§78 e）　女主人. →têr, kin.
Timot'eos, Timot'eay（§71 b）　ティモテ.
Titan, -ay（§71 b）　ティタン.
titłos（§14B 2）　碑文, 碑銘（τίτλος）.
tirem, -ec'i（§21 c, 217 a）　支配する. →têr.
tiw, towənǰean（§27 c, 41 a, 78 i）　日, 昼. ⇔gišer.
tiwn（§11）: 文字 t.

— 393 —

語　彙

Tiwros, -i（§14 A 2）　テュロス（Τύρος）.
tkar, -i, -ac‘（§34 c, 43 a, 45 a, 50）弱い．→t-, kar.
tkaranam, -rac‘ay（§50）弱い，弱くなる，不可能である（ἀδυνατέω）.
thas, -i, -ic‘（§43 a）　熟していない，未熟な．→t-, hasanem.
tłay, -oy, -oc‘（§50）　嬰児，若者（νήπιος）.
tłayanam, -ac‘ay（§50）　嬰児である［になる］，幼児のように振る舞う．
tntes, -i, -ac‘（§45b）　管理人（οἰκονόμος）. →town, tesanem.
tokosik‘, -seac（§214）利子（τόκος）.
tohm, -i, -ac‘　家族，一族，一門，家系
towê, tow(ə)nǰean　→tiw.
towič‘（§60 a）　与える人．→tam.
town, tan, tanê, tamb ; townk‘, tanc‘（§28 d, 34 c, 39 a, 77 e）　家，一族郎党（οἶκος, οἰκία）.
towoł, -i, -ac‘（§60 b）　与える人．→tam.
towr¹　→tam（命）.
towr² ; towrk‘, troc‘（§28 d, 34 c, 40 a）贈り物，捧げ物（τὰ δῶρα）.
tpazion, -i, -ac‘　トパーズ，純金．
trtmagin, -agnic‘（§65 f）悲しい．→trtowm.
trtmim, -ec‘ay（§49, 189）悲しむ，憂鬱になる，陰鬱になる（λυποῦμαι）.
trtmowt‘iwn, -t‘ean　悲しみ，苦痛，陰鬱（λύπη）.
trtnǰem, -ec‘i　つぶやく，ぶつぶつ言う（διαγογγύζω）.
trtnǰiwn, trtnǰman（§77 c）嘆声，悲嘆．
trtowm（§49）【形】悲しい．
tk‘nim, -ec‘ay（§49）　見張る．
tk‘nowt‘iwn, -t‘ean　寝ずにいること，寝ずの番．
tk‘own（§49）　寝ずの．

r

rê（§11）：文字 r.

c‘

c‘-（§145）【前】［＋対］…に向かって；…まで．
c‘ax, -oy, -oc‘（§35 a, 36 b）枝．
c‘acnowm, -ceay（§138 c）（水が）ひく，やめる，赦す．
c‘amak‘, -i, -ac‘　陸地，岸（γῆ）.
c‘amak‘im, -k‘ec‘ay　乾く，枯れる（ξηραίνω）.
c‘ayg（§45 c）夜 ; zc‘ayg ew zc‘erek = νυκτὸς καὶ ἡμέρας/ νύκτα καὶ ἡμέραν 夜も昼も．→c‘-, ayg.
c‘anem, -ec‘i　蒔く．
c‘ank, -oy, -oc‘　垣根（φραγμός）.
c‘ankali, -lwoy, -leac‘　望ましい，うらやましがられる，思いやりのある，心からの．
c‘ankam ; c‘ankanam, -kac‘ay（§217 a）　欲しがる，欲情を抱く，切望する（ἐπιθυμέω）.
c‘ankowt‘iwn, -t‘ean　欲望，欲情．
c‘asnowm, -seay（§127, 138 c）怒る，憤激する．
c‘asowmn, -sman, -amb　怒り（ὀργή）.
c‘aw, -oy ; c‘awk‘, -woc‘　痛み，苦痛．
c‘awagin（§65 f）痛い，苦しい．
c‘awac‘（§65 h）　苦しんでいる．
c‘awê, c‘aweac‘《非人称》痛い，痛みを覚える ; inj c‘awê 私は痛い（§188a）.

語　彙

cʻawł, -oy, -ocʻ 露.

cʻelowm, cʻeli, 3.sg. ecʻel (§ 55, 137) 割る, 裂く, 引き裂く.

cʻeł, -i, -icʻ 部族.

cʻerek (§ 45 c, 145) 昼. → cʻ-, erek.

cʻecʻ, -oy, -ocʻ 衣蛾, 衣魚 ($σής$).

cʻin, cʻnoy (§ 28 c) 猛禽, トビ.

cʻiw, cʻowoy; cʻiwkʻ, cʻowocʻ [複のみ] 天井.

cʻncam, -acʻi/-acʻay (§ 134) 喜ぶ, 楽しむ ($χαίρω$).

cʻncowtʻiwn, -tʻean 喜び.

cʻo (§ 11) : 文字 cʻ.

cʻoycʻ¹, cʻowcʻi, -icʻ : i cʻoycʻ+与=$πρὸς τὸ θεαθῆναι$+与 …に見せようとして.

cʻoycʻ² アオ →cʻowcʻanem.

cʻorean, -enoy, -ocʻ 麦, 穀粒, 穀物 ($σῖτος$).

cʻorkʻan (§ 175)【接】…する間は, …するかぎりは [cf. orkʻan「どれだけ?」, →cʻ-].

cʻowl, cʻlow, -owcʻ (§ 74 a) 牡牛.

cʻowrt, cʻrtoy, -ocʻ 冷たい ($ψυχρός$), 寒い.

cʻowcʻanem, cʻowcʻi, ecʻoycʻ/cʻoycʻ, 命 cʻóycʻ (§ 24 C, 131) 示す, 見せる, 知らせる ($δείκνυμι, γνωρίζω$).

cʻtem, -ecʻi (§ 35 b) 引っかく.

cʻrem, -ecʻi 分散させる, まき散らす, 追い散らす.

w

-wor (§ 27 d, 33 d, 65 e)《名詞形成接尾辞として》…を携えるところの.

pʻ

pʻaxowst, -xstean (§77d) 逃亡 ($φυγή$).

pʻaxčʻim (pʻaxnowm), pʻaxeay (§ 126, 127, 133, 189) 逃げる ($φεύγω$).

pʻaxstakan, -acʻ (§ 65 a) 逃亡者. → pʻaxowst.

pʻaxsteay, -eic (§ 65 i) 逃亡者, 難民.

pʻakankʻ, -nacʻ (§ 62 c, 214) [複のみ] 閉鎖;鍵.

pʻakem, -ecʻi 閉じる, 閉める, 閉じ込める ($κλείω$); pʻakem i nerkʻs = $συγκλείω$ (魚を網の中に) 囲い込む.

pʻayl, -i, -icʻ (§ 33 b, 42 c) 輝き.

pʻaylakn, -akan 稲妻 ($ἀστραπή$). → pʻayl, akn (-$απη$).

pʻayt, -i, -icʻ 木 ($τὸ ξύλον$). →xačʻ-apʻayt.

pʻaytahar 木を切り倒す人, きこり. → harkanem.

pʻaytat (§ 24 D) 斧. →hatanem.

Pʻanowêł; M : Pʻanowel, -i ファヌエル ($Φανουήλ$).

pʻaṙawor, -i, -acʻ (§ 4, 65 e) 誉れ高い, 栄光ある; pʻaṙawor aṙnem [大抵は+z-$\overline{\text{AC}}$] 讃美する ($δοξάζω$).

pʻaṙaworem, -ecʻi (§ 49) 栄光を与える, 讃美する, 褒め称える.

pʻaṙkʻ, -ṙacʻ (§ 14 備 5, 214) [複のみ] 栄光, 栄華, 名誉, 名声 ($δόξα$).

Pʻarisecʻi/-acʻi, -cʻwoy, -ocʻ ファリサイ派の人 ($Φαρισαῖος$).

pʻapʻowk, -pʻki 柔らかい, たおやかな.

pʻesay, -i, -icʻ (§73) 花婿 ($νυμφίος$). →harsn.

pʻiwr (§ 11) : 文字 pʻ.

Pʻiłippos, -si フィリッポス ($Φίλιππος$).

pʻlanim, pʻlay (§ 131, 189) 崩れ落ち

— 395 —

語　彙

る，崩壊する．→pʻowl.
Pʻłštacʻi　ペリシテ人．
pʻšrank, -nacʻ (§ 62 c)　パンくず．
pʻšrem, -ecʻi　細かく砕く．
pʻox, -oy　貸付金，借金(すること)；pʻox arnowm 借金する；tam pʻox（金を）貸す．
pʻoxan, pʻoxanak, pʻoxarên (§ 142)【前】…の代わりに，…に対して；pʻoxanak zi …した代りに，…だから (§ 172, 179)．
pʻoxanord, -i, -acʻ (§ 65 r)　代理人．
pʻoxatow, -i, -acʻ　金貸し ($\delta\alpha\nu\epsilon\iota\sigma\tau\eta\varsigma$)．
pʻoxarên 【副】その代わりに，その報いとして；arnowm pʻoxarên = $\dot{\alpha}\nu\tau\alpha\pi o\delta\dot{\iota}\delta o\mu\alpha\iota$ 報いを受ける．
pʻoxem, -ecʻi　取り替える，変える；-im, -ecʻay 変わる，移る，渡り歩く．→pʻopʻoxem.
pʻoł¹, -i, -icʻ (§ 73)　喉，首．
pʻoł², -oy, -ocʻ (§72a)　管，茎，ラッパ，笛；pʻoł(s) harkanem ラッパ・笛を吹く．
pʻołar；pʻołahar, -i, -acʻ (§ 24 D)　笛吹き．
pʻoytʻ, pʻowtʻoy, -ov (§ 21 d, 29 f, 52)　急ぎ，熱心，努力；心配，関心；pʻoytʻ arnem しきりにしたがる，気にかける，重視する．── očʻ / čʻ-ê pʻoytʻ inj 私にはどうでもよい，関係ない，平気である．
pʻor, -oy (§ 72 a)　腹，腹部．
pʻorj, -oy　試み，試行．
pʻorjem, -ecʻi (§ 130)　試す，試みる ($\pi\epsilon\iota\rho\dot{\alpha}\zeta\omega$)．
pʻorjowtʻiwn, -tʻean　試み，誘惑 ($\pi\epsilon\iota\rho\alpha\sigma\mu\dot{o}\varsigma$)．
pʻowtʻagoyn　迅速に．
pʻowtʻam, -acʻay, 命 pʻowtʻá (§ 52, 126, 134)　急ぐ．→pʻoytʻ.

pʻowtʻanaki 【副】急いで，すぐに．
pʻowtʻapês (§ 66 C b)【副】急いで ($\mu\epsilon\tau\dot{\alpha}\ \sigma\pi o\upsilon\delta\hat{\eta}\varsigma$)．
pʻowl　崩落，崩壊．→pʻlanim.
pʻowš, pʻšoy, -ocʻ　茨 ($\ddot{\alpha}\kappa\alpha\nu\theta\alpha$)．
pʻowkʻ, pʻkʻocʻ (§ 33 b)　息．
pʻopʻoxem, -ecʻi (§ 67 c)　取り替える，変える．→pʻoxem.
pʻokʻr (§ 74 c)　小さい[属/与/位/具 pʻokʻow；複 -kʻownkʻ, -kʻowncʻ]；《比》pʻokʻragoyn；【指小】pʻokʻrik, -rkan (§ 64, 77 c)．
pʻčʻem, -ecʻi (§ 33 b)　息を吐く・吹きかける．
pʻrkankʻ, - nacʻ (§ 62 c, 214) [複のみ] 代価 ($\dot{\alpha}\nu\tau\dot{\alpha}\lambda\lambda\alpha\gamma\mu\alpha$), 身代金 ($\lambda\dot{\upsilon}\tau\rho o\nu$)．
pʻrkem, -ecʻi　救う ($\sigma\dot{\omega}\zeta\omega$)．
pʻrkičʻ, -kčʻi, -čaw (§ 60 a)　救い主 ($\sigma\omega\tau\dot{\eta}\rho$)．
pʻrkowtʻiwn, -tʻean　救い，助かること ($\sigma\omega\tau\eta\rho\dot{\iota}\alpha$, $\sigma\omega\tau\dot{\eta}\rho\iota o\nu$), 贖い ($\lambda\dot{\upsilon}\tau\rho\omega\sigma\iota\varsigma$)．
pʻrpʻrem, -ecʻi (§ 134)　泡立つ．

kʻ

-kʻ (§ 37 a, 81 a)：不定の小辞．
kʻakem, -ecʻi　壊す ($\kappa\alpha\tau\alpha\lambda\dot{\upsilon}\omega$), (屋根を)剥ぐ ($\dot{\alpha}\pi o\sigma\tau\epsilon\gamma\dot{\alpha}\zeta\omega$), 裂きわかつ, (位から)引き降ろす．
kʻaktem, -ecʻi　壊す，滅ぼす，崩す ($\kappa\alpha\tau\alpha\lambda\dot{\upsilon}\omega$)．
kʻahanay, -i, -icʻ (§ 50)　祭司 ($\iota\epsilon\rho\epsilon\dot{\upsilon}\varsigma$)．
kʻahanayanam, - yacʻay (§ 50)　祭司として仕える ($\iota\epsilon\rho\alpha\tau\epsilon\dot{\upsilon}\omega$)．
kʻahanayapet, -i, -icʻ　祭司長，大祭司 ($\dot{\alpha}\rho\chi\iota\epsilon\rho\epsilon\dot{\upsilon}\varsigma$)．→ kʻahanay, -pet.
kʻahanayowtʻiwn, -tʻean (§ 61) (大)

祭司職.

k'ałak', -i, -ac' (§ 14) 町, 都 (πόλις).

k'ałak'ayin, -aynoy (§ 65 b) 市民.

k'ałak'ac'i, -c'woy, -c'woc'/-c'eac' (§ 65 d) 市民, 住民 (πολίτης). → k'ałak'.

k'ałem, -ec'i 摘む, 摘み取る, 集める (συλλέγω).

k'ałc'enam (k'ałc'nowm), -c'eay (§ 135, 138c) 空腹である, 飢える (πεινάω).

k'ałc'r, -c'ow, -c'ownk', -ownc' (§ 48, 50, 74 c) 甘い, 柔和な.

k'ałc'ranam, -rac'ay (§ 48, 50) 甘くなる, 柔和になる.

k'ałc'rowt'iwn, -t'ean (§ 48, 61) 甘さ, 柔和, 優しさ.

k'amahem, -ec'i 軽蔑する.

k'an (§ 37 a, 39 a, 162, 219)【接】《比較》(多くは k'an z-+対の形で) …よりも.

K'anan, -ow カナン.

k'andem, -ec'i 破壊する.

k'anzi (§ 172)【接】なぜなら, というのは, …だから (γάρ, ἐπεί) ; しかもなお, もっとも…ではあるけれども (καίτοιγε).

k'ani (§ 110) どれほど多く [の], どれだけ [の] (πόσος).

k'anic's (§ 110) 何度, 何回.

k'aǰ, -i, -ac' (§ 50) 勇気ある, 良い.

k'aǰalerem, -ec'i (§ 49) 勇気づける, 奮い立たせる;【中】-rim, -rec'ay 奮い立つ.

k'aǰanam, -ǰac'ay (§ 50) 勇気を振う.

k'aǰowt'iwn, -t'ean 勇気, 勇敢さ.

k'aṙasnameay (§ 65 i) 40 年間の, 40 歳の.

k'aṙasown, -snic' (§ 42 a, 105)【数】40.

k'aṙord (§ 107)【数】《序数》4 番目の, 第 4 の.

k'ar, -i, -iw ; k'arink', -ranc' (§ 50, 77 a) 石 (λίθος).

k'aranam, -rac'ay (§ 50) 石になる.

k'arkoc 石打ちにされた ; k'arkoc aṙnem 石打ちにする, 石で打ち殺す. → k'ar, kocem.

k'aroz, -i, -ac' (§ 49) 布告官, 説教者 (κῆρυξ).

k'arozem, -ec'i (§ 49) 宣べ伝える, 宣教する (κηρύσσω).

k'arozowt'iwn, -t'ean 宣教, 説教, 伝道.

k'artêz ; k'artês, -tisi 紙, 羊皮紙 (χάρτης).

k'áw (§ 165 a)【間】いや, とんでもない, 滅相もない.

k'ez ; k'ew ; k'ên →dow.

k'ezên (§ 83) あなた自身.

K'ełkea ケルケア.

k'eṙayr (§ 78 f) 姉妹の夫. → k'oyr, ayr.

k'eṙordi, -woy, -woc' (§ 44) 姉妹の息子. → k'oyr.

k'erank (§ 62 c) 一種の脱穀機.

k'erem, -ec'i (§ 36 a) 引っかく. → k'orem.

k'ercowm, k'erci, 3.sg. ek'erc (§ 137) 皮をはぐ.

k'ê (§ 11) : 文字 k'.

k'ên, k'inow (§ 52) 怨恨, 敵意, 憎悪. →k'inam.

k'êš, k'iši, -ic' 宗教, 宗派.

k'inam, -ac'ay (§ 52) 恨み [敵意] を抱く.

k'irtn, k'rtan (§ 42 a.b, 77 c, 214) 汗.

k'nêac (§ 65 h) 惰眠をむさぼる.

語　彙

k'nnem, -ec'i　調べる，究明する．
k'nnowt'iwn, -t'ean　調査，探究．
k'o¹【代】→dow.
k'o² (k'oy) (§ 86)【代】《所有》あなたの．
k'oyr, k'eē, k'erb；複 k'ork' (§ 14 A 2, 24 A, 38, 42 a.d, 78 b)　姉妹．
k'os, -oy　疥癬．
k'osot (§ 65 q)　疥癬にかかっている．
k'orem, -ec'i (§ 36 a)　かきむしる．→ k'erem.
k'own, k'noy, -ov (§ 21 b, 22, 33 a, 39 b, 42 a, 79)　眠り ($ὕπνος$)；i k'own linim/em 眠っている；i k'own mtanem 眠り込む；zk'nov ankanim 眠る．
k'ownem, -ec'i (§ 22)　眠る，同衾する．
k'owrm, k'rmi, -ac'　聖職者，僧侶．
k'sak, -i, -ac'　財布 ($βαλλάντιον$).
k'san, -ic' (§ 30 a, 34 a, 35 a, 105)【数】20.
k'sanerord (§ 107)【数】《序数》20 番目の．

k'ristoneay, -nei, -iw (-nêi, -êiw も) (§ 21 f)　キリスト教徒．
k'ristonêowt'iwn, -t'ean (§ 61)　キリスト教徒であること，キリスト教．→ k'ristoneay.
K'ristos, -i　キリスト ($Χριστός$) [つねに尊称形 $\overline{\mathrm{K'S}}$, $\overline{\mathrm{K'I}}$ と略記される].
k'ristosaber　キリストによってもたらされた．
k'rmowhi (§ 63 e, 71 b)　女の聖職者. → k'owrm.

ô

ô (§ 11, 13)：文字 ô.
ôrhas　その日に到達している．→ awr, hasanem.
ôrhasakan (§ 65 a)　死にかかっている．

f

fê (§ 11, 13)：文字 f.

> 著者紹介

千種　眞一［ちぐさ・しんいち］東北大学教授（言語学）

目録進呈　落丁本・乱丁本はお取替えいたします。

平成13年6月30日　　　©第1版発行

古典アルメニア語文法	著　者　千　種　眞　一
	発行者　佐　藤　政　人
	発　行　所
	株式会社　大　学　書　林
	東京都文京区小石川4丁目7番4号
	振替口座　00120-8-43740
	電　話　(03)3812-6281〜3
	郵便番号 112-0002

ISBN4-475-01848-X　　TMプランニング・横山印刷・牧製本

大学書林
語学参考書

千種眞一 編著	ゴート語辞典	A5判	780頁
千種眞一 著	ゴート語の聖書	A5判	228頁
小泉 保 著	言語学とコミュニケーション	A5判	228頁
小泉 保 著	音声学入門	A5判	248頁
下宮忠雄 編著	世界の言語と国のハンドブック	新書判	280頁
大城光正 著／吉田和彦 著	印欧アナトリア諸語概説	A5判	392頁
島岡 茂 著	ロマンス語比較文法	B6判	208頁
小沢重男 著	蒙古語文語文法講義	A5判	336頁
小泉 保 著	ウラル語統語論	A5判	376頁
黒柳恒男 著	ペルシア語の話	B6判	192頁
大野 徹 編	東南アジア大陸の言語	A5判	320頁
斎藤 信 著	日本におけるオランダ語研究の歴史	B6判	248頁
森田貞雄／三川基好／小島謙一 著	古英語文法	A5判	260頁
下瀬三千郎／古賀允洋／伊藤弘之 著	古英語入門	A5判	216頁
島岡 茂 著	英仏比較文法	B6判	264頁
島岡 茂 著	仏独比較文法	B6判	328頁
島岡 茂 著	フランス語統辞論	A5判	912頁
小林 惺 著	イタリア文解読法	A5判	640頁
中岡省治 著	中世スペイン語入門	A5判	232頁
出口厚実 著	スペイン語学入門	A5判	200頁
寺﨑英樹 著	スペイン語文法の構造	A5判	256頁
池上岑夫 著	ポルトガル語とガリシア語	A5判	216頁

——目録進呈——